"十一五"国家科技支撑计划重点项目

"十一五"文化遗产保护领域
国家科技支撑计划重点项目论文集

大遗址保护关键技术研究与开发（II）

科技部社会发展科技司
国家文物局博物馆与社会文物司（科技司） 编

文物出版社

封面设计　周小玮
责任印制　张道奇
责任编辑　张晓曦

图书在版编目（CIP）数据

大遗址保护关键技术研究与开发（Ⅱ）／科技部社会发展科技司，国家文物局博物馆与社会文物司（科技司）编.
—北京：文物出版社，2010.11
（"十一五"文化遗产保护领域国家科技支撑计划重点项目论文集）
ISBN 978－7－5010－3083－5

Ⅰ.①大…　Ⅱ.①科…②国…　Ⅲ.①文化遗址－文物保护－中国－文集　Ⅳ.①K878.04－53

中国版本图书馆 CIP 数据核字（2010）第 216733 号

"十一五"文化遗产保护领域国家科技支撑计划重点项目论文集

大遗址保护关键技术研究与开发（Ⅱ）

科 技 部 社 会 发 展 科 技 司
国家文物局博物馆与社会文物司（科技司）　编

*

文 物 出 版 社 出 版 发 行
（北京东直门内北小街 2 号楼）
http://www.wenwu.com
E-mail：web@wenwu.com
北京达利天成印刷装订有限责任公司印刷
新 华 书 店 经 销
787×1092　1/16　印张：42
2010 年 11 月第 1 版　2010 年 11 月第 1 次印刷
ISBN 978－7－5010－3083－5　定价：165.00 元

"十一五"文化遗产保护领域
国家科技支撑计划课题成果论文集
编辑委员会

序　言

　　历史悠久、弥足珍贵的中华民族文化遗产，既是不可再生、不可替代的深厚物质资源，更是博大精深、绵延不断的文化资源和精神资源，有着重要的历史、艺术和科学价值，对国家的统一、民族的团结、社会的和谐、人民的幸福具有重要的意义。

　　文化遗产保护科技是一个开放的复杂巨系统，包括人文社会科学、自然科学、工程技术科学等一切与文化遗产保护相关的科学和技术。作为多学科高度交叉综合的集成体，文化遗产保护科技已经在文化遗产价值的调查、认定、研究、展示、利用和传承，文化遗产本体的保存、保全和修复，以及对文化遗产相关环境的控制与治理中发挥着越来越重要的作用。文化遗产保护科技的进步对文化遗产事业的发展具有决定性影响，已成为推动着我国从文化遗产大国向文化遗产保护强国转变的核心要素，同时也将对国家科学和技术的整体发展做出贡献。

　　"十一五"期间，在科技部的大力支持下，文化遗产领域有4个项目15项课题列入国家科技支撑计划第一批启动项目。包括"文化遗产保护关键技术研究"、"中华文明探源工程"、"大遗址保护关键技术研究与开发"、"古代建筑保护技术及传统工艺科学化研究"。随后，"石质文物保护关键技术及南京报恩寺地宫出土文物保护关键技术研究"、"中华文明探源工程及相关文物保护关键技术研究"又相继获得批复实施。国家文物局以组织实施国家科技支撑计划等重大科研项目为契机，努力推动体制机制创新，积极寻找建立跨学科、跨领域、跨行业、跨部门的合作机制与模式。通过重大科技计划的实施，统筹考虑行业的技术研发、装备升级、人才培养、基地建设和体制机制创新，实现了文化遗产保护科技的跨越式发展。

　　截止2010年初，第一批启动的4个项目15项课题已全部通过了结项验收，据不完全统计，共研发新技术（工艺）21项，新产品、新材料、新装置36项，获得自主知识产权和专利179项，制定技术标准40项，培养博士、硕士研究生301名，发表文章513篇，出版专著15本。一些科研成果已广泛应用于第三次文物普查、长城资源调查、重点文物保护工程、大遗址保护工程、灾后文化遗产抢救性保护、馆藏文物保存环境改善、博物馆展示提升等重大工程和重点工作，文化遗产保护科技含量大幅提升，行业自主创新能力得到显著提高。

为进一步做好科技成果的推广工作，我们就文化遗产领域科技支撑计划的部分成果汇编成册，这既是文化遗产保护科技成果的展示，也是向所有关心文化遗产保护的社会各界的回报。

值此，向勇于实践、不断创新的科技工作者，向文化遗产的保护者和守卫者致以崇高的敬意。

编 者

目 录

第一部分 古代壁画脱盐关键技术研究

第二部分　土遗址保护关键技术研究

第一部分

古代壁画脱盐关键技术研究

（课题编号：2006038029003）

莫高窟第 351 窟壁画疱疹和壁画
地仗可溶盐分析

陈港泉[1,2]，于宗仁[1,2]

（1. 敦煌研究院保护研究所，敦煌，736200；

2. 古代壁画保护国家文物局重点科研基地，敦煌，736200）

内容摘要： 本文采用能谱、X 射线衍射等分析方法对莫高窟第 351 窟的壁画疱疹进行了分析，确定了疱疹病害的物质组成为 NaCl。壁画地仗中可溶盐的分析表明，可溶盐的分布状况与疱疹病害的发生有密切的联系，各种离子在壁画地仗中的分布有其各自的特征，水分将大量的可溶盐带入壁画地仗，水分蒸发后 NaCl 结晶形成了疱疹病害。

关键词： 莫高窟　壁画　疱疹　可溶盐

第 351 窟处于莫高窟南区的北端一层，距地面高 2.3m。窟有前室、主室，属莫高窟中型洞窟，主室面积约 64m²，地面到井心约 7.6m。

第 351 窟开凿于五代时期，西夏时期曾对整窟壁画进行过重绘，属于西夏早期的风格。前室南北壁的两幅西方净土变是西夏较流行的题材之一，表现形式比唐、北宋时期的简单，风格粗犷。前室西壁甬道门南北两侧的文殊变、普贤变为西夏少见的题材。主室的二龙戏珠井心采用西夏很流行的浮雕贴金的方法，龙身细长，嘴尖细，显得很灵活，具有明显的西夏早期壁画的风格与特点[1]。

1　第 351 窟疱疹病害的现状

第 351 窟的壁画存在着壁画颜料脱落、退色、霉变等多种病害，其中主室北壁、南壁西侧比较均匀地分布着许多泡状的突起，称之为壁画的疱疹病害。泡状突起直径大的一般约 3mm（图 1），小的 1mm 左右（图 2）；高约 1–2mm 不等。疱疹脱落后，形成一个个小坑（图 3），对壁画造成很大的损伤。这种病害在莫高窟第 194 窟（图

4)[2]、第 3 窟[3]、第 35 窟前室西壁南侧、第 467 窟甬道、第 471 窟西壁南侧和龛内南北两壁、第 356 窟东壁北侧等都有发现，具有一定的普遍性。

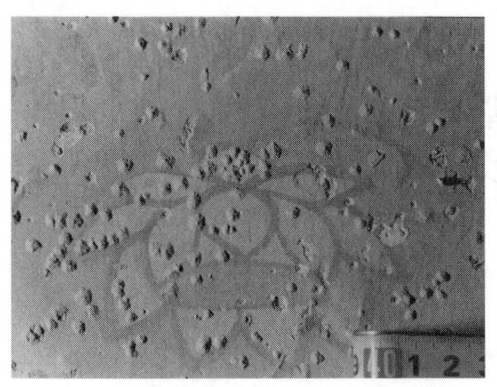

图 1　莫高窟 351 窟疱疹状病害

图 2　莫高窟 351 窟疱疹状病害（颗粒较小）

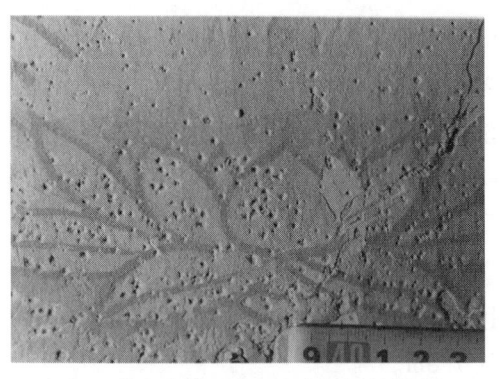

图 3　莫高窟第 351 窟疱疹使颜料破裂、
　　　脱落后，形成小坑

图 4　莫高窟第 194 窟疱疹病害

疱疹病害在第 351 窟的分布较有规律，集中分布于主室北壁、南壁西侧上部以及龛的左右两侧壁上。从疱疹分布的特点来看，疱疹的形成是由于盐的作用，而且与水的因素密切相关。

2　壁画制作材料分析

2.1　颜料分析

第 351 窟的壁画颜料较单一，主要有白色、红色、绿色三种。对掉落的颜料层碎片作剖面分析，其颜料层平均厚度约 0.3mm（图 5）。

通过能谱、X 射线衍射分析，确定三种颜色的元素组成和物相成分。

能谱分析仪器：美国 Kevex 公司 X 射线能量色散谱仪。分析条件：加速电压 20KV，工作距离 20mm，计数率 1000，速电流 175picoAmps。

能谱分析结果显示，绿色颜料中含有大量的 Cu 元素，红色颜料中 Fe 的含量较高，这为 X 射线衍射分析提供了参考。白色颜料中重金属含量极少，可能为黏土类矿物。见表 1 和图 6 。

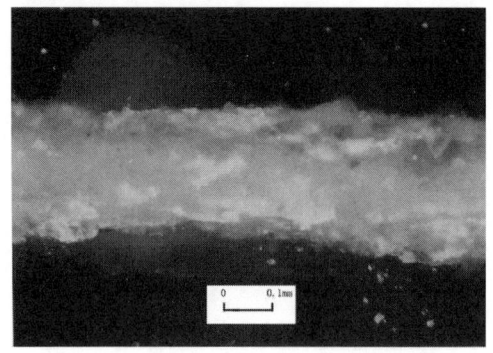

图 5　莫高窟第 351 窟颜料层剖面图

采用 X－射线衍射法对这三种颜料进行分析。分析仪器：日本 Rigaku D/Max 2500V，分析条件：转靶 40KV，100mA；连续 θ/2θ 扫描。

表 1　三种颜料的能谱分析结果

样品	元素相对百分含量（%）												
	O	Na	Mg	Al	Si	S	Cl	K	Ca	Fe	Cu	Pb	总量
白色	31.78	0.64	13.90	2.50	31.40	1.64	0.99	0.88	15.20	0.81	0.0	0.25	99.99
绿色	15.13	0.88	5.40	4.48	14.03	0.58	14.12	1.38	10.08	1.12	31.8	0.98	99.98
红色	21.01	0.74	6.17	7.11	22.42	2.18	1.43	2.45	13.31	21.41	0.0	1.76	99.99

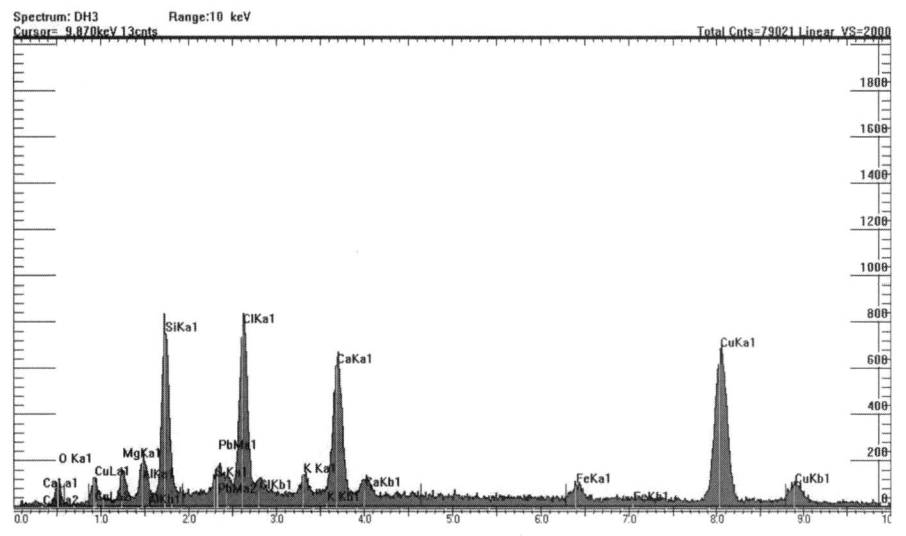

图 6　绿色颜料的能谱图

X–射线衍射分析表明，莫高窟第 351 窟壁画颜料红色是三氧化二铁，绿色为氯铜矿，白色为以碳酸钙和滑石为主的混合物。

2.2　地仗分析

（1）粒度分析，采用英国 Malvern 公司生产的 Mastersizer 2000 型粒度分析仪、Scirocco M 干粉进样器对壁画地仗进行粒度分析，结果见表 2。

表 2　壁画地仗粒度分析结果

粒径	>2mm	1–2mm	0.5–1mm	0.1–0.5mm	0.1–0.005mm	0.002–0.005mm	<0.002mm
占百分比	0	7.3	14.6	27.4	35.7	6.2	8.8

（2）地仗泥层结构和纤维观察。351 窟壁画地仗由粗泥层和细泥层构成，并含有大量的纤维如麦草、棉（麻）。由于不便取样，地仗各泥层的厚度以及纤维的量没有计算。但从图中可以清晰看到泥层结构、纤维的状况（图 7、8）。

 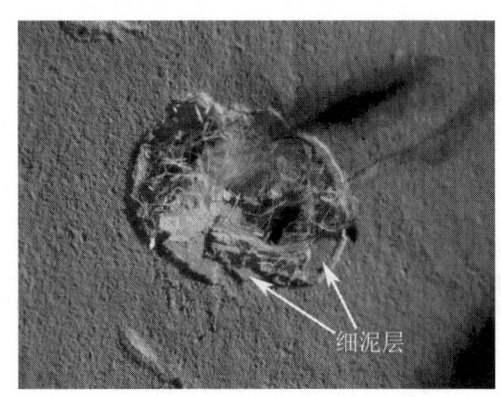

图 7　莫高窟第 351 窟地仗泥层结构和麦草　　　　图 8　莫高窟第 351 窟地仗泥层结构
　　　　　　　　　　　　　　　　　　　　　　　　　　　和棉（麻）纤维

3　疱疹分析

从第 351 窟北壁不同位置揭取疱疹并收集，通过能谱、X 射线衍射分析等确定疱疹的组成。疱疹底面和剖面见图 9、10。

3.1　扫描电镜–能谱分析

使用日本电子光学公司 JSM–5600LV 低真空扫描电子显微镜，美国 Kevex 公司 X 射线能量色散谱仪对疱疹结核部位进行观察、分析。

疱疹的中心结核部分质地非常坚硬，用钢针将表面的黏土刮去，尽量裸露出核心部分，扫描电镜观察并用能谱对核心部位作元素分析（图 11–14），能谱分析结果见表 3。

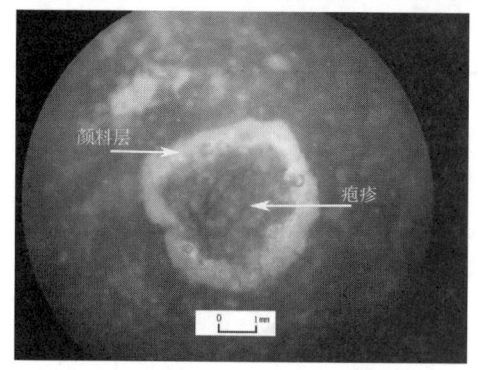

图 9 莫高窟第 351 窟疱疹底部状况

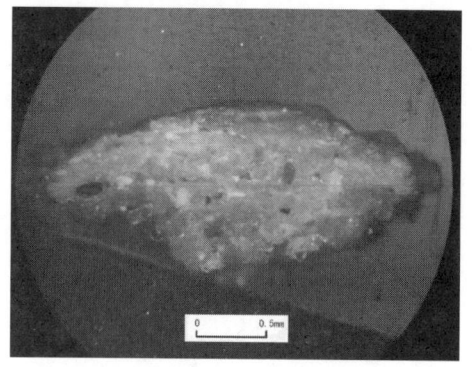

图 10 莫高窟第 351 窟疱疹剖面的状况

表 3 疱疹核心区域的能谱分析结果

元素相对百分含量（%）										总量
O	Na	Mg	Al	Si	S	Cl	K	Ca	Fe	
12.79	15.10	1.42	3.69	12.24	0.95	42.89	2.35	5.63	2.94	100

图 11 疱疹扫描电镜图（35 倍）

图 12 疱疹扫描电镜图（100 倍）

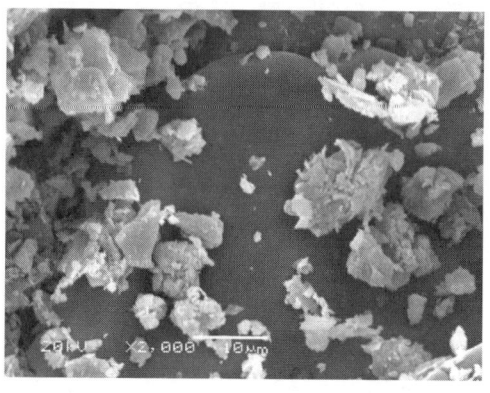

图 13 疱疹扫描电镜图（2000 倍）

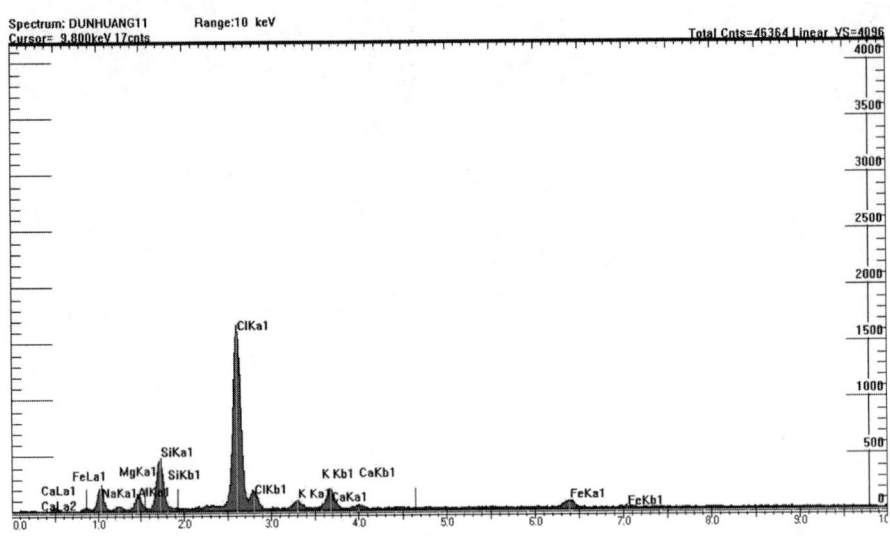

图 14　疱疹核心部分能谱图

　　分析结果显示（表3、图14），核心区域的 Cl、Na 元素含量比其他元素要高得多（占总量的58%），初步判定疱疹结核部分的盐为氯化钠。

3.2　X 射线衍射分析

　　用钢针将疱疹表面的黏土刮去，碾碎疱疹，用 X 射线衍射仪分析疱疹的物相成分。

　　分析仪器及分析条件：日本理学 Rigaku D/max 2400 型转靶 X 射线衍射仪，X 光源为 CuK（辐射，Fe 滤窗，管电压40kV，管电流24mA）。疱疹碎末的 X 射线衍射谱图见图15。

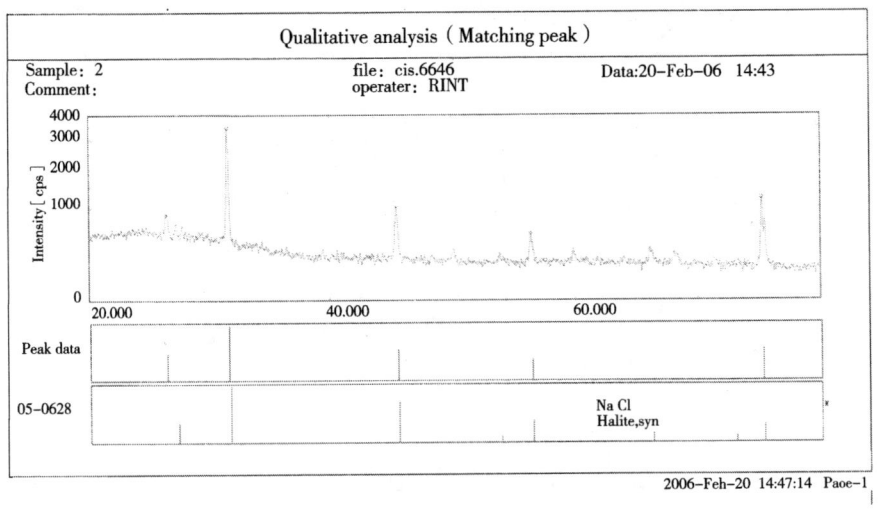

图 15　疱疹碎末的 X 射线衍射谱图

　　X 射线衍射谱图氯化钠的谱型较好，谱线解析表明疱疹结核中心部分的结晶盐为氯化钠。

　　以上分析表明，疱疹的核心部分为氯化钠，正是由于氯化钠的结晶而产生了疱疹病害。由于疱疹核心区域的 Cl、Na 元素占总重量近 60%，说明疱疹中 NaCl 结晶体包裹了部分黏土，或者是大量细小的 NaCl 晶体聚集在一起。

4　壁画地仗可溶盐分析

　　观察中发现，疱疹的中心结核部与地仗中的纤维紧密相连（图 16），一些颜料层脱落的部分也可以看到疱疹是在地仗中形成的（图 17）。因此分析疱疹和非疱疹区域壁画地仗中的可溶盐显得十分必要。

 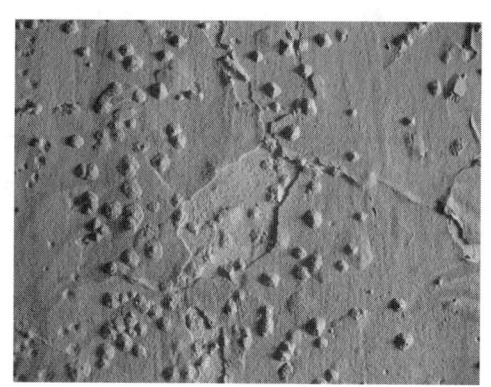

图 16　疱疹与地仗中纤维相连　　　　　图 17　疱疹形成于地仗中

4.1　取样

　　第 351 窟北壁疱疹区不同的位置，我们进行了微岩芯取样，微岩芯钻孔直径约 0.5cm。取样点选择壁画脱落、地仗裸露的部位。取样分 4 个区域，1、3、4 号区为疱疹区，2 号区域为非疱疹区。每一区域取 4 个样，每个样品从壁画表面起分 4 个不同的深度分别取样、编号（从表至里编号为 A、B、C、D）。每个区域的样品总重量之和 0.65g － 0.95g。取样情况见表 4，取样位置见图 18。

表 4 － 1　1 号区域取样点

样品编号	取样深度	位置	
		距佛台	距地面
1 － A	0 － 2mm		
1 － B	2 － 5mm	75cm	140cm
1 － C	5 － 10mm		
1 － D	10 － 20mm		

续表

样品编号	取样深度	位置	
2 – A	0 – 2mm		
2 – B	2 – 5mm	距佛台	距地面
2 – C	5 – 10mm	102cm	130.5cm
2 – D	10 – 20mm		
3 – A	0 – 2mm		
3 – B	2 – 5mm	距佛台	距地面
3 – C	5 – 10mm	58.5cm	131cm
3 – D	10 – 20mm		
4 – A	0 – 2mm		
4 – B	2 – 5mm	距佛台	距地面
4 – C	5 – 10mm	73.5cm	103cm
4 – D	10 – 20mm		

表4 – 2　2号区域取样点

样品编号	取样深度	位置	
5 – A	0 – 2mm		
5 – B	2 – 5mm	距佛台	距地面
5 – C	5 – 10mm	416cm	163cm
5 – D	10 – 20mm		
6 – A	0 – 2mm		
6 – B	2 – 5mm	距佛台	距地面
6 – C	5 – 10mm	403cm	176cm
6 – D	10 – 20mm		
7 – A	0 – 2mm		
7 – B	2 – 5mm	距佛台	距地面
7 – C	5 – 10mm	403cm	183cm
7 – D	10 – 20mm		
8 – A	0 – 2mm		
8 – B	2 – 5mm	距佛台	距地面
8 – C	5 – 10mm	411cm	195cm
8 – D	10 – 20mm		

表 4 - 3　3 号区域取样点

样品编号	取样深度	位　置	
9 - A	0 - 2mm	距西壁	距地面
9 - B	2 - 5mm	160cm	206.5cm
9 - C	5 - 10mm		
9 - D	10 - 20mm		
10 - A	0 - 2mm	距西壁	距地面
10 - B	2 - 5mm	143.5cm	207.5cm
10 - C	5 - 10mm		
10 - D	10 - 20mm		
11 - A	0 - 2mm	距西壁	距地面
11 - B	2 - 5mm	187cm	196cm
11 - C	5 - 10mm		
11 - D	10 - 20mm		
12 - A	0 - 2mm	距西壁	距地面
12 - B	2 - 5mm	142.5cm	214cm
12 - C	5 - 10mm		
12 - D	10 - 20mm		

表 4 - 4　4 号区域取样点

样品编号	取样深度	位置	
13 - A	0 - 2mm	距西壁	距佛台
13 - B	2 - 5mm	107cm	204.5cm
13 - C	5 - 10mm		
13 - D	10 - 20mm		
14 - A	0 - 2mm	距西壁	距佛台
14 - B	2 - 5mm	89.5cm	194cm
14 - C	5 - 10mm		
14 - D	10 - 20mm		
15 - A	0 - 2mm	距西壁	距佛台
15 - B	2 - 5mm	109cm	188.5cm
15 - C	5 - 10mm		
15 - D	10 - 20mm		
16 - A	0 - 2mm	距西壁	距佛台
16 - B	2 - 5mm	118cm	213cm
16 - C	5 - 10mm		
16 - D	10 - 20mm		

4.2　可溶盐分析

采用美国戴安公司 ICS－－90 型离子色谱仪对壁画地仗中可溶盐进行分析。称取 20mg 左右的样品，去离子水震荡溶解 3 分钟，吸取清液分析，分析条件见表 5。对离子色谱分析结果每一种离子按不同深度分别做图，观察每个取样点不同深度离子含量的分布状况，见图 19－25。采用蒸干法对各取样点地仗不同深度的混合样品进行可溶盐总量的测定。测定结果见图 26。

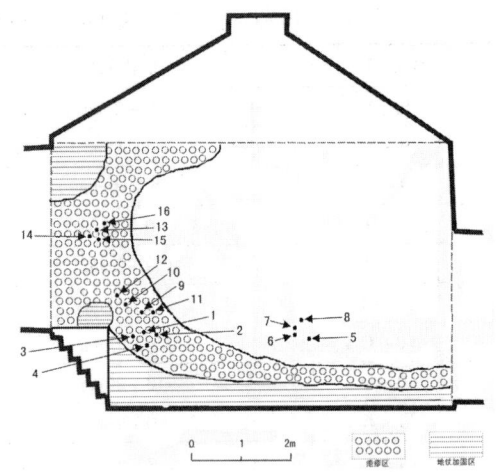

图18　可溶盐分析取样点位置图

表5　离子色谱分析条件

名称	阳离子	阴离子
分析柱	CS12A	AS14
淋洗液	20mmMSA（甲烷磺酸）	Na_2CO_3／$NaHCO_3$
淋洗液流速	1.0ml/min	1.2ml/min
系统压力	1320psi	1219psi
抑制器电流	65mA	24mA

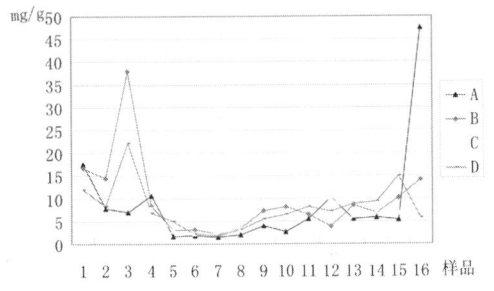

图19　各取样点不同深度 Cl^- 含量线图

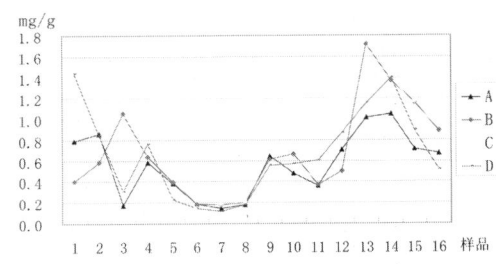

图20　各取样点不同深度 NO_3^- 含量线图

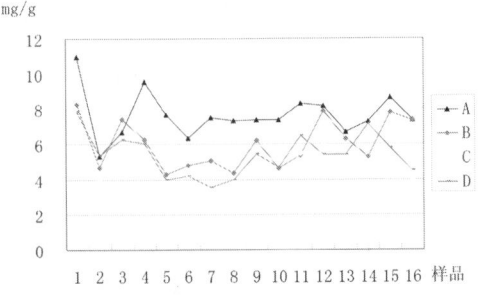

图21　各取样点不同深度 SO_4^{2-} 含量线图

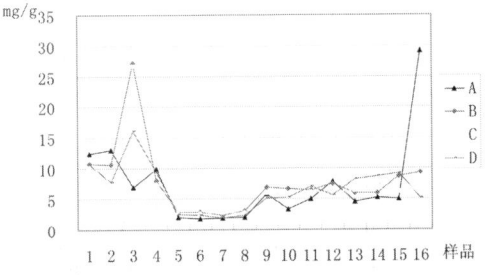

图22　各取样点不同深度 Na^+ 含量线图

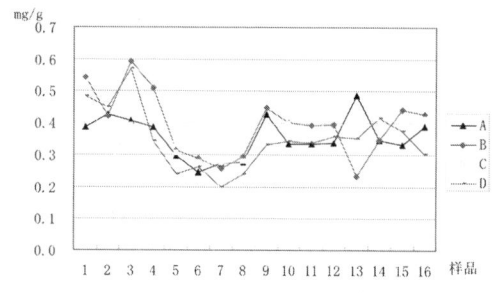

图 23　各取样点不同深度 K⁺ 含量线图

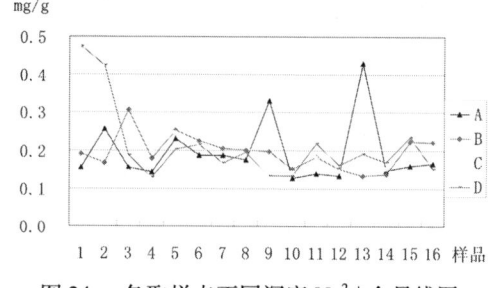

图 24　各取样点不同深度 Mg²⁺ 含量线图

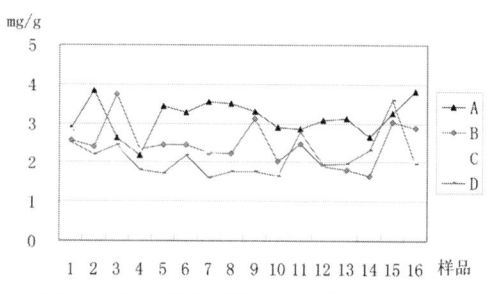

图 25　各取样点不同深度 Ca²⁺ 含量线图

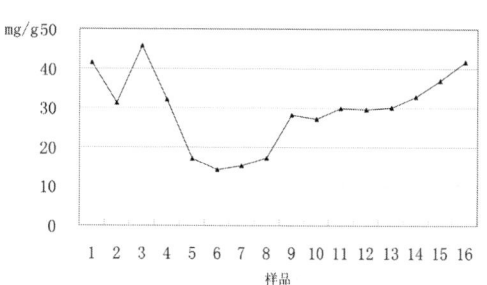

图 26　各取样点可溶盐总量分析结果线图

4.3　可溶盐分析结果讨论

以上分析结果可以看出，疱疹区域与非疱疹区域壁画地仗中的可溶盐含量差异较大，各采样点不同的离子含量、同一种离子不同深度的含量也不尽相同。

（1）疱疹区与非疱疹区 Cl^-、Na^+、K^+ 的含量有明显的差异，疱疹区离子的含量一般是非疱疹区的几倍甚至十几倍。这从图 19、22，图 26 上看得比较清楚，说明产生疱疹的 NaCl 在地仗中原来的存在量是很少的，大部分是由于水的侵入而将大量的 NaCl 带入。这也说明了水的渗入造成了疱疹病害的发生。

（2）Cl^-、Na^+ 有异常高值（如 3 号样品和 16 号样品），这可能与取到了氯化钠结晶的疱疹有关。

（3）SO_4^{2-}、Ca^{2+} 含量各样品之间变化不大，非疱疹区与疱疹区差异不明显，但地仗表面离子的含量最高，其含量随地仗深度增加逐渐减小。这可能与溶解度较低的中溶盐 $CaSO_4$ 有关。这些 $CaSO_4$ 是在制作的初期就存在于壁画地仗中，经历多个世纪的岩体水汽运移后，逐渐富集于表面。其他离子的这种状况表现得不明显。

（4）Cl^-、NO_3^-、Na^+、K^+、Mg^{2+} 等离子在非疱疹区域不同深度含量的变化幅度较小，与疱疹区域相比，可明显看到由水带入盐分后，会对壁画地仗中不同深度可溶盐的分布造成很大的影响。

（5）疱疹区与非疱疹区微岩芯样品 Mg^{2+} 平均含量差异不大，可能与渗入的水分中的 Mg^{2+} 含量较少有关。从这点也可以看出，水分的侵入（即使不携带盐分）同样会对壁画地仗中不同深度可溶盐的分布造成很大的影响。

5　结　论

从第 351 窟壁画疱疹和壁画地仗的可溶盐分析得出，疱疹是由 NaCl 晶体组成的。NaCl 在地仗中原来的存在量较少，是由于水的侵入而将大量的 NaCl 带入，水分蒸发后 NaCl 结晶形成疱疹。携带可溶盐水分的侵入（即使不携带可溶盐），也会对壁画地仗中不同深度可溶盐的分布造成很大的影响，而对中溶盐 $CaSO_4$ 影响不大。

致谢

本课题的部分分析实验得到了兰州大学物理学院教授宋大康、中科院兰州化学物理研究所研究员赵家政、兰州大学草地农业科技学院高级工程师吴彩霞的帮助，离子色谱取样得到了敦煌研究院修复技术服务中心技工殷志宏、赵鸿亮的帮助，在此一并表示感谢！

参考文献

[1] 敦煌研究院编．敦煌石窟内容总录．北京：文物出版社，1996：143.

[2] 朽津信明，段修业．敦煌莫高窟壁画的盐类风化．敦煌研究文集．石窟保护篇：上．兰州：甘肃民族出版社，1993.

[3] 段修业，郭宏，付文丽．莫高窟第 3 窟疱疹状病害的研究敦煌研究文集．石窟保护篇：上．兰州：甘肃民族出版社，1993.

Test for Blister and Soluble Salt in Powdering and the Layer of Plaster for the Wall – Painting in Cave 351 at Mogao Grottoes

Chen Gangquan[1,2]，Yu Zongren[1,2]

（1. Conservation Institute of Dunhuang，Gansu 736200；

2. The Key ScienTIFic Research Base for Ancient Wall Paintings，Dunhuang，Gansu 736200）

Abstract：The blister of which is a kind of deterioration of the wall——painting in cave 351

Mogao Grottoes be defined as NaCl by EDS and XRD. The test of soluble salt in the plaster layer of the wall—paintings inside Cave 351 showed that there is a close connection between distributing of soluble salt and happening of blister. Every ion has a respective distributing character in plaster layer. Water bring soluble salt into the plaster layer. When water vapored, the crystalloid NaCl had cause the blister in existing.

Key Words：the Mogao Grottoes，mural，blister，soluble salt

（原载于《敦煌研究》，2008 年，第 6 期）

基于莫高窟成盐元素相关系探究
壁画盐害作用机理

靳治良[1]，陈港泉[2]，钱　玲[1]，苏伯民[2]，吕功煊[1]

(1. 中国科学院兰州化学物理研究所，羰基合成与选择氧化国家重点实验室，兰州，730000；

2. 敦煌研究院保护研究所，敦煌，736200)

内容摘要：壁画盐害与壁画的成盐元素种类、盐分迁徙活动以及环境气象条件等密切相关。莫高窟壁画酥碱病变的可溶盐主要为 NaCl 和 Na_2SO_4，盐的结晶是破坏力的重要来源。本文运用经典溶液化学的研究方法，界定了三元体系 $NaCl - Na_2SO_4 - H_2O$ 于 308K，298K，288K，278K，268K 的相关系，以此为基础阐释了壁画盐害的发生和发展规律，计算得到了安全含盐量和环境条件的临界数值。研究表明：NaCl 的饱和溶解度对温度敏感度不大，它的结晶析出更多的是伴随着水分的蒸发而发生；Na_2SO_4 的饱和溶解度对温度表现较为敏感，它的结晶析出，除了因溶剂水分的蒸发而发生发展之外，还将因温度的降低而产生，他们各自在壁画盐害的发生发展过程中有一定的行为差异，其主导作用的交替点大致在 $W_{Na2SO4}/W_{NaCl} = 1 : 3 - 6$ 左右，即当该体系中 Na_2SO_4 的质量比约达 30% -15% 时，Na_2SO_4 将成为壁画盐害随洞窟温度变化而发生的主导诱因。三元体系 $NaCl - Na_2SO_4 - H_2O$ 中 NaCl 和 Na_2SO_4 在 5 - 35℃的介稳饱和溶解度的测定，取得了与相图一致的结果。NaCl 结晶物质地坚硬、粒度均匀，在壁画盐害表现形式上应以点状疤瘩为主；Na_2SO_4 结晶物主要以十水硫酸钠 $Na_2SO_4 \cdot 10H_2O$ 的形式析出，质地疏松，易风化，易返潮，所导致的壁画酥碱病变有一定的反复性。Na_2SO_4 的过饱和溶解度大，易富集，易浓缩，结晶区域较大，相应破坏面也较大，在壁画盐害的表现形式应以粉状酥碱为主，如壁画较大面积的空鼓、地仗层酥松等。

关键词：壁画　盐害　作用机理　硫酸钠　氯化钠

壁画是我国优秀文化遗产的重要组成部份，历经漫长的地质及环境演变，许多壁画盐害频发，已严重威胁到壁画的生存。壁画盐害与壁画中的盐分活动以及环境变化密切相关，所以进行壁画盐害发生发展机理及盐分活动规律的研究，对于有效保护壁画，消除和减轻盐害破坏具有特别重要的意义。

本文以莫高窟壁画典型盐害为研究对象，运用经典溶液化学的研究方法，即通过界定特征体系特征温度点的相关系及对 NaCl 和 Na_2SO_4 的结晶动力学及晶相结构进行深入研究，结合莫高窟环境实际，深入探索和研究壁画盐害的发生和发展规律，解释盐害壁画各种表面现象的内在过程机理，分析壁画安全含盐量和环境条件的临界数值，从而为正确保护壁画作理论探索。

莫高窟壁画可溶盐的分析表明[1-10]，窟内地仗中可溶盐以 Na^+、Cl^-、SO_4^{2-} 为主要成盐类型，Na^+ 含量介于 0.03% – 3% 之间，Cl^- 含量介于 0.01% – 4.5% 之间，SO_4^{2-} 含量介于 0.02% – 2.3% 之间，总盐含量大致为 0.2% – 8.5%。基于莫高窟环境温度实际，我们选取 35℃、25℃、15℃、5℃、– 5℃ 作为特征温度点，研究了三元体系 $NaCl – Na_2SO_4 – H_2O$ 在该温度点的相关系及 NaCl 和 Na_2SO_4 在该体系中于 5℃ – 35℃ 的介稳饱和溶解度及晶相结构，并以此阐释莫高窟壁画盐害的发生发展作用机理。

1 实验部分

原料：所用原料硫酸钠、氯化钠均为 C. R 级试剂经两次重结晶并置烘箱内于 50℃ 烘干后备用，水为二次蒸馏水。

分析方法：体系中氯化钠的含量采用莫尔法确定，硫酸钠的含量以茜素红作指示剂，用标准 $BaCl_2$ 溶液滴定，水的含量采用差减法计算。

体系的研究是采用等温溶解法在硬质玻璃平衡管中进行溶解平衡的测定。将一定量的氯化钠和硫酸钠置于盛有一定量的二次蒸馏水的封闭平衡器中，并将平衡器置于 FH – 501 超级恒温水浴中，用 GS12 – 2 型电子恒速搅拌器控制搅拌转速，搅拌速度为 300 r / min，恒温水浴温度波动小于 ±0.05℃，以 4 号磨砂过滤头汲取澄清的溶液进行化学分析，液相化学组成不变作为达到平衡的标志，体系平衡之后，停止搅拌，静置分层，取上层清液分析；过滤干盐，用无水乙醇洗涤干盐，于 70℃ 下干燥，用化学法鉴定或 X 射线粉末衍射干盐。平衡固相以湿渣法确定。

NaCl 和 Na_2SO_4 在纯水中的溶解度是于一周内经数次取样测得的未发生转化时的平衡浓度值。经实验反复对照考察，确定本实验所研究平衡体系的平衡时间为 8 – 16 小时。本研究中三元体系所有的液相组成都是在约 8 – 16 小时之内经 2 次取样确认组成不变时的浓度值。

2　结果与讨论

2.1　三元体系 $NaCl - Na_2SO_4 - H_2O$ 相关系

2.1.1　试验结果

经实验测定，得到了 308 K、298 K、288 K、278 K、268 K 温度条件下 $NaCl - Na_2SO_4 - H_2O$ 三元体系的平衡溶解度数据（见表1），由此而界定出该三元体系在 308 K、298 K、288 K、278 K、268 K 温度下的相图（参见图1所示）。

表1　三元体 $NaCl - Na_2SO_4 - H_2O$ 的溶解度

No	Composition of solution（Wt%）									
	308 K		298 K		288 K		278 K		268 K	
	NaCl	Na_2SO_4	NaCl	Na_2SO_4	NaCl	Na_2SO_4	NaCl	Na_2SO_4	NaCl	Na_2SO_4
1	28.61	0	28.61	0	26.5	0	25.62	0	9.65	0
2	27.22	1.84	26.71	2.42	25.38	2.66	24.31	0.56	9.01	0.07
3	26.45	3.16	24.57	5.38	24.69	3.82	23.01	1.01	8.12	0.31
4	25.89	4.51	22.89	7.63	23.54	5.82	22.15	1.56	7.63	0.71
5	23.64	8.15	23.18	7.56	23.54	5.83	20.67	2.87	7.53	0.91
6	18.38	12.74	23.14	7.58	18.33	6.65	18.24	2.91	4.21	0.97
7	12.64	16.41	18.52	8.51	11.34	7.08	15.41	3.01	3.12	1.12
8	7.67	20.32	13.94	10.25	5.82	8.22	11.01	3.43	1.67	1.56
9	3.24	24.35	8.72	11.69	0	10.26	5.62	4.22	0.34	2.10
10	0	26.70	3.86	14.68			0	5.61	0	2.33
11			0	17.81						

备注：表中溶解度值 = $W_{(溶质)} / W_{(溶质 + 水)}$；

一般地，$NaCl - Na_2SO_4 - H_2O$ 三元体系中有两种固相生成；NaCl 和 $Na_2SO_4 \cdot 10H_2O$，没有纯的 Na_2SO_4 生成；低温区（0℃以下）有 $NaCl \cdot 2H_2O$ 存在。随着温度的降低，硫酸钠的溶解度减少的较多，Na_2SO_4 结晶区占有较大的面积；而氯化钠的溶解度却变化不大。

2.1.2　讨论

（1）莫高窟壁画酥碱病变的可溶盐主要为 NaCl 和 Na_2SO_4。随着温度的降低，硫酸钠的溶解度减少的较多，而氯化钠的溶解度却变化不大，硫酸钠结晶区占有较大的面积，对温度依存度更大。NaCl 的结晶析出更多的是伴随着水分的蒸发而发生，而 Na_2SO_4

的结晶析出，除了因溶剂水分的蒸发而发生发展之外，还将因温度的降低而产生，他们各自在壁画盐害的发生发展过程中有一定的行为差异。

（2）莫高窟壁画酥碱病变中 NaCl 和 Na_2SO_4 主导作用的交替点可界定为 $W_{Na_2SO_4}/W_{NaCl} = 1 : 3 - 6$ 左右（参见图 1 中 A-d-B 曲线标记）（以 298 K 时的溶解度曲线为例，c-d 段为 Na_2SO_4 盐在含 NaCl 盐的水溶液中的饱和溶解度曲线，该区域内盐的结晶析出以 Na_2SO_4 为主导。d-e 段为 NaCl 盐在含 Na_2SO_4 盐的水溶液中的饱和溶解度曲线，在该区域内盐的

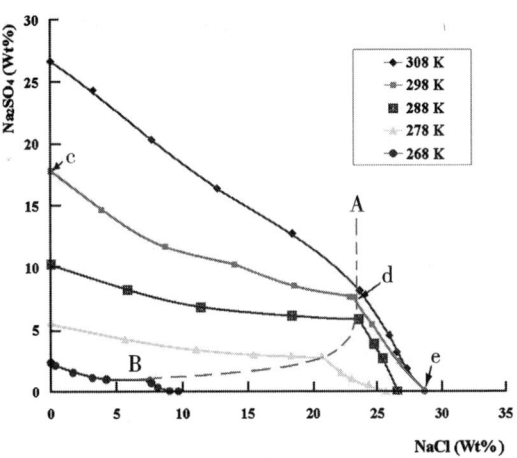

图 1　三元体系 NaCl - Na_2SO_4 - H_2O 268K、278K、288K、298K、308K 相图

结晶析出以 NaCl 为主导；两者作用力的交替点即 d 点为体系的共饱和点，此时 $W_{Na_2SO_4}/W_{NaCl} =$ 约为 1 : 3。），即当该体系中 Na_2SO_4 的质量比约达 30% — 15% 时，Na_2SO_4 将成为壁画盐害随洞窟温度变化而发生的主导诱因。

（3）三元体系 NaCl - Na_2SO_4 - H_2O 中主要有两种固相生成，NaCl 和 $Na_2SO_4 \cdot 10H_2O$，没有纯的 Na_2SO_4 生成；$Na_2SO_4 \cdot 10H_2O$ 结晶物比较疏松，随环境温度的变化，易于水化形成粉末状二水硫酸钠 $Na_2SO_4 \cdot 2H_2O$，再随温度升高，将脱水变为白色粉末状的无水芒硝。反之，随着环境湿度的增大无水芒硝还容易再次吸收水分而潮解，这将会加剧壁画酥碱病害的发生和发展程度。所以我们推测 Na_2SO_4 为主导作用所引起的壁画酥碱病变其进程将出现渐进性和反复性，更具破坏力。因此通过有效控制洞窟温湿度的交变幅度，可在一定程度减缓硫酸钠对壁画的酥碱病害。

2.2　三元体系 NaCl - Na_2SO_4 - H_2O 中 NaCl 和 Na_2SO_4 介稳饱和溶解度的研究

2.2.1　试验结果

饱和溶解度的研究是溶液化学的一个重要研究内容，通过饱和溶解度的研究可以探知环境条件如溶质组成、温湿度交变等对体系结晶行为的影响，此外还可以探知溶液结晶的成晶规律，进而研究结晶行为与壁画盐害表现形式的内在关系，因为晶型反映的是晶体内部质点在三维空间周期性重复排列的规律，而这种周期性地重复排列与壁画盐害的表现形式有密切关系。

经实验研究，得到如下表 2 及图 2 所示三元体系 NaCl - Na_2SO_4 - H_2O 中 NaCl 和 Na_2SO_4 介稳饱和溶解度数据。

表 2　三元体系 $NaCl - Na_2SO_4 - H_2O$ 中 NaCl 和 Na_2SO_4 介稳饱和溶解度

温度（℃）	Composition of solution（Wt%）		Solid phase in equilibrium
	NaCl	Na_2SO_4	
0	27.01	21.42	$NaCl + Na_2SO_4$　$10H_2O$
5	27.13	24.61	$NaCl + Na_2SO_4$　$10H_2O$
7	27.28	28.76	$NaCl + Na_2SO_4$　$10H_2O$
10	27.36	32.45	$NaCl + Na_2SO_4$　$10H_2O$
13	27.43	39.43	$NaCl + Na_2SO_4$　$10H_2O$
14	27.56	43.11	$NaCl + Na_2SO_4$　$10H_2O$
15	28.01	46.26	$NaCl + Na_2SO_4$　$10H_2O$
16	29.14	52.56	$NaCl + Na_2SO_4$　$10H_2O$
18	29.81	58.21	$NaCl + Na_2SO_4$　$10H_2O$
20	30.13	65.84	$NaCl + Na_2SO_4$　$10H_2O$
22	30.45	72.13	$NaCl + Na_2SO_4$　$10H_2O$
25	30.65	78.21	$NaCl + Na_2SO_4$　$10H_2O$
30	30.81	83.43	$NaCl + Na_2SO_4$　$10H_2O$
35	31.06	88.24	$NaCl + Na_2SO_4$　$10H_2O$

备注：表中数值为体系逆向结晶析出临界过饱和溶解度；溶解度 $= W_{(溶质)}/W_{(溶质+水)}$；

从表 2 及图 2 可以看出，NaCl 的溶解度随温度的降低减小幅度很小，仅在 15 – 20℃ 的温度区间内有一定的加剧趋势，但 Na_2SO_4 对温度十分敏感且过饱和度很大，随温度降低，其结晶析出量非常大。Na_2SO_4 结晶物主要以 $Na_2SO_4 \cdot 10H_2O$ 的形式析出，随环境温度的变化，易于风化形成粉末状 $Na_2SO_4 \cdot 2H_2O$，再随温度升高，将脱水变为白色粉末状的无水芒硝。反之，随着环境湿度的增大无水芒硝还容易再次吸收水分而潮解，Na_2SO_4 结晶物质地疏松，易风化，易返潮。

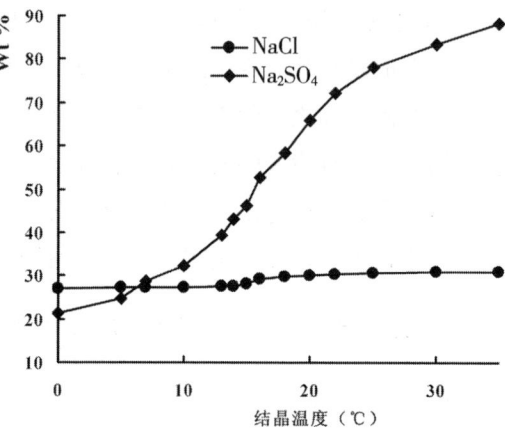

图 2　NaCl、Na_2SO_4 在三元体系 $NaCl - Na_2SO_4 - H_2O$ 中的介稳饱和溶解度曲线

试验研究还表明，调整冷却过程的温度梯度，是改善结晶体粒度分布的一条重要途径。通过合理地控制冷却过程，使溶液中由于温度降低而进入过饱和范围的溶质能及时沉积到晶种上，则体系的过饱和度就可维持在一个较低的平稳的水平上，并使其低于成核过程所需的过饱和度从而促使晶体生长，就可使结晶物颗粒大、粒度均匀。

2.2.2 讨论

（1）总体上讲，NaCl 在除 15 – 20℃的大多温度区间内，其溶解度对温度不是十分敏感，随温度降低，结晶析出量不多，但在 15 – 20℃的温度区间内有一定的加剧，所以 NaCl 的结晶析出所引起盐害的破坏在很大程度上是体现于 15 – 20℃的温度区间，在季节上应表现为暮春、全夏和初秋。而 Na_2SO_4 对温度较 NaCl 敏感，特别是在低温段，由此我们有理由推测，对于 NaCl 含量占主导地位的洞窟，壁画盐害的发生和发展主要在 15 – 20℃这一温度过渡带产生，而对于 Na_2SO_4 质量分数较高的体系来说，例如当 $W_{Na2SO4}/W_{NaCl} \geq 1：3 – 6$ 时，Na_2SO_4 可能成为主导因素，考虑到壁画地仗层中 Na_2SO_4 的含量很少达到 70%（20℃时对应的析出浓度）的实际，由此推测该情况下壁画盐害的发生和发展则主要在体现在 20℃以下的温度区间，在季节上应表现为暮秋、全冬和初春。

（2）NaCl 溶解度随温度变化较小，如果洞窟温度（特别是在 15 – 20℃的区间内）变化不是十分剧烈，过饱和度相应较低，此时 NaCl 结晶物质地坚硬，成晶颗粒大，粒度均匀，在壁画盐害表现形式上应以点状疱疹为主（如 194 窟、351 窟）。

（3）Na_2SO_4 结晶物主要以十水硫酸钠 $Na_2SO_4 \cdot 10H_2O$ 的形式析出，结晶物质地疏松，呈不规则团状分布，易脱水形成粉末状二水硫酸钠 $Na_2SO_4 \cdot 2H_2O$，再随温度升高，含水芒硝脱水变为白色粉末的无水芒硝。反之，当环境湿度较大时，无水芒硝又容易水化返潮。因此对于 Na_2SO_4 质量分数较高的洞窟来说，一方面壁画盐害的发生和发展主要在 20℃以下的温度区间产生，另一方面，壁画盐害的表现形式应以粉状酥碱为主（如 98 窟）且所导致的壁画酥碱病变有一定的渐进性和反复性，更具破坏力。

（4）Na_2SO_4 的过饱和溶解度非常大，所以它极易大规模富集浓缩，富集到一定程度一旦爆发，其结晶区域较大，破坏面积也相应很大。Na_2SO_4 的富集需要一个合适的场所，我们推测它比较容易在壁画地仗层中浓缩，所以 Na_2SO_4 更有可能主要作用于壁画地仗层，而 NaCl 则对地仗层的作用应该较小，伴随这一内在机理，我们认为壁画大面积脱落、颜料层大面积的空鼓、地仗层酥碱更多地是与 Na_2SO_4 相联系。

（5）以三元体系 $NaCl – Na_2SO_4 – H_2O$ 288K 的相关系的界定结果为例，运用拉乌尔定律计算，可以得知，对应各平衡点的相对湿度的临界安全值分别为 90%、89.8%、89.8%、89.8%、89.8%、92.3%、95.1%、97.2%、98.5%。事实上，由于盐析的过饱和度的存在，对于以 NaCl、Na_2SO_4 为主要成盐类型的洞窟来说，壁画盐类酥碱病害发生的许可相对湿度的临界值可较上面的数值得以大大扩展，这对于壁画保护来说，是一个非常有利的弹性空间。依据 NaCl 和 Na_2SO_4 介稳饱和溶解度的测定结果，计算可得该三元体系 $NaCl – Na_2SO_4 – H_2O$ 在 5 – 35℃的温度范围内如下表 3 所列的相对湿度的许可临界安全值。也就是说在 5 – 35℃的温度范围内，如果洞窟各温度点的相对湿度不低于上述数值，相对来说就是比较安全的，酥碱病害就不大可能发生。

表 3　三元体系 NaCl – Na$_2$SO$_4$ – H$_2$O 在若干温度点的相对湿度之许可临界安全值

温度（℃）	许可临界相对湿度
5	78.2%
10	76.5%
12	75.6%
14	75.2%
15	72.4%
18	67.3%
20	61.1%
22	55.2%
25	47.5%
30	28.1%
35	25.9%

3　结　论

莫高窟壁画酥碱病变的可溶盐主要为 NaCl 和 Na$_2$SO$_4$，盐的结晶是破坏力的重要来源。三元体系 NaCl – Na$_2$SO$_4$ – H$_2$O 于 308K，298K，288K，278K，268K 的相关系的研究表明：NaCl 的饱和溶解度对温度敏感度不大，它的结晶析出更多的是伴随着水分的蒸发而发生；Na$_2$SO$_4$ 的饱和溶解度对温度表现较为敏感，它的结晶析出，除了因溶剂水分的蒸发而发生发展之外，还将因温度的降低而产生，他们各自在壁画盐害的发生发展过程中有一定的行为差异，其主导作用的交替点大致在 W_{Na2SO4}/W_{NaCl} = 1：3 – 6 左右。NaCl 结晶物质地坚硬、粒度均匀，在壁画盐害表现形式上应以点状疱疹为主；Na$_2$SO$_4$ 结晶物质地疏松，易风化，易返潮，其过饱和溶解度大，易富集，易浓缩，结晶区域较大，在壁画盐害的表现形式应以粉状酥碱为主，壁画较大面积的空鼓、地仗层酥松等更多地与 Na$_2$SO$_4$ 的结晶相关联。

参考文献

[1] 郭宏，李最雄，宋大康等，敦煌莫高窟壁画酥碱病害机理研究之一，敦煌研究，1998（3）：153 – 163.

[2] 郭宏，李最雄，裘元勋等，敦煌莫高窟壁画酥碱病害机理研究之二，敦煌研究，1998（4）：159 – 172.

[3] 郭宏，李最雄等，敦煌莫高窟壁画酥碱病害机理研究之三，敦煌研究，1999（3）：153 – 164.

[4] 郭宏，段修业，李军，王军虎，莫高窟第53窟壁画酥碱病害的研究，敦煌研究文集·石窟保护

篇（上），兰州：甘肃民族出版社，1993.

[5] 张明泉，张虎元，曾正中，李最雄，敦煌壁画盐害及其地质背景，敦煌研究文集·石窟保护篇（上），兰州：甘肃民族出版社，1993.

[6] 陈港泉，苏伯民等，莫高窟第85窟壁画地仗酥碱模拟试验，敦煌研究，2005（4）：62-66.

[7] 敦煌研究院保护研究所病害调查组，日本东京国立文化财研究所病害调查组，莫高窟53窟壁画酥碱病害原因的初步研究，敦煌研究，1992（3）：73-87.

[8] 敦煌研究院保护研究所病害调查组，日本东京国立文化财研究所病害调查组，莫高窟194窟壁画酥碱病害原因的初步研究，敦煌研究，1992（3）：73-87.

[9] 苏伯民，陈港泉，不同含盐量壁画地仗泥层的吸湿和脱湿速度的比较，敦煌研究，2005（5）：63-66.

[10] Klemm, W., Siedel, H. Source of Sulphate Salt Efflorescence at Historical Monument s – a Geochemical Study from Freiberg, Saxony. 8th International Congress on Deterioration and Conservation of Stone. Berlin, 30 Sep – 4 Oct, 1996: 489 – 495.

Study on the Mechanism of Salt Damages on the Mural Paintings of Mogao Grottoes

Jin Zhiliang[1], Chen Gangquan[2],
Qian Ling[1], Su Boming[2], Lv Gongxuan[1]

(1. State Key Laboratory for Oxo Synthesis and Selective Oxidation, Lanzhou Institute of Chemical Physics, Chinese Academy of Science, Lanzhou 730000, China;

2. The Conservation ResearchInstitute of The Dunhuang Academy, Dunhuang 736200, China)

Abstract: The salt damages of the mural paintings were closely related to the types and movements of salt, environmental and meteorological conditions, etc. The main dissolvable salts in Mogao grottoes resulted in the salt damages of the mural paintings were sodium chloride ($NaCl$) and sodium sulfate (Na_2SO_4) and the crystallization of salts was the main destructive force in the process of salt damages. In this paper, the isothermal solubility of the ternary system $NaCl - Na_2SO_4 - H_2O$ at five characteristic temperature namely 308K, 298K, 288K, 278K, 268K had been studied and their phase diagrams were determined, the crystallizing dynamics of $NaCl$ and Na_2SO_4 in the ternary system $NaCl - Na_2SO_4 - H_2O$ and the crystal structure were investigated. The results showed that the solubility of $NaCl$ was not sensitive to the temperature and its crystallization was mainly occurred with the evaporation of H_2O. On the contrary, Na_2SO_4 was very sensitive to the temperature and its crystallization was easily taken place with the decrease of temperature besides with the H_2O evaporation. NaCl and Na_2SO_4 exhibited different behaviors in the process of salt crystallization. The dominant role between NaCl and Na_2SO_4 was alternated at the mass ratio of 1∶3 – 6 (for example, $W_{Na2SO4}/W_{NaCl} = 1∶$ 3 at 298K). The results indicated that Na_2SO_4 was the main factor in the process of salt damages with the fluctuation of temperature when the content of Na_2SO_4 in the system was exceeded 30%. Based on those results, the permitted – critical relative humidity for the protection of the mural paintings corresponding to various content of salts were obtained. We speculated an initiation and developing mechanism of salt damages in the mural paintings. For the NaCl crystal was very hard and its granularity was smallness and uniformity, it was speculated that the appearance of salt damages on the mural painting would be mainly in point – focused bleb form. On the contrary, Na_2SO_4 crystal (mainly existed in the form of $Na_2SO_4 \cdot 10H_2O$) was very loosen, easily be effloresced and supersaturated, so we speculated that the deterioration in the mural painting resulted from Na_2SO_4 crystals would be in the form of extensive area, powdered and porous crisp, strongly damaging force and the deterioration appearance on the mural painting appear mainly in the form of hollow inside and base – ground powdered porous loose.

Key Words：mural painting, salt damages, mechanism, sodium chloride, sodium sulfate

（原载于《化学研究与应用》2009 年，第 21 卷第 4 期）

沉淀电导滴定法用于敦煌莫高窟壁画地仗中阴离子的现场快速分析

周　雷，杜红英[1]，陈港泉[2]，苏伯民[2]，胡之德[1,3]

（1. 兰州大学化学化工学院，兰州，730000；2. 敦煌研究院保护研究所，敦煌，736200；
3. 兰州分离科学研究所，兰州，730070）

内容摘要： 敦煌莫高窟壁画盐害主要来源于可溶性盐（NaCl 和 Na_2SO_4）与水的相互作用。本文依据沉淀电导滴定原理，建立了一种用于分析莫高窟壁画地仗中 Cl^- 和 SO_4^{2-} 离子含量的方法。对比研究了莫高窟第 98 窟地仗坚硬和地仗酥碱处可溶盐阴离子含量，并与离子色谱分析结果进行了比较。实验结果表明，该方法简便快捷，可用于莫高窟壁画地仗可溶盐的现场快速分析。

关键词： 莫高窟　壁画　盐害　沉淀电导滴定法　现场

0　引　言

　　敦煌莫高窟是我国优秀文化遗产的重要组成部分，以精美的壁画和雕像闻名于世。但是，这一文化瑰宝经历漫长的地质及环境演变，许多壁画病害频发，已严重威胁到壁画的保存。最近的调查研究显示，在莫高窟 492 个有壁画的洞窟中，发生病害的有 245 个，其中有活动性病害的 90 个。其中发生酥碱的 61 个，龟裂、起甲的 82 个，烟熏的 47 个，霉变的 7 个[1]。如不及时采取措施研究治理，若干年后宝贵的壁画，很可能会面目全非的。

　　盐害是敦煌壁画中最严重的病害之一，敦煌壁画中与盐有关的病害通常有酥碱、颜料层起甲、空鼓、粉化等。研究显示，导致这些盐害发生的主要原因是可溶盐和水及温度的相互作用，盐的结晶是破坏力的主要来源[2-7]。莫高窟壁画可溶盐的分析表明，窟内地仗中可溶盐以氯化钠（NaCl）和硫酸钠（Na_2SO_4）为主。这些盐与环境中水分的相互作用，使壁画表面呈现出各种不同的病害现象。因此，分析壁画中可溶盐的组成、含量以及盐分活动规律，对于研究壁画盐害发生发展机理，预防和消除盐害破坏，有效保护壁画具有特别重要的意义。窟内地仗中可溶盐以 Na^+、Cl^-、SO_4^{2-} 为主要成盐类型，其分析多用离子色谱法[8-10]。该方法虽有其优势，但在实际应用中也有一定的局限性，尤其是离子色谱法难以实现野外现场分析，严重限制了其在石窟地仗盐分监测中的应用。因此，发展一种适合于现场快速分析可溶盐的方法对于壁画盐害的预防与保护修复是十分必要的。

电导滴定法是根据滴定过程中溶液电导的变化来确定滴定终点的一种容量分析方法。在电导滴定中，滴定剂与溶液中被测离子生成水、沉淀或难离解的化合物，使溶液的电导发生变化，而在等当点时滴定曲线出现转折点，指示滴定终点[11]。考虑到莫高窟地仗中可溶盐阴离子主要是 Cl^- 和 SO_4^{2-} 离子，实验选用 $AgNO_3$ 和 $BaCl_2$ 溶液为滴定剂，建立了基于沉淀电导滴定的快速现场分析方法。

利用本文所建立的方法分析了莫高窟第 98 窟地仗坚硬和地仗酥碱处两种阴离子含量的差异，并和离子色谱分析结果进行了比较。结果表明，沉淀电导滴定法准确可靠，可用于 Cl^- 和 SO_4^{2-} 离子的现场快速分析。

1　实验部分

溶液配制：浓度为 100 mM 的 NaCl、$AgNO_3$、Na_2SO_4 和 $BaCl_2$ 储备溶液和浓度为 1 M 的 HNO_3 储备溶液分别用去离子水准确配制，使用时稀释储备液至所需浓度。

样品采集与处理：地仗样品采自莫高窟第 98 窟，此前的调查结果表明，第 98 窟壁画的主要病害有：地仗酥碱、起甲、裂缝、空鼓、疱疹状脱落等，且该窟现存的酥碱、起甲、空鼓等病害目前还处于活动中，有逐渐恶化的趋势[12]。地仗坚硬样品（未受盐害）采自第 98 窟东壁二层和三层，编号分别为 DQ1-1 和 DQ1-2；地仗酥碱样品（遭受盐害）采自第 98 窟西壁二层和三层，编号分别为 XQ2-1 和 XQ2-2。实验时准确称取四种土样 DQ1-1 200 mg，DQ1-2 205 mg，XQ2-1 205 mg，XQ2-2 200 mg，分别用去离子水浸泡提取，提取液过滤后定容至 100 mL。

沉淀电导滴定实验：实验所用仪器为美国奥立龙 310C-01 电导率仪，具体操作如下：在小烧杯中加入 25 mL 待滴定溶液，并加入少量 100 mM HNO_3 溶液，以屏蔽其他离子的干扰；然后用微量注射器逐次加入不同体积的滴定工作溶液（100 mM $AgNO_3$ 或 $BaCl_2$），记录平衡后溶液的电导率值，所得数据对加入体积作图，即得沉淀电导滴定曲线。

离子色谱分析实验：离子色谱分析委托中国科学院寒区旱区环境与工程研究所完成，具体分析环境为：1000 级超净室，仪器放置于 1000 级超净工作台内。实验所用仪器是美国戴安公司的 ICS-2500 型离子色谱仪，分析柱是 4 mm AS11，保护柱 4 mm

AG11，ASRS – ULTRA – II 4 mm 抑制器，流速：1 mL/min，EG – 50 淋洗液自动发生器，淋洗液：5 mM KOH，进样量为 200 μL，柱温 30℃。所用标准样品为瑞士 Fluka 公司的标准溶液。空白和标准所用超纯水为美国 Millipore 公司 18.2 MΩ 的超纯水。进行离子色谱分析前，DQ1 – 1 和 DQ1 – 2 土样提取液稀释了 2 倍，XQ2 – 1 和 XQ2 – 2 土样提取液稀释了 8 倍。

2　结果与讨论

2.1　Cl^- 离子的沉淀电导滴定分析

　　首先用标准混合溶液考查沉淀电导滴定法滴定溶液中 Cl^- 离子的可行性。配制一系列含 $NaCl$、Na_2SO_4 和 HNO_3 的标准混合溶液，取 25 mL 置于小烧杯中，进行沉淀电导滴定实验。滴定用 $AgNO_3$ 浓度为 100 mM，加入稀 HNO_3 是为了屏蔽其他离子的干扰。根据所得数据绘制沉淀电导滴定曲线，并求出滴定等当点处需加入 100 mM $AgNO_3$ 的体积，据此计算混合溶液中 Cl^- 离子的浓度，回收率在 96 – 101% 之间。滴定实验结果表明，该方法可准确滴定溶液中的 Cl^- 离子。

　　分别量取地仗坚硬样品 DQ1 – 1、DQ1 – 2 水提取液 20 mL 置于小烧杯中，加入 100 mM HNO_3 100 μL（即忽略体积变化，样品溶液中 HNO_3 浓度为 500 μM），混合均匀后进行沉淀电导滴定实验。所得数据列于表 1，沉淀电导滴定曲线见图 1a – 1b。从图中可求出滴定等当点处需加入 100 mM $AgNO_3$ 的体积，并据此计算得样品水提取液中 Cl^- 浓度，详细数据列于表 1。对于地仗酥碱样品 XQ2 – 1 和 XQ2 – 2，其水提取稀释一倍后同上进行沉淀电导滴定实验，所得数据列于表 1，沉淀电导滴定曲线见图 1c – 1d。

表 1　Cl^- 离子的沉淀电导滴定分析

样品编号	沉淀电导滴定实验										等当点 V（μL）	Cl^- 浓度（μM）
DQ1 – 1	V（$AgNO_3$，μL）	0	5	10	15	20	30	40	50	75	20.23	101.2
	κ（μS/cm）	119.3	119.3	119.3	119.7	121.6	127.3	133.6	140.2	156.3		
DQ1 – 2	V（$AgNO_3$，μL）	0	5	10	15	20	30	40	50	75	17.94	89.7
	κ（μS/cm）	124.6	124.6	124.6	125.1	127.0	132.4	138.8	145.5	161.8		
XQ2 – 1	V（$AgNO_3$，μL）	0	25	50	75	100	125	150	175		103.63	1036.3
	κ（μS/cm）	257.6	256.4	255.6	255.2	255.4	268.7	284.9	301			
XQ2 – 2	V（$AgNO_3$，μL）	0	25	50	75	100	125	150	175		86.66	866.6
	κ（μS/cm）	243.1	242.2	241.6	241.3	249.3	265.5	281.2	297			

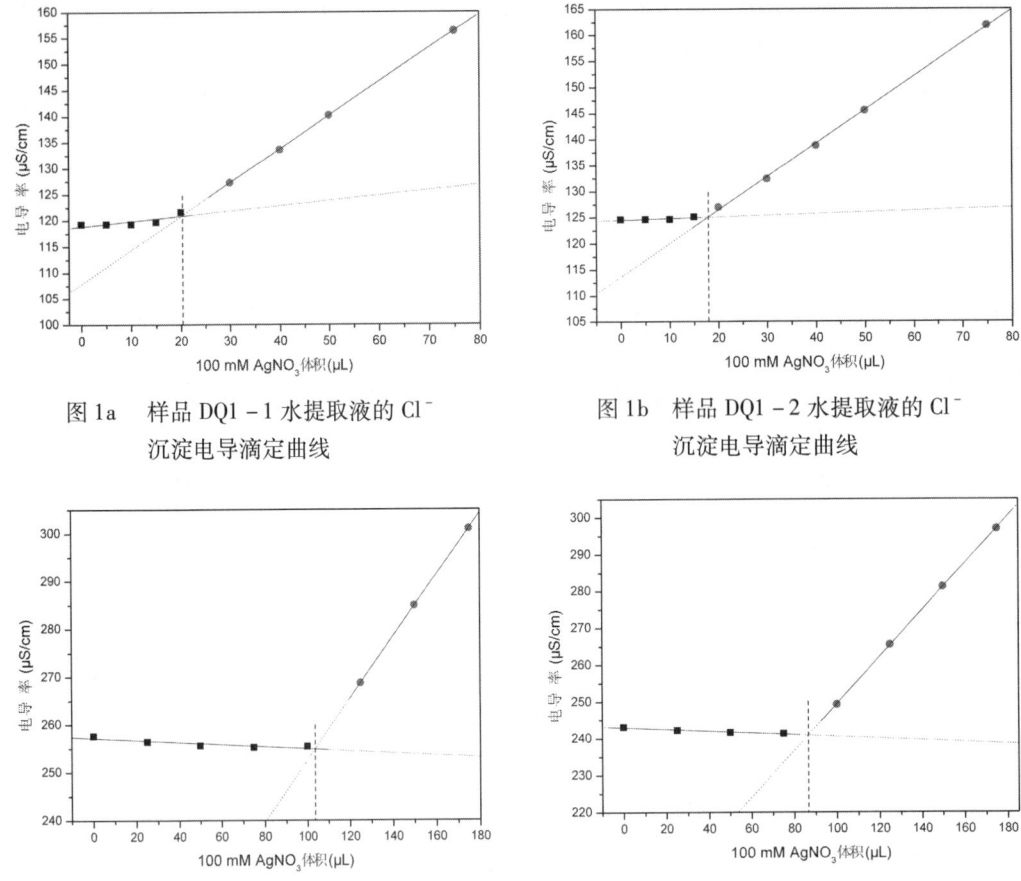

图 1a　样品 DQ1－1 水提取液的 Cl⁻
　　　沉淀电导滴定曲线

图 1b　样品 DQ1－2 水提取液的 Cl⁻
　　　沉淀电导滴定曲线

图 1c　样品 XQ2－1 水提取液的 Cl⁻
　　　沉淀电导滴定曲线

图 1d　样品 XQ2－2 水提取液的 Cl⁻
　　　沉淀电导滴定曲线

2.2　SO_4^{2-} 离子的沉淀电导滴定分析

首先用标准混合溶液考查沉淀电导滴定法滴定溶液中 SO_4^{2-} 离子的可行性。配制一系列含 $NaCl$、Na_2SO_4 和 HNO_3 的标准混合溶液，取 25 mL 置于小烧杯中，进行沉淀电导滴定实验。滴定用 $BaCl_2$ 浓度为 100 mM，加入稀 HNO_3 是为了屏蔽其他离子的干扰。根据所得数据绘制沉淀电导滴定曲线，并求出滴定等当点处需加入 100 mM $BaCl_2$ 的体积，据此计算混合溶液中 SO_4^{2-} 离子的浓度。实验发现，当溶液中 SO_4^{2-} 离子浓度较低（ < 300 μM）时，沉淀电导滴定法无法得到滴定曲线的等当点，即无法得到溶液中 SO_4^{2-} 离子的浓度；当溶液中 SO_4^{2-} 离子浓度较高时（ > 300 μM），沉淀电导滴定法可准确滴定溶液中 SO_4^{2-} 离子，回收率在 98－101% 之间。以上结果说明，沉淀电导滴定法用于溶液中 SO_4^{2-} 离子分析时灵敏度较差，只有当溶液中 SO_4^{2-} 离子浓度高于 300 μM 时，方可准确滴定溶液中的 SO_4^{2-}。值得注意的是，由于 $BaSO_4$ 晶核形成时间较长，溶液的电导率稳定所需要的时间也较长，通常在 5-15 分钟之间。

取地仗坚硬样品 DQ1-1 水提取液 20 mL 置于小烧杯中，加入 100 mM HNO_3 100 μL（即忽略体积变化，样品溶液中 HNO_3 浓度为 500 μM），混合均匀后进行沉淀电导滴定实验。所得数据列于表 2，沉淀电导滴定曲线见图 2a。从图 2a 中可以看出，无法得到滴定曲线的等当点，说明样品 DQ1-1 水提取液中 SO_4^{2-} 离子含量较低，达不到该方法的检测限。取地仗坚硬样品 DQ1-2 水提取液 20 mL 置于小烧杯中，加入 100 mM Na_2SO_4 80 μL（忽略体积变化，相当于样品溶液中加入 SO_4^{2-} 浓度为 400 μM）和 100 mM HNO_3 100 μL（忽略体积变化，样品溶液中 HNO_3 浓度为 500 μM），混合均匀后进行沉淀电导滴定实验。所得数据列于表 2，沉淀电导滴定曲线见图 2b。舍去初始点和等当点附近的点，可得两条直线的交点，等当点处需加入 100 mM $BaCl_2$ 体积为 89.50 μL，计算得加标样品溶液中 SO_4^{2-} 浓度为 447.5 μM，扣除加标浓度，得到原始样品提取液中 SO_4^{2-} 浓度为 47.5 μM。

地仗酥碱样品 XQ2-1 水提取液直接进行沉淀电导滴定时，也无法得到滴定曲线的等当点（图 2c）。地仗酥碱样品 XQ2-2 水提取液分析时，预先加入 100 mM Na_2SO_4 80 μL（忽略体积变化，相当于样品溶液中加入 SO_4^{2-} 浓度为 400 μM），滴定数据列于表 2，沉淀电导滴定曲线见图 2d。结果显示，等当点处需加入 100 mM $BaCl_2$ 体积为 116.45 μL，计算得加标样品溶液中 SO_4^{2-} 浓度为 582.3 μM，扣除加标浓度，得到原始样品提取液中 SO_4^{2-} 浓度为 182.3 μM。

表 2　SO_4^{2-} 离子的沉淀电导滴定分析

样品编号	沉淀电导滴定实验										等当点 V（μL）	SO_4^{2-} 浓度（μM）
DQ1-1	V（$BaCl_2$，μL）	0	5	10	15	20	30	40	50	75	/	/
	κ（μS/cm）	119.3	126.1	133	139.6	146.7	160.3	173.7	187	219.8		
DQ1-2	V（$BaCl_2$，μL）	0	25	50	75	100	125	150	175	200	89.50	447.5[a] (47.5[b])
	κ（μS/cm）	233	246.6	241	245.7	262.9	286.8	317	347	377		
XQ2-1	V（$BaCl_2$，μL）	0	10	20	30	40	60	80	100	125	/	/
	κ（μS/cm）	293.8	306	318	331	343	366	390	409	437		
XQ2-2	V（$BaCl_2$，μL）	0	25	50	75	100	125	150	175	200	116.45	582.3[a] (182.3[b])
	κ（μS/cm）	359	371	365	367	374	386	411	438	468		

a 样品提取液加标后 SO_4^{2-} 总浓度；b 样品提取液中 SO_4^{2-} 原始浓度

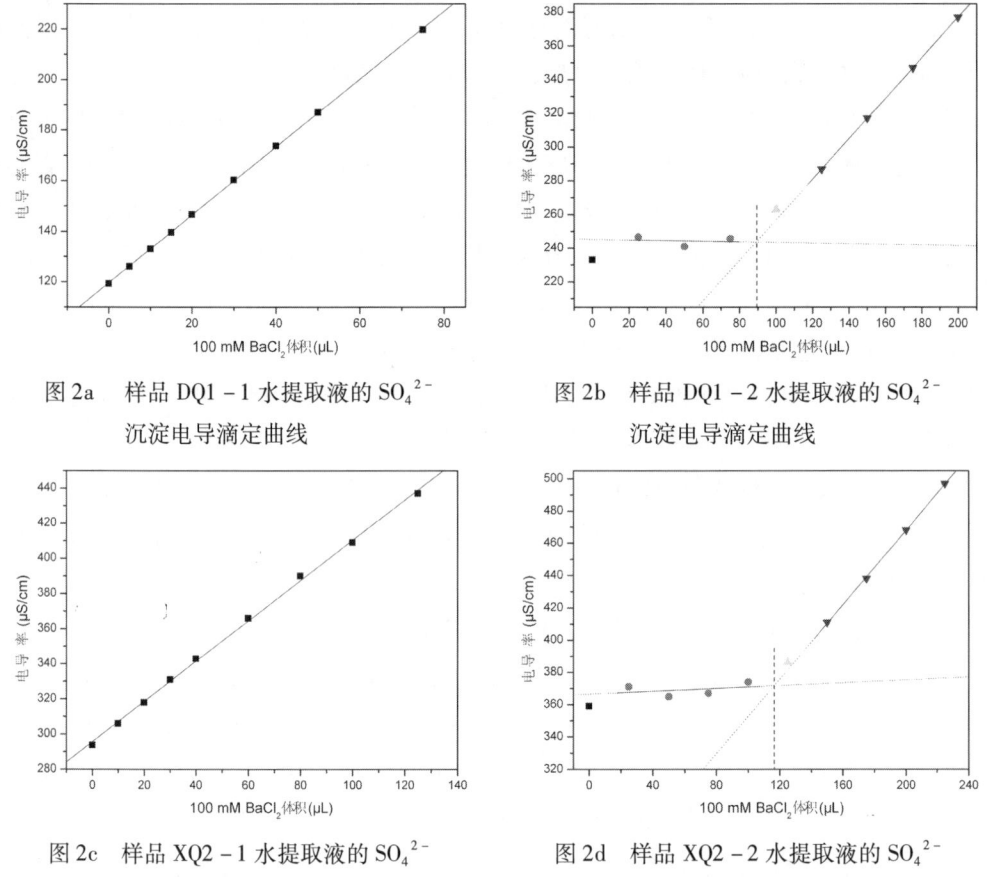

图 2a　样品 DQ1 - 1 水提取液的 SO_4^{2-}　　　　图 2b　样品 DQ1 - 2 水提取液的 SO_4^{2-}
　　　　沉淀电导滴定曲线　　　　　　　　　　　　　　沉淀电导滴定曲线

图 2c　样品 XQ2 - 1 水提取液的 SO_4^{2-}　　　　图 2d　样品 XQ2 - 2 水提取液的 SO_4^{2-}
　　　　沉淀电导滴定曲线　　　　　　　　　　　　　　沉淀电导滴定曲线

2.3　与离子色谱分析结果的比较

　　为了评价沉淀电导滴定法的准确性，我们将 4 份地仗样品的水提取液送交中科院寒区旱区环境与工程研究所进行离子色谱分析，结果列于表 3。表中数据可以看出，两种方法所得结果符合较好，说明本实验所建立的沉淀电导滴定法的准确可靠。从实验分析结果可以看出，地仗坚硬与地仗酥碱区 Cl^- 和 SO_4^{2-} 离子有明显差异，酥碱区可溶盐含量较非酥碱区升高几倍甚至十几倍，该结果与其他方法分析结论相符[10]。

表 3　沉淀电导滴定分析和离子色谱分析结果的比较　（质量百分比,%）

样品编号	DQ1 - 1		DQ1 - 2		XQ2 - 1		XQ2 - 2	
	Cl^-	SO_4^{2-}	Cl^-	SO_4^{2-}	Cl^-	SO_4^{2-}	Cl^-	SO_4^{2-}
沉淀电导滴定法	0.18	/	0.16	0.22	1.79	/	1.53	0.87
离子色谱法	0.19	0.11	0.18	0.23	1.98	0.81	1.67	0.81

　　注：离子色谱法尚检出 DQ1 - 1、DQ1 - 2、XQ2 - 1、XQ2 - 2 中 NO_3^- 离子的质量百分含量分别为：0.02%、0.03%、0.10%、0.08%。

3 结 论

敦煌莫高窟壁画病害主要是地仗中可溶盐与水的相互作用造成的，因此，监测洞窟地仗中无机盐的类型与含量对于探讨壁画盐害的产生机理，研究壁画盐害的预防与保护修复等都具有重要意义。本实验所建立的沉淀电导滴定法可用于现场快速分析地仗中可溶盐主要阴离子（Cl^-和SO_4^{2-}）含量，该方法简便快捷，准确可靠，适合于现场快速分析。

参考文献

[1] 王进玉. 敦煌莫高窟洞窟现状调查与病害分类. 敦煌研究，2005，（6）：113 – 117.

[2] 郭宏，李最雄，宋大康，等. 敦煌莫高窟壁画酥碱病害机理研究之一. 敦煌研究，1998，（3）：153 – 163.

[3] 郭宏，李最雄，裴元勋，等. 敦煌莫高窟壁画酥碱病害机理研究之二. 敦煌研究，1998，（4）：159 – 172.

[4] 郭宏，李最雄，裴元勋，等. 敦煌莫高窟壁画酥碱病害机理研究之三. 敦煌研究，1999，（3）：153 – 175.

[5] 陈港泉，苏伯民，赵林毅，等. 莫高窟第85窟壁画地仗酥碱模拟试验. 敦煌研究，2005，（4）：62 – 66.

[6] 苏伯民，陈港泉. 不同含盐量壁画地仗泥层的吸湿和脱湿速度的比较. 敦煌研究，2005，（5）：62 – 65.

[7] 靳治良，陈港泉，钱玲，等. 莫高窟壁画盐害作用机理研究（I）. 敦煌研究，2008，（6）：50 – 53.

[8] 丁明玉，陈培榕，罗国安. 阴离子和阳离子的同时离子色谱分析. 分析化学，1997，25（1）：104 – 109.

[9] 李燕飞，苏伯民，范宇权. 离子色谱法在文物发掘现场及保护中的应用. 敦煌研究，2008，（6）：91 – 95.

[10] 陈港泉，于宗仁. 莫高窟第351窟壁画疱疹和壁画地仗可溶盐分析. 敦煌研究，2008，（6）：39 – 45.

[11] 赵藻藩，周性尧，张悟铭，赵文宽. 仪器分析. 高等教育出版社，1998：354 – 357.

[12] 徐淑青. 莫高窟第98窟现状调查报告. 敦煌研究，2005，（5）：75 – 77.

On – Site Rapid Analysis of Chloride and Sulfate Ions Plaster Ground for the Wall – Paintings in Mogao Grottoes by Conductometric Titration

Zhou Lei[1], Du Hongying[1], Su Bomin[2]

Chen Gangquan[2], Hu Zhide[1,3]

(1. College of Chemistry and Chemical Engineering, Lanzhou University, Lanzhou 73000;

2. The Conservation Research Institute of theDunhuang Academy, Dunhuang Gansu 736200;

3. Lanzhou Institute of Separation Science, Lanzhou 730070)

Abstract：Salt harm to the wall – paintings in Mogao Grottoes is mainly derived from the interaction of soluble salts (NaCl and Na_2SO_4) and water. This article developed a rapid method for on – site analysis of chloride and sulfate ions in plaster ground for the wall – paintings by conductometric titration. A comparative study was performed to investigate the contents of soluble salts at different sites of Cave 98 Mogao Grottoes, and it is found that the salt content in efflorescence of wall – paintings was higher, which is consistent with that obtained by ion chromatography. The experiment results indicate that the proposed method is simple and fast for on – site analysis of soluble salts in plaster ground for the wall – paintings in Mogao Grottoes.

Key Word：Mogao grottoes, wall – paintings, damage of salts, conductometric titration

（原载于《敦煌研究》，2009 年，第 6 期）

敦煌壁画盐害的毛细管电泳快速检测分析

杜红英[1]，周　雷[1]，苏伯民[2]，胡之德[*1,3]

（1. 兰州大学化学化工学院，兰州，730000；
2. 敦煌研究院保护研究所，敦煌，736200；
3. 兰州分离科学研究所，兰州，730000）

内容摘要：利用毛细管电泳方法对敦煌莫高窟地仗盐害土样浸泡溶液中氯离子、硫酸根、硝酸根，钠离子，钾离子，钙离子，镁离子等无机离子进行了测定分离；探讨了毛细管电泳的常用分离优化条件对莫高窟地仗盐害土样中无机阴阳离子的分离分析影响。敦煌莫高窟地仗盐害土样浸泡液中无机离子的毛细管电泳测定分析结果与其他方法相比，具有分离快速，样品用量少，污染小等优势。

关键词：敦煌壁画　盐害　毛细管电泳　无机阴阳离子

0　前　言

　　敦煌壁画是我国优秀文化遗产的重要组成部分，历经漫长的地质及环境演变，许多壁画盐害频发，已严重威胁到壁画的保存。盐害（盐害俗称酥碱，也有盐化、返碱、白霜等名称），是莫高窟壁画中普遍存在且较为典型的一种病害，对壁画危害很大，难于治理。造成盐害的两个主要因素是壁画地仗内的可溶盐和水分[1]。洞窟内空气中的水分除受大气影响外，游客的影响也很严重。莫高窟洞窟空间狭小、密闭，游客进入洞窟带来的水分大部分滞留在洞窟中而被壁画地仗所吸收，而地仗中又存在大量的可溶盐，具有了形成壁画酥碱病害的两个基本条件[2]。因此，壁画盐害发生发展机理及盐分活动规律的研究，对于有效保护壁画，消除和减轻盐害破坏具有特别重要的意义。

　　毛细管电泳（Capillary Electrophoresis，CE）也称为高效毛细管电泳（High Performance Capillary Electrophoresis，HPCE），是荷电粒子或离子以电场为驱动力，在毛细管中按其淌度和分配系数不同进行分离，再经检测器一一加以测定。它是八十年代发展起来的一种新的分离测定技术，可以分析从离子到分子，从小分子到生物大分子的一系列化合物。该方法已经广泛应用于生命科学和遗传工程、临床医学、药物分析及化工、食品、环境监测等领域[3-9]。90 年代中期开始逐渐有人将该方法用于土壤无机离子的分离分析。毛细管电泳的主要优点有：

（1）极高的分离性能，其每米的理论塔板数为几十万到 100 万以上，远高于离子色谱。

（2）超微量进样，其进样量为纳升级。

（3）快速简便。毛细管区带电泳适用于小离子的测定，其峰容量是离子色谱法的10 倍，如可在 30s 内完成对样品中硝酸根和亚硝酸根的测定。毛细管电泳仪的结构及操作也比离子色谱简单。

（4）试剂消耗少，维持费用低，对环境污染少。相对于离子色谱，其所用毛细管的价格远低于色谱柱。

本文以莫高窟壁画典型盐害为研究对象，运用经典溶液化学的研究方法，即通过界定特征体系特征温度点的相关系，结合莫高窟环境实际，深入探索和研究壁画盐害的发生和发展规律，科学解释盐害壁画各种表面现象的内在过程机理，分析壁画安全含盐量和环境条件的临界数值，从而为正确保护壁画作理论铺垫。

1　实验部分

1.1　仪器与程序

实验所用仪器为 Beckman P/ACE 5510 毛细管电泳仪（Fullerton，CA，USA），配备二极管阵列检测器，仪器控制和数据采集分析由 Beckman P/ACE 工作站完成。分离用石英毛细管长 47cm（有效长度 40cm），内径为 75μm（外径为 375μm），购于中国河北永年光导纤维厂。新毛细管在使用前用以下程序冲洗：甲醇 5min，水 2min，1.0M HCl 5min，水 2min，1.0M NaOH 15min，水 2min，分离缓冲 15min，然后电平衡 20min。所有分离模式下，毛细管均恒温于 25℃，样品以 0.5psi 压力进样 5s，分离电压为 20kV。两次运行之间，毛细管用 0.1M NaOH、水和分离缓冲液各冲洗 2min。

1.2　样品制备

实际样品取自莫高石窟 98 窟地仗，编号 DQ1-1，DQ1-2 的样品为地仗坚硬处（未受盐害）的样品；编号 XQ2-1，XQ2-2 的样品为地仗酥软处（遭受盐害）的样品。准确称取四种土样 DQ1-1 0.2015 g，DQ1-2 0.2010 g，XQ2-1 0.2022 g，XQ2-2 0.2023 g，分别用 25 mL 去离子水浸泡提取，静置过夜。进行电泳分析前，提取液需用孔径为 0.45 μm 的微孔滤膜过滤。

NaCl、Na_2SO_4 和 $NaNO_3$ 铬酸钠 CTAB 分析阴离子时，二极管阵列检测器波长设置为 280 nm，所用卡盒的窗口狭缝为 50×200。

进行实际样品分析时，地仗样品 DQ1-1、DQ 1-2 的水提取液经微孔滤膜过滤后直接进样分析；XQ2-1、XQ2-2 的水提取液经微孔滤膜过滤后用去离子水稀释 3 倍后进样分析。

KCl、NaCl、$MgCl_2$ 和 $CaCl_2$ 咪唑、酒石酸分析阳离子时，二极管阵列检测器波长设置为 214 nm，所用卡盒的窗口狭缝为 100×800。

2 结果与讨论

2.1 毛细管电泳间接检测分析无机阴离子

2.1.1 铬酸钠浓度对分离的影响

实验首先固定 CTAB 浓度为 0.1 mM，在 1-10 mM 范围内考察了铬酸钠浓度对电泳分离和间接检测的影响，结果见图 1。从图中可以看出，随着分离缓冲中铬酸钠浓度的增大，三种阴离子的分离度逐渐增大，且峰高也随之增大；当铬酸钠浓度大于 6mM 时，SO_4^{2-} 离子和 NO_3^- 离子的分离度反而减小。因此实验选择最佳铬酸钠浓度为 6mM。

2.1.2 CTAB 浓度对分离的影响

铬酸钠浓度确定之后，在 0.02-0.7mM 范围内考察了 CTAB 浓度对电泳分离的影响，结果见图 2。图中可以看出，三种阴离子的分离度随着 CTAB 浓度的增大而增大，

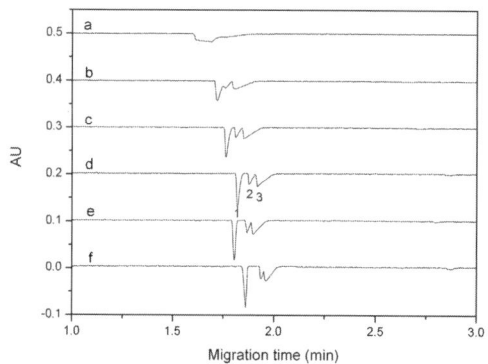 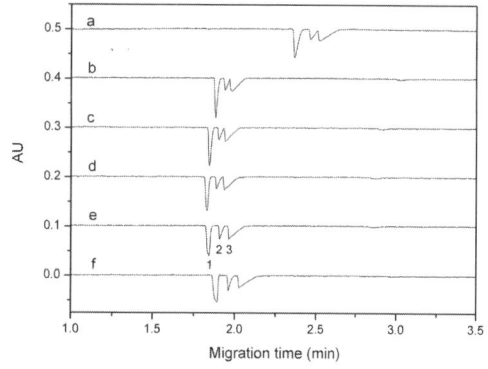

图 1　铬酸钠浓度对阴离子分离的影响　　　　图 2　CTAB 浓度对阴离子分离的影响

分离条件：CTAB0.1mM，铬酸钠浓度分别为（a）1 mM，（b）3 mM，（c）5 mM，（d）6 mM，（e）8 mM，（f）10 mM。峰确认：$1-Cl^-$，$2-SO_4^{2-}$，$3-NO_3^-$。

分离条件：铬酸钠 6 mM，CTAB 浓度分别为（a）0.02 mM，（b）0.05 mM，（c）0.1 mM，（d）0.2 mM，（e）0.5 mM，（f）0.7 mM。峰确认：Cl^-，$2-SO_4^{2-}$，$3-NO_3^-$。

考虑到 CTAB 浓度过大时，分析物峰展宽比较严重，实验选取 0.5mM 作为最佳的 CTAB 浓度。

综上所述，毛细管电泳间接检测法分离测定无机阴离子的最佳条件为：铬酸钠，6mM；CTAB，0.5 mM。该条件下无机阴离子的典型电泳谱图见图 3。

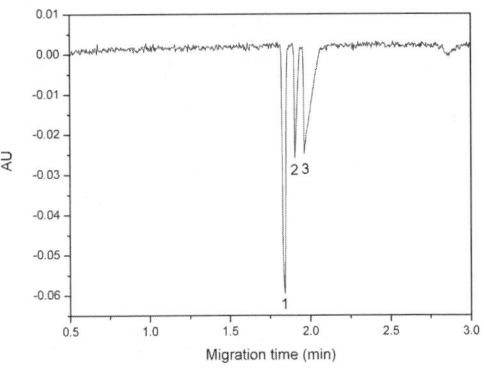

图 3　最佳分离条件下阴离子的典型电泳谱图

分离条件：铬酸钠 6 mM，CTAB 0.5 mM。

峰确认：$1 - Cl^-$，$2 - SO_4^{2-}$，$3 - NO_3^-$。

2.1.3　方法的线性关系、检测限和重现性

为了评价所建立的分析方法，最优条件下，在 20 – 200 μg/mL 浓度范围内考察了方法的线性关系，结果列于表 1。表中数据可以看出，在考察的浓度范围内，峰高和离子浓度之间存在较好的线性关系。基于信噪比为 3（S/N = 3）所计算的检测限（LOD）分别为 Cl^- 3.25 μg/mL、SO_4^{2-} 7.54 μg/mL、NO_3^- 8.84 μg/mL，显示了方法较好的灵敏度。方法的重现性用阴离子的迁移时间和峰高的相对标准偏差（Relative standard division，RSD）来表示，6 次运行的结果列于表 1，说明方法的重现性较好。

表 1　方法的线性关系、检测限和重现性

Analyte	Regression equation		Correlation coefficient	Linear range (μg/mL)	LOD (μg/mL)	RSD (n = 6)	
	Slope	Intercept				MT (%)	PH (%)
Cl^-	− 5.19E − 4	− 7.02E − 3	0.9801	20 – 100	3.25	1.42	1.22
SO_4^{2-}	− 2.24E − 04	− 1.43E − 04	0.9993	20 – 150	7.54	1.50	5.23
NO_3^-	− 1.91E − 4	− 8.67E − 4	0.9995	20 – 150	8.84	1.50	5.56

MT, Migration time; PH, Peak height.

2.1.4　莫高石窟地仗中阴离子的分析

用所建立方法分析了莫高石窟地仗样品水提取液中的阴离子含量，谱图见图 4，结果列于表 2。回收率实验表明，方法具有较好的准确性。

表 2　莫高石窟地仗样品水提取液中阴离子的分析结果

Analyte	DQ1 – 1		DQ1 – 2		XQ2 – 1		XQ2 – 2	
	Content (μg/mL)	Recovery (%)	Content (μg/mL)	Recovery (%)	Content (μg/mL)	Recovery (%)	Content (μg/mL)	Recovery (%)
Cl^-	8.48	108.1	22.24	98.7	197.97	85.1	189.69	82.4
SO_4^{2-}	24.60	92.1	48.87	93.9	218.16	90.7	209.28	94.5
NO_3^-	14.56	80.3	7.24	84.2	/[a]	90.4	/	88.5

a）未检出

DQ1－1、DQ1－2水提取液未稀释，XQ2－1、XQ2－2水提取液稀释三倍后进样。分离条件及峰确认见图3。

2.2 毛细管电泳检测分析无机阳离子

2.2.1 咪唑浓度对分离的影响

首先固定酒石酸浓度为10 mM，在2－25mM范围内考察了咪唑浓度对阳离子分离的影响，结果见图5。在考察的范围内，四种金属离子的分离度随着咪唑浓度的增大而增大，且迁移时间缩短；但咪唑浓度的变化也影响四种阳离子的峰高，图中可以看出，四种分析物的峰高随着咪唑浓度的增大而减小。综合考虑以上因素，实验选择咪唑浓度为10mM。

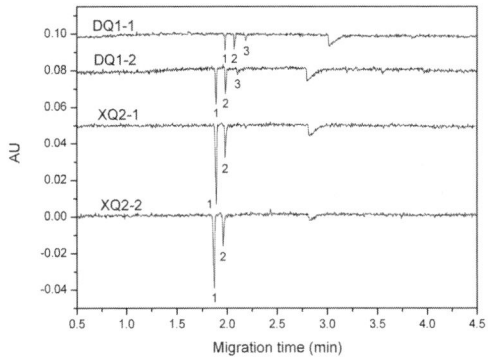

图4 莫高石窟地仗样品中
阴离子的电泳谱图

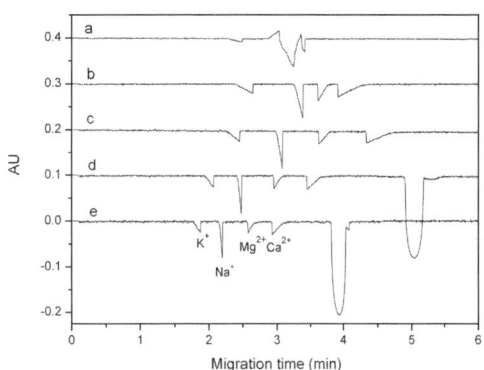

图5 咪唑浓度对阳离子分离的影响
分离条件：酒石酸10 mM，咪唑浓度分别为
（a）5 mM，（b）10 mM，（c）15 mM，
（d）20 mM，（e）25 mM。

2.2.2 酒石酸浓度对分离的影响

咪唑浓度确定之后，实验在5－25mM范围内考察了酒石酸浓度对分离的影响，结果见图6。图中可以看出，酒石酸浓度较小时，4种阳离子可获得较好分离，且迁移时间较短。因此，实验选择酒石酸浓度为5mM。

综上所述，毛细管电泳间接检测法分离测定无机阳离子的最佳条件为：咪唑10mM，酒石酸5mM。该条件下阳离子的典型电泳谱图见图7。

2.2.3 方法的线性关系、检测限和重现性

为了评价所建立的分析方法，最优条件下，在10－200 μg/mL浓度范围内考察了方法的线性关系，结果列于表3。从表中数据可以看出，在考察的浓度范围内，峰高和离子浓度之间存在较好的线性关系。基于信噪比为3（S/N＝3）所计算的检测限（LOD）分别为K+ 0.49 μg/mL、Na+ 0.16 μg/mL、Mg^{2+} 0.52 μg/mL、Ca^{2+} 0.63 μg/mL，显示了

方法较好的灵敏度。方法的重现性用阴离子的迁移时间和峰高的相对标准偏差（Relative standard division，RSD）来表示，6 次运行的结果列于表 3，说明方法的重现性较好。

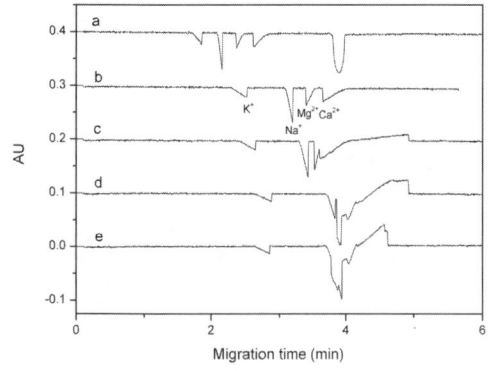

图 6　酒石酸浓度对阳离子分离的影响

分离条件：咪唑 10 mM，酒石酸浓度分别为

（a）5 mM，（b）10 mM，（c）15 mM，

（d）20 mM，（e）25 mM。

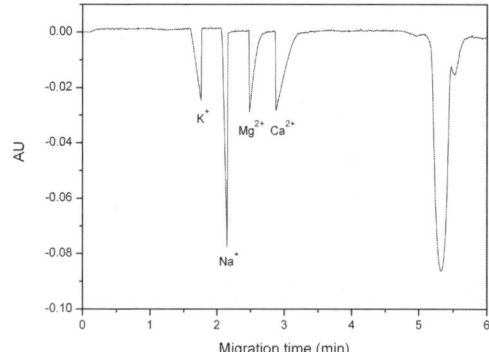

图 7　最佳分离条件下阳离子的典型电泳谱图

分离条件：咪唑 10mM，酒石酸 5mM。

表 3　方法的线性关系、检测限和重现性

Analyte	Regression equation		Correlation coefficient	Linear range （μg/mL）	LOD （μg/mL）	RSD （n = 6）	
	Slope	Intercept				MT （%）	PH （%）
K^+	− 2. 00E − 4	− 7. 52E − 3	0. 9854	10 − 100	0. 49	0. 22	1. 62
Na^+	− 6. 04E − 4	− 2. 04E − 2	0. 9913	10 − 100	0. 16	0. 30	2. 63
Mg^{2+}	− 1. 89E − 4	− 8. 87E − 3	0. 9903	10 − 200	0. 52	0. 30	1. 83
Ca^{2+}	− 1. 55E − 4	− 9. 93E − 3	0. 9860	10 − 200	0. 63	0. 38	0. 82

MT, Migration time；PH, Peak height.

2.2.4　莫高石窟地仗中阳离子的分析

用所建立方法分析了莫高石窟地仗样品水提取液中的阳离子含量，结果列于表 4，该条件下阳离子的典型电泳谱图见图 8。回收率实验表明，方法具有较好的准确性。

表 4　莫高石窟地仗样品水提取液中阳离子的分析结果

Analyte	DQ1 − 1		DQ1 − 2		XQ2 − 1		XQ2 − 2	
	Content （μg/mL）	Recovery （%）	Content （μg/mL）	Recovery （%）	Content （μg/mL）	Recovery （%）	Content （μg/mL）	Recovery （%）
K^+	/[a]	114. 6	/	106. 1	/	89. 7	/	94. 6
Na^+	33. 82	90. 0	37. 91	101. 2	281. 60	86. 6	279. 76	82. 8
Mg^{2+}	19. 37	100. 3	17. 81	103. 9	3. 51	110. 2	2. 46	115. 5
Ca^{2+}	99. 55	94. 9	101. 08	89. 8	86. 25	86. 5	80. 52	90. 9

a）可定性，无法定量

3 结 论

作为一种简单快速的分离分析方法，毛细管电泳适用于地仗样品中无机离子的室内快速分离及定量分析，10分钟内即可获得分析结果。需要注意的是，在实际分析中要让方法适应于样品条件，而不宜改变样品条件适应方法。

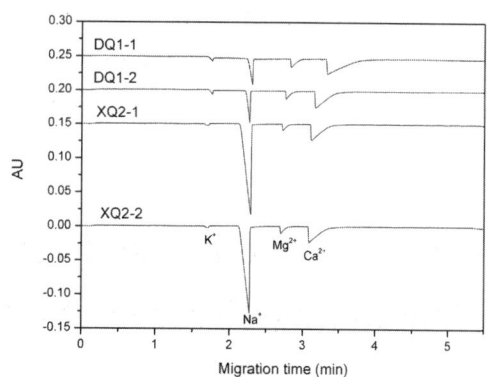

图8 莫高石窟地仗样品中阳离子的电泳谱图
分离条件见图7。

由于时间紧迫，该方法中尚存在一些不足之处，可在以后的工作中修正：

（1）阴离子分析时实验的毛细管卡盒狭缝为 50×200，在实际工作中应首选狭缝较大的毛细管卡盒，相比之下，较大的狭缝可增加透光量，减小基线噪音，提高方法的灵敏度；

（2）由于仪器所限，本方法使用二极管阵列检测器进行间接检测，造成仪器控制软件无法对所获数据进行积分，所用本方法只能用峰高进行定量分析，这使方法的精密度和准确度均有一定程度的降低。在实际工作中，可使用紫外检测器进行间接检测，可很好解决这一问题，提高方法的精密度和准确度。

参考文献

[1] 郭宏，段修业，等，莫高窟第53窟壁画酥碱病害的研究．敦煌研究文集·石窟保护篇：上．兰州：甘肃民族出版社，1993：245-308.

[2] 陈港泉，苏伯民，赵林毅，等．莫高窟第85窟壁画地仗酥碱模拟试验．敦煌研究，2005，(4)：62-66.

[3] Oehrle S. A., Blanchard R. D., Stumpf C. L., Wulfeck D. L., Environmental Monitoring of Waste Water Using Capillary ion Electrophoresis. Journal of Chromatography A, 1994, 680: 645-652.

[4] Kuban P., Kuban P., Kuban V., Capillary Electrophoretic Determination of Inorganic Anions in the Drainage and Surface Water Samples. Journal of Chromatography A, 1999, 848: 545-551。

[5] Fritz J. S. Recent Development in the Separation of Inorganic and Small Organic Ions by Capillary Electrophoresis. Journal of Chromatography A, 2000, 884: 261-275.

[6] Hiissa T., Sirén H., Kotiaho T., Snellman, M., Hautojrvi A., Quantification of Anions and Cations in Environmental Water Samples, Measurements with Capillary Electrophoresis and Indirect - UV Detection. Journal of Chromatography A, 1999, 853: 403-411.

[7] Ahumada I., Mendoza J., Ascar L. Determination of Organic Acids and Phosphate in soil Aqueous Ex-

tracts by Capillary Zone Electrophoresis. Communications in Soil Science and Plant Analysis, 1999, 30: 213 – 220.

[8] 傅小芸，吕建德，夏旭建. 某些碱金属、碱土金属和过渡金属离子的毛细管电泳分离和测定. 分析化学，1996，(24): 943 – 946.

[9] Wildman B. J., Jackson P. E., Jones W. R., et al. Analysis of Anion Constituents of Urine by Inorganic Capillary Electrophoresis. Journal of Chromatography, 1991, 546: 459 – 466.

Rapid Detection and Analysis the Salt Damage of Dunhuang Frescoes by Capillary Electrophoresis

Du Hongying[1], Zhou Lei [1], Su Bomin [2]
Chen Gangquan [2], Zhide Hu[1,3]

(1. School of Chemistry and Chemical Engineering, Lanzhou University, Lanzhou 730000;

2. The Conservation Research Institute of Dunhuang Academy, Dunhuang 736200

3. Research institute of separation science of Lanzhoum University, Lanzhou 730000;)

Abstract: The capillary electrophoresis method was used to detect and separate ions in the solution of salt injured wall painting in Dunhuang frescoes, such as Cl^-, SO_4^{2-}, NO_3^-, Na^+, K^+, Ca^{2+}, Mg^{2+}, etc. In this study, we also optimized the normal separation condition to analysis the cations and anions in the salt injured soil samples. Comparing to the other methods, it has the following advantages: fast separation, less sample consumption, and little pollution, etc.

Key Word: Dunhuang Frescoes, damage of salts, Capillary Electrophoresis

（原载于《敦煌研究》，2009 年，第 6 期）

离子色谱技术在研究古代壁画可溶盐活动规律的应用

王永进，于群力，周伟强

（西安文物保护修复中心，西安，710061）

内容摘要： 本文介绍了一种采用离子交换柱进行分离，手工配制淋洗液等度淋洗，抑制型电导检测器检测分析古代壁画可溶盐离子含量的离子色谱方法。该方法具备选择性好，灵敏度高，操作简单等特点。

关键词： 离子色谱　壁画　OnGuard RP 柱　可溶盐；

0　引　言

古代壁画的风化酥碱问题一直是壁画病害中最常见和最严重的问题之一，大量研究资料报导表明，导致壁画发生酥碱、疱疹病害的主要原因是壁画墙体中的可溶盐随着毛细水的运动迁移到壁画表层，当水分进一步蒸发，壁画表层下的可溶盐逐渐在颜料层富集、结晶，将颜料层顶起发生"疱疹"病害，蒸发又促使毛细水不断上升到墙体内，当水分经过颜料层时这些盐重新溶解并随着水分的迁移而迁移，水分蒸发后又再次结晶，即壁画彩塑表面的盐，即壁画表面的盐，始终处于溶解——结晶——再溶解——再结晶的过程，同时每次结晶的地点不同，这样缓慢的侵蚀壁画，最终导致壁画疏松脱落，发生酥碱病害。通常可溶盐对壁画的影响有三种类型，可溶盐的结晶、可溶盐的水合、某些可溶盐的吸湿膨胀与脱水收缩等，都会对壁画表层造成破坏。为了了解可溶盐对古代壁画的影响，我们在实验室制作了与古代壁画相同制作工艺的壁画实验样样块，利用离子色谱仪通过分析试验样块不同部位的可溶盐离子的分布情况来具体探讨壁画体内可溶盐活动外部与环境条件的关系，为搞清古代壁画的盐害问题提供科学参考和依据。

1　壁画可溶盐室内模拟试验

1.1　模拟试验设计

根据我们对河北北岳庙、新津观音寺、陕西乾陵等壁画盐害的调查分析结果，考虑到南方和北方的环境气候特点和建筑使用材料、建筑工艺等特征，我们选择制作了以"土坯墙 + 泥巴"及"竹篱笆 + 泥巴"的两类南北方最常见的两种墙体结构的壁画模拟试块，考虑到不同地域可溶盐的种类、活动规律不尽相同。我们确定了以壁画中常见可溶盐离子进行模拟实验，分别是硫酸钾（K_2SO_4）、氯化镁（$MgCl_2 \cdot 6H_2O$）和硝酸钠（$NaNO_3$），实验中盐液总浓度分别控制为3％，6％和15％。按照选择的浓度分别配置三种浓度的盐液加入不同的水槽中备用，并将试块放入水槽中。实验样品的采集在试块干燥稳定后进行。我们设想每一个循环采集样品一次，按照不同高度布置采样点位，分别采集细泥层、粗泥层和支撑体三个样品。

1.2　仪器与试剂

ICS – 90 离子色谱仪（美国戴安公司），Chromeleon 6.8 中文版色谱工作站。所用离子标准储备液（1000 mg · L^{-1} 或 100 mg · L^{-1}）均购自国家标准物质中心。所有用水均为电阻率 17.8MΩ · cm 的去离子水。所用固体 Na_2CO_3 为优级纯，购自天津福晨化学试剂厂。

1.3　色谱条件

分离柱：Dionex IonPac AS9 – HC 分离柱和 IonPac AG9 保护柱，12.0 mmol/L Na_2CO_3，流速为 1.0 mL/min，AMMS Ⅲ 阴离子抑制器，进样体积为 10 μL。

1.4　样品前处理

研磨：由于采集的土样颗粒粒径不均匀，因此首先取适量土样放入研钵进行研磨，再将研磨好的土样过滤，最后装入土样专用纸袋。

烘干：将研磨过滤好的土样放入烘箱，105℃下烘干 2 小时至恒重。

称重：将烘干的土样冷却至室温后进行称重。称重前事先计算好需要的大概重量。称重时使用铝箔纸，每个样品称重结束后需用酒精将铝箔纸擦干净，以免对下一个样品造成污染而影响试验结果，称重后将样品倒入样品瓶。

溶样：在装有土样的样品瓶中加入 20ml 去离子水（R > 17.8MΩ）溶解，超声萃取 15 分钟，脱色摇床振荡 1 小时，然后用 0.45μm 的水系过滤器过滤，将所得滤液定容到 50ml 容量瓶中，待测。

1.5 线性范围、精密度和检出限

在选定的色谱条件下，空白 1#样品经过 RP 柱和稀释处理后连续 7 次进样，Cl^-，NO_3^- 和 SO_4^{2-}

等检出离子重现性良好，其保留时间、峰面积和峰高的相对标准偏差均小于 5 %。选取适宜范围阴离子标准溶液过 RP 柱处理后做标准曲线，线性良好。

1.6 实际样品分析

表 1 为（竹篱笆 + 泥巴）样块按照不同高度采样点位，每个采样点分别采集细泥层、粗泥层 2 个样品，即 1 - x，1 - c，2 - x，2 - c，3 - x，3 - c 样品盒 1，2，3，号空白样品浸提液的分析结果。

表 1　（竹篱笆 + 泥巴）样块第一次循环样品采集分析结果

样品名称	Cl^-	NO_3^-	SO_4^{2-}
空白 1	2.8577	4.2223	5.5557
空白 2	0.6453	0.9625	1.7219
空白 3	0.3705	0.4315	1.7219
1 - x	13.7751	19.8534	7.0111
1 - c	7.878	14.0433	13.6135
2 - x	7.7365	13.4744	14.5741
2 - c	7.6811	11.8768	16.841
3 - x	11.9276	18.2464	41.9735
3 - c	15.5076	24.0209	45.6779

注：1 - x，1 - c 编号中 1 代表第一个点位，x 代表细泥层样品，c 代表粗泥层样品，以此类推。

2　结　论

本文利用离子色谱分析技术对模拟壁画样品浸提液进行过柱前处理后稀释进样或直接进样，采用高容量碳酸盐 IonPac AS9 - HC 阴离子交换柱、手工配置碳酸盐缓冲溶液等度淋洗。抑制型电导检测，一次进样同时对样品中 3 种无机阴离子进行准确定量，操作简单，选择性强，灵敏度高，可以推广应用于此类样品的检测工作。因此，离子色谱分析技术在测定古代壁画中可溶性盐的种类及含量的应用，并研究其分布规律，对于查明毛细水和盐分的来源与性质，科学地评价壁画风化酥碱病害的机理，制定科学的保护治理方案，意义十分重大。

参考文献

［1］林丽钦. 土壤水溶液中氟化物离子色谱测定方法研究. 环境监测，2007，（6）.

［2］陈胜炜. 离子色谱分析样品的预处理. 环境监测，2006，（6）.

Application of Ion Chromatography Technology in Study the Mobility of Soluble Salt for Ancient murals

Wang Yongjin, Yu qunli, Zhou Weiqiang

（Center of Conservation and Research for Culture Heritage, Key Scientific
Research Base of Conservation on Brick and Stone Materials, State
Administration for Cultural Xi'an, 710061）

Abstract：This paper introduces one kind of ion chromatography method to analysis ion amounts of soluble salt for ancient murals, which used ion – exchange column separation, manual prepared eluents isocratically elution, detected by suppressed conductivity detector. This method has good selectivity, high sensitivity, simple operation and so on.

Key Words：ion chromatography, murals, OnGuard RP column, soluble salt

（原载于《第十二届全国离子色谱学术报告会论文集》，2008 年）

正交法制备淀粉接枝丙烯酰胺高吸水树脂

马建泰[1]，康红卫[1]，陈港泉[2]，苏伯民[2]，樊再轩[2]

（1. 兰州大学化学化工学院，兰州 730000；

2. 敦煌研究院，敦煌 736200 ）

内容摘要：以土豆淀粉、丙烯酰胺为原料，采用水溶液自由基聚合，通过正交实验方法制备了耐盐性快速吸水树脂。为得到最佳工艺条件，考察了自由基引发温度、引发剂浓度、单体的浓度等 8 个因素，正交实验最佳结果所得树脂 3min 吸收 1% 氯化钠水溶液 58.5 倍 ，且吸收后的盐溶液呈中性。

关键词：淀粉　丙烯酰胺　正交法　中性快速吸水树脂

传统的高吸水树脂，往往耐盐性能不高或吸水速度缓慢或本身含有强酸碱基团而限制了其适用范围[1]。近年来抗盐性高吸水树脂成为高吸水树脂研究的热点[2]。本文就如何提高中性吸水树脂的耐盐性能及吸水速度方面做了研究，通过正交实验方法制备了中性高速抗盐性吸水树脂，试验表明该树脂吸收盐水后，剩余盐溶液呈酸碱中性。

1　实验部分

1.1　主要原料及仪器

土豆淀粉，市售；N_2，工业级；N，N'－亚甲基双丙烯酰胺（交联剂），分析纯；丙烯酰胺（AM）、过硫酸钾、亚硫酸钠、氢氧化钠、无水甲醇均为化学纯。机械搅拌，烘箱。

1.2　高吸水树脂的合成

1.2.1　正交实验方案

在制备吸水树脂过程中，影响树脂性能的实验条件有多种，如引发剂的浓度、引发时间、聚合温度等。根据文献［3－6］在吸水树脂制备过程中对各因素及其水平的探讨，设计了如表 1 的正交试验方案。

表1　正交试验方案

水平	引发温度（A）/℃	m（淀粉）:m（AM）B	w（过硫酸钾）（C）%	w（单体浓度）（D）%	m（交联剂）:（AM）（E）	m（AM）:m（NaOH）（F）	聚合时间（G）/h	皂化时间（H）/h
1	46 – 50	1:2	10	5	1.5×10^{-3}	1:2	1.5	0.5
2	50 – 50	1:3	15	10	2.5×10^{-3}	1:3	2.5	1.0
3	55 – 60	1:4	20	15	3.5×10^{-3}	1:4	3.5	1.5

1.2.2　合成步骤

5.00 克淀粉，一定体积的蒸馏水，浸泡 30min。氮气保护下加热，80 – 85℃ 糊化 30min。降温至一定温度，加入 10 – 20ml 的过硫酸钾的水溶液及亚硫酸钠固体（不大于过硫酸钾质量的 5%）。一定温度下引发反应 15min，加入一定量丙烯酰胺及交联剂的水溶液，氮气保护下进行聚合反应。聚合结束后，停止通氮气。向反应瓶中加入氢氧化钠固体，迅速升温至 90℃，90 – 95℃ 皂化反应。反应后转移至 500ml 烧杯中，加入甲醇至浸没反应产物，浸取 30min。放入烘箱 90℃ 干燥，至干燥充分。研磨至 80 目，于干燥箱中保存。

1.3　吸收性能的测定方法[7]。

称取树脂 m_1，浸泡于蒸馏水或盐溶液中，一定时间后用 80 目纱网过滤后称重为 m_2 克，树脂的吸收倍率 $Q =（m_2 - m_1）/m_1$。

2　实验结果

2.1　正交实验结果

按照预定实验方案，各因素采用不同的水平做实验，得到 27 种结果。经过对各种树脂进行吸水倍率和吸水速度测试，最佳结果如下：1%，3%，10% 氯化钠水溶液，1%，3% 硫酸钠水溶液 3min 吸收倍率分别为 58.5，52.3，38.7，56.6，48.7

2.2　树脂优先吸附氯化钠的鉴定

1.199g 氯化钠，配成 40.155g 溶液（2.988%）。取树脂 1.299g 加入，1min 后，树脂重 27.62g（21.26 倍）。即剩余氯化钠水溶液 13.84g，将剩余的溶液蒸干，测得剩余氯化钠 0.3634 克。可见，经树脂吸附后剩余的氯化钠水溶液的质量分数（2.626%）小于原始质量分数（2.988%），说明该树脂优先吸附氯化钠。

用精密试纸或 PH 计检测树脂吸水后剩余盐溶液的酸碱性，显示为中性。

3 检测表征

3.1 SEM 扫描电镜分析

SEM 扫描电镜结果如图 1 所示，正交实验最佳结果的树脂具有较多的细小孔道（图 1a，b），有利于盐溶液的吸收，而吸水倍率过小的树脂样品要么是孔道过大（图 1c，d），要么是根本没有孔道（图 1e，f）。原因可能是具有细小孔道的树脂在吸收时更能充分接触盐溶液。

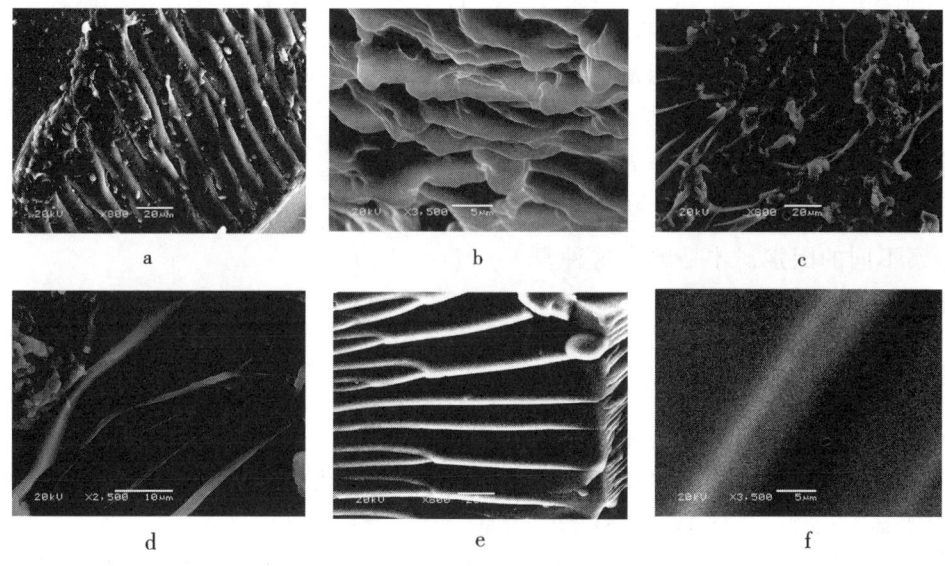

图 1 树脂的 SEM 照片

3.2 IR 红外吸收分析

如图 2 所示，1405cm^{-1} 处为羧酸盐吸收峰，1453，1666.7，3200，3429 cm^{-1} 处为酰胺的吸收峰，574，934，1023，2928.2 cm^{-1} 为淀粉吸收峰。红外吸收结果显示树脂中淀粉结构、酰胺结构、羧酸盐结构同时存在，也就是说树脂的吸收作用，是聚酰胺和羧酸盐结构同时作用的结果[8-9]。而且从 1453cm^{-1} 及 1405cm^{-1} 两峰的比例，再结合不同样品的吸收性能，可以大致看出羧酸盐结构过多或过少对吸水吸盐能力都起着不良的影响。

4　结　论

通过淀粉接枝丙烯酰胺，制备了中性快速吸水树脂，实验证明该树脂具有耐盐性。在盐溶液中能够优先吸收无机盐分。该树脂不含强酸碱基团，吸收后剩余的盐溶液呈现酸碱中性，适用于对酸碱敏感的场合。

本实验最佳方案为：$A_3 B_3 C_2 D_1 E_3 F_2 G_1 H_2$。根据 Flory 原理[10] 可以看出，耐盐性吸水树脂的吸收性能是各种因素的综合结果，所以只设定一个变量而保持其与因素不变的实验方法具有很大的缺点，而正交实验方法能够同时考察不同的因素，才是解决这种复杂体系的科学办法。

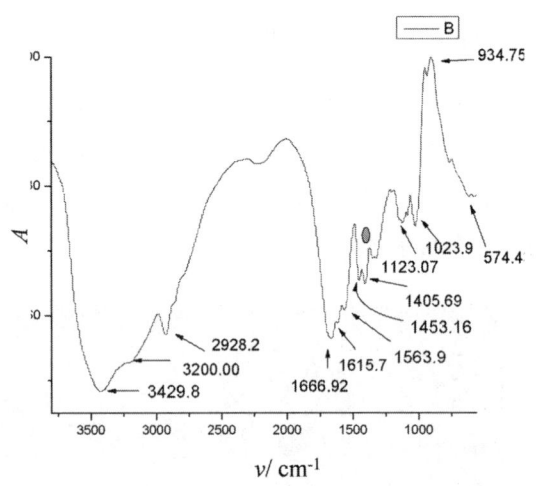

图 2　正交实验最佳结果树脂的红外图谱

参考文献

[1] 邹新禧. 超强吸水剂. 北京：化学工业出版社，2002.

[2] 李敏，王力，蒋爱玲. 耐盐性高吸水树脂的研究进展. 广东化工，2006，33（3）：59，68 – 70。

[3] 方开泰，马长兴. 正交与均匀试验设计. 北京：科学出版社 2001.

[4] 张勇，王启会，罗天雄. 淀粉改性制备高吸水树脂的合成研究. 襄樊学院学报，2005，26（2）：55 – 57.

[5] 李云雁. 淀粉接枝丙烯酸制备高吸水性树脂的研究. 精细石油化工，2004，6：50 – 53.

[6] 李雅丽. 耐电解质高吸水性树脂的合成及其吸液性研究. 应用化工，2003，32（4）：27 – 29.

[7] 陈振斌，柳明珠，马松梅. 正交设计在合成高吸水树脂中的应用. 兰州大学学报（自然科学版）2005，41（2）：60 – 64.

[8] Qi Xiao hua, Liu Mingzhu, et al. Preparation and Properties of Diatomite Composite Superabsorbent. Polymers for Advanced Technologies，2007，18：184 – 193.

[9] Li An, Liu Ruifeng, Wang Aiqin. Preparatin of Starch – Graft – Poly（acrylamide）／Attapul – Gite Superabsorbent Composite. Journal of Applied Polymer Science，2005，98：1351 – 1357.

Preparation of Starch Grafted Acrylamide Superabsorbent Using Orthogonal Test

Ma jiantai[1], Kang Hongwei[1], Chen Gangquan[2]

Su Bomin[2], Fan Zaixuan

（1. College of Chemistry and Chenical Engineering, Lanzhou University, Lanzhou 730000, China;

2. Dunhuang Academy, Dunhuang 736200, China）

Abstract：A rapid and effective starch grafted acrylamide superabsorbent was synthesized by graft acrylamide onto potato starch, using N, N, – methylenebisacrylamide as a crosslinking agent and potassium persulfate and sodium sulfite as a redox initial system. In order to get the best condition, eight factors were investigated such as temperature, initiator concentration, the monomer concentration and so on. The optimum result of orthogonal experiments is that the superabsorbent could absorb 58.5 times 1% sodium chloride solution in three minutes, and the remaining salt solution showed pH neutral after absorption.

Key Words：acrylamide, orthogonal test, neutral superabsorbent

（原载于《兰州大学学报》（自然科学版），2009 年，第 45 卷第 2 期）

敦煌莫高窟第 85 窟空鼓壁画灌浆
加固材料筛选实验

樊再轩[1,2]，史迪文·瑞克比[3]，丽莎·席克德[3]

乔　海[1,2]，唐　伟[1,2]，杨金建[1,2]

(1. 古代壁画保护国家文物局重点科研基地，敦煌，736200；

2. 敦煌研究院保护研究所，敦煌，736200；

3. 美国盖蒂保护研究所，洛杉矶)

内容摘要： 壁画空鼓是莫高窟第85窟的主要病害之一，针对空鼓壁画的具体特征，选择多种充填材料，以不同配比配制的81种灌浆材料，经过性能测试及现场模拟试验，最终筛选出了以澄板土（一种当地河床沉积黏土）为主、掺加适量浮石和玻璃微珠作为充填剂，水中加适量蛋清为主剂配制的灌浆材料。这种浆液具有容重小、流动性好、结石体透气性好、收缩率小、黏结强度适中并且可调等特点。现场试验表明，这种材料是莫高窟第85窟空鼓壁画灌浆加固的理想材料。

关键词： 莫高窟　空鼓壁画　灌浆材料　筛选

0　引　言

根据病害现状调查统计，壁画空鼓是85窟的主要病害之一，分布广并且严重。近几年曾发生过地仗层突然脱落的现象，说明空鼓壁画脱落的不可预测与高危险性，所以对空鼓壁画进行有效加固治理的关键是筛选出与之相适宜的灌浆材料。

1　灌浆材料筛选实验

1.1　筛选原则及方法

针对泥质壁画空鼓的具体特征，在对灌浆材料进行筛选时遵循了容重小、透气性好、收缩率小、强度适中、流动性好和最大兼容的原则。选择了与泥质地仗相近的澄板土（一种当地河床沉积黏土）为主，辅助材料有青砖粉、沙、粉煤灰、珍珠岩、玻璃微珠、天然浮石和鸡蛋清等。

在配制灌浆材料前用蒸馏水将这些材料反复漂洗四次进行脱盐。经过处理使这些材料中的盐分大大降低（Cl^-含量小于万分之一），然后用土样筛将灌浆材料的颗粒控制在 $375-300\mu m$ 之间。

准确称取各组分的样品，充分混合，把占干组分5%的鸡蛋清搅拌成泡沫状倒入混合样品中加入定量的蒸馏水，蒸馏水量控制在浆液呈流态为易，用搅拌器搅拌均匀。

1.2　灌浆材料性能测试与评价

（1）干燥时间

在一定相对湿度和温度下灌浆材料达到恒定重量所需要的时间。把样品装入体积为65.31cm^3的玻璃皿中称重（初重），然后放入相对湿度RH40%、温度30℃的恒温恒湿箱中，每天称重两次，直至恒重。

（2）析水性

定量灌浆材料中水分析出的范围和速度，通过直径为5.6 cm、7.7 cm、10.5cm的同心圆记录。取5ml样品装入注射器中，挤到已绘好不同直径的圆心纸上，记录水分达到的时间。

（3）透气性

在一定的相对湿度和温度下，一定时间内穿过一定体积样品的蒸馏水的量，透气性用 $g/cm^3\cdot h$ 表示。把体积为65cm^3的样品放在盛有10ml蒸馏水的塑料杯的杯口处，用蜡封闭，称重（初重），放入相对湿度RH 40%温度30℃的恒温恒湿箱中，七天后称重。

（4）线性收缩率

干燥前后样品直径的变化（D_1-D_2）/$D_1\times100$

D_1为玻璃皿直径（8.126cm）D_2为干燥后样品直径，线性收缩率用%表示。

（5）含水率

样品干燥前后重量变化（M_1-M_2）/$M_1\times100$

M_1为样品初重，M_2为样品终重，含水率用%表示。

（6）比重

单位体积灌浆材料的重量，用g/ml表示。

（7）抗折强度

把样品制成5cm×5cm×15cm的长方体，进行抗折试验，以MPa表示。

（8）单轴抗压强度（T—10万能材料试验机）

把样品制成 5 cm×5 cm×5cm 的正方体，进行抗压实验，样品承受最大荷载所需的力。以 MPa 表示。

（9）黏结力

将单位面积上的灌浆材料从岩体上拉脱所需要的力。用注射器将 40 ml 材料挤到已制备好的 8×8cm 的模拟地仗中，贴到岩体上，干燥后进行拉拔。黏结力用牛顿（N）表示。

（10）抗剪切力

方法同"（9）黏结力"步骤，不同的是试验时在模拟地仗边缘向一个方向平行于崖面施力，直至模拟地仗脱落。

1.3 灌浆材料性能测试结果

此次实验共进行了 80 多种不同组份和配方的筛选，由于受篇幅所限，选择其中有代表性的几种材料的测试结果（见表 1）

1.4 测试结果评价

（1）析水性

水分能到达第二圈为优，到达第三圈为良，小于第一圈或大于第三圈为差。

（2）干燥时间

干燥时间在 26－52 小时之间为优，在 53－90 小时之间为良，在 91－117 小时之间为差。

（3）线性收缩率

线性收缩率在 0.20%－2.29% 之间为优，在 2.30%－4.14% 之间为良，在 4.15%－6.10% 之间为差。

（4）含水率

含水率在 14.1%－25% 之间为优，在 25.1%－38% 之间为良，在 38.1%－44.05% 之间为差。

（5）比重

比重在 0.8－2.5 之间为优，在 2.51－3.5 之间为良，在 3.51－5.03 之间为差。

（6）抗折强度

抗折在 0.297－0.468MPa 之间为优，大于或小于此范围为差。

（7）单轴抗压强度

单轴抗压在 0.386－1.193MPa 之间为优，大于或小于此范围为差。

（8）透气性

透气性在 $6.03×10^{-4}$－$7.20×10^{-4}$ 之间为优，在 $4.59×10^{-4}$－$6.02×10^{-4}$ 之间为

良，在 $3.74 \times 10^{-4} - 4.58 \times 10^{-4}$ 之间为差。

（9）黏结力

黏结力在 60 - 98N 之间为优，大于或小于此范围为差。

（10）抗剪切力

抗剪切力在 290 - 390N 之间为优，大于或小于此范围为差。

1.5 灌浆材料老化实验

为了考察灌浆材料的抗盐害能力，选择 11#、12#、65#、78# 和 81# 样品进行老化模拟实验。

把上述五种材料装入玻璃皿中，分两组，一组加 1.5% 的 NaCl，一组不加，各做三块，其中两块做试验用，一块留做对比用。把干燥后的试块放入相对湿度 RH100% 温度为 30℃ 的恒温恒湿箱中 48 小时后取出，放在常温中干燥 24 小时，然后再放入 RH100% 的恒温恒湿箱中，如此反复循环，详细观察记录试块老化情况，结果见表 2。

表 1　样品测试结果表

试样编号	填充料比例（质量比）		析水性			抗折	单轴抗压	干燥时间（小时）	线性收缩率（%）	含水率（%）	透气性(g/cm³·h)	比重(g/ml)	粘结力（N）	抗剪切力（N）	
			达到第一圈的时间(5.6cm)	达到第二圈的时间(7.7cm)	达到第三圈的时间(10.5cm)	单位(MPa)								细崖面	粗崖面
11	澄板土 粉煤灰 玻璃微珠	1 0.64 0.12	40"	57"	3′07"	0.179	0.243	116	1.43	41.11	5.43×10^{-4}	1.66	45.7	123.4	135.3
12	澄板土 粉煤灰 玻璃微珠	1 0.64 0.12	40"	1′20"	4′05"	0.356	0.315	116	1.30	42.42	5.58×10^{-4}	1.89	＞96.0	135.2	147.5
65	澄板土 火山灰 玻璃微珠	1 0.03 0.08	1′35"	1′25"	2′50"	0.211	0.249	40	2.29	48.39	7.14×10^{-4}	1.59	63.7	129.5	139.9
78	澄板土 粉煤灰 沙 玻璃微珠	1 0.42 0.3 0.1	253"	458"	1003"	0.312	0.427	88	3.29	43	6.09×10^{-4}	0.85	＞96.0	195.3	224.7

试样编号	填充料比例（质量比）		析水性			抗折	单轴抗压	干燥时间（小时）	线性收缩率（%）	含水率（%）	透气性(g/cm³·h)	比重(g/ml)	粘结力（N）	抗剪切力（N）	
			达到第一圈的时间(5.6cm)	达到第二圈的时间(7.7cm)	达到第三圈的时间(10.5cm)	单位(MPa)								细崖面	粗崖面
81	澄板土	1	125"	315"	740"	0.456	1.168	50	3.67	33.7	7.03×10^{-4}	1.04	>96.0	381.9	350.9
	浮石	0.71													
	玻璃微珠	0.1													
澄板土	澄板土	—	115"	240"	—	0.360	0.786	54	5.37	36.54	6.00×10^{-4}	3.89	>96.0	358.5	385.7
模拟地仗	澄板土	1	—	—	—	0.354	0.539	48	2.4	30	4.00×10^{-4}	1.72	>96.0	试块破裂	试块破裂
	沙	0.6													
	麦草	0.05													

表2　灌浆材料老化情况

11#

循环次数	有盐变化情况	无盐变化情况
6	表面疱疹产生	无变化
9	疱疹范围逐渐扩大	无变化
27	表面酥软并有裂纹产生	无变化
34	四周边沿小块坍塌	无变化
36	四周边沿坍塌严重	无变化
39	表层粉化达3mm	无变化

12#

循环次数	有盐变化情况	无盐变化情况
2		表面出现裂纹
3		表层周边翘起
5	表面疱疹产生	表层鱼鳞状龟裂
6		表层周边翘起严重
8		表层鱼鳞状龟裂严重
15	表面酥碱，疱疹逐渐扩大	表层周边局部脱落
25	表面裂纹产生	
36	表面裂纹增大，周边局部坍塌	

65#

循环次数	有盐变化情况	无盐变化情况
2		表面裂纹产生
3		试块周边翘起
7		表层鱼鳞状龟裂
8	表面疱疹产生	
10	表面酥碱	表层鱼鳞状龟裂翘起
20	表面裂纹产生	
25	表面裂纹增大	
38	表面粉化，周边坍塌	龟裂翘起严重，大部分已壳状脱离

78#

循环次数	有盐变化情况	无盐变化情况
1		表面细小裂纹产生
2		表面裂纹增大
8	表面疱疹产生	
15		周边有细小裂缝
17		周边裂缝增大
18		表面鱼鳞状龟裂
21		表面龟裂处轻微翘起
24		周边裂缝轻微翘起
25	表面轻微酥碱	
28		表面龟裂严重
32		周边翘起约 0.5cm
36	表面粉化	周边翘起约 1cm

81#

循环次数	有盐变化情况	无盐变化情况
7		周边小裂缝产生
28		周边轻微翘起
29	表面轻微酥碱	
32		周边翘起
36	表面粉化	周边翘起约 1cm，表面裂纹产生

2　吸水脱盐材料实验

空鼓壁画灌浆后，盐分在水分的作用下向外运移，在地仗和颜料层表面聚积结晶，对壁画造成危害，所以选择适合的脱盐吸水材料并在灌浆过程中对壁画进行吸水脱盐处理是非常必要的。

2.1　吸水材料

KC－X70、KC－X60（纯木浆与无纺布交织在一起制作成的高吸水性材料）、细毛毯、脱脂棉、生宣纸、日本棉纸、M－F2001（合成纤维与聚脂树脂混合在一起，制作成的高吸水性材料）、镜头纸、粗羊毛毯、细羊毛毯以及这些材料的黏土袋（垫）。

2.2　实验步骤

（1）把上述吸水材料切割成 8.5cm×8.5cm 的方块并制作成相应的黏土袋（垫）。

（2）将一块规格为 19.5cm×24.5cm 细毛毯平铺于桌面均匀喷湿。

（3）分别称量吸水垫的干重或潮重，将每一个吸水垫水平放在喷湿的细毛毯上，盖金属板并加 1000g 的重物，记录实验开始的时间。

（4）每 15 分钟称量一次吸水垫的重量，至吸水垫质量不再增加为止。

2.3　实验数据（见表3）

表3　吸水脱盐材料筛选

吸水脱盐材料	吸水率%
毛细毯	190.65
脱脂棉	329.95
M－F2001	235.84
KC－X70	251.71
毛细毯＋黏土	107.67
脱脂棉＋黏土	115.13
M－F2001＋黏土	166.94
KC－X70＋黏土	161.80
KC－X70 的黏土袋（干）	58.57
KC－X70 的黏土袋（潮）	59.76
KC－X70＋脱脂棉	276.38
KC－X70＋M－F2001	275.37

续表

多层 KC – X70	207.15
多层宣纸	201.18
日本纸 ×2 + KC – X70 ×2 + KC – X70 ×2 干	197.80
日本纸 ×2 + KC – X70 ×2 + KC – X70 ×2 潮	12.71
日本纸 ×2 + KC – X70 ×2 + KC – X70 ×2 土	82.90
日本纸 ×2 + KC – X70 ×2 + M – F2001 干	119.35
日本纸 ×2 + KC – X70 ×2 + M – F2001 潮	27.41
日本纸 ×2 + KC – X70 ×2 + M – F2001 土	54.45
日本纸 ×2 + X70 ×2 + 脱脂棉（干）	135.89
日本纸 ×2 + KC – X70 ×2 + 脱脂棉（潮）	0
日本纸 ×2 + KC – X70 ×2 + 脱脂棉（土）	42.86
KC – X60 ×2	396.87
KC – X60 + 带黏土的 KC – X60	150.69
KC – X70 + 带黏土的 KC – X70	156.14
细羊毛毯	36.91
粗羊毛毯	22.00
KC – X60 + 黏土	101.67
细羊毛毯 + 黏土	40.43
粗羊毛毯 + 黏土	24.15
KC – X60 ×9 + 黏土	80.00

3　空鼓壁画现场模拟灌浆及脱盐试验

为了考察灌浆材料在现场的可灌性以及灌浆后盐分在地仗中的运移情况，按唐代壁画地仗的材料模拟制作空鼓试块，灌入灌浆材料，用透气顶板把吸水垫敷贴在试块上，进行脱盐。

3.1　空鼓壁画模拟试块制作

按澄板土∶沙∶麦草∶水为 64∶36∶3∶33 的比例（质量比）制成 20cm × 20cm，厚 2cm，空鼓部位厚 1cm 的试块 14 块，为了较清楚地观察盐分的运移情况，在试块中加入 2% 的 NaCl，待试块干燥后，贴在 85 窟东壁和南壁下侧壁画已脱落的崖体上。试块分 7 组，每组二块，编号为 1#A、1#B—7#A、7#B。

3.2　灌浆前微岩心取样

在试块的一角用微岩心采样器进行不同深度取样，分析试块中的含盐量及其分布。

3.3　灌浆

在模拟试块的空鼓部位钻两个小孔，一个作为灌浆孔，一个作为排气孔。用注浆器从灌浆孔注入 81# 灌浆材料 200ml。

3.4　敷贴吸水垫

为了了解灌浆材料在干燥过程中采用不同方法和不同吸水垫的脱盐效果，选择日本棉纸、KC－X60、M－F2001、KC－X60 黏土（KC－X60 和泥浆混合干燥）、M－F2001 黏土（M－F2001 和黏土混合干燥）和 2cm 厚的普通海绵，顶板用钻有多孔的五合板制成。

1#A、1#B、3#A、3#B 和 5#A、5#B 在灌浆后立即使用顶板把吸水垫敷贴在试块上；2#A、2#B、4#A、4#B 和 6#A、6#B 当水分到达表面时，用少许蒸馏水把日本棉纸贴在试块上，用顶板把吸水垫敷贴在试块上，为了作对比 7#A、7#B 不加吸水垫，在自然环境中干燥。记录观察结果（见表 4）。

表 4　脱盐试验记录

试块编号	吸水垫	实施方法	观察记录
1#A	日本棉纸 KCX－60 KCX－60 粘土 海绵	灌浆后立即用顶板把吸水垫敷贴在试块上，不更换吸水垫，快干时把日本棉纸从试块上取下。	第二天表面潮湿有盐析出。 第三天潮湿和盐析范围扩大。
1#B	同上	同上	同上
2#A	日本棉纸 KCX－60 KCX－60 黏土 海绵	当水分到达表面时，用少许蒸馏水把日本棉纸刷在试块上，用顶板把吸水垫敷贴在试块上，当 KCX－60 潮湿时更换该层，快干时把日本棉纸从试块上取下。	第二天水分到达表面，有盐析出。 第四天试块表面轻微酥碱。 每天更换 KC－X60
2#B	同上	同上	同上
3#A	日本棉纸 KCX－60 M－F2001 黏土 海绵	灌浆后立即用顶板把吸水垫服帖在试块上，不更换吸水垫，快干时把日本棉纸从试块上取下。	第二天表面潮湿有盐析出。 第三天潮湿和盐析范围扩大。
3#B		同上	同上
4#A	日本棉纸 KCX－60 M－F2001 黏土 海绵	当水分到达表面时，用少许蒸馏水把日本棉纸刷在试块上，用顶板把吸水垫服帖在试块上，当 KCX－60 潮湿时更换该层，快干时把日本棉纸从试块上取下。	第二天水分到达表面，有盐析出。 第四天试块表面轻微酥碱。 每天更换 KC－X60

续表

试块编号	吸水垫	实施方法	观察记录
4#B	同上	同上	同上
5#A	日本棉纸 KCX－60（二层）海绵	灌浆后立即用顶板把吸水垫服帖在试块上，不更换吸水垫，快干时从试块上取下。	第二天表面潮湿有盐析出，第三天潮湿和盐析扩大。
5#B	同上	同上	同上
6#A	日本棉纸 KCX－60（二层）海绵	当水分到达表面时，用少许蒸馏水把日本棉纸刷在试块上，用顶板把吸水垫服帖在试块上，当 KCX－60 潮湿时更换该层，快干时把日本棉纸从试块上取下。	第二天水分到达表面，有盐析出。第五天试块表面轻微酥碱。每天更换 KC－X60
6#B	同上	同上	同上
7#A	不设吸水垫	自然干燥	第二天水分到达表面，第三天有盐析，轻微疱疹，第四天轻微酥碱，第五天酥碱范围扩大，第六天酥碱部位泥层局部脱落。
7#B	同上	同上	同上

3.5　灌浆后微岩心取样

待灌浆试块全部干燥后，在灌浆部位用微岩心采样器进行不同深度取样，分析试块脱盐后的含盐量及其分布。图 1 为 1A、1B 取样点灌浆前后盐分分布对照。

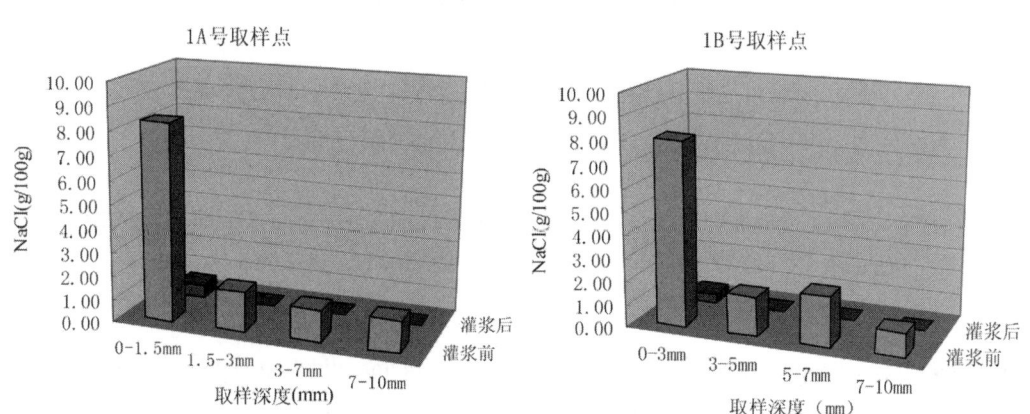

图 1　1A、1B 取样点灌浆前后盐分分布对照

3.6 模拟试块切面检查

模拟灌浆后对试块进行切面检查，观察到黏结面大多从灌浆材料处开裂，局部拉拔下一些细沙和岩石颗粒。

4 结 论

根据室内实验数据和现场模拟试验，得出以下结论：

4.1 灌浆材料

澄板土、玻璃微珠和天然浮石这类组份的灌浆材料，具有优良的透气性，线性收缩率小，干燥时间短，容重小，现场模拟有很好的可灌性。

4.2 吸水脱盐材料

从实验数据和灌浆前后微岩心取样分析结果看，KC – X60 具有明显的吸水脱盐效果。

An Optimized Recipe of Grouting Materials for the Detached Murals of the Cave 85 at Mogao Grottoes

Fan Zaixuan[1], Stephen Rickerby[2], Lisa Shekede[2]
Qiao Hai[1], Tang Wei[1], Yang Jinjian[1]

(1. The Key Scientific Base of Conservation for Ancient Mural (Dunhuang Acadwmy), SACH,
Dunhuang Gansu 736200; 2. The Getty Conservation Institute, Los Angeles, USA)

Abstract: Detachment was one of the most critical problems affecting the Cave 85 murals at the Mogao Grottoes. According to the actual characteristics of the detached murals, 81 grout formulations were tested. A number of materials with potentially useful properties were identified and assessed, and tested both in the laboratory and in detachment simulation experiments. A mixture of dengbantu (an earthen sediment of the local river), pumice, glass microspheres, and water was eventually selected for the optimized recipe. Among the most advantageous performance characteristics of the mixture were low density, minimal shrinkage, moderate and adjustable cohesive strength, and compatible water vapour permeability. It also had excellent working properties, such as good fluidity. The in – situ experiments demonstrated that the mixture was an excellent grouting material for the detachment problem in Cave 85 at Mogao Grottoes.

Keywor: Mogao grottoes, detachment, grouting materials, screening test

（原载于《敦煌研究》2007 年，第 5 期）

敦煌莫高窟第 85 窟壁画修复技术研究

樊再轩[1,2]，斯蒂文·里克比[4]，丽莎·舍克德[4]

乔　海[1,3]，唐　伟[1,3]，杨金建[1,3]

（1. 古代壁画保护国家文物局重点科研基地，敦煌 736200；

2. 敦煌研究院保护研究所，敦煌　736200；

3. 敦煌研究院文物保护技术服务中心，兰州　730000；

4. 美国盖蒂保护研究所，洛杉矶）

内容摘要：莫高窟第 85 窟的壁画病害主要是空鼓、酥碱和起甲等。保护修复人员针对第 85 窟不同的病害类型，应用现代修复理念研究出了适宜的修复材料和修复工艺。通过对该洞窟的保护修复，解除了壁画进一步劣化的危机，使壁画处于安全稳定的状态。

关键词：莫高窟　第 85 窟壁画　修复技术

0　前　言

　　莫高窟第 85 窟，亦称翟僧统窟，营建于唐咸通三年至八年（862—867 年）之间[1]，为晚唐大型窟之一。其型制为覆斗顶中心佛坛窟，甬道上绘有真人大小的供养人像及墨书题记。主室中心佛坛上塑一佛二弟子（清代重修）；窟顶为狮子莲花藻井；四壁及四披绘 16 幅经变画，绘于四壁下部的屏风画为现存较全面的贤愚经变的最早作品[2]，南壁报恩经变中的善友太子"树下弹筝"图，更是不可多得的佳作。此窟壁画内容丰富，不仅有经变画、装饰画、屏风画和佛教故事画，还有日常生活场面，如狩猎、屠宰、耕作、婚嫁和百戏及军队、仪仗、战争和商旅贸易等场景，第 85 窟壁画具有极高的价值，是晚唐敦煌艺术的代表之一。

　　莫高窟保护工作面临的巨大挑战是洞窟病害的多样性、复杂性以及近 500 个洞窟的庞大保护任务，因此，迫切需要建立一套科学的方法和规范的程序，研究出恰当的保护措施来保护莫高窟。莫高窟第 85 窟被选择作为实践《中国文物古迹保护准则》的保护项目，是因为该洞窟集中了莫高窟壁画中所存在的一些较为典型的病害，通过对第 85 窟的保护修复研究，旨在建立科学的、系统的壁画保护体系。

莫高窟第 85 窟的保护，也是自 1997 年以来敦煌研究院与美国盖蒂保护研究所合作保护敦煌莫高窟的主要任务之一。

1　莫高窟第 85 壁画存在的主要病害

与结构有关的病害，有壁画空鼓、裂缝和地仗脱落等。空鼓壁画分布比较广，在洞窟的四壁和四披都有不同程度的发生；脱落壁画主要集中在下部、西壁和西披的局部。

与绘画材料及工艺有关的病害，有颜料层起甲和变色等。颜料层起甲主要集中在四壁、四披和藻井的局部。

与盐害有关的病害，有壁画酥碱和疱疹等。这类病害集中在西壁、西披、南北两壁的西侧和洞窟下部边沿。

2　修复材料

2.1　灌浆加固材料

通过大量的实验室和现场模拟实验，最终筛选出各种性能都优良的 81 号配方的灌浆加固材料，这种材料具有重量轻、透气性好、收缩率小、强度适中、流动性和可灌性好的特点[3]。81 号灌浆材料、澄板土和模拟地仗的技术指标及材料配比见表 1。

表 1　技术指标

样品	填充料比例（质量比）		析水性		抗折	单轴抗压	燥时间（小时）	性收缩率（%）	水率（%）	透气性（g/cm³·h）	比重（g/ml）	结力（N）	抗剪切力（N）	
			达到第一圈的时间（5cm）	达到第二圈的时间（6.4cm）	(MPa)								崖面	崖面
81#	澄板土	1	125"	315"	0.456	1.168	50	3.67	37.7	7.03×10⁻⁴	1.04	>96.0	381.9	350.9
	浮石	0.71												
	玻璃微珠	0.1												
	鸡蛋清	5%												
澄板土	澄板土	—	115"	240"	0.360	0.786	54	5.37	36.54	6.00×10⁻⁴	3.89	>96.0	358.5	385.7
模拟地仗	澄板土	1	—	—	0.354	0.539	48	2.4	30	4.00×10⁻⁴	1.72	>96.0	块破裂	块破裂
	沙	0.6												
	麦草	0.05												

2.2　起甲壁画修复材料

根据莫高窟第 85 窟起甲壁画的病害特征，通过实验筛选出传统绘画材料明胶（动物蛋白型）作为起甲壁画修复的黏结剂，这种材料具有无色无味、无毒无腐蚀、无眩光、透明度高、透气性好、黏结强度适中和兼容性好的特点，并且具备可再修复的条件。明胶的一些技术指标见表 2。

表 2　技术指标

项目	水分（%）105℃	灰分（%）650℃	pH 值	黏度 mpa. s 12.5%60℃	渗透深度 mm （1.5%）	透气性 g/cm³·h （1.5%）	抗压强度 MPa （1.5%）
指标	≤12	≤2.5	5.5~7.0	≥5.0	7.14	5.92×10^{-4}	333.9

3　空鼓壁画灌浆加固与脱盐工艺

空鼓壁画的空隙比较隐蔽，不像其他病害壁画能很直观的观察清楚，所以对它的治理是一项非精确和高危险的干预。这不仅要求我们非常了解加固区域壁画的病害特征，还需要依靠成功的经验和理性的判断来决定灌浆区域的大小、灌浆点的位置、浆液的流向以及灌入多少浆液能使壁画处于安全稳定的状态。

由第 85 窟盐类分布及含量调查得知，壁画中含有很多可溶盐，又因为泥质灌浆材料以水做流动剂，在灌浆时盐分随水的扩散而在地仗中聚集和运移到壁画表面，会对壁画造成新的伤害。因此，在灌浆的过程中应采用脱盐处理，降低壁画中可溶盐的含量。

3.1　灌浆加固原则

对空鼓壁画进行保护修复时，按照以下几项原则进行：

（1）自下而上循序进行灌浆；

（2）大面积空鼓壁画采用先外围后内部灌浆；

（3）空鼓壁画裂缝应自裂缝一端向另一端或自裂缝下端向上端灌浆；

（4）点状灌浆。

3.2　工艺

（1）布设灌浆孔

根据壁画空鼓的程度和范围，在颜料层脱落或地仗破损处用微型电钻钻直径 0.3cm

的灌浆孔。

（2）封护裂缝

用 1% tylose 水溶性胶和棉纸对裂缝进行封护，防止漏浆污染壁画。

（3）清除空鼓壁画尘土

为了提高黏结力，用压缩空气清除地仗背部和崖体表面的尘土。

（4）灌浆前微岩芯取样

为了分析考察壁画中的含盐量，用微岩芯取样器对壁画不同深度进行取样。

（5）灌浆

用注射器将已配制好的 81 号灌浆材料顺注浆管压入壁画空鼓部位。

（6）清除棉纸

灌浆后用软毛笔蘸蒸馏水清除封护裂缝的 tylose 水溶性胶和棉纸。

（7）脱盐

立即用透气性顶板把吸水脱盐垫支顶到灌浆加固部位，快速并尽可能多的将水和可溶盐吸附到吸水脱盐垫上，顶板的边缘比灌浆区域要大出 30—40cm，防止水分向灌浆区域的外围扩散。（吸水脱盐垫材料：一层薄且柔软的棉纸，一层 KCX—60，一层 KCX—60 黏土和海绵）。

（8）更换吸水垫

每天监测灌浆部位，根据壁画潮湿程度和吸水脱盐垫的吸水脱盐能力，更换吸水脱盐垫；对在壁画干燥过程中颜料层局部凸起的部位，用 1.5% 明胶进行加固。

（9）二次脱盐

在干燥的过程中，壁画凹凸不平的凹部，有白色结晶盐生成，这时应对壁画进行二次脱盐处理。方法是：将高强度吸水纸裁剪成 5cm×5cm 的方形小块，用保护笔的蒸气将其打潮敷贴在壁画表面，用软海绵使纸块与壁面充分结合，结晶盐就吸附在纸块上，待纸块干燥后取下。

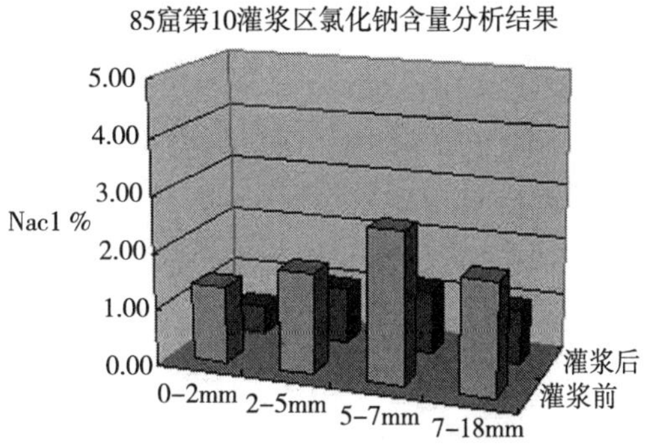

（10）灌浆后微岩芯取样

壁画完全干燥后，用微岩芯取样器在灌浆区域对壁画不同深度进行取样，分析比较灌浆和脱盐前后壁画中的含盐量，考察脱盐效果（图 1）。

图 1　第 85 窟第 10 灌浆区氧化钠含量分析结果

（11）封闭灌浆孔

使用与原地仗相同的材料封闭灌浆孔和取样孔。

3.3　灌浆加固记录

在灌浆加固前对灌浆区域壁画进行详细调查，描述病害特征，在壁画现状图中标出灌浆位置、灌浆范围、灌浆量和灌浆时间。

举一案例简述 85 窟空鼓壁画灌浆加固记录，如第 10 灌浆区。

（1）壁画病害特征：灌浆区域内壁画空鼓严重，有一条纵向裂缝，裂缝两侧壁画闪动，地仗层酥碱，局部颜料层或白粉层脱落。

（2）灌浆位置：西壁上部（现状调查底图编号 XQ5—4）。

（3）灌浆范围：60 cm×30cm

（4）灌浆量：580ml

（5）灌浆时间：2003 年 8 月。

（6）记录壁画在干燥过程中出现的问题及解决方法：灌浆后第 2 天壁画表面潮湿；第 7 天一小块白粉层凸起；第 10 天灌浆部位南侧下部边沿带状鼓起，用便携式显微镜观察有盐霜析出，该处用 1.5% 的明胶进行加固和二次脱盐；第 22 天壁画基本干燥（用非接触式红外测温仪测量灌浆区和相邻的非灌浆区的温度，如果温度差在 0.2—0.3℃左右时壁画基本干燥），这时吸水脱盐垫的脱盐能力降低，为了防止盐分在壁画表面聚集，应继续对壁画支顶一周左右，期间不再更换吸水脱盐垫；第 29 天后壁画完全干燥。

4　起甲壁画修复工艺

4.1　除尘

用洗耳球小心将颜料翘起背后的尘土和细沙吹干净，然后用软毛笔将壁画表面的尘土清除干净。这是壁画修复的第一步，也是非常重要的步骤，不能在起甲部位遗留尘土，否则会影响颜料层与地仗层的黏结效果，同时也会污染壁画表面。

4.2　注射黏结剂

用注射器将 1.5% 的明胶注射到起甲颜料层的背部，注射的胶量不宜过多或过少，过多时会溢流而形成胶痕；过少时颜料层黏结不牢固。视起甲壁画的不同程度，每处注射 2 或 3 遍。

4.3　回贴颜料层

待胶液被地仗层吸收后，用垫棉纸防护的修复刀，将起甲画面轻轻回贴至原处。

4.4　滚压

颜料层回贴到原地仗位置后，用纺绸包裹药棉制成的棉球滚压，滚压的方向应从颜料层未裂口处向开裂处轻轻滚压，这样能将起甲内的空气排出，不会产生气泡，壁画也不会被压出皱褶。

5　结束语

（1）采用点状灌浆技术有效解决了第 85 窟壁画的空鼓问题。这种技术符合《中国文物古迹保护准则》对文物"必须干预时，附加的手段只用在最必要的部分，并减少到最低限度"的原则[4]。

（2）在施工工艺方面，首次在空鼓壁画治理中采用脱盐处理，并进一步实验出了灌浆和脱盐一次施工完成的新技术。

（3）使用传统绘画材料明胶（动物蛋白型）作为修复起甲壁画的粘结剂，这种材料和原壁画颜料中的胶结材料有很好的兼容性，并具备可再修复的条件。通过对起甲壁画的回贴加固，避免了颜料层脱落的危险，保持了壁画的完整。

参考文献

［1］敦煌研究院．敦煌石窟内容总录：．北京：文物出版社，1996：34．

［2］季羡林．敦煌学大辞典：．上海：上海辞书出版社，1998：61．

［3］樊再轩，史迪文·瑞克比，丽莎·席克德，等．敦煌莫高窟第 85 窟空鼓灌浆加固材料筛选实验，敦煌研究，2007（5）：21

［4］国际古迹遗址理事会中国国家委员会．中国文物古迹保护准则．2002：4．

The Technique Measurement for Repairing the Mural – Paintings in Cave 85 at Mogao Grottoes

Fan Zaixuan[1,2], Stephen Rickerby[4], Lisa Shekede[4]

Qiao Hai[1,3], Tang Wei[1,3], Yang Jinjian[1,3]

(1. Key Scientific Research Base of Conservation for Ancient Mural of NACH, Dunhuang 736200;

2. Conservation Institute ofDunhuang Academy, Dunhuang 736200;

3. Service Center of Conservation Technology for Cultural Relics, Dunhuang

Academy, Dunhuang 736200;

4. The Getty Conservation Institute, Los Angeles, USA)

Abstract: The main diseases of wall paintings of cave 85 at Mogao Grottoes are detachment, disruption and flaking. Aim to the different kinds of diseases, we applying the modern restoration idea to develop the suitable material and technique. After the restoration of the cave, the crisis of the further deterioration of the wall paintings has been relieved, now the deterioration has been controlled, and the wall paintings are stable and safe.

Key Word: Mogao grottoes, cave 85, repair technique

（原载于《敦煌研究》，2008 年，第 6 期）

纸条检测法对第 85 窟壁画空鼓灌浆脱盐效果的评估

陈港泉[1,]，Michael Schilling[3]，李燕飞[1,2]，Neville Agnew[3]
Joy Keeney[3]，Stephen Rickerby[4]，于宗仁[1,2]，Lisa Shekede[4]

(1. 古代壁画保护国家文物局重点科研基地，甘肃，736200；

2. 敦煌研究院　保护研究所，甘肃，736200；

3. Getty Conservation Institute，Los Angelse；

4. 英国伦敦大学考陶尔德艺术学院，英国)

内容摘要：实验得出不损伤壁画的纸条检测法与壁画表面盐分含量的关系，并以此为根据，采用纸条法测定壁画表面盐分的含量状态，评价壁画空鼓灌浆后脱盐的效果。结果表明壁画空鼓灌浆所带入的水分激活了地仗中的盐分，使盐分运移并大量地富集到壁画的表面。保护笔的脱盐效果十分显著，纸条法测得保护笔脱盐后 Cl^- 浓度降低约 10 个 ppm，相当于保护笔脱盐可以减少了壁画表面地仗中所含 1.6% 的 Cl^- 的量，即可以去除掉未灌浆区域壁画表面盐分的 80%。实验证明纸条法可以应用于壁画脱盐效果的检验。

关键词：莫高窟　壁画　保护笔　脱盐　评估

1　第 85 窟壁画空鼓灌浆及脱盐简介

壁画地仗层与洞窟石壁局部分离的现象称为空鼓。莫高窟第 85 窟有多处壁画空鼓的病害，治理此病害采用灌浆方法，将灌浆材料注入地仗与岩体之间，使壁画粘结固定于岩体[1]。灌浆虽然将壁画粘结到岩体上，治理了壁画空鼓病害，但是由于壁画地仗中含有大量的可溶盐，据分析结果，其含量可达 6%[1]，因此灌浆时引入的水分溶解壁画地仗中的可溶盐并将其带至壁画表面，会对壁画颜料层产生破坏。对此采用了脱盐的工艺去除盐分[1,2]，方法是对灌浆区采用 KCX60 绵纸（金佰利北京有限公司生产的 X－60 型纸）加海绵垫做成垫板，支顶于灌浆区域（图 1），随时更换绵纸，直至壁画干燥。

又采用保护笔（Preservation Pencil）对灌浆区与非灌浆区进行脱盐处理，以进一步去除壁画表面的盐分。保护笔是一个超声波雾化器（Preservation Equipment Ltd. Norfolk，England IP22 4HQ），水的雾气通过喷嘴喷出到壁画上，溶解一部分可溶盐，采用绵纸迅速将水分粘除，可以去除掉壁画表面的盐分（图2）。

图1　壁画空鼓灌浆后垫板支顶 KC—X60 绵纸　　　　　　图2　保护笔脱盐

2　纸条法检验结果与壁画地仗表面中可溶盐含量的关系

纸条检测法是用浸水的一定大小的纸条轻轻粘贴于壁画表面，放置一定时间后，取下并浸泡于去离子水中，检测该溶液的 Cl^- 浓度。

2.1　纸条重量的偏差试验

采用薄层色谱专用的纸张（型号 81 – 24，Newark，Delaware USA，19714），将其裁成 1cm×2cm 的纸条（重量约 0.04 克，厚度 1mm），用镊子夹住纸条的一角，在蒸馏水中浸泡约 5 秒钟，取出时在容器的边缘轻轻一抹（饱水的纸条重量约为 0.16 克，n = 27，RSD = 2%），再将其放置于事先做好的 6% 含盐量的模拟试块上[3]，纸条要完全与试块黏合不留空隙，若有空隙，可用镊子轻轻压平。停留 40 秒钟后用镊子轻轻拿下纸条（此时水分进入试块的量已达最大）。经检测，放置浸湿的纸条后试块的渗透深度约 2mm，每个纸条上约有 0.06 克水分（n = 27，RSD = 2%）进入试块中。

试验表明，进行取样前饱水的纸条可以保证样品取样的重复性。

2.2　纸条法测定壁画表面 Cl^-

纸条法取样在莫高窟第 85 窟西壁进行。将浸水后的纸条轻轻贴于壁画表面，按上述步骤进行取样。镊子取下纸条后放入盛有 2ml 去离子水浸泡液的小塑料管中。浸泡放置 6 小时后，用氯离子选择电极（Thermo Orion Model 290 型，美国波士顿 Orion Research 公司；电极为 Thermo Orion 9617BN）测定 Cl^- 浓度（10^{-6}）。

纸条法取样完成后，在其旁边无壁画的地方取微岩心壁画地仗样品。钻取壁画表面 2mm 深度的壁画地仗（微岩心钻孔直径约 5mm），采用同样仪器和方法对所取土样进行壁画地仗中 Cl^- 百分含量的测定。

2.3　纸条法检验结果与地仗中 Cl^- 含量的关系

纸条法测定的氯离子浓度（10^{-6}）与壁画地仗中 Cl^- 百分含量的测定结果见表 1。

表 1　纸条法测得氯离子浓度与壁画地仗中 Cl^- 百分含量的测定结果

样品	Cl^- 浓度（10^{-6}）	微岩心壁画地仗样品 Cl^- 含量（%）
MC25	12.5	1.7
MC26	5.5	0.9
MC27	14	2.2
MC29	7.5	1.4
MC32	1.9	0.13
MC7	1.1	0.6
MC8	2.3	0.3
MC9	3.8	0.5
MC12	1.7	0.2
MC14	1.9	0.2

对分析结果按微岩心地仗样品 Cl^- 含量为横坐标，纸条法检测结果 Cl^- 浓度（10^{-6}）为纵坐标做关系曲线如图 3 所示。

从以上分析可以看出，纸条法检测的壁画表面 Cl^- 浓度与壁画地仗中的 Cl^- 含量具有相关性，其关系曲线为 $Y = 6.27X + 0.1005$，曲线的相关系数 $r = 0.9633$，所以从纸条法得出的 Cl^- 浓度值根据公式可以计算出壁画地仗表面中大致的 Cl^- 百分含量。由于莫高窟第 85 窟西壁壁画地仗可溶盐中 NaCl 是其

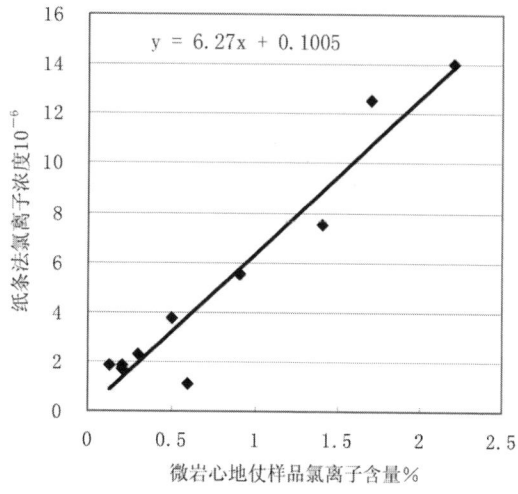

图 3　微岩心地仗样品 Cl^- 含量与纸条法检测 Cl^- 浓度（10^{-6}）关系曲线

主要成分[1]，因此用纸条法得出的 Cl⁻ 浓度来表征壁画地仗表面的可溶盐含量是可行的。这使得用不破坏壁画的纸条法来衡量 85 窟壁画空鼓灌浆脱盐效果的检验有了依据。当然由于壁画地仗表面松软程度不同，也会给测定结果带来一定的误差。

3 纸条法对空鼓灌浆脱盐效果检验的分析结果及讨论

以莫高窟第 85 窟西壁为例试验纸条法对空鼓灌浆脱盐以及未进行灌浆区域脱盐效果的检验评估。对第 85 窟西壁未处理的壁画区域（non）、空鼓灌浆后 KCX60 绵纸脱盐区（KCX60 - gt）、灌浆后 KCX60 绵纸及保护笔脱盐区（KCX60 + pen - gt）以及未灌浆区保护笔脱盐（pen - t）区域共 87 个点进行纸条法取样分析，结果见表 2。

对这四个区域纸条法测定结果平均值作图（图 4）。

以上分析结果可以看出，壁画经空鼓灌浆后，灌浆所带入的水分激活了地仗中的盐分，使盐分运移并大量地富集到壁画的表面（表 2 第二列，图 4 中第 2 柱图），个别区域甚至有盐分大量聚集的状况，表现为数据较离散，相对标准偏差达 40% 以上。壁画表面（1mm - 2mm）的盐分的富集正是造成壁画损坏的主要因素，因此采用脱盐技术去除壁画表面的盐分是十分必要的。但即便空鼓灌浆后立即用 X - 60 绵纸进行了脱盐，除去了一部分盐分，壁画表面的盐分含量还仍高出未处理壁画表面盐分含量的一倍。经保护笔脱盐后，壁画表面的盐分含量明显降低，由图 4 可以看出，保护笔脱盐可以使得纸条法测得的 Cl⁻ 浓度降低约 10 个 ppm，相当于保护笔脱盐可以减少壁画表面地仗中所含 1.6% 的 Cl⁻ 的量，即可以降低未灌浆区域壁画表面盐分的 80%。由此可见保护笔脱盐的效果十分显著。

表 2 不同的壁画区域纸条法检测 Cl⁻ 浓度结果（10^{-6}）

未处理的壁画区域	灌浆后经 KCX60 绵纸脱盐区域	灌浆后经 KCX60 和保护笔脱盐区域	未灌浆区经保护笔脱盐区域
19	8	12	12
34	5	19	3
31	17	9	2
8	25	68	2
8	47	8	2
7	5	7	2
5	166	9	2
19	6	4	未检出
11	3	5	1

续表

未处理的 壁画区域	灌浆后经 KCX60 绵纸脱盐区域	灌浆后经 KCX60 和 保护笔脱盐区域	未灌浆区经 保护笔脱盐区域
8	7	5	1
7	5	7	2
6	8	5	1
10	10	5	5
7	21	10	1
9	10	8	2
10	10	10	1
17	11	10	1
8	12	42	2
8	7	42	
8	10	7	
6	8	13	
8	14	5	
	143	5	
	49		
$n = 22$	$n = 24$	$n = 23$	$n = 18$
$\bar{X} = 11.5$	$\bar{X} = 25.3$	$\bar{X} = 13.7$	$\bar{X} = 2.3$
RSD = 7.84%	RSD = 41.6%	RSD = 157%	RSD = 2.65%

但是纸条法也有其自身的缺陷，壁画表面的松软程度会影响取样的重复性；浸水后的纸条同样也会将盐分带入壁画底层，从而造成壁画表面盐分含量的降低，这虽然不会影响空鼓灌浆脱盐效果的检验，但是会对由纸条法测得氯离子浓度值推算出来的壁画表面盐分的百分含量产生影响。这需要在今后做更深一步的研究。但是纸条法作为一种速度快、成本低的无损伤检测方法来评估壁画表面可溶盐分含量状态，仍有其他方法所无可比拟的优势。

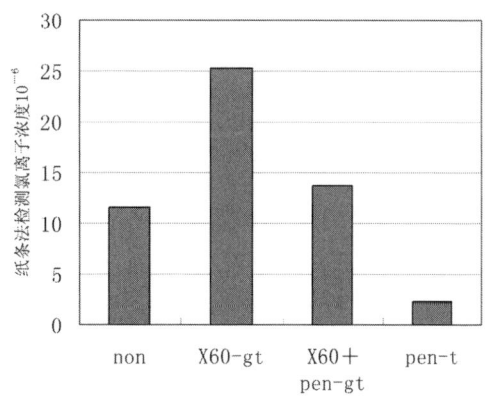

图 4　不同区域经保护笔脱盐后效果对照

4　结　论

（1）壁画空鼓灌浆所带入的水分激活了地仗中的盐分，使盐分运移并大量地富集到壁画的表面，个别区域甚至有盐分大量聚集的状况。因此采用脱盐技术去除壁画表面的盐分是十分必要的。

（2）保护笔的脱盐效果十分显著，纸条法测得的 Cl^- 浓度值降低约 10 个 ppm，相当于减少了壁画表面地仗中高达 1.6% 的 Cl^- 含量，可以去除掉未灌浆区域壁画表面盐分的 80%。

（3）纸条法作为一种速度快、成本低、无损伤的壁画表面盐分检测技术，可以作为壁画脱盐效果的检验方法。

参考文献

［1］李最雄. 丝绸之路石窟壁画彩塑保护. 北京：科学出版社，2005：397 – 416.

［2］Stephen Rickerby, Lisa Shekede, 樊再轩，等. 85 窟主要修护材料的制作与试验：灌浆与可溶性盐的减少. 第二届丝绸之路古遗址保护国际会议（论文摘要）. 2004：28 – 29.

［3］陈港泉，苏伯民，等. 莫高窟第 85 窟壁画地仗酥碱模拟试验. 敦煌研究，2005，（4）：62 – 66.

The Assessment of Salt Exclusion Effect with Paper Strip of Salt Spot Test for Mural Detachment Grouting in Cave 85 of the Mogao Grottos

Chen Gangquan[1,], Michael Schilling[3], Li Yanfei[1,2], Neville Agnew[3]
Joy Keeney[3], Stephen Rickerby[4], Yu Zongren[1,2], Lisa Shekede[4]

(1. The Key Scientific Research Base for Ancient Mural,

SACH, Dunhuang Gansu 736200

2. TheConservation Research Institute of Dunhuang Academy , Dunhuang Gansu 736200

3. Getty Conservation Institute, Los Angelse USA; 4. The Specialist of Mural Restoration, UK)

Abstract: Base on the relation which the Non – Destructive paper strip of salt spot test and the salinity content on the surface of mural, adopt the paper strip of salt spot test to determine the salinity content on the surface of mural and assess the effect of salt exclusion. The result showed that water brought by grouting activize the salt in clay – based layer of mural. The water carry the salt and make them deposit on the surface of mural. The effect of salt exclusion which using conservation pen is notable. The paper strip of salt spot test showed that consistence of Cl^- decrease about 10 ppm by use the conservation pen, equal to reduce the salt 1.6% (by weight) . Namely, the conservation pen can remove the salt 80% on the surface of mural at no – grouting area. Experiment proved that the paper strip of salt spot test can be used in verify the effect of mural salt exclusion.

Key Words: the Mogao Grottoes, Mural, conservation pen, salt exclusion, assessment

（原载于《敦煌研究》，2007 年，第 5 期）

新型合成脱盐材料在治理莫高窟
盐害壁画中的试验研究

苏伯民[1]，陈港泉[1]，樊再轩[1]
马建泰[2]，康红卫[2]，李　茸[2]

(1. 古代壁画保护国家文物局重点科研基地，敦煌研究院保护所，甘肃 736200；
2. 兰州大学化学化工学院，甘肃 730000)

内容摘要： 以淀粉、丙烯酰胺为主要原料，制备了一种淀粉接枝聚丙烯酰胺高吸水性材料。该材料具有很好的吸水、吸盐作用，同时具有优先吸附氯化钠的特点。将该材料应用于莫高窟第 98 窟空鼓、酥碱壁壁画的脱盐治理，试验表明，该材料具有非常明显的脱盐效果。根据脱盐材料的特点，在空鼓壁画灌浆脱盐、酥碱壁画修复中研究了适合的脱盐工艺，效果良好。

关键词： 莫高窟　壁画　空鼓　　酥碱　脱盐材料

1　概　况

　　敦煌莫高窟始建于公元 366 年，历经千年连续不断的凿窟造像以及修缮、重绘、重塑活动，至 14 世纪形成南北全长约 1740m 的石窟群，遗留壁画 45000m²，壁画大多保存良好。但由于千百年来壁画受自然、人为因素的影响，少部分产生了诸如起甲、空鼓、酥碱（图 1－3）等十几种病害。其中由于壁画中可溶盐的作用引起的酥碱病害长期以来得不到彻底治理，其关键原因就是不能完全或部分去除壁画中的盐分。空鼓壁画在采用灌浆治理时，会将大量的可溶盐带至壁画表面，盐分聚集在壁画表面。采用一种有效的去除盐分的材料和工艺是彻底根治这类病害壁画的有效手段。

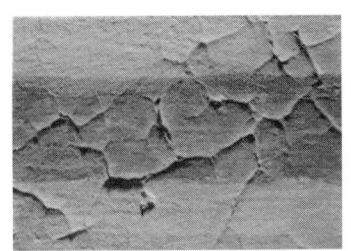

图 1　壁画起甲

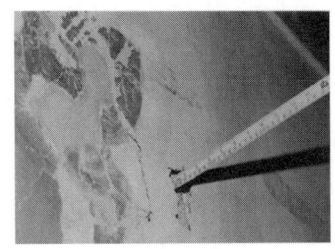

图 2 壁画空鼓

图 3　壁画酥碱

2　脱盐材料制备及其性能鉴定

对脱盐材料的制备基于三个方面：①中性环境，不对壁画造成腐蚀；②在吸盐量大的基础上，选择吸盐速度快、便于实际操作的材料；③经济实用。

由于固体盐分无法直接以传质方式得到分离，只有转化为水溶液状态才能从壁画中去除，所以脱盐材料只能利用水的运动作为吸收盐分的动力，因此脱盐材料的吸水、吸盐性能是脱盐能力的重要参考指标。

淀粉接枝丙烯酸类树脂是强吸水性树脂中的一种。其吸收蒸馏水的倍率可高达几百甚至一千倍以上，吸收生理盐水的倍率，一般为吸水率的十分之一。耐盐性高吸水性树脂已是目前吸水树脂的研究热点。依据吸水溶张理论，高吸盐性树脂材料要从非离子型的树脂（例如淀粉交联类）中寻找。淀粉接枝丙烯酰胺类吸水性树脂具有强的吸收盐溶液的能力，而且酸碱性上该树脂为中性，不会破坏文物。

2.1　脱盐材料淀粉接枝聚丙烯酰胺的合成

以淀粉、丙烯酰胺、过硫酸钾、亚硫酸钠、N，N'－亚甲基双丙烯酰胺等为主要合成材料，通过淀粉糊化、接枝聚合、皂化、粉碎等程序，制备出淀粉接枝聚丙烯酰胺脱盐材料。图4为实验装置图，图5、图6为脱盐材料吸水前后的形貌。

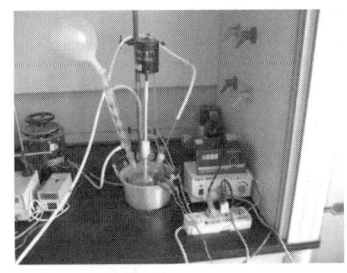

图 4　实验装置图

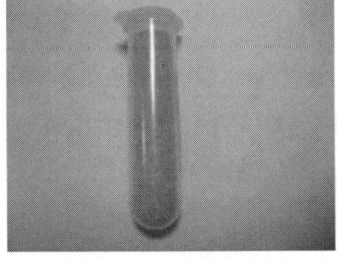

图 5　吸水前的脱盐
材料形貌图

图 6　吸水后的脱盐
材料形貌图

2.2 脱盐材料的性质鉴定

2.2.1 脱盐材料吸水性能

取脱盐材料 0.0375 克放入蒸馏水中，一定时间后取出擦去水分称重。其吸水性能见表1。

表1 脱盐材料吸水性能

	3min	6min	9min
吸水后重量	11.18	14.54	13.82
倍率	298.1	387.7	368
PH	7	7	7

2.2.2 脱盐材料吸盐性能

正交实验最佳结果的盐溶液吸收情况见表2。

表2 脱盐材料吸盐性能

溶液浓度	氯化钠溶液吸收倍率		硫酸钠溶液吸收倍率
	3min	10min	3min
1%	52.3	/	52.3
3%	38.7	45.3	42.7
10%	33.7	37.2	/

2.2.3 脱盐材料优先吸附氯化钠的鉴定

称取 1.1999 克 NaCl，配成 2.988% 溶液。取脱盐材料 1.2988 克加入，1—2 分钟后，脱盐材料重 27.6189 克（21.26 倍）。即剩余氯化钠水溶液 13.835 克，将剩余的溶液蒸干，测得剩余氯化钠 0.3634 克。即：吸附后剩余的氯化钠水溶液浓度为 2.627% ＜2.988%。证明脱盐材料优先吸附氯化钠。

2.2.4 脱盐材料的吸盐机理鉴定

将吸收盐水后的脱盐材料用蒸馏水反复洗涤至不含氯离子（用硝酸银溶液检测无白色沉淀）。放入马弗炉 500 度焙烧 1 小时，灰烬用蒸馏水浸泡，过滤，向滤液中加入 1% 硝酸银溶液，有大量沉淀，加硝酸后部分沉淀不消失。所以可以得到这样的结论：脱盐材料对盐溶液的吸收不只是脱盐材料的表面基团的作用，脱盐材料的吸盐过程是整个脱盐材料内部结构的相互作用的结果。

2.2.5 检测表征

（1）扫描电镜

脱盐材料样品为 3 分钟吸收倍率：1% 氯化钠 56.9 倍、3% 氯化钠 42.2 倍；1% 硫酸钠 53.2 倍、3% 硫酸钠 42.7 倍，其 SEM 扫描电镜结果显示，正交实验最佳结果的脱盐材料具有较多的细小孔道，有利于盐溶液的吸收。其不同倍率下的扫描电镜图（图 7 —10）。

（2）红外光谱

红外吸收结果显示出脱盐材料中淀粉结构，酰胺结构，羧酸盐结构同时存在（图 11），也就是说脱盐材料的吸收作用，是聚酰胺和羧酸盐同时作用的结果。

3 脱盐材料在洞窟中脱盐的应用研究

3.1 脱盐垫筛选试验

由于研制的脱盐材料不能直接被使用，必须负载在吸水性好的脱盐垫上进行脱盐。

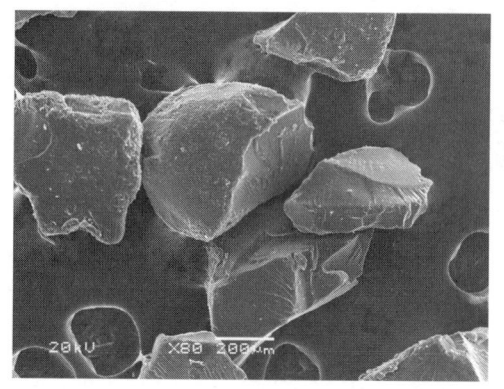

图 7 脱盐材料吸盐后 SEM 图（80 倍）

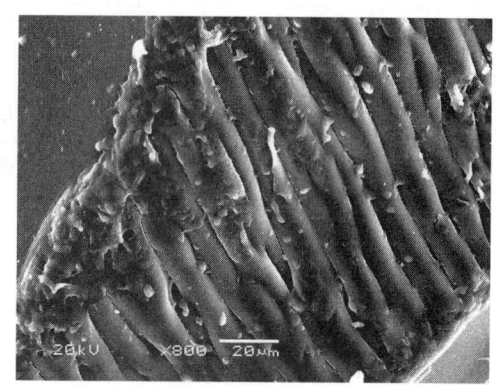

图 8 脱盐材料吸盐后 SEM 图（800 倍）

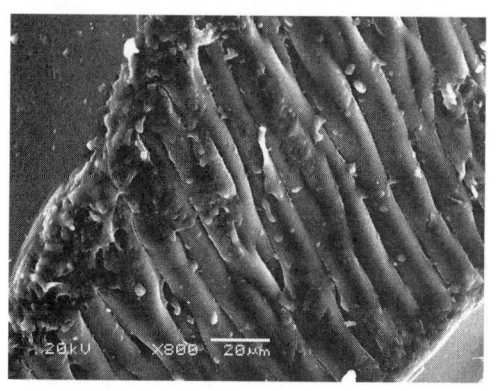

图 9 脱盐材料吸盐后 SEM 图（1200 倍）

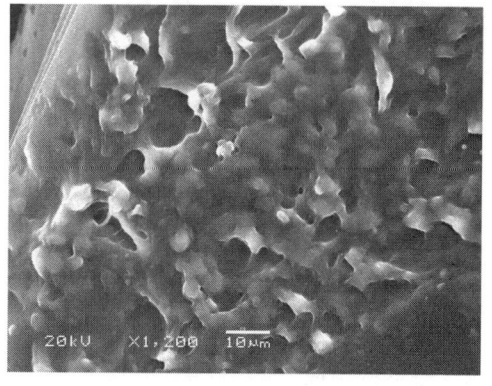

图 10 脱盐材料吸盐后 SEM 图（3500 倍）

选择 KC – X70、KC – X60（纯木浆与无纺布交织在一起制作成的高吸水性材料）、细毛毯、脱脂棉、生宣纸、日本棉纸、M – F2001（合成纤维与脱盐材料混合在一起，制作成的高吸水性材料）、镜头纸、粗羊毛毯、细羊毛毯、海绵表面负载淀粉接枝聚丙烯酰胺脱盐材料（厚 1cm）、海绵空白（厚 1cm）、海绵中间负载淀粉接枝聚丙烯酰胺脱盐材料（厚 1cm）、KC – X60 两层中间负载淀粉接枝聚丙烯酰胺脱盐材料等几种脱盐垫来进行壁画脱盐垫比选优化试验。表 3 是几种吸水性能较好的材料。

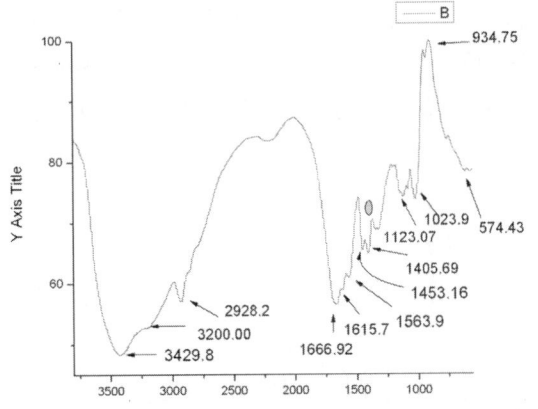

图 11　红外吸收光谱图

说明：1405 处为羧酸盐吸收；1453、1666.7、3200、3429 处为酰胺的吸收；574、934、1023、2928.2 为淀粉的吸收

表 3　几种脱盐垫材料的吸水性能

脱盐垫材料	吸水量%	吸水率 g/h
KC – X60 + 黏土	101.7	4.44
海绵表面负载脱盐材料	231.28	0.93
海绵	2.31	0.14
海绵中间负载脱盐材料	33.49	0.09
两层 KC – X60	322.22	6.96
KC – X60 两层中间负载脱盐材料	521.08	7.07

吸水量 =（吸水平衡后最大量 – 吸水前重量）/吸水前重量 * 100

吸水率 =（吸水平衡后最大量 – 吸水前重量）/吸水平衡后总时间（g/h）

KC – X60 中间负载脱盐材料具有极好的吸水性能，总吸水量可以达到自身重量的 5 倍多，验证了脱盐材料淀粉接枝聚丙烯酰胺具有很强的吸水性，且吸水持续能力较强。脱盐材料加载到两层 KC – X60 中间，使得脱盐材料不易脱落，十分符合现场脱盐应用。

3.2　脱盐板组成

脱盐板由外向里分别为棉纸（保护壁画不受损伤）、KC – X60 两层中间负载脱盐材料、负载黏土的 KC – X60、海绵（缓冲作用）、带孔的顶板组成。图 12 – 13。

图 12　加载脱盐材料和粘土的
KC－X60 纸（脱盐板正面）

图 13　制成的脱盐板
（背面）

3.3　空鼓壁画加固及脱盐工艺现场实验

壁画空鼓（detachment）是指壁画地仗层局部脱离支撑体，但脱离部分的周边仍与支撑体连接的现象。治理空鼓壁画采用灌浆的方式。空鼓壁画灌浆后，盐分在水分的作用下向外运移，在地仗和颜料层表面聚积结晶，对壁画造成危害，所以选择适合的脱盐吸水材料并在灌浆过程中对壁画进行吸水脱盐处理是非常必要的。

通过对 98 窟易溶盐分布及含量调查得知壁画中含有很多易溶盐，又因为灌浆材料以水做流动剂，在灌浆时盐分随水的扩散而在地仗中聚集和运移到壁画表面，对壁画造成新的伤害，因此在灌浆的过程中采用脱盐处理，降低壁画中可溶盐的含量。

3.3.1　实验位置

选择莫高窟第 98 窟北壁下部西侧实验一区，面积 25 × 32cm。其病害特征为：区域内壁画空鼓严重，轻触时壁画闪动，地仗数条网状裂缝；中部一条 0.2 × 23cm 斜向裂缝，东侧一条 0.2 × 40cm 横向裂缝。白粉层脱落处地仗酥碱；颜料层局部开裂；壁画表面划痕、泥污较多，有修复的痕迹。

3.3.2　灌浆加固材料

通过大量的实验室和现场模拟实验，最终筛选出其中各种性能都优良的 81 号配方的灌浆加固材料，这种材料具有重量轻、透气性好、收缩率小、强度适中、流动性和可灌性好的特点。81 号灌浆材料中澄板土和模拟地仗的技术指标及材料配比。见表 4。

表 4　81 号灌浆材料技术指标

填充料比例（质量比）		析水性		抗折	单轴抗压	燥时间（小时）	性收缩率（%）	水率（%）	透气性（g/cm³·h）	比重（g/ml）	结力（N）	抗剪切力	
		达到第一圈的时间（5cm）	达到第二圈的时间（6.4cm）	（MPa）	（MPa）							细崖面	粗崖面
澄板土	1	125″	315″	0.456	1.168	50	3.67	37.7	7.03×10⁻⁴	1.04	>96.0	381.9	350.9
浮 石	0.71												
玻璃微珠	0.1												
蛋清	5%												

3.3.3　壁画空鼓灌浆工艺

（1）布设灌浆孔：根据壁画空鼓的程度和范围在颜料层脱落或地仗破损处用微型电钻钻直径 0.3cm 的灌浆孔（图14）。

（2）封护裂缝：用 1% tylose 水溶性胶和棉纸对裂缝进行封护，防止漏浆污染壁画。（图15）

（3）清除空鼓壁画尘土：为了提高粘结力用压缩空气清除地仗背部和崖体表面的尘土。

（4）灌浆：用注射器将已配制好的 81 号灌浆材料顺注浆管压入壁画空鼓部位。（图16）

（5）清除棉纸：灌浆后用软毛笔沾蒸溜水清除封护裂缝的 tylose 水溶性胶和棉纸。（图17）

（6）脱盐：灌浆后立即用透气性顶板把脱盐垫支顶到灌浆加固部位，快速并尽可能多的将水和可溶盐吸附到吸水脱盐材料上，透气性顶板的边缘比灌浆区域大出 30cm-40cm 防止水分向灌浆区域外围扩散。图18。

（7）更换吸水脱盐材料：每天监测灌浆部位，根据壁画潮湿程度和脱盐垫的吸水脱盐能力，更换吸水脱盐材料。为了检测脱盐材料的脱盐能力，在换下来的脱盐材料中心裁剪 5×5cm 的试样进行分析测试。

（8）封闭灌浆孔：用和原地仗相同的材料封闭灌浆孔和取样孔。

图 14　开孔

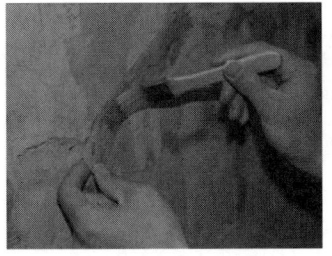
图 15　封护裂缝

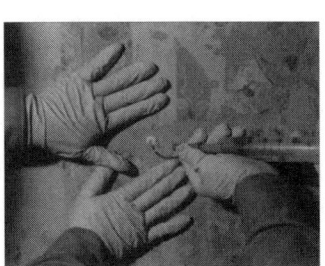
图 16　灌浆

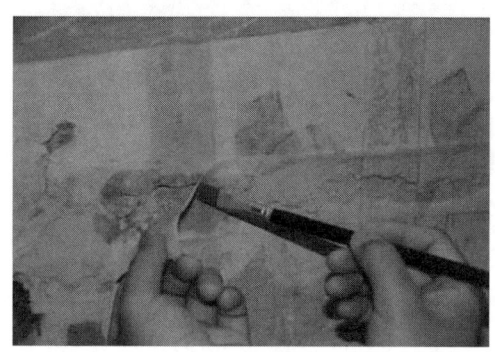

图17 清除棉纸　　　　　　　图18 北壁一区脱盐

3.3.4 脱盐效果评价

为了考察空鼓壁画灌浆加固和脱盐前后壁画中含盐量的变化和验证脱盐工艺是否适宜，选择微岩芯取样法、检测脱盐材料中的含盐量的方法，分析脱盐壁画地仗中盐分含量的变化，并用纸条法检验脱盐的整体效果。

（1）微岩芯样品分析

灌浆加固前和脱盐后在实验区壁画颜料层脱落或地仗破损处，用微岩芯取样器对壁画不同深度进行取样分析。采用离子色谱法对样品进行分析。分析结果可以看出，脱盐后壁画地仗中可溶盐含量明显下降（图19）。

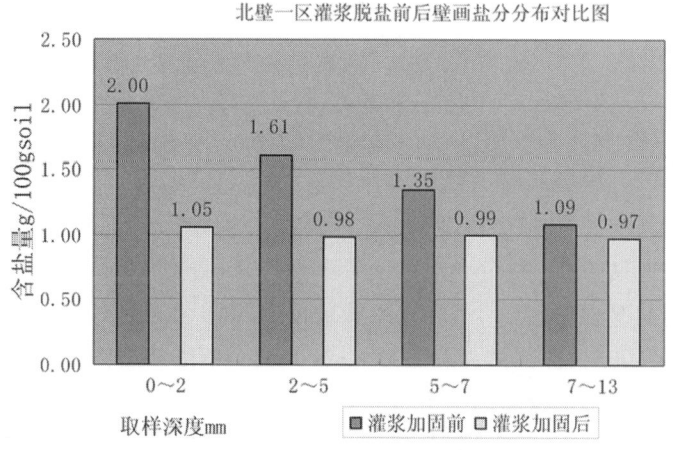

图19 北壁一区脱盐前后壁画盐分分布对比图

（2）脱盐材料中含盐量的检测

为了了解脱盐纸换取多少次后既到达脱盐又能够检测出大概所需脱盐次数，对每次换下的脱盐材料采用离子色谱进行分析。分析结果见图20－21。

由图20至21可以看出，在脱盐垫材料更换的初期，KC－X60和棉纸上可溶盐含量较高，随着材料更换次数的增加，其含量逐渐降低。说明盐分确实被吸附出来，而且随着次数的增多，吸附出来的盐分逐渐减少。

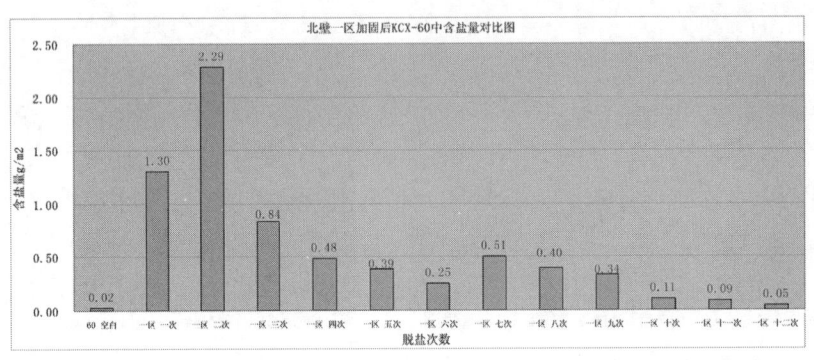

图 20　北壁一区加固后 KC—X60 中含盐量

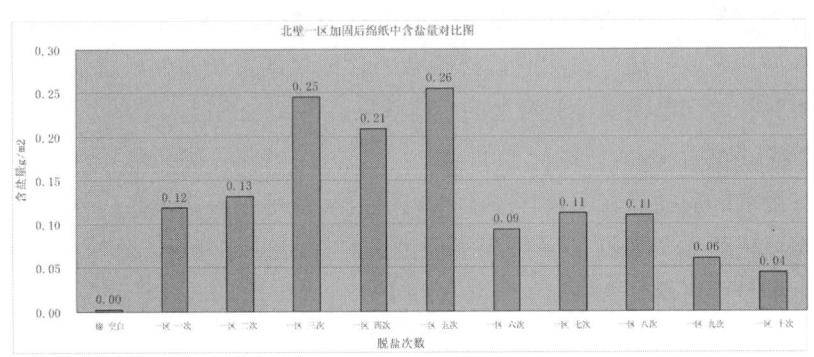

图 21　北壁一区加固后绵纸中含盐量

（3）纸条法检验脱盐效果

用一定大小的、浸水的薄层色谱专用的纸覆于壁画表面（图 22），一定时间后取下，水溶后测定其中的 Cl^- 含量（ppm）。在洞窟盐害无壁画部位钻取表面 2mm 深度的壁画地仗，分析地仗中 Cl^- 百分含量。两者有如图 23 的关系。

纸条法检测的壁画表面 Cl^- 浓度与壁画地仗中的 Cl^- 含量具有相关性，其关系曲线为 $Y = 6.27X + 0.1005$，曲线的相关系数 $r = 0.9633$，所以从纸条法得出的 Cl^- 浓度值根据公式可以计算出壁画地仗表面中大致的 Cl^- 百分含量。

按照上述方法对空鼓灌浆后脱盐效果进行检测，见图 24。经过脱盐后的壁画地仗中含盐量（以 NaCl 计）已经很低。

3.4　酥碱壁画加固及脱盐工艺现场实验

酥碱（disruption），是指壁画地仗中的可溶盐，随环境湿度变化而溶解、结晶，所产生的膨胀、收缩反复作用使壁画地仗结构破坏而表现出的疏松状态。只有采取加固、脱盐相结合的方式，才能对酥碱病害加以治理。因此，酥碱壁画的治理必须要加固、脱盐同时进行。

图22 浸水后的纸条贴于壁画表面

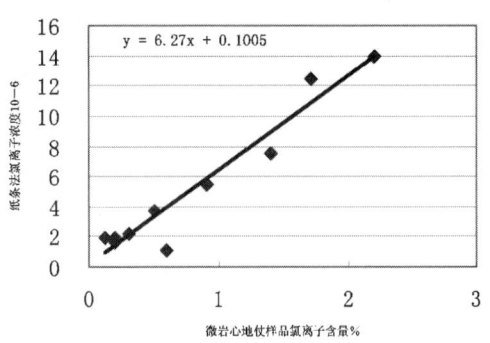

图23 微岩心地仗样品 Cl^- 含量与纸条法检测 Cl^- 浓度（10^{-6}）关系曲线

3.4.1 实验位置

选择莫高窟第98窟西壁中部的两个区域，面积均约为 $20cm \times 20cm$ 见方。

实验一区病害特征：地仗酥软，植物纤维糟朽，颜料层开裂翘起，局部颜料层脱落，多处细泥层泡状鼓起开裂，局部细泥层缺失，有明显的修复痕迹。

实验二区病害特征：地仗层和颜料层酥软，植物纤维糟朽，颜料层表面肉眼可

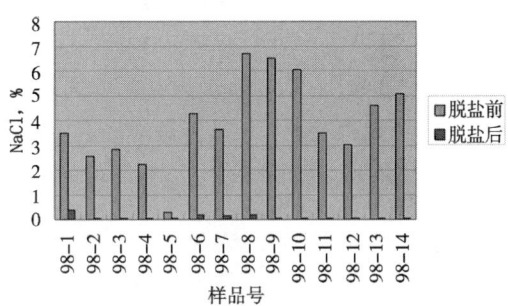

图24 纸条法检测空鼓灌浆效果

观察到白色结晶盐颗粒，多处细泥层泡状鼓起，局部细泥层缺失，有明显的修复痕迹。

3.4.2 酥碱壁画加固材料

通过前期实验筛选出传统绘画材料明胶（动物蛋白型）作为酥碱壁画的修复加固材料，这种材料具有无色无味、无毒无腐蚀、无眩光、透明度高、透气性好、粘结强度适中和兼容性好的特点，并且具备可再修复的条件。明胶的一些技术指标见表5。采用 1.5% 明胶水溶液加固后的澄板土试块水渗透深度 7.14mm，透水气性 5.92×10^{-4} g/$cm^3 \cdot h$，抗压强度 333.9MPa。

表5 明胶技术指标

项目	水分（%）105℃	灰分（%）650℃	pH 值	粘度 mpa·s12.5%60℃
指标	≤12	≤2.5	5.5 – 7.0	≥5.0

3.4.3 吸水脱盐材料

脱盐垫选用棉纸、KC—X60 纸和负载淀粉接枝聚丙烯酰胺脱盐材料的 KC—X60 纸。棉纸＋负载淀粉接枝聚丙烯酰胺脱盐材料的 KC—X60 纸为 KC—X60 Ⅱ型。作为对照实验的 Ⅰ 型，是采用两层 KC—X60 代替负载脱盐材料的 KC—X60。

3.4.4　酥碱壁画修复工艺

（1）除尘：用洗耳球小心将颜料翘起背后的尘土和细沙吹干净，然后用软毛笔将壁画表面的尘土清除干净。

（2）填垫泥浆：在酥碱部位，由于地仗缺失严重，填补泥浆使得凹凸不平的壁画平整。

（3）注射粘结剂：待填垫的泥浆半干燥时，用注射器将0.2%明胶溶液沿悬浮颜料层的边沿注入颜料层的背部（3－4遍）。见图25。

（4）回贴颜料层：待胶液被填垫的泥浆和地仗层吸收后，用不锈钢修复刀将悬浮的颜料层轻轻回贴原处。

（5）再次注射粘结剂：待悬浮的颜料层回贴原处后，对颜料层表面滴注0.5%的明胶溶液（1－2遍），对颜料层进行补胶。

（6）滚压：稍干后用垫有棉纸的棉球对颜料层进行滚压，使颜料层与地仗层进一步结合。见图26。

（7）压平壁画：用垫有棉纸的较大木质修复刀对壁画压平压实，此时要掌握力度，避免在壁画表面留下刀痕。见图27。

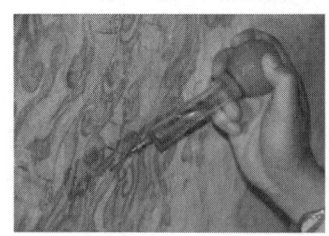 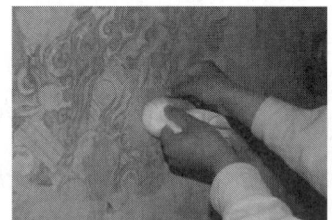 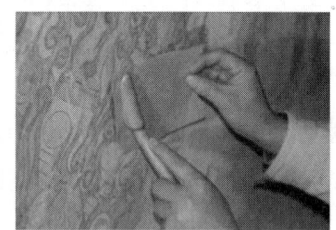

图25　注射粘结剂　　　　　　图26　滚压　　　　　　图27　压平壁画

（8）敷贴吸水脱盐垫：壁画压平压实后，立即用带有2cm厚海绵的透气性顶板把吸水脱盐材料敷贴在壁画表面，对壁画进行脱盐处理。见图28。透气性顶板的边缘比加固区域大出10cm，防止水分向加固区域的外围扩散。实验一区用KC—X60Ⅰ型（棉纸＋二层KC－X60）；实验二区用KC—X60Ⅱ型（棉纸＋一层KC－X60Ⅱ型）。

（9）更换吸水脱盐材料：每天监测加固区域，视壁画的干燥程度更换吸水脱盐材料，为了检测脱盐材料的脱盐能力，在换下来的脱盐材料中心部位裁剪5cm×5cm的材料进行分析。随着壁画逐渐干燥应减少更换次数。

（10）二次脱盐：壁画干燥后，在壁画凹凸不平的凹部，有白色结晶盐生成（图29），这时应对壁画进行二次脱盐处理。方法是：将高强度吸水纸裁剪成5cm×5cm的方形小块，用保护笔的蒸气将其打潮敷贴在壁画表面，用软海绵使纸块与壁面充分结合，结晶盐就吸附在纸块上，待纸块干燥后取下。经若干次的排列式吸附，壁画表面的结晶盐将较多被清除。见图30。

（11）封闭采样孔：用和原地仗相同的材料封闭取样孔。

图 28　敷贴吸水脱盐垫　　　　图 29　壁画表面结晶盐　　　　图 30　二次脱盐

3.4.5　脱盐效果评价

（1）微岩芯取样分析

酥碱壁画加固前和脱盐后在实验区壁画颜料层脱落或地仗破损处，用微岩芯取样器对壁画不同深度进行取样分析。对照结果见图 31、32。

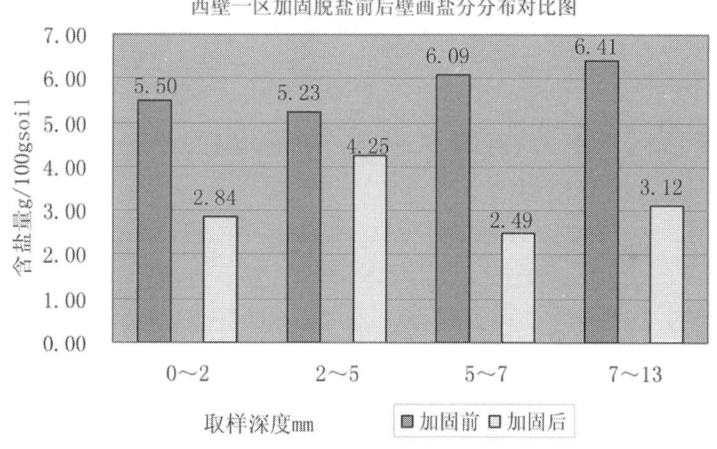

图 31　西壁一区加固脱盐前后壁画盐分分布对比图

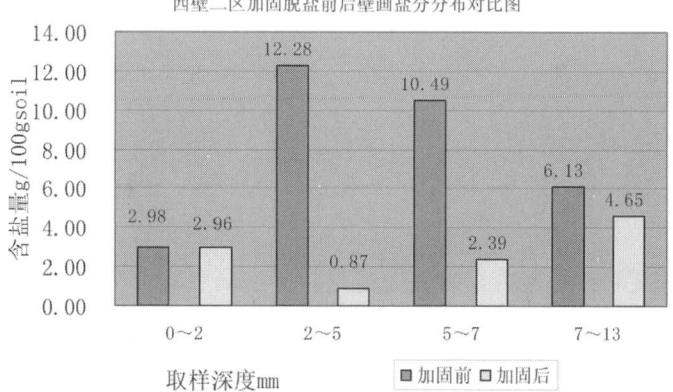

图 32　西壁二区加固脱盐前后壁画盐分分布对比图

　　微岩芯取样分析结果表明，脱盐修复后的壁画地仗中可溶盐含量降低较明显，而采用 KC－X60 Ⅱ型（中间加载脱盐材料）效果较 KC－X60 Ⅰ型好得多，两者可以相差 1 倍，脱盐材料的脱盐效果十分明显。

　　（2）纸条法评估

　　纸条法检测酥碱脱盐效果，证明脱盐前后壁画中的盐分（以 NaCl 计）有了很大的降低。采用 KC－X60 中间加载脱盐材料的 Ⅱ型脱盐垫吸附盐分的量更大。结果见图33、34。

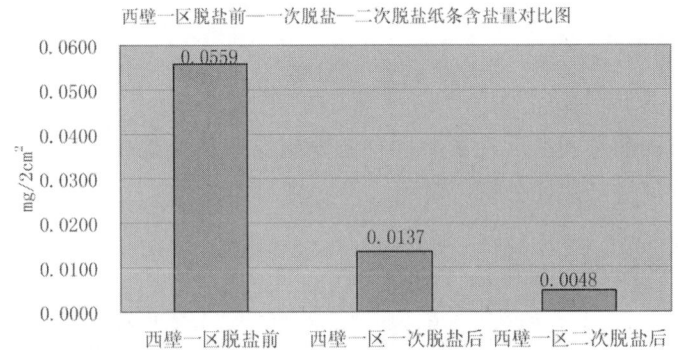

图33　西壁一区脱盐前后纸条含盐量对比图

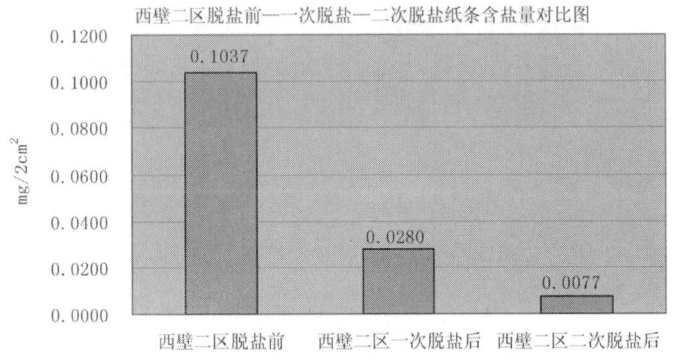

图34　西壁二区脱盐前后纸条含盐量对比图

4　结　论

　　（1）制备的淀粉接枝聚丙烯酰胺脱盐材料具有高吸水、吸盐性能，而且对盐分有优先选择的作用。

　　（2）扫描电镜和红外光谱检测表明，正交实验最佳结果的脱盐材料具有较多的细小孔道，有利于盐溶液的吸收；脱盐材料的吸收作用，是整个脱盐材料内部结构中聚酰胺和羧酸盐同时作用的结果。

（3）洞窟空鼓壁画灌浆脱盐、酥碱壁画加固脱盐前后的多种检测方法，均表明淀粉接枝聚丙烯酰胺脱盐材料有很好的吸水、脱盐能力。负载淀粉接枝聚丙烯酰胺脱盐材料的 KC - X60 脱盐效果十分明显，其效果比不加载脱盐材料的效果增加 1 倍。使用淀粉接枝聚丙烯酰胺脱盐材料壁画干燥时间缩短，减少了脱盐过程中对壁画产生损伤的可能性。

（4）本试验证明结合研制的脱盐材料所选用的空鼓灌浆加固脱盐技术和酥碱壁画修复技术工艺效果较好，且具有较强的适用性。

The Application Research of a New Synthesized Desalination Material on the Treatment of Salting Damage Wall Paintings in Mogao Grottoes

Su Bomin[1], Chen Gangquan[1], Fan Zaixuan[1], Ma Jiantai[2]
Kang Hongwei[2], Li Rong[2]

(1. The Conservation Institute of Dunhuang Academy, Lanzhou 736200;

2. The Chemistry & Chemical Industry College of Lanzhou University, Lanzhou 730000)

Abstract: A starch grafted polyacrylamide superabsorbent material is synthesized by using starch and acrylic amide. This material not only has good performance in absorb water, but also prefer to absorb NaCl. The material has been applied on treatment of detachment and disruption wall paintings in cave 98. The salt analysis shows that it has the effective desalting function.

Key Words: the Mogao Grottoes, Wallpainting, Hollowing, Salinization, Desalination Material

（原载于《文博》，2009 年，第 6 期）

莫高窟第 98 窟酥碱壁画保护修复试验研究

樊再轩[1,2,3]，陈港泉[1,2,3]，苏伯民[1,2,3]

李燕飞[1,2,3]，乔　海[1,2,3]，唐　伟[1,2,3]

（1. 敦煌研究院保护研究所，敦煌，736200；

2. 古代壁画保护国家文物局重点科研基地，敦煌，736200；

3. 敦煌研究院文物保护技术服务中心，兰州，730000）

内容摘要： 莫高窟第 98 窟壁画存在严重的酥碱病害，脱去壁画地仗中的易溶盐可防止酥碱病害的再次发生。本研究通过室内研究，筛选出了适宜的壁画修复材料，通过现场试验筛选出修复加固和脱盐处理一次完成的新工艺，并对酥碱壁画脱盐后的效果进行了科学评价。

关键词： 莫高窟　酥碱壁画　保护修复　试验研究

0　引　言

第 98 窟位于莫高窟南区中段，开凿于五代曹议金任节度使时期，洞窟形制为覆斗形顶，设中心佛坛，坛上背屏连接窟顶，是莫高窟大型洞窟之一。该窟占地面积 185m²，壁画面积 693.1m²，现存彩塑 4 身（清代重修）。由于洞窟位于最底层，受地质、自然等环境因素的影响，壁画产生了多种病害，酥碱是该窟病害壁画中最典型的一种。

为了研究第 98 窟壁画中的盐分分布状况，选择微岩芯取样法对甬道及主室各壁、披的地仗按照 0 - 2mm，2 - 5mm，5 - 7mm，7mm 以上不同深度进行取样，并采用离子色谱法对地仗中易溶盐的种类及含量进行了测定。根据不同壁面、不同位置、不同深度的 145 个地仗样品的分析结果来看，盐分富集的区域主要分布在西壁和西披，其次为南壁、南披、北壁、北披、东壁和东披。甬道南北壁边缘加固的附近区域盐分的分布也比较高。易溶盐种类主要以硫酸盐和氯化盐为主，其次有少量的硝酸盐。阳离子主要是钠离子，其次为钾离子和钙离子，镁离子的含量较少。易溶盐总量最高达到

14%以上（如主室西壁），最低也在 1%左右，并且呈现出壁画表面较高，随着深度的增加降低的规律。由此可见，易溶盐主要集中在壁画的表层，这也是酥碱病害在环境作用下不断发生发展的主要原因之一。

因此，要治理酥碱病害，除采取有效的保护材料进行加固外，去除地仗中高含量的易溶盐是防止病害继续发生和发展的根本途径。本研究在室内实验研究的基础上，选择了有针对性的保护加固材料和脱盐材料，并进行了现场试验，取得了较好的效果。

1 保护材料的选择

1.1 修复材料

通过实验筛选出传统绘画材料明胶（动物蛋白型）作为酥碱壁画的修复加固材料。明胶的部分技术指标见表 1。采用 1.5%明胶水溶液加固后的澄板土试块渗透深度 7.14mm，透水气性 $5.92 \times 10^{-4} g/cm^3 \cdot h$，抗压强度 333.9MPa。

表 1 明胶部分技术指标

项目	水分（%）105℃	灰分（%）650℃	pH 值	粘度 mpa·s 12.5% 60℃
指标	≤12	≤2.5	5.5 – 7.0	≥5.0

1.2 脱盐材料筛选实验

1.2.1 吸水材料的选择

选择 KC – X70、KC – X60（纯木浆与无纺布交织在一起制作成的高吸水性材料）、细毛毯、脱脂棉、生宣纸、日本棉纸、M – F2001（合成纤维与聚脂树脂混合在一起，制作成的高吸水性材料）、镜头纸、粗羊毛毯、细羊毛毯、海绵（厚 1cm）、海绵表面负载淀粉接枝聚丙烯酰胺树脂[1]（厚 1cm）、海绵中间负载淀粉接枝聚丙烯酰胺树脂（厚 1cm）和 KC – X60 两层中间负载淀粉接枝聚丙烯酰胺树脂等 36 种材料进行壁画脱盐吸水性能的对比试验。

1.2.2 实验方法

（1）将上述吸水材料切割成 8.5cm×8.5cm 的方块并制作成相应的黏土袋（垫）；

（2）将规格为 19.5cm×24.5cm 的细毛毯平铺于桌面均匀喷湿；

（3）分别称量吸水垫的干重或潮重，将吸水垫水平放于喷湿的细毛毯之上，盖金属板并加 1000g 的重物，记录实验开始的时间；

（4）每间隔 15 分钟称量吸水垫的重量，直至吸水垫质量不再增加为止；

（5）吸水能力评估方法

$$吸水量 = 吸水平衡后重量 - 吸水前重量$$

$$吸水速率（g/h）= \frac{吸水平衡后最大量 - 吸水前重量}{吸水平衡后总时间}$$

实验数据见表2。

1.2.3　实验结果

从表2中可以得出，KC - X60 中间负载脱盐材料（淀粉接枝聚丙烯酰胺树脂）总吸水量可以达到自身重量的 5 倍多，且持水能力较强。脱盐材料加载到两层 KC - X60 中间，使脱盐材料不易脱落，十分符合现场脱盐应用。为了方便，将 KC - X60 称为 KC - X60 Ⅰ 型，KC - X60 中间负载淀粉接枝聚丙烯酰胺树脂称为 KC - X60 Ⅱ 型。

表2　吸水脱盐垫筛选

序号	吸水脱盐材料	吸水量%	吸水率 g/h	序号	吸水脱盐材料	吸水量%	吸水速率 g/h
1	毛细毯	190.6	6.25	19	日本纸×2 + KC - X70×2 + KC - X70×2 土	82.9	21.04
2	脱脂棉	330	13.99	20	日本纸×2 + KC - X70×2 + M - F2001 干	119.4	1.46
3	M - F2001	235.8	16.32	21	日本纸×2 + KC - X70×2 + M - F2001 潮	27.4	12.37
4	KC - X70	251.7	10.77	22	日本纸×2 + KC - X70×2 + M - F2001 土	54.4	8.57
5	毛细毯 + 黏土	107.7	6.36	23	日本纸×2 + KC - X70×2 + 脱脂棉（干）	135.9	1.98
6	脱脂棉 + 黏土	115.1	4.91	24	日本纸×2 + KC - X70×2 + 脱脂棉（潮）	0	40.68
7	M - F2001 + 黏土	166.9	8.15	25	日本纸×2 + KC - X70×2 + 脱脂棉（土）	429	5.96
8	KC - X70 + 黏土	161.8	10.79	26	KC - X60×9 + 黏土	80	1.46
9	KC - X70 的黏土袋（干）	58.6	31.44	27	KC - X60 + 带黏土的 KC - X60	150.7	4.07
10	KC - X70 的黏土袋（潮）	59.8	32.32	28	KC - X70 + 带黏土的 KC - X70	156.1	1.15
11	KC - X70 + 脱脂棉	276.4	29.96	29	细羊毛毯	36.9	53.40
12	KC - X70 + M - F2001	275.4	24.89	30	粗羊毛毯	22	9.86

续表

序号	吸水脱盐材料	吸水量%	吸水率 g/h	序号	吸水脱盐材料	吸水量%	吸水速率 g/h
13	多层 KC – X70	207.2	18.34	31	KC – X60 + 黏土	101.7	4.44
14	多层宣纸	201.2	13.65	32	海绵表面负载脱盐材料	231.28	0.93
15	日本纸 ×2 + KC – X70 ×2 + KC – X70 ×2 干	197.8	4.80	33	海绵	2.31	0.14
16	日本纸 ×2 + KC – X70 ×2 + KC – X70 ×2 潮	12.7	8.21	34	海绵中间负载脱盐材料	33.49	0.09
17	细羊毛毯 + 黏土	40.4	26.63	35	两层 KC – X60	322.22	6.96
18	粗羊毛毯 + 黏土	24.2	21.04	36	KC – X60 两层中间负载脱盐材料	521.08	7.07

2 修复材料及脱盐工艺的现场试验

2.1 试验区域

选择第 98 窟西壁中部的两个区域，实验一区（现状调查底图编号 XQ5‑14）和实验二区（现状调查底图编号 XQ5‑13）。

2.2 试验区病害特征

一区：地仗酥软，植物纤维糟朽，颜料层开裂翘起，局部颜料层脱落，多处细泥层泡状鼓起开裂，局部细泥层缺失，有明显的修复痕迹。

二区：地仗层和颜料层酥软，植物纤维糟朽，颜料层表面肉眼可观察到白色结晶盐颗粒，多处细泥层泡状鼓起，局部细泥层缺失，有明显的修复痕迹。

2.3 修复历史

1975 年对这两个实验区的颜料层用 1% 聚醋酸乙烯乳液：1.5% 聚乙烯醇 = 4：1 混合液进行注射、喷涂加固；空鼓壁画采用铁制锚杆进行了锚固；2001 年用 2.5% 聚醋酸乙烯乳液对地仗进行了渗透加固，同时对空鼓壁画用澄板土：生土 = 2：1，水（5% 聚醋酸乙烯乳液）灰比为 0.65：1 的浆液进行灌浆加固。

2.4　现场试验

2.4.1　除尘

用洗耳球小心将颜料翘起背后的尘土和细沙吹干净，然后用软毛笔将壁画表面的尘土清除干净，由于酥碱壁画的颜料层非常脆弱，地仗层酥软粉状脱落较多，在除尘时一定要格外小心，力度的掌握非常关键，既要清除粉尘，又要保留粉化的地仗层。除尘是壁画修复非常重要的步骤，不能在颜料层翘起部位遗留尘土，否则会影响颜料层与地仗层的粘结效果，同时也会污染壁画表面。

2.4.2　填垫泥浆

第98窟西壁壁画酥碱非常严重，多处壁画的地仗粉状脱落和缺失，颜料层悬浮，如果直接注射粘结剂回贴，就会使颜料层低陷，从而影响画面的整体效果。具体的方法是：用较长针头的注射器将0.2%明胶多次注入地仗缺失部位，使胶液向地仗里层渗透；用较长针头的注射器或滴管将掺有1/3细沙的稀泥浆（脱盐）均匀地平铺于地仗缺失部位。填垫泥浆的量要严格掌握，过多过少都会影响颜料层的回贴效果。

2.4.3　注射粘合剂

待填垫的泥浆半干燥时，用注射器将0.2%明胶溶液沿悬浮颜料层的边沿注入颜料层的背部，一般注射3-4遍。

2.4.4　回贴颜料层

待胶液被填垫的泥浆和地仗层吸收后，用不锈钢修复刀将悬浮的颜料层轻轻回贴至原处。

2.4.5　再次注射粘合剂

待悬浮的颜料层回贴原处后，在颜料层表面滴注0.5%的明胶溶液（1-2遍），对颜料层进行补胶。

2.4.6　滚压

稍干后用垫有棉纸的棉球对颜料层进行滚压，使颜料层与地仗层进一步结合。

2.4.7　压平壁画

用垫有棉纸的较大木质修复刀将壁画压平压实，此时要掌握力度，避免在壁画表面留下刀痕。

2.4.8　敷贴吸水脱盐垫

壁画压平压实后，立即用带有2cm厚海绵的透气性顶板把吸水脱盐材料敷贴在壁画表面，对壁画进行脱盐处理，透气性顶板的边缘比加固区域大出10cm，防止水分向加固区域的外围扩散。实验一区用KC-X60Ⅰ型（棉纸 + 两层KC-X60）；实验二区用KC-X60Ⅱ型（棉纸 + 一层KC-X60Ⅱ型）。

2.4.9 更换吸水脱盐垫

每天监测加固区域，视壁画的干燥程度更换吸水脱盐垫。随着壁画逐渐干燥可以减少更换次数。

2.4.10 二次脱盐

壁画干燥后，在壁画凹凸不平的凹部，有白色结晶盐生成，这时应对壁画进行二次脱盐处理。方法是：将高强度吸水纸裁剪成5cm×5cm的小方块，用保护笔的蒸气将其打潮敷贴在壁画表面，用软海绵使纸块与壁面充分结合，结晶盐就吸附在纸上了，待纸干燥后取下[2]。经过7-8次的排列式吸附，将壁画表面的结晶盐较多地被清除。

2.4.11 封闭采样孔

用和原地仗相同的材料封闭采样孔。

2.4.12 修复时间、修复面积和修复材料用量

一区、二区修复时间：2008年7月9日和10日。一区面积：20cm×25cm，修复材料的用量0.2%明胶16ml，0.5%明胶18ml；二区面积：20cm×35cm，修复材料的用量0.2%明胶50ml，0.5%明胶20ml。

2.4.13 纪录壁画在脱盐过程中出现的问题及解决的办法

一区：加固后五小时脱盐垫潮湿，第二天更换绵纸和KC-X60Ⅰ型。第三天颜料层表面局部有盐霜，用软毛刷轻轻刷除盐霜。第五天壁画基本干燥。第六天在壁画凹凸不平的凹处可观察到颜料层表面有结晶盐，对该处进行二次脱盐，并用0.5%的明胶进行加固。第九天壁画完全干燥。用保护笔对加固区进行二次脱盐。

二区：加固后第二天脱盐垫潮湿，换绵纸和KC-X60Ⅱ型。第三天颜料层表面局部有盐霜，用软毛刷轻轻刷除盐霜。第七天壁画基本干燥。第八天在壁画凹凸不平的凹处有结晶盐，对该处进行二次脱盐，并用0.5%的明胶进行加固。第十一天壁画完全干燥。用保护笔对加固区进行二次脱盐。

3 脱盐效果评价

为了考察酥碱壁画加固、脱盐前后壁画中含盐量的变化和验证脱盐工艺是否适宜，选择微岩芯取样法和纸条法进行检测。

3.1 微岩芯取样法

在实验区壁画颜料层脱落和地仗破损处，用微岩芯取样器对壁画不同深度进行取样，并用离子色谱仪进行分析，分析结果见图1和图2。

3.2 纸条法

采用薄层色谱专用纸（型号81-24，Newark. Delaware. USA，19714）将其裁成

1cm×2cm 的纸条，用镊子夹住纸条的一角在去离子水中浸泡 5 秒钟，取出贴在壁画表面，停留 40 秒钟后用镊子轻轻拿下纸条，用氯离子选择电极测定 Cl⁻ 浓度，进而推算出氯化钠含量[3]，测试结果见图 3 和图 4。

微岩芯取样法和纸条法分析结果表明，脱盐处理后的壁画地仗中可溶盐含量明显降低，采用 KC－X60Ⅱ型脱盐效果较 KC－X60Ⅰ型好得多。

4　结　论

（1）通过对 98 窟盐分分布调查得知，该窟含盐量从东壁和东披向西逐渐增加，西壁和西披的平均含盐量比东壁和东披的平均含盐量高出 3 倍多，盐分主要以可溶性盐为主，这为修复材料和脱盐材料的选择提供了理论指导。

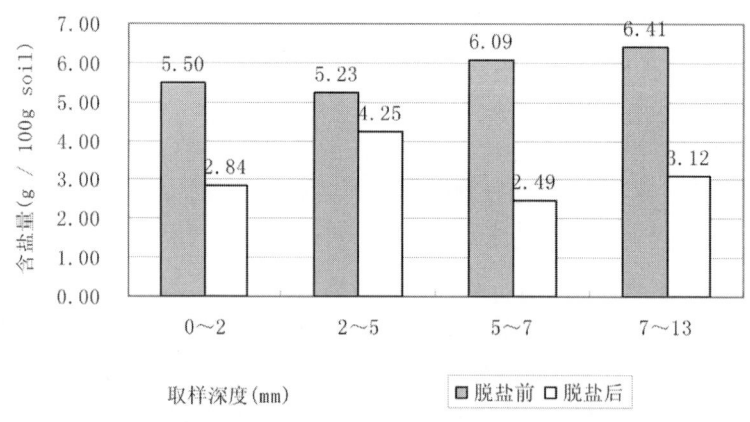

图 1　西壁一区加固脱盐前后壁画盐分分布对比图

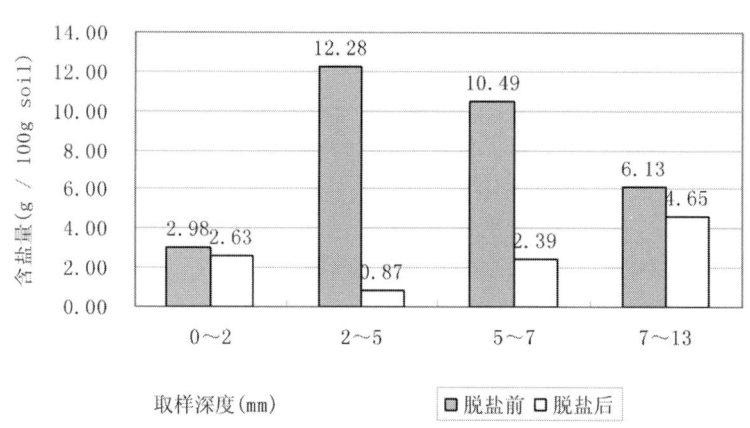

图 2　西壁二区加固脱盐前后壁画盐分分布对比图

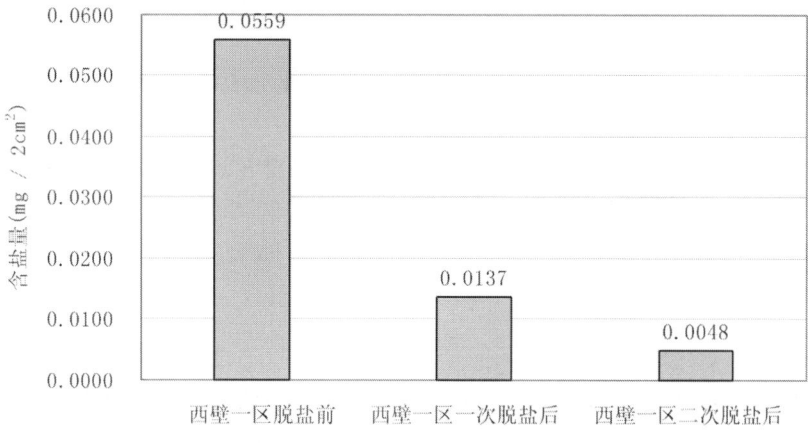

图 3　西壁一区脱盐前后纸条含盐量对比图

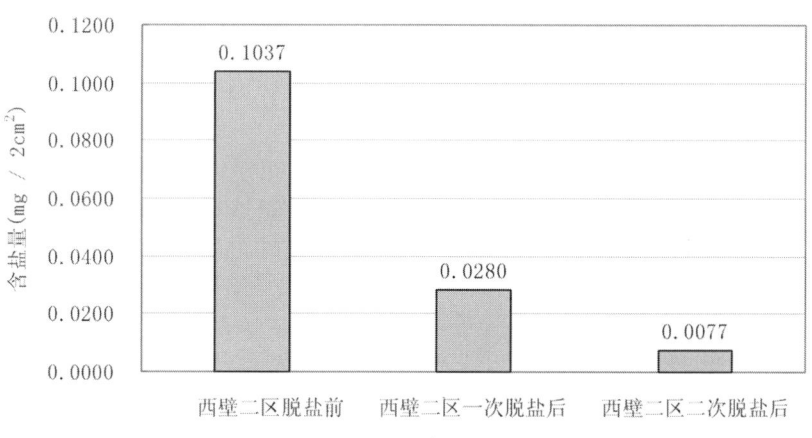

图 4　西壁二区脱盐前后纸条含盐量对比图

（2）传统绘画材料明胶（动物蛋白型）具有无色无味、无毒无腐蚀、无眩光、透明度高、透水透气性好、粘结强度适中和兼容性好的特点，并且具备可再修复的条件，是修复酥碱壁画的理想材料。

（3）负载淀粉接枝聚丙烯酰胺树脂的 KC－X60 Ⅱ型具有极好的吸水脱盐性能，比不负载脱盐材料的 KC－X60 Ⅰ型的脱盐效果高 1 倍。

（4）纸条法无损检测壁画可溶盐含量在壁画脱盐中的应用，实践证明此种方法适用。

（5）现场实践证明酥碱壁画修复和脱盐工艺可行，采用二次脱盐十分必要且效果良好。经过修复的壁画外观良好，状况稳定。

参考文献

[1] 马建泰，康红卫，陈港泉，等. 正交法制备淀粉接枝丙烯酰胺高吸水树脂. 兰州大学学报：自然科学版，2009（2）.

[2] 樊再轩，史迪文·瑞克比，丽萨·席克德，等. 敦煌莫高窟第 85 窟壁画修复技术研究. 敦煌研究，2008，（6）.

[3] 陈港泉，Michael Schilling，李燕飞，等. 纸条检测法对第 85 窟壁画空鼓灌浆脱盐效果的评估. 敦煌研究，2007，（5）.

The Testing Study for Repairing the Disruption Wall Paintings in Cave 98 at Mogao Grottoes

Fan Zaixuan[1,2,3], Chen Gangquan[1,2,3], Su Boming[1,2,3]
Li Yanfei[1,2,3], Qiao Hai[1,2,3], Tang Wei[1,2,3]

(1. The Conservation Research Institute of Dunhuang Academy, Dunhuang, 736200;

2. Key Scientific Research Base of Conservation for Ancient Wall Paintings, Dunhuang, 736200;

3. National Research Center for Conservation Ancient Wall Paintings, Dunhuang, 736200)

Abstract: The wall paintings of cave 98 at Mogao Grottoes existing with serious disruption problem, taking – off the soluble salt from the render or from the plaster layer can prevent disruption to happen again. This study in the laboratory test has selected the suitable materials for mural repairing and desalination, by on – site testing, the new techniques developed for repairing consolidation and desalination at one time, has assessed scientifically disruption murals after desalination.

Key Words: Mogao Grottoes, disruption wall – painting, reservation repairing, testing study

（原载于《敦煌研究》，2009 年，第 6 期）

陕西白水仓颉庙酥碱壁画脱盐修复的初步试验

陈港泉[1,2,3]，樊再轩[1,2,3]，于群力[4]，苏伯民[1,2,3]

李燕飞[1,2,3]，乔　海[1,2,3]，唐　伟[1,2,3]

（1. 敦煌研究院保护研究所，敦煌，736200

2. 古代壁画保护国家文物局重点科研基地，敦煌，736200

3. 国家古代壁画保护工程技术研究中心，敦煌，736200

4. 西安文物保护修复中心，西安，710061）

内容摘要： 在前期研究和室内模拟试块脱盐试验的基础上，选择高吸水、高吸盐性脱盐材料和修复工艺对仓颉庙部分酥碱壁画进行治理。脱盐试验评估表明，脱盐使壁画中的含盐量明显降低，越接近表层脱盐效果越明显，尤其是可溶性的 Na^+、K^+、Cl^-、NO_3^-，含量降低的幅度约为 1/3；二次脱盐可以降低壁画表面含盐量约 70%。但是 Ca^{2+}、SO_4^{2-} 的脱盐效果不明显。加固后的壁画强度明显增加，外观没有明显的改变。脱盐技术初步试验表明，本次采用的脱盐工艺与材料适用于以 NaCl、Na_2SO_4、$NaNO_3$ 等易溶盐为主要成分的殿堂盐害壁画的脱盐加固，脱盐评估方法有较好的可行性、适用性。

关键词： 壁画　酥碱　脱盐　仓颉庙

0　前　言

仓颉庙位于陕西省渭南市白水县城东的史官乡，是国内仅存的纪念文字始祖仓颉的庙宇，以碑文、建筑、壁画、古柏著称，有文字可考的庙史已有 1800 年。2001 年 6 月被国务院批准为全国文物重点保护单位。仓颉庙地处暖温带大陆性季风气候区，冬季寒冷，干燥多风；夏季气温高，湿度大。多年平均气温 11.4℃，极端最低气温 −16.7℃，极端最高气温 39.4℃。多年平均降水量 568mm[1]。

仓颉庙现存壁画 300m²，多为清代所绘。殿堂部分壁画出现了以盐分活动为主要特征的酥碱病害。殿堂壁画的保护修复，曾在西藏布达拉宫、罗布林卡、萨迦寺针对壁画空鼓病害进行过修复研究和试验[2][3][4][5][6]。酥碱壁画的治理已在萨迦寺、莫高窟壁画修复中应用[6][7][8]，但对于壁画中的盐分没有采取去除的措施[6,7]，盐分的存在仍是壁画的潜在威胁。去除壁画中盐分的脱盐技术，在莫高窟空鼓和酥碱壁画修复中得到应用，效果较好[9][10]。本文通过模拟酥碱壁画试块的脱盐试验，对仓颉庙殿堂酥碱壁画进行脱盐修复加固，并评估其脱盐效果。

1 殿堂壁画模拟试块脱盐试验

1.1 酥碱模拟试块的制作与老化试验

根据前期殿堂壁画可溶盐活动规律的调查分析结果[11][12]，确定制作"土坯墙 + 泥巴"及"竹篱笆 + 泥巴"的两类南北方最常见的两种壁画墙体结构的模拟试块，进行室内酥碱脱盐试验（表1，图1）。

表1　模拟试块设计制作

试块编号	试块支撑体	试块下碱	试块尺寸（长×宽×厚）	盐液浓度
2	竹笆（竖）	横木下碱	120cm×30cm×6cm	3%
3	土坯	无下碱	120cm×30cm×12cm	3%
5	土坯	无下碱	120cm×30cm×12cm	6%
7	土坯	无下碱	120cm×30cm×12cm	15%
10	竹笆（横）	横木下碱	120cm×30cm×6cm	15%

根据殿堂壁画盐害的情况调查结果[11,12]，选择 K_2SO_4、$MgCl_2 \cdot 6H_2O$ 和 $NaNO_3$，分别按照相同重量配比，配制成盐液浓度3%、6%、15%。将制作好的试块按照表1要求放入不同的盐溶液中，试块下部边缘保持接触盐液表面；有下碱者，下碱下部边缘与盐液表面接触。实验进行中，要控制水分蒸发而导致盐液浓度的改变，并保证液面高度基本不变。试块经过干燥 — 潮湿 — 再干燥 — 再潮湿的反复多次交替变化，直至试块表面盐渍高度变化趋于稳定，撤去盐液，使试块在自然环境中干燥。老化后，模拟试块表面出现盐分结晶，试块酥碱。

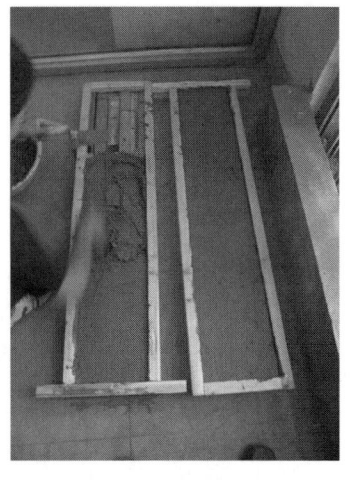

图1　制作模拟试块

1.2　酥碱模拟试块的脱盐试验

1.2.1　脱盐材料和脱盐垫

试验选择的脱盐材料是研制的一种高吸水、高吸盐性淀粉接枝聚丙烯酰胺类树脂（starch grafted acrylamide），在3min内，其对3%的NaCl、Na_2SO_4的吸收倍率分别为38.74、42.7倍，对水分的吸收率298倍[13]。脱盐垫选用棉纸、KC—X60纸（纯木浆与无纺布交织在一起制作成的高吸水性材料，制造商美国金佰利公司）和负载淀粉接枝聚丙烯酰胺树脂的KC—X60纸叠加在一起，与海绵一起固定于透气的脱盐板上（图2）。负载淀粉接枝聚丙烯酰胺树脂的KC—X60制备方法为：用0.7—0.8g90目的淀粉接枝聚丙烯酰胺树脂加入120—130ml蒸馏水，搅拌均匀后涂在KC—X60上（30cm×30cm），并覆盖一层KC—X60，空气中放置20小时自然晾干。

1.2.2　模拟试块脱盐工艺

选取每块试块下部酥碱严重部位20cm×15cm作为实验区域，按照注射粘结剂（1%明胶溶液）、滚压、压平、敷贴（更换）吸水脱盐垫的步骤进行修复[10]。

试块干燥后，在试块的凹陷部位容易生成白色结晶盐，再对试块进行二次脱盐处理[10]。二次脱盐处理后，结晶盐明显被清除。经过加固、脱盐处理的模拟试块强度有了明显的提高。

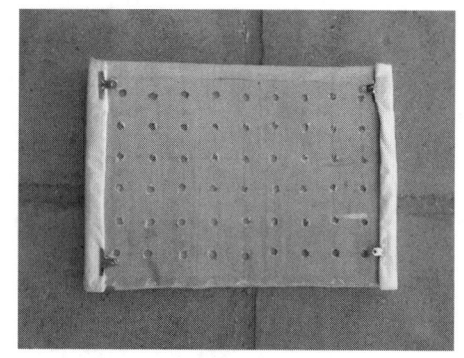

图2　KC—X60纸负载树脂后与海绵

1.2.3　加固及脱盐效果评价

（1）微岩芯分析

在模拟试块实验区上，对酥碱修复脱盐前和脱盐后用微岩芯取样器进行不同深度的取样分析（孔径0.5cm）。可以看出，不同的试块在脱盐前后含盐量都有了降低，表面更加明显（图3）。

（2）纸条检测法

用纸条检测法评估脱盐效果[14]，各试块表面含盐量降低的幅度较大，二次脱盐效果明显（图4）。

2　现场脱盐试验

2.1　实验位置及病害特征

选择仓颉庙后殿外墙西壁北侧下部酥碱严重部位，进行现场脱盐试验。该部位约30cm

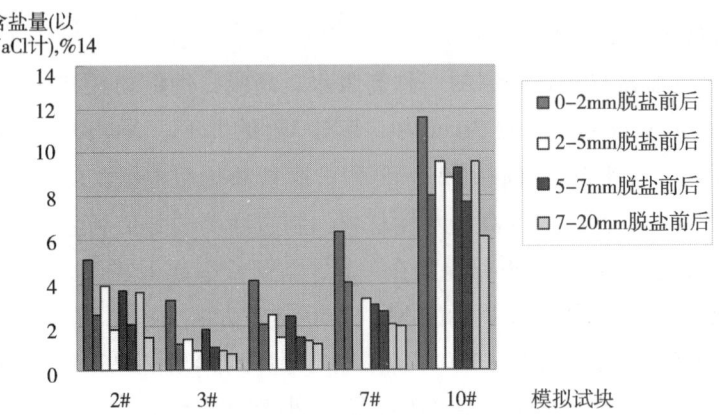

图3 模拟试块加固脱盐前后地仗微岩芯样品含盐量对比

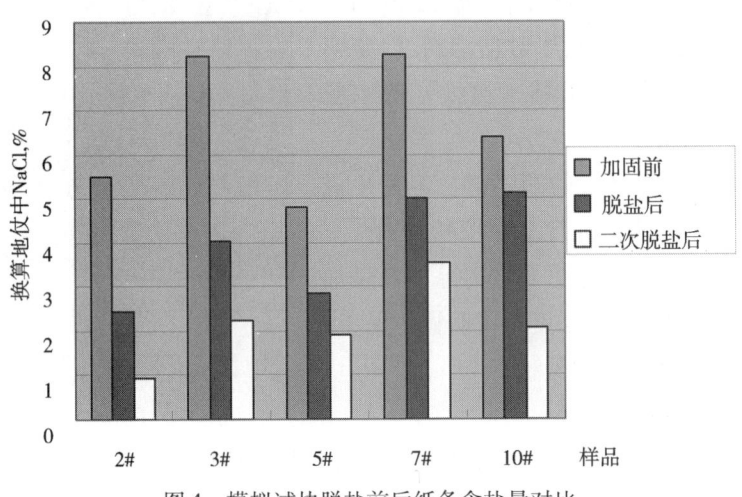

图4 模拟试块脱盐前后纸条含盐量对比

×30cm，局部颜料层还有起甲、脱落病害。地仗细泥层中含棉花较多。壁画北侧为草泥加固，壁画下部为青砖墙体。

分析壁画地仗可溶盐含量，阴离子以 NO_3^-、SO_4^{2-} 最多，阳离子 Ca^{2+} 含量大（见表2）。

表2 仓颉庙后殿外墙西壁壁画地仗可溶盐含量

可溶盐含量，%							
Na^+	K^+	Mg^{2+}	Ca^{2+}	Cl^-	NO_3^-	SO_4^{2-}	总和
0.119	0.024	0.028	0.530	0.242	1.030	0.532	2.504

2.2 现场脱盐工艺

按照模拟试块选择的脱盐材料、脱盐垫和脱盐工艺，借鉴洞窟酥碱壁画的修复工艺，进行除尘、注射粘结剂、回贴颜料层、再次注射粘结剂、滚压、压平壁画、敷贴（更换）吸水脱盐垫[10]。敷贴吸水脱盐垫时，采用真空脱盐板，外接真空泵利用负压抽吸的方法对壁画进行抽气，真空压力控制在 –5 – –7KPa（图5、6）。

 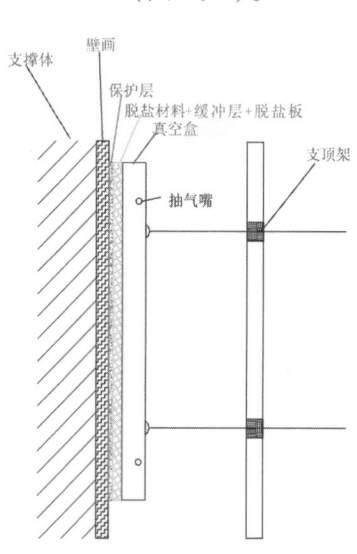

图5　敷设带脱盐垫的真空装置脱盐板　　　图6　壁画脱盐示意图

壁画表面干燥后进行二次脱盐处理。方法同上。分析脱盐棉纸，壁画表面的盐分（以 NaCl 计）逐渐降低（图7）。

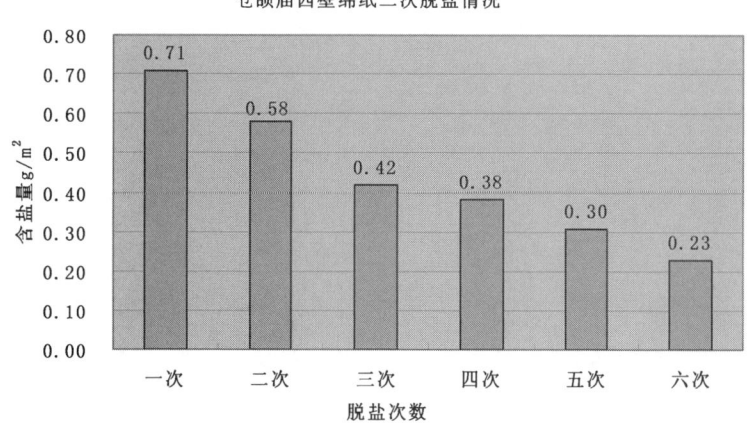

图7　仓颉庙西壁二次脱盐棉纸盐分测试

脱盐加固后的壁画强度提升明显，外观没有明显的变化。

2.3　现场脱盐效果评价

（1）微岩芯取样

在无壁画的地方进行微岩芯取样。分析微岩芯样品，地仗不同深度含盐量均有所降低（图8）。分析微岩芯样品各深度层位可溶盐含量（图9－12），可以看出越接近表层脱盐效果越明显，尤其是可溶性的 Na^+、K^+、Cl^-、NO_3^-，壁画地仗中盐分平均含量降低的幅度约为1/3。但是，对于 Ca^{2+}、SO_4^{2-} 的脱盐效果不明显，其原因很可能是壁画含有较高含量的中溶盐 $CaSO_4$。

（2）纸条检测法

纸条检测法评估脱盐效果表明[14]，二次脱盐效果十分明显（图13）。二次脱盐后壁画表面的含图11 5－7mm 层位各离子含量拖延前后对比。

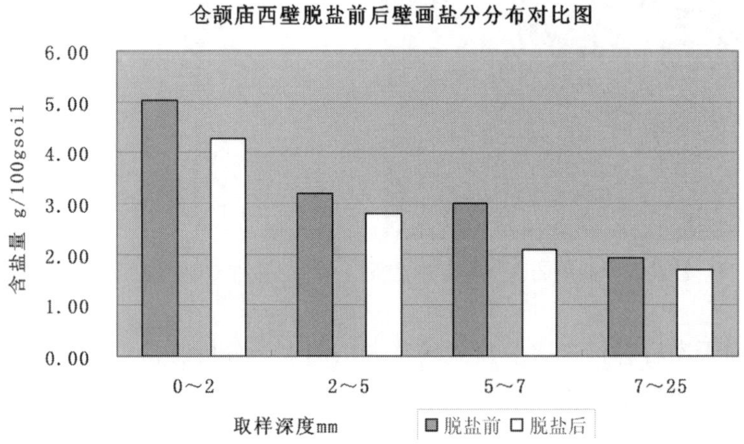

仓颉庙西壁脱盐前后壁画盐分分布对比图

图 8　仓颉庙西壁加固脱盐前后盐分布对比

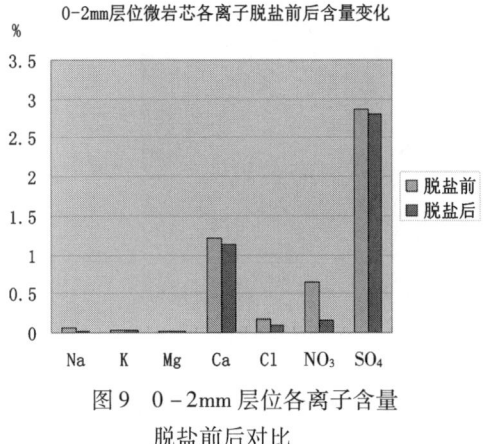

图 9　0－2mm 层位各离子含量脱盐前后对比

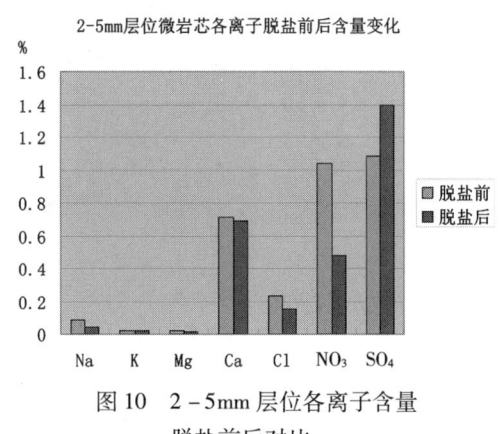

图 10　2－5mm 层位各离子含量脱盐前后对比

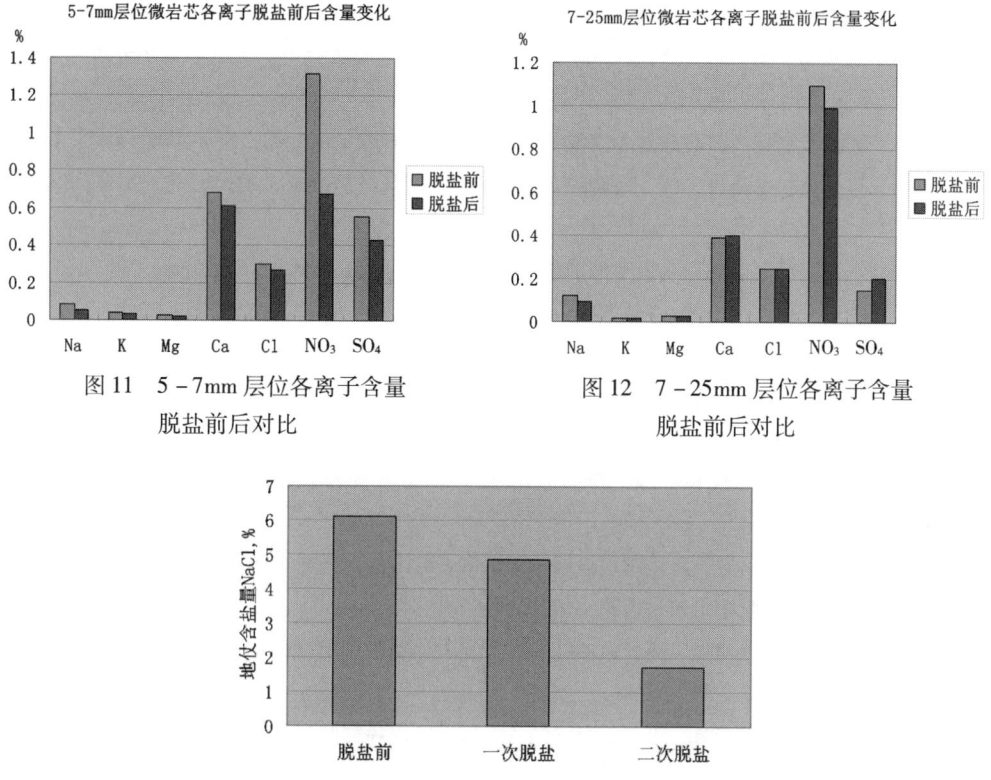

图 11　5–7mm 层位各离子含量
脱盐前后对比

图 12　7–25mm 层位各离子含量
脱盐前后对比

图 13　仓颉庙西壁脱盐前后计算得出的壁画地仗含盐量比较

3　结　论

（1）酥碱壁画脱盐，可以使壁画含盐量明显降低，越接近表层，脱盐效果越明显，尤其是对于可溶性的 Na^+、K^+、Cl^-、NO_3^-，含量降低的幅度约为 1/3；二次脱盐可以降低壁画表面含盐量约 70%。但是中溶盐 $CaSO_4$ 的脱盐效果不明显。

（2）现场脱盐试验表明，选用的脱盐材料与工艺，适用于以 NaCl、Na_2SO_4、$NaNO_3$ 等易溶盐为主要成分的殿堂盐害壁画的脱盐加固。加固后的壁画强度明显增加，消除了因酥碱导致壁画颜料层片状和地仗块状脱落的隐患，外观没有明显的改变。

（3）微岩芯和纸条检测法作为脱盐评估，有较好的可行性和适用性。

参考文献

[1]　白水县政府网. http：//www. baishui. gov. cn/bshgk. htm. 2009. 6. 20
[2]　李最雄、汪万福，赵林毅，等. 西藏布达拉宫、罗布林卡和萨迦寺空鼓壁画修复模拟实验. 敦煌研究，2002，(6)：69–77
[3]　汪万福，李最雄，马赞峰，等. 西藏文化古迹严重病害壁画保护修复加固技术. 敦煌研究，

2005，（4）：24 – 29

[4] 汪万福，马赞峰，李最雄，等．空鼓病害壁画灌浆加固技术研究．文物保护与考古科学，2006，（1）：52 – 59

[5] 段修业，傅鹏，杨韬．西藏萨迦寺次就拉康外间壁画保护修复．敦煌研究，2007，（5）：12 – 15

[6] 王旭东，段修业，李最雄，等．西藏萨迦寺壁画修复现场试验研究．敦煌研究，2005，（4）：16 – 23

[7] 樊再轩．莫高窟第九十四窟病害壁画的修复报告．敦煌研究，2000，（1）：136 – 138

[8] 段修业，傅鹏，付有旭，等．莫高窟第16窟酥碱悬空壁画的修复．敦煌研究，2005，（4）：30 – 34

[9] 樊再轩，斯蒂文·里克比，丽莎·舍克德，等．敦煌莫高窟第85窟壁画修复技术研究．敦煌研究，2008，（6）：19 – 22

[10] 樊再轩，苏伯民，陈港泉，等．莫高窟第98窟酥碱壁画修复及脱盐试验研究．敦煌研究，2009，（6）：4 – 7.

[11] 于群力，杨秋颖，马涛．北岳庙古建墙体含水率、可溶盐对殿堂壁画的影响调查．第十届全国考古与文物保护化学学术研讨会论文集．2008.

[12] 王永进，于群力，周伟强．离子色谱技术在研究古代壁画可溶盐活动规律的应用．第十二届离子色谱学术报告会论文集．2008.

[13] 马建泰，康红卫，陈港泉，等．正交法制备淀粉接枝丙烯酰胺高吸水树脂．兰州大学学报（自然科学版），2009，（2）．

[14] 陈港泉，Michael Schilling，李燕飞，等．纸条检测法对莫高窟第85窟壁画空鼓灌浆脱盐效果的评估．敦煌研究，2007，（5）．

Primary Test of Desalination to Treat the Disrupted Wall Painting in Cang Jie Temple of Baishui, Shaanxi Province

Chen Gangquan[1,2,3], Fan Zaixuan[1,2,3], Yu Qunli[4], Su Bomin[1,2,3]
Li Yanfei[1,2,3], Qiao Hai[5], Tang Wei[5]

(1. The Conservation Institute of theDunhuang Academy, Dunhuang 736200;

2. The Key Scientific Research Base for Ancient Wall Paintings, Dunhuang 736200;

3. National Engineering Research Center for Conservation of Ancient Wall Paintings,
Dunhuang 736200;

4. Xi'an Center for Conservation and Restoration of Cultural Relics, Xi'an 710061;

5. Center for Culture Heritage Conservation Technology Services of the Dunhuang
Academy, Dunhuang 736200)

Abstract: Base of desalination test of previous study and coupon test, selected a kind of superabsorbent to water and salts and restoration technology to treat the some of Disrupted Wall Painting in Cang Jie Temple. The assessment of desalination test showed that, the content of the salt in the wall painting decreased obviously, especially on the surface, special for the soluble salts of containing Na^+, K^+, Cl^-, NO_3^-, and the content could be short of 1/3; the content of salts on the surface could be short of 70% after the second desalting. But it is not ideal for the salts of containing Ca^{2+}、SO_4^{2-}. The wall painting becomes stronger and there is not obvious alteration on its appearance after the consolidation. The test showed that, the materials and technology was applied suits to the desalination consolidation of disrupted wall paintings in temple, and mainly to desalt the soluble salts, such as $NaCl$, Na_2SO_4, $NaNO_3$ and etc. .

Key Words: wall painting, disruption, desalination, cang Jie Temple

(原载于《敦煌研究》, 2009 年, 第 6 期)

北方地区寺庙、殿堂壁画可溶盐活动规律的实验室模拟研究

王永进[1]，于群力[1]，阎　敏[1]，马林燕[2]，陈港泉[2]

（1. 西安文物保护修复中心砖石质文物保护国家文物局重点科研基地，西安，710075；
2. 敦煌研究院，敦煌，736200）

内容摘要： 古代壁画的风化酥碱问题一直是壁画病害中最常见和最严重的问题之一，其主要原因是墙体中的可溶盐。了解壁画中可溶盐无机离子的特性及其活动规律可为解决古代壁画的酥碱问题提供科学参考和依据。为此，通过模拟壁画中可溶盐活动实验来揭示可溶性无机离子在壁画中的分布及活动规律。利用离子色谱仪检测分析壁画不同高度细泥层、粗泥层以及土坯层的可溶盐离子浓度，结果表明，试块细泥层中的 Ca^{2+}，Na^+，和 SO_4^{2-} 含量最高，说明这三种离子在壁画中的迁移能力最强，Cl^-、NO_3^-、Mg^{2+} 的迁移能力居中，K^+ 迁移能力最弱。离子迁移能力越强，在壁画表层富集程度就越高，各离子之间形成结晶盐的几率越大，对壁画破坏作用越大。本研究可为解决古代壁画盐害提供依据。

关键词： 离子色谱　壁画　可溶盐

0　引　言

　　古代壁画的风化酥碱问题一直是壁画病害中最常见和最严重的问题之一，大量研究资料报导表明，导致壁画发生酥碱、疱疹病害的主要原因是墙体中的可溶盐随着毛细水的运动迁移到壁画表层，并随着环境温湿度的变化壁画层中的可溶盐反复溶解膨胀结晶，造成壁画及地仗层酥碱、粉化，最终导致壁画疏松脱落。壁画中的可溶盐主要是由可溶性无机离子随机组合形成的，组成可溶盐的离子类型不同，形成的盐也就不同，对壁画产生的影响不同，因此了解壁画中可溶盐无机离子的特性及其活动规律为解决古代壁画的酥碱问题提供科学参考和依据。本工作通过在实验室制作具有北方

古代寺庙、殿堂壁画特征的土坯墙试块，模拟可溶盐在壁画中活动的实验，利用离子色谱仪检测壁画试块不同高度细泥层、粗泥层以及土坯层中的可溶盐离子类型及含量，通过对离子色谱的检测结果分析各离子在壁画中的迁移行为，探讨不同类型可溶盐离子对壁画盐害的影响。

1　壁画可溶盐活动室内模拟试验

1.1　模拟实验试块的制备

壁画结构主要由支撑体、地仗层和画面层构成[1-2]，按照古代壁画制作工艺制作以土坯墙为支撑体，粗泥层 + 细泥层为地仗的实验试块（图1-2）。

（1）支撑体的制作。用木龙骨制作高约1.2m，宽约0.30m，厚约0.12m的木框架，将土坯固定在木框中。

（2）粗泥层的制作。选择干净的生黄土过筛并加水浸泡24小时以上，将切割为长约3cm的麦草加入其中，同时加入少量的石灰粉搅拌成需要的粗泥，然后抹在固定好的土坯和竹篱笆上，使粗泥层厚度为1.5-2cm，完成后放置干燥24小时左右进行下一步工序。

（3）细泥层的制作。选择干净的生黄土用50目筛子过滤去除杂草、石子等杂质，加水浸泡24小时以上，然后一边搅拌一边加入适量棉花纤维、细沙、乳胶，充分搅拌

图1　土坯固定

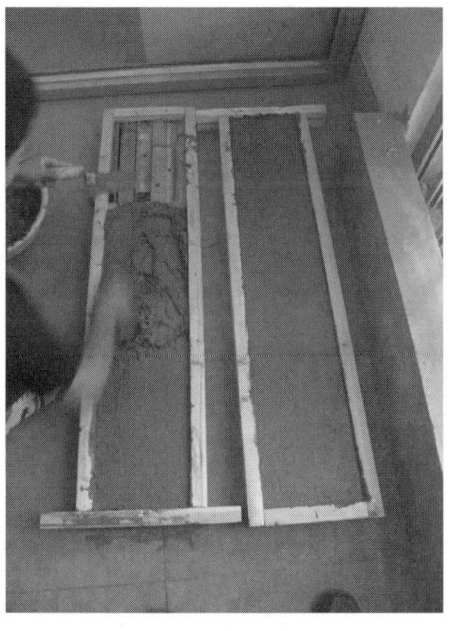

图2　粗泥层制作

均匀后，涂抹在粗泥层上，厚度大约 1cm 左右并尽量压实，干燥 6h 左右再进行表面压实收光，待干燥彻底后进行实验。

1.2 可溶盐溶液的配制

根据文献［3-4］报道，及对河北北岳庙、新津观音寺、陕西乾陵等发生盐害壁画样品的调查分析，检测出可溶盐离子种类主要有 Cl^-、NO_3^-、SO_4^{2-}、Na^+、K^+、Mg^{2+} 和 Ca^{2+}，我们选择硫酸钾（K_2SO_4）、氯化镁（$MgCl_2 \cdot 6H_2O$）和硝酸钠（$NaNO_3$）溶解在去离子水中得到与古代壁画中含有相同离子类型的溶液，然后根据实验需要分别配制浓度为 3%，6% 和 15% 的溶液待用。

1.3 模拟实验的布置

将 3 块土坯实验试块分别放入盐液浓度为 3%、6% 和 15% 的水槽中，试块下部边缘基本接触盐液表面，盐液通过毛细作用上升到试块中。实验期间用塑料膜等密封水槽防止水分蒸发而导致盐液浓度改变，并及时测量浓度和适当补充水或溶液，以保证液面高度基本不变。当试块表面盐渍高度变化趋于稳定时撤去盐液，让试块在自然环境中干燥，待干燥之后重新加入盐液重复前面的实验过程。试块经过 5 个实验循环后，置室温干燥稳定后采样，样品采集要能体现不同高度及不同结构层可溶性离子的分布特点及运动规律，每个样块从下到上间隔 10cm 为一个采样点，每个采样点分别采集细泥层（X）、粗泥层（C）、土坯层（T）3 个样品（表 1），采样顺序从下到上依次为 1，2，3…，从外向内依次为细泥层——粗泥层——土坯层，采样时尽可能减少细泥层、粗泥层和土坯层之间的交叉污染。

表 1　样品采集表

试块编号	尺寸 （长×宽×厚）/cm	浓度/%	样品编号		
			细泥层（X）	粗泥层（C）	土坯（T）
1	120×30×12	3	1-1-X	1-1-C	1-1-T
			1-2-X	1-2-C	1-2-T
			1-3-X	1-3-C	1-3-T
2	120×30×12	6	2-1-X	2-1-C	2-1-T
			2-2-X	2-2-C	2-2-T
			2-3-X	2-3-C	2-3-T
3	120×30×12	15	3-1-X	3-1-C	3-1-T
			3-2-X	3-2-C	3-2-T
			3-3-X	3-3-C	3-3-T

注：2-1-X 编号中 2 表示 2#试块，1 表示第一个点位，X 表示细泥层样品，C 表示粗泥层样品，T 表示土坯层，以此类推

1.4　壁画制作使用黄土 XRD 分析结果

壁画试块制作所用黄土经 XRD 分析，其主要成分为石英（57%）、斜长石（13%）、绿泥石（6%）、钾长石（6%）、方解石（6%）等，见图 3 所示。

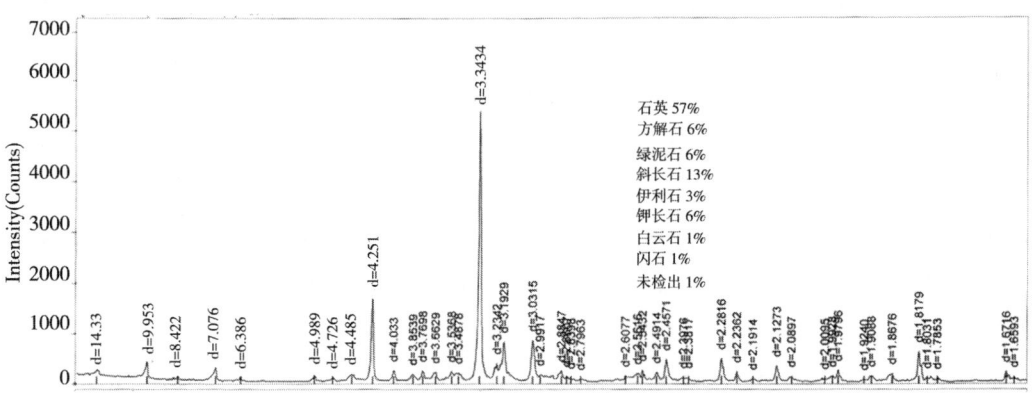

图3　黄土 XRD 分析

2　实验结果及讨论

2.1　盐渍上升现象的观察结果

实验进行中随着毛细水的上升，可溶盐离子也随之上移，在试块表面由于水分的蒸发，盐液结晶而使得可溶盐富集出现白色结晶，定时观察盐渍上升高度的变化，可以反映试块中盐分活动的大体情况。实验布置完成后开始观察记录现象，每隔 24 小时记录一次试块表面水渍上升的高度。表 2 为试块盐渍在 2008 年 7 月 16 日－8 月 4 日期间 20 余天活动情况的观察记录。

表2　盐渍上升高度记录

试块编号	浓度/%	日　期												
		7月17日	7月18日	7月21日	7月22日	7月23日	7月24日	7月25日	7月28日	7月29日	7月30日	8月1日	8月2日	8月4日
1	3	5	10	19	21	22	23	23	26	26	27	28.5	28.5	28.5
2	6	5.5	12.5	20.5	24	26	27	27	30.5	31	31	31	31	31
3	15	2	7	16	18.5	20	21	22	23.5	23.5	24	26	26.5	26.5

从表 2 观察记录结果看，实验开始时试块盐渍上升总体比较快，几天之后逐渐缓慢，大约 15 天之后均基本趋于稳定。毛细水的上升速度与环境温度、湿度及样块自身

材质有很大关系。

2.2 可溶盐离子分析

（1）仪器与试剂 ICS-90 离子色谱仪（美国戴安公司），Chromeleon 6.8 中文版色谱工作站。所用离子标准储备液（1000 mg·L^{-1}或 100 mg·L^{-1}）均购自国家标准物质中心。所有用水均为电阻率 18.2Ω/ cm 的去离子水。所用固体 Na_2CO_3 为优级纯，购自天津福晨化学试剂厂，甲烷磺酸为优级纯，进口试剂。

（2）色谱条件 阴离子分析：Dionex IonPac AS9-HC 阴离子分离柱和 IonPac AG9 保护柱，12.0 mmol/L Na_2CO_3，流速为 1.0 mL/min，AMMS Ⅲ 阴离子抑制器，进样体积为 10 μL。阳离子分析：Dionex IonPac CS12A-HC 阳离子分离柱和 IonPac CG12 保护柱，20.0 mmol/L 甲烷磺酸，流速为 1.0 mL/min，CSRS-300 电化学抑制器，进样体积为 10 μL。

（3）样品前处理分五个步骤[5-6]：

①研磨。由于采集的土样颗粒粒径不均匀，因此首先取适量土样放入研钵进行研磨，再将研磨好的土样过筛，最后装入土样专用纸袋。

②烘干。将研磨过滤好的土样放入烘箱，105℃下烘干 2 小时至恒重。

③称重。将烘干的土样冷却至室温后，每个样品称取 0.5g，称重后将样品倒入样品瓶。

④溶样。在装有土样的样品瓶中加入 20ml 去离子水（R > 18.2MΩ）溶解，超声萃取 15min，脱色摇床振荡 1h，然后用 0.45μm 的水系过滤器过滤，将所得滤液定容到 50ml 容量瓶中，待测。

⑤样品分析。用 1ml 注射器吸取上述制好的样品溶液进行离子色谱分析。分析结果见表 3。

表 3 样品可溶性无机离子分析结果

样品	Cl^-	NO_3^-	SO_4^{2-}	Na^+	K^+	Mg^{2+}	Ca^{2+}
1-1-X	0.9219	1.392	2.3154	5.3509	7.8139	1.7664	5.3334
1-2-X	3.0001	3.9345	7.2794	9.4665	3.8759	7.1656	24.6075
1-3-X	3.272	4.2691	10.7406	12.2675	0.8415	8.1937	60.4937
2-1-X	3.3111	5.7828	3.0486	4.5833	12.3525	2.3439	19.3256
2-2-X	3.5044	6.7578	13.8413	8.3832	4.7649	11.0807	36.3529
2-3-X	7.0553	13.7117	20.9782	14.4562	0.728	16.9821	79.1626
3-1-X	6.4101	12.1001	20.2965	5.0839	17.5706	6.1445	22.2342
3-2-X	8.8005	15.4659	26.5816	10.2432	8.6469	16.5775	36.2038

续表

样品	Cl⁻	NO₃⁻	SO₄²⁻	Na⁺	K⁺	Mg²⁺	Ca²⁺
3 – 3 – X	12.7688	20.6295	37.492	17.2965	1.1371	23.6259	96.0985
1 – 1 – C	0.6478	0.8834	1.4317	3.9999	6.5508	0.9507	3.5882
1 – 2 – C	2.0376	1.2334	5.4017	6.5574	2.1668	1.7508	13.5268
1 – 3 – C	3.0896	3.2096	9.5691	9.5302	0.9846	5.1308	22.1602
2 – 1 – C	2.2679	4.6918	2.3963	2.9714	10.2037	1.8489	13.5829
2 – 2 – C	3.3769	5.1341	10.8183	5.7413	5.4429	5.8587	17.9206
2 – 3 – C	6.5545	11.2093	15.6162	12.075	0.9993	13.5989	25.7594
3 – 1 – C	5.0851	10.4314	15.0002	3.1978	13.5238	3.4568	18.7646
3 – 2 – C	7.1082	14.8963	22.3505	8.364	5.9110	14.4315	24.0778
3 – 3 – C	10.1993	16.3187	24.7978	13.3315	0.7458	20.5105	76.1504
1 – 1 – T	0.2917	0.5401	1.2679	1.6170	5.5836	0.7532	1.7985
1 – 2 – T	1.6682	0.8408	3.0504	2.1487	1.6711	1.2389	5.9067
1 – 3 – T	2.1227	2.4839	5.9097	3.8157	0.6515	2.8553	11.0128
2 – 1 – T	1.6764	2.4058	1.7743	1.8511	7.3669	0.8906	3.8007
2 – 2 – T	2.6383	5.3493	5.3548	2.8207	3.5652	1.2732	7.0039
2 – 3 – T	5.0885	9.1133	12.7269	9.2165	0.5215	3.5563	13.8222
3 – 1 – T	3.0731	9.4369	13.5371	1.9682	9.5256	1.1106	13.4581
3 – 2 – T	5.5649	10.9768	19.3214	3.4441	3.9158	1.6926	20.1999
3 – 3 – T	7.9905	13.4422	22.3451	11.9121	0.6572	4.5177	23.5609

（4）无机离子分布规律及运动特点：考虑到样块细泥层是取样过程中受到交叉污染最少的部分，选择1#，2#样块的细泥层样品对比分析各种离子在样块中不同高度的纵向分布情况，如图4－5；最下面的采样点容易受到盐液浓度的影响可作为参考对象，不易作为研究点，最上面的采样点由于受到盐液对三层结构浸润的非同步性，也不作为研究点，选择1#，2#样块的中间的第2个采样点作为研究对象，对比分析各种离子在样块中不同深度的横向分布情况，如图6－7。

图4－5横坐标表示样块细泥层从下到上的采样点，纵坐标为可溶性离子的浓度，从总的实验结果看，样块中阳离子主要是Ca^{2+}，Na^+，阴离子主要是SO_4^{2-}，这与我们前期壁画盐害调查XRD分析结果相同，即造成壁画酥碱的主要可溶盐种类是硫酸钠盐和硫酸钙盐。从图4－5离子的分布情况分析，除K^+外，其他无机离子在样块中都随着采样高度的增加，离子的含量变化从下到上都呈现增大的规律。也就是说可溶盐离子在毛细水的作用下逐渐从地下向壁画表面迁移，最终在一定的高度聚集，随着毛细水的蒸发结晶析出。造成K^+移动性较弱的情况受K^+离子半径、所带电荷数及土壤颗粒静电吸附的影响。K^+离子结晶半径大，水合作用小，易被土壤胶体吸附[7]。因此，

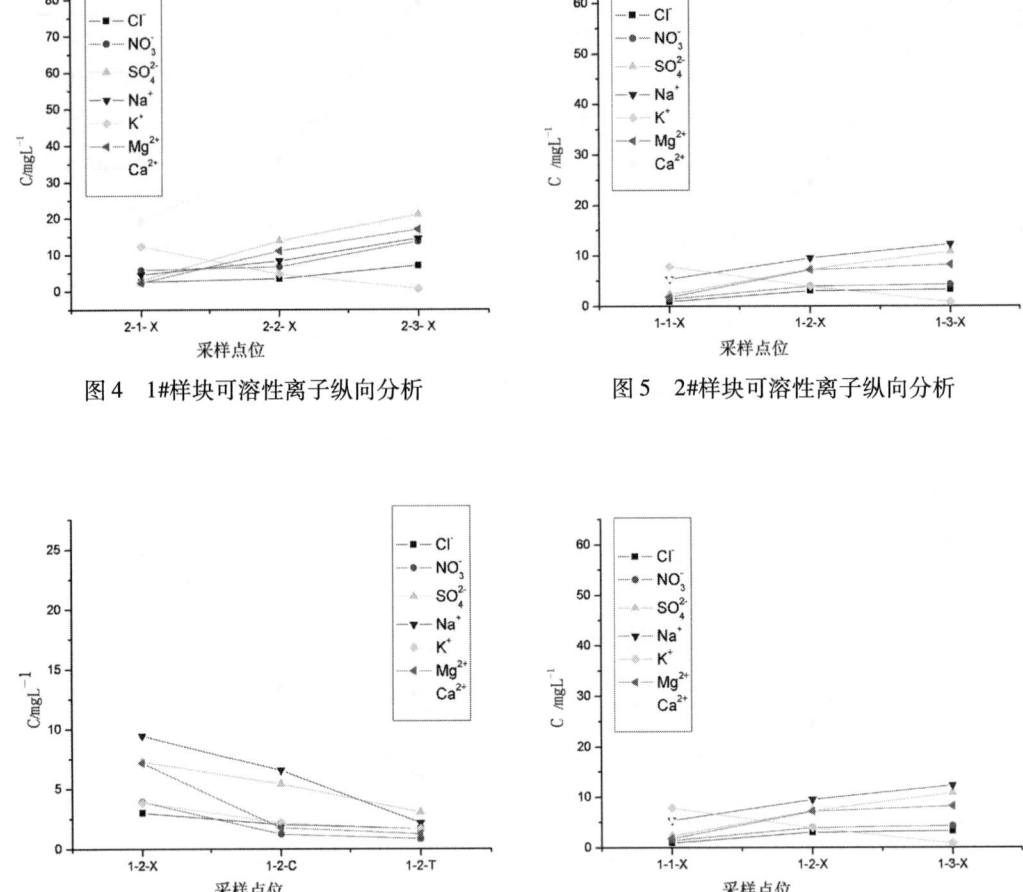

图4　1#样块可溶性离子纵向分析　　　　　　图5　2#样块可溶性离子纵向分析

图6　1#样块可溶性离子横向分析　　　　　　图7　2#样块可溶性离子横向分析

可溶性离子在壁画中的活动既与外界因素有关，也受到离子水合半径、所带电荷数等影响。

图6和图7横坐标为样块同一采样点从内到外的结构层，纵坐标为可溶盐离子浓度，由1#样块和2#样块第二个点位细泥层—粗泥层—土坯层离子分析结果可知，各类离子在壁画内部从内到外呈现逐渐增大的趋势，即表面离子的浓度较内部墙体的离子浓度大。实验中并没有配含 Ca^{2+} 的盐溶液，样品检测出钙离子而且含量很高，主要是由于溶液中的部分 Na^+ 与土颗粒中交换性钙发生离子交换作用导致 Na^+ 被吸附，Ca^{2+} 被 Na^+ 替换后释放到毛细水中并向上迁移最终聚集在壁画表层。

　　　　［土壤］—Ca^{2+}（被吸附）+2Na^+［土壤］—2Na^+（被吸附）+Ca^{2+}

　　土颗粒上的二价离子被两个一价离子交换后，增大了扩散层厚度，导致颗粒间距变大而趋于分离，造成地仗层疏松、脱皮。

3　结　论

通过模拟实验得出可溶盐离子在古代壁画中的活动规律和离子的分布情况如下：

（1）三个不同浓度可溶盐溶液离子在壁画试块中的迁移行为相同，即除 K^+ 外，其他无机离子都随着毛细水的活动向上并向外（壁画表层）迁移，同时在一定的高度聚集，随着水分的蒸发、逐渐浓缩结晶析出。说明离子浓度的变化对离子的迁移结果没有影响。

（2）K^+ 随水迁移的概率小，受 K^+ 自身电荷数及离子水合半径影响，K^+ 主要集中在壁画墙体最内层和最底层。

（3）Ca^{2+} 的检出说明可溶盐侵蚀壁画的过程中伴随着 Na^+ 与壁画中起胶结作用 Ca^{2+} 离子发生置换，壁画墙体中土壤颗粒起胶结作用的 Ca^{2+} 被无胶结作用的 Na^+ 代替后，增加了扩散层的厚度，导致颗粒间距变大而趋于分离，这种碱化地仗层具有碱土性质，遇水易分散，干燥易收缩，对壁画破坏性极大。

参考文献

[1] 吴炜．传统壁画的制作技法和临摹．民族艺术研究，1998，（3）：36 – 41.

[2] 尚立滨．中国传统寺观壁画制绘工艺．建筑创作，2009，（2）：138 – 145.

[3] 张明泉，张虎元，曾正中，等．莫高窟壁画酥碱病害产生机理．兰州大学学报（自然科学版），1995，（1）：96 – 101.

[4] 陈港泉，苏伯民，赵林毅，等．莫高窟第 85 窟壁画地仗酥碱模拟试验．敦煌研究 2005 ，（4）：62 – 66.

[5] 陈胜炜．离子色谱分析样品的预处理．环境监测，2006，（6）：76 – 77.

[6] 林丽钦．土壤水溶液中氟化物离子色谱测定方法研究 海峡科学，2007，（6）：106 – 108.

[7] 李学垣主编．土壤化学，北京：高等教育出版社，2001.7：167 – 190.

Research on the Mobility of Soluble Salt for North Temple Murals

Wang Yongjin[1], Yu Qunli[1], Yan Min[1], Ma Linyan[2], Chen Gangquan[2]

（1. Center of Conservation and Research for Culture Heritage, Key Scientific Research Base of Conservation on Brick and Stone Materials, State Administration for Cultural, Xi'an 710061;

2. Preservation Research Institute, Dunhuang academy, Dunhuang 736200）

Abstract: Efflorescence, caused mainly by the soluble salts in the wall, is one of the most common and serious disease threatening ancient murals. Research on the characteristics and activity of inorganic ion in the murals will provided a scientific reference basis for solving the problem of efflorescence in ancient mural. By simulating the mobility of soluble salts in mural, we tried to reveal the distribution and activities ions. Detection and analysis of the concentration of soluble salts in fine mud layer, coarse mud layer and adobe layer at different height by ion chromatography showed that Ca^{2+}, Na^+, and SO_4^{2-} have the highest concentration in the fine mud layer of the test block, and therefore the highest mobility, followed by Cl^-, NO_3^-, Mg^{2+}; and K^+ which are weaker. The higher the mobility of the ion, the more it is enriched in the mural surface, and the higher the probability of its crystallization with other ions, and therefore the greater chance of damaging the mural. This study provide the basis for further research and the solution of salt damage of ancient murals.

Key Words: ion chromatography, murals, soluble salt

（原载于《文物保护与考古科学》, 2010 年, 第 22 卷第 3 期）

北岳庙古建墙体含水率、可溶盐对
殿堂壁画的影响调查

于群力*，杨秋颖，马　涛

（西安文物保护修复中心，西安，710061）

内容摘要：通过对河北曲阳县北岳庙德宁之大殿建筑墙体含水率和可溶盐现状及其活动情况的调查，探讨了含水率与可溶盐迁移的规律和可溶盐活动对殿堂壁画构成的潜在危害，提出殿堂壁画保护实施应该注意的问题。

关键词：含水率　可溶盐　殿堂壁画病害

0　引　言

古建墙体的风化酥碱是殿堂壁画最普遍和最严重的病害之一，墙体及壁画地仗中的水分、可溶盐两个病害因子协同作用，是殿堂壁画及泥塑类文物酥碱病害的重要原因。殿堂壁画酥碱病害大多发生在靠近墙壁下碱的部位，这充分表明病害与水之间存在密切的关系。地下水位的变化、大气降水、地面潮气、古建筑漏雨以及环境温湿度的波动等都可引起可溶盐的循环结晶和迁移而引发许多病害。因此，对殿堂壁画建筑主体毛细水以及可容盐进行监测分析是十分必要的。

以下仅就河北曲阳县北岳庙德宁之大殿建筑的墙体含水率和可溶盐调查分析作些讨论，调查结论对我们的壁画保护实施具有一定的参考意义。

1　大殿台明夯土、墙体含水率的样品采集

为了量化描述水分对壁画的可能影响，我们在大殿回廊台明夯土、山墙墙基布置了两组采样点位。大殿回廊台明夯土采样点位从地平面沿竖直方向向下每30cm 一组，不同高度取样共5组，5组样品分别标记为 D1 – D5；同一高度由山墙向外水平布置7

个采样点，每间隔 50cm 布一点，7 个样品分别标记为 D1 - 1 - D5 - 7。

在大殿东山墙墙基地面下 90cm 和 60cm 的深处采集墙基夯土样品两组，标记为 Q1 和 Q2；每组 3 个样品，自墙外向内分别标记为 Q1 - 1、Q1 - 2、Q1 - 3 和 Q2 - 1 Q2 - 2 Q2 - 3。采集的夯土样品现场称重封存，带回实验室经过 120°恒温干燥 24 小时，取出置于干燥器中待冷却至室温后再称重并计算样品的百分含水量。

2　水分对壁画的影响评估与分析

以水平采样点位为横坐标，样品的含水率为纵坐标，台明夯土的所有 5 组样品的含水率分布曲线绘制在同一个坐标系中，结果如图 1；数据表明距离建筑主体越远，样品含水率则越高；若取垂直方向采样点为横坐标，则描述结果如图 2；曲线明确显示距离地面越深，样品含水率越高。

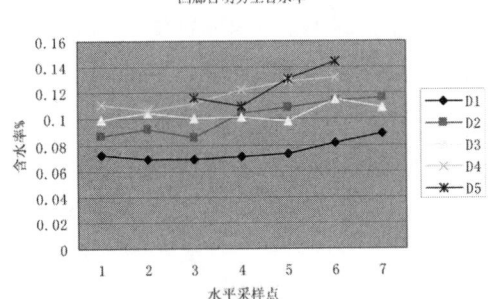

图 1　D1 - D5 样品系列水平方向含水率分布　　图 2　D1 - D5 样品系列垂直方向含水率分布

而 Q1 和 Q2 样品的含水率图 3 显示，水平方向含水率由内向外呈逐渐上升趋势。垂直方向含水率则由下向上呈逐渐下降趋势，这表明水分来源于底部和四周，并蔓延上升。

总之，分析结果表明台明夯土和墙基夯土越靠外其含水率数值越大，越靠内数值越小；采样深度越深含水率越高，越浅则含水率越低。台明夯土中的水分主要是由降水及地下水造成的，是由建筑周围水分向建筑主体渗透的结果。

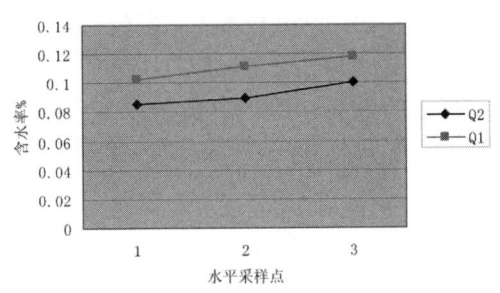

图 3　Q1、Q2 样品系列含水率分布

3　壁画可溶盐的监测与分析

为掌握墙体中可溶盐的种类与成分，选择在大殿东山墙壁画、东山墙下碱、东外檐回廊地面以下以及东山墙墙体内布置了 4 组可溶盐样品采集点位。样品经实验室采用 Dionex – 500 型离子色谱仪分析检测了阳离子 Na^+、NH_4^+、K^+、Mg^{2+}、Ca^{2+} 等 5 种，采用 Dionex – 600 型离子色谱仪检测分析阴离子 F^-、Cl^-、Br^-、NO_2^-、NO_3^-、SO_4^{2-} 等 6 种，获取样品中水溶性离子质量浓度百分比含量数据。

实验设定 11 个离子测定项目，但所有样品中 Br^-、NO_2^- 均未检出，实际每个样品检出共 9 个离子项目。

3.1　东西壁画样品水溶性离子分析结果

以水平采样点为横坐标，每一样品的水溶性离子总质量的百分比含量为纵坐标作图，图 4 显示东壁画 4 组样品可溶盐离子分布规律基本类似，变化幅度不大，其百分比含量主要在 10% – 14% 之间波动。这里的样品是收集的壁画表面大约 100cm × 26cm 面积的浮尘和表面风化物，如果将扫取的表面风化物中可溶盐的含量按壁画表面单位面积的可溶盐含量表示（g/cm²），则壁画表面的可溶盐含量是比较低的。

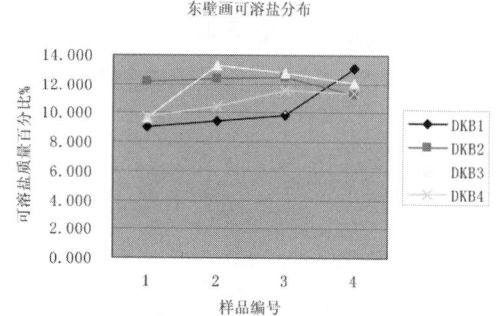

图 4　东壁画可溶盐分布（总含盐量）

以 9 种水溶性离子质量为横坐标，以每一种水溶性离子的质量百分比含量为纵坐标作图可获得主要种类可溶盐离子的浓度分布。如东壁画 DKB4 样品的 9 种水溶性离子质量分别如图 5 所示。阳离子主要以钙（Ca^{2+}）、铵（NH_4^+）含量相对较高，阴离子含量以硫酸根（SO_4^{2-}）为最高，其他离子的含量均比较低。其余几组样品也给出同样的结果。说明壁画表面可溶盐以硫酸钙盐类为主。

对于不同样品组的钙 Ca^{2+} 和 SO_4^{2-} 的自上而下不同高度的分布。钙离子含量大体在 1.797% – 2.291% 之间，而硫酸根离子含量在 7.375% – 11.294% 之间。从图 6 容易看出，硫酸根离子总体都表现出随高度上升而缓慢降低的趋势，表明壁画表面的可溶盐是主要随墙体下部毛细水向上扩散迁移的结果。

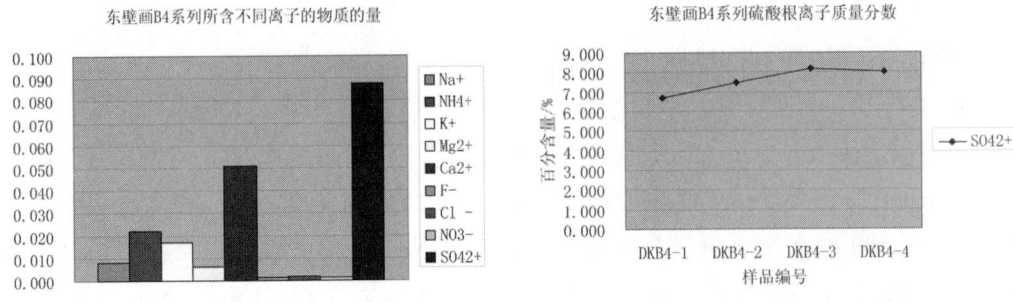

图 5　东壁画 DKB4 系列可溶盐分布　　　　图 6　东壁画 DKB4 硫酸根分布

3.2　东西山墙下碱样品水溶性离子分析结果

依照同样的方法，东山墙下碱 DKQ2 样品的水溶性离子总质量的百分比含量分布如图 7 所示。曲线图显示各点的数值相对前面讨论的东壁画的表面可溶盐离子总量多比较大。9 种水溶性离子质量百分比如图 8 所示，可以看出阳离子仍然以钙（Ca^{2+}）含量相对较高，阴离子含量以硫酸根（SO_4^{2-}）为最高。

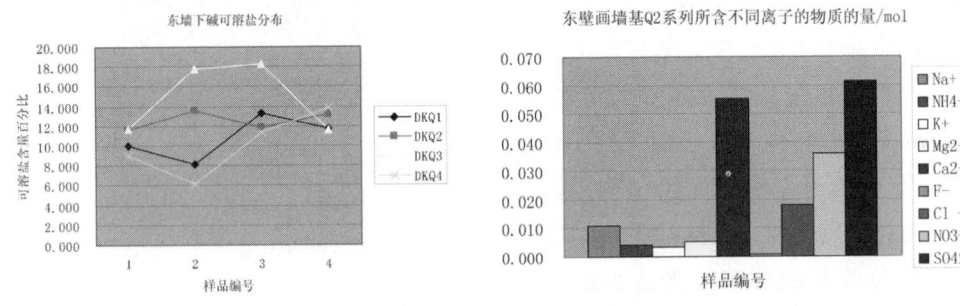

图 7　东墙下碱可溶盐分布（总含盐量）　　　图 8　东墙下碱 DKQ2 可溶盐分布

下碱部位可溶盐总量分布没有明显的规律性，但主要阳离子和阴离子分布随高度增高呈下降趋势，我们认为这是由于随湿度的增高，可溶盐迁移高度增高，但是通常湿度的波动不是太大，大约在距地面高度 0.8m 处以上浓度较高，而到距地面 1.2m 处达到最高，然后随高度升高浓度则逐渐降低。因此，高度 0.8－1.2m 的范围是可溶盐迁移的最可及范围。

3.3　大殿东外檐回廊台明样品水溶性离子分析结果

大殿东外檐回廊台明地下共采集 5 组夯土样品，每组共 7 个采样点（其中第 5 组 3 个采样点），一共采集 31 个样品。外檐回廊台明水溶性离子质量浓度分布如图 9 所示。

曲线显示只有 D1 样品系列总含盐量明显偏高，也就是说地面附近含盐量出现明显增高的现象，其他几组样品的总含盐量由地面向下呈明显降低趋势，这充分表明可溶盐主要是随地下毛细水向上迁移，当毛细水上升到地面处水分蒸发可溶盐被析出，日积月累导致地面附近的含盐量富积的结果。图 10 显示阳离子仍然以钙（Ca^{2+}），阴离子以硫酸根（SO_4^{2-}）为主。随高度的分布规律与下碱的情况一致，也就是越往上浓度越高，往下浓度越低。

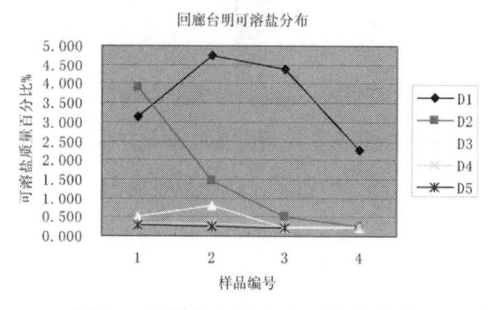

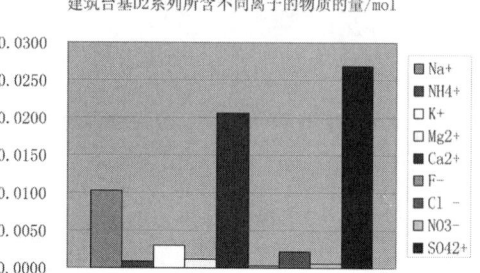

图 9　东回廊台明夯土可溶盐分布
（总含盐量）

图 10　东回廊台明可溶盐分布

图 11、12 显示，以水平采样点为横坐标则回廊台明夯土样品的钙离子和硫酸根离子沿水平方向距离建筑主体越远离子浓度越低，而距离台明地面越深离子浓度越低。由于可溶盐是随水的迁移而迁移，水平方向距离建筑主体越远夯土的含水率越高，而水在向建筑渗透时在含水率低的地方容易蒸发，则最易使可溶盐析出，循环往复使得含水率低的地方可溶盐浓度较高。同样的道理，在距离地面较深的位置，其样品钙离子和硫酸根离子浓度也就越低。

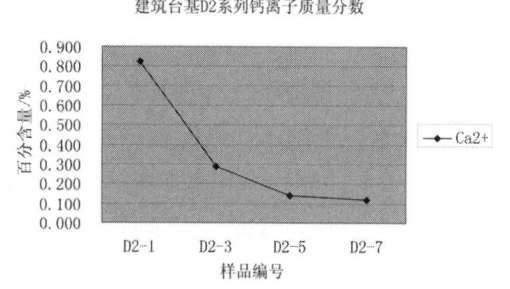

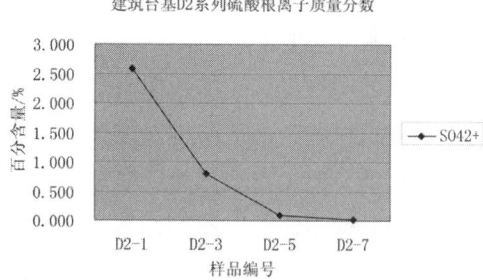

图 11　东回廊台明 D2 系列钙离子分布

图 12　东回廊台明 D2 系列硫酸根离子分布

3.4　东山墙墙基样品水溶性离子分析结果

东山墙墙基地面采集样品两组，每组取 3 个共 6 个样品。图 13 显示两组样品含盐量大体相当，图 14 显示只有钙离子含量相对较高，其他离子含量则均比较低。而钙离子靠外比较高，靠内则比较低。与台明样品的分析结果比较，则规律完全相同，也表明可溶盐是随水的迁移而迁移的。

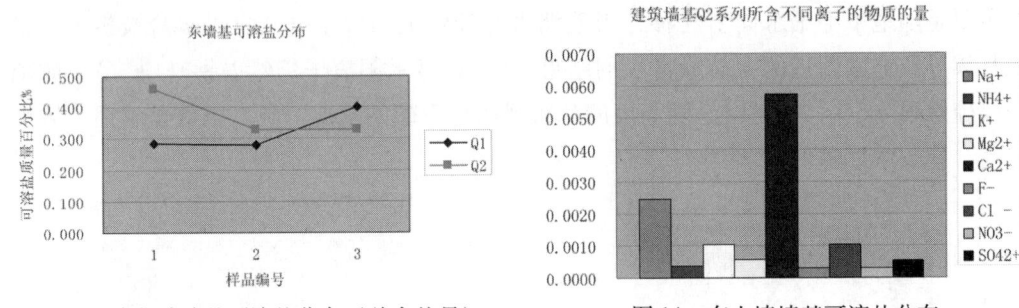

图 13　东山墙墙基可溶盐分布（总含盐量）　　　　图 14　东山墙墙基可溶盐分布

4　结论和讨论

有关可溶性盐对古代建筑墙体和殿堂壁画的危害已经有了不少的研究工作，古建墙体中的可溶盐类主要是硫酸盐、碳酸盐、硝酸盐、氯化物和草酸盐中的钠、钾、钙、镁和铵盐。其中以硫酸盐和碳酸盐的破坏作用为最大。

根据调查和检测分析，北岳庙德宁之大殿建筑台明、墙体、壁画、墙基等的含水率并不高，大殿建筑中的水分补给主要是大气降水和地下水。可溶盐虽然对壁画以及墙体尚未构成严重威胁，但可溶盐病害的影响是一个累积和渐进的过程，并且受环境因素的影响变化很大。从文物永久保护和安全考虑，采取一些防范措施，如对台明四周进行必要的防水或阻水处理，对台明夯土和大殿地面夯土适当更换，掺加一定比例的防潮隔潮材料等，在对大殿建筑进行修缮保护中选用合适的防水材料处理屋面和地面等都是十分必要的。

我们的调查显示成都新津观音寺、陕西蓝田水陆庵与北岳庙在气候特征、环境状况以及建筑材料、建筑结构、施工工艺上都有很大区别，毛细水和可溶盐的种类及现状也不相同，但是在墙体及壁画表面的分布规律却有类似的规律，其病害特征也相似，因此在殿堂壁画保护中我们面临着同样的课题，如何考虑环境气候、建筑特点、盐害类型等因素，综合防范与治理壁画的盐害，是一项非常重要的任务。

参考文献

［1］李最雄．敦煌壁画中胶结材料老化初探．敦煌研究，1990，（3）．

［2］托拉克著，李最雄摘译．洞窟壁画的环境保护．敦煌研究，1987，（3）．

［3］俞建华编著．中国壁画．1958.

［4］西安文物保护修复中心．成都新津观音寺壁画及泥塑保护前期研究．2005.

［5］西安文物保护修复中心．山西省晋城市青莲寺彩绘泥塑及壁画保护修复方案．2005.

（原载于《文物保护研究新论》，文物出版社，2008 年）

第二部分

土遗址保护关键技术研究

（课题编号：2006038029004）

Traditional Mortar Represented by Sticky Rice Lime Mortar: One of the Great Inventions in Ancient China

Yang Fuwei, Zhang Bingjian, Pan Changchu, Zeng Yuyao

(Laboratory of Cultural Relics Conservation Materials, Department of
Chemistry, Zhejiang University, Hangzhou 310027)

Abstract: The development of traditional lime – based bond in ancient times was reviewed in this paper. It was proved by a lot of historical data that the application of organic materials in inorganic mortar was a sharp – cut characteristic during the developing process of construction gelled materials in ancient China. The important role sticky rice mortar ever played and the historical significance were revealed. Due to the excellent performance, such as high adhesive strength, good toughness, water – proof and so on, traditional mortar represented by sticky rice mortar should be one of the greatest technological contributions of the day in the world. Modern technology was employed in the study of the sticky rice lime mortar and the researching results of our laboratory and some researchers, including the composition and the mechanism of solidification, were also presented. It was found that the sticky rice acted as a matrix of bio – mineralization which affected the microstructure of the calcium carbonate crystal and there was cooperation between sticky rice and calcite produced during the solidifying of the sticky rice mortar, which maybe lead to the excellent performance of the mortar. Because of excellent performance and importance in science, sticky rice mortar can be regarded as one of the greatest inventions in construction history of China. Relative research of sticky mortar will be of importance for the exploring of ancient momentous invention and the repairing of ancient construction.

Key Words: invention, sticky rice lime mortar, lime, bio – mineralization, mechanism

1　The History of Development about Lime – Based Gelled Materials

In civil engineering, gelled materials were defined as materials which can stick granular material, such as sand and carpolite or massive material, such as stick and stone together, including lime, gypsum, rubber and asphalt [1]. Among these materials, lime – based gelled materials which mainly comprised of lime were most widely used and the roles they played were the most important in the history of architecture.

A long time ago, Chinese began to use lime and lime – based gelled materials. It was shown by archeological evidences that the calcination of lime stone and application of lime started long before prehistoric period [2-4]. By the mid to late West Zhou (1046 – 771B. C.), lime was broadly used in the reinforcement of pillar base, groundwork and roof [4]. In East Zhou period, lime was used in tomb construction. For example, it was recorded in Zuo Zhuan that "Duke Wen of Song died in the 2nd year of Duke Cheng of Lu (635 B. C) and clam lime was used in his elaborate tomb [5]". Here, the clam lime referred to lime calcined by clam shell. After Qin & Han dynasties, lime was used more widely. The ground of Xianyang palace site was found to be constructed by pig blood, lime and stone and the surface of it was maroon, smooth and beautiful, having the function of moisture proof and adornment [6]. The express of Empire Qin (221 – 206 B. C.) was rammed with lime and local loess [7]. In the Han dynasty (206 B. C. – 8A. D.), lime was found frequently used in tomb building, such as wall painting [8-10], wallplaster [11], tomb door sealing [12] and the lime base of coffin [13]. It is worthy pointing out that at least in Han dynasty, inorganic hybrid gelled material called "tabia" (composed of lime, loess and sand) by people was invented and applied [8]. In the Sixteen States and the Empire of the Eastern Tsin Dynasty (317 – 420 A. D.), the use of tabia was more widely. Tomb constructed by tabia was found in the old haunt of North Yan[14]. Tongwan city——the capital of the state Helian was also found to be built with tabia [15]. After seeing the Tongwan city by himself, Shen Kuo, who was a scientist of North Song dynasty, described the city as follows in his book the Dream Rivulet Diary: "Helian city is hard like stone" [16]. Reference of China General History also said the city was "hard enough to sharpen knife and axe" [17]. The toughness of tabia can be seen from these records.

At least no later than South – North Dynasty (386 – 589 A. D), sticky rice lime mortar was already a full – blown technology [18]. The appearance of organic/inorganic hybrid mortar like sticky rice lime mortar was a great progress in technology of lime – based gelled materials. The building work Tian Gong Kai Wu written in Ming Dynasty recorded in detail the composition, the method of making and performance of it: "sticky rice soup and Averrhoa carambola Linn cane juice is added to the mixture of 1/3 of lime and 2/3 of loess and river sand, well stirred and the mortar is produced. The buildings constructed by it is very strong and permanent and this kind of material is named as tabia" [19]. This kind of tabia added sticky rice

soup was the sticky rice lime mortar we mentioned above. The addition of natural organic com-
pounds like sticky rice soup greatly improved the performance of building gelled material. Due
to creativity and excellent performance of it, such as high adhesive strength, good toughness
and water – proof [20], traditional organic/inorganic hybrid mortar like sticky rice lime mortar
was valued by many people after its invention. The book Linji Zazhi written by Jiang Xiufu in
Song Dynasty said "it is as hard as stone" [21]. Li Xusheng et al thought the application of it
"immensely improve the stability of buildings" [22]. The results of evaluation showed that the
bonding properties of it were good enough to match modern cement [23, 24]. Besides sticky rice
soup, juice of vegetables like star fruit cane, the leaf of Polggonumhydropiper and Bletilla
striata, egg white and animal blood were ever used in traditional mortar [19]. Putty made of
tung oil, fish oil and lime was also applied in buildings, timber component and shipbuilding
long ago [19]. Owing to space limitation, the study of these materials will be published in an-
other paper.

The history of application of lime in Europe was very long too. In ancient Greek
(330B. C. – 30A. D.), lime made of lime stone was used as construction mortar. In Roman
times, hybrid material of lime and sand was employed in building. Later, lime/sand bi – com-
ponent mortar was improved by introducing ground volcanic ash or ground brick and ceramic
chip [27 – 29] when volcanic ash was not available. In comparison, this tri – component lime/hy-
draulic constituent/lime mortar had better strength and waterproofness than bi – component
lime/sand mortar. This tri – component lime/hydraulic constituent/lime mortar was called as
Roman mortar [30] later. The property of Roman mortar was similar to inorganic tabia in ancient
China. Until the appearance of modern cement, Roman mortar was the best mortar used in Eu-
rope.

In short, mortars used in ancient Europe were purely inorganic ones; however, sticky
rice lime mortar invented in ancient China was a kind of organic/inorganic hybrid mortar. This
kind of organic/inorganic hybrid mortar was better than pure inorganic ones in bonding proper-
ty, toughness and waterproofness. Because of the invention of organic/inorganic hybrid materi-
als like the sticky rice mortar, China ever took over the lead in the technology of building
gelled materials. Dr. Joseph Needham, the famous scientist and historian from Britain, thought
highly of these kinds of ancient inventions in China [31]. As an invention in ancient China, in-
troducing organic materials in inorganic gelled materials was unique and was very worthy in the
advance of building mortar.

2　The Role Sticky Rice Mortar Played in the Building History of Ancient China

Due to good strength, toughness and waterproofness, sticky rice mortar was used widely. From the archeology evidences, sticky rice mortar was found mainly in tombs, city constructions and water resource facilities. Earlier in South – North Dynasty, it was used in tomb building, for example, the brick tomb in Deng county, Henan province [18]. From Song Dynasty to Qing Dynasty, sticky rice mortar was more widely used in the construction of tomb and this kind of tomb was specially named as "lime compartment". It was recorded that the building material of "lime compartment" was sticky, airtight and "hard like stone" [21]. In 1978, the tomb of Xu Pu and his wife in Ming Dynasty was found. This tomb built with sticky rice mortar was so firm that bulldozer could do nothing about it and drill robs and shovels were damaged when unearthing it. In city wall and temple construction, sticky rice was also involved. The tower of Guoqing temple built in Sui Dynasty and rebuilt in Song Dynasties [38] and the stone tower with sutra inscriptions in Kaiyuan temple built in Tang Dynasty [22] both used sticky rice lime mortar and are still firm today. Those ancient towers, temples and bridges in Quan County built in Tang or Song Dynasties even survived the 7.5 grade earthquake of 1604. The Yuquan iron tower in Dangyang, Hubei was built in North Song, its stone base was stock together with sticky rice mortar [39]. Sticky rice component was also found in the towers of Shaolin temple built in Song & Ming Dynasties [40]. Fahua tower in Jiading district of Shanghai was built in Yuan Dynasty and sticky rice mortar was found between the bricks of the tower base [41]. There was a 300 years old stone tower built in Qing Dynasty in Baohe town, Rongchang county, Chongqing. Although leaned about 45°, this 10 – meter tower built with sticky rice lime mortar still stands tall and upright. The tough of sticky rice was proved better than cement [42]. In 1920's and1980's, city wall and base built in Tang Dynasty was found by archeologist. The city wall and base were constructed by bricks and sticky rice mortar [43]. The city wall of ancient Haizhou city in Dalian was built in Song Dynasty and the building materials comprised of sticky rice too [44]. Several ancient buildings of Ming Dynasty, for example, the city wall of Ming Dynasty in Nanjing [45], the city gate of Guide ancient city in Shangqiu, Henan [46] and the city wall of Jingzhou [47] were all constructed by sticky rice mortar. Owe to its waterproof property, sticky rice mortar was also used in water resource facilities. The bank of Shaogong and city wall of royal tomb of Ming Dynasty [48], the bank of Qiantang river [49] and the bank of Lugou bridge [50] were all built with sticky rice mortar and were still in good shape today. Sticky rice was also employed to build stone bridge. These kinds of bridges included Shanben bridge of Ming Dynasty in Jiangsu province [51], South bridge of Yuan Dynasty in Wuhan [52], Sanyuan dragon bridge of Yuan Dynasty in Shanxi province [53] and Safeguard bridge in Yunnan province [54]. Until modern times, sticky rice was still in use, for example, Kaiping turrent [55] in Guangdong province and soil enclose storied buildings in southwest of Fujan province [56].

Sticky ricelime mortar was a wonderful lime – based gelled material in ancient China even in the history of world construction. It can be regarded as one of the great inventions of ancient China. However, this excellent material was ignored by most of us. The importance of it was covered up by other building materials and technology, such as fired brick and tile, tenon – and – mortise work and carved beams and painted rafters and so on for a long time in the past. Obviously, without mortars like sticky rice lime mortar, it is very difficult for the beautiful ancient buildings to survive. Completely depending on modern chemical bonding material like cement rather than traditional bonding like sticky rice lime mortar were harmful for the protecting and repairing of ancient buildings.

3　The Scientific Study of Sticky Rice Mortar

Sticky rice mortar invented at least 1500 years ago (dated from South – North Dynasty) was ever widely used in ancient times for its excellent properties including good adhesive strength, toughness and waterproofness. Just for its good properties, sticky rice lime mortar attracted the attention of antiquarian gradually and was studied by the researchers of Chonggong University of Taiwan and Zhejiang University.

Chen Junliang[40] carried out iodine – starch experiment for the mortar samples from several towers of Song & Ming Dynasties and the results showed there was sticky rice component in them. FTIR, TGA – DSC and iodine – starch experiment were employed in the study of ancient city wall samples of Ming Dynasty from Xi' an and Nanjing. Samples of Qing Dynasty from a memorial arch of Shaoxing, Zhejiang were analyzed too. The results also indicated there was sticky rice component in them [57, 58]. All this analysis results were consistent with the ancient building work.

The FTIR results of the sticky rice (a), mortar sample of Ming Dynasty from Xi' an (b) and calcite (c) are given in Figure1. The absorbance bands at 712, 876, 1429, 1794 and 2513cm^{-1} are assigned to the calcite. In addition, the adsorption bands between1000 and1100cm^{-1} are from the sticky rice. By contrast of Figure1a, Figure1b andFigure1c, it can be concluded that the inorganic component of the mortar sample of Ming Dynasty from Xi'an mainly consists of calcite, and the organic components might contain part of the sticky rice undecomposed.

The results of TGA – DSC of mortar sample of Ming Dynasty from Xi'an are shown in Figure 2. From the curve of TGA, the weight loss of mortar sample in the temperature range of 200 – 600℃ and 630 – 800℃ are 10% and 30% respectively.

In the curve of DSC, there are anexothermic peak at around 350℃ and an endothermic peak at about 760℃. The endothermic peak at about 760℃ can be assigned to the decomposition reaction of calcite and the exothermic peak at around 350℃ can be assigned to the combustion reaction of organic material. These results confirm with the results of FTIR each other perfectly.

The color develop reaction of starch with iodineis sensitive and selective. The reaction of iodine with amylose produces blue complex, while the reaction of iodine with amylopectin produces violet one. The results of iodine – starch reaction (Figure3) show that the organic component in mortar sample should be amylopection. Because the mainly component of sticky rice is amylopectin, the conclusion that there is sticky rice in the mortar samples is persuasive. The same experiments was done with the mortar samples of memorial arch of Qing Dynasty and the results indicated there was sticky rice component in the mortar too.

But, howcould the sticky rice survive after thousands and hundreds of years? This may attribute to the special fabrication technology and the solidification process of sticky rice mortar. In the manufacturing operation, some chemical reactions involve lime occur:

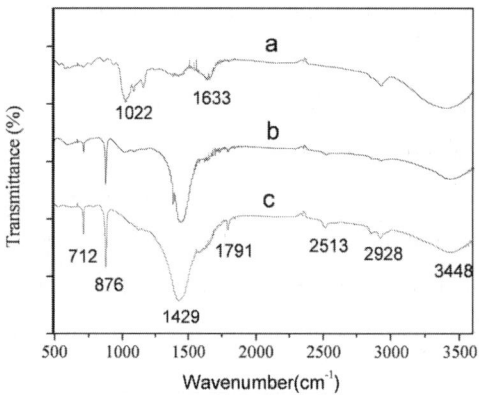

Figure1　FT – IR spectra of three samples [58]
a. sticky rice b. mortar sample of Ming
dynasty from xi'an c. calcite

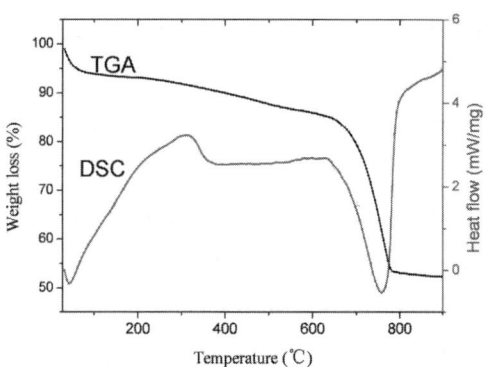

Figure2　DSC – TGA spectra of mortar
sample of Ming dynasty
from Xi'an[58]

 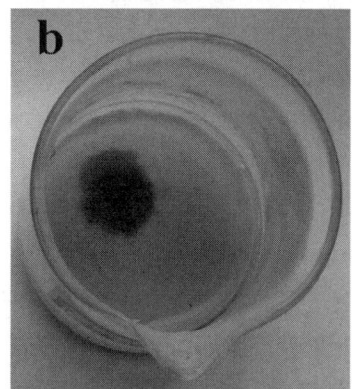

Figure3   Iodine – starch experiment ofmortar sample of Ming dynasty from xi'an[58]

a. Iodine reagent free   b. Iodine reagent

$$CaO + H_2O = Ca(OH)_2 \tag{1}$$

$$Ca(OH)_2 \rightarrow Ca^{2+} + 2OH^- \tag{2}$$

In reaction (1), quick lime is turned into lime and a lot of heat is produced. Because of high temperature, there is active oxygen released and the active oxygen released can kill bacteria [59].

Strong base environment generated by reaction (2) can strain even kill bacteria by destroy the cell membrane of bacteria, which was verified by experiment [60]. The pH of Ca (OH)_2 is about 12.4 and almost no bacteria can survive in it.

In reaction (3), lime is turned into calcium carbonate gradually in air and the strength of sticky rice mortar will increase slowly, until lime is consumed totally. But the complete transformation of lime will take a very long time because of diffusion limitation of CO_2. The base environment retained by reaction (2) makes sticky rice free from bacteria and survive.

Further study showed that the key components of the sticky rice lime mortar for cementation were lime and sticky rice. Soil and sand were inert for sticky rice and they were just filling material in the mortar[61].

But what is the function of sticky rice in the mortar? It was found by our research [61 - 63] that sticky rice could increase the pressive strength by 30 times, surface toughness by 2.5 times and waterproofness to 80days. Further investigation showed that sticky rice played at least two important roles as follow:

(1) Sticky rice can control reaction (3)[61]. Polysaccharide like sticky rice can affect the biomineraliztion process of carbonate and change the size, shape and structure of carbonate crystals. Hskon, Cyclodextrin and modified starch were found could change the shape and host lattice of calcium carbonate by Yanglin [64], Zhang Xiuying [65] and Ding Weijia [66] et al respectively. The effect of sticky rice on the carbonation process of lime was investigated by us [57]. It was found that the nano – size calcite was produced and the structure was more compact after the introduction of sticky rice. This kind of compacting structure should be the basis of the good property of sticky rice lime mortar, such as high pressive strength and surface toughness.

(2) Thereis cooperation between sticky rice and calcite [57,61], that is, they wrap and pad each other,

which can be seen from the SEM of samples （Figure 4）. These kinds of fine structure make sticky rice mortar strong and flexible. Similar organic/inorganic structure appears frequently in the products of the biomineralization such as bone, tooth and shell of mollusk [67]. The bone and tooth of human and animals are hybrid material of collagen and hydroxylapitite [68]; the shell of mollusk is hybrid material of amylase, protein and calcium carbonate [69].

In short, we believe that the solidification process of sticky rice mortaris natural polysaccharides like sticky rice involved biomineralization. In the process, the crystalization and microstructure of calcite are controlled by sticky rice, calcite produced integrates with sticky rice and a compacting hybrid structure with excellent mechanical properties is formed.

4　Results

It was proved by a lot of historical data that the traditional gelled materials like sticky rice lime mortar used at least 1500 years ago was indeed a great invention of ancient China. The reason why the sticky rice lime mortar with good properties such as high adhesive strength, good toughness, water – proof and so on lies on the biomineralization microstructure and the integration between organic sticky rice membrane and inorganic nano – size calcite grains. Thanks to the invention and wide use, the stability and constancy are greatly improved and many ancient buildings can survive hundreds and even thousands of years. From the point of technology history, organic/inorganic hybrid gelled materials first appeared in ancient China. Chinese people could skillfully utilize the rule of biomineralization and cooperation of organic/inorganic a long time ago. The wisdom of ancient Chinese thousands years ago was marvelous. Now, the scientific study about traditional building materials like sticky rice lime mortar was of importance for carrying forward Chinese culture, scientific utilization of traditional technology and repairing or protection of ancient buildings.

Acknowledgment

This work was supported by grants from the National Natural Science Foundation of China （No. 20671080） and the National Technology Support Program of China （No. 2006BAK30B02）.

References

［1］　Liu J Z. Civil Engineering Materials （in Chinese）. Beijing: Science Press, 2005: 37.

［2］　Lu L C. Discussion about the Properties of "lime powder" in the New Stone Age. In: the Institute for the History of Natural Science Eds. Collection of Science and Technology History （in Chinese）. Shanghai: Shanghai Scientific and Technical Publishers, 1985, 14: 107.

［3］　Qiu S H. When did the Lime Production Begin? The ^{14}C isotopic Geochemical Method can Answer the Question. Archeol Cul Rel （in Chinese）, 1980, 5: 126 – 130.

［4］　Yao Y. The History of Xi' an in Han Dynasty （Science and technology）　（in Chinese）. Xi' an:

Shanxi People' s Publishing House, 1993, 477 – 478.

[5] Zuo Q M (Spring and Autumn Period) . Zuo Zhuan (in Chinese) . Changsha: Yuelu Press, 2001, 289.

[6] Xing J W. Shanxi Ancient Science and Technology (in Chinese) . Beijing: China Science &Technology Press, 1995. 161 – 163.

[7] Wang K. The Ancient History of Road Transportation in Shanxi (in Chinese) . Beijing: China Communication Press, 1989. 10.

[8] Tie F D. Conservation and Restoration of Wall Paintings of Early Western Han Dynasty (1) Investigation of Conservation History and Actuality, Sci Conserv Archaeol (in Chinese), 2004, 16 (1): 47 – 51.

[9] Huang Y F. Fresco Art of a Han Tomb in Henan province. Acad Forum Nandu (in Chinese), 1998, 18 (2): 17 – 20.

[10] Ma X Y. A different opinion about Fresco of the Dahuting Han tomb. J Hist Sci (in Chinese), 1995, 32 – 65.

[11] Shanxi Archeology Research Institute. Brief Excavation Report of the Northern Dynasty Tomb Found in the Northern Suburbs, Xi' an. Archaeol Cul Rel (in Chinese), 2005, 1: 7 – 16.

[12] Cultural Relic Bureau of Zoucheng City, Shangdong Province. Liubao Tomb of West Jin Dynasty in Zoucheng City of Shangdong Province. Wenwu (in Chinese), 2005, 1: 4 – 26.

[13] Shanxi Provincial Institute of Archeology. Remains of Zhou Dynasty and Han Dynasty were Found in Lingshi County, Shanxi. Wenwu (in Chinese), 2004, 8, 29 – 37.

[14] Pu S. North Yan Tomb in Yuantaizi Village, Chaoyang County, Liaoning Province. Wenwu (in Chinese), 1994, 11, 43 – 47.

[15] Yao Q Z, Lv Da, On Historical Evolution of the Ancient Tongwan City & its Architecture, J Yan' an U (Social Science Edition) (in Chinese), 2004, 26 (2): 126 – 128.

[16] Shen Kuo (Song Dynasty) . the Dream Rivulet Diary (in Chinese) Volume 12. Changchun: Times Wenyi Press, 2001, 110.

[17] Tang C R. References of Chinese General History (in Chinese) . Beijing: Zhong Hua Press, 1983

[18] Archeology Crew of Henan Province. A Stick Tomb with Colorized Portrait in Deng county, Henan Provice (in Chinese) . Beijing: Cultural Relic Press, 1958.

[19] Song Ying – xing (Ming Dynasty) . Lime, Volume 11. Tian Gong Kai Wu (in Chinese)

[20] Wu Q Z. The Experience and Implication for the Flooding Control in the Ancient Towns in China (continued) . City Plan Rev (in Chinese), 2002, 26 (5): 76 – 84.

[21] Jiang X F (Song Dynasty) . Linji Zazhi, About city (in Chinese), volume 30. Shanghai Ancient Books Publishing Company, 1988

[22] Li X H, De Q S. The Artistic Appreciation of Stone Tower with Sutra Inscriptions. Architect Gard (in Chinese), 2005, 3: 32 – 34

[23] Lin J S, Lin Z J, Chen J F. The Ancient Great Earthquake and Earthquake – Resistance of the Ancient Buildings (towers, temples and bridges) in Quanzhou city. World Earthquake Eng (in Chinese),

2005, 21 (2): 159 – 166

[24] Ji S J. Some Discussions about Nanjing City Wall. Palace Mus J (in Chinese), 1984, 2: 70 – 81

[25] Riccardia M P, Duminucob P, Tomasic C et al. Thermal, Microscopic and X – raydiffraction Studieson Some Ancient Mortars. Thermochim Acta, 1998, 321: 207 – 214

[26] Lea F M. Investigations on Pozzolanas. Building Research, Technical Paper 1940, 27

[27] Hasan B, Sedat A, Başak I, et al. Characteristics of Brick used as Aggregate in Historic Brick – lime Mortars and Plasters. Cem Concr Res, 2006, 36: 1115 – 1122

[28] Moropoulou A, Bakolas A, Anagnostopoulou S. Composite Materials in Ancient Structures. Cem Concr Compos, 2005, 27: 295 – 30029.

[29] Bakolas A, Biscontin G, Contardi V, et al. Thermoanalytical Research on Traditional Mortars in Venice, Thermochim Acta, 1995, 269: 817 – 828

[30] GüleçA, Tulun T. Physico – Chemical and Petrographical Studies of Old Motars and Plasters of Anatolia. Cem Concr Res, 1997, 27 (2): 227 – 234

[31] Joseph Needham, Science and Civilization in China, Shanghai, Shanghai People's Publishing House, 2001, 2

[32] Jiangsu Committee for the Protection of Antiquities and Monuments. Fresco tomb of Song Dynasty in Huaian, Jiangsu. Wenwu Can Kao Zi Liao (in Chinese), 1960, 8 (9): 43

[33] Institute of Cultural Relics of Hebei. The Report on Archaeological Excavations of the Shi relative's Grave Site in Hebei Province. The Collection of Archeology Discovery in Hebei province (in Chinese). Beijing: Orient Press, 1998, 344 – 369

[34] Liu X D. The earth Pit Tomb with Stone out Coffin in Jin Dynasty and Relative Problems. The Collection of Archeology Discovery for the 20th Anniversary of Archaeology Department (in Chinese), Jilin University. Beijing: World Affairs Press, 1993, 397 – 401

[35] Yang G L. Viewing the Remains – antirot Technique in the Ancient Grave, Custom, J Changsha Soc Work Coll (in Chinese), 2004, 4: 11 – 15

[36] Ma J. A Surprising Discovery: a Ranee Tomb was Found in East China Jiao Tong University. World Antiquity (in Chinese), 2002, 4: 3 – 6

[37] De'an museum. A briefing about the Material Collection of Daixiogshi tomb in De'an, Jiangxi. Rel S (in Chinese), 1994, 4: 5 – 9

[38] Zheng Q. On Architectural Features and Humanistic Values of the Ancient Pagodas in Taizhou. Huazhong Architect (in Chinese), 2003, 21: 83 – 86

[39] The Archeological Team at the Yuquan Iron Pagoda. Clearing up of the Basement of the Yuquan Iron Pagoda at Dangyang, Hubei, the Archeological Team at the Yuquan Iron Pagoda. Cul Rel (in Chinese), 1996, 10: 43 – 57

[40] Chen J L. The Researching about the Relation of Materials Prescription of Ancient Mortar and Strength (in Chinese). Taiwan: National Cheng Kung University, 2004

[41] CPAM of Shanghai City. Excavation of the Yuan and Ming Underground Closets of the Fahua Pagoda at

Jiading, Shanghai. Cul Rel (in Chinese), 1999, 2: 4 – 15

[42] Qiu Z J. The Chongqing "Leaning Tower Pisa" with a Tilt Angle of 45 Degree Suvived 300 Hundreds of years. Buil' Mon (in Chinese), 2006, 7: 55 – 55

[43] Peng S F. Rethinking of the Change and Development of Ancient Nanchang City. Rel S (in Chinese), 1995, 4: 86 – 98

[44] Zhang Y H. The History of Building Technology in AncientChina (in Chinese). Science Press, 1985, 173

[45] Wu Q Z. Study on Citywall and Moat Military Defence System of Nanjing City in Ming Dynasty, Architect (in Chinese), 2005, 2: 96 – 101

[46] Zhao T M. Features the Gate of Guidefu Ancient City in Shangqiu. Shanxi Architect (in Chinese), 2007, 33 (6): 63 – 65

[47] Wang X S, Fixing up and Application Technology of Ancient City Wall. Trad Chin Archit Gard (in Chinese), 2004, 1: 20 – 22

[48] Wang Z C. Ancient City Below Water——Sizhou city. Encyclopedic Knowl (in Chinese), 2005, 11, 54 – 56

[49] Yu H Y, Chen D. Protection and Development of Tourism Resources for Ancient Seawall of Qiantang River. Zhejiang Hydrotechn (in Chinese), 2004, 4: 9 – 10

[50] Wang Y M. The Developing History of Cement in China (in Chinese). Beijing: China Architecture & Building Press, 2005, 4 – 5

[51] Cai S C. Introduction of Ancient Bridges in Jiangsu Province. Trad Chin Archit Gard (in Chinese), 2001, 3: 48 – 54

[52] Wuhan City Museum. Ancient Bridge in Wuhan. Wuhan Wenshi Ziliao (in Chinese), 2001, 9: 45 – 48

[53] Lu X. The History of Dragon Bridge. Rel Museol (in Chinese), 2007, 2: 56 – 57

[54] Wang W J. Checking, Assessing, Repairing and Reinforcing Design of Huguo Bridge, Kunming City. Yunnan Commun Sci Technol (in Chinese), 2001, 2: 44 – 48

[55] Shen X Y, Liu P L and Liu A. Type, Value and Heritage Management Model of Diao Tower in Kai Ping. J Hunan U Arts Sci: Social Science Edition (in Chinese), 2006, 1 (4): 95 – 99

[56] Cai J S. Environment friendly Castle – Like Dwellings. Architect J (in Chinese), 1995, 5: 42 – 44

[57] Zeng Y Y, Zhang B J and Liang X L. A Case Study and Mechanism Investigation of Typical Mortars Used on Ancient Architecture in China. Thermochim Acta, 2008, 473 (1 – 2): 1 – 6

[58] Yang F W, Zhang B J, Zeng Y Y, et al. The Exploring Research of the Scientificalness and Application of Traditional Sticky Rice Mortar. Palace Mus J, 2008 (in press)

[59] Sawai J, Shiga H, Kojima H, et al. Kinetic Analysis of the Bactericidal Action of Heated Scallop – Shell Powder. Int J Food Microbiol, 2001, 71: 211 – 218

[60] Catalano V R, Knabel S J. Incidence of Salmonella in Pennsylvania Egg Processing Plants and Destruction by high pH. J Food Prot, 1994, 57: 587 – 591

［61］Liu Q, Zhang B J. Bioinspired Preparation of a Protective Biomineralized Material on the Surfaces of Historic Stones, Acta Chim Sinica, 2006, 64 (15): 1601 – 1605

［62］Liu Q , Zhang B J. Syntheses of a Novel Nanomaterial for Conservation of Historic Stones Inspired by Nature. Mater Lett, 2007, 61: 4976 – 4979

［63］Zeng Y Y, Zhang B J and Liang X L. A Study on the Characteristics and Consolidating Mechanism of Chinese Traditional Mortars used on Historical Architecture. Sci Conserv Archaeol, 2008 (in press)

［64］Yang L, Ding W J, An Y G, et al. Control Synthesis of Aragonite Calcium Carbonate with Glucan as the Template. Chem J Chin U, 2004, 8: 1403 – 1406

［65］Zhang X Y, Liao Z J, Yang L, et al. Interaction between β – Cyclodextrin and Crystallization of Calcium Carbonate, Acta Chim Sinica (in Chinese), 2003, 1: 69 – 73

［66］Ding W J, An Y G, Yang L, et al. Study on IR of Interaction of Three Modified – Starchs and Crystallization of Calcium Carbonate, Spectrosc Spect Anal (in Chinese), 2005, 25 (5): 701 – 704

［67］Wang L D, Sun W Z, Liang T X, et al. Research Status of Biomimetic Materials, J Mater Eng (in Chinese), 1996, 2: 3 – 5

［68］Xie F L. Cross – Linkage of Hydroxyapatite/gelatin Nanocomposite Using EGDE. Sci Technol Gel (in Chinese), 2007, 27 (1): 24 – 28

［69］Li X H, Hou W T. The Conch Structure and Biomimetic Research on Ceramics. Bull Chin Ceram Soc (in Chinese), 2003, 2: 53 – 55

（原载于《Science in China》，2009 年，第 52 卷第 6 期）

经 PS 加固土遗址水饱和强度及加固效果的环境影响研究

李　黎[1]，陈　锐[2]，邵明申[3]，裴强强[5]

吴宏伟[4]，王思敬[1]，李最雄[5]

（1. 中国科学院地质与地球物理研究所，北京，100029；2. 哈尔滨工业大学深圳研究生院，深圳，518055；3. 兰州大学 土木工程与力学学院，兰州，730000；4. 香港科技大学，香港；5. 敦煌研究院，敦煌，736200）

内容摘要： 以新疆交河故城遗址土做试样，首先用不同浓度的 PS 加固，经过一段时间干燥后得到不同初始含水率的试样，然后进行渗透系数测试，之后再进行不固结不排水试验，测量试样的抗剪强度。同时，进行 PS 加固试样的水稳定变化测试（即水中崩解试验），耐风蚀的风洞模拟试验，冻融破坏对加固强度的影响、温差破坏对力学强度影响及干湿破坏对力学强度影响等试验，研究古丝绸之路特殊环境因素对 PS 加固土遗址保护效果的影响。结果显示，PS 加固对土的饱和渗透系数影响很小，而被 3% 和 7% PS 加固后的试样峰值抗剪强度比加固前的分别提高了 90% 和 360%，残余抗剪强度也分别提高了 50% 和 250%。结果说明，PS 加固后土遗址仍具有很好的渗透性，但被雨水渗透饱和后，仍具有很明显的加固强度。这就证明 PS 适用于丝绸之路干旱区古代土遗址的加固保护。

关键词： 土力学　PS　加固　土遗址　非饱和土　渗透　环境

0　引　言

新疆吐鲁番交河故城，是一座位于中国西部丝绸之路上有 2300 年历史的古城，具有很高的历史、科学和艺术价值。由于独特的地理位置及气候条件，使其成为世界上保存最完整，规模最大的故城之一。但是，千百年来由于集中式强降雨的雨蚀及强劲的风蚀破坏，加速了其风化速度，特别是雨水入渗后，造成遗址土体膨胀崩解或降温时的冻融破坏，或急剧干燥后的干裂破坏等，导致不饱和土壤颗粒骨架的扩张和收缩，改变土壤内部结构，使其稳定性受到威胁。所以，目前必须采取科学有效的保护手段，加强交河故城在自然条件下的稳定性。

PS——高模数硅酸钾水溶液[1]是敦煌研究院研制出的一种土遗址加固材料，对西北干旱地区土遗址的加固有明显的保护效果，已经在西北地区的多处土建筑遗址保护中推广使用，抢救保护了一大批具有很高历史和科学价值的土建筑遗址。而且多年来的试验研究证明，PS 渗入土体后，能明显提高土体的力学强度，使其具有良好的抗风蚀、雨蚀及耐冻融等性能[2-5]。但是，对土址遗址的加固效果，不仅看其近期的保护效果，更重要看其长久的保护效果，也就是长期受各种环境因素影响的程度。从这个角度考虑，PS 加固后的遗址土体是否仍具有良好的透水性，以防加固后的土体表面形成一层不透水气的致密结壳而剥离，对遗址造成更大的二次破坏。另外，加固后的遗址土体遇强降雨渗透饱和后，土体是否具有好的抗崩解破坏性能等，这些问题都应进一步研究。

1　试样制备及试验方法

试验采用交河故城遗址夯土进行试验，试样含水量极低，小于 1.7%，孔隙较大，渗透性好。其基本物理性质见表 1。对试样进行 X - 衍射分析，其中矿物组成主要为绿泥石、伊利石以及少量的石英、云母、闪石等。绿泥石和伊利石都属于层状结构的铝硅酸盐。

表 1　交河故城土的基本物理性质[6]

类型	含水量 /%	天然密度 / (g·cm⁻³)	干密度 / (g·cm⁻³)	相对密度	孔隙比	液限 /%	塑限 /%	塑性指数
生土	1.0 - 3.0	1.51 - 1.77	1.47 - 1.73	2.7	0.6 - 0.9	24.9 - 31.7	16.0 - 19.9	8 - 13
夯土	1.5 - 2.6	1.56 - 1.72	1.54 - 1.70	2.7	0.6 - 0.8	27.5 - 30	16.0 - 18.5	9 - 13
垛泥	1.3 - 2.2	1.50 - 1.70	1.55 - 1.68	2.7	0.7 - 0.9	27.0 - 32.0	17.2 - 18.5	9 - 14

PS 加固后试样饱和渗透系数及水饱和强度测试试样制备方法是：分别用水、3% 和 7% PS 水溶液与土拌和，得到含水率为 15% -21% 的未加固试样和不同浓度 PS 加固的试样（见表 2）。封存 48h，使用制样机制备成 150mm ×70mm（高×直径）柱状的重塑样[7,8]，压实密度为 1.38 - 1.45g/cm³。

表2 用不同液体制备并干燥到不同含水率的样品

试样编号	制备样品的液体	压实干密度 / (g·cm⁻³)	孔隙比	压实含水率/%	干燥后的含水率/%
W – 1	水	1.43	0.89	17	7
W – 2		1.44	0.88	15	9
W – 3		1.42	0.90	17	13
W – 4		1.45	0.86	15	14
3% PS – 1	3% PS	1.38	0.96	21	10
3% PS – 2		1.38	0.96	20	13
3% PS – 3		1.39	0.94	20	16
3% PS – 4		1.40	0.93	18	18
7% PS – 1	7% PS	1.39	0.94	20	9
7% PS – 2		1.39	0.94	20	13
7% PS – 3		1.39	0.94	20	16
7% PS – 4		1.39		20	19

环境因素对 PS 加固效果影响试验试样制备方法是：制备规格为 5cm × 5cm × 5cm 的高（1.6g/cm³）、中（1.5g/cm³）、低（1.45g/cm³）3 种密度的方体重塑试样，用模数为 3.85、浓度为 5% 的 PS 水溶液进行加固，根据土遗址加固保护的特殊要求及遗址现场的客观环境，制定相应的规范试验。

渗透试验系列装置如图 1 所示，此系列仪器[9,10]包括：气－液转换室、三轴压力室、用于进行液体渗透的 GDS 压力－体积控制仪、电子秤及容器。压力通过气－液转换室通入到放置试样的三轴压力室内，施加围压。通过 GDS 压力－体积控制仪在试样底部施加液压，使液体在试样内从底部向顶部进行渗透。从试样底部入渗到试样内部的液体体积由 GDS 压力－体积控制进行记录；试样顶部渗出液体的质量

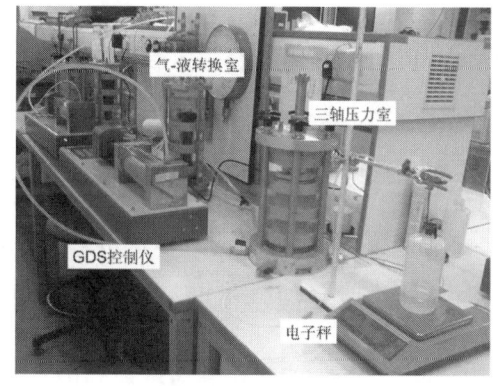

图1 渗透试验系列装置

由电子秤进行测量。GDS 压力－体积控制仪的数据与电子秤测量的数据由计算机进行记录。

首先将每个制好的试样放置在实验室自然条件中干燥一段时间。用不同的时间干燥，而得到不同初始含水率的试样，作为以下 2 种不同试验的试样（见表 2）。

用不同浓度 PS 制备的试样初始含水率分别为 3%，6%，9%，13%，15%，将水

通过10kPa的水压从不同含水率的样品底部注入，保持样品顶部为大气压，同时监测渗入与渗出样品的水量。当渗入与渗出水量相等时，认为试样已达饱和，则中止渗透试验，分析其渗透特性[11-16]。

之后将饱和后的每一个样品以1mm/min轴向位移的速度进行不固结不排水抗剪试验[13]，用量程3kN的量力环测轴向力，估计轴向应力的测量精度为2kPa。

同时，依据吐鲁番的气候及环境特点，确定相应的试验规范[17,18]，进行PS加固试样的水稳定变化测试，耐风蚀的风洞模拟试验，冻融破坏对加固强度的影响、温差破坏对力学强度影响及干湿破坏对力学强度影响等试验[19,20]，研究古丝绸之路特殊的环境因素对PS加固土遗址保护效果的影响。

2　试验结果及讨论

2.1　PS加固后试样饱和渗透系数

从图2可以看出，水饱和试样的饱和渗透系数为$4.7 \times 10^{-7} - 1.8 \times 10^{-6}$，3%PS加固试样饱和渗透系数为$9.8 \times 10^{-7} - 2.0 \times 10^{-6}$ m/s，7%PS加固试样饱和渗透系数为$4.8 \times 10^{-7} - 7.0 \times 10^{-7}$ m/s，这些数据说明了PS加固对土的饱和渗透系数影响不大。因此，PS加固土遗址不影响土体原有水汽迁移性能，从而避免了新加固表层结壳剥离。

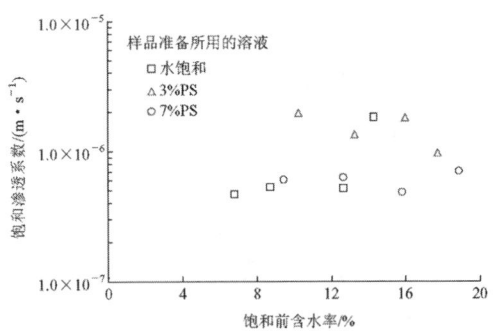

图2　PS加固后的水饱和渗透系数

2.2　PS加固后试样的饱和强度

在图3中显示了未加固、3%和7%PS加固试样经过水的渗透饱和后的不固结不排水抗剪试验结果。如图3（a）所示，未加固的试样显示出应变硬化或轻微应变软化特性。这说明试样在剪切前是正常固结土。随着饱和渗透前含水率从7%增加到14%，未加固试样经饱和后的UU峰值抗剪强度（1/2最大偏应力）呈现出先减小后增大的趋势。含水率为9%的试样强度最高，含水率为14%的试样最低，两者相差2kPa。与测量精度相比，这个强度差别还是很小的。这个结果可以说明，饱和前的干燥过程对交河故城试样饱和后峰值抗剪强度的影响较小。

由图3（b）可知每个试样都显示出应变软化的性状，说明PS的预加固提高了土的屈服应力，使其表现出与超固结土类似的剪切性状。饱和前试样的含水率为10% - 18%，饱和后峰值抗剪强度为8 - 11kPa，之间相差不是很大。这说明，对于3%PS加固的试样来说，饱和前的干燥过程对水渗透饱和后峰值抗剪强度的影响较小。这个结论与图 3（a）未加固试样试验结果相似。

由图 3（c）可知，与经 3% PS 加固的试样相比，经 7% PS 加固的试样显示出更加明显的应变软化特性，这说明 7% PS 的预加固更大程度地增加了土的先期固结压力。从图 3（c）可以看出，随着饱和前含水率从 9% 提高到 19%，经 7% PS 加固的试样的渗透饱和后的峰值抗剪强度先增加后减小。含水率 13% 的试样抗剪强度最高，含水率 9% 的试样最低，抗剪强度之间相差 10kPa。相对于测量精度，这个差别还是很明显的。因此，对于经 7% PS 加固的试样来说，饱和前的干燥过程对渗透饱和后的峰值抗剪强度有影响。但是，饱和前的干燥过程对 7% PS 加固作用的影响还需进一步的研究。

未加固、经 3% PS 和 7% PS 加固试样的水饱和抗剪强度比较结果如图 4 所示。由图 4（a）可以看出，经 7% PS 加固的试样峰值抗剪强度最大。加固前、经 3% 和 7% PS 加固后的平均峰值剪切强度分别为 5.0，9.5 和 23.0kPa。因此，经 3% 和 7% PS 加固的试样的水饱和峰值抗剪强度比加固前试样分别提高了 90% 及 360%。这意味着，PS 加固后的遗址土即使被雨水渗透饱和，仍然具有很明显地的加固效果。这个研究结果与 PS 加固后在水中的崩解试验的结果是一致的[4]。

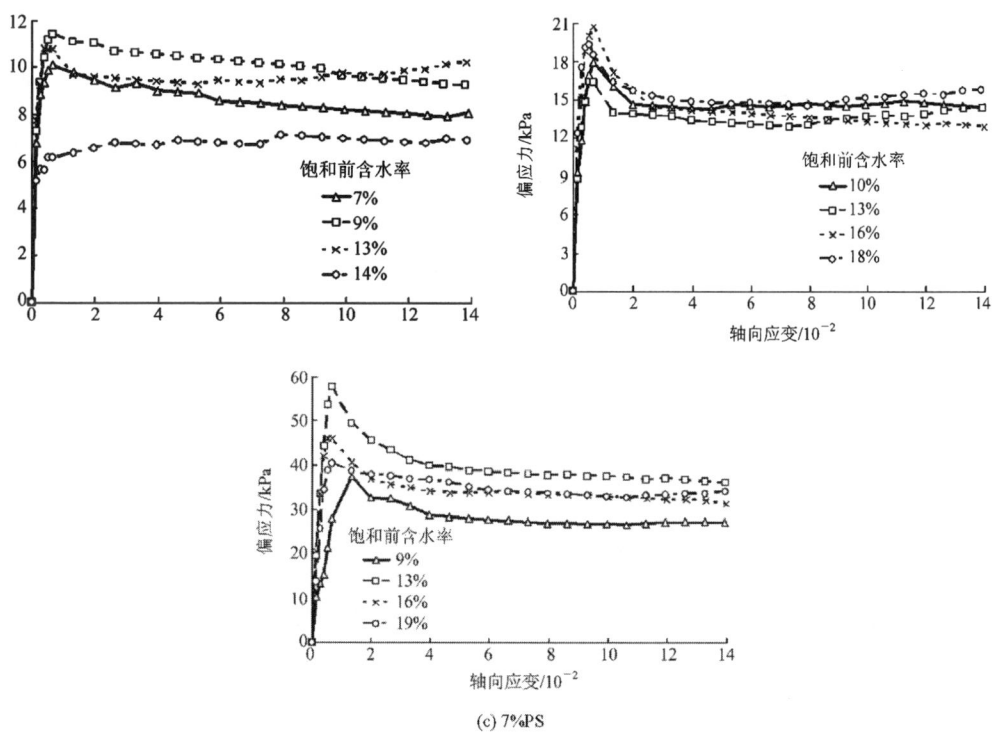

(c) 7%PS

图 3　未加固、3% 和 7% PS 加固后试样的应力 - 应变关系

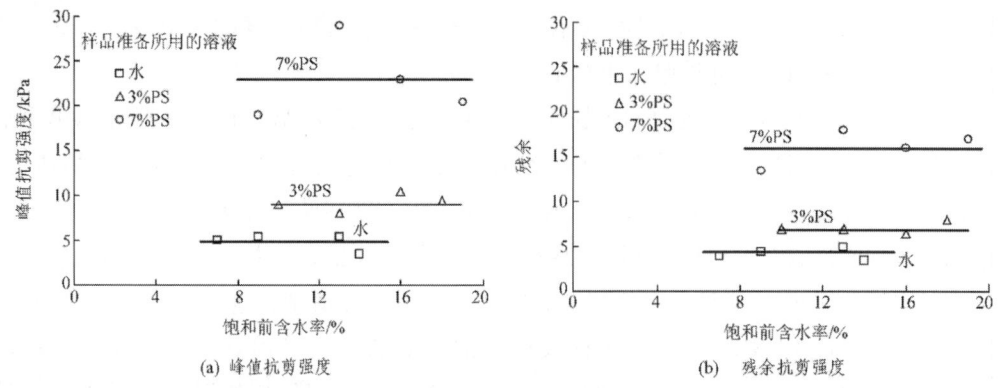

图 4　未加固、3% 和 7% PS 加固后试样的峰值抗剪强度和残余抗剪强度

由图 4（b）可知，加固前、3% 和 7% PS 加固后平均残余抗剪强度分别为 4.5，7.0 和 16.0kPa，3% 和 7% PS 的加固导致残余抗剪强度分别提高了 50% 和 250%。这说明当发生较大变形的时候，PS 仍具有明显的加固效果。与峰值抗剪强度相比，PS 加固引起的残余抗剪强度增加程度有所减弱。

2.3　环境因素对 PS 加固效果的影响

2.3.1　加固前后崩解对比试验

由图 5 可知，经 PS 加固后，试样初始崩解时间明显延迟，崩解速度明显降低，低密度试样的加固效果最为显著。未加固样 1min 内即发生崩解，经 PS 加固后，初始崩解时间基本延长到 10min 以上，原状试样、中密度重塑试样崩解时间分别延长 30.0 和 9.1 倍，低密度重塑样在 5h 后表面出现 2 条微隙。原状试样和中密度试样加固后的崩解速度仅为原来的 1/4，低密度重塑试样加固后 5h 内没有崩解反应。

此外，原状试样和重塑未加固试样崩解产物为碎屑状或泥状，经 PS 加固试样崩解产物呈块状或板状，而且有一定的厚度和硬度，具有很好的抗水性。证明 PS 加固后试样具有很好的抗水崩解性，同时又具有很好的透水性，这可能是水透过加固层，引起试样中还没有完全加固的黏土膨胀所造成的。

2.3.2　耐风蚀的风洞模拟试验

试验结果表明，10m/s 的净风吹蚀，对试样的破坏十分微弱，只有试样表面胶结不好的散粒被吹走，最大风蚀模数也仅为 0.12kg/m² · h。风蚀主要发生在挟沙风条件下，表现为随挟沙风风速增大，风蚀强度增大，未加固试样的风蚀态势增大最为突出（图 6）。加固试样的抗风蚀能力明显高于未加固试样，随着风速的增大，风蚀量不断增大，但增速平缓，即使风速达 30m/s 时，试样的风蚀模数也仅为 0.59，0.70 和 0.94kg/（m² · h），均低于 1kg/（m² · h），其抗风蚀强度是原试样的 8–15 倍。由此可见，PS 加固试样的抗风蚀性能良好。

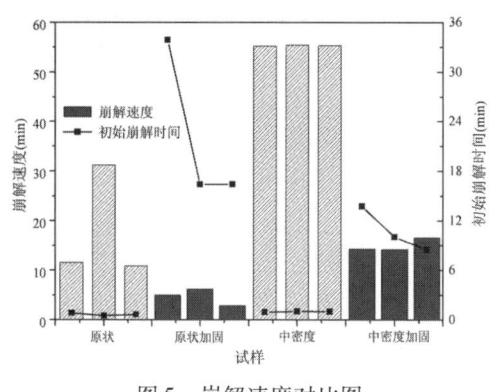

图 5　崩解速度对比图

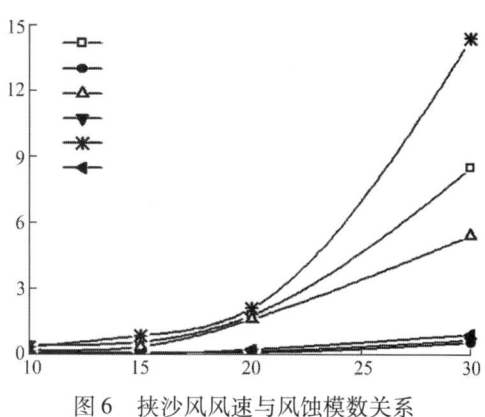

图 6　挟沙风风速与风蚀模数关系

2.3.3　冻融循环对加固强度的影响

经过 20 个循环后，试样（含水率为 4%）无侧限抗压强度有了较大幅度的下降，原状试样降为原来的 53%，其加固试样降低了 35.7%，中密度重塑试样变化不大，其加固试样降低了 26.3%，整体来看，经过 PS 加固后试样的降幅减小，抗冻融能力有了较大提高。

2.3.4　温差破坏对力学强度影响

由图 7 可以看出，经过 150d 温度循环试验后，PS 加固试样与未加固试样呈现出相同的规律，即烘箱养护试样的无侧限抗压强度比自然养护的试样强度有了不同程度的提高，其中，原状加固试样提高了 29%、未加固试样为 69%，重塑加固试样提高了 9%、未加固试样为 31.8%。

2.3.5　干湿破坏对力学强度影响

从图 8 可以看出，干湿循环后试样的无侧限抗压强度都有所降低，降低 6.15% –

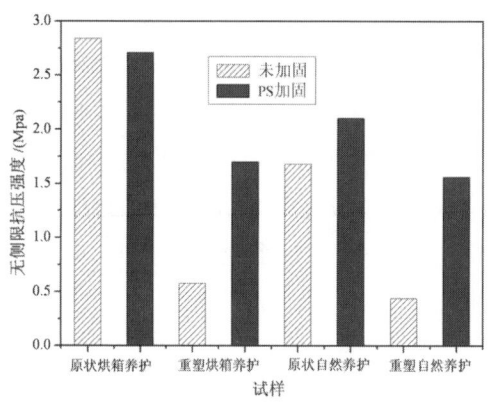

图 7　环境温度对试样强度的影响

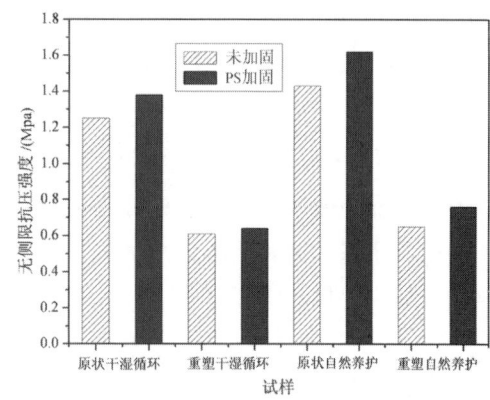

图 8　环境湿度对试样强度的影响

15.79%，其中加固试样平均降低13.70%，未加固试样平均下降10.97%，降幅相差不大；加固试样的抗压强度虽然有所降低，仍是未加固试样的1.08倍，说明PS加固样具有很好的抗干湿破坏的能力。

2.4　讨论

经PS材料加固后的遗址土体在提高强度的同时，仍具有良好的透气性和透水性结构特征[1,2]。PS材料不仅改变了土体中黏土矿物的结构，并可与土中的可溶性盐类发生一系列的化学反应，生成硅酸盐凝胶等产物，改变了土的结构，从而改善了土的一系列工程性能，提高了土抵抗自然营力破坏的能力。如图9（a）所示，从扫描电镜照片可以看到，黏土试样经PS处理前为层状的、片状的结构，各晶体之间相互分离，孔隙大，这种结构具有吸水性强、强度小的特点，是黏土矿物易于风化的内在原因。因此，在风蚀、雨蚀的过程中显现出微弱的抵抗力。如图9（b）所示，经PS加固后，可看到黏土的片状结构已消失，较大的孔隙也被充填，变为一种网状的晶体与非晶体混合物的致密结构，因此而增加了试样的抗剪强度，提高了对风蚀、雨蚀的抵抗能力。

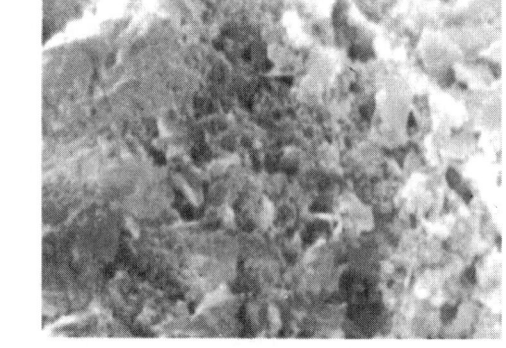

　　　　（a）未经PS加固的试样（×5000）　　　　　　（b）经PS加固后的试样（×5000）

图9　PS加固前后试样的扫描电镜分析[1]

通过UU抗剪试验（见图8），证实了PS加固后的试样即使被雨水渗透饱和，仍然具有很明显地的加固效果。这可能是因为，由PS与土生成凝胶产物而形成的致密结构不会被雨水渗透饱和破坏，从而保持土的整体强度。不过，这个观点需要进一步的微结构分析来提供直接证据。

3　结　论

（1）通过未加固、3%和7% PS加固后不同初始含水率非饱和土渗透试验可以看出，未加固试样的饱和渗透系数和PS加固试样饱和渗透系数基本一致，说明了PS加固对土的饱和渗透系数影响较小。

（2）通过不同初始含水率试样饱和后的不固结不排水抗剪试验，PS 加固后试样显示出应变软化，而未加固试样则显示出应变硬化的性状。

经 3% 和 7% PS 加固试样比加固前试样峰值抗剪强度分别提高了 90% 和 360%；残余抗剪强度也比加固前的分别提高了 50% 和 250%。上述结果证明，经过 PS 加固后试样，即使遇水饱和，PS 的加固效果依然很明显。

（3）饱和前的干燥过程对于经 3% PS 加固试样的水饱和抗剪强度有一些影响，但是对于经 7% PS 加固试样的影响更为明显。这意味着加固作用在试样干燥过程中发生了变化。

（4）试样经 PS 加固后，崩解速度大幅度降低，崩解特性发生明显的变化，具有良好的耐崩解性和透水性。PS 耐冻融材料具有良好的抗蚀性，能够数倍乃至几十倍的提高土体抗风蚀的能力；PS 加固试样的抗冻融和干湿破坏的能力都有较大的提高。

参考文献

[1] 李最雄. 丝绸之路古遗址保护. 北京：科学出版社，2003.
[2] 苏伯民，李最雄，胡之德. PS 与土遗址作用机制的初步探讨. 敦煌研究，2000，63（1）：3 - 35.
[3] 王银梅. 西北干旱区土建筑遗址加固概述. 工程地质学报，2003，11（2）：189 - 192.
[4] 赵海英，王旭东，李最雄，等. PS 材料模数、浓度对干旱区土建筑遗址加固效果的影响. 岩石力学与工程学报，2006，25（3）：557 - 562.
[5] 李黎，孙满利，赵海英，等. 西北地区古代建筑土遗址保护研究. 中国土木工程学会第十届土力学及岩土工程学术会议论文集. 重庆：重庆出版社，2007：103 - 106.
[6] 和法国，谌文武，张景科，等. PS 材料加固交河故城土体试验研究. 敦煌研究，2007，105（5）：32 - 35.
[7] 胡再强，沈珠江，谢定义. 非饱和黄土的结构性研究. 岩石力学与工程学报，2000，19（6）：775 - 779.
[8] 杨超，崔玉军，黄茂松，等. 循环荷载下非饱和结构性黄土的损伤模型. 岩石力学与工程学报，2008，27（4）：805 - 810.
[9] 吴宏伟，陈锐. 非饱和土试验中的先进吸力控制技术. 岩土工程学报，2006，28（2）：123 - 128.
[11] 徐炎兵，韦昌富，陈辉，等. 任意干湿路径下非饱和岩土介质的土水特征关系模型. 岩石力学与工程学报，2008，27（5）：1046 - 1052.
[12] 陈卫忠，邵建富，杨春和，等. 黏土岩饱和 - 非饱和渗流机制研究. 岩石力学与工程学报，2004，23（21）：3689 - 3694.
[13] 吴宏伟，陈守义，庞宇威. 雨水入渗对非饱和土坡稳定性影响的参数研究. 岩土力学，1999，20（1）：1 - 14.

［14］ Zhan L T, Chen P, Ng C W W. Effect of Suction Change on Water Content and Total Volume of an Expansive Clay. Journal of Zhejiang University（Science A）, 2007, 8（5）: 699 – 706.

［15］ Cheuk C Y, Ng C W W, Sun H W. Numerical Experiments of Soil Nails in Loose Fill Slopes Subjected to Rainfall Infiltration Effects. Computers and Geotechnics, 2005, 32（4）: 290 – 303.

［16］ 胡波, 汪稔, 王钊, 等. 非饱和土强度公式的比较研究. 岩石力学与工程学报, 2008, 27（增1）: 3005 – 3009.

［17］ 黄克忠. 岩土文物建筑的保护. 北京: 中国建筑工业出版社, 1998: 90 – 115.

［18］ 周双林, 原思训, 杨宪伟, 等. 丙烯酸非水分散体等几种土遗址防风化加固剂的效果比较. 文物保护与考古科学, 2003, 15（2）: 40 – 48.

［19］ 郭宏, 黄槐武. 文物保存中的水害问题. 文物保护与考古科学, 2002, 14（1）: 56 – 62.

［20］ 王旭东. 中国西北干旱环境下石窟与土建筑遗址保护加固研究. 兰州: 兰州大学, 2002.

Saturation Strength of Earthen Heritage Site Reinforced by Potassum Silicate and Influence of Environmental Factors to Reinforcement effect

Li Li[1], Chen Rui[2], Shao Mingshen[3], Pei Qingqiang[5]

Wu Hongwei[4], Wang Sijing[1], LI Zuixiong[5]

（1. Institute of Geology and Geophysics, Chinese Academy of Sciences, Beijing 100029, China;

2. Shenzhen Graduate School Harbin Institute of Technology, Shenzhen, Guangdong 518055, China;

3. College of Civil Engineering and Mechanics, Lanzhou University, Lanzhou, Gansu 730000, China;

4. The Hong Kong University of Science and Technology, Hong Kong, China;

5. Dunhuang Academy, Dunhuang, Gansu 736200, China）

Abstract: Unconsolidated undrained（UU）shear tests were carried out on PS reinforced loess soil from the Ancient City of Jiaohe. Soil specimens were initially reinforced by different PS solutions and then were subjected to saturation before UU tests. At the same time, PS reinforced specimens were subjected to disintegration test in water, to wind erosion test in wind tunnel, to freeze – thaw test, to temperature fluctuation test, and to humidity variation test, so that the influence of serious environment on the ancient Silk Road to the reinforcement effect is studied. Specimens reinforced by 3% PS and 7% PS show higher peak shear strength by 90% and 360%, respectively, as compared with unreinforced specimens. The addition of 3% PS and 7% PS reinforcement also results in higher residual shear strength by about 50% and 250%, respectively. These results show that PS reinforcement is still effective when subjected to saturation due to rainfall, so that PS is suitable for conservation of the ancient sites in arid area on the Silk Road.

Key Words: soil mechanics, PS, consolidation, earthen architecture sites, unsaturated soil infiltration, environment

（原载于《岩石力学与工程学报》，2009，第 28 卷第 5 期）

我国丝绸之路土遗址的病害及 PS 加固

李最雄[1,2]，赵林毅[1,2]，孙满利[3]

（1. 兰州大学 土木工程与力学学院，兰州，730000；

2. 敦煌研究院，敦煌，736200；

3. 西北大学 文博学院，西安，710069）

内容摘要：我国丝绸之路土遗址遗存种类多、类型全、赋存环境复杂，其主要病害按保存环境分为两类：露天土遗址，主要有风蚀、雨蚀和裂隙；室内土遗址，主要有污染、风化和裂隙。以吐鲁番交河故城为例，研究保护加固技术，通过对 PS 处理前后遗址土样的 X - 衍射分析、结晶度测定、扫描电镜和透射电镜等方法的分析测试，探讨 PS 加固土遗址的机制，提出以 PS 为加固材料，对土遗址防风蚀、雨蚀的化学加固方法；对裂隙和危土体提出锚固和裂隙灌浆联合使用的加固技术，尤其是楠竹加筋复合锚杆解决了大体量松软危土体的锚固问题；对掏蚀缺损部分提出夯补及土坯砌补等加固工艺和方法。这些加固措施，基本解决了干旱土遗址的主要问题，提出的加固措施具有较好的适用性和应用价值。

关键词：土力学 土遗址 病害 保护 加固

0 引 言

土遗址是指古代建筑被毁后遗留下的土建筑体部分。按照建筑形制我国古代土遗址主要有 4 种类型：木构建筑被毁后，遗存下的夯土、土坯墙体以及房屋地面等；木构建筑、砖石建筑等建筑体的夯土、生土基础；生土挖建的坑、穴、窑、窖等；夯土、生土、土坯及板筑泥等建造的长城、烽燧、关隘、故城、土塔、陵墓等。

根据土遗址的性质，我国古代土遗址的主要分为以下几类：

（1）新石器时代的居住遗址

最著名的如西安东南郊的半坡遗址和甘肃秦安县的大地湾遗址。半坡是我国黄河流域的一个典型的母系氏族公社聚落遗址，距今 6000 多年，主要建筑土遗址包括房屋遗址（墙壁残段、椽痕迹、堆积泥块等）、圈栏遗迹、窑穴和窖址等。秦安大地湾遗址是仰韶时期的一处人类生活居住遗址，距今 4500 – 7000 年，主要遗迹有房屋遗址、陶窑、混凝土地面、夯土墙以及夯土和外敷泥层的柱洞等。

（2）古城

交河故城是丝绸之路上一座以生土、夯土与垛泥（又称版筑泥）相结合建造的，是一座具有非常重要的历史、科学和考古价值的故城。著名的古城还有新疆吐鲁番的高昌故城等，是以夯土及土坯相结合建造墙体。

（3）长城、关隘、烽燧及土塔等

这一类型的土遗址以甘肃临洮、渭源一带的战国秦长城和敦煌、安西境内的汉长城最具有代表性。战国秦长城以粉质黏土夯筑，烽燧以粉质黏土夯筑基础，之上的房屋以土坯建造墙体。敦煌、安西境内的汉长城由戈壁的砂土夯筑，一定厚度夹一层芨芨草、芦苇或灌木枝条等。

（4）陵墓

宁夏回族自治区东部贺兰山下的西夏王陵最具有代表性。西夏王陵的土遗址包括巨大的粉质砂土夯筑的封土、陵院的墙体、土塔和部分木构建筑的墙体。

（5）出土的坑、穴、窑、窖

这一类土遗址有 2 个典型代表：一个是陕西省临潼县的秦始皇兵马俑土坑，坑道是在生土层中挖建的，上面是木构建筑，木建筑被烧毁后留下土坑遗址，部分坑壁被火烧呈土红色，坑壁上残留木构件遗迹；另一个是河南三门峡的虢国墓地车马坑，遗址土属黄色粉土，战车以土构外形保存。

以上是遗存在我国西北丝绸之路上具有很高历史、科学和艺术价值各类土遗址的典型代表。由于该地区气候干燥、少雨，这批土遗址才能幸存下来。但是，千百年来，在戈壁荒野中强劲风沙的风蚀和集中式强降雨的严重雨蚀破坏下，这些幸存下的土遗址也处于濒危之中，现正以惊人的速度毁坏成一堆堆砂土，消失在我国西北戈壁荒野中。

20 世纪 80 年代末开始，作者[1 – 3]开展了对遗存在我国西北古丝绸之路上较干燥环境中土遗址的保护研究。十多年来，经过大量的室内试验研究和在交河故城、玉门关、西安半坡、秦俑坑以及三门峡西周墓地车马坑等土遗址的现场试验和加固工程[4 – 14]，建立了一套以 PS（高模数硅酸钾）为主要加固材料的土遗址加固工艺和方法，有效地抢救保护了一批这一地区的土遗址。

1　土遗址的主要病害

遗存在我国西北地区的土遗址所处的环境有两类：一类是露天，如交河故城、西夏王陵、汉长城、玉门关等；另一类是保存在室内的土遗址，如西安的半坡遗址，在考古发掘后立即建造了保护性的建筑掩体，还有甘肃秦安大地湾 F901 房屋遗址，在发掘后也立即建造了大厅，将遗址保存在室内。由于土遗址保存的环境不同，因此所存在的病害及破坏因素也不同[15 - 22]。露天土遗址以交河故城为例，室内土遗址以半坡遗址为例，分别介绍其主要病害和破坏因素。

1.1　交河故城

交河故城处于新疆吐鲁番盆地，属典型的大陆性暖温带干旱荒漠气候。气候环境具有干热、少雨的特征，夏季高温、干燥，冬季干冷，最大降水量为 48.4mm，最少为 2.9mm。在这种环境中土体有较高的强度，因此，遗址基本保存下来，如大佛殿直立高达约 8m 的墙体，可看出当年建筑的宏伟和壮观。

但是，遗址在严重风蚀破坏和集中式强降雨的雨蚀破坏下，遗址土体四处开裂坍塌，其主要病害有风蚀、雨蚀、裂隙发育及危土体坍塌等。

（1）风蚀

吐鲁番地区长年吹强劲的西北风，8 – 12 级大风和沙暴年出现率高。遗址处于一个地理位置较高的台地上，大风携带台地的砂土、砂粒以及钙结核，年复一年对遗址造成的风蚀破坏非常严重。板筑泥墙面上的草泥层被磨蚀殆尽，特别是遗址面向西北的墙面被风蚀得千疮百孔，有的墙面凹凸不平呈蜂窝状，有的呈鳞片状龟裂剥离，甚至有的墙体局部被风蚀穿透（图 1）。

遗址的墙基由于在生土层上开挖而成，强度较低，因此大部墙基被风蚀凹进，使墙体呈倒立"棒槌山"形，很容易造成坍塌破坏。

（2）雨蚀

经分析，遗址的墙体是由台地的砂土制作的垛泥建造而成。这种砂土在干燥的环境中，虽有较高的强度，一旦遇到雨水便立即崩解成泥浆而流失，或者形成较厚的泥皮在其他外营力作用下脱落（图 2）。气象资料记载，吐鲁番地区虽然非常干旱少雨，

图 1　风蚀

图 2　雨蚀

但会出现集中式的强降雨，有时一场大雨的降雨量几乎接近年降雨量。在两千多年漫长岁月里，这种偶尔大雨冲刷和侵蚀所造成的破坏是可想而知。

（3）裂隙发育、墙体坍塌

强烈日温差所引起的反复胀缩、以及地震、冻融和卸荷等自然因素的影响，使遗址产生许多纵横交错的裂隙。在遗址内，长期经雨水侵蚀，裂隙逐渐发育延伸，导致开裂坍塌的残墙断壁四处可见，对遗址的毁坏非常严重。

（4）风化

经过分析，遗址墙体的土中含有较多的方解石。由于方解石是一种耐冻融很差的矿物，当遭到反复冻融后，易产生风化。虽然遗址的土体中可溶盐含量不大，但是遗址的墙基处，可溶盐随雨水迁移富积，相对含量却较高。随环境温湿度频繁变化，可溶盐反复溶解收缩—结晶膨胀—再溶缩—再结晶膨胀，这样频繁活动产生的风化在墙基处十分明显。因此，遗址的墙基大部凹进，像即将倾倒的"棒槌"。

1.2 半坡遗址

半坡遗址位于西安东郊浐河东岸，是黄河流域一个典型的母系氏族公社聚落遗址，距今 6000 多年。1953 年发掘后建造了保护掩体。其主要病害有污染、风化、裂隙发育、块状剥落等。

（1）严重的污染

半坡遗址发掘出土已 40 多年，虽然当时修建了保护大厅，但因保护大厅比较简陋，四周有许多高窗。遗址附近有火力发电厂、煤场和绵纺织厂。电厂的烟尘、随风飘来的煤粉、纺织厂飘来的棉绒，对遗址的污染十分严重。遗址新出土时表面呈淡黄微带红色的黄土，但经过 40 多年的污染，表面履盖了一层厚 2－3cm 的灰尘和棉绒，呈暗灰色。

（2）风化、泛碱

由于遗址的黄土中含有可溶盐，分析结果主要是无水芒硝（Na_2SO_4）。受环境温湿度变化和地下水的影响，可溶盐反复溶解收缩－结晶膨胀，使遗址受到严重的风化破坏。如部分房屋遗迹、墙壁残段和椽痕迹等，和出土时相比，外观变化很大。一些风化特别严重者，已面貌全非，变成一堆堆的积土。风化严重的遗址面上又覆盖了一层厚厚的烟尘、棉绒，和风化层混在一起，无法分离，给化学加固带来了很大困难。

（3）裂隙发育、块状剥落

半坡遗址中的部分房屋墙壁残段、窑穴和窑址等，由于受干燥收缩和卸荷等自然因素的影响，严重开裂、块状剥落，使遗址遭受到严重破坏。

2 土建筑遗址的加固

根据土遗址的主要病害特征和破坏因素，并以吐鲁番交河故城为例，介绍以 PS 为加固材料，对土遗址防风蚀和雨蚀的化学加固；对裂隙、危土体的锚固和裂隙灌浆；对掏蚀缺损部分的夯补及土坯砌补等。

2.1 防风蚀、雨蚀的喷洒 PS 渗透加固及滴渗、压注 PS 渗透加固

总结过去 PS 在土遗址现场所做的加固试验，以及近年在吐鲁番交河故城所做的加固工程，根据土遗址表面风化特征的不同，PS 防风蚀、雨蚀和风化的渗透加固有以下主要工艺方法：

（1）低浓度 PS 多次喷洒渗透加固

根据遗址墙体风蚀的严重程度，将加固的墙体分为两类：一类是严重风蚀，另一类是轻微风蚀。对轻微风蚀的墙面以低浓度的 PS 溶液进行多次喷洒渗透加固，每次喷洒间隔一般 3d 为宜，其原则是待第一次喷洒的 PS 凝固且干透后再做第二次喷洒。这样尽可能使 PS 达到理想的渗透深度。同时，在加固过程中逐渐提高 PS 的浓度。依次采用模数为 3.8，浓度为 3%，5%，7% 的 PS 溶液喷洒进行渗透加固。一般情况下，最后一次喷洒用 5% PS 溶液，孔隙特别大的墙体，最后一次喷洒用 7% PS 溶液。

土遗址中，有些墙体风蚀特别严重，墙面上形成许多约 5cm 大小不同的凸出小块，这些凸出小块的底部非常疏松，大部已松动，和墙体连接不牢，随时都会剥离。遇到这种情况时，先用 3% PS 喷洒加固，使松动的小块初步加固，同时具有一定耐水性。待第一遍喷洒的 PS 干燥后，再从墙体上部开始，依次向下喷洒 3% PS 掺加少量细粒遗址土的稀浆液。注意泥浆不宜太稠，应有较好的流动性，使其充分入渗到小土块底层疏松部位和裂隙中，使与墙体黏连。待喷洒的泥浆完全干透后，用与上述相同方法喷洒（3% –5%）PS，以加固喷洒在墙体上的泥浆及墙面。如果松动的小块有 10cm 以上的大小，可在小块上钉入相当于饭筷粗细的竹钉，再在小块的下部用注射器注入上述PS 掺加少量细粒遗址土的稀浆液。待小土块加固完全干透稳定后，再按上述工艺方法对遗址墙体做进一步的 PS 渗透加固。

有些遗址的墙体夯筑较密实，PS 渗透性较差。如果在气温较高的环境下喷洒加固，水分挥发快，大部分 PS 凝固在墙体表面，使强度过高，就有可能形成较硬的外壳而产生剥离。遇到这种情况时，先以干净水喷洒，使墙面湿润，半干时再喷洒 PS，能获得较好的渗透加固效果。另外，遗址土体表面做完 PS 渗透加固后，还要喷洒一遍 3% PS掺加适量细粒遗址土配制的浆液作旧，这样可达到保持原状的效果。

（2）滴渗及压注渗透

有些土遗址局部风化严重，疏松层较厚。这种情况下，只用喷洒渗透的方法达不到加固的目的。对这种土体的加固，通过现场试验找到了一种有效的加固方法，即"滴渗"，其工艺程序是：① 在遗址疏松土体的适当部位开一些直径 6mm 左右的微孔；② 在微孔中插入直径 3mm 较硬的胶管；③ 将配制好的（5% - 7%）PS 盛入一个特制的容器，并将容器安置在较高的部位；④ 将插入疏松土体小胶管与盛 PS 容器上的小出浆管连接，这时就可开始利用 PS 的静压向疏松土体中慢慢滴渗 PS。这种滴渗过程正如人打吊针一样。疏松土体上的孔距以每个孔的渗透半径而定，其原则是渗透范围最后连片。

对文物本体，如墙面上的小裂隙及上述松动小土块下部的小裂隙，用注射器压注射 7% PS，或压注 3% PS 掺加少量细粒遗址土的稀浆液进行加固。

交河故城崖体上有多处较厚的夹沙层或松软层，对这一松散崖体加固时，采用在松软夹层中插入直径约 15mm、管壁上有许多小注浆孔的注浆钢管，以注浆机压注（7% - 10%）PS 进行渗透加固。注浆管的长短视松软层的厚度而定，以达到需注浆的部位为目的。若松软层孔隙特别大，可在（7% - 10%）PS 中掺加适量细粒黏土配制的浆液注浆加固。

PS 加固后的墙体，一般呈现较新，颜色和质感与原墙体稍有差别。这种情况下，可进行作旧处理。其工艺方法是，在已经做完 PS 渗透加固的遗址土体面上，喷洒一遍用净水与遗址细粒黏土配制的稀泥浆，待干燥后，再以 3% PS 喷洒加固，可达到修旧如旧的效果。有些加固后的墙体，经半年左右的时间，也可恢复到与原墙体基本相同的外貌，这种情况下，就不必再进行作旧处理。

在实际施工时，上述 2 种办法可单独使用，也可组合使用，这要根据遗址表面特征的实际状况选择。

2.2 掏蚀缺损部位夯补及土坯砌补加固

（1）掏蚀缺损部位夯补

露天的古代土遗址，经过千百年的风化、风蚀和雨蚀作用，一般墙基被严重掏蚀，形成上大下小的倒立"棒槌山"形，很容易造成坍塌破坏。如果轻微掏蚀，就可用夯补的方法进行加固。这种补缺的工艺方法是：① 先将缺损部位酥松的风化层清理干净，然后用（3% - 5%）PS 喷洒渗透加固 2 - 3 遍，这样可使夯土体与遗址土体牢固结合；② 待缺损部位风化面处理完并干燥后，就可用可溶盐含量较低的黏土，掺加约 1/6 的石灰（过筛），用净水拌和均匀，培筑被掏蚀凹进的部分。若用掺加适量 PS 的水（约0.5%）拌和夯土，效果会更好。如果补夯的土体体量较大、较厚时，可在夯土体与遗址土体间布放一些小木杆以增强两者的结合强度。其做法是，每夯一层土，就布置适当大小及适当数量的木杆。做法是将木杆的一端钉入遗址土体，另一端布放在夯土层面上。若木杆较大时，插入遗址土体的一端要进行锚固，这样才可确保两土体间的牢固结合。木杆的大小、长短、插入遗址土体的深度以及布放在夯土层面上的长度等，都以工程具体的设计要求而定，同时，对木杆最好做防腐处理。

（2）掏蚀缺损部分土坯砌补

如果墙基被严重掏蚀，凹进很深，这时无法夯筑。原因之一是垂直墙体夯筑无法施工；原因之二是夯筑会产生振动，随时可能造成墙体坍塌。这种情况下，将配制的夯筑土调成泥，制作土坯，用这种干透的土坯做砌体，填充掏蚀凹进的部位。在建造砌体前，像上述夯补一样对遗址缺损部位的风化层面进行清理和 PS 渗透加固。建造土坯砌体时，也要像上述夯补遗址缺损部分一样，在土坯砌体与遗址土体间布放一些小木杆以增强两者的结合强度。另外，建造土坯砌体时，每做一层土坯砌体，就要做一次灌浆，以使土坯砌体与遗址土体间，以及土坯相互间牢固紧密地结合，防止大气降水入渗而对遗址造成破坏。

无论夯补还是砌补都应坚持以下原则：在满足遗址稳定的前提下尽可能少干预；新加部分要灌浆密实并与原遗址用连接筋相连；加固是应尽量淡化外形，不要求表面很规整。

2.3　裂隙、危土体的锚固和裂隙灌浆加固

与过去做石窟加固工程一样，在土遗址加固工程中，对裂隙进行灌浆和对危土体进行锚固是一项非常重要的工程措施。遗存在戈壁荒野中土遗址，由于强烈昼夜温差、长年不停的风蚀、集中式强降雨的冲刷入渗、地震、冻融和卸荷等自然因素引起的开裂——坍塌，是造成土遗址毁灭性破坏的主要原因。因此，遗址的加固保护不仅要进行表面的防雨蚀、风蚀、风化的化学加固处理，更重要的要进行裂隙灌浆及危土体锚固，这样才能达到对土遗址的有效加固保护。

（1）危土体锚固

经过多年室内研究、现场试验及玉门关、河仓城、宁夏西夏陵三号陵、特别是目前正在进行的吐鲁番交河故城加固工程的总结，对干旱半干旱地区土遗址锚固的锚杆主要有：硬木质锚杆、楠竹锚杆及楠竹加筋复合锚杆。

楠竹加筋复合锚杆是加固交河故城崖体时研发的、并获得国家专利的一种新型锚杆。因为交河故城崖体加固设计中有近 30m 长的锚杆，同时，松软土体的锚杆应体量大、重量小，这样才能达到有效的锚固。经过试验研究，用环氧树脂掺加粉煤灰、石棉等调制的胶泥将钢绞线浇铸在楠竹中，再用环氧树脂将玻璃布缠裹楠竹。因为环氧树脂是目前所有的黏接剂中，老化性能最好、黏接性最强且价廉的黏接剂，既能很好的黏接金属，也能很好的黏接竹木材。楠竹中浇铸钢绞线的数量视设计而定。

锚固采用的浆液为：PS －（C + F）（PS 为模数为 3.8，浓度为 10% 的硅酸钾，C

为遗址粉土，F 为粉煤灰）。

锚固工序为：成孔→清除孔中积土→渗透 PS 加固孔壁→安置锚杆→压浆→安放锚板（只限楠竹加筋复合锚杆）→修复锚孔并作旧。

另外，交河故城崖体高达近 30m，崖体之上离崖面 3 - 25m 处有多条平行于崖面的宽深裂隙，导致崖体向外倾斜。这种裂隙锚固之前必须采取临时性支护措施，先将危崖体稳定。否则，施工过程中由于钻机的振动，很可能造成崖体坍塌。

（2）裂隙灌浆

交河故城文物本体和崖体上大小不同的裂隙纵横交错，将遗址土体切割成许多大小不同的块，特别在崖体上，多条平行于崖面的宽深裂隙，将大块的土体与崖体切割开。这种情况下，一旦雨水入渗到裂缝中，会使土体软化，造成崖体坍塌而毁坏遗址。因此，交河故城文物本体和崖体裂隙均应进行灌浆以填充密实，防止雨水入渗。同时，危土体锚固后，一旦雨水入渗到裂缝中，也会使锚杆周围的土体软化，使锚固力迅速下降，造成土体坍塌。另外，若裂缝不进行注浆填充，时间长了，裂隙中会不断填充砂土、裂隙两壁会产生风化，也会影响锚固效果。因此，锚固后裂隙灌浆填充的密实与否，是保证锚固作用的关键。但是，裂隙灌浆应在锚固之后并达到一定强度后进行，理由与上述相同。

裂缝灌浆的工艺程序是：① 先用模数为 3.8、浓度 5% PS 对裂缝口两侧喷洒渗透加固，然后用 7% PS 与遗址土调制的泥封闭裂缝并插入注浆管；② 较宽的裂隙注入适量 5% PS 以渗透加固裂隙两壁的风化面及裂隙中无法清除的砂土；③ 注浆；④ 待浆液完全凝固并达到一定强度后切割露出的注浆管；⑤ 用 3% PS 与遗址土调制的泥修复注浆口并作旧。文物本体的裂隙均应采用 PS - C 浆液进行注浆。较宽大的裂隙（裂隙宽 >10cm），用注浆机压力注浆，小裂隙用大型注射器人工注浆。究竟采用哪一种浆液，以施工设计要求而定。

交河故城崖体上有些裂隙宽达 50 - 100cm、深达约 20m，像这样宽深的裂隙应采取分期、分段、或分层的工艺方法进行灌浆，且待第一期注入的浆液凝固并达到一定强度后再进行第二、第三等、依次注浆。否则，短时间内一次性将大量浆液灌注到裂隙中，可能造成土体软化而崖体坍塌。另外，像这样宽深的裂隙灌浆时，可灌一层浆液，适量填充一层小土块，依次注浆。为保证灌浆的密实度，在裂隙上部注浆时不宜填充土块，因为这种注浆的主要目的是填充裂隙，防止雨水入渗对遗址造成破坏。

3 PS 加固土遗址的机制探讨

通过对 PS 处理前后的黏土试样的 X - 衍射分析、结晶度测定、扫描电镜和透射电镜分析等方法的测试研究，探讨 PS 加固土遗址的机制。

3.1　X 衍射分析

X 衍射分析采用日本理学 D/max – 2400 型 X – 衍射仪，分析经 PS 处理前后的遗址土。

3.2　扫描电镜分析

SEM 分析是在日本电子公司（TEOL）生产的 JSM – 5600LV 扫描电镜上进行。

3.3　透射电镜分析

TEM 分析是在日本电子公司生产的 JEM – 1200EX 透射电镜上进行。

3.4　结果讨论

对遗址土做 PS 处理前后的 XRD 分析（图 3、4），遗址土各晶态物质的 X 衍射峰强度明显下降，衍射谱图中出现了一个非晶态物质的弥散峰。这主要是由于 PS 材料固化后产生的二氧化硅与土粒胶凝形成一种非晶态的网状胶凝体所致。

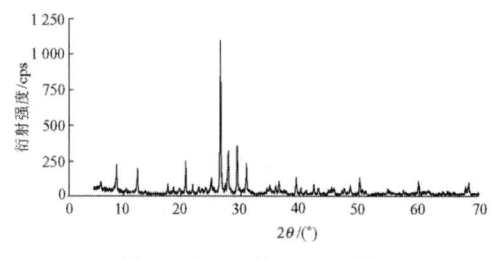
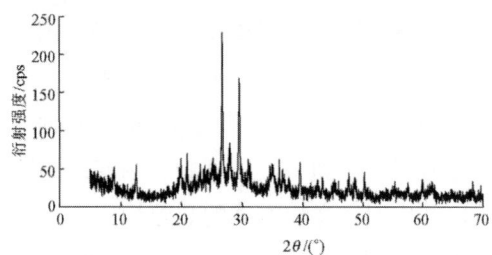

图 3　遗址土的 XRD 图谱　　　　　　　　图 4　PS 处理后的遗址土 XRD

从图 5、6 可以看出，黏土试样经 PS 处理前为层状、片状结构，各晶体之间相互分离、孔隙大，这种结构具有吸水性强、力学强度小的特点，是黏土矿物易于风化的内在原因。而经 PS 加固后，可看到黏土的片状结构消失，较大的孔隙也被充填，变为一种网状的致密结构。

从图 7、8 可以看出，黏土矿物的单晶呈规则的片状形态，电子衍射图也呈规则的六边形，说明是一个完好的单晶。经 PS 处理后，晶体形状发生了很大变化，电子衍射图证明黏土矿物已由纯粹的单晶变化为非晶化的混合晶体。

4　结　论

不同环境下土遗址的病害也不相同，丝绸之路土遗址的保存形式有两种：露天和

图 5　未经 PS 处理的遗址土
电镜照片（×5000）

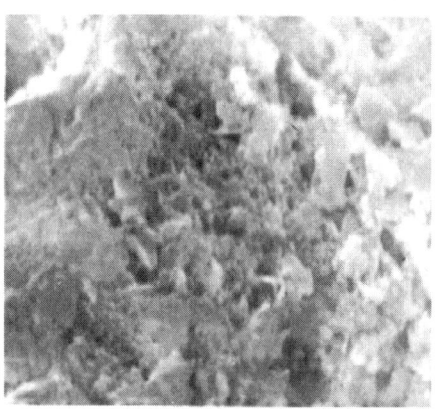

图 6　经 PS 处理后的遗址土
电镜照片（×5000）

图 7　未经 PS 处理遗址
土电子衍射图

图 8　经 PS 处理后的遗址
土电子衍射图

室内，露天土遗址的主要病害是风蚀、雨蚀和裂隙，室内土遗址的主要病害是污染、风化和裂隙。保护土遗址需要解决的主要问题是表面风化和坍塌。遗址土经 PS 处理后，改变了分离状、片状的晶态黏土矿物微观结构，形成了一种致密的非晶态网状凝胶结构，这种结构的变化大大提高了黏土力学强度、水稳定性和抗风化能力，采用 PS 加固土遗址表面风化是一种有效的方法。而对遗址的坍塌，可采用补缺、锚固和化学灌浆的方法处理。

参考文献

[1] 李最雄. 丝绸之路古遗址保护. 北京：科学出版社，2003.

[2] 李最雄，王旭东. 古代土建筑遗址保护加固研究的新进展. 敦煌研究，1997，（4）：167 - 172.

[3] 李最雄，张虎元，王旭东. 古代土建筑遗址的加固研究. 敦煌研究，1995，（3）：1 - 17.

[4] 李最雄，王旭东，张志军，等. 秦俑坑土遗址的加固试验. 敦煌研究，1998，（4）：151 - 158.

[5] 李最雄，王旭东，田琳. 交河故城土建筑遗址的加固试验. 敦煌研究，1997，（3）：171 - 181.

[6] 李最雄，王旭东，郝利民. 室内土建筑遗址的加固试验——半坡土建筑遗址的加固试验. 敦煌研究，1998，（4）：144 - 149.

[7] 王旭东，张鲁，李最雄，等. 银川西夏 3 号陵的现状及保护加固研究. 敦煌研究，2002，（4）：64 - 72.

[8] 内蒙古博物馆. 大窑遗址四道沟地层剖面“PS”材料保护加固试验报告. 内蒙古文物考古，2002，（1）：135 - 139.

[9] 杨涛，李最雄，谌文武. PS - F 灌浆材料的物理力学性能. 敦煌研究，2005，（4）：40 - 50.

[10] 王旭东. 中国西北干旱环境下石窟和土遗址保护加固研究 [博士学位论文]. 兰州：兰州大学，2003.

[11] 赵海英. 甘肃境内战国秦长城和汉长城保护研究 [博士学位论文]. 兰州：兰州大学，2005.

[12] 孙满利. 交河故城保护加固研究 [博士学位论文]. 兰州：兰州大学，2006.

[13] 孙满利，王旭东，李最雄，等. 交河故城瞭望台保护加固技术. 岩土力学，2007，28（1）：163 - 168.

[14] 郭青林，王旭东，李最雄，等. 敦煌阳关烽燧现状调查与保护研究. 敦煌研究，2007，（5）：63 - 67.

[15] 黄克忠. 岩土文物建筑的保护. 北京：中国建筑工业出版社，1998：111.

[16] 王银梅. 西北干旱区土建筑遗址加固概述. 工程地质学报，2003，11（2）：189 - 192.

[17] 赵海英，李最雄，韩文峰，等. 西北干旱区土遗址的主要病害及成因. 岩石力学与工程学报，2003，22（增2）：2875 - 2880.

[18] 孙满利，李最雄，王旭东. 交河故城的主要病害分析. 敦煌研究，2005，（5）：92 - 94.

[19] 秦俑坑土遗址保护课题组. 秦俑坑土遗址的研究与保护. 秦始皇兵马俑博物馆. 秦俑学研究. 西安：陕西人民教育出版社，1996：1388 - 1403.

[20] 解耀华. 交河故城的历史及保护修缮工程. 解耀华编. 交河故城保护与研究，乌鲁木齐：新疆人民出版社，1999：31 - 32.

[21] 张志军. 秦兵马俑文物保护研究. 西安：陕西人民教育出版社，1998：104 - 106.

[22] 孙满利，王旭东，李最雄，等. 交河故城的裂隙特征研究. 岩土工程学报，2007，29（4）：612 - 617.

Deterioration of Earthen Sites and Consolidation with PS Material along the Silk Road of China

LI Zuixiong[1,2], Zhao Linyi[1,2], Sun Manli[3]

(1. School of Civil Engineering and Mechanics, Lanzhou University, Lanzhou, Gansu 730000, China;

2. Dunhuang Academy China, Dunhuang, Gansu 736200, China;

3. School of Culture and Museology, Northwest University, Xi'an, Shaanxi 710069, China)

Abstract: The numerous earthen sites along the Silk Road of China have different environment condition, and their deteriorations are mainly divided into two types in terms of their locations: the unsheltered ones suffering from wind and rain erosion and crevasses, and the sheltered ones suffering from the pollution, efflorescence and crevasses. This paper studies the consolidation and conservation of the Jiaohe Ruins in Turpan, analyzing the earthen samples taken before and after consolidation with PS materials by X-ray diffractometer, measuring the degrees of crystallization and testing them with scanning electron microscopy and transmission electron microscopy. This paper also discusses the mechanism of the earthen sites consolidated with PS materials, and puts forward the following conservation methods: chemical consolidation method against wind and rain erosion to earthen sites with PS as the consolidating materials, consolidation method combining bamboo-steel composite anchor and crevasses grouting for dangerous soil masses, and consolidation method associating back-filling and patching-up for the eroded parts of the earthen sites. These consolidation methods provide a key to the main problem of the arid earthen sites basically, and are practicable and applicable.

Key Words: soil mechanics, earthen sites, deterioration, conservation, reinforcement

（原载于《岩石力学与工程学报》2009，第 28 卷第 5 期）

多元层状陡立土质边坡差异性风蚀效应研究

崔　凯[1,2]，谌文武[1,2]*，韩文峰[1,3]，梁收运[1,2]，张景科[1,2]

(1. 兰州大学西部灾害与环境力学教育部重点实验室，兰州，730000；

2. 兰州大学土木工程与力学学院，兰州，730000；

3. 天津城市建设学院，天津，430081)

内容摘要： 风蚀是影响我国干旱地区土质边坡稳定的重要因素之一，尤其对由抗风蚀能力强弱不同的土层共同组合形成的多元层状土质边坡而引起的差异性风蚀效应最为显著，而目前对于其影响因素和机制研究是非常有限的。因而选取我国干旱多风的吐鲁番交河故城台地的多元层状陡立边坡为典型实例，基于风蚀而诱发的变形破坏提出多元层状土质边坡差异性风蚀效应的概念，并运用野外调查、取样、颗粒分析实验、微结构分析实验、风洞实验等手段揭示了风的类型、挟沙风的风速、土的颗粒组成、微观结构等因素为其主控因素；并进一步结合工程地质学和经典力学理论进行分析，提出了由其导致的边坡变形破坏演化机制，为防治和监测此类边坡的变形破坏提出一些有益的参考。

关键词： 多元层状　土质边坡　差异性风蚀效应　研究

0　引　言

高陡土质边坡的变形破坏是一个受多因素作用控制的复杂过程，有边坡地貌形态、岩土类型与特性等内因，也有降雨、蒸发、地震以及人类工程活动等外因。各因素对边坡的影响程度决定着边坡的演化机制与破坏模式[1-4]，对其影响因素进行分析与研究对于高陡边坡治理、监测和稳定性分析有着重要的意义。目前许多学者对影响土质边坡的变形破坏的外因（诱发因素）的研究多集中于水库、地震、人类工程活动、降雨以及蒸发等方面[5-9]；而对于干旱多风地区的风这一土质边坡变形破坏的主要诱发因素尚未做过深入的研究。风作为干旱地区的主要地质外营力之一[10]，在土质边坡的演化过程中的作用表现在风化与风蚀两个方面，而其中尤以风蚀作用较为显著。边坡差异性风蚀效应作为风蚀作用的重要表现形式，涉及到边坡、风以及两者之间的相互作用等研究内容，是一个较为复杂而新颖的研究方向，因此，非常有必要对边坡差异性风蚀效应进行研究。

　　本文以我国吐鲁番地区交河故城由牛轭湖相沉积物构成的多元层状陡立边坡存在的差异性风蚀效应为例，在野外调查和室内研究的基础上，通过室内风洞、颗粒分析、微结构分析、化学分析等方法初步阐释了差异性风蚀效应的影响因素，并提出了与之相关的边坡演化机制。

1　边坡差异性风蚀效应概念的提出

　　研究区位于吐鲁番市雅尔乃孜沟两条河之间，由于地质历史时期内的河流的均夷化和去均夷化的反复作用，形成了高出地表约 30m，长约 1650m，四面临空、四壁陡峭的柳叶形台地。台地土体中的粉土、粉质粘土、粘土、砂土呈近水平层分布，其中有黑色中砂层和青灰色细砂层呈层状不连续分布，形成了具有多元层状结构的陡立土质边坡。吐鲁番市属典型的大陆性暖

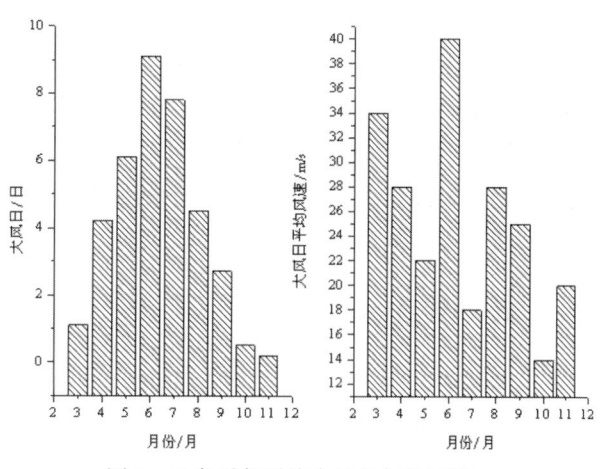

图 1　吐鲁番年平均大风日与风速图

温带干旱荒漠气候，根据近 50a（1951 - 2002 年）的气象资料统计表明：8 - 10 级大风年平均为 36.2 天，最大风速可达 40m/s（图 1），且时常伴有沙暴天气发生，风向以西北风为主[11]。台地在长期的风蚀作用下，由黑色中砂和上覆黄色粉质粘土以及下伏黄色粉土组成的土层组合和由青色细砂和上覆灰白色粉质粘土以及下伏青灰色粉土组成的土层组合中的砂层部位出现了规模不等的风蚀凹槽（图 2），并且部分已经发生了变形破坏（图 3）。由此而引出了干旱多风地区层状陡立土质边坡中由具有抗风蚀能力强弱不同的土层共存而引起的在相同时间尺度内的风蚀量差异造成的坡体中形成空腔以及由空腔规模增大而引起的边坡变形破坏效应这一概念，即多元层状陡立土质边坡差异性风蚀效应。

2　边坡差异性风蚀效应的影响因素

　　国内外学者对于风蚀的影响因素做了大量的科学研究[12 - 15]，认为土壤结构、土壤砂通流量、风速、风的类型等为其主要影响因素；但是对于差异性风蚀的影响因素尚

图 2　台地边坡中的风蚀凹槽　　　　　　　图 3　差异性风蚀引起的边坡土体破坏

未开展研究工作。因此，本研究对交河故城边坡由中砂和上覆粉土以下伏粉质粘土组成以及由细砂和上覆粉质粘土以及下伏粉土组成的两种土层组合所采的原状土样，采用室内风洞、颗粒分析、微结构分析、化学分析等实验手段对其进行了研究，揭示了风的类型、风速、土的颗粒组成、土的微结构特征以及化学成分对多元层状土质边坡差异性风蚀效应的影响。

2.1　风的类型的影响

实验选取吐鲁番常见大风风速 18m/s 的挟沙风和净风对由上述两种组合中土制成的 $7 \times 7 \times 7 cm^3$ 的立方体原状土样试块进行 300s、600s、900s 连续吹蚀，进行对比研究。实验在西部灾害与环境力学教育部重点试验室的直流下吹式多功能风洞中进行，该装置全长 85m，洞体长 55m，实验段长 20m，实验段截面积 $1.3 \times 1.45 m^2$，风速由 4m/s 至 40m/s 连续可调。

实验结果显示风速≤18m/s 的净风对保持自然土体结构的土基本不产生风蚀（图 4a），只有挟沙风才产生风蚀（图 4b），这与文献［15］的研究成果基本一致。同时结果还显示在挟沙风的吹蚀条件下两层砂层与上、下覆土层的风蚀量的差值比净风条件下的风蚀量的差值高出两个数量级。这个结果表明挟沙风中携带的砂粒对土层的机械的撞击和磨蚀作用对多元层状土质边坡差异性风蚀效应的产生和发展是至关重要的，从而体现了挟沙风对其产生的显著影响，也再次映证了吐鲁番地区这种"风起沙至"的干旱荒漠地区典型的气候特征。

2.2　风速的影响

实验分别选取 28m/s、30m/s、40m/s 的风速的挟沙风对 $7 \times 7 \times 7 cm^3$ 立方体原状土样品进行 900s 连续吹蚀，测得各样品在不同风速、相同吹蚀时间后的风蚀量。结果显示黑色中砂、青灰色细砂与上覆、下伏土层的风蚀量的差值随风速增大而迅速增长；

两组砂层的风蚀速率也较上覆、下伏土层明显偏高（图5）。这个结果表明挟沙风的风速越大，风中携带的砂粒越多，砂粒的机械动能越高，对土层的撞击和磨蚀效果就越显著；从而反映了挟沙风的风速对多元层状土质边坡差异性风蚀效应的突出影响。

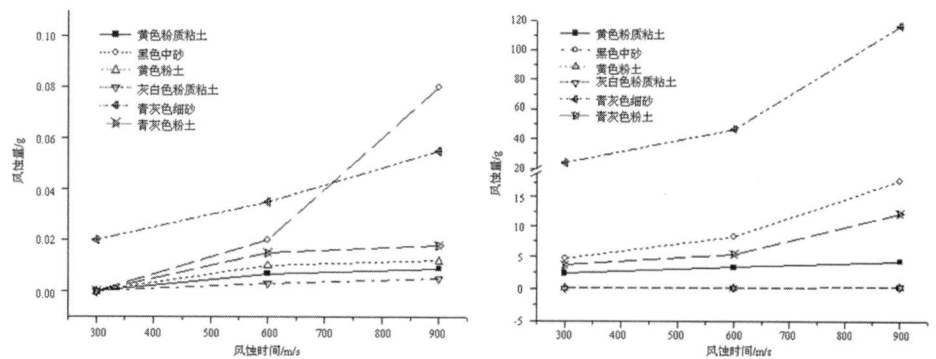

图4　两组组合土在相同风速净风和挟砂风吹蚀条件下风蚀量与吹蚀时间的关系

2.3　土的颗粒组成的影响

土的粒度成分不同，抗风蚀能力也表现出明显的差异性。根据有关学者对可风蚀土粒的粒径分布区间的研究[16-18]，认为土的易风蚀粒度区间位于 0.5 - 0.075mm 之间，而粒径大于 0.5mm 和小于 0.075mm 的颗粒是不易被风蚀的。颗粒分析实验显示两种组合中土的易风蚀颗粒含量存在较大的差异（表1）。三种风速的挟沙风连续吹蚀900s 的实验结果显示：在风速一定的条件下，风蚀量随易风蚀颗粒含量的增长呈现增长的趋势；在不同风速的条件下，易风蚀颗粒含量高的土风蚀速率的变化最为显著（图6）。土颗粒作为土的基本骨架组成，易风蚀颗粒在其组成中所占的比率基本上决定了土风蚀量的大小，因此，土的颗粒组成作为主要的内因条件为多元层状土质边坡差异性风蚀效应奠定了基础。

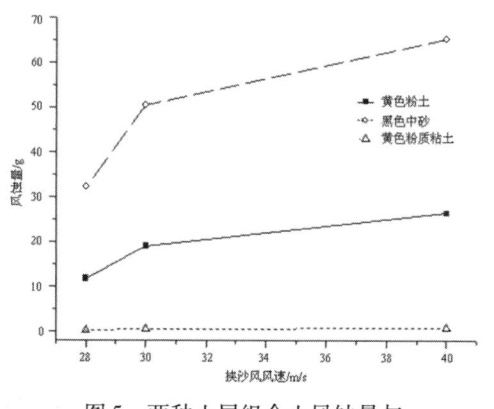

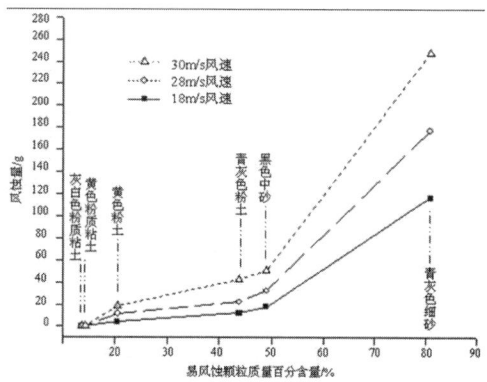

图5　两种土层组合土风蚀量与　　　　图6　不同风速条件土的风蚀量与易风蚀
　　　风速的变化关系　　　　　　　　　　　颗粒含量的关系

表 1　两种土体组合的易风蚀颗粒含量

土体组合	土的名称	易风蚀颗粒含量%
组合一	黄色粉土	20.46
	黑色中砂	48.9
	黄色粉质粘土	14.37
组合二	灰白色粉质粘土	13.64
	青色细砂	80.97
	青色粉土	43.84

2.4　土的微观结构的影响

土的微观结构能够反应土颗粒的大小、形状、表面特征，颗粒之间的连结方式及排列方式等[19-22]。根据土中基本结构单元间的相互排列特征分类标准[23]，以扫描电镜图像（SEM）为基础，对两种组合土进行微结构进行分类，结果显示砂层的松散结构具有粒间基本无连接力、孔隙较大的特征；而粉质粘土的胶结结构则具有结构单元主要为单粒体和团粒体，孔隙封闭、粒间连接紧密的特征（图 7）。不同微结构类型的土具有不同的土粒单元体类型、粒间连接力等指标的差异，这种差异必然导致土对挟沙风中砂粒撞击和磨蚀能力作用抵抗能力的差异，因而另一个土的内因方面为多元层状土质边坡差异性风蚀效应的产生提供了依据。

2.5　土的化学成分的影响

通过 X 射线能谱（EDX）测定了两种组合土中各元素百分含量并计算得出其氧化物的百分含量，得出 CaO、SiO_2 的百分含量的差异比其他氧化物明显。而在固定风速连续吹蚀 900s 条件下的风洞结果表明：在风速一定的条件下，风蚀量随 CaO 的质量百分含量增长呈现减少的趋势；在不同风速的条件下，CaO 的质量百分含量低的土风蚀速率的变化较为显著（图 8）。同时，在风速一定的条件下，风蚀量随 SiO_2 的质量百分含量增长呈现增大的趋势；在不同风速的条件下，SiO_2 的质量百分含量高的土的风蚀速率的变化较为显著（图 9）。这个结果同时也表明：作为胶结物质的 CaO 对多元层状边坡差异性风蚀效应起抑制作用，做为砂粒主要组分的 SiO_2 对其起促进作用。

3　差异性风蚀效应与边坡演化机制

边坡的演化机制揭示边坡从孕育、发展直至消亡的全过程，不同类型的边坡具有不同的演化机制，然而由差异性风蚀效应导致的多元层状陡立边坡演化机制较为特殊，可根据受力机制的差异归纳概括为以下两种：凹进拉裂机制和凹进压致拉裂机制。

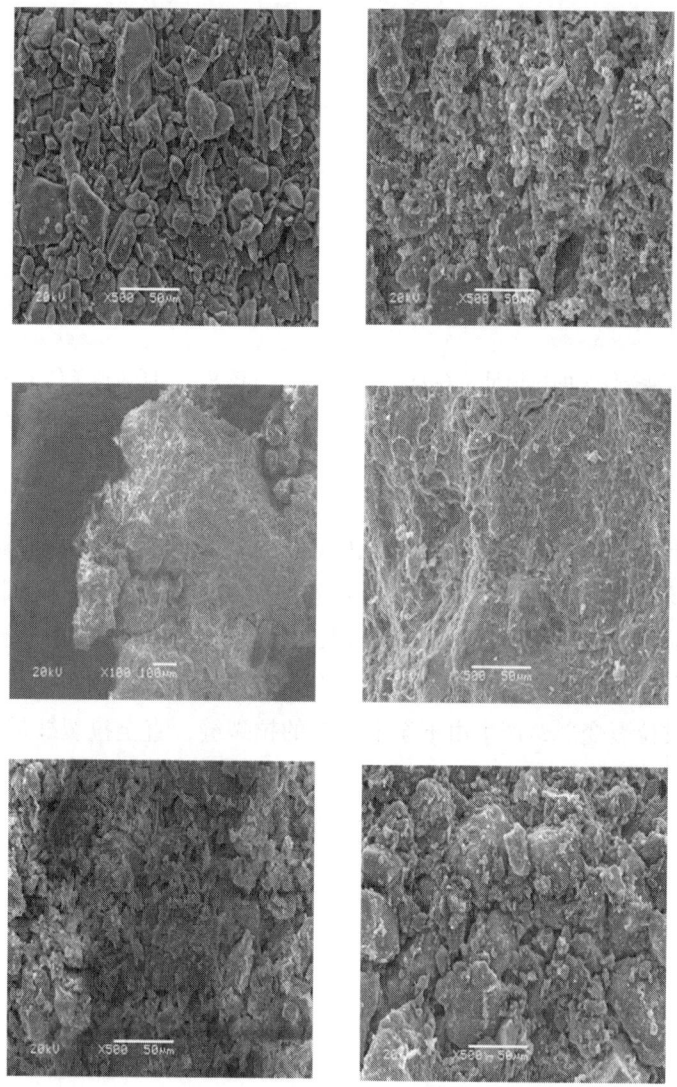

图 7　两种土体组合土的微结构结构分类

3.1　凹进拉裂机制

在第一种土层组合中，由于粉质粘土层、中粗砂层以及粉土层抗风蚀能力的差异，在相同地区的风场条件下产生显著的差异风化效应，在强、弱土层交界部位形成向坡体内凹的空腔；随着差异风化效应的继续作用，空腔的凹进深度不断增长，其上覆土层逐渐失去下部支撑，在自身重力的作用下，其后缘出现拉应力集中并产生由上至下发育的拉裂缝，直至后缘拉裂缝贯通，发生破坏。可依次分为差异风化阶段（砂层空腔形成阶段）、拉裂缝产生阶段、拉裂缝发展阶段、完全破坏阶段（图10）。

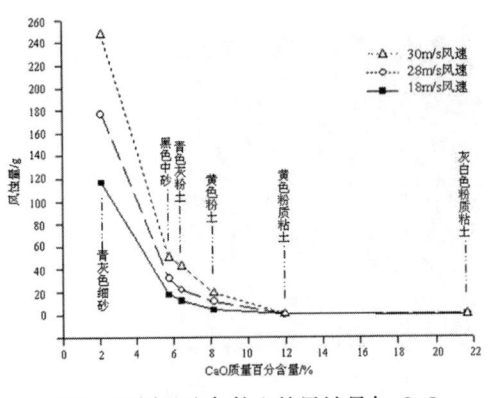

图8　不同风速条件土的风蚀量与 CaO
　　　质量百分含量的关系

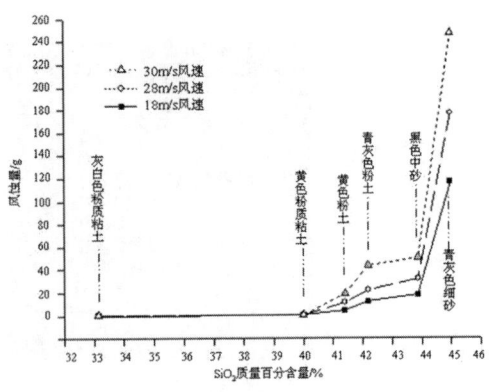

图9　不同风速条件土的风蚀量与
　　　SiO₂质量百分含量的关系

3.2　凹进压致拉裂机制

在第二种土体组合中，由于粉质粘土层、砂层以及粉土层抗风蚀能力的差异，在相同地区的风场条件下产生显著的差异风化效应，在强、弱土层交界部位形成向坡体内凹的空腔；随着差异风化效应的继续作用，砂层空腔的凹进深度不断增长，并且由于这种土层组合都出现在边坡底部，在上覆边坡土体的重力作用下，砂层上覆土层后缘缓慢发生压致拉裂变形，产生由下至上发育的拉裂缝，直至拉裂缝贯通到层面顶部，发生滑塌破坏。可依次分为差异风化阶段（砂层空腔形成阶段）、拉裂缝产生阶旱多风地区的风这一个土质边坡变形破坏的主要诱发段、拉裂缝发展阶段、滑落破坏阶段（图11）。

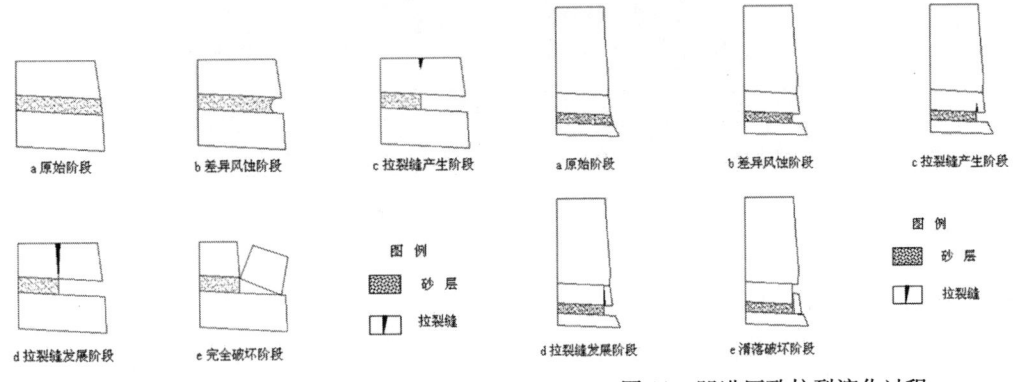

　　　图10　凹进拉裂演化过程　　　　　　　　　图11　凹进压致拉裂演化过程

4　结　论

（1）多元层状陡立土质边坡差异性风蚀效应形成的两个充分必要条件是：①干旱

地区多大风的气候特征，②层状土质边坡中有抗风蚀能力强弱之分的土层共存。

（2）风速＜18m/s 的净风对本文中两种土层组合中的土基本不产生风蚀；而挟沙风对多元层状土质边坡差异性风蚀效应的产生和发展有着显著的影响，表现为挟沙风的风速越大，其作用效果就越显著。

（3）边坡土层组合中土的易风蚀颗粒含量、微结构类型、CaO 和 SiO_2 的百分含量的差异从本质上决定了多元层状土质边坡差异性风蚀效应的产生和发展，表现为土层组合中土的易风蚀颗粒含量的差值越大，土风蚀量的差值越大；土的微结构类型的抗风蚀能力由胶结结构—骨架状结构—松散结构依次减弱；CaO 对多元层状土质边坡差异性风蚀效应起抑制作用，SiO_2 对其起推动作用。

（4）由差异性风蚀效应导致的多元层状陡立边坡演化机制可根据受力机制和变形演化的差异大致归纳概括为凹进拉裂机制和凹进压致拉裂机制。

参考文献

[1] 张悼元，王士天，王兰生. 工程地质分析原理（第二版）. 北京：地质出版社，1994. 321 – 338.

[2] 徐邦栋. 滑坡分析与防治. 北京：中国铁道出版社，2001.

[3] 王恭先，徐峻龄，刘光代，等. 滑坡学与滑坡防治技术. 北京：中国铁道出版社，2004.

[4] 陈祖煜. 土质边坡稳定分析的原理. 方法. 程序. 北京：中国水利水电出版社，2004.

[5] 薄景山，徐国栋，景立平. 土边坡地震反应及其动力稳定性分析. 地震工程与工程振动 2001，21（2）：116 – 120.

[6] 高小育，廖红建，丁春华. 渗流对土质边坡稳定性的影响. 岩土力学，2004，25（1）：69 – 72.

[7] 张林，林从谋. 爆破震动对土质边坡动力稳定性影响研究. 岩土力学，2005，26（9）：1549 – 1501.

[8] 魏宁，茜平一，傅旭东. 降雨和蒸发对土质边坡稳定性的影响. 岩土力学，2006，27（5）：778 – 786.

[9] 曹军义，展辰辉，王改山. 土质高边坡稳定因素的敏感性分析. 岩石力学与工程学报，2005，24（2）：5350 – 5354.

[10] 吴正. 风沙地貌与治沙工程学. 北京：科学出版社，2003.

[11] 王秋香，李红军. 新疆近 20 年风灾研究. 中国沙漠，2003，23（5）：545 – 548.

[12] Chepil W S. Dynamics of Wind Erosion：Initiation of Soil Movement by Wind：Soil Structure. Soil Science，1952，75：473 – 483.

[13] 刘玉璋，董光荣，李长治. 影响土壤风蚀主要因素的风洞实验研究. 中国沙漠，1992，12（4）：41 – 49.

[14] 邹学勇，刘玉璋，吴丹，等. 若干特殊地表风蚀的风洞实验研究. 地理研究，1994，13（2）：41 – 48.

[15] 移小勇，赵哈林，张铜会等. 挟沙风对土壤风蚀的影响研究. 水土保持学报，2005，19（3）：58 – 61.

［16］Chepil W S. Properties of Soil Which Influence Wind Erosion. Soil Sci：1950 – 1951，69 – 70

［17］董治宝，陈广庭．内蒙古后山地区土壤风蚀问题初论．土壤侵蚀与水土保持学报，1997，3（2）：81 – 90.

［18］马月存，陈源泉，隋鹏，等．土壤风蚀影响因子与防治技术．生态学杂志，2006，25（11）：1390 – 1394.

［19］刘熙媛，窦远明，闫澍旺，等．基于分形理论的土体微观结构研究．建筑科学，2005，21（5）：21 – 26.

［20］谭罗荣，张梅英，邵梧敏，等．灾害膨胀土的微观结构特征及其工程性质．岩土工程学报，1994，16（2）：48 – 57.

［21］高国瑞．黄土显微结构分类与湿陷性．中国科学 A 辑，1980，12（03）：1203 – 1208.

［22］张永双，曲永新．陕北晋西砂黄土的胶结物与胶结作用研究．工程地质学报，2006，13（1）：18 – 27.

［23］谭罗荣，孔令伟．特殊岩土工程土质学．科学出版社，北京，2006：57 – 60.

Study on Effects of Differences Wind Erosion for Multivariate Layered Steep Soil Slope

Cui Kai[1,2], Chen Wenwu [1,2], Han Wenfeng [1,3]

Liang Shouyun [1,2], Zhang Jinke [1,2*],

(1. Key laboratory of mechanics on disaster and environment in western China,
Ministry of education, Lanzhou 730000;

2. School of civil engineering and mechanics, Lanzhou university, Lanzhou 73000;

3. Tianjin institute of urban construction, Tianjin 300384)

Abstract：Wind erosion is one of the important factors on the impact of soil slope stability in arid region, particularly; it is the most obvious different wind erosion to the soil slope which is made up with different soils that has various abilities to resist wind erosion. However, it is very limited to study its influencing factors and mechanism. Therefore, the more typical example is the deformation and destroy of the multivariate layered steep soil slope by wind erosion in the Jiaohe ancient city mesa in Turpan which is located in arid and windy in our country according to the concept of different wind erosion effect, which is put forward the multi – element layered soil slope on the basis of the deformation and destroy of wind erosion and some methods, such as the field survey, sampling, the grain size analysis experiment, micro – structural analysis and wind tunnel test in the laboratory are applied to reveal the main control factors of the differences in wind erosion effect for soil slope, such as the type of wind, the sediment – carrying wind speed, soil grain composition, micro – structure. Moreover making the farther analysis of combining the engineering geology and the theory of classical mechanics, putting forward the deformation and destroy evolutionary mechanisms of the slope by differences in wind erosion effect and making some useful references for the controlling and monitoring the deformation and destroy of such slope.

Key Words：multi – element layered, soil slope, differential wind erosion, study

（原载于《岩土工程学报》，2009 年，第 9 期）

土建筑遗址表部结皮与剥离

张虎元[1]，刘　平[1]，王锦芳[2]，严耿升[1]，王旭东[3]

(1. 兰州大学西部灾害与环境力学教育部重点实验室，兰州 73000；
2. 兰州大学资源环境学院，兰州 730000；3. 敦煌研究院，敦煌 736200)

内容摘要：以交河故城土遗址为原型，通过现场调查、取样和室内试验，研究了土质文物表层结皮的物理化学性质。粒度分析、粉晶 X 射线衍射分析、易溶盐离子色谱分析表明，结皮层与下伏母墙相比，粒度偏细，易溶盐含量偏低；红外摄像测温发现，结皮层升温、降温幅度更大。研究指出，土建筑遗址结皮层的形成初期对增强土遗址抗风化能力起到一定作用，但随后在温湿度、盐分以及风蚀影响下发生剥离，加速土遗址的风化进程。

关键词：表部结皮　粒度分析　风化　红外热像仪

0　引　言

　　西北干旱半干旱地区，沿丝绸之路分布着大量古代生土建筑遗址。这些土遗址在长期的风化作用下，遭受不同程度的破坏。在风化作用的众多影响因素中，雨蚀对土遗址的破坏作用还缺乏深入的研究。西北地区虽年降雨量小，但降雨集中，且强度大。降雨在对土质文物进行溅蚀和冲蚀的同时，又在文物表面形成一定厚度的结皮层。该结皮层的密度、颗粒组成、盐分含量、酸碱度等已经发生变化，在温湿度变化条件下，表现出与原墙体材料不同的热力学特性，逐渐从文物表面剥离、脱落，即发生所谓的剥离病害。

　　结皮层剥离是土遗址表部风化的一种形式。土遗址表部风化研究国内外相关研究成果报道很少，但国外对石质类文物表部风化问题研究已经接近成熟并向微观结构研究发展。相关研究指出，温度和盐类的参与对岩土质文物表部风化起到关键作用[1-6]。土壤学中对土壤结皮理化性质及其成因机制进行了深入的研究和探讨[7-10]，但土质文物表部结皮与土壤结皮存在一定的差异性，两者在成因、结构、性质等方面并不相同。本论文以新疆交河故城土遗址为研究对象，试验分析和研究结皮的物理、化学特征及其成因，揭示结皮剥离的机制，为土质文物保护加固提供依据。

1 取样与测试

交河故城土遗址位于新疆吐鲁番市以西 10km，坐落在由河流深切而形成的高达 30m 的柳叶形台地上，是目前世界上保存相对完好的土遗址之一。交河故城所在地属大陆性暖温带干旱荒漠气候，年降水量为 16.2mm，但历史上多次出现过 40 – 50mm 的大暴雨，据相关气象资料，建国以来 40mm 以上的大雨也出现过数次。该区温差极大，记录的最大日温差 21.9°C（1994 年 7 月），地面最大温差则达到 44.5°C[11]。工程钻探查明，遗址所在地层为冲湖积地层，以粉土、粉质粘土和粉细砂互层为主。

交河故城土遗址建筑材料可划分为三大类别：生土、夯土和垛泥。本次研究对三种典型材料进行了取样。剖面 C 是大佛寺东侧的一处墙体（图 1），其上部为垛泥，下部为天然生土。剖面 D 是塔林区 B20 小塔（图 2），由夯填土构成。为揭示试样垂直墙面方向的变化，每一取样点又分为三层（参见图 3），由墙体表面向里依次是：表层结皮样（表层）、结皮下部疏松层样（深度 1 – 2cm）和内部墙体土样（深度 3 – 5cm），分别在原有取样编号后以 1、2、3 加以区别（参见表 1、表 2 和表 3）。

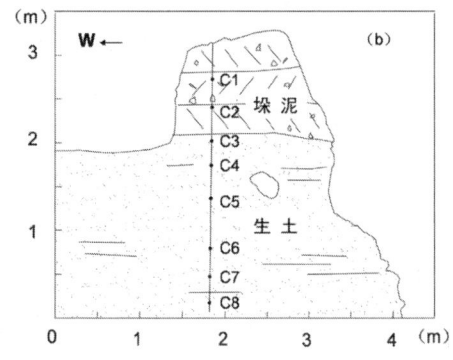

图 1　C 剖面取样位置（a）及试样编号（b）

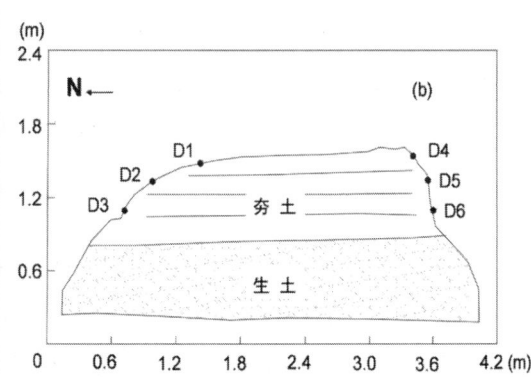

图 2　D 剖面取样位置（a）及试样编号（b）

出于文物保护的特殊需要，试验选用精度高且用样量较少的测试仪进行分析和测量。颗分试验采用 Mastersizer 2000 全自动激光粒度仪，土中易溶盐离子浓度测试采用 ICS－2500 离子色谱仪，矿物成分测试采用 X'Pert Pro MPD 型粉末 X 射线衍射仪。易溶盐含量测试按照《土工试验方法标准》（GB/T50123－1999）进行。墙体表面温度监测采用 IR928＋型非制冷焦平面红外热像仪，墙体内部温度测量采用 DNP 系列感温探头和数字温度计。

2　结果与分析

2.1　结皮层表观特征及空间分布规律

2.1.1　外部形态特征

据现场调查，绝大部分遗址墙体表部均发育结皮层，部分结皮层已剥离脱落，部分结皮层边缘卷曲翘起。结皮层一般发育在墙体最表部，肉眼观察厚度一般 0.1－1.5cm 之间；其下为疏松层，厚度为 0.3－0.8cm；疏松层之下即为母墙。图 3 为结皮层与墙体关系示意图。

土遗址表部结皮层从外观形态上可划分为三种主要类型。Ⅰ型结皮层：基本连续，受细小裂缝切割，大部分仍覆着在墙体表面（图 4）；Ⅱ型结皮层：部分剥离并脱落，外部轮廓逐渐呈次棱角发育，与墙体部分接触（图 5）；Ⅲ型结皮层：由无数细小结皮组成，结皮边缘卷曲翘起，与墙体部分接触（图 6）。

分析认为，Ⅰ型结皮是剥离病害发育的初期阶段，Ⅱ型结皮则是剥离病害发育较为严重的阶段，Ⅲ型结皮是在早期结皮完全剥落后新形成的结皮。

不同建筑类型的土遗址墙体，表面结皮形态及厚度表现出一定的差异。夯土墙表部结皮层厚度最大，一般为 0.8－1.5cm，如金刚塔、塔林小塔表部。生土墙结皮层厚度次之，一般为 0.3－1.0cm。垛泥墙表部结皮层厚度相对前两者要小，厚度一般＜0.5cm。经测试，夯土的天然孔隙比最大，其次是生土，垛泥的最小，分别为 0.613、0.600 和 0.563。在相同降雨条件下，降雨入渗深度与孔隙比成正比。据此推测，入渗深度在一定程度上决定了结皮层最初形成的厚度。

2.1.2　分布规律

据调查，交河故城土遗址大部分墙体表部结皮均有不同程度的剥离病害发育。位于风口处墙体或墙体的迎风面由于遭受较大的挟沙风吹蚀，表部一般呈现典型的风蚀外观形貌，结皮剥离病害发育不明显。处于墙体的背风面部位，剥离病害发育较为显著。

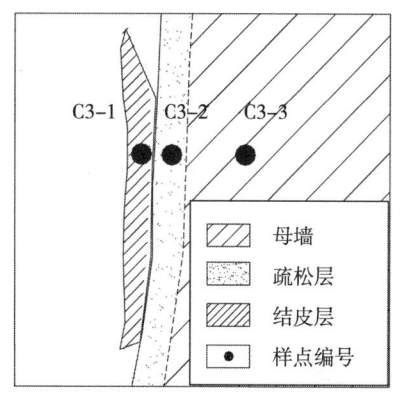

图3 墙体表面结皮层断面特征示意图

图4 I型结皮外观特征

图5 II型结皮外观特征

图6 III型结皮外观特征

结皮层剥离程度分布与墙面朝向有关。调查发现，结皮层剥离程度在墙体西侧和南侧较为严重，北侧和东侧则相对较轻。说明受阳光照射时间长，表面温差变化剧烈的墙面，结皮剥离严重。在墙体的不同高程上，墙基至80cm高度范围内结皮层基本剥落殆尽；80－200cm范围内结皮层部分剥落，随着高度的增加，剥落程度有所减轻；200cm以上剥离层一般大部分覆着在墙体上。由此推断，随着高度的增加，毛细上升引起的水盐迁移对结皮剥离的影响有所减轻。

2.2 颗粒分析结果

颗分试验结果按粒组合并（表1）后发现，遗址土颗粒组成以粉粒和粘粒为主，砂粒含量较小。结皮层中粘粒含量一般大于疏松层和下伏母墙，粉粒含量一般差别不大，而疏松层中砂粒含量一般大于结皮层和下伏母墙。

为了更为精确地反映不同粒径颗粒的含量，激光粒度仪测定结果采用粒度频率及下累计粒度曲线（如图7－11）表示。从曲线图中可以清晰地看出，结皮层中粒径＜0.02mm颗粒含量一般大于疏松层和母墙中对应颗粒含量，而疏松层中粒径＞0.04mm

颗粒含量一般较大。

　　颗粒比表面积测试结果表明（见表1），结皮层中土颗粒比表面积较疏松层和母墙大。这从另一角度证实了结皮层土颗粒粒径偏小的规律。对比夯土、生土和垛泥试样发现，三者土颗粒比表面积依次增加，说明粒径依次减小。这可能与古代夯填及垛泥施工时适当的筛选有关。C剖面墙基处C8点土颗粒比表面积最小，沿高度向上，试样中土颗粒比表面积逐渐增大。说明下部毛细水迁移引起的盐分重结晶，有使颗粒粒径变粗的趋势。

表1　试样颗粒分析试验结果

样号	砂粒（2-0.075mm）	粉粒（0.075-0.005mm）	粘粒（<0.005mm）	比表面积（m²/g）
	百分含量（%）			
C2-1	2.98	62.64	34.38	1.52
C2-2	10.39	60.20	29.41	1.28
C2-3	4.35	63.70	31.96	1.45
C5-1	4.81	63.84	31.35	1.48
C5-2	10.01	65.15	24.84	1.15
C5-3	11.83	64.31	23.86	1.11
C8-1	10.25	70.33	19.42	0.93
C8-2	16.74	69.82	13.44	0.72
C8-3	11.51	72.75	15.74	0.85
D2-1	10.39	63.61	26.00	1.17
D2-2	13.56	64.68	21.76	0.03
D2-3	11.66	64.81	23.53	1.13
D3-1	11.67	61.76	26.57	1.28
D3-2	13.77	61.14	25.09	1.17
D3-3	14.96	61.79	23.23	1.08

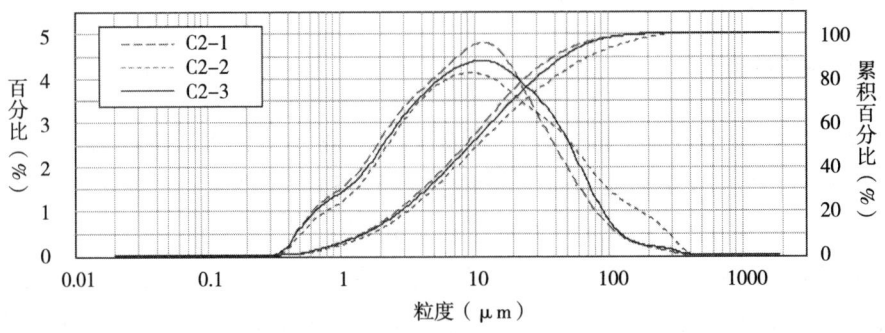

图7　C2点不同深度粒度频率和下累积粒度曲线

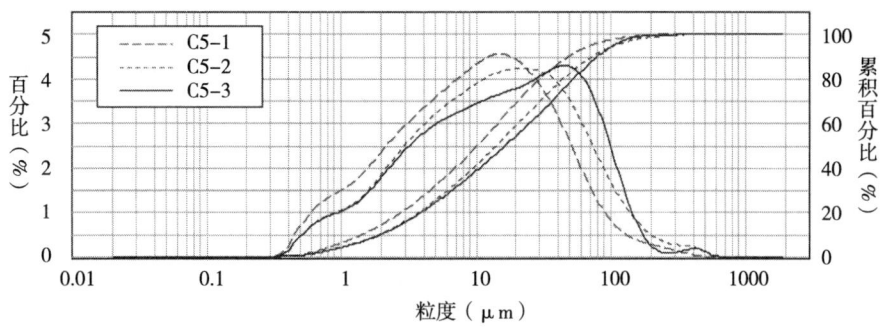

图 8　C5 点不同深度粒度频率和下累积粒度曲线

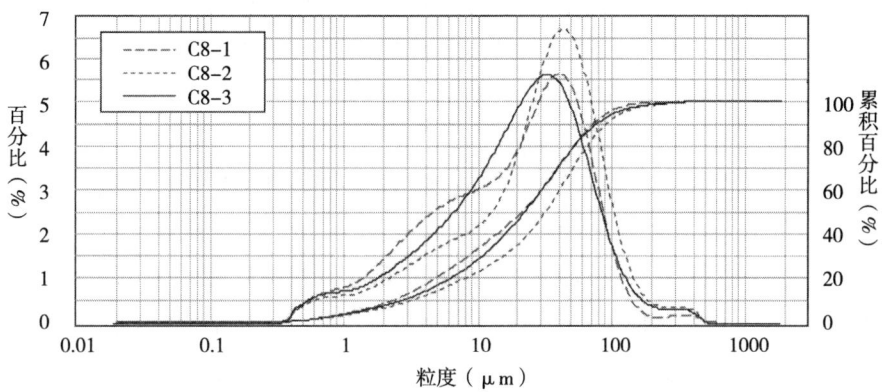

图 9　C8 点不同深度粒度频率和下累积粒度曲线

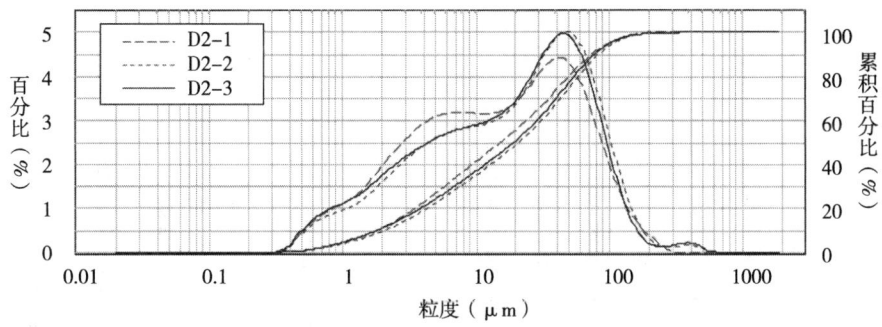

图 10　D2 点不同深度粒度频率和下累积粒度曲线

2.3　易溶盐化学分析结果

2.3.1　全盐量

交河故城台地生土的易溶盐含量一般 <0.7%，而本次遗址墙体土易溶盐测试结果（见图 12、13）表明，遗址墙体土含盐量较大，盐分含量一般大于 2%，有些墙体部位

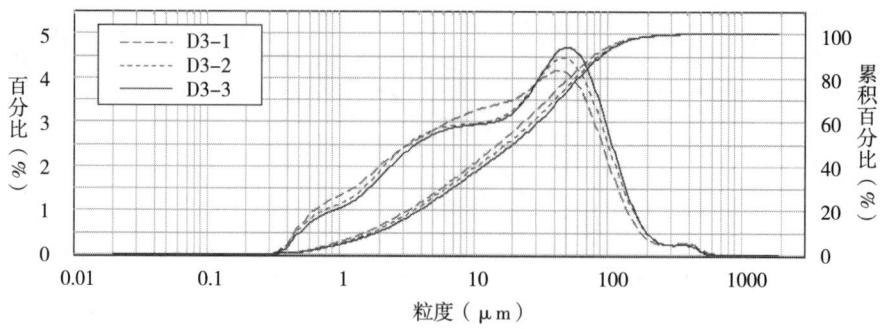

图 11　D3 点不同深度粒度频率和下累积粒度曲线

盐分含量甚至达到 6%，说明盐分在墙体中的聚集作用相当显著。试验结果表明，一般情况下遗址表层结皮盐分含量最小，其次是疏松层，而墙体盐分含量相对较高。由此推断，表层结皮的形成并不是由盐分表聚造成的板结。这和土壤层表面结皮的积盐效应有很大的区别。

土遗址不同高程盐分含量也存在差异。图 12 表明，在 C3 - C8 所在的生土墙高度范围内，墙基处的 C8 点盐分含量偏大，紧靠墙基上部的 C7 点盐分含量较小，但随着高度的增加，盐分含量又开始逐渐增大，C 剖面盐分在高度距墙基 198cm 处（即 C3 点）达到最大，这可能与墙体土毛细水上升高度有关[14]。D 剖面总高度为 140cm，盐分含量从底部向上至顶部一直呈现增大趋势。D 剖面盐分的这种随高度增大趋势，南侧较北侧表现得更为突出。

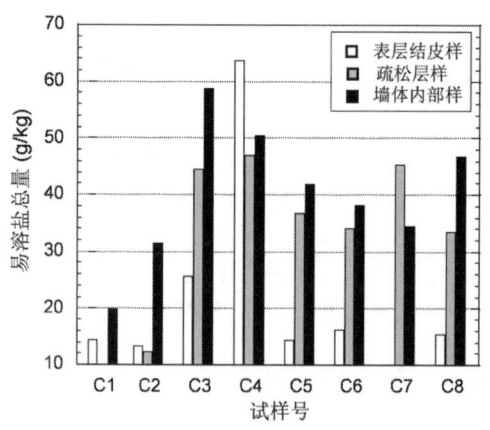

图 12　C 剖面各点不同深度盐分含量柱图

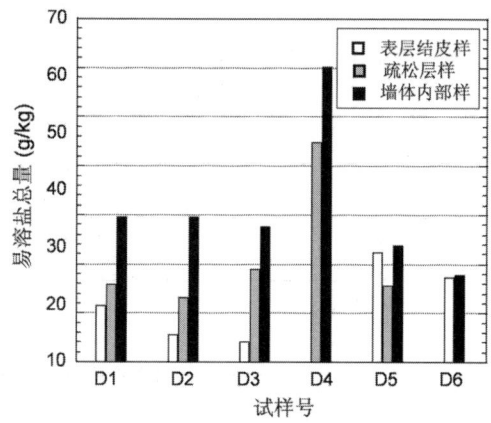

图 13　D 剖面各点不同深度盐分含量柱图

2.3.2　离子浓度

土中易溶盐离子浓度测试结果与溶液电导率测试结果呈明显的正相关（见表 2），证明化学分析结果是系统可靠的。总体来看，结皮层中各离子浓度一般小于墙体土，这与全盐量测试结果相吻合。土溶液中各离子浓度，阴离子一般是 NO_3^- 浓度较高，浓度最高可达 4718mg/L，其次是 Cl^- 和 SO_4^{2-}；阳离子中 Ca^{2+} 和 Na^+ 浓度较高，而 K^+ 和 Mg^{2+} 浓度较低。值得指出的是，同一高度点中结皮样的 SO_4^{2-} 浓度一般大于疏松层和内部墙体。

pH 值测试结果表明（图 14），交河故城遗址土溶液 pH 值在 7.18 - 8.28 范围内，即呈弱碱性，符合干旱半干旱地区土中孔隙溶液一般呈碱性的规律[12]，并且疏松层与结皮层和母墙相比偏中性。组成粘粒的矿物一般其等电 pH < 7，在碱性条件下，颗粒周围往往具有较厚的扩散层，因此当遇到降雨时，土体很容易分散解体，在随后的干燥过程中有利于表部结皮层的形成。

表2　化学分析结果

样号	Cl^- (mg/L)	NO_3^- (mg/L)	SO_4^{2-} (mg/L)	Na^+ (mg/L)	K^+ (mg/L)	Mg^{2+} (mg/L)	Ca^{2+} (mg/L)	Ec (mS/cm)
C1-1	263.93	190.44	977.58	240.69	19.37	24.90	567.49	1.04
C1-3	722.26	767.25	675.03	575.19	30.84	24.71	652.48	1.45
C2-1	217.46	151.62	1180.35	176.66	35.42	33.06	616.57	0.99
C2-2	247.65	243.08	714.15	370.25	25.83	16.19	399.84	0.95
C2-3	1479.89	1017.21	621.97	1014.45	92.03	57.18	929.28	2.24
C3-1	729.12	985.93	1043.37	304.77	70.83	86.32	934.30	1.28
C3-2	1900.48	2153.38	1156.76	953.84	79.02	123.18	1495.18	2.18
C3-3	2993.67	4075.15	440.84	2470.43	138.95	211.76	1808.52	3.14
C4-1	2480.56	2852.55	1109.11	15.49	2.68	1.45	16.43	3.95
C4-2	1974.37	2194.65	1071.48	1030.50	180.16	155.63	1370.39	2.95
C4-3	2452.38	4717.74	n.a.	1236.79	406.54	115.30	1416.71	3.88
C5-1	356.54	303.33	1098.34	235.21	43.87	33.42	690.44	1.14
C5-2	1808.68	2104.39	921.26	916.88	86.58	51.95	1425.92	2.37
C5-3	1407.46	4161.52	324.17	719.66	145.01	41.26	1471.99	2.50
C6-1	612.40	777.20	837.71	224.35	21.57	54.61	803.61	1.16
C6-2	1856.04	1516.14	920.57	810.34	35.75	108.22	1282.96	2.23
C6-3	2195.49	2034.58	780.49	934.50	49.85	106.80	1463.87	2.48
C7-1	2432.76	1618.33	1158.48	1797.02	88.29	74.13	1143.63	3.28
C7-2	2000.94	2046.69	407.12	1339.22	55.40	67.61	917.24	2.76
C8-1	257.32	371.28	1421.29	356.72	50.93	73.77	730.26	1.23
C8-2	577.62	957.93	1558.30	859.78	79.65	89.86	693.03	1.88
C8-3	1120.98	1851.02	1548.15	1497.41	99.94	134.72	1789.21	3.09
D1-1	14.49	n.a.	687.37	20.81	12.85	15.15	380.48	0.54
D1-2	18.45	29.57	1081.53	45.69	n.a.	16.24	565.97	0.53

续表

样号	Cl⁻（mg/L）	NO₃⁻（mg/L）	SO₄²⁻（mg/L）	Na⁺（mg/L）	K⁺（mg/L）	Mg²⁺（mg/L）	Ca²⁺（mg/L）	Ec（mS/cm）
D1 – 3	496.40	79.69	1589.09	788.30	24.56	18.98	568.66	1.72
D2 – 1	56.11	28.44	409.67	91.44	13.02	12.28	206.49	0.54
D2 – 2	270.88	94.56	833.97	193.65	11.66	22.63	481.27	0.76
D2 – 3	1187.70	494.73	762.64	750.72	26.09	40.33	755.92	1.65
D3 – 1	148.85	105.84	840.64	146.87	14.13	n. a.	457.46	0.68
D3 – 2	509.93	334.09	809.78	323.39	17.02	25.72	616.04	0.95
D3 – 3	1244.07	1197.34	458.20	662.66	30.32	39.20	825.48	1.47
D4 – 1	2228.31	1721.63	1042.12	1317.87	36.90	34.46	1267.81	2.28
D4 – 2	2918.27	3473.28	705.69	1363.31	43.05	36.50	1877.06	2.52
D5 – 1	609.64	169.59	1436.98	659.81	22.09	22.07	640.19	1.36
D5 – 2	1578.86	398.22	1386.78	1243.46	31.63	29.41	826.63	2.11
D5 – 3	1217.86	379.36	1219.10	974.29	26.76	26.16	772.22	1.75
D6 – 1	361.10	225.11	1177.22	305.49	14.69	27.74	622.60	0.90
D6 – 2	686.10	333.33	985.21	511.87	18.52	33.53	597.88	1.13

注：CO_3^{2-} 未测；n. a. 表示低于仪器检测下限

2.4　X – 射线衍射分析结果

　　X – 射线衍射试验结果表明（见表3），遗址建筑土体的物质组分中白云母和石英含量占到了总量的60%以上，其次是长石、方解石和绿泥石，占到总量的30%左右，遗址土中还含有少量白云石、岩盐和石膏等矿物。电子探针扫描测试结果表明[13]，交河故城土体胶结物主要以碳酸钙为主，未见二氧化硅、三氧化二铝、氢氧化亚铁等胶体成分，缺乏高岭石、蒙脱石等粘性胶结物成分。

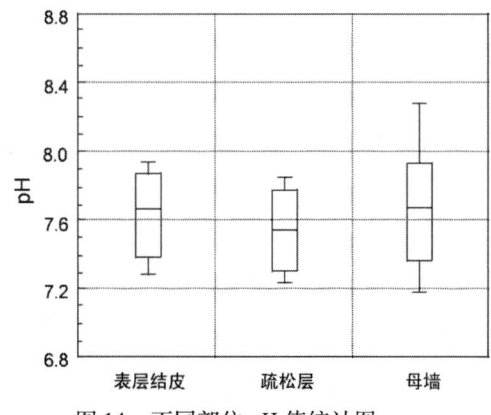

图14　不同部位 pH 值统计图

　　测试结果还表明，遗址土表部剥离层与墙体土在矿物成分上基本无差别，只有个别剥离层和墙体土出现石膏或岩盐富集现象。因此，土遗址表部剥离层的形成并没有改变土的基本矿物成分，而是由于水盐迁移使土体颗粒成分、可溶盐成分及结构发生了一定的变化。说明热致劣化、水盐迁移等物理风化过程，是控制遗址劣化的根本原因。

表3 试样 X 射线衍射半定量分析结果（%）

样 号	白云母	石英	长石	方解石	斜绿泥石	白云石	岩盐	石膏	蛭石
C1-1	34	28	25	5					8
C1-3	39	29	26	6					
C5-1	43	29	12	7	6	1		2	
C5-2	38	29	25	8					
C5-3	35	25	24	7	6	1	1		
C7-2	42	34	8	7		1	2		7
C7-3	44	26	19	5	5	1			
D1-1	46	27	13	10	5				
D1-2	42	27	20	10				2	
D1-3	38	24	14	8	6	2		2	6
D3-1	33	25	22	6	5				
D3-2	44	2	37	10	5				
D3-3	31	24	36	8		1			
D5-1	40	28	13	11	7				
D5-2	37	26	21	9	6				
D5-3	40	27	13	12	7				

2.5 温度测试结果

土遗址温度测定分为墙体内部和墙体表面温度测定两种。墙体内部温度监测位置选在塔林东南70m处的人工试验夯土墙表部，墙体呈东西向和南北走向，测点布置在夯土墙东、南、西、北墙面，高度距地面150cm处，测点埋深距墙表面5cm。墙体表面温度监测选在 C 剖面 C5 点右侧20cm处，对比表部结皮层和没有结皮覆盖的墙体表面温度差异。温度监测结果见图15、图16。

2007 年 11 月 17 日现场温度监测结果表明，0：00 至 4：00 墙体四面均处于降温过程，但降温幅度不大；4：00 至 10：00 墙体四面温度均保持在 3.3±0.4℃范围内，且 6：00 后略有上升。10：00 开始，受太阳辐射影响，墙体快速升温，升温速度为南侧＞东侧＞西侧＞北侧。墙体东侧在 14：00 温度达到峰值后开始回落，而南侧和西侧继续以较快速度升温，在 16：00 和 18：00 分别达到各自峰值温度。峰值温度之后，墙体南侧和西侧降温速度明显大于东侧和北侧，24：00 左右四个方向的墙体温度基本回落到前一日的温度值。从温度测量数据中可以得出，东南西北四面墙当日内表部温差分别为 6.7℃、16.5℃、8.1℃ 和 4.1℃。因此可知，墙体南侧和西侧升温降温幅度和速度均较北侧和东侧大，即墙体南侧和西侧受温度影响更为明显。结皮的空间分布调查显示，墙体南侧和西侧结皮剥离程度一般较为严重，表明温度在结皮层的形成及剥离过程中起着关键性的作用。

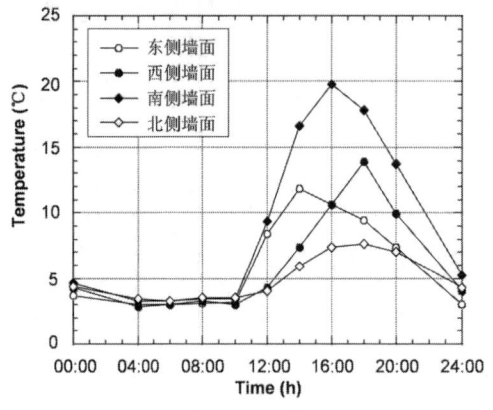

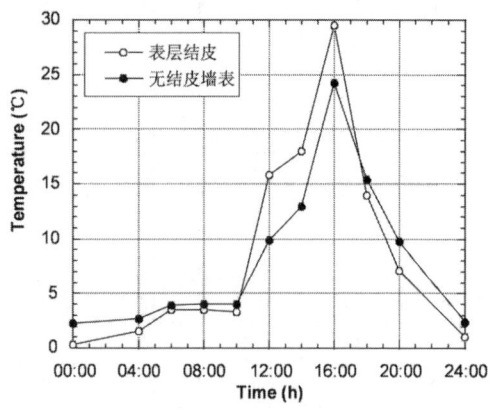

图 15　试验夯土墙 5cm 深度处温度 – 时间关系图　　　图 16　原状生土墙表面温度 – 时间关系图

面向朝南的原状生土墙表面温度变化日温差高达 22℃ – 29℃（图 16），面向朝南的试验夯土墙内部 5cm 深度处的温度变化日温差为 15℃，说明墙体表面的升温降温幅度比墙体内部更为剧烈。图 16 还表明，有无表层结皮，墙面温度变化存在微妙的差别，从 0：00 至 6：00，结皮层和无结皮墙面开始出现较为缓慢的升温过程，且结皮层升温幅度和速度较为明显。6：00 开始至上午 10：00，结皮层与无结皮墙面温度变化不大，温度曲线较为平缓，温度一般在 3.5 ± 0.5℃，但结皮层温度一直低于无结皮墙面温度。从 10：00 开始至 16：00，结皮层和无结皮墙面温度急剧升高，并且结皮层升温速度较快，在将近 11：00 时温度超过墙体表面，并在 16：00 时两者达到一天中的温度最大值。16：00 过后，结皮层和无结皮墙面温度迅速降低，结皮层降温速度和幅度大于无结皮墙面。在 18：00 时，结皮层温度已降至低于无结皮墙面温度。温度 – 时间曲线表明，结皮层与无结皮墙面相比，对外部温度变化的相应更加敏感，主要是结皮层与下伏母墙之间发生一定程度的虚脱和剥离引起的。由此可见，表面结皮一旦形成，升温 – 降温幅度增大，由此引起的热胀冷缩更加明显，进一步加剧了与母墙之间的剥离进程。

3　表面结皮的形成与剥离病害成因分析

3.1　结皮层的形成

研究表明，土壤结皮层的形成与土中粉粒和粘粒含量密切相关。Onofiok[7]研究表

明，土壤粉粒含量愈高土壤结皮越容易形成。朱远达等人[8]研究指出，土壤中0.2 -
0.002mm 范围内颗粒为土壤结皮的形成提供了物质基础，而大于0.2mm 的土壤颗粒则
对结皮形成类型起决定性作用。因粉粒和粘粒细小，且具有较大的表面能，更容易因
毛细水吸力以及其他化学键的连接作用越易于产生各种胶结，因此可以认为，土中粘
粒和粉粒含量越高，越易于形成结皮[9]。交河土样颗分试验结果表明，该区土颗粒组
成以粉粒和粘粒为主，其中粉粒含量为60.20 - 72.75%，粘粒含量为13.44 - 34.38%，
而砂粒含量为2.98 - 16.74%，这为表面结皮层的形成提供了丰富的物质基础。

结皮层的形成与降雨密不可分。土壤学指出，土壤结皮的形成是以细砂和粗粉砂
为骨架，以小于0.01mm 的细小颗粒填塞土壤孔隙的一个物理过程[10]，其形成过程是
表土分散后无法随入渗径流下移，当地表径流动力不够将其搬运时，被雨滴打击压实
或沉积而产生[8]。土建筑遗址墙体表面与地面近于垂直，墙体表层结皮形成过程与近
于水平的土壤表面结皮形成过程不同。降雨过程中，下落的雨滴在风的影响下降落至
墙体表面，缺乏粘性胶结的土遇水后迅速崩解，同时水分从墙体表面向内部入渗，入
渗过程中水携带的小颗粒逐渐阻塞孔径，造成表部土的饱和。随着降雨历时的增加，
表部饱和土在雨滴打击作用下形成泥浆。降雨过后，表部泥浆中土颗粒随着水分的散
失在毛细吸力等作用下重新排列，形成结皮。

3.2 水盐迁移对结皮形成的促进作用

一般认为在太阳辐射作用下，由于水分的蒸发，墙体中的盐分总体上向墙体表面
聚集。但实测数据表明，表部结皮层盐分含量相比墙体内部 3 - 5cm 深度盐分含量要
小。Lewin[1]通过研究石质文物中水盐迁移现象发现，当盐溶液向石质文物表面迁移的
速度大于水分从表面的耗散速度时，盐分便在石质文物表面结晶并聚集；但当盐溶液
向表部的迁移慢于水分的蒸发时，盐分便在石质文物表部下一定深度处结晶并聚集。
因此，在降雨初期表部结皮向干燥发展时，水分的耗散速度可能低于盐分迁移速度，
盐分便在墙体表面结皮层（即后来的剥离层）中发生一定程度的积聚；随后，由于强
烈的蒸发作用，水分耗散的速度远大于盐分迁移的速度，此时盐分便在剥离层下部某
一深度部位开始结晶并聚集。

盐分的聚集对土体可以造成两种截然相反的作用影响：一方面可使土粒间的胶结
力增强，使土结构变得稳定；另一方面由于盐分聚集造成盐胀，破坏土的结构，降低
稳定性。Rossi - Manaresi 等人[3]的研究结果表明，当孔隙大小不同时，盐分首先在大
孔隙中结晶，当大孔隙被盐结晶充满后，如仍有盐溶液残留，则结晶继续在小孔隙中
发育，但此时则形成较大的膨胀压力，从而可能导致材料的破坏[2-3]。笔者认为，表
部结皮层形成初期，结皮层与墙体连接紧密，由于其组成颗粒比表面积大，颗粒间连
接紧密，故对墙起到保护的作用。随后在干湿 - 冻融条件下，由于表部结皮层物理力

学性质与墙体土存在差异，造成热胀冷缩变形量的不同，从而在结皮层与墙体间出现细微的变形裂缝。从盐分结晶发展过程看，蒸发干燥初期，盐类的聚集起到了充填大孔隙和裂隙并增强土颗粒间连接的作用。随后，盐分结晶向小孔隙发展，微孔中盐分结晶造成的膨胀力迅速增大，土体结构开始遭到破坏，在结皮层下某深度处发育成疏松层。

3.3　热胀冷缩引起结皮层剥离

　　结皮层形成初期，与母墙保持较好的附着关系，此时结皮与下部墙体土相比，其密度增大，孔隙比减小，细颗粒含量增大，比表面积增加，颗粒间连接力增大，此时结皮的形成对遗址起到一定的保护作用。由于结皮层的物化性质与墙体不同，在太阳辐射而引起的温度周期性变化条件下，表现出与墙体不同的温度敏感性，从而造成在热胀冷缩以及冻胀运动中涨缩量的差异，导致结皮层从墙体表面的剥离，而与之伴随的盐分表聚、风蚀等作用进一步加剧了剥离病害的发育程度。

　　实测数据表明，即使在深秋季节，结皮层和墙体表面温度变化日温差也高达22℃-29℃，夏季该温差范围更大。墙体表面土材料在温度的剧烈频繁变化会造成材料的应力疲劳，结构随之破坏[6]。表部结皮层由于具有密度大，孔隙比小，组成颗粒比表面能大，颗粒间连接力较大等特点，其力学强度指标优于墙体表部，因此由温度变化引起的材料应力疲劳甚至结构破坏首先发生在结皮下部的土体中。随着温度的不断变化，结皮层下部的疏松层土体结构逐渐破坏，导致结皮层从墙体表部的剥离。

　　通过对交河故城墙体表部结皮层剥落程度的调查发现，墙体西侧和南侧表部剥离层的剥离程度要明显大于墙体北侧和东侧，这说明由太阳辐射引发的温度变化是造成结皮层剥离的首要因素。

3.4　风蚀引起剥离层脱离

　　土壤学研究认为，土壤结皮的形成可以有效抵抗风蚀，由于结皮的形成使得土壤抗剪能力得到提高，有力地防止风力剥蚀。李晓丽等人研究发现，土壤结皮较土壤具有较高的结实度、容重和表面稳定性，有效减少了土壤的风蚀[9]。因此推断，土遗址表层结皮在形成初期也起到抵御风蚀的作用。但土遗址结皮在后期温度变化、盐分表聚等影响下，逐渐与墙体剥离，这为风蚀提供了有利条件。大风携带着砂粒对结皮层不断打击和磨蚀，造成连接最差的结皮剥落。另外，部分砂粒灌入结皮裂缝中，当风吹过裂缝时，灌入的砂粒随风转动，对裂缝内壁不断进行磨蚀，从而加速剥离病害的发展。根据交河气象资料，该区盛行西北风。墙体西侧特别是80cm高度以下剥离病害较为严重，这与风蚀作用密切相关。

4　结　论

（1）结皮层与下伏墙体相比，粒径 < 0.02mm 颗粒含量偏多，易溶盐含量偏低，pH 值偏碱性，对温度变化具有较高的敏感性。

（2）粉粒和粘粒为结皮层的形成提供物质基础，降雨入渗过程中水携带小颗粒逐渐阻塞孔径，造成表部土的饱和形成泥浆，泥浆中土颗粒随着水分的散失在毛细吸力等作用下重新排列，形成结皮。

（3）结皮层形成初期遗址起到一定保护作用，后期在温度、盐分、风蚀等因素影响下不断剥离脱落，加速了遗址表部的破坏。

（4）土建筑遗址在水 – 热 – 盐联合作用下，遵循"结皮形成—剥离与脱落—新结皮形成"的演化模式，三种类型结皮是其不同发育阶段的表现形式。

参考文献

[1] Lewin, S. Z. The Mechanism of Masonry Decay Through Crystallization. Conservation of Historic Stones Buildings and Monuments, 1982, 120 – 144.

[2] Rossi – Manaresi, R. Scientific Investigation in Relation to the Conservation of Stone. Science and Technology in the Service of Conservation, 1982, 39 – 45.

[3] Rossi – Manaresi, R., Tucci, A. Pore Structure and the Disruptive or Cementing Effect of salt Crystallization in Various Types of Stone. Studies in Conservation, 1991, (36): 53 – 58.

[4] Hall K.. The Role of Thermal Stress Fatigue in the Breakdown of Rocks in Cold Regions. Geomorphology, 1999, 31: 47 – 63.

[5] Yatsu E. The Nature of Rock Weathering. Sozosha: Tokyo, 1988.

[6] Stéphane Hrlé. Rock Temperatures as an Indicator of Weathering Processes Affecting Rock art. Earth Surface Processes and Landforms, 2006, (31): 383 – 389.

[7] Onofiok, O., Singer, M. J. Scanning Electron Microscope Studies of Surface Crusts Formed by Simulated Rainfall. Soil Sci. Soc. Am. J., 1984, 48: 1138 – 1143.

[8] 朱远达, 蔡强国, 胡霞等. 土壤理化性质对结皮形成的影响. 土壤学报, 2004, 41 (1): 13 – 19.

[9] 李晓丽, 申向东. 结皮土壤的抗风蚀性分析. 干旱区资源与环境, 2006, 20 (2): 203 – 206.

[10] 吴发启, 范文波. 坡耕地黄墡土结皮的理化性质分析. 水土保持通报, 2001, 21 (4): 22 – 24.

[11] 解耀华. 交河故城保护与研究. 解耀华. 交河故城的历史与保护修缮工程. 乌鲁木齐：新疆人民出版社, 1999: 31 – 32.

[12] 唐大雄, 刘佑荣, 张文殊等. 工程岩土学. 第二版. 北京：地质出版社, 1999.

[13] 解耀华. 交河故城保护与研究. 田琳. 交河故城生土建筑遗存保护加固实验报告. 乌鲁木齐：新疆人民出版社, 1999: 138 – 176.

[14] 康世飞，付其林，姚儒君. 硫酸盐盐渍土中毛细水上升规律的初探. 山西交通科技，2007，(4)：10 – 11.

Formation and Detaching of the Surface Crust on Ancient Earthen Architecture

Zhang Huyuan[1], Liu Ping[1], Wang Jinfang[2]
Yan Gengsheng[1], Wang Xudong[3]

(1. Key Laboratory of Mechanics on Western Disaster and Environment, Lanzhou University, Lanzhou 730000;

2. College of Earth and Environmental Science, Lanzhou University, Lanzhou 730000;

3. Dunhuang Academy, Dunhuang 736200)

Abstract：Field survey, systematic samplings and laboratory tests were conducted to study the weathering mechanism of earthen architecture at Jiaohe site, Xinjiang, China. Particle size analysis, X – ray diffraction and chemical analysis of soluble salts of soil illustrate that surface crust is characterized by finer particles and lower soluble salts contents compared with the host soil. Monitoring by IR thermography camera and thermal sensors shows that crusted thin layers represent a higher thermal response to environmental temperature changes. It is concluded that wetting and salt transport due to rain are responsible for the formation of surface crust, and thermal expansion and contraction and wind erosion result in the detaching of the crusted layers.

Key Words：surface crust, particle size analysis, weathering, IR thermography camera

（原载于《岩士力学》，2009 年第 30 卷第 7 期）

多元层状边坡土体风蚀速率与微结构参数关系

崔　凯[1,2]，谌文武[1,2]*，张景科[1,2]，韩文峰[1,3]，梁收运[1,2]

(1. 兰州大学西部灾害与环境力学教育部重点实验室，兰州，730000；

2. 兰州大学土木工程与力学学院，兰州，730000；

3. 天津城市建设学院，天津，430081)

内容摘要：吐鲁番交河故城台地多元层状土质边坡由于风蚀而形成空腔的现象表明不同类型的土具有不同的抗风蚀能力，抗风蚀能力的强弱是多因素影响的共同结果，微观结构是其中一个重要内因。风蚀速率是表征土抗风蚀能力强弱的重要物理量，研究运用风洞实验、微结构分析等手段揭示了风蚀速率与颗粒面积比、颗粒圆度、孔隙等效直径、孔隙充填比等微结构特征参数之间的良好对应关系；进而采用相关分析法分析并证实风蚀速率与各特征参数间的良好相关关系，最后应用回归分析方法建立 3 个实验风速下风蚀速率与单个参数和多个参数之间的回归方程，验证了微结构特征对土抗风蚀能力有显著影响，进而为土抗风蚀能力的评价提供了微观依据。

关键词：多元层状土　抗风蚀能力　风蚀速率　微结构特征参数　回归分析

0　引　言

近年来，随着人类工程实践的深入，我国干旱多风地区由风蚀引起的土质边坡破坏[1]、矿山弃料扬尘[2]、道路沙害[3]、土遗址消亡[4]等灾害问题已成为工程领域研究的焦点问题。土的风蚀是风中携带的砂粒物质对土产生的撞击和磨蚀作用的机械过程，同时也是一个受多因素作用控制的复杂过程，有物质组成、土体结构等内因，也有风的类型、风向风速以及人类活动等外因。国内外许多学者对土的风蚀的内部影响因素进行了大量而深入的研究，提出了土壤湿度、有机质含量、粗糙度、干团聚体结构、容重、土壤机械组成、碳酸钙、有机质以及水稳性聚合物等影响因子[5-8]，但较少涉及土的微结构，因此，微结构特征这一影响因素的研究尚有待深入。随着扫描电镜技术和数字图像处理技术的飞速发展，微结构特征参数的提取与分析技术被迅速地应用于岩土工程研究中[9-12]，但主要是在微观尺度上对土的力学性质和工程地质特性进行研究，而从土的微观结构的观点出发对土的抗风蚀能力的研究是较为少见的。

　　本文以吐鲁番交河故城台地多元层状土质边坡由于风蚀而形成空腔的现象为研究对象，在野外调查、取样和室内研究的基础上，通过室内风洞实验、微结构分析手段初步揭示了表征土抗风蚀能力强弱的重要物理量—风蚀速率与部分微结构特征参数之间的良好对应关系，而后采用相关分析证实了两者之间的确存在着相关关系，最后应用非线性回归分析方法建立不同风速下风蚀速率与单个参数和多个参数之间的回归方程。

1　研究背景和野外工作

1.1　研究背景

　　吐鲁番市属典型的大陆性暖温带干旱荒漠气候，具有降雨稀少、多大风、地表植被覆盖率极低的环境特征。气象资料统计表明：8 – 10 级大风年平均为 36.2 天，最大风速可达 40m/s，且时常伴有沙暴天气发生，风向以西北风为主[13]。因而风中携带的砂粒物质对裸露于地表的土体的撞击和磨蚀的机械作用过程使风蚀成为该区的主要的地质外营力之一。在长期的风蚀作用下，交河台地多元土质边坡中的粗砂层和细砂层部位出现了规模不等的风蚀空腔，这个现象的出现不但严重威胁着边坡和遗址的安全，而且反映了同一风场条件下土的抗风蚀能力（风蚀速率）的差异性问题。

1.2　野外工作

　　室外工作中，对台地边坡出现风蚀空腔的区段进行了典型剖面选择和精确测量，在测绘的基础上对选定剖面（图 1）进行了逐层取样，由坡顶位置到坡脚位置共取得土样 9 组。

2　实验研究

　　室内研究阶段对采自边坡典型剖面的 9 组原状土样进行室内风洞实验、基本物理性质实验和微结构分析实验。

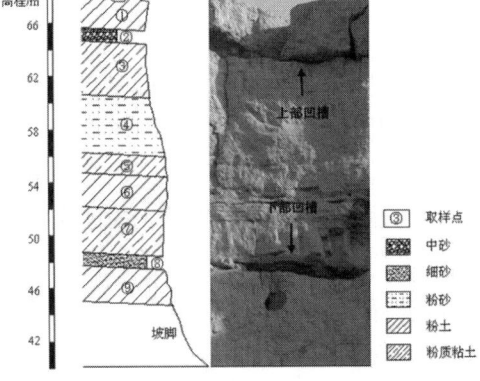

图 1　台地边坡中的典型剖面

2.1 基本物理性质实验

实验对上述原状土样开展基本物理性质
实验，得到其基本物理性质参数（表1）。实验结果说明9组土在低含水量的条件下，在粒度组成、密度、塑性指数等宏观性质参数均存在较大的差异性。

表1　典型剖面中各层土的基本物理性质

层序	粒度（mm）组成/%								含水量/%	密度/g·cm³	塑性指数	土的名称
	5	2	1	0.5	0.25	0.1	0.075	0.005				
1	100.00	99.49	99.26	98.81	97.56	84.98	78.35	7.23	0.42	1.61	9.23	黄色粉土
2	99.93	97.53	93.99	75.69	48.94	29.42	26.79	2.25	0.36	1.93	/	黑色中砂
3	/	100.00	99.99	99.70	98.79	88.86	85.33	20.65	0.65	1.63	15.26	黄色粉质粘土
4	/	100.00	99.99	99.80	98.08	62.38	42.22	2.34	1.27	1.71	8.78	红褐色粉砂
5	/	/	100.00	99.94	84.56	62.38	51.98	7.96	2.85	1.70	12.83	红褐色粉质粘土
6	98.79	98.27	98.21	97.90	97.22	90.06	86.25	7.34	0.60	1.77	11.53	灰白色粉土
7	100.00	99.98	99.95	99.56	97.66	87.46	85.92	19.02	1.41	1.75	16.59	灰白色粉质粘土
8	100.00	99.99	99.80	94.56	64.29	17.38	13.59	/	0.34	1.76	/	青灰色细砂
9	100.00	99.87	99.68	97.83	86.87	61.02	53.99	46.01	0.70	1.93	8.40	青灰色粉土

2.2 风洞实验

实验在直流下吹式多功能风洞中进行，该装置全长85m，洞体长55m，实验段长20m，实验段截面积 $1.3 \times 1.45m^2$，风速由4m/s至40m/s连续可调。试验中将试样置于试验段入口下风向10m处，风蚀量采用称重法测定。实验选取吐鲁番常见大风风速20m/s、30m/s、40m/s的挟沙风对上述原状土样的 $70.7 \times 70.7 \times 70.7mm^3$ 的立方体试块进行1200s连续吹蚀实验，获得了9组土样不同风速下的风蚀速率。实验用砂采自甘肃民勤县境内腾格里沙漠边缘，平均粒径0.228mm，SiO_2含量达87.25%，并含有少量的 K_2O、Na_2O 等碱性氧化物。

实验结果表明：（1）9组土的风蚀速率（Q_W）由高到低的顺序依次为青灰色细砂（空腔层）→黑色中砂（空腔层）→灰白色粉土→青灰色粉土→红褐色粉砂→黄色粉土→红褐色粉质粘土→黄色粉质粘土→灰白色粉质粘土。（2）各组土样的风蚀速率随着吹蚀风速的增大而增大（表2）。

2.3 微结构分析

实验在天津城建学院的LEO1530VP型场发射扫描电子显微镜完成，将微结构试样从中部剖开，用扫描电镜进行新鲜断面上的土微结构SEM图片采集。借助德国LeicaQ-

Win 图形处理软件，对图片中的影像进行二值化处理，逐步消除噪声点，使图片上只保留土颗粒和孔隙图像，通过对图片扫描和计算，获取与土颗粒和孔隙有关的微结构特征参数，如等效直径、充填比、面积比、圆度等[14]。其中等效直径是指与颗粒（孔隙）面积相等的等效圆的直径，近似地表征单个颗粒（孔隙）的大小；充填比是指颗粒（孔隙）面积与其外接圆面积比的平方根，其值越大，说明颗粒（孔隙）越趋于呈圆形；面积比是颗粒（孔隙）面积与总图像面积的百分比值，可以从平面面积上说明颗粒（孔隙）的多少；圆度是颗粒（孔隙）周长的平方与其面积的比值。

实验结果表明：（1）9 层土的微结构特征参数存在很大的差异性。（2）颗粒面积比（A_P）、颗粒圆度（R_P）、孔隙等效直径（D_F）以及充填比（R_F）这四个微观特征参数与三个实验风速下的风蚀速率有着较好的对应关系。具体表现为风蚀速率随着颗粒面积比的增大而减小，随着颗粒圆度的增大而减小；随着孔隙等效直径的增大而增大，随着孔隙充填比的增大而减小（表2）。

表2　典型剖面中各层土风洞实验与微结构测试结果

层序	土的名称	20m/s 风速下的风蚀速率（Q_W）/g/s	30m/s 风速下的风蚀速率（Q_W）/g/s	40m/s 风速下的风蚀速率（Q_W）/g/s	微结构特征参数			
					颗粒面积比（A_P）	颗粒圆度（R_P）	孔隙等效直径（D_F）	孔隙充填比（R_F）
8	青灰色细砂	1.29×10^{-1}	2.74×10^{-1}	4.82×10^{-1}	0.282	3.056	1.590	0.929
2	黑色中砂	6.19×10^{-2}	7.20×10^{-2}	2.14×10^{-1}	0.326	3.131	1.535	0.931
6	灰白色粉土	3.48×10^{-2}	4.03×10^{-2}	1.04×10^{-1}	0.341	3.191	1.496	0.933
9	青灰色粉土	1.35×10^{-2}	2.17×10^{-2}	4.36×10^{-2}	0.368	3.226	1.466	0.938
4	红褐色粉砂	7.66×10^{-3}	1.34×10^{-2}	2.80×10^{-2}	0.374	3.308	1.360	0.942
1	黄色粉土	4.47×10^{-3}	9.18×10^{-3}	1.83×10^{-2}	0.380	3.444	1.310	0.944
5	红褐色粉质粘土	7.89×10^{-4}	1.76×10^{-3}	3.56×10^{-3}	0.382	3.543	1.232	0.948
3	黄色粉质粘土	2.44×10^{-4}	6.00×10^{-4}	1.27×10^{-3}	0.383	3.601	1.215	0.951
7	灰白色粉质粘土	1.44×10^{-4}	3.33×10^{-4}	6.56×10^{-3}	0.392	3.712	1.192	0.954

3　相关分析

实验结果揭示了风蚀速率与上述 4 个微结构特征参数间存在的良好对应关系，为了进一步验证这个对应关系的客观性，将其作为随机变量引入相关分析。

3.1　相关分析方法

相关性分析法是研究两个随机变量间密切程度的一种常用统计方法。在科学研究

与工程实践中，有必要用一个确定的数量指标，即相关系数（R）来说明变量之间的相关程度。通常认为$|R|>0.95$时，两变量存在显著性相关关系；$|R|\geqslant0.8$时，高度相关；$0.5\leqslant|R|<0.8$，中度相关；$0.3\leqslant|R|<0.5$，低度相关；$|R|<0.3$关系极弱，认为不相关。

3.2 风蚀速率与各微结构特征参数的相关分析

为了确定上述4个微结构参数与风蚀速率的相关关系，分别对三个实验风速下的风蚀速率与颗粒面积比、颗粒圆度、孔隙等效直径以及充填比等与风蚀速率进行相关分析，分别得出风蚀速率与各参数间的相关系数（表3）。结果表明：4个微结构参数与风蚀速率之间都存在较好的相关关系，其中颗粒面积比与三个风速下的风蚀速率的相关系数的绝对值都大于0.9，呈高度负相关的关系；颗粒圆度与三个风速下的风蚀速率的相关系数的绝对值都大于0.68，呈中度负相关的关系；孔隙等效直径与三个风速下的风蚀速率的相关系数绝对值都大于0.7，呈中度正相关的关系；孔隙充填比与三个风速下的风蚀速率的相关系数绝对值都大于0.69，呈中度负相关的关系。

表3 风蚀速率与微结构特征参数相关分析

不同风速吹蚀条件	风蚀速率与各微结构特征参数的相关系数			
	Q_W与A_P	Q_W与R_p	Q_W与D_F	Q_W与R_F
20m/s 风速	− 0.98338	− 0.77858	0.812389	− 0.80122
30m/s 风速	− 0.92850	− 0.68417	0.714414	− 0.69391
40m/s 风速	− 0.97273	− 0.75551	0.787583	− 0.77475

4 回归分析

通过相关分析得出了各个特征参数与风蚀速率的相关程度，为了确定各个特征参数与风蚀速率更加深入的关系，再通过回归分析方法分别给出风蚀速率与单参数和多参数间的数学方程式。

4.1 风蚀速率与单个特征参数的回归分析

应用一元回归分析法对三个风速下的风蚀速率与4个微结构参数进行分析。结果表明：（1）三个风速下的风蚀速率与颗粒面积比的回归方程都服从指数法则，判定系数R^2均大于0.99，说明回归方程有效（图2）；还表明颗粒的密集程度和数量上的多寡直接影响土的风蚀速率，土颗粒越密集，土的结构越密实，粒间作用力越强，颗粒抗风蚀能力增强。（2）三个风速下的风蚀速率与颗粒圆度的回归方程也都服从指数法则，判定系数 R^2 均大于 0.99，说明回归方程有效（图 3）；同时也表明颗粒的团聚体越大，颗粒单元间的作用力越强，团聚体的抗撞击和磨蚀能力越强，不易发生风蚀。（3）三个风速下的风蚀速率与孔隙等效直径的回归方程都服从指数法则，判定系数 R^2 均大于 0.98，说明回归方程有效（图 4）；同时也表明孔隙越大，土的结构就越松散；粒间的凝聚力越低，颗粒抵抗风中携带的砂粒物质的撞击和磨蚀能力低下，易发生风蚀。（4）三个风速下的风蚀速率与孔隙等效直径的回归方程也都服从指数法则，判定系数 R^2 均大于 0.91，说明回归方程有效（图 5）；同时也表明孔隙越接近于圆形，孔隙的定向分布程度越差，各向异性越差，土的结构越密实，抗风蚀能力增强。

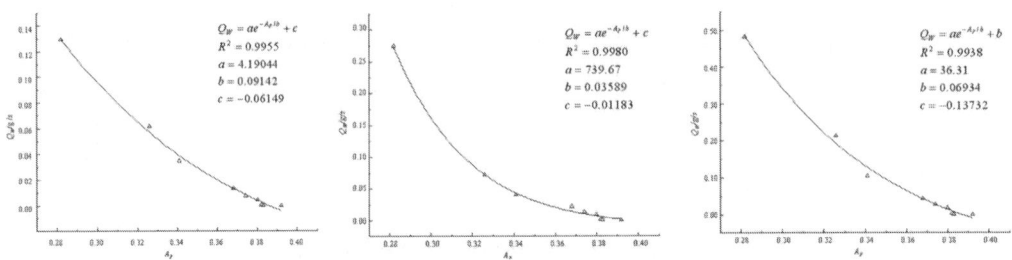

图 2　风蚀速率 Q_W 与颗粒面积比 A_P 的回归分析

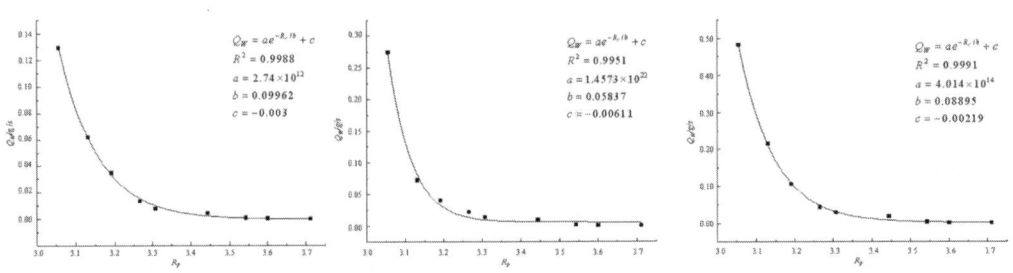

图 3　风蚀速率 Q_W 与颗粒圆度 R_p 的回归分析

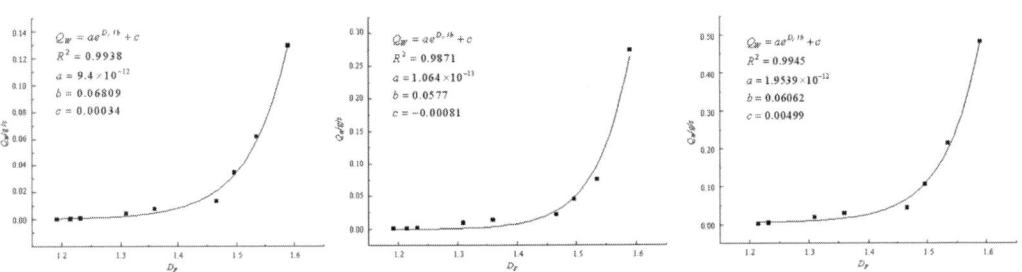

图 4　风蚀速率 Q_W 与孔隙等效直径 D_F 的回归分析

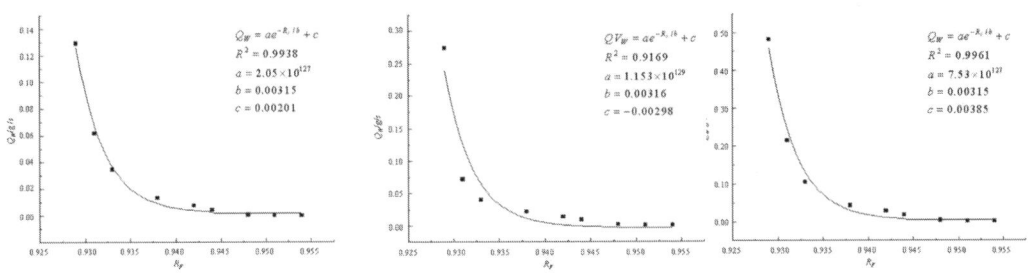

图 5　风蚀速率 Q_W 与孔隙充填比 R_F 的回归分析

4.2　风蚀速率与多个特征参数的回归分析

从以上风蚀速率与单个特征参数的回归分析结果可以看出风蚀速率与多个微结构特征参数之间的回归分析涉及非线性问题，因此，在多元回归分析中需要对变量进行相应的对数转换后，方可转化为常见多元线性回归问题。令 $Y = lnV_W$，$X_1 = lnA_P$，$X_2 = lnR_P$，$X_3 = lnD_F$，$X_4 = lnR_F$，则回归方程的表达式为：

$$Y = aX_1 + bX_2 + cX_3 + dX_4 + f \tag{1}$$

经多元线性回归计算后，确定式中 a、b、c、d、f 五个常数的数值，经变量还原后，得回归方程的表达式为：

$$Q_W = e^f A_P{}^a R_P{}^b D_F{}^c R_F{}^d \tag{2}$$

经计算得到三个风速下的风蚀速率与 4 个微结构特征参数的回归方程的常数（a、b、c、d、f）、复相关系数、判定系数、调整系数、方差分析 F、P 结果（表 4）。结果表明各风速下的回归方程有效，风蚀速率与颗粒面积比、颗粒圆度、孔隙等效直径以及孔隙充填比的回归方程表达式如式（2）。

表 4　风蚀速率与 4 个参数的回归分析与检验结果

风速条件	常数 a	常数 b	常数 c	常数 d	常数 f	复相关系数	判定系数	调整系数	F 值	P 值
20m/s	2.55	−23.08	−3.20	−151.33	17.15	0.9931	0.9863	0.9726	72.17	0.0005
30m/s	−0.35	−30.02	−3.25	−54.35	29.04	0.9868	0.9738	0.9476	37.18	0.0020
40m/s	1.08	−24.67	−5.73	−139.27	20.45	0.9923	0.9847	0.9693	64.21	0.0006

从以上的回归分析的结果，可以看出土的抗风蚀能力的强弱（风蚀速率的大小）是受多个参数共同影响的。说明颗粒面积比作为表征颗粒富集程度的特征参数，其值越大表明土中颗粒越多，细颗粒充填于大颗粒之间的空隙之中或附着、包裹于大颗粒表面，导致密实度增大，抗风蚀能力也随之增大；颗粒圆度作为表征颗粒形态和集团化程度的特征参数，其值越大表明颗粒分布越集中，集团化程度越高，粒间的连接越紧密，抗风蚀能力也就越高。孔隙等效直径作为表征孔隙大小的特征参数，其值越大

表明土中的孔隙越大，导致结构松散，抗风蚀能力也随之降低；孔隙充填比作为表征孔隙定向程度的特征参数，其值越大说明孔隙越趋于呈圆形，孔隙的定向性越差，抗风蚀能力越强。

5　结　论

通过以上对交河故城边坡多元层状土的抗风蚀能力与微结构特征参数的实验测试和分析讨论，可以得到以下几点初步的结论：

（1）终年多大风的气候特征和土的抗风蚀能力的分异，导致交河故城台地边坡中风蚀空腔的出现。

（2）风洞实验和微结构分析的结果表明：颗粒面积比、颗粒圆度、孔隙等效直径以及充填比等土的微结构特征参数与风蚀速率有着较好的对应关系；相关分析的结果进一步表明：这4个微结构参数与风蚀速率有着较好的相关关系；回归分析也表明：这4个微结构参数中单个或全部与风蚀速率的回归方程都服从指数法则。

（3）颗粒面积比、颗粒圆度、孔隙等效直径以及充填比可以作为评价土的抗风蚀能力的微观指标。

参考文献

[1] 宋阳，严平，刘连友，等. 威连滩冲沟砂黄土的风蚀与降雨侵蚀模拟实验. 中国沙漠，2007，27（5）：814 – 819.

[2] 谢绍东，齐丽. 料堆风蚀扬尘排放量的一个估算方法. 中国环境科学，2004，24（1）：49 – 52.

[3] 奚成刚，许兆义，杨成永. 铁路工程中土壤风蚀预测方法研究. 水土保持学报，2003，17（6）：66 – 69.

[4] 李最雄. 丝绸之路古遗址保护. 北京：科学出版社，2003.

[5] Chepil W S. Properties of Soil Which Influence Wind Erosion：Ⅲ. The Effect of Apparent Density and Erodibility. Soil Science，1951c，7%41 – 153

[6] 董治宝，陈广庭. 内蒙古后山地区土壤风蚀问题初论. 土壤侵蚀与水土保持学报，1997，3（2）：81 – 90.

[7] 马月存，陈源泉，隋鹏，等. 土壤风蚀影响因子与防治技术. 生态学杂志，2006，25（11）：1390 – 1394.

[8] 苏永中，赵哈林. 科尔沁沙地农田沙漠化演变中土壤颗粒分形特征. 生态学报，2004，24（1）：71 – 74.

[9] 柴寿喜，王沛，韩文峰，等. 高分子材料固化滨海盐渍土的强度与微结构研究. 岩土力学，2007，28（6）：1067 – 1072.

[10] 唐益群，沈锋，胡向东，等. 上海地区冻融后暗绿色粉质粘土动本构关系与微结构研究. 岩土

工程学报，2005，27 (11)：1249 – 1252.

[11] 陈嘉鸥，叶斌，郭素杰. 珠江三角洲粘性土微结构与工程性质初探. 岩石力学与工程学报，
    2000，19 (5)：674 – 678.

[12] 单红仙，刘媛媛，贾永刚，等. 水动力作用对黄河水下三角洲粉质土微结构改造研究. 岩土工
    程学报，2004，6 (5)：654 – 658.

[13] 王秋香，李红军. 新疆近 20 年风灾研究. 中国沙漠，2003，23 (5)：545 – 548.

[14] 王志强，柴寿喜，仲晓梅，等. 多元逐步回归分析应用于固化土强度与微结构参数相关性评价
    . 岩土力学，2004，28 (8)：1650 – 1654.

Relationships Between Micro – Structure Parameters and Wind Erosion Velocity of Multivariate Layered Soils at Slope

Cui Kai[1,2], Chen Wenwu [1,2], Zhang Jingke [1,2],
Han Wenfeng [1,3], Liang Shouyun [1,2]

(1. Key Laboratory of Mechanics on Disaster and Environment in Western China,
Ministry of Education, Lanzhou 730000;

2. School of Civil Engineering and Mechanics, Lanzhou University, Lanzhou 73000;

3. Tianjin Institute of Urban Construction, Tianjin 300384)

Abstract：Because of the wind erosion, the empty cavity phenomena is formed, which shows different soils have different abilities of resisting wind erosion in the mesa of Turpan Jiaohe ancient city. The ability of resisting the wind erosion is the results of many factors in which the micro – structure is the important inner factor. Wind erosion velocity is an important physical quantity of showing soil's abilities of resisting wind erosion. The study applies experiment of wind tunnel, and the micro – structure analysis to reveal better corresponding relationships between wind erosion rate and micro – structure indexes, such as equal diameter of pore, filling ratio of pore, the particle area ratio and particle roundness. Furthermore, adopting related analysis methods, this paper analyses and approves better related relationships between wind erosion rate and the indexes of all characteristics. At last, through the method of regression analysis, the authors build the regression equations between the three kinds of wind erosion velocities and odd index, even multi – indexes, and validate the micro – structure characters have notable influence on the ability of resisting wind erosion of soils. Above methods provide micro basis for wind erosion evaluation.

Key Words：multivariate layered soils, ability of resisting wind erosion, velocity of wind e- rosion, parameter of micro – structure character, regression analysis

（原载于《岩土力学》2009 年，第 9 期）

土建筑遗址表部土体收缩特征曲线测定

刘　平，张虎元，严耿升，赵天宇，王晓东

（兰州大学西部灾害与环境力学教育部重点实验室，兰州，730000）

内容摘要： 为了研究土遗址表面雨蚀泥浆的干缩行为及结皮破坏模式，本文提出了液体石蜡法严格测定土的收缩特征曲线的新方法，并利用该方法对遗址土的收缩特性进行了研究。试验数据模型拟合检验结果表明，液体石蜡法比传统方法测量的土的收缩特征曲线精度更高，而且试验操作简便易行。试验发现，初始饱和的糊状重塑土试样，其收缩过程由初始的以重力控制的一维竖向收缩逐渐向三维收缩发展。研究发现，土中封闭微孔中空气的存在，使得实测收缩曲线与理论收缩曲线发生一定程度的偏移。试验结果表明，随着粘粒和膨胀性粘土矿物含量的增大，粉土的体积收缩率增大，而达到最终稳定状态时的孔隙比则减小；粉土的缩限比塑限低 1.1－1.8％。

关键词： 土遗址　液体石蜡法　收缩特征曲线　交河故城

0　引　言

在我国古丝绸之路沿线、黄河流域、长江流域，遗存下大量土建筑遗址[1]，这些土遗址反映了不同时期生产力的发展水平，具有很高的历史、科学和艺术价值，是中华文明重要的组成部分。我国西北地区由于气候干旱少雨，数量众多的土建筑遗址得以保存至今，如古丝绸之路上的秦汉长城、烽燧、楼兰遗址、交河故城、高昌古城。由于受强烈的风蚀和集中式强降雨的破坏，西北地区土遗址发育着众多病害[2]，亟需加固和保护。

西北地区虽然年降雨量小，但降雨集中，且强度大。降雨在对土质文物进行溅蚀和冲蚀的同时，又在其表面形成一定厚度的结皮层。结皮在干燥失水过程中发生收缩开裂或产生卷曲，在外界温湿度变化条件下，产生不同于墙体的差异性变形，逐渐从墙体表面剥离脱落，同时产生的裂隙也在一定程度上加速了风蚀进程[3]。降雨在土遗址表面形成的饱和湿土层在干燥过程中失水收缩，产生的裂隙会破坏墙体原有的连续性，降低了表面抗风化能力，加速土遗址的破坏进程。本文以交河故城和高昌故城遗址土作为研究对象，通过改进的试验方法研究遗址土的收缩特性，揭示土遗址雨蚀破坏机理，为土遗址抗风化加固提供理论依据。

1　试验材料

试验土样取自新疆吐鲁番市境内的两处古建筑遗址：交河故城和高昌古城，两处遗址分别位于吐鲁番市以西 10km 和以东 30km，是目前世界上保存较好的土建筑遗址，于 1961 年被国务院列为第一批全国重点文物保护单位。遗址所处的吐鲁番盆地，属于典型的大陆性暖温带干旱荒漠气候，年降水量为 16.2mm，但历史上多次出现过 40 – 50mm 的大暴雨[4]。工程钻探查明，遗址所在地层均为冲湖积地层，以粉土、粉质黏土和粉细砂互层为主。

已有研究表明，在降雨条件下土遗址表面土体首先饱和并形成泥浆，泥浆在干燥失水过程中形成结皮并发生开裂[3]。因此试验选用初始状态为饱和的糊状重塑土作为研究对象。同时为了进行试验对比，选取兰州九州台黄土试样作为对比试样。颗分试验采用 Mastersizer 2000 全自动激光粒度仪，矿物成分测试采用 Pert Pro MPD 型粉末 X 射线衍射仪，其他物理性质参数按照《土工试验方法标准》进行测试，试验结果见表 1、表 2 和图 1。

表 1　试验土样物理性质

试样	比重	液限/%	塑限/%	塑性指数	粘粒/%	粉粒/%	砂粒/%	Cu	Cc	比表面积/m2·g-1
交河	2.719	34.0	22.4	11.6	25.1	67.4	7.5	9.7	1.1	1.19
高昌	2.714	30.7	18.5	12.2	25.0	60.3	14.7	9.4	1.0	1.07
九州台	2.722	28.1	17.6	10.5	11.2	70.5	18.3	9.7	2.0	0.64

表 2　试验土样矿物成分测试结果

试样	蒙脱石	伊利石	石膏	高岭石	绿泥石	石英	钾长石	斜长石	方解石	白云石	菱铁矿	赤铁矿	黄铁矿
交河	2.3	2.1	0.1	2	0	39.2	18.3	34.9	0	0.3	0.3	0.3	0.2
高昌	2.1	4.7	0	2.1	1.6	37.2	13.6	22.3	14.6	0.4	0	0.7	0.7
九州台	1.4	6.9	0.1	3	1.7	48.4	11.2	15.9	8.9	1.9	0.3	0	0.3

2　收缩曲线测量方法改良

2.1　收缩曲线测量方法综述

土的收缩特性实际上是随着土体自身含水量降低而发生的体积减小现象。作为一种

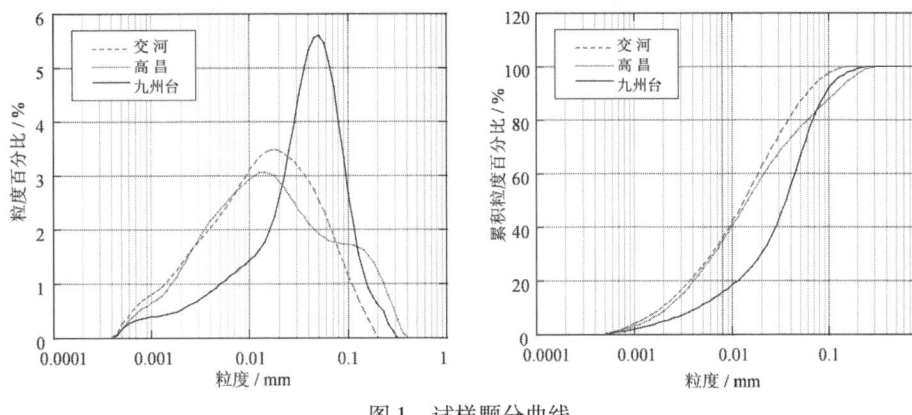

图1　试样颗分曲线

多孔介质材料，土的收缩性主要取决于其所含粘粒的数量和粘土矿物类型。随着土中孔隙水的减少，其体积产生收缩，当收缩产生的应力超过土的抗拉强度时，土体便产生干缩裂缝[5]。土中孔隙水的变化引起土体积的变化，两者间的关系可以通过土的收缩曲线（SSCC）进行描述。

　　土的收缩曲线分为四个部分，如图2中的曲线1所示：（1）结构收缩（2）正常收缩（3）残余收缩（4）零收缩[6]，分别以字母S、N、R、Z表示。

　　在第一阶段，土中团聚体间的较大孔隙中水分不断蒸发，空气逐渐取代大孔隙中水的位置，土的体积并未发生明显变化。该收缩过程常见于团聚体结构较为发育的原状土样。第二阶段，随着水分的继续蒸发，土体积开始减小，并且土体积的减小值与蒸发的水分体积值保持一定比例，而团聚体内部的孔隙仍然处于饱和状态。对于结构性很差的饱和糊状粘土，其收缩过程从该阶段开始（图2中曲线2），并且其收缩曲线的斜率值

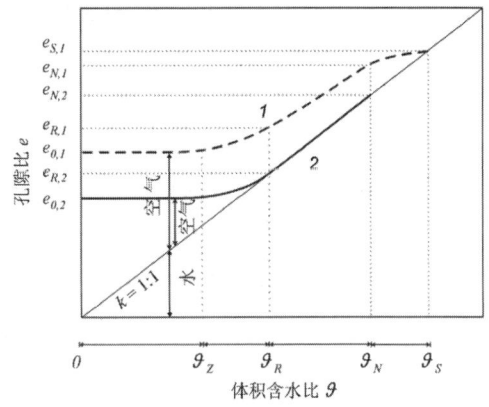

图2　土的收缩曲线示意图[6]

为1[7]，而对于具有一定团聚体结构的土，该阶段收缩曲线斜率值介于1-0.1之间（图2中曲线1）[8]。在第三阶段，空气进入团聚体内部微孔隙，土的体积随着水分的进一步减小而继续收缩，但此时体积收缩量小于蒸发的水分体积量。将收缩曲线上开始偏离1:1饱和线所对应点的含水量称之为进气值。随后在第四阶段，土体达到最大密度，随着水分的进一步蒸发，土的体积保持一常数。将体积随着含水量减小不产生变化时所对应的界限含水量称之为缩限。但是也有研究者指出[9]，在第四阶段的所谓零收缩阶段，土中的粘粒发生了重分布，这导致了团聚体内部微裂隙的产生，由于新产生的微裂隙与粘粒重分布相互补偿，土的体积显观上仍然保持不变。

收缩曲线的测定需要对失水干燥过程中土样的体积和含水量进行连续监测。迄今为止已经提出了诸多测量收缩曲线的方法。最初的体积测量方法是利用游标卡尺对试样尺寸进行直接测量，该方法虽然简单易行，但由于受人工操作的影响而存在较大的误差。随后 Braudeau 等[10]对直接测量法进行了改进，引入了位移传感器来监测试样垂直方向上的收缩量。Geiser[11]对比了多种体积测量方法后指出，利用位移传感器来测试试样尺寸变化的方法其精度仍然存在缺陷，因为在干燥失水过程中试样体积变化不一定在各个方向保持相同，而且饱和度较大的粘土试样也不适宜埋设传感器。Geiser 随后提出，将试样浸没在液体中的体积置换方法，利用阿基米德浮力原理测量试样体积的新方法，并利用该方法取得了较为满意的试验结果。体积置换方法最初由 Head 提出[12]，后来人们尝试各种不同液体，如甲苯，水银（ASTM D 427）[13]，芳香烃化合物[13]等。但上述液体物质均有一定的毒性，实验过程中必须采取严格的安全措施，这无疑增加了试验的复杂性。本文采用同种土多个平行样测量体积的方法，无需考虑同一试样的重复测量问题并采用液体石蜡作为体积测量的液体材料，试验过程得到简化，试验精度和实验过程中的安全性都有提高。

2.2　液体石蜡法测定收缩曲线

将土烘干后与 1.5 倍液限的蒸馏水充分混合，配置成初始状态饱和的糊状泥浆，静置不少于 1 天，以有效避免初始状态试样中团聚体等结构的形成[14]。遗址土收缩特性试验采用内径为 4.5cm，高度为 2cm 的圆柱形 PVC 管。将配置好的饱和试样在真空状态下进行抽气，确保试样中的气泡充分排出，然后将试样利用 V 型塑料带挤入事先涂抹凡士林的 PVC 管（内径 4.5cm，高 2cm，底部放置一层滤纸），尽量避免试样中产生气泡，最后将试样顶部用土样刀刮平（如图 3）。涂抹凡士林和滤纸的目的是使试样在失水过程中尽可能产生自由收缩，防止因边界摩擦约束而产生裂隙，影响体积测量精度。将两种遗址土制成的两组各 35 个试样置于 TPG1260TH 型植物生长室内，在控制恒定温湿度的条件下（20°C，RH = 40%）缓慢干燥。

试样体积测量采用液体石蜡体积置换法（如图 4 所示）。试验用液体石蜡密度经100ml 容量瓶法测量为 $\rho_d = 0.832 g/cm^3$。试样干燥过程中，每间隔一定时间，从每组试样中各取出一个试样，小心地从 PVC 管中取出土样并称其质量 m_i，然后置于液体石蜡中，读取此时电子天平读数 m_1，利用式（1）计算试样体积 v。将测完体积的试样置于 105°C 烘箱中烘干，待 5 小时间隔试样质量相差小于 0.002g 时取出，测量其质量 m_s，利用式（2）和（3）分别计算试样的含水量 w 和孔隙比 e。利用式（4）将重量含水量转换为体积含水比 ϑ（区别于体积含水量 θ）。

$$v = \frac{m_1 - m_2}{\rho_p} \tag{1}$$

$$w = \frac{m_i - m_s}{m_s} \tag{2}$$

$$e = \frac{\rho_s \times v}{m_s} - 1 \tag{3}$$

$$\vartheta = \frac{V_w}{V_s} = w \times \frac{\rho_s}{\rho_w} \tag{4}$$

式中：

m_1——试样置于液体石蜡中电子天平读数，

m_2——绳、支架置于液体石蜡中电子天平读数，

ρ_p——液体石蜡密度，

m_i——一定含水量的试样质量，

m_s——烘干后试样质量，

ρ_s——土粒密度，

ρ_w——水的密度。

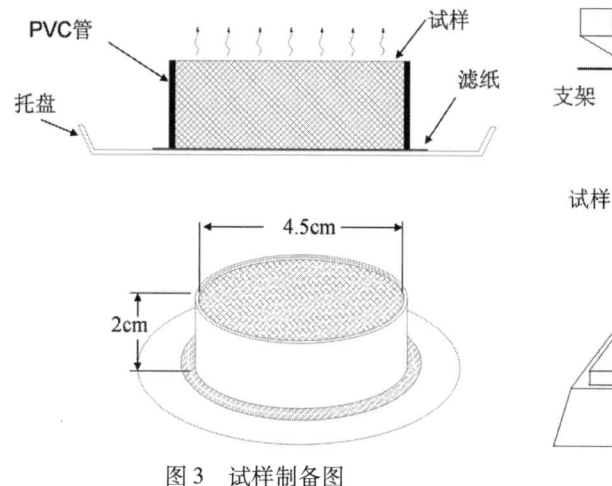

图 3　试样制备图

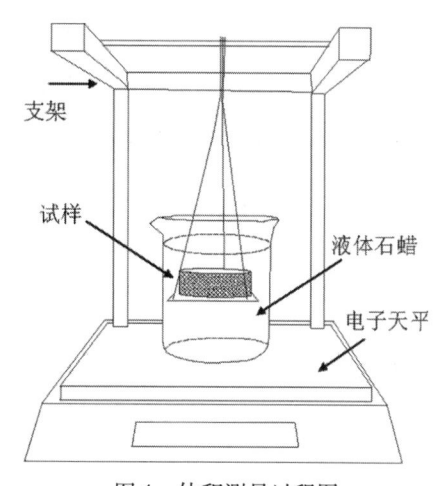

图 4　体积测量过程图

　　需要说明的是，将重量含水量 w 转换成体积含水比 ϑ 可以更为直观地对孔隙体积及其孔隙内水分体积变化进行对比，分析两者之间关系。随着试样含水量的降低，较干燥的试样可能会吸收部分液体石蜡。为避免体积测量误差，在试样含水量较低时（交河土样 <28%，高昌土样 <26%），先将试样浸入液体石蜡中，待试样表面无气泡产生时，取出并小心将表面液体石蜡擦干，然后再进行体积测量。由于液体石蜡沸点 ≥300℃，因此在 105℃ 测定含水量时，满足间隔 5 小时试样质量差小于 0.002g 这一要求需要长达 3 天以上的时间，本试验又将含水量测量方法进行了改进，即利用公式（5）计算含水量 w。试验结果对比表明，利用式（5）间接计算求得的含水量与烘干法

直接测量的含水量，绝对误差一般≤0.07%。为了将液体石蜡测量体积方法与通常的直接测量方法进行对比，在试样浸入液体石蜡前，用游标卡尺对试样半径和高度进行测量，计算试样体积。每个试样的半径和高度在不同位置测量4次，然后取其平均值。

$$w = \frac{(1 + w_0)m_i - m_0}{m_0} \tag{5}$$

式中：

m_0——试样初始质量，

w_0——试样初始含水量。

3　不同收缩试验方法对比

3.1　试验结果离散度对比

图5中a和b分别是游标卡尺法和液体石蜡法测量的交河、高昌重塑土样孔隙比随体积含水比变化的散点图。从图中可以看到：（1）相对于液体石蜡法，游标卡尺法的试验测量结果离散度较大，并且离散度随试样含水量的减小趋于增大；（2）当试样体积含水比大于0.7时，两种方法测量的孔隙比趋于一致，但随着试样含水量的减少，两种方法测量的孔隙比差值逐渐增大。

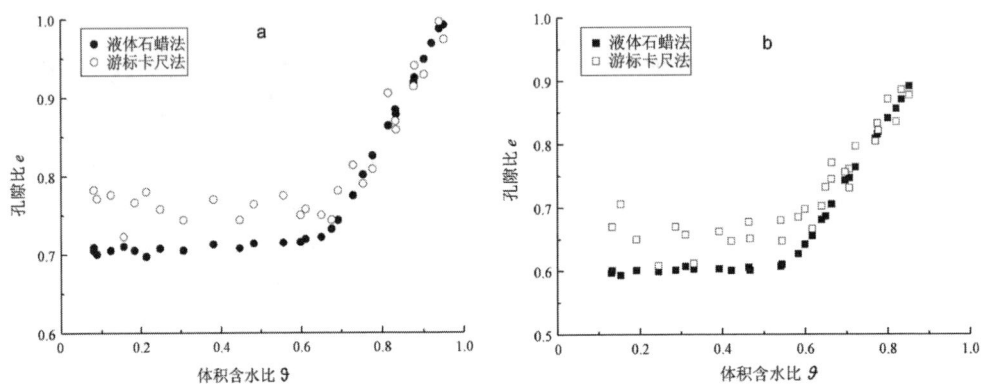

图5　不同测定方法测量的交河土样（a）及高昌土样（b）收缩曲线

试验结果表明，利用阿基米德浮力原理测量体积的方法比直接利用游标卡尺测量体积的方法具有更高的精度。游标卡尺的精度为0.05mm，在测量圆柱试样的高度和直径过程中不可避免产生测量误差，该误差在体积计算过程中进一步增大；而利用浮力原理测量体积时，是利用电子天平的质量读数（精度为0.001g）来计算试样体积，从而使测量误差大为降低。另外，利用测量高度和直径计算体积的方法受试样形状的影响较大，该方法的适用前提是试样形状为规则圆柱体，并且试样在失水过程中产生各向均质收缩。但在实际的试验条件下，试样通常产生各向异性收缩，随着含水量的减小，这种趋势愈加显著，从而在很大程度上影响了测量精度。

利用卡尺直接测量体积，虽然精度偏低，但利用该方法可以得到反映试样体积变化的重要参数——几何因子 r。几何因子 r 对模拟膨胀性或收缩性土中水的迁移具有重要意义[15]。试样的体积变化可以用下式表示：

$$1 - \frac{\Delta V}{V} = \left(1 - \frac{\Delta h}{h}\right)^r \tag{5}$$

式中 V 是试样初始体积，ΔV 是体积变化量，h 是试样高度，Δh 是试样高度变化量，r 为几何因子，该参数最初由 Rijniersce 于 1983 年在土壤学领域提出。对于三维等方性收缩，$r = 3$；当收缩过程中产生裂隙时，$r > 3$；当试样仅产生一维竖向收缩时，$r = 1$。

图 6 是两种土样从饱和到干燥过程中几何因子随体积含水比变化的散点图。从图中可以看出，几何因子随着体积含水比的减小而逐渐增大，从最初的接近于 1 附近变化至在 3 上下波动。由此可以推断，试样在含水量较大时，其状态为糊状，此时的体积收缩主要是在重力作用下发生的一维表面沉降[16]，径向方向变化不明显，因此 r 值接近于 1；随着含水量的减小，试样内部粘聚力增大，径向也开始收缩，从而导致了试样产生了三维体积收缩，r 值趋于 3。图 6 中 r 值

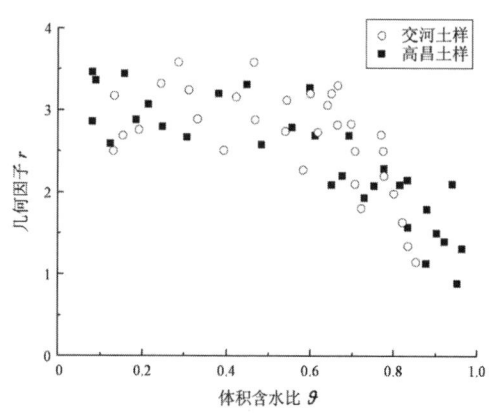

图 6　几何因子 r 随体积含水
比 ϑ 变化散点图

最终在 3 附近浮动表明，试样干燥收缩过程中未产生裂隙，这与实际观测到的情况相吻合。

3.2　试验结果拟合验证

为了进一步验证液体石蜡法的测量精度，利用 McGarry 模型[17] 和 Groenevelt – Cornelis 模型[18] 对实验结果进行拟合验证（如图 7，8）。W. M. Cornelis 等[5] 曾通过试验验证了包括 Braudeau 模型、Chertkov 模型在内的诸多模型，通过研究对比后指出，McGarry 模型和 Groenevelt – Cornelis 模型是目前较为简便而且拟合精度和效果较高的两种模型，因此本文选该两种模型对试验结果进行拟合验证。

McGarry 模型：

$$e = e_0 + \frac{e_d}{1 + \exp[-\alpha(\vartheta - \vartheta_i)]} \tag{6}$$

式中

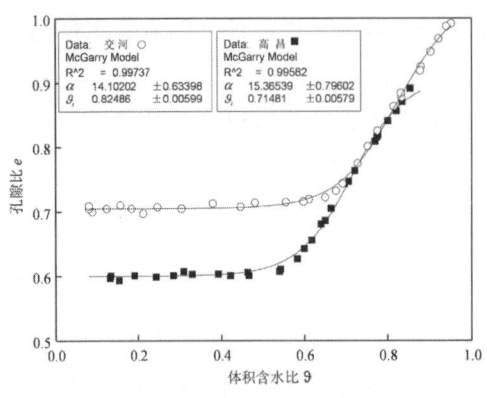
图 7　收缩曲线的 McGarry 模型拟合结果

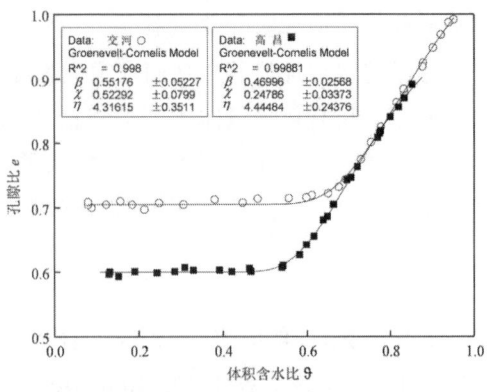
图 8　收缩曲线的 Groenevelt – Cornelis
模型拟合结果

$e_d = e_S - e_0$ ，

α ，与土的进气值有关的参数，

ϑ_i ，拐点处的体积含水比。

Groenevelt – Cornelis 模型：

$$e = e_0 + \beta\left[\exp\left(\frac{-\chi}{\vartheta^\eta}\right)\right] \tag{7}$$

式中 β , χ , η 为模型参数。

图 7 和图 8 的拟合结果表明，利用 McGarry 模型和 Groenevelt – Cornelis 模型进行拟合的相关系数 R^2 均大于 0.9958，因此可以得出，利用液体石蜡法来测量土的收缩曲线具有较高的精度和可靠性。

4　收缩试验结果分析和讨论

图 9 是试验测得的不同重塑土试样孔隙比随体积含水比变化的散点图，并利用 Groenevelt – Cornelis 模型进行拟合得到对应的收缩曲线。从图中可以得出，饱和糊状遗址土重塑样的收缩曲线主要分三个阶段：首先是正常收缩阶段，从初始饱和状态（ ϑ_N ）到进气值（ ϑ_R ），收缩曲线遵循 1∶1 线性变化。该阶段内泥浆处于饱和状态，并且泥浆的体积收缩在数值上与损失的水体积相等。当空气进入后，收缩幅度开始减小，进入残余收缩阶段，该阶段收缩曲线斜率逐渐减小，即孔隙比随体积含水比的变化值由 1 逐渐趋于 0；随着含水量的进一步减少，体积收缩量最终达到极小值而且不再变化时，此时所对应的含水量为缩限含水量，此阶段为零收缩阶段。

毛细效应使土中孔隙水表面产生低气压，该低气压所产生的应力，一部分引起土颗粒间的靠拢和压密，宏观表现为土体积的收缩，另一部分应力则作用于土颗粒间形成的骨架结构上。初始高含水状态下土的骨架结构尚未完全形成，土的收缩表现为塑性压缩，试样体积减小量与土中水分体积减小量相等，这使得土样中的自由水表面一直保持在试样表部，收缩曲线遵循1：1变化规律。随着含水量的进一步减小，土的骨架结构逐渐形成，其抵抗变形能力逐渐增强，此时试样体积减小量小于水分体积的减小量，孔隙水弯液面逐渐向土的内部发展，空气开始进入孔隙。随着干燥过程的不断发展，土中颗粒形成的骨架结构足以抵抗毛细效应所产生的应力时，土的体积停止缩小（即达到缩含水量）。随着试样内部与外界水分梯度的逐渐降低，含水量缓慢减小，直至试样内部与外界的水分交换达到平衡状态。

理想状态的糊状重塑土样在正常收缩阶段其收缩曲线应当与1：1饱和线相重合，如图2中的曲线2所示。但本次试验的实际测量结果却发生一定程度的偏移（如图9）。产生上述现象的原因可以解释为：饱和重塑土试样内部的微孔隙在初始状态下并未达到100%饱和。残存的少量空气处于不连续的封闭孔隙中，与外界空气并不发生联系，虽然对收缩曲线的斜率并不产生影响，但由于该部分孔隙气体占据一定的体积，计算所得

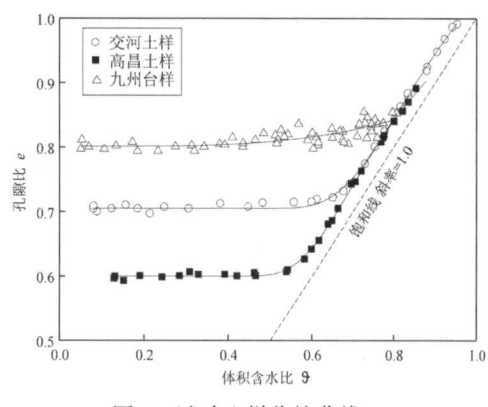

图9　试验土样收缩曲线

的试样孔隙比偏大，导致收缩曲线平行于1：1饱和线向上偏移。通常的体积测量方法由于精度的限制往往使得该部分孔隙体积对收缩的影响被大家所忽略。近年来，随着收缩曲线测量以及相关计算方法的不断改进，人们提出了诸多含水量与微孔体积间的关系模型（如Braudeau提出的XP模型等）[19]，但到目前为止，还没有关于封闭孔隙内空气体积影响收缩模型精度的成功报道。

用图9的收缩曲线获得的相关收缩参数见表3。将收缩曲线与土水特征曲线相结合，可以得到基质吸力与孔隙比或饱和度的关系曲线[20]，这对扩展非饱和土体积变形研究的范围与深度具有重要意义。

表3　收缩试验参数表

试样	进气值/%	缩限/%	缩限孔隙比	最终含水量/%	体积收缩率/%
交河	28.0	21.3	0.71	3.8	29.6
高昌	21.9	17.1	0.60	4.9	32.9
九州台	29.1	15.8	0.43	1.2	25.2

从图9中可以看出，三种土的收缩曲线并不相同。九州台黄土体积收缩率最小，仅为25.2%，其次是交河土样，为29.6%，高昌土样的体积收缩率最大，为32.9%。

这与土中粘粒含量和粘土矿物类型有关。图 9 表明，随着体积含水比的降低，九州台黄土孔隙比变化较小，收缩曲线较为平缓，正常收缩阶段和残余收缩阶段呈渐进演变且不易区分。造成该现象的主要原因是：土中粘粒含量偏低，而粉粒和砂粒含量则多达 88.8%（表 1）。随着砂粒含量的增大，土的体积收缩将受到很大抑制[21]。

相反，交河和高昌土样粘粒含量较高，两种遗址土具有较大的体积收缩率，对应收缩曲线的正常收缩阶段和残余收缩阶段较为明显。相比而言，高昌土样比交河土样具有较高的体积收缩率。颗分试验结果表明，虽然两种遗址土粘粒含量相近，且均为良好级配的土，但高昌土样的累计曲线较交河土样平缓，表明前者颗粒组成更易形成孔隙致密的结构[17]。此外，Boivin 等对圆柱形重塑土试样的收缩试验结果表明，粘土矿物的含量和类型对土的收缩性具有重要影响，随着粘土矿物含量的增大，重塑土试样的收缩性明显增大[22]。本文对两种试样进行的 X - 衍射试验结果显示，高昌土样中粘土矿物含量比交河土样高出约 4%，由此可以推断，粘土矿物含量较高是造成高昌土样体积收缩率较大的另一主要因素。

分析表 1 与表 3 的数据可以看出，三种土的缩限、液限和塑限之间存在一定的相关性，总体上看，三种粉土的缩限均随液塑限的降低而减小，并且土的缩限与塑限相接近，通常比塑限低 1.1 - 1.8%。

5　结　论

（1）提出了液体石蜡法直接测量土的收缩曲线方法。该方法安全、可靠、简便、易行。模型拟合结果证实，该方法取得的试验精度更高。

（2）糊状重塑土试样的干燥收缩过程，是由最初的重力控制下的一维沉降收缩逐渐发展到三维收缩。在一维收缩阶段，体积含水比与孔隙比遵循 1∶1 的变化规律。但由于封闭不连续微孔中空气的存在，使得收缩曲线发生平行于 1∶1 饱和线的偏移。

（3）所研究三种粉土的缩限比塑限低 1.1 - 1.8%。缩限不仅与粘粒含量、粘土矿物类型有关，还受粉粒组成的影响。

参考文献

[1] 李最雄，王旭东，孙满利. 交河故城保护加固技术研究. 北京：科学出版社，2008.

[2] 李最雄，赵林毅，孙满利. 中国丝绸之路土遗址的病害及 PS 加固. 岩石力学与工程学报，2009，28（5）：1047 - 1054.

[3] 张虎元，刘平，王锦芳等. 土建筑遗址表面结皮形成与剥离机理. 岩土力学，2009，30（7）：1883 - 1891.

[4] 解耀华. 交河故城保护与研究. 乌鲁木齐：新疆人民出版社，1999.

［5］ Corte, A. And Higashi, A. Experimental Research on Desiccation Cracks in Soil, Research Report 66: U. S. Army Snow Ice and Permafrost Research Establishment, Wilmette, Illinois, 1960.

［6］ W. M. Cornelis, J. Corluy, H. Medina, et al. Measuring and Modelling the Soil Shrinkage Characteristic Curve. Geoderma, 2006, 137: 179－191.

［7］ Chertkov, V. Y. Modelling the Shrinkage Curve of Soil Clay Pastes. Geoderma, 2003, 112: 71－95.

［8］ Braudeau, E., Costantini, J. M., Bellier, G., et al. New Device and Method for Soil Shrinkage Curve Measurement and Characterization. Soil Sci. Soc. Am. J, 1999, 63, 525－535.

［9］ Bruand, A., Prost, R. Effect of Water Content on the Fabric of a Soil Material: An Experimental Approach. J. Soil Sci, 1987, 38: 461－472.

［10］ Braudeau, E., Boivin, P. Transient Determination of Shrinkage Curve for Undisturbed Soil Samples: a standardized experimental method. Baveye, P., McBride, M. B. (Eds.), Clay Swelling and Expansive Soils. Kluwer Academic, Norwell, MA, 1995.

［11］ Geiser, F. Comportement mécanique d' un limon non saturé: étude expérimentale et modélisation constitutive. Ecole Polytechnique Fédérale de Lausanne, EPFL, Switzerland, 1999.

［12］ Head, K. H. Manual of Soil Laboratory Testing, Volume 1: Soil Classification and Compaction Tests, London: Pentech Press, 1980.

［13］ Astm. Test Method for Shrinkage Factors of Soils by the Mercury Method—D427－04. Book of Standards Volume: 04. 08. Committee D18. 03on Texture, Plasticity and Density Characteristics of Soils, 2005.

［14］ Herv Pron, Tomasz Huecke, and Lyess Laloul. An Improved Volume Measurement for Determining Soil Water Retention Curves, Geotechnical Testing Journal, 2006, 30: 1－8.

［15］ Pascal Boivin, Patricia Garnier, and Daniel Tessier. Relationship Between Clay Content, Clay Type, and Shrinkage Properties of Soil Samples. Soil Sci. Soc. Am. J. 2004, 68: 1145－1153.

［16］ Kim, D. J., Vereecken, H., Feyen, J., et al. On the Characterization of Properties of an Unripe Marine Clay Soil. 1. Shrinkage Processes of an Unripe Marine Clay Soil in Relation to Physical Ripening. Soil Sci, 1992, 153, 471－481.

［17］ Mcgarry, D., Malafant, K. W. J. The Analysis of Volume Change in Unconfined Units of Soil. Soil Sci. Soc. Am. J. 1987, 51: 290－297.

［18］ Cornelis, W. M., Corluy, J., Medina, H., et al. A Simplified Parametric Model to Describe the Magnitude and Geometry of Soil Shrinkage. Eur. J. Soil Sci. 2006, 57, 258－268.

［19］ Braudeau, E., J. M. Costantini, G. Bellier, et al. New Device and Method for Soil Shrinkage Curve Measurement and Characterization. Soil Sci. Soc. Am. J. 1999, 63: 525－535.

［20］ 汪东林, 栾茂田, 杨庆. 非饱和重塑黏土干湿循环特性试验研究. 岩石力学与工程学报, 2007, (26) 9: 1862－1867.

［21］ I. G. B. Indrawan, H. Rahardjo, E. C. Leong. Effects of Coarse－Grained Materials on Properties of Residual Soil. Engineering Geology. 2006, 82: 154－164.

［22］ Boivin, P., Garnier, P., Tessier, D. Relationship Between Clay Content, Clay Type, and Shrinkage Properties of Soil Samples. Soil Science Society of America Journal. 2004, 68: 1145－1153.

［23］ Shridaran, A. , Prakash, K. Shrinkage Limit of Soil Mixtures. Geotechnical Testing Journal , 2000, 23: (1), 3 – 8.

Determination of Soil Shrinkage Characteristic Curve of Surface Soil on Ancient Earthen Architectures

Liu Ping, Zhanh Huyuan, Yan Gengsheng
Zhao Tianyu, Wang Xiaodong

(Key Laboratory of Mechanics on Western Disaster and Environment, DOE, Lanzhou University, Lanzhou 730000)

Abstract: The paraffin oil method was proposed and conducted to determine the soil shrinkage characteristic curves (SSCC) for understanding the desiccation behavior of the wet surface of ancient earthen architectures. Test data and the model fitting results show that paraffin oil method is more accurate than the traditional methods. This study indicated that the soil paste shrink vertically at the primary dryings stage by gravity and then came to three dimensional shrinkage with the further evaporation of the soil water. It was found that the measured SSCC was slightly shifted upward from the theoretical 1: 1 saturated line, which can be attributed to the air contained in the isolated micropores. Results of test also indicated that the shrinkage limit of the three silt soils was 1. 1 – 1. 8% dry than the corresponding plastic limit, which was determined mainly by the clay content and the type of clay minerals.

Key Words: earthen architecture, paraffin oil method, shrinkage characteristic curve (SSCC), Ancient city of Jiaohe

（原载于《岩石力学与工程学报》2010 年，第 29 卷第 4 期）

PS 材料加固遗址土试验研究

和法国[1,2,3]，谌文武[1,2]*，赵海英[4]

孙满利[5]，张景科[1,2]

（1. 兰州大学土木工程与力学学院，兰州，730000；

2. 西部灾害与环境力学教育部重点实验室，兰州，730000；

3. 古代壁画保护国家文物局重点科研基地，敦煌，736200；

4. 敦煌研究院，敦煌，736200；5. 西北大学文博学院，西安，710069）

内容摘要：以 PS 材料加固古遗址土为研究对象，选用具有代表性的古长城遗址土和故城遗址土两大类，对其原状样和重塑样进行 PS 材料加固后，研究其力学强度特征及耐久性能，进行了抗压、抗拉、雨蚀、风蚀试验及雨蚀、风蚀组合等试验。大量的室内试验结果表明：经 PS 材料加固后，遗址土体的力学性能和抗雨蚀、抗风蚀能力得到明显改善。古长城土经 PS 加固后，其抗压强度可提高至 1.5 倍，且以 PS 浓度 5%、加固三次效果最佳，c、φ 值明显提高，渗透性能有小幅降低，随老化时间增长，强度未降低，至少能承受 8 次冻融循环。PS 加固故城土后，土体强度可提高 1.2 - 1.8 倍，抗风蚀能力提高 6 - 24 倍，抗雨蚀 + 风蚀综合能力提高 6 - 13 倍。试验说明 PS 材料具有良好的加固效果，为将其更广泛地应用于土遗址保护加固工程中提供了重要的理论价值。

关键字：PS 材料　土遗址　加固　耐久性　试验

　　PS 材料是中国文物工作者经多年的研究和实践，发明的一种用于文物保护加固的材料。目前应用于干旱半干旱地区土遗址加固，得到文物界唯一认可并具有多项专利[1]。在抢救濒危文物工作中发挥了重大作用，在甘肃的敦煌莫高窟、榆林窟、炳灵寺、麦积山，西藏布达拉宫、罗布林卡、萨迦寺、新疆交河故城、高昌故城，宁夏西夏王陵等多处保护加固工程中运用，已经在中国文物保护工程中发挥了巨大的作用，在加固土质古代长城和故城等文物中得到广泛应用[2]。

　　李最雄、王旭东、孙满利等[2-6]对 PS 材料在古遗址保护中的应用以及试验进行了研究，并取得了不错的加固效果。赵海英等[7-9]研究了 PS 材料模数、浓度对干旱区土建筑遗址加固效果的影响，以及 PS 加固西北干旱区遗址土的机理以及抗风蚀效果。周双林、李宏松等[10,11]对文物保护加固材料进行了性能试验研究。和法国、谌文武等[12,14]对 PS 材料加固土遗址进行了大量室内试验研究，并对其加固效果进行了评价[15-17]。

对 PS 材料加固古长城和故城土进行系统的研究和对比，以及综合的试验评价，研究很少。因此，依据 PS 材料在两类土遗址中的实践应用，为进一步研究其加固性能，对 PS 加固遗址土进行了较为系统的试验。古长城土样取自定西地区秦长城夯土，对其加固试样进行常规物理力学试验及耐久性试验。故城土样取自新疆交河故城和高昌故城，针对其性质及所处的环境对 PS 材料加固遗址土的性能进行了较为全面的研究。

1　PS 材料加固古长城土

本次试验共制作重塑样 42 组，每组 3 块，共 126 块，根据古长城土的实际密度，分别设计了 1.3g/cm³、1.5g/cm³、1.7g/cm³ 三种干密度，对其用 PS 加固后分别进行无侧限抗压强度试验、抗剪强度试验、渗透性试验、耐水性试验、老化和冻融试验。选用模数为 3.84 的 PS 溶液，分 3%，5% 和 7% 三种浓度，用滴注方法进行渗透加固。

1.1　无侧限抗压强度试验

PS 加固方法为滴注渗透，每次加固用量为最大饱和度的 85%，对试样采取一次加固和三次加固两种方式，加固后在室内养护一个月。使用 WE-30 型液压式万能材料试验机测试其无侧限抗压强度，结果见图 1、图 2。

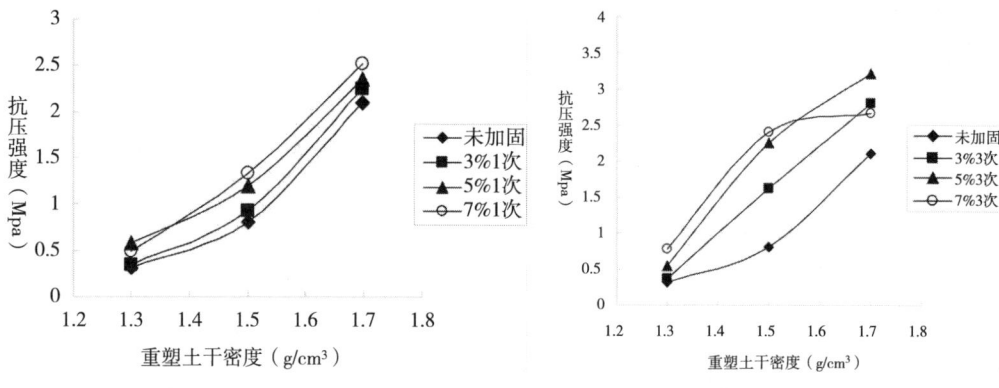

图 1　干密度、浓度与抗压强度的关系　　　　图 2　干密度、浓度与抗压强度的关系
　　　　　（加固一次）　　　　　　　　　　　　　　　（加固三次）

由图 1 和图 2 可以看出：未加固重塑土的抗压强度在 0.31 – 2.10MPa 之间[7]，而加固后的重塑土抗压强度在 0.35 – 3.21MPa 之间，强度明显提高，可见 PS 加固可以得到比较理想的效果。浓度 5% 加固效果比 3% 和 7% 加固效果要好，尤以加固三次效果最佳，这也为以后的 PS 加固提供了参考依据。对于重塑土加固，PS 材料浓度不同，抗压强度不同，随着浓度增加，加固体的抗压强度呈增长趋势。经 PS 三次加固后强度明显高于一次加固后强度。以未加固土为基准，加固剂的有效利用率随浓度的增加而逐渐减小，随加固次数增加而增长显著。经计算分析，相同加固次数时以 5% 浓度加固样的强度增长率最大。因此试验证明提高古长城土抗压强度以 5% 浓度 PS 材料为最佳[12]。

1.2 抗剪强度试验

试验用应变控制盒式直剪仪，进行直接快剪试验。根据设计密度称好土重，以含水量 10% 左右拌匀后轻轻压实装入环刀，风干后再滴渗定量的 PS 材料，风干待测。

由图 3 可以看出，重塑土经过 PS 加固后，c、φ 值都明显提高，可使土的内聚力和内摩擦角改变，增强土的抗剪强度、整体性和土体的稳定性。但抗剪强度增长随密度、土质、PS 材料浓度及加固次数不同有所变化。

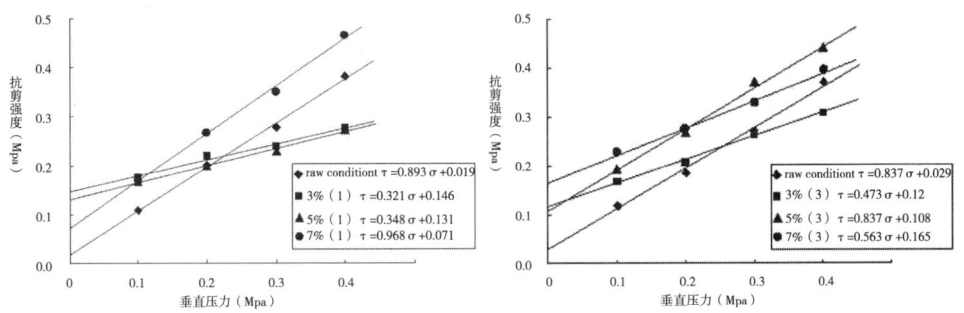

图 3　PS 材料加固古长城土抗剪强度（$\rho_d = 1.5 \mathrm{g/cm^3}$）

1.3 渗透性试验

为了验证 PS 加固后对土粒间的连结力和微观结构的变化，以及 PS 的加入对土体渗透性的影响，进行了 PS 加固土的渗透试验，并与加固前做对比，得出 PS 对土的渗透性的影响。

试验结果（表 1）表明：

①重塑土经过加固后，其渗透性变化很小，降低幅度小。②加固三次比加固一次渗透性降低更多，但幅度都不大。③虽然 PS 加固对土的抗渗能力有所降低，但幅度很小，从文物保护角度来说，PS 材料没有阻塞土中的孔隙连通和毛细管，可以使土体具

有良好的透气和渗透性。使土体易于排水排气，不会发生破坏，尤其是对于土体上的壁画保护更具有积极效果。

表1　PS 材料加固后长城遗址土的渗透系数（cm·s^{-1}）

加固次数＼渗透系数/%	未加固	3% PS 加固	5% PS 加固	7% PS 加固
1	4.595×10^{-6}	4.285×10^{-6}	4.294×10^{-6}	4.489×10^{-6}
3	4.595×10^{-6}	4.315×10^{-6}	3.699×10^{-6}	3.360×10^{-6}
备注	定西古长城土，$\rho_d = 1.5 g/cm^3$			

1.4　耐老化试验

试验时，将 PS 加固样置于距离两个 300W 的紫外线碳弧灯正下方 30cm 位置的耐老化试验箱中，在紫外光的照射下，定期测量试样的强度损失，并观察其形貌变化。试验采用紫外光间断辐照方式测试，间断辐照模拟实际日照情况，照射通常为白天，约 12 小时，夜间停止实验。连续辐射从开始照射至实验结束，试验采用 PS 加固一次的试样，辐射 300 小时。结果表明：

随着老化时间的延长，PS 加固样的强度不但没有降低，一般有增大现象，可见 PS 具有良好的抗老化能力和较长的使用寿命；浓度越大，其强度损失率越小。说明 PS 材料具有较强的抗老化性能。

1.5　抗冻融试验

将加固后的试样烘干，称重。加入定量的水密封保存，使其充分浸湿，含水量约为 14%，放入冰箱（$-20 \pm 0.5℃$）冷冻 4 小时后，取出后在保湿器融化 4 小时为一个冻融循环。试验达到要求的冻融循环次数后，将试样放入烘箱烘干，测其干质量和抗压强

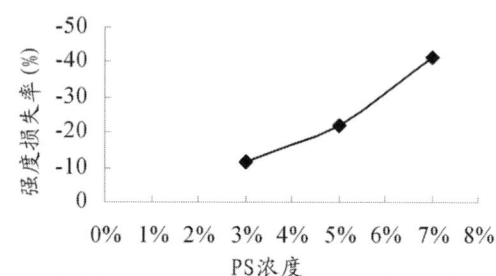

图4　PS 浓度与强度损失率关系

度，并计算质量损失和强度损失。以干密度 $\rho = 1.5 g/cm^3$、PS 浓度 5%、加固三次为例，试验结果如表2。试验结果表明：冻融质量损失率很小，一般在 1% 以下，而且不随冻融次数的增加而增大。冻融循环次数在 8 次以下时，试样都能保持其完整性，8 次以上时才出现小裂隙。其无侧限抗压强度损失率很小，甚至出现强度增大现象。所以经 PS 加固后试样具有较好的抗冻性能。

表2　冻融试验结果

冻融循环次数	质量损失率%	抗压强度 MPa	强度损失率%	试样描述
0	0	0.567	0	完整
1	0.200	0.567	0.059	完整
3	0.496	0.674	-1.117	完整
6	0.411	0.600	-5.820	完整
8	0.503	0.667	-17.578	完整
10	0.183	0.534	5.938	少量损失
15	0.475	0.560	1.235	少量损失
20	2.755	0.540	4.726	少量损失
25	0.611	0.674	-18.754	少量损失

2　PS 材料加固故城土

试验选用交河故城和高昌故城土体作为研究对象，用 PS 材料对其原状土和重塑土样进行加固，测试其物理力学性质，对比加固前后的结果，得出其加固效果。

原状样取自故城未扰动土体，土样切割成大小为 5cm×5cm×5cm 的立方体，重塑土样根据故城土的天然密度，试验选取 1.5g/cm³、1.6g/cm³、1.7g/cm³ 三种干密度制样。用模具制成 7.07cm×7.07cm×7.07cm 立方体，在室内自然养护风干后含水量控制在 2.0% 左右。

试验采用模数为 3.8 的 PS 溶液，采用浓度分别为 3%、5%、7% 和 10%。试验方案分为以下几种：（1）未用 PS 加固。（2）3% 浓度 PS 溶液喷洒第一次、5% 浓度 PS 溶液喷洒第二次、7% 浓度 PS 溶液喷洒第三次。（3）5% 浓度 PS 溶液喷洒三次。（4）7% 浓度 PS 溶液喷洒三次。（5）10% 浓度 PS 溶液喷洒三次。

2.1　抗压、抗拉强度试验

（1）原状土

将原状土用 5% 浓度 PS 溶液喷洒三次，每次喷洒时间间隔为 24 小时，全部喷洒完毕后在室内养护至自然风干，测试其单轴抗压和抗拉强度，选取典型的土样 JH-029、JH-030、JH-011 和 JH-012，其测试结果如表3。

可以看出：经过 PS 材料加固后，生土和垛泥的强度得到了明显的提高，提高幅度 120% -180%，生土的强度要高于垛泥。

表 3　原状土强度试验结果

土类型	土样号	抗压强度（MPa）		抗拉强度（MPa）	
		未加固	加固	未加固	加固
生土	JH－029	3.67	5.21	0.41	0.62
	JH－030	3.76	5.49	0.68	1.01
跶泥	JH－011	1.05	1.78	0.40	0.48
	JH－012	0.73	1.34	0.42	0.52

（2）重塑土

分别对密度为 $1.5g/cm^3$、$1.6g/cm^3$、$1.7g/cm^3$ 的重塑土样进行 PS 加固，采用与加固原状土同样的方式，加固后测试其 PS 固含量（即试块含 PS 质量）和强度。

表 4　重塑土加固后 PS 固含量

土类型	PS 固含量（g）		
	$\rho = 1.5g/cm^3$	$\rho = 1.6g/cm^3$	$\rho = 1.7g/cm^3$
生土	6.339	5.435	4.607
跶泥	6.415	5.451	4.849

表 5　重塑土抗压强度结果

土类型	未加固（MPa）			加固（MPa）		
	$\rho = 1.5g/cm^3$	$\rho = 1.6g/cm^3$	$\rho = 1.7g/cm^3$	$\rho = 1.5g/cm^3$	$\rho = 1.6g/cm^3$	$\rho = 1.7g/cm^3$
生土	0.40	0.72	0.90	0.56	0.88	1.32
跶泥	0.42	0.78	1.08	0.48	0.84	1.32

表 6　重塑土抗拉强度结果

土类型	未加固（MPa）			加固（MPa）		
	$\rho = 1.5g/cm^3$	$\rho = 1.6g/cm^3$	$\rho = 1.7g/cm^3$	$\rho = 1.5g/cm^3$	$\rho = 1.6g/cm^3$	$\rho = 1.7g/cm^3$
生土	0.14	0.18	0.22	0.18	0.28	0.35
跶泥	0.18	0.22	0.28	0.22	0.26	0.34

从表 4、5 和 6 可以看出：土的密度越小，吸收 PS 溶液的能力越强，经 PS 加固后，重塑土的抗压和抗拉强度明显增大，最大可提高约 1.6 倍。

2.2　抗风蚀试验

抗风蚀能力测试在中国科学院寒区旱区研究所的野外风洞试验室进行，试样水平放置，采用风速为 17m/s 的携沙风，吹蚀时间为 10 分钟。

（1）原状土

对原状土进行（1）、（2）、（3）、（4）、（5）五种方式的操作进行加固，并对结果对比分析。

PS 浓度越大，原状土的抗风蚀能力越强，但变化不明显，所以 PS 浓度以 5% 浓度为宜。不同加固方法以及 PS 浓度不同，风蚀率也略有不同。未加固的原状土风蚀率为加固土风蚀率的 6 - 24 倍，可见 PS 加固后原状土的抗风蚀能力大大提高。

试验结果如表 7。

表 7　原状土风蚀率结果

	生土风蚀率	跺泥风蚀率	备　注
1)	0.270%	0.350%	（1）未加固。（2）3% 浓度 PS 溶液喷洒第一次、5% 浓度 PS 溶液喷洒第二次、7% 浓度 PS 溶液喷洒第三次。（3）5% 浓度 PS 溶液喷洒三次。（4）7% 浓度 PS 溶液喷洒三次。（5）10% 浓度 PS 溶液喷洒三次。
2)	0.040%	0.050%	
3)	0.020%	0.027%	
4)	0.020%	0.023%	
5)	0.017%	0.018%	

（2）重塑土

表 8　重塑土风蚀率结果

密度 (g/cm³)	生土风蚀率			跺泥风蚀率			备　注
	1.50	1.60	1.70	1.50	1.60	1.70	（1）未加固。（2）加固重塑样风蚀。所有重塑土样加固都用 5% 浓度 PS 溶液喷洒三次
1)	0.11%	0.09%	0.03%	0.08%	0.06%	0.04%	
2)	1.55%	0.74%	0.67%	1.22%	0.82%	0.75%	

从表 8、图 5 可以看出：密度越大，PS 加固后抗风蚀能力越强，重塑土加固样的抗风蚀能力提高 8 - 22 倍。

2.3　雨淋 + 风洞试验

将交河故城重塑土未加固和加固样进行雨淋，待其在室内放置养护至自然风干后进行风洞试验。

表9　重塑土风蚀率结果

密度 （g/cm³）	生土风蚀率			垛泥风蚀率		备　注
	1.50	1.60	1.70	1.50	1.60	（1）加固重塑样风蚀。（2）加固重塑样雨淋后风蚀。（3）未加固重塑样风蚀。（4）未加固重塑样雨淋后风蚀。所有重塑土样加固都用5%浓度PS溶液喷洒三次。
（1）	0.11%	0.09%	0.03%	0.08%	0.06%	
（2）	0.27%	0.16%	0.11%	0.52%	0.42%	
（3）	1.55%	0.74%	0.67%	1.22%	0.82%	
（4）	3.73%	1.24%	1.18%	4.22%	3.31%	

风洞试验在中国科学院寒区旱区研究所的野外风洞试验室进行，采用风速为17m/s的携沙风，吹蚀时间为10分钟，试样水平放置。一次吹三块，试样间隔不能小于12cm，且不能靠近风箱边缘。

从重塑样风蚀结果可以看出：雨淋对试样的抗风蚀能力影响较明显，一般下降3－10倍。经PS加固后，重塑土的抗风蚀能力越强，抗雨蚀能力得到明显改善，而且密度越大，PS加固效果越明显。抗雨蚀＋风蚀能力提高6－13倍。

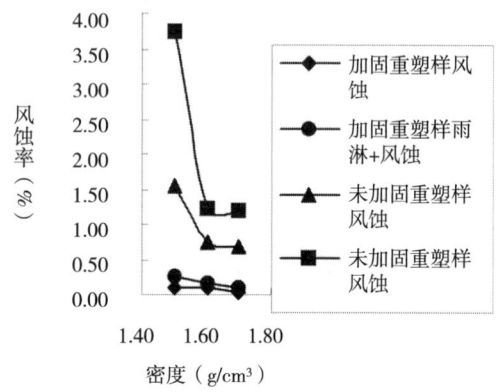

图5　风蚀率与密度的关系（交河生土）

3　结　论

PS材料已经在我国土遗址保护工程中发挥了很好的作用，大量的试验结果表明：

（1）经PS材料加固的古长城和故城土强度都有明显提高，古长城重塑土抗压强度由0.31－2.10MPa提高到加固后的0.35－3.21MPa，且当PS浓度为5%，渗透加固三次时加固效果最好。加固后古长城土抗剪强度也得到明显提高，但随密度、土质、PS材料浓度及加固次数不同其提高幅度有所变化。故城土经PS加固后原状土抗压和抗拉强度是未加固土的1.2－1.8倍，重塑土强度最大可提高至1.6倍。

（2）古长城土经PS加固后耐老化能力提高，300小时辐射内，强度不但没有降低，还会有增大现象，而且随着PS浓度和加固次数增多，其耐老化能力越强。加固后渗透系数略有降低但不明显，而且PS浓度和加固次数的不同对渗透性影响略有差异。经过8次以上冻融循环时加固试样才出现破坏，但其无侧限抗压强度损失率很小，甚至会出现强度增大现象。

（3）对故城土未加固土与加固土进行的风蚀以及雨蚀 + 风蚀试验结果表明，PS 加固后可使原状土的抗风蚀能力提高 6 – 24 倍，使重塑土抗风蚀能力提高 8 – 22 倍。重塑土加固后雨蚀 + 风蚀综合能力提高 6 – 13 倍。而且土体密度越大，经 PS 材料加固后其抗风蚀、抗雨蚀能力越强。

本次试验结果为 PS 材料加固濒临破坏的土遗址提供了理论参考依据，也说明 PS 用于土遗址保护加固，是理想的材料。

参考文献

[1] 李最雄. 丝绸之路古遗址保护. 北京：科学出版社，2003：48 – 118.

[2] 王旭东. 西北地区石窟与土建筑遗址保护研究的现状与任务. 敦煌研究，2007，（5）：6 – 11.

[3] 李最雄，王旭东，孙满利. 交河故城保护加固技术研究. 北京：科学出版社，2008：154 – 203.

[4] 李最雄，王旭东，田琳. 交河故城土遗址的加固实验. 敦煌研究，1997（3）：171 – 181.

[5] 李最雄，王旭东，郝利民. 室内土遗址的加固实验. 敦煌研究. 1998（4），44 – 149.

[6] 孙满利. 吐鲁番交河故城保护加固研究. 兰州：兰州大学土木工程与力学学院，2006.

[7] 赵海英. 甘肃境内战国秦长城和汉长城研究. 兰州：兰州大学土木工程与力学学院，2005.

[8] 赵海英，李最雄，汪稔，等. PS 材料加固土遗址风蚀试验研究. 岩土力学，2008，29（2）：392 – 396.

[9] 赵海英，王旭东，李最雄，等. PS 材料模数、浓度对干旱区土建筑遗址加固效果的影响. 岩石力学与工程学报，2006，25（3）：558 – 562.

[10] 周双林. 文物保护用有机高分子材料及要求. 四川文物，2003（3）：94 – 96.

[11] 李宏松，魏桦. 岩石材料工程性能的研究——石质文物保护科技的基础性研究方向. 文物保护与考古科学，2006，18（2）：57 – 62.

[12] 和法国. 岩土工程加固新材料试验研究. 兰州：兰州大学土木工程与力学学院，2006.

[13] 和法国，谌文武，张景科，等. PS 材料加固交河故城土体试验研究. 敦煌研究，2007（5）：32 – 35.

[14] 唐大雄等. 工程岩土学. 北京：地质出版社，1982：10 – 54.

[15] 张咸恭，王思敬，张倬元. 中国工程地质学. 北京：科学出版社，2000：5 – 70.

[16] 王银梅. 西北干旱区土建筑遗址加固概述. 工程地质学报，2003，11（2）：189 – 192.

[17] 潘别桐，黄克忠主编. 文物保护与环境地质. 北京：中国地质大学出版社，1992：2 – 65.

Experiments and Researches of PS Reinforcing Earthen Architecture

He Faguo[1,2]　　Chen Wenwu[1,2]*　　Zhao Haiying[3]

Sun Manli[4]　Zhang Jingke[1,2]

（1. School of Civil Engineering and Mechanics, Lanzhou University, Lanzhou 730000;

2. Key Laboratory of Mechanics on Western Disaster and Environment, Lanzhou 730000;

3. The Key Scientific Research Base of Conservation for Ancient Mural,

Dunhuang 736200; 4. Dunhuang Academy, Dunhuang 736200;

5. College of Culture and Museology, Northwest University, Xian 710069）

Abstract: Soil reinforced by PS material as object of study and representative soil of the ancient Great Wall and ancient city are selected. The raw and remoulded soil reinforced by PS has been studied on its mechanical strength and durability. After lots of tests, such as pressive and tensile strength, aging test, rain erosion, aeolian erosion and combination test indoor etc, we come to the conclusion that after reinforced by PS material, the intensity, anti – rain erosion and anti – aeolian erosion ability of the soil have been improved obviously. After reinforced, pressive strength of ancient great wall can be increased to 1. 5 times as large as before being reinforced, and its effect is best as consistency of PS is 5% and reinforced three times. C and φ have been largened. The penetrability is not affected. The strength has not reduced with the aging of time. And it can endure 8 circles of freeze thawing. Strength of ancient city can be increased to 1. 2 – 1. 8 times as large as before being reinforced, and anti – aeolian erosion increased to 6 – 24. Ability of anti – rain erosion and anti – aeolian erosion increased to 6 – 13. It shows that PS material has good effect of reinforcement, and it will offer instructive theory of great value and application examples for further optimizing its performance and use in conservation and reinforcement of earthen architecture.

Key Words: PS material, earthen architecture, reinforcement, durability, experiment

（原载于《中南大学学报》《自然科学版》，2010 年，第 41 卷 第 3 期）

战国秦时期夯土长城加固强度试验研究

赵海英[1,3]，李最雄[2,3]，韩文峰[3]，汪 稔[1]，谌文武[3]

(1. 中国科学研究岩土力学重点试验室，武汉，430071；

2. 敦煌研究院保护研究所，敦煌，736200；

3. 兰州大学文物保护研究中心，兰州，730000)

内容摘要：对已风化而濒临危险的文物进行渗透加固保护，以提高土的胶结强度，是国际上普遍认可的科学加固方法。通过室内单轴抗压强度、抗剪强度和渗透试验，研究发现，抗压强度随浓度及加固次数增加而提高，材料具有可重复使用性，但加固剂的浓度增加不宜超过7%；φ 值随加固剂浓度和加固次数有明显增加趋势，C 值有所提高但变化没有明显规律性；土经固化后的渗透系数略有降低，但变化在同一数量级内，不影响土的渗透性。综合分析试验结果，对于密度为 $1.3 - 1.50 \mathrm{g \cdot cm^{-3}}$ 风化墙面，以浓度5% –7%的PS材料多次加固为宜；密度为 $1.5 - 1.7 \mathrm{g \cdot cm^{-3}}$ 的风化墙面适宜以3% –5%浓度的PS材料多次加固。加固后强度和渗透性满足文物保护特殊要求。

关键词：土遗址 长城 夯土 加固 PS材料

0 引 言

从公元前7 –6 世纪的战国时期开始，直至公元17 世纪的明朝末年，长城的修筑先后经历了2000 多年的时间，史学家称战国时期修建的长城为"先秦长城"或"战国长城"[1,2,3]。秦国长城始建于公元前6 世纪左右，距今已2000 多年的历史，为我们研究战国时期历史、考古、人文地理、历史地理、环境变迁、历史地震、军事等学科的研究提供了极好的参考[1,2]，具有极高的历史价值、科学价值和艺术价值。据甘肃省文物局岳帮湖等人多年调查研究表明（甘肃省文物局报告），战国秦长城由甘肃省临洮县城西北三十里墩的望儿台上开始出现的，经渭源、陇西、通渭、静宁、镇远、环县、华池八个县。在静宁和镇原之间，经过宁夏回族自治区的西吉、固原和彭阳三县。从华池元城乡的林沟梁营要岘进入陕西省，到陕西的鄜县、延安、绥德，止于黄河边[1,4]。受所在地区工程地质条件、水文地质条件、环境诸因素和人为破坏的影响，破坏严重，夯层清楚的城墙、城障及烽火台遗迹大都已残缺不全。遗存少量长 200－500m，高 1－3m 不等的长城遗址，风化剥蚀及坍塌等破坏严重，危及遗址的保存甚至彻底毁灭遗址[1,5]。目前，国家文物局成立专门的长城保护小组，拟开展大规模的长城保护工程，首先在山东和甘肃两省开展长城保护试点工程，为长城保护提供了前所未有的机遇。

土遗址的防风化加固，国际上普遍认可的科学方法是对已风化而濒临危险的文物进行渗透加固保护，以提高它们的胶结强度，而且必须具有一定的渗透深度，确保土质内部起到了加固作用，否则会在加固的表层形成结壳现象，反而带来更大的破坏[6-9]。PS（高模数钾水玻璃）材料应用于西北地区石窟遗址和土遗址的保护加固，多年室内实验和近年来的工程实践证明，加固后遗址强度提高程度、遗址外观完全满足文物保护的特殊要求[7,10,11]。本文以甘肃省战国秦长城保护工程为依托，按照《中国文物古迹保护准则》新材料需经过前期试验和研究、加固强度不宜过高的要求，开展了 PS 材料加固遗址的强度试验研究，研究材料的适宜性和最有效性，为全国范围内长城保护工程的开展提供前期理论和实验依据。

1　试验材料与样品制备

配制适宜模数、浓度 5% 的 PS 溶液备用，并对其参数进行测定。测得 PS 材料的 pH 值 10.4－11.2。黏度随浓度的升高略有升高，浓度在 7% 以内时，其黏度小于 1.5mpa·s。适宜模数的 PS 材料微观结构为较规则的球形，粒度较分散，直径主要在 0.5μm 以下，个别直径达到 2μm 左右。

土样取自定西地区战国秦长城夯土，物理性质试验结果显示，表面风化层的干密度多集中在 1.3g·cm^{-3}－1.5g·cm^{-3} 左右，内部未风化墙体干密度 1.53g·cm^{-3}－1.75g·cm^{-3}；力学性质试验结果显示，夯土单轴抗压强度 1.8－3.18Mpa 平均值 2.4Mpa，遗址夯土抗剪强度 C 值 59.33－116Kpa，Φ 值集中于 20－35o，试样密度大于 1.6g·cm^{-3}；为避免取样对遗址造成保护性破坏和样品的不均一性带来的误差，加固试验样均为重塑样。

2　抗压强度试验

强度是加固土性能的主要评价指标，文物保护准则要求遗址加固后强度不能过高，应与未风化夯土强度接近为宜。实验使用仪器为 WE－30 型液压式万能材料试验机，按 0.6mm/min 的应变速度加荷。根据试验结果设计干密度为 $1.30 \pm 0.05 \mathrm{g \cdot cm^{-3}}$、$1.50 \pm 0.05 \mathrm{g \cdot cm^{-3}}$、$1.70 \pm 0.05 \mathrm{g \cdot cm^{-3}}$，制成 $7 \mathrm{cm} \times 7 \mathrm{cm} \times 7 \mathrm{cm}$ 的立方体，用 PS 材料滴渗加固，PS 加固溶液入渗量按最大饱和度 Sr = 85% 计算后准确控制，用滴管抽汲相应加固液，分六个面均匀点滴完所要求的加固液，放在室内自然养护风干。实验共制重塑试样 42 组，每组试样一般为 3 个，共制作可测定抗压强度的试块 63 个，实验结果见表 1。

表 1　无侧限抗压强度（Mpa）

		1.30 ± 0.05（g/cm³）	1.50 ± 0.05（g/cm³）	1.70 ± 0.05（g/cm³）
未加固样		0.320	0.800	2.094
PS 加固一次	3%	0.340	0.930	2.251
	5%	0.580	1.200	2.361
	7%	0.480	1.330	2.521
PS 加固三次	3%	0.580	1.620	2.801
	5%	1.280	2.251	3.208
	7%	1.200	2.411	2.671

结果表明，PS 固化试样抗压强度有明显增高，对中、低密度加固效果显著，以 5% 浓度加固三次强度最好，加固后强度与原状样最为接近，强度提高满足文物保护要求。

PS 材料浓度不同，抗压强度提高程度不同，随浓度增加加固体的抗压强度呈增长趋势，$1.70 \pm 0.05 \mathrm{g \cdot cm^{-3}}$ 试样在浓度为 5% 时达到最大值，$1.30 \pm 0.05 \mathrm{g \cdot cm^{-3}}$、$1.50 \pm 0.05 \mathrm{g \cdot cm^{-3}}$ 试样以 5%、7% 加固强度理想，见图 1；加固剂的有效利用率与加固次数正相关（见表 2），相同加固次数试样开

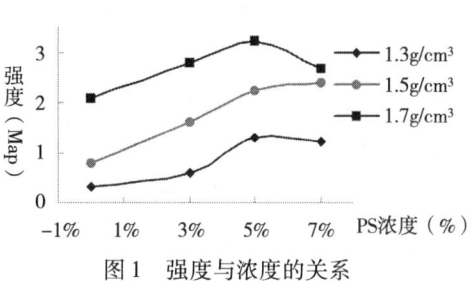

图 1　强度与浓度的关系

始时随浓度的增加而增加，在 5% 浓度时达到最大强度增长率，随后逐渐减小，结果表明加固剂的浓度不宜超过 7%。图 2 以 $1.50 \pm 0.05 \mathrm{g \cdot cm^{-3}}$ 为例评价了材料重复使用的可行性和效果，试验结果表明相同浓度 PS 材料，多次加固后强度高于一次加固后强度，材料具有可重复使用性。图 3 表明，经加固后土的应力应变关系出现明显峰值，开始时压应力随垂直位移增大明显，达到峰值后应力随应变下降也表现明显，多次加固样这种趋势尤为突出。

表2　强度增长率（单位:%）

	3%（1）	3%（3）	5%（1）	5%（3）	7%（1）	7%（3）
1.3g/cm³	6.25	81.25	81.25	300.00	50.00	275.00
1.5g/cm³	16.25	102.50	50.00	181.38	66.25	201.38
1.7g/cm³	7.50	33.76	12.75	53.20	20.39	27.55

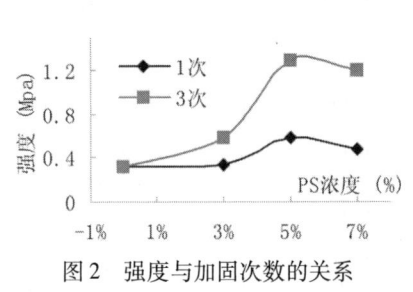

图2　强度与加固次数的关系

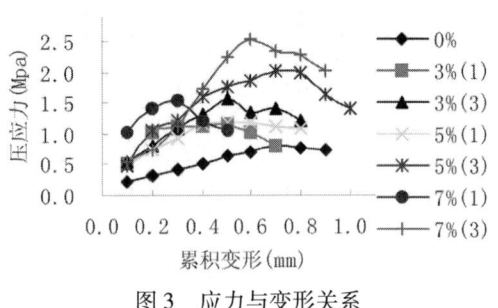

图3　应力与变形关系

3　抗剪强度试验

土的抗剪强度是土重要的力学指标之一，细粒土其抗剪强度主要决定于粒间连结强度，其次是结合水的粘滞阻力[69]。经PS加固后的遗址土，改变了土粒间的连结力和微观结构，引起土的抗剪强度的改变，因此研究加固前后土的抗剪强度变化是必要的。

试验用应变控制盒式直剪仪，采用直接快剪试验。多年研究表明遗址破坏首先是表面的剪切破坏，物性试验结果表面风化层土的密度1.3 – 1.5g/cm³。故设计制样密度为1.5g/cm³，称好土重后以含水量12%左右拌匀后轻轻压实装入环刀，室内自然风干后再滴渗定量的PS材料，再风干待测。

3.1　垂直压力与剪切位移关系特征

试验采用不固结快剪，不同浓度加固试样的7组试验的剪应力与水平位移关系为图4 – 10。从图中可以看出未加固样和3%浓度PS材料加固一次试样试验中没有明显峰值，其余试样有峰值，以5%和7%加固三次试样峰值最为明显。由于PS材料增强了土颗粒间的胶结，试验过程中垂直压力较低不足以限制其体胀，剪切应力随剪切位移增大而增加，当达到极限值后加固材料的胶结作用遭破坏，剪应力下降，故剪应力有峰值，高浓度和多次加固胶结作用较强，所以峰值越明显。

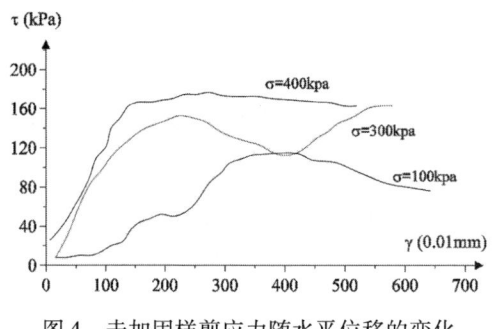

图4 未加固样剪应力随水平位移的变化

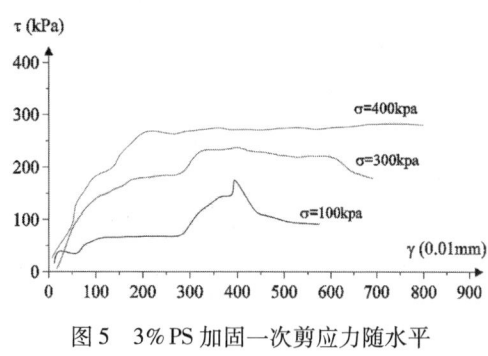

图5 3% PS 加固一次剪应力随水平
位移的变化

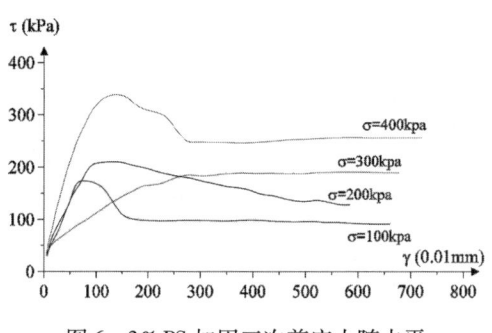

图6 3% PS 加固三次剪应力随水平
位移的变化

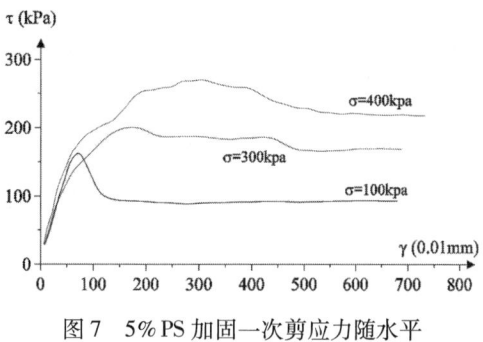

图7 5% PS 加固一次剪应力随水平
位移的变化

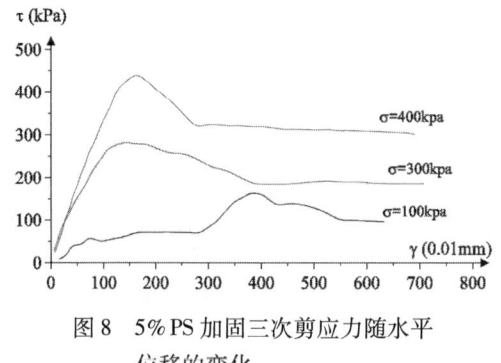

图8 5% PS 加固三次剪应力随水平
位移的变化

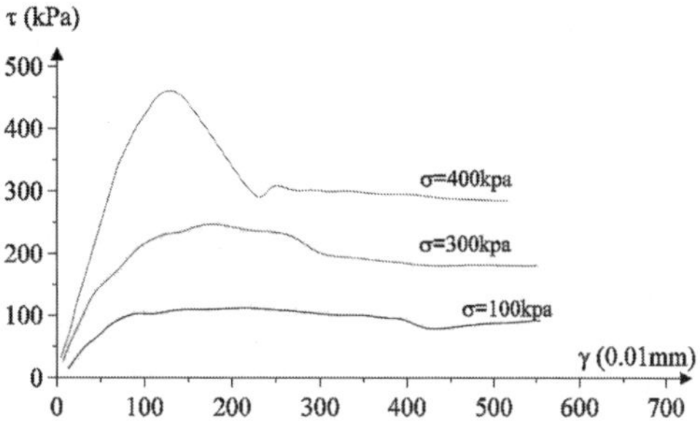

图9 7% PS 加固一次剪应力随水平
位移的变化

3.2 强度指标关系特征

根据库仑公式，土的剪切强度表示式为

$$\tau = C + \sigma \tan\varphi \qquad (1)$$

式（1）中：

τ —抗剪强度

C —粘聚力或咬合力

σ —垂直压力

φ —内摩擦角

从式中可以看出土的强度由两部分组成：C 和 $\tan\varphi$。C 为土颗粒粘聚力，$\tan\varphi$ 为摩擦强度。

取曲线峰值处剪切应力与垂直压力，按式（1）利用最小二乘法进行拟合，求得抗剪强度 τ 与垂直应力 σ 的关系（图11、12），从图中可知各个试样相关性较好。

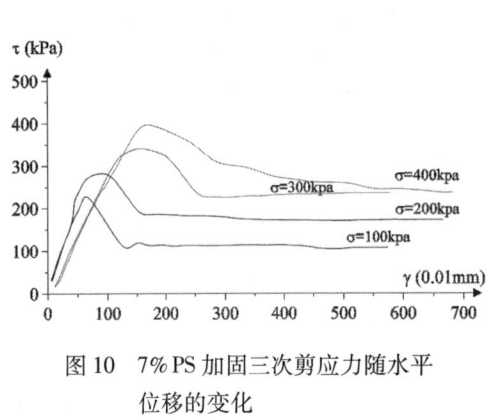

图10　7% PS 加固三次剪应力随水平
位移的变化

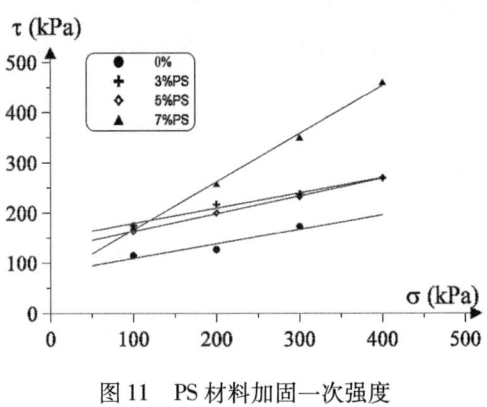

图11　PS 材料加固一次强度

根据图11.12 的拟合结果，得出各试样咬合力、摩擦角与加固次数和材料浓度变化关系（图13，图14），结果显示强度指标受加固次数与浓度的影响较大。

（1）φ 值随加固次数、加固剂浓度增加而增大。当加固剂浓度较低及单次加固时其固含量较低，土颗粒间胶结提高程度不大，不足以使颗粒充分接触咬合，使得 φ 值较小；随着加固剂浓度和加固次数的增大，土中胶结物的固含量逐渐增大，使颗粒间胶结程度渐强使得 φ 值不断增大；

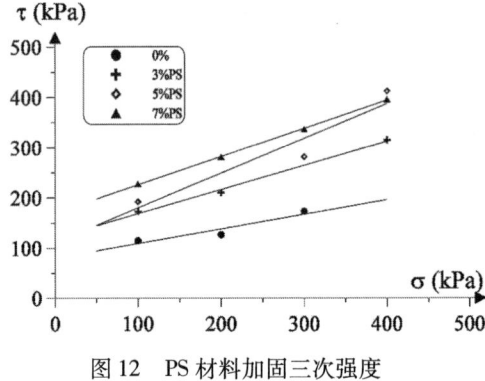

图12　PS 材料加固三次强度

（2）在加固剂浓度为3%和5%时加固一次的 C 值高于多次加固，单次加固 C 值在浓度为3%时达到最大值，三次加固 C 值随浓度增加而增大，C 值增幅表现为加固后 C 值提高，但随浓度及加固次数变化无明显规律性。

通过分析认为，试验结果显现了浓度对强度的贡献，同时也反映了材料可多次重复使用，使用后可使土的内聚力和内摩擦角改变，增强土的抗剪强度、增强整体性、增强遗址的稳定性。

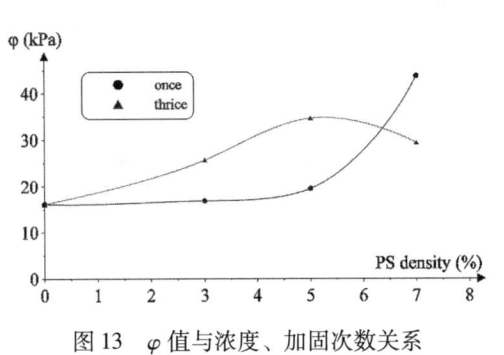

图 13　φ 值与浓度、加固次数关系

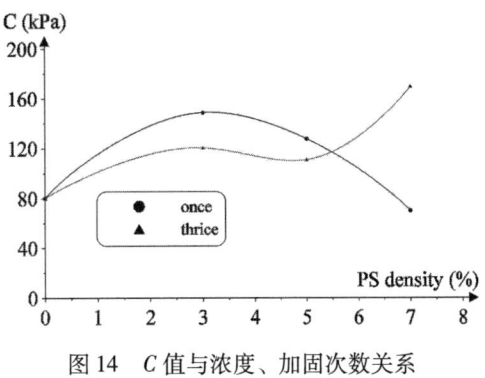

图 14　C 值与浓度、加固次数关系

4　渗透试验

通过强度试验表明遗址土经 PS 加固后土粒间的连结力增强，强度提高，对于是否改变了土的渗透性，需进行必要的试验研究。

渗透性试验采用南京土壤仪器厂生产的南 55 型渗透仪测定。渗透试验试样制备为，先按设计密度 $1.5 \, \text{g/cm}^3$ 称好土重，再掺入一定量的 PS 材料拌和均匀，装入环刀，自然养护至干。然后测定加固土的渗透性，试样渗透系数由以下公式计算：

$$k = 2.3 \frac{a \cdot L}{A \cdot t} \lg \frac{H_2}{H_1} \tag{2}$$

式中：

L – 试样高度/cm

H_2、H_1 – 渗透前后的水头高度/cm

A – 变水头管的断面积/cm^2

A – 试样截面积/cm^2

T – 渗透时间/s

结果见表 3 和图 15。结果，土经固化后渗透性变化不大，未加固样的渗透系数为 $4.595 \times 10^{-6} \, \text{cm} \cdot \text{s}^{-1}$，加固土的渗透系数为

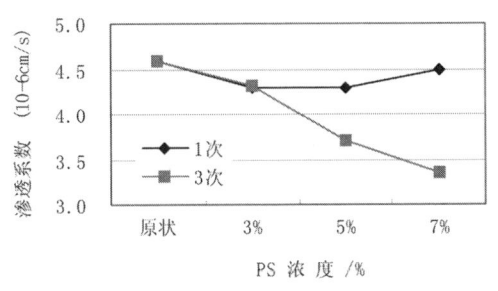

图 15　加固土的渗透性

$3.360 \times 10^{-6} \sim 4.489 \times 10^{-6} \, \text{cm} \cdot \text{s}^{-1}$，加固土的渗透系数略有降低，随加固次数增加渗透系数降低，但变化在同一数量级内，都具弱透水性。这说明，土经 PS 加固以后，未改变土的孔隙连通性，加固后的样品仍能保持较多的孔隙，不会明显改变土的渗透性。这样，经 PS 材料加固后的土遗址可保证水汽内外自由交换，不会因水汽被封闭而对遗址造成保护性破坏。

表 3　土的渗透系数（cm．s−1）

	0%	3%	5%	7%
1 次	4.60×10^{-6}	4.29×10^{-6}	4.29×10^{-6}	4.49×10^{-6}
3 次		4.36×10^{-6}	3.70×10^{-6}	3.36×10^{-6}

5　结　论

按照文物保护的特殊要求，通过对 PS 材料加固战国秦时期夯土的强度试验，可以得出以下几点结论：

（1）单轴抗压强度试验中，抗压强度随浓度增加而提高，但加固剂的浓度增加不宜超过 7%；相同浓度 PS 材料，多次加固后强度高于一次加固后强度，压应力—垂直位移关系峰值明显，说明材料具有可重复使用性；$1.70 \pm 0.05 \mathrm{g} \cdot \mathrm{cm}^{-3}$ 试样在浓度为 5% 时达到最大值，$1.30 \pm 0.05 \mathrm{g} \cdot \mathrm{cm}^{-3}$、$1.50 \pm 0.05 \mathrm{g} \cdot \mathrm{cm}^{-3}$ 试样的理想加固强度为 5%、7% 多次加固后强度。

（2）抗剪强度试验中，随加固材料浓度和加固次数增加，剪应力—水平位移关系峰值逐渐明显，7% 加固三次试样试验曲线最理想；由于加固剂浓度、加固次数增加，土颗粒间的胶结力得到增强，φ 值随加固剂浓度和加固次数有明显增加趋势，C 值有所提高但变化没有明显规律性。

（3）土经固化后的渗透系数略有降低，随加固次数增加渗透系数降低，但变化在同一数量级内，未改变土的孔隙连通性，不会影响土的渗透性，可保证水汽内外自由交换，不会对遗址造成保护性破坏。

（4）综合分析试验结果，对于 $1.3 - 1.50 \mathrm{g} \cdot \mathrm{cm}^{-3}$ 风化墙面，以浓度 5% −7% 的 PS 材料多次加固为宜；$1.5 - 1.7 \mathrm{g} \cdot \mathrm{cm}^{-3}$ 的风化墙面适宜以 3% −5% 浓度的 PS 材料多次加固；加固后强度和渗透性满足文物保护特殊要求。

致谢

兰州大学土木工程学院博士研究生和法国、任非凡两位同学在试验制样过程中给予大力协助，在此深表感谢！

参考文献

［1］赵海英. 甘肃境内战国秦长城和汉长城保护研究. 兰州：兰州大学，2005.

［2］罗哲文，长城，北京，北京出版社，1982.

［3］赵海英，李最雄、韩文峰等. 甘肃境内长城遗址主要病害及保护研究. 文物保护与考古科学.

2007（1）：28 – 32.

［4］赵海英，魏厚振，胡波. 夯土长城的主要病害. 第二届全国岩土与工程学术大会论文集，科学出版社，2006. 10.，896 – 899 .

［5］赵海英，李最雄，韩文峰等. 西北干旱区土遗址的主要病害及成因. 岩石力学与工程学报，2003，22（sup2）：2875 – 2880.

［6］王旭东. 中国西北干旱环境下石窟与土建筑遗址保护加固研究［博士学位论文］. 兰州：兰州大学，2002.

［7］李最雄. 丝绸之路古遗址保护. 科学出版社，2003.

［8］Agnew. N，Preusser F.，J. R. Druzik . Strategies for Adobe Preservation：5th International Meeting of Experts on the Conservation of Earthen Architecture . ICCROM – CRATERRE，1987，3 – 11.

［9］国际古迹遗址理事会中国国家委员会制定. 中国文物古迹保护准则. 盖蒂保护研究所. 2004.

［10］赵海英，王旭东，李最雄等. PS 材料模数、浓度对西北干旱区土遗址加固效果的影响. 岩石力学与工程学报，2006，25（3）：557 – 562.

［11］Zhao Haiying，Wang Xudong，Li Zuixiong，etc.，Experimental Study on Wind Erosion of the Consolidated Ancient Earthen Site by PS Material in Northwest China，The 11th International Symposium for Rock Mechanics. 2007.

Testing Research of Consolidated the Great Wall of Qin Dynasty at the Waring States

Zhao Haiying[1,3]，Li Zuixiong[2,3]，Han Wenfeng[3]，
Wang Ren[1]，Chen Wenwu[3]

（1. Institute of Rock and Soil Mechanics the chinese Acadeny of Sciences，Wuhan 430071

2. Conservation Institute ofDunhuang Academy，Dunhuan 736200

3. Thecultural relic conservation centre of Lanzhou University，Lanzhou 730000）

Abstract：The Great Wall has been announced as the first batch of Key Cultural Relic Unit under State Protections by State Department in 1961，and been listed at the world Cultural Heritage by UNESCO in 1987. And these constructions are precious mankinds culturalheritage，and their valuable artistic value is rareworldwide. Through the compression test，the shear strength test and the infiltrate test，the results of test indicate that the compression strength and the shear strength are increased with the PS material consistency and the reinforcement times， and that he PS meterial can be multiple application. At the same time, the results show that the 7% PS material is the best consistency to consolidating the soil of the Great Wall. In addition the permeability coefficient of the reinforced sample is little decreased and the permeability meet the requirement of preservation of cultural relics. By comprehensive analysis, the 3% – 5% of PS is suitable for consolidated the wall which dry density is $1.5 - 1.7g \cdot cm^{-3}$, but 5% – 7% of PS is fit for consolidated the wall which dry density is $1.3 - 1.50g \cdot cm^{-3}$. In sum, the key to protecing Ruins is to choosing the suitable PS consistency material and consolidation times in order to enhancing penetrability of PS material. So this reinforced method could be effective in scientific protecting the Great Wall of Qin dinasty in the Waring States in Northwest China.

Key Words: the ancient sites, The Great Wall, the ramming wall, consolidation, PS material

（原载于《岩土力学》, 2007 年, 第 28 卷增刊）

交河故城瞭望台保护加固技术

孙满利[1]，王旭东[2,1]，李最雄[2,1]，梁收运[1]，张　鲁[2]

（1. 兰州大学资源环境学院，兰州，730000；2. 敦煌研究院，敦煌，736200）

内容摘要：交河故城遗址是第一批全国重点文物保护单位，瞭望台是交河故城内重要建筑遗址，它的主要病害是表面风化、裂隙密布、洞顶失稳。在分析病害形成机理的基础上，重点研究了生土遗址保护加固的几个关键技术，对掏蚀深度相对于悬挑土体厚度较小的土遗址，当基础掏蚀深度小于块体宽度的30%时可不采用砌补技术，只进行表面防风化加固；可选择竹木锚杆、PS－C浆液灌浆加固生土遗址，锚杆的单位锚固力可采用5kN/m；采用新奥法加固洞顶可较好地保持文物原貌；西部干旱地区采用PS材料对土遗址进行防风化加固时应采用低浓度（小于5%）、多次渗透的方式，迎风面渗透次数应不少于3遍，背风面应达4－5遍，并应合理选择施工时间。通过工程实践检验，这些保护技术取得了理想的加固效果。

关键词：交河故城　加固　PS材料　竹木锚杆　生土遗址

0　引　言

交河故城遗址是第一批全国重点文物保护单位，位于新疆吐鲁番市西10km的雅尔乃孜沟村，是世界上现存最大且较为完整的古城建筑的土遗址。瞭望台是交河故城内保存较为完整的重要建筑遗址之一，位于中心大道旁，官署区左前方，属城市中心，它和兵营及前方的6000m²的广场组成官署的完整防御体系。瞭望台的顶面和官署区的顶面在一个水平线上，是台地中部的原始地面，它全部由生土挖造。这种建造方法，在敦煌地区的玉门关、河仓城、汉长城及其烽燧都有采用。

吐鲁番盆地具有干热、少雨的气候特征，夏季酷热，昼夜温差极大，年降水量25mm左右，风向以西北风为主，8－10级大风年平均为36.2天，沙暴年平均为11.2天。交河故城坐落在两河之间的柳叶形台地上，台地高30多米，呈北西—南东向展布，西北海拔82.16m，东南海拔43.95m[1]。据《建筑抗震设计规范》故城的抗震设防烈度为Ⅶ度。

　　20 世纪 90 年代，对交河故城进行了抢救性保护研究，曾进行了墙体补缺加固研究[2]，采用土坯砌补危险墙体，但没有很好地解决墙体和土坯的连接问题；1994 年进行了 PS 材料加固表面防风化试验[3]，取得了初步经验；对崖岸的稳定性也进行了初步的研究[4]，但对洞顶和墙体的加固研究很少，尤其锚杆加固研究尚属空白。因此，作者针对交河故城瞭望台典型病害类型进行加固技术研究。

1　建筑形制

　　瞭望台在平面上呈近似长方形（见图 1)，上小下大，高 6.8m，最长边走向为 NE45o，由 7 个窑洞组成，1 – 5 号窑洞为底层洞室。1 号是主窑洞，长方形纵券顶型，高 4.6 – 5.4m；2 号、3 号为洞内洞；4 号窑洞高 2.6m，可能为后期所挖，并和 5 号窑洞有小洞贯通；5 号为贯穿洞高度小于 4.0m，分为两部分，前洞和 4 号窑洞有小洞贯通，后洞疑为后人所挖；6 号为上层窑洞高度小于 4.0m，左侧有坍塌，洞底有台阶和 1 号窑洞相通；7 号为上层窑洞高 5.0m，洞底和 2 号窑洞相通。

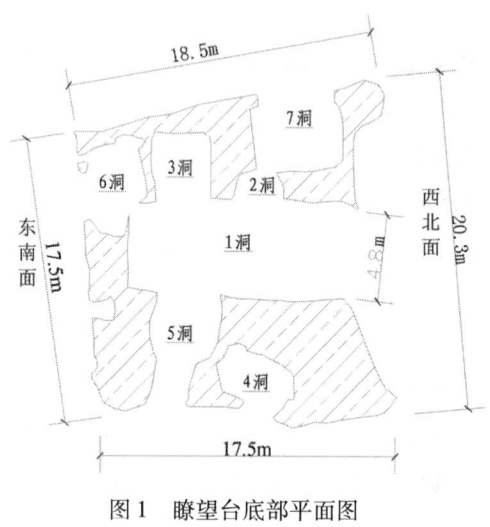

图 1　瞭望台底部平面图

2　病害现状

2.1　表面风化

　　表面风化主要是风蚀、雨蚀和局部根部酥碱。西北面风蚀最为严重，东南面风蚀程度最低，表层土体极为松散，西北面残留风化层较薄，东南面残留风化层较厚，达 3cm。雨蚀主要表现在顶部有冲沟，台体侧面形成龟裂纹，面片状剥离病害发育，西北立面较其他三面严重。根部酥碱主要发育在西北面、东北面和 1 号窑洞内部，局部基础已被掏蚀 0.2 – 0.5m。

2.2　裂隙分布

　　瞭望台顶面存在着 5 条大的张裂隙，宽 5 – 10cm，面粗糙，裂隙内充填有台面的松散物，裂隙走向和边墙走向一致，裂隙距临空面1-1.2m，深度一般为4m左右。各侧壁立面密布众多的竖向裂缝（见图2），裂隙宽度较小，倾向受窑洞形状控制，面粗糙，充填物一般上部较多，下部较少甚至无充填物，裂隙上宽下窄，深度不一，个别贯穿到地面。

2.3 洞顶失稳

窑洞的顶部主要由厚层粉土构成，层厚一般为0.5m，沿层理面风化开裂，在地震和重力作用下产生变形，形成裂隙，将整个顶部分割成数块，几个小洞室的顶部已坍塌趋于稳定，只是顶部变薄，失去原有基本形状，只保留了原始洞顶的部分残余，现1号窑洞洞顶部已局部坍塌，剩余部分也被裂缝分割成数块（见图3），已全部失稳，如不采取措施，随着1号窑洞的坍塌，整个建筑物将面临全部损坏的危险。

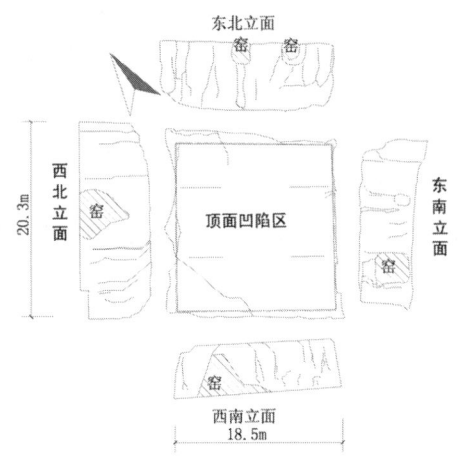

图2　裂隙展开示意图

图3　1号窑洞局部图（加固前）

3　加固技术

3.1　表面风化加固技术

瞭望台的墙体为粉土，风化深度一般为2-3cm。PS（高模数的硅酸钾）材料特别适合西部干旱区土遗址防风化加固[6]，粉土中的粘土矿物经PS处理后，可使片状、离散、晶态的粘土矿物微观结构发生变化，形成一种致密的非晶态网状胶凝体[7]，并可与土中的可溶性盐类发生一系列的化学反应，生成硅酸盐胶凝体，改变了土的结构，从而改善了土的一系列工程性能。玉门关、河仓城、西夏王陵等土遗址的加固工程实践，也证明PS表面渗透加固对土遗址有很好的防风蚀、雨蚀效果[8,9]。吐鲁番地区夏季气温很高，由于高温天气水分的迅速蒸发，影响 PS 材料的渗透，同时瞭望台土体为非饱和状态，非饱和土的吸力随温度增高而降低[10]，因此选择气温较低的 4 月份进行施工。根据表面风化层残留厚度的不同，采用低浓度（小于 5%）、多次渗透的方式，在迎风面渗透次数为 3 遍，在背风面为 4 - 5 遍。经检查，PS 渗透层在 20 - 30mm 之间，有效保证了施工质量。

3.2 基础掏蚀部位加固

3.2.1 加固方法的改进

基础掏蚀凹进使墙体形成悬空面，进而引起墙体崩塌，传统方法是采用土坯砌筑支顶加固[11]。作者对这种方法进行了改进，土坯采用与遗址土相近的粉土制备，含盐量≤0.50%，含水量≤3.0%，干密度≥1.70g/cm³；砌筑泥浆采用粘土加模数为 3.8、浓度 5% 的 PS 溶液拌制，水灰比 0.4；砌筑土坯时首先清除触面表层的疏松风化层、喷洒浓度 3% - 5% 的 PS 溶液，处理后及时砌筑土坯；土坯砌体与墙体紧密结合；并用 PS - C（PS 加粘土）浆液进行注浆，保证砌体与墙体形成统一整体，同时在砌体中加木质锚杆，防止浆液收缩后砌体与墙体的脱离，土坯砌体完成后，喷洒适量水使土坯表层软化，稍许加工作旧，以达到外观与原土相似的效果；土坯砌体完全干燥后，再喷洒浓度 3% - 5%PS 溶液进行渗透加固；土坯砌筑施工期间对工作面采取防晒措施，使加固体缓慢阴干，以免形成龟裂。以上方法解决了传统工艺砌体与墙体重新分离造成加固失效的缺点，同时由于作旧处理，改变了传统工艺对文物外貌影响较大的缺点。

3.2.2 基础掏蚀稳定性分析

瞭望台从室内地面往上地层主要为粉土，黄色，团块结构，中 - 厚层状，细层厚 50cm，含少量铁锈斑及钙质结核，坚硬、中密、干燥。根据土工实验，粉土的物理力学指标见表 1。

表 1　土的物理力学指标

土名	天然含水量 %	干容重 kN/m³	湿容重 kN/m³	比重	天然孔隙比	无侧限抗压强度 kPa	粘聚力 kPa	内摩擦角 o	抗压强度 kPa	抗拉强度 kPa
粉土	2.16	17.5	18.0	2.72	0.55	83.5	48.8	28.5	4600	340

随着基础掏蚀的加深，瞭望台边墙产生沿顶部伸展的张裂隙，引起墙体崩塌，典型裂隙的力学计算模型见图 4，随着 AD 裂隙的不断发展，加上台体底部由于风化作用不断的掏蚀，最终沿 CD 面产生破坏，其破坏形式为滑移式崩塌，计算参数采用表 1 数据。

根据极限平衡原理，对土体进行不同基础掏蚀深度的稳定性分析[5]，在考虑重力、地震力、裂隙未加固但不充水的条件下，按滑移式崩塌理论计算，基础掏蚀深度 0.4m

时（即掏蚀深度达到块体宽度的30%）稳定系数1.12，
按倾倒式崩塌理论计算，基础掏蚀深度0.4m时稳定系数
2.38，基础掏蚀深度0.5m时稳定系数小于1.19。在裂隙
加固的条件下，土体的破坏模式将变化为拉裂式崩塌，因
此按拉裂式崩塌计算，由于土体高度较高，计算出的稳定
系数很大，土体非常稳定，拉裂式崩塌稳定系数取决于基
础掏蚀深度和悬挑土体的厚度，而在土遗址中基础掏蚀的
深度相对于墙体的高度很小，因此，拉裂式崩塌病害在土
遗址墙体很少发生。

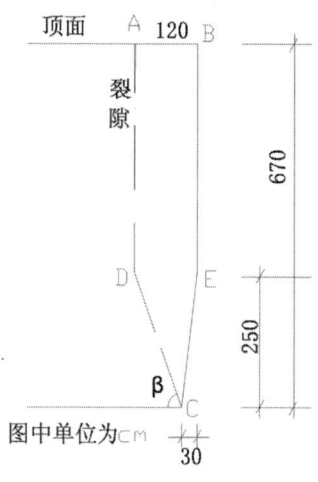

图4　计算模型示意图

3.2.2　关于基础掏蚀加固的思考

本次工程由于是抢险加固工程，许多问题不能及时研
究，对基础掏蚀部位的加固仍然采用较为传统的方法，其
原因是该方法具有可逆性，不影响改进技术的使用。但是从上面的计算分析可知，对
基础掏蚀加固主要是对顶部裂隙的处理，防止顶部裂隙充水引起的水压力作用，根据
三种方法的计算结果，同时考虑到文物重要性，建议当不存在拉裂式崩塌病害时掏蚀
深度小于块体的宽度30%可不采用砌补技术，但应进行表面防风化处理，以防止进一
步掏蚀，此项技术对保证文物的原貌有重要意义。

3.3　锚杆加固技术

裂隙采用PS－F灌浆同时辅助以锚杆加固。在岩土工程中，锚杆的设计比较成
熟[12]，但是主要采用钢筋锚杆和钢绞索，钢性材料在土遗址加固中有它的缺陷性，材
料的耐久性较差，灌浆材料一般采用水泥，不适合于土遗址的加固，土遗址中灌浆的
强度要求比土的强度略大，不能超过太多，否则容易产生新的破坏，土遗址加固中要
求锚杆的变形要较小，因此要选择新的锚杆材料。

3.3.1　锚杆材料的选择

根据实际调查，在西北的土遗址中，保存有大量的木质结构，其耐用年限已经超
过两千年，仍然能发挥很好的作用，因此我们考虑用竹木锚杆进行加固，竹木材料的
力学指标见表2。

表2　竹木（材）的强度设计值

材料	抗拉强度（MPa）	抗压强度（MPa）	抗弯强度（MPa）	干缩湿胀率（％）
楠竹	184.3	65.4	160.6	0.255
红松	98.1	32.8	65.3	0.459

通过计算 φ35mm、壁厚 0.5cm - 1.0cm 的楠竹锚杆，自身可承受约 10 - 20kN 的拉力，因此用楠竹锚杆锚固土体在强度上是满足的。如果锚杆的含水率高，锚杆的收缩必然大，这会直接影响锚固质量和效果，但是交河故城所在地区气候干旱，空气湿度很小，木材的含水率很低，同时选用的楠竹干缩湿胀率较小，可保证锚固质量。

3.3.2 锚杆的施工工艺

采用 φ35 mm 的楠竹木质锚杆，含水率 ≤ 3.0%，单根锚杆杆体抗拉强度应 ≥ 10.0kN；锚孔采用螺纹钻人工钻孔，孔径 42mm 左右，孔深应比锚杆设计长度大 100 mm；孔钻好后，清除孔中虚土，注入模数为 3.8、浓度 5% PS 溶液加固孔壁；孔壁固化后，注入 PS - C 浆液，浆液采用模数为 3.8、浓度 10% PS 与粘土、按水灰比 1∶1.3 - 1.5 配制；注入浆液后应随即插入锚杆，以保证杆体与孔壁锚固力。

3.3.3 锚杆的单位锚固力确定

目前，对 PS - C 灌浆的木质锚杆的锚固力计算尚不成熟，曾对夯土做过实验[13]，为了研究生土建造土遗址锚杆的锚固力，作者在瞭望台附近的相同土体上进行了锚杆抗拔试验，锚杆采用四川产楠竹，直径 35mm，壁厚 0.5 - 1.0cm，灌浆材料采用 PS - C，钻孔直径 42mm，结果见表 3。

表 3　锚杆试验结果表

序号	锚固长度 m	测力计读数	锚固力 kN	单位锚固力　kN/m	破坏形式
1	0.97	4.95	5.63	5.80	锚头拉劈
2	0.97	5.6	4.91	5.06	锚头拉劈
3	0.96	5.92	4.55	4.73	锚头拉劈
4	0.63	5.92	4.55	7.22	锚杆动
5	0.65	5.38	5.15	7.92	锚头拉劈
6	0.67	6.03	4.42	6.29	锚头拉劈
平均			4.87	6.17	

从表 3 可以看出，锚杆单位锚固力平均为 6.17kN/m，最大可达 7.92kN/m，最小为 4.73kN/m，由于锚杆的破坏形式都是锚头被拉坏，主要是抗拔试验时锚头锁定不合理，楠竹锚头被钢丝拉劈，不是锚杆本身的问题，因此这个数据尚显保守。从 4 号锚杆看，其单位锚固力已达 7.22kN/m，所以建议单位锚固力采用 5.0kN/m 是有安全保证的。

3.4　洞顶加固技术

3.4.1　常规加固方法

土遗址的窑洞顶部一般挖成拱形，传统的加固方法是对拱形破坏的地方重新用和土遗址本身基本一致的材料制成土坯然后砌筑成拱型。该方法比较简单，容易施工，而且不需要复杂的力学计算，在文物保护技术不发达时期抢救了大批濒危坍塌的土遗址，但是，在科学技术迅速发展的今天，对文物保护维修工程也提出了更高的要求，砌拱加固的方法已不能满足文物修复"不可改变原貌的原则"，而且对一些洞顶拱形已完全破坏的洞室其加固效果也不明显，只能对一些小的低等级遗址采取临时性加固，因此，本次工程考虑采用新的加固办法。

3.4.2 新奥法在洞顶加固中的应用

新奥法是将支护手段与岩体力学原理正确的结合起来。其基本原理是充分利用压应力作用下岩块间镶嵌、咬合而产生的围岩自承作用，来防止洞室表面块体危岩向下崩塌[14]。作者将新奥法基本原理应用于洞顶加固，考虑到窑洞顶部的土体已发生变形，不是稳定土体，设计在洞顶上部用钢梁将力传递到坚硬墙体上，梁长度为8m。

（1）喷层的处理

岩土工程加固洞室的喷层常用混凝土，但该工程是土遗址文物，必须考虑材料的相容性，不能对其现状做大的改变，要求加固后的面貌和原状基本一致，因此，我们用PS－C材料对块体之间的裂隙进行灌浆处理，增加块体之间的镶嵌、咬合力，保证表面块体成一个整体结构，并对裂隙表面进行封闭，防止进一步风化。在此作用下，用锚杆将表层块体和上部土体连成一体，将荷载传递到稳定土体上，其作用是同时对上部变形

图5　1号窑洞加固后图

土体进行了加固，并且达到了文物加固的基本原则，即修旧如旧，远看一样，近看有差别（图5）。

（2）木梁和钢梁的比较

在干旱区土遗址的加固当中，应当首选木质材料，根据调查，像长城里的木构件，保存两千多年还能发挥很好的作用，而钢性材料在土体中容易发生腐蚀，其耐久性不如木质材料。文物保护工程对材料的耐久性要求比一般建筑物高得多，而对强度的要求只要能满足需要即可。但是，木质梁有三个缺点，一是跨度达8m的直径较大的木质材料较缺；二是满足强度要求的木质梁几何尺寸较大，加固在塔体的顶部影响外观；三是木质梁的重量较大，台体顶部附加荷载大。所以，根据该工程的实际情况，我们选择钢性材料，通过计算，满足要求的两种材料的基本数据比较见表4。

表 4　两种材料的物理性能参数

项目	长度 m	宽度 m	高度 m	重量 kg
松木	8	0.4	0.4	588
工字钢	8	0.13	0.32	421.6
备注	经计算，32a 工字钢和 40 * 40cm² 松木都满足强度要求			

　　为了弥补钢性梁的耐久性差的缺陷，对钢梁按永久建筑物的级别进行了防腐处理，采取多层防腐材料，最后用土体回填覆盖，并且用 PS 材料进行了表面封闭，同时梁的安置采用螺丝连接，可在必要时予以替换，是可逆的。可逆性是文物保护加固的一个原则，如果发现材料的安全性有问题，可在不影响文物的状况下对它进行替换。

4　结　论

　　土遗址的保护是一个世界性的难题，保持原貌是文物保护维修工程的一个基本原则。通过现场调查、病害形成机理的分析及加固技术的研究与实践，得出了以下认识：

　　（1）瞭望台的主要病害是表面风化、裂隙密布和洞顶失稳；

　　（2）用 PS 材料对西部干旱地区的土遗址表面防风化加固，渗透深度是关键，试验表明应采用低浓度（小于 5%）、多次渗透的方式，在迎风面渗透次数应不少于 3 遍，在背风面应达 4 – 5 遍，并应合理选择施工时间，可有效保证 PS 渗透深度在 20 – 30mm 之间；

　　（3）在西部干旱地区加固土遗址裂隙时可以选择竹木锚杆、PS – C 浆液灌浆，锚杆单位锚固力可采用 5kN/m；

　　（4）对掏蚀深度相对于悬挑土体厚度较小的土遗址，当掏蚀深度小于块体的宽度 30% 可不采用砌补技术，只进行表面防风化处理；

　　（5）对于坍塌洞顶的加固可采用新奥法的基本原理，充分利用压应力作用下土块之间镶嵌、咬合而产生的围岩自承作用，解决传统方法对文物干涉太大的缺点。

参考文献

［1］解耀华. 交河故城的历史与保护修缮工程. 见：解耀华编. 交河故城保护与研究. 乌鲁木齐：新疆人民出版社，1999：4.

［2］田琳. 交河故城生土建筑遗存保护加固实验. 见：解耀华编. 交河故城保护与研究. 乌鲁木齐，新疆人民出版社，1999：166.

［3］李最雄，王旭东，田琳. 交河故城土建筑遗址的加固试验. 敦煌研究，1997（3）：171 – 188.

［4］矢野和之. 关于交河故城修复工程方法的研究报告. 见：解耀华编. 交河故城保护与研究. 乌鲁木齐：新疆人民出版社，1999：71 – 84.

［5］林宗元. 岩土工程勘察设计手册. 沈阳：辽宁科学技术出版社，1996.

［6］袁传勋. 土遗址保护材料综述. 敦煌研究，2002（6）：103－105.

［7］苏伯民，李最雄，胡之德. PS 与土遗址作用机理的初步探讨. 敦煌研究，2000（1）：30－35.

［8］王旭东. 中国西北干旱环境下石窟及土建筑遗址保护加固研究. 兰州：兰州大学，2003.

［9］李最雄. 丝绸之路古遗址保护. 北京：科学出版社，2003.

［10］高燕希，符力平. 非饱和土吸力的温度性质. 力学与实践，2003，25（3）：55－57.

［11］田琳. 干旱地区生土遗址保护加固研究. 见：解耀华编. 交河故城保护与研究. 乌鲁木齐：新疆人民出版社，1999：177－225.

［12］高大钊. 岩土工程的回顾与前瞻. 北京：人民交通出版社，2001.

［13］李最雄，王旭东. 古代土建筑遗址保护加固研究的新进展. 敦煌研究，1997（4）：167－172.

［14］张咸恭，王思敬，张倬元. 中国工程地质学. 北京：科学出版社，2000.

Technology of Protection and Reinforcement for Observation Platform in Ruins of Jiaohe

SUN Man－li[1], WANG Xu－dong[1,2], LI Zui－xiong[1,2]
LIANG Shou－yun[1], ZHANG La[2]

(1. College of Earth and Environment Sciences, Lanzhou University, Lanzhou 730000, China;

2. Dunhuang Academy, Dunhuany 736200, China)

Abstract：The Ruins of Jiaohe is a national major preservation unit of cultural relic. As an ancient earthen city site, it is more intact and biggest in the world currently. The Observation Platform is a major and typical building in the Ruins of Jiaohe. The primary damages of the Observation Platform include surface weathering, unstable roof of cave and many crannies. Based on analysis of the damages forming, some key techniques of protection and reinforcement of earthen site have been studied. It is suggest that when the depth of base recess is less than 30% the width of the block and is very smaller than thickness of cantilever block, it should not be repaired and only used the method for preventing surface weathering. With bamboo－wood anchor and PS－C grouting, the anchoring unit power of wood can be adopted 5kN/ m by test. NATW, the technique for reinforcing the roof of cave, can acquire effective result for preserving its appearance. In the arid region of western China, when applying PS material to reinforce ancient earth – structure sites and prevent the surface weathering, we should adopt low density (smaller 5%) of the PS, and the method of many times penetrating. The number of permeating should not be less than 3 times in windward side, and should amount to 4 – 5 times in leeward side. The reasonable working – time needs choice. By the examination of engineering practices, ideal result has been obtained after applying these protective techniques.

Key Words: The Ruins of Jiaohe, reinforcement, the PS material, bamboo – wood anchor immature earthen site

（原载于《岩土力学》2007 年，第 28 卷第 1 期）

潮湿环境下古代土遗址的
原位保护加固研究

周　环[1]，张秉坚[1]，陈港泉[2]，赵海英[3]
曾余瑶[1]，郭青林[3]，李最雄[2]，王旭东[2]

(1. 浙江大学化学系，杭州，310027；2. 敦煌研究院文物保护研究所，敦煌，736200；
3. 兰州大学资源环境学院，兰州，730000)

内容摘要：古遗址的保护是文物保护工作中最复杂的问题之一，而土质文物是文物保护中最难保护的文物，所以古代土遗址的保护已在国际上被列为专门的保护项目，而处于潮湿环境下的古代土遗址保护的课题在文化遗产实物和遗迹就地保存和展示领域就更为迫切。浙江良渚文化是中国新石器时代长江流域最重要的史前文化，塘山遗址位于良渚文化遗址的西北部，选择了 PS（硅酸钾）、WD-10（十二烷基三甲氧基硅烷）、WD-S（低聚甲氧基硅烷）、RTV（聚有机硅氧烷＋硅酸乙酯）4 种保护材料对塘山遗址进行了保护加固实验研究。室内实验和现场实验（2 个月、6 个月、9 个月）的结果都表明，RTV 和 WD-10 防水性优于 WD-S；WD-10 和 WD-S 材料仅能作为防水材料，PS 材料仅能作为加固材料使用，而 RTV 则具有较好的加固和防水效果，且加样量越大，强度提高越多。

关键词：土遗址　加固　潮湿环境　保护　有机硅

0　引　言

土遗址是古遗址的一类，由土为建筑材料修建而成，包括地面与地下的古文化遗址、古墓葬、古城、长城等遗址，其中享誉世界的有代表中国仰韶文化的半坡遗址（陕西西安）和交河故城遗址（新疆吐鲁番）以及美国的 Fort Selden（新墨西哥州）等等。中国是世界上唯一具有连续不断悠久历史的国家，因此尚有大量的土遗址保存下来，长江流域代表良渚文化的良渚遗址就是其中之一。正如土遗址的定义所说，土遗址是主要由土构成，土的特性决定了土遗址天然土体本身强度低、水稳定性能差。与石质文物相比，土遗址同样也具有不可移动性并且与其所依托载体密不可分；不同的在于，由于土遗址一般占地面积大且直接与大地相连，在实际操作中很难采取加棚或遮盖物的方式进行初步的保护措施。因此，绝大多数土遗址都直接暴露于室外，长年累月地经受各种气候条件的考验，如雨水冲刷、阳光暴晒、日夜温差、水土流失等。据美国政府技术评估办公室（OTA）1986 年的"历史遗产保护"报告，其文化遗产正以惊人的速度损失。1907 年斯坦因（M. M. Stein）在敦煌境内拍摄到的一长城烽燧遗址现已消失，用了仅不到 100 时间。而与处于相对干燥地区的土遗址相比，那些处于潮湿环境下的土遗址所在的自然环境更为恶劣，因此保护潮湿环境下的土遗址这一课题在文化遗产实物和遗迹就地保存和展示领域就更为迫切。

　　土质文物是文物保护中最难保护的文物，国际上从 20 世纪 60 年代开始对土质文物保护的探索，目前尚处于探索研究阶段；其中，土遗址保护已在国际上被列为专门的保护项目[1,2]。土质文物的保护首先是从壁画保护开始的，研究侧重于如何加固壁画颜料层所依托的土仗层不致起甲、脱落从而不影响壁画外观，因此采用的保护材料多为用于修复保护的化学材料。而对于大型的土遗址，则不仅要求保护材料具有一定的加固作用，同时更要使其表面具有防雨水冲刷、防风化能力以阻止水土流失。在环境保护领域，控制水土流失常采取种植树木或者铺设草坪的方法，利用植物根系达到固结土壤的目的。这种方法对于潮湿环境下相对疏松易风化甚至局部已出现剥落现象的急需"抢救性保护"的土遗址，可能破坏大于保护作用。因此研究和应用的重点在表面防风化有机材料和加固保护有机材料上。

　　目前研究用于土遗址保护的有机材料主要有 3 大类：有机硅类、丙烯酸酯类及含氟聚合物类。在希腊巴台农神庙（Parthenon）的加固工程中，曾大量采用了有机硅类材料进行加固。有机硅类分硅酸乙酯和有机硅氧烷两类，如 SS – 101、AWS – VX 有机硅体系和德国 Remmers 公司和 Wacker 公司的硅酸乙酯系列产品。丙烯酸酯类分溶剂型和水溶性，如 Paraloid B72、AC – 34、Binder – 18 等。新近发展起来用有机硅和丙烯酸酯的共聚物保护壁画。有机硅类和丙烯酸酯类材料均可作为加固剂和表面封护剂使用，其中有机硅类长期以来被人们认为是具有长效功能的保护材料[3]。含氟聚合物一般是对有机硅材料和丙烯酸材料在制备时引入氟基团共聚进行改性，一般用于表面封护。

　　中国从 1959 年开始用化学材料对半坡遗址进行加固保护处理的研究。四十年来，先后使用了硅酸钠溶液、硅酸乙酯、长链烷基有机硅、聚酯酸乙烯酯、PS 材料等加固剂，经几年观察发现只有硅酸乙酯在强度和渗透度上稍有效果[4]。PS 材料是甘肃敦煌研究院文物保护研究所的研究成果，即高模数的硅酸钾溶液，近几年用在位于西北干旱环境条件下新疆、甘肃两处含砂的土遗址，效果较好，但用在半坡遗址实验后出现了土壤颜色变深和土质石化程度增强的问题[4]。RTV 材料，是浙江大学物理化学研究所开发的应用于潮湿环境土遗址保护的一种可在室温下固化的有机硅材料,综合了硅酸乙酯和短链聚硅氧烷两者的特性,其针对良渚遗址区土样的室内实验和野外实地实验说明对于含水量 11.7 – 21.7% 的土基质具有一定的加固作用以及良好的防水性和耐水性,且不改变外观[5]。WD – 10 材料是武汉大学有机硅新材料股份有限公司生产的长链有机硅产品,其主体成分是十二烷基三甲氧基硅烷,近年来作为防水剂在多处文物保护中得到了应用 [6]。WD – S 是武汉绿科文物建筑材料有限公司生产的一种防水材料,其主体成分是水性低聚甲氧基硅烷,已有作为砖材的防水材料应用研究 [7]。

1　塘山遗址概况

浙江良渚文化遗址位于杭州市北郊的余杭区 (图 1)。良渚文化存续的年代大体上在公元前 3300 年到前 2100 年之间,因 1926 年首先发现于良渚镇而得名[8],是中国新石器时代长江流域最重要的史前文化。良渚文化的分布范围比较大,基本上以太湖流域和杭州湾为中心,北到浙江省北部,南抵长江南岸,东起海滨,西达宁镇山脉一带。截止到目前,在江苏省南部和浙江省正式发掘的良渚文化遗址有杭州水田畈和老和山等 20 多处[9]。

近年来在良渚遗址群西北部发现了良渚时期的垄状土垣或条状土墩[8] (图 2):平面略呈长方形,北垣西起吴家埠遗址西北面的毛圆岭,东至卢村东北,全长 4.5km;西垣自毛圆岭迄 50 万变电所东侧突然中断,保留长度约 1km;东垣东北垣相交于毗邻卢村的葛家村附近,在长命桥以北的前山—里山一线,也发现了条状土墩;在莫角山以南约 1km 处有一段呈垄状东西向土墩,可能就是南垣的一段。

总面积约 10 万平方 km。除北部垄状土垣外,其余地段保留的土垣或土墩甚少,且多不连贯,很难确认它们就是夯土筑成的城垣,就现有线索而论,尚不能判定是一座规模宏大的史前古城。不过,从毛圆岭到卢村一段保存较好的垄状土垣来看,很有可能属于提防一类的设施,它像是莫角山北部一道防洪屏蔽,可以用来阻止雨季山洪暴发的侵袭,起着守护莫角山城内良渚文化最高权力中心的作用[8]。东起卢村,往西

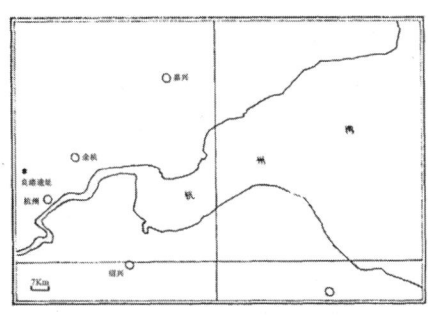

图 1　良渚文化遗址的地理位置

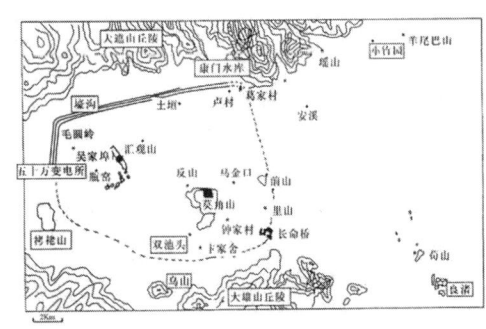

图 2　垄状土垣与条状土墩分布示意图

至毛圆岭后转折向南的这段保存较好的土垣又被称为"塘山遗址"，因整条塘山有 9 个道路断口，故又有"九条埂"之名[10]，是迄今所见良渚文化时期规模最大的营建工程之一，它依托自然山体，以不同的土、不同的方式堆筑连接，全长约 6.5km，宽 20 - 50m，高出地面 3 - 7m。

图 3　杭州市年平均气温

　　良渚文化遗址距离杭州湾不远，地形平坦，属亚热带季风气候区，年平均温度为 16.1℃，年平均降水量为 1400mm。虽然四季分明，但年际间气候诡异明显。近 40 年来，在气温方面，表现为（图 3）：早春寒、晚春暖；夏季酷热；年平均气温基本稳定，但易出现异常暖年；冬夏变化较大，冬季易特冷，夏季易特热；春季波动最大，既可能异常冷，又可能异常热。在降雨量方面，表现为（图 4）：年际间降水量变化的周期很不规则，在 1 年中，除 4 月和 10 月处在少雨期之外，其他大多数月份都处在多雨期；据杭州市气象台的历史资料，历年平均梅汛期为 23.1d[11]。在日照时数方面，表现为（图 5）：自 40 年代至 1956 年以前日照偏少，1957 - 1971 年偏多，1972 年至今基本属于偏少期，仅 80 年代中期略有波动，目前处在日照最少的时期。综合起来看，进入 90 年代以来，气温升高，日照减少，雨量偏多，平均梅汛期达 34.9d。预计未来若干年内，有可能呈现出高温、多雨、少日照的特征[12]。

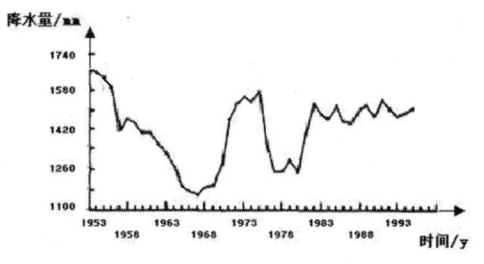

图 4　杭州市年降水量

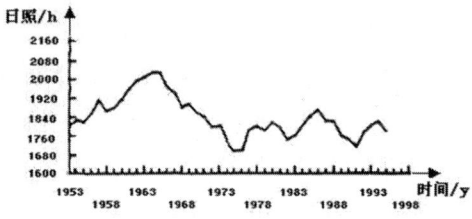

图 5　杭州市年日照时数

2　塘山遗址土的工程特性

　　塘山遗址土样品均取自杭州良渚塘山遗址试验现场（见5.1）的夯土层。室内实验包括土的物理性质、化学性质分析。

2.1　物理性质

　　现场遗址土的一些物理性质分析见表1。

结果表明，试验现场土的含水率较高，湿密度较大（这可能与采样前连续 3d 降雨有关），孔隙率大。土粒粒径较小，小于 1mm 的土粒直径占 76.6%，为含沙细沙粉土。

表 1　塘山遗址土物理性质

土类	含水量 /%	湿密度 /g·cm⁻³	比重	孔隙率 /%	塑限/%	液限/%	塑限指数	颗粒分析/%		
								>5mm	5mm – 2mm	<0.075mm
含砂细砂粉土	20.76	1.78	2.68	45	22.7	31.3	8.6	0.93%	6.55%	15.5%
	2mm – 1mm	1mm – 0.5mm	0.5mm – 0.2mm	0.2mm – 0.1mm	0.1mm – 0.075mm					
	15.9%	25.7%	16.5%	8.12%	10.8%					

2.2　化学性质

对土样进行了可溶盐含量分析、X 射线荧光分析。由于该地区降雨充沛，雨水的淋洗作用使得遗址土中可溶盐含量较低。分析结果见表 2、表 3。

表 2　塘山遗址土可溶盐含量分析结果

项目	测定值 g/ 100g	项目	测定值 g/ 100g
K^+	0.015	SO_4^{2-}	0.022，
Na^+	0.020	NO_3^-	0.014
Ca^{2+}	0.0070	HCO_3^-	0.012
Mg^{2+}	0.0032	CO_3^{2-}	0.00
Cl^-	0.0052	pH	7.76

表 3　塘山遗址土 X 荧光分析结果

测验内容	含量/ %	测验内容	含量/ Mg·g⁻¹	测验内容	含量/ Mg·g⁻¹
K_2O	2.72	V	93.8	Y	27.5
Na_2O	0.61	Cr	65.9	Zr	348.1
CaO	1.21	Mn	699.1	Nb	21.5
MgO	0.76	Co	12.8	Ba	772.5
SiO_2	68.77	Ni	21.2	La	52.3
Al_2O_3	15.44	Cu	19.0	Pb	30.1
Fe_2O_3	5.98	Zn	67.9	Th	17.3
S	0.009	Rb	144.9	Ga	19.7
Ti	0.563	Sr	102.4		

3　4种保护材料室内实验

选择了4种保护材料见表4，采用了单一使用和分别与PS材料组合使用两种方式。将取自试验现场的塘山遗址土按天然含水率与密度，制作成5cm×5cm×5cm的试块若干。制作好的试块按设计（表5）需要6个面分别喷洒5%的PS[13]，WD－10，WD－S，RTV[5]。将做成的试块与空白试块放入恒温恒湿箱中，运行条件设置为在25℃下，相对湿度90%和40%各存放48h。经6个月老化循环后，观察试块变化，选择保存完好的试块分别做单轴无侧限抗压实验和崩解实验，再选择经过崩解实验后仍保存完好的试块进行冻融实验，最后对经过22个冻融循环的试块再做单轴无侧限抗压实验。

表4　试验所用的保护材料

材料	主要化学成分	保存状态	溶剂	浓度/%	施用状态
PS	硅酸钾（模数为3.80）	无色或微黄色液体	水	24.56*	无色透明液体
RTV	聚有机硅氧烷＋硅酸乙酯	无色或浅黄色液体	乙酸乙酯	30.0	无色透明液体
WD－S	低聚甲氧基硅烷	无色液体			无色透明液体
WD－10	十二烷基三甲氧基硅烷	无色透明中性液体	乙醇	10.0	无色透明液体

此为原液浓度，使用时可根据土样含水量稀释为3%，5%，75%喷加；本实验中浓度稀释为5%直接从厂家取得，数据未知。

3.1　外观变化

模拟试块按设计（表5）喷洒4种保护材料后，只是喷洒PS的试块颜色略有加深，喷洒其他材料颜色与空白试块相比无明显的变化。经过6个月的老化循环后，试块颜色均与空白试块相比无明显差别。经观察，空白试块以及喷洒，WD－10，WD－S的试块有土粒散落的现象，其中以喷洒WD－S，WD－10的试块最为严重，仅喷洒RTV的试块有轻微的土粒脱落；其余采用与PS材料组合喷洒方法加固过的试块经过6个月的老化后试块完好，没有脱落、掉渣的现象，因此选择与PS材料组合喷洒方法加固过的试块进行后面的实验。

表5　模拟试块的保护材料的喷洒量

试块种类	步骤1	步骤2
	用量/ml·面⁻¹	用量/ml·面⁻¹
PS*	7.4	/
WD－10	/	5

续表

试块种类	步骤1	步骤2
	用量/ ml·面$^{-1}$	用量/ ml·面$^{-1}$
PS + WD – 10	7.4	5
WD – S	/	5
PS + WD – S	7.4	5
RTV	/	3.75
PS + RTV	7.4	3.75
原样样品	/	/

浓度为5%

3.2 崩解实验

先将试块轻轻放入水中，1min后，取出，轻轻粘去试块表面的水分，称重。再将试块放入水中，6h后取出，粘去试块表面的水分，再称重，计算试块的吸水量。结果见表6。空白试块放入水中，瞬间就完全崩解。经过 PS 单一加固的试块 1 分钟后出现裂缝，30 分钟后崩解。在经过与 PS 材料组合加固的试块中，WD – S 的防水效果较差，在水中6h 后崩解或者吸水量达 10% 以上；WD – 10 和 RTV 的防水效果较好，在水中6h 后未崩解且吸水量小于均 2% 。因此选择 WD – 10 和 RTV 与 PS 材料组合加固过且经过崩解实验后的试块进行冻融实验。

表6　模拟试块的崩解实验结果

试块处理	原重/g	1min 稳定后/ g	过程描述	6h 后/g	吸水量/ %
空白	195.33	瞬间崩解			
PS	194.76	出现裂缝，未称	30min 后崩解		
PS	195.64	出现裂缝，未称	30min 后崩解		
PS + WD – 10	194.62	194.85	无变化	196.35	1.26
PS + WD – 10	196.49	196.99	无变化	199.19	1.12
PS + WD – 10	194.45	194.97	无变化	197.54	1.32
PS + WD – S	194.26	194.64	6h 后裂缝	215.02	10.47
PS + WD – S	193.99	194.62	30min 时有细小裂缝	崩解	
PS + WD – S	195.61	196.49	30min 时有细小裂缝	崩解	
PS + RTV	196.92	197.45	无变化	199.49	1.03
PS + RTV	196.15	196.89	无变化	197.72	0.42
PS + RTV	197.42	197.80	无变化	199.96	1.09

3.3　冻融实验

经过崩解实验后仍保存完好的试块为饱水试块。崩解实验条件设置为试块放入塑料袋中密封，在 −18℃ 条件下冰冻 12h，取出融解 12h 作为一个循环。经过 22 个循环的实验后，喷洒 PS + WD − 10 和 PS + RTV 的试块均完好，淋水实验表明仍具有很好的防水性，再进行抗压实验。

3.4　抗压实验

单轴无侧限抗压实验用于测定试块的抗压强度。实验仪器为深圳瑞格尔仪器制造公司生产的 RGT − 10 型电子万能材料实验机，试验条件设置为：标准压缩，预加应力 10N，压缩速度 1mm/min。图 6 为经过 6 个月老化循环后和再经过崩解冻融实验后试块的抗压强度柱状比较图。当 4 种加固材料单一使用时，经过 6 个月的老化循环后，WD − S 与 WD − 10 加固的试块强度很低，甚至

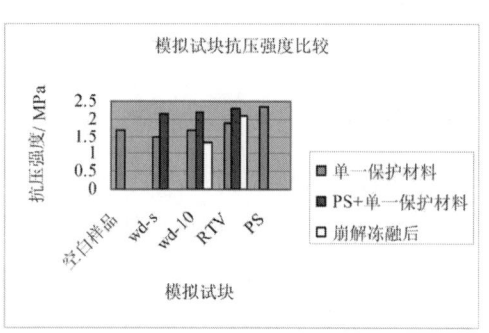

图 6　模拟试块抗压强度比较柱状图

比空白试块低，RTV 和 PS 加固的试块强度分别提高 11.2% 和 38.8%；当分别与 PS 材料组合使用时，强度都分别比相应单一使用时有所提高，提高幅度为 21.2 − 31.1%；经过冻融后的试块抗压强度都有所下降，喷洒 PS + WD − 10 的试块强度下降 39.7%，喷洒 PS + RTV 的试块强度下降仅为 9.6%。

3.5　室内实验结论

室内实验结果表明，模拟试块仅喷洒加固剂 PS 后，抗压强度提高幅度最大为 38.8%，但颜色有所加深，且遇水后易崩解，防水性不好；WD − S 有一定的防水性，但是没有加固效果；WD − 10 和 RTV 的防水效果较好，经历了崩解实验和冻融循环实验后仍保持完好，但 WD − 10 也没有加固作用；而 RTV 不仅单独使用时表现出良好的渗透性、防水性和加固强度[5]，在与 PS 材料组合使用时，抗压强度提高了 35.3%，经过冻融实验后仍比空白提高了 22.4%。因此，在塘山遗址大坝原位保护现场实验中，WD − S 和 WD − 10 仅适合作为防水剂，PS 仅作为加固剂，两者配合使用；而 RTV 则作为加固剂和防水剂单独使用或者仅作为防水剂与 PS 配合使用。

4 4种保护材料塘山遗址原位保护现场实验

选取了塘山遗址中段的一个道路断口（位于瓶窑镇的窑北村河中村徐家头24号）（图7）进行取样和原位保护现场实验。

4.1 现场试验概况

现场试验于2004年9月21日开始进行，因试验开始前9月19－21日已连续降雨3天，使得试验场地土体完全被水浸透（图8），十分不利于加固剂和防水剂的喷洒。9月22日铲除遗址土体上的杂草和灌木，将遗址表面的非常疏松的风化层土适当去除，进行划块分区（图9）；为防止降雨对试验现场的破坏，在试验点上铺设了防水雨布（图9）。降雨停止、自然干燥并采用局部使用吹风机降低湿度（图9）4天后（表7），9月26－29日进行现场加固试验，因中午12：00－15：00的湿度最低，故选择在此时段喷加保护材料。加保护剂的4d以及以后5d的天气均晴好，有风，适合加固材料的渗入和溶剂的挥发，防水雨布于1个月后（2004年10月26日）拆除。

4.2 现场试验分区及加固材料使用量

受场地条件限制，现场试验分别在北墙面和西墙面进行，试验区下边界距地高80cm。其中A、B、C、D区位于南墙面，E，F，G，H，I区位于东墙面。试验现场分区如（图10），各区加固剂和防水剂的用量见表8。

图7 塘山遗址原位保护现场的位置

图8 塘山遗址原位保护现场
（2004年9月21日）

图9　整理后的塘山遗址原位保护现场
（2004 年 9 月 22 日）

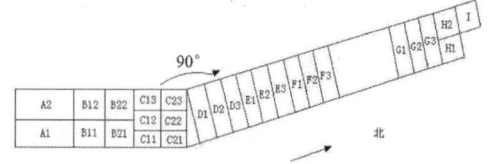

图 10　良渚塘山遗址实验现场分区
区域示意图

表 7　塘山遗址现场实验期间天气实况

	日期	天气	温度/ ℃	湿度/ %	风速/ km·h⁻¹	湿度最低时段
加固前 5d	2000 - 09 - 21	中雨	18 - 22	78 - 94	3.6 - 14.4	10：00 - 12：00
	2004 - 09 - 22	晴转多云	19 - 25	41 - 88	3.6 - 14.4	13：00 - 15：00
	2004 - 09 - 23	晴转多云	18 - 26	47 - 88	3.6 - 14.4	14：00 - 16：00
	2004 - 09 - 24	晴转多云	17 - 26	42 - 88	3.6 - 14.4	12：00 - 15：00
	2004 - 09 - 25	晴转多云	19 - 28	51 - 88	3.6 - 18.0	14：00 - 17：00
加固 4d	2004 - 09 - 26	晴转多云	16 - 28	48 - 94.	3.6 - 10.8	12：00 - 15：00
	2004 - 09 - 27	多云	22 - 28	48 - 88	7.2 - 21.6	12：00 - 18：00
	2004 - 09 - 28	多云转晴	19 - 27	42 - 88	3.6 - 14.4	13：00 - 17：00
	2004 - 09 - 29	多云转晴	18 - 27	51 - 94	3.6 - 10.8	12：00 - 17：00
加固后 5d	2004 - 09 - 30	晴	19 - 28	54 - 88	3.6 - 14.4	12：00 - 15：00
	2004 - 10 - 01	晴转多云转阴	15 - 23	59 - 94	3.6 - 39.6	20：00 - 23：00
	2004 - 10 - 02	晴	13 - 19	32 - 63	7.2 - 25.2	10：00 - 16：00
	2004 - 10 - 03	晴转多云	11 - 21	32 - 88	3.6 - 14.4	10：00 - 14：00
	2004 - 10 - 04	多云转晴	14 - 23	38 - 82	3.6 - 14.4	13：00 - 16：00

表 8　各试验区加固剂、防水剂材料使用情况

试验区号	加固面积 cm × cm	2004 年 9 月 26 日		2004 年 9 月 27 日		2004 年 9 月 28 日		2004 年 9 月 29 日	
		加固剂	防水剂	加固剂	防水剂	加固剂	防水剂	加固剂	防水剂
A1	50 × 100	/	/	/	/	/	RTV，1	/	RTV，1
A2	50 × 100	/	/	/	/	/	RTV，1	/	/
B11	50 × 50	/	/	3% PS，4.91	/	/	RTV，1	/	RTV，1
B12	50 × 50	/	/	3% PS，4.91	/	/	RTV，1	/	/

续表

试验区号	加固面积 cm×cm	2004年9月26日		2004年9月27日		2004年9月28日		2004年9月29日	
B21	50×50	/	/	5%PS, 2.95	/	/	RTV，1	/	RTV，1
B22	50×50	/	/	5%PS, 2.95	/	/	RTV，1	/	/
C11	33×50	/	/	3%PS, 9.82	/	/	/	/	WD－S，2
C12	33×50	/	/	3%PS, 9.82	/	/	/	/	WD－10，2
C13	33×50	/	/	3%PS, 9.82	/	/	/	/	/
C21	33×50	/	/	7%PS, 4.21	/	/	/	/	WD－S，2
C22	33×50	/	/	7%PS, 4.21	/	/	/	/	WD－10，2
C23	33×50	/	/	7%PS, 4.21	/	/	/	/	/
D1	33×100	3%PS, 2.45	/	3%PS, 1.23	/	3%PS, 1.23	/	/	WD－S，2
D2	33×100	3%PS, 2.45	/	3%PS, 1.23	/	3%PS, 1.23	/	/	WD－10，2
D3	33×100	3%PS, 2.45	/	3%PS, 1.23	/	3%PS, 1.23	/	/	/
E1	33×100	/	/	3%PS, 4.91	/	/	/	/	WD－S，2
E2	33×100	/	/	3%PS, 4.91	/	/	/	/	WD－10，2
E3	33×100	/	/	3%PS, 4.91	/	/	/	/	/
F1	33×100	/	/	5%PS, 2.95	/	/	/	/	WD－S，2
F2	33×100	/	/	5%PS, 2.95	/	/	/	/	WD－10，2
F3	33×100	/	/	5%PS, 2.95	/	/	/	/	/
G1	33×100	5%PS, 1.48	/	5%PS, 0.737	/	5%PS, 0.737	/	/	WD－S，2
G2	33×100	5%PS, 1.48	/	5%PS, 0.737	/	5%PS, 0.737	/	/	WD－10，2
G3	33×100	5%PS, 1.48	/	5%PS, 0.737	/	5%PS, 0.737	/	/	/
H1	50×50	/	/	5%PS, 5.89	/	/	/	/	WD－10，2
H2	50×50	/	/	5%PS, 5.89	/	/	/	/	/
I＊	50×50	7%PS, 20.02		7%PS, 7.44		7%PS, 4.21			

4.3 现场试验方案

采用手动喷壶，按要求配制一定浓度一定用量的加固材料，控制均匀的喷洒速度，将加固材料均匀的喷洒在试验区内。喷洒时间歇进行操作，当试验区出现渗透不佳的现象时，停止喷洒，待加固材料渗透完全后，干燥片刻再继续喷洒，直到喷洒完设定量的加固材料。

设计了分别单独使用 PS 材料、RTV 材料以及 PS 材料分别与 WD－S，WD－10，

RTV 材料配合使用的方案。其中，PS 材料有 3%、5% 和 7% 3 种浓度，且喷洒方式分为两种，即一次性喷洒和分 3 次喷洒，但总喷洒量相同；需要 3 次喷洒的试验区，待第 1 次喷洒的材料的墙面完全干燥后，以相同的方法做第 2 次、第 3 次的喷洒加固。因加样时气温均在 25℃ 以上，天气晴朗，因而两次加固时间间隔为 1d。待 PS 都喷洒完毕后，于最后一天将防水剂一次喷完。RTV 材料则采用一次性和分两次加样，但后者加样量加倍，且加固的区域在加固后采用塑料布遮盖，以防止材料快速挥发。

数码相机（sony DSC－P9，400 万像素）用于记录实验前后加固区域的外观，间隔一定时间后在记录其变化来衡量现场的加固效果。

4.4　加固 2 个月后（2004 年 12 月 7 日）效果检查

现场试验 2 个月后进行观察，从外观来看，未加固区湿度较大，加固区均有程度不同的发白迹象，以 H 区和 E2、F2 最明显，其余区域之间差别不大。

淋水试验表明喷洒 RTV 材料的 A，B 区防水性明显最好，其次为喷洒 WD－10 的 D2、E2、F2、H1 区，喷洒 WD－S 的 D1、E1、F1 区防水性差一些，而仅喷洒 PS 材料的区域淋水时水分立刻进入土体。

所有加固区都比未加固区强度有所提高，但是不同加固区的强度之间差别不明显。但是用量加倍的 A1 区优于 A2，喷洒了 PS 材料的 B 区优于相应的 A 区。

4.5　加固 6 个月后（2005 年 3 月 30 日）效果检查

6 个月后对比加固区与未加固区，总体看来，未加固区在雨水冲刷破坏作用下，明显疏松、片状剥离严重，墙面土体较加固区明显流失，湿度较大，加固区湿度较小，用手摁较未加固区硬度增大。C，D，E，F，G，H 区与 A，B 区比有明显开裂现象；A 区与空白区外观最接近；喷洒 WD－10 的 E2、F2、H1 区有起壳现象。淋水试验表明，RTV 和 WD－10 材料处理区表面出现挂珠现象，防水性较好，其他区域则明显渗透，防水性与空白区接近。加固剂加倍的 A1 区明显比 A2 区致密，强度稍强；B 区整体比 A 区明显发白；B12 区较 B11 区稍白，龟裂，但 B11，B21 比 B12，B22 更为致密。

由于喷洒三种浓度和两种喷洒方式的 PS 在加固效果上没有明显差异，所以重新选做 I 区（图 10），仅喷洒 PS 材料（表 8），浓度为 7%，分 3 次喷洒，总加固剂量为原来的 7.5 倍。

在加固的不同实验区域、不同深度选取土样（表 9），测定其含水量。西墙面含水量高于北墙面，A 区高于 B 区，北墙面含水量较为接近，而 E2 区结壳处的含水量明显过高。

表 9　塘山遗址不同深度土的含水量

土样编号	取样位置描述	取样深度	含水量/%
S-1	A 西区 20cm，距地 100cm	内 5.0-8.0cm	20.12
		内 2.0-5.0cm	19.90
		表面-内 2.0cm	18.30
S-2	A1 区左下角，距地 0cm	内 3.0-5.5cm	19.80
		内 1.5-3.0cm	20.76
		表面-内 1.5cm	19.54
S-3	B11 区下方，距地 0cm	内 3.0-5.5cm	18.80
		内 1.3-3.0cm	18.28
		表面-1.3cm	16.57
S-4	E2 下区结壳处，距地 40cm	内 4.0-7.5cm	19.78
		内 1.0-4.0cm	19.60
		表面-1.0cm	4.71
S-5	G3 区右下角，距地 0cm	内 3.1-5.7cm	19.46
		内 1.8-3.1cm	19.56
		表面-1.8cm	16.49
S-6	H 北区 30cm，距地 80cm	内 3.0-5.0cm	19.12
		内 1.5-3.0cm	18.29
		表面-1.5cm	17.92

4.6　加固 9 个月后（2005 年 6 月 29 日）效果检查

9 个月后，A2 区域外观与空白处接近，强度略为增加，而 A1 因施工影响无法观察外观；B 区外观也接近于空白，原来的发白现象也不明显了。C，D，E，F，G，H 区与 A，B 区相比仍明显有开裂现象；防水性和强度与六个月时无明显改变。I 区加固仅为 3 个月，强度明显提高，但略有发白，用水冲刷无土体流失现象，但外观有石化迹象，与空白处有明显的差异。

4.7　现场实验结论

遗址土体喷洒加固材料 2 个月后，颜色与未加固区相比，均出现略微显白的现象。但经过 9 个月后，RTV 加固的区域颜色与未加固区趋于一致；施加其他材料的区域仍有发白现象。RTV 和 PS 材料均有加固效果，RTV 加固剂量和加固程度成正比；加固剂量相同，浓度为 3%、5% 和 7% 的 PS 均无明显加固效果，但大大增加加固剂量且浓度为 7% 的 PS 则呈现明显的加固效果，但出现石化现象。防水性方面，RTV 最佳，其次为 WD-10，WD-S 和 PS 则无防水效果。

5 结 论

室内实验和现场实验的结果都表明，WD – 10 和 WD – S 材料仅能作为防水材料，PS 材料仅能作为加固材料使用，而 RTV 则既是防水材料又是加固材料。

（1）室内实验中，RTV，WD – 10，WD – S 材料均不会改变土样颜色，PS 则略有加深但经过 6 个月老化循环后也逐渐与原土样接近；现场实验中，所有材料都使土体有发白现象，但其中的 RTV 材料经过 9 个月后发白迹象消失；而大幅度施加 PS 材料的区域出现石化迹象。

（2）室内实验和现场实验结果都说明 RTV 和 WD – 10 材料防水性优于 WD – S，而且 WD – S 材料经过 6 个月老化实验和现场 2 个月的考验后防水性均变差，说明其耐久性差。

（3）室内实验中，施加 PS 材料可使土样强度提高约 30%；但现场实验中，由于加固剂量低，加固效果不明显，在大幅度增加加样固剂后，呈现明显的加固效果。

（4）室内实验和现场实验结果都说明 RTV 材料有较好的加固和防水效果，且加量越大，强度提高越多。

参考文献

[1] 王银梅，西北干旱区土遗址加固概述．工程地质学报，2003，11（2），189 – 192.

[2] 黄克忠．岩土文物建筑的保护．北京：中国建筑工业出版社，1998.

[3] 和玲．艺术品保护中的高分子化合物．北京：化学工业出版社，2003.

[4] 李家骏，人类文化遗产保护（1）．西安：西安交通大学出版社，2003，21 – 24.

[5] 周环，张秉坚，李最雄，等．Moisture Curable Silicone for Consolidating and Protecting Ancient Earthen Sites in Moisture Environments. Second International Conference on the Conservation of Grotto Sites Abstracts，［s. l.］：［s. n.］，2004. 6

[6] 和玲，甄广全，半坡土遗址加固保护研究．考古与文物丛刊，2001（5）.

[7] 甄广全，故宫砖材保护研究．故宫砖石文物保护研讨会论文集．北京：出版社 2004. 8.

[8] 马世之，中国史前古城．武汉：湖北教育出版社，2002（中国建筑文化研究文库/高介华主编）.

[9] 蔡凤书，沉睡的文明：探寻古文化与古文化遗址．济南：齐鲁书社，2003.

[10] 张炳火，良渚先人的治水实践：试论塘山遗址的功能．东南文化，2003（7）：16 – 19.

[11] 朱兰娟，王裕锴．杭州气候变化特征及其对粮食生产的影响．浙江气象科技，1999（1）：37 – 39.

[12] 王裕锴，近代杭州气候变化特征及展望．浙江气象科技 1995，16（1）：13 – 16.

[13] 赵海英，王旭东，李最雄，等．PS 材料模数、浓度对干旱区土建筑遗址加固效果的影响．岩石力学与工程学报．2006，25（3）：557 – 561.

Study on Consolidation and Conservation of Historical Earthen Sites in Moisture Circumstances Conservation of Tangshan Site in Situ

Zhou huan[1], Zhang Bingjian[1], Chen Gangquan[2],
Zhang Haiying[3], Zeng Yuyao[1], Guo Qinglin[3],
Li Zuixiong[2], Wang Xudong[2]

(1. Department of Chemistry, Zhejiang University, Hangzhou 310027;

2. Dunhuang Academy, Dunhuang 736200;

3. College of Resources and Environment, Lanzhou University, Lanzhou 730000)

Abstract: The conservation of the historical sites is one of the most complicated issues of cultural heritage conservation; and earthen cultural heritage is the most difficult; so the conservation of the historical earthen sites has been listed as the special conservation item. As for the historical earthen sites in moisture circumstances, the task of the conservation and exhibit is more urgent. The Liangzhu Culture of Neolithic period is the most important prehistory culture in the Yangtze River valley and Tangshan Site is located northwest of the Liangzhu Sites. Four protective materials are chosen to implement on Tangshan Site in situ, i. e. PS, WD – 10, WD – S, and RTV. The results of experiments in lab and in situ (after 2 months, 6 months, and 9 months) indicated that the waterproof character of RTV and WD – 10 are better than WD – S, and WD – 10 and WD – S could only be used as waterproof materials, PS could only be used as consolidant but RTV was of favorable waterproof and consolidation effect.

Key Words: earthen sites, consolidation, moisture circumstances, conservation, polysiloxanes

PS 材料加固土遗址
风蚀试验研究

赵海英[1,3]，李最雄[2,3]，汪　稔[1]
王旭东[2,3]，韩文峰[3]

(1. 中国科学研究岩土力学重点试验室，武汉，430071；

2. 敦煌研究院保护研究所，敦煌，736200；

3. 兰州大学文物保护研究中心，兰州，730000)

内容摘要： 风蚀是西北干旱地区土遗址破坏的主要动力机制和成因，强烈的风蚀作用致使许多土遗址坍塌殆尽，导致这一不可再生资源的破坏。通过对土遗址的室内和现场风蚀模拟实验，研究发现，经 PS 材料加固后土遗址的抗风蚀能力明显增强。室内实验发现风蚀量随风速的增长而增加、随风蚀时间延长近线性增长，PS 材料浓度大于5% 的加固试样，即使风速达 20m/s 时，风蚀量均小 10kg//m²·h，抗风蚀强度提高 6－10 倍。现场模拟实验结果表明，中、低浓度的 PS 材料加固的墙面抗风蚀能力最好，加固材料的入渗深度和用量直接影响加固效果。因此选择适当的 PS 材料浓度、提高加固材料的渗透力是土遗址保护加固的关键，将对西北地区土遗址科学保护的全面开展起到重要的指导作用。

关键词： 土遗址　风蚀　PS 材料　保护

0　引　言

　　西北干旱区是丝绸古道主要的途经之地，沉淀了两千多年来丰富多彩的历史文化遗存，拥有众多具有独特优势的知名大型土遗址，如敦煌玉门关、汉长城、河仓古城遗址，新疆交河古城、楼兰古城、高昌古城、尼雅、米兰遗址等。这些遗址都是人类宝贵的文化遗产，其珍贵的艺术价值、历史价值在国内外实例中颇不多经见[1,2,3]。西北地区的干旱环境，一方面使土遗址得以保存，另一方面强烈的风蚀雨蚀作用致使不少遗址坍塌殆尽，导致这一不可再生资源的破坏[4,5]。早在 20 世纪 50 年代，宿白等就已提及风沙对古代土建筑物磨蚀残损的严重性[4,6]，近年来通过对西北地区一些濒临倒塌的重要土遗址的系统调查研究发现，长期遭受风沙吹蚀作用，墙面被剥蚀的千疮百孔呈蜂窝状、鳞片状龟裂剥离和块状剥离，或形成倒立"棒槌山"使墙体处于不稳定状态，风蚀是遗址的主要破坏动力和最具威胁的病害[2-9]。因此防风蚀是西北干旱区遗址保护面临的重要问题。针对于此国内外学者对西北地区土遗址的化学保护等方面做了大量的工作[9-12]，先后采用多种材料对干旱环境的土遗址进行防风化加固研究。20 世纪 90 年代，敦煌研究院用 PS 材料加固敦煌玉门关、河仓城和西夏王陵三号陵[9,11]。大量试验研究和工程实践证明 PS 材料的加固效果良好[2,3,5,11]。但对土遗址经 PS 材料加固前后抗蚀能力提高的系统研究却甚少，现场抗风蚀加固效果实验更是无人涉足。本文以室内风洞试验和现场模拟风蚀试验为手段，旨在探讨 PS 材料加固后土遗址抗风蚀能力提高的特性，为西北干旱区土遗址的科学保护、保护技术的推广和保护工程效果检测提供理论和实践依据。

1　室内风洞实验

1.1　试样制备

考虑到取原状样对文物本体破坏作用较大及原状夯土密度差异较大，实验以重塑试样进行风洞实验。实验选用试样规格 50 × 50 × 50mm，选用最佳模数的 PS 溶液[2,3]，浓度选用 3%，5% 和 7% 三种。首先对试样进行 PS 渗透加固，加固溶液按最大饱和度 Sr = 85% 经计算后准确控制[3,5]，用滴管均匀点滴。待试块自然干燥后和未经加固的原始试块一同进行风蚀的风洞模拟实验。

1.2　实验条件

实验是在中国科学院寒区旱区环境与工程研究所风沙物理与沙漠环境实验室直流闭口吹气式低速沙风洞中进行，风洞全长 38.78 米，截面积 $1.2 \times 1.2 m^2$，有 1 度的抬角，以消除风洞的轴向加速度，风速从 2 - 30m/s 连续可调，紊流强度在 0.4% 以下。实验中将试样置于实验段入口下风向 9m 处，风蚀量采用称重法测定。风蚀主要发生在挟沙风条件下，试验用 6（7）m/s、10m/s、15m/s、20m/s 的挟沙风，对样品进行 5min、10min、15min、20min 的吹蚀试验。

1.3　风蚀实验结果分析

实验结果表明随挟沙风风速增大，风蚀强度增大，当风速增大为 20m·s⁻¹ 时，风蚀量最大（图 1）；经 PS 加固后土的颗粒结构比较紧密，造成不易风蚀，抗风蚀性能明显增强，加固液浓度提高至5%及以上风蚀模数小于20kg/m²·h，抗风蚀能力提高5倍以上（图1）；随着风蚀时间延长，风蚀模数基本呈线性增长（图2），同时（以风速为20m/s为例）抗风蚀能力增长率随着PS材料浓度的增长略有降低（图3）；对实验结果进行分析认为，以PS材料浓度大于5%后加固效果理想，即使风速达20m/s时，风蚀模数均低于10kg//m²·h，抗风蚀强度是原样的6－10倍。

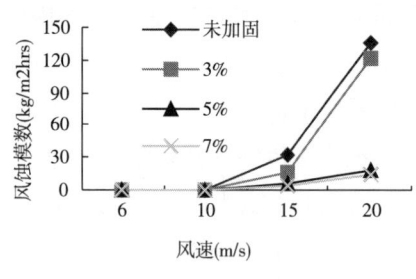

图1　加固样风蚀量对比

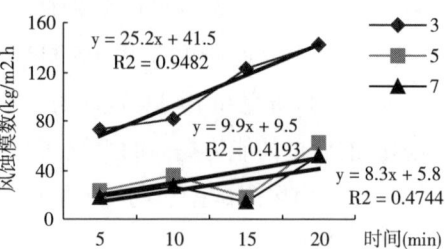

图2　风蚀量随时间变化规律
（风速20m/s）

2　现场模拟试验

在室内试验基础上，结合相关研究成果[2,3,4]，综合考虑交通和施工要求，2004年6月－2004年10月，选择甘肃省安西县以南20km处的汉代古城遗址——破城子做为实验场地，开展现场风蚀实验。

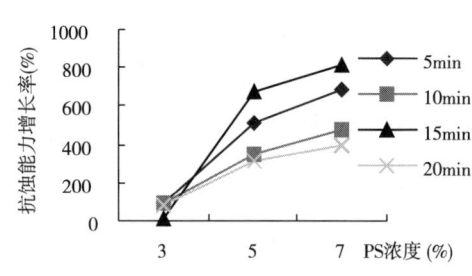

图3　抗蚀能力增长规律（风速20m/s）

2.1　实验区概况

破城子乃汉代广至县、唐代常乐县治所，保存较完好，含砂粉土夯筑，夯层厚度较为均匀，约8－12cm。多年来研究表明，西北地区土遗址表面土体干密度为中、低密度（1.3－1.5g/cm³）[2,3,5,12]，实验时选取两块典型风化墙面，每块分割为4小块，每小块面积50×10cm²，对墙面进行必要的描述和基本物理指标测试，具体见表1。

表1　实验区概况

编号	墙面描述	含水量%	干密度（g/cm³）	天然密度（g/cm³）
B	墙面结壳，龟裂，疏松。	0.606	1.359	1.368
H	结壳松散，呈龟裂状，裂隙发育，块状剥离。在H1区域中间部位有一直径约50×50cm表面脱落。	0.891	1.387	1.399

2.2 实验区加固

选用最佳模数，采用喷洒渗透加固方法。首先清理试验区表面的浮灰，然后按要求配制一定浓度一定用量的 PS 溶液，控制均匀的喷洒速度，将 PS 材料均匀的喷洒在试验区内，间歇喷洒操作，直至不渗，见表 2。加固实验符合文物保护"修旧如旧"标准要求。

表 2　试验区加固情况

区号	PS 加固		深透深度（cm）	加固后出现的现象	3 个月后强度及颜色变化
	浓度%	用量 ml			
B1	—	—			
B2	5	8334	5.6	颜色稍有加深	
B3	5	5000	4.9	颜色稍有加深	硬，颜色与原墙面一致
B4	5	2500	4.6	颜色稍有加深	
H1	3	4000	5.9	颜色稍有加深	
H2	5	4000	5.0	颜色稍有加深	硬，颜色与原墙面一致
H3	7	4000	4.6	颜色稍有加深	
H4	—	—			

2.3 实验设备

实验设备为：功率 1500KW 的鼓风机为风力，风速匀速。砂砾运移路径为长 0.8m 喇叭形铁皮筒，小口与风源相连，直径 7cm，大口为砂砾出口，直径 12cm，距墙面 1m。装砂容器为一高 28.5cm、上下均开口的斗形器具，上口面积 17.3×14cm2、下口表面积 8×3.5cm2，实验时定量控制砂量。实验吹蚀时间控制基本相同。试验用砂就地取材，剔除 >5mm 粒径，级配见表 3：

表 3　风蚀实验砂砾级配

粒径	5－10mm	2－5mm	1－2mm	0.5－1mm	<0.5mm
含量 /%	0.415	35.274	5.238	17.273	41.800

2.4 实验结果及分析

以净风吹蚀 10min，墙面均无破坏现象。以携砂风吹蚀，未加固墙面吹蚀不到 30s 既开始破坏，风化层大片状、块状脱落，破坏迅速加快，最终被掏蚀凹进。PS 加固区吹蚀破坏一般开始于1min以后，且破坏形式完全不同，破坏开始时墙面出现砂砾打毛现象，在风力的持续吹蚀破坏作用下，破坏由豆状逐渐向片状过渡，一般试验结束时呈豆状破坏或片状破坏或蜂窝状破坏，破坏面积大小不等。具体见表4。

表4　风蚀实验结果

区号	历时 min	开始破坏时间	风蚀面积 cm	最终破坏形式
B1	3	20s	$24 \times 24 \times 3$	菱形体破坏区，面积 $24 \times 24 \times 3cm^3$。
B2	3	2min	20×15	直径为1cm的蜂窝状破坏。
B3	3	1min	18×16	蜂窝状破坏，最大 $5 \times 4 \times 2cm$。
B4	3	1min	–	有加固层块状脱落现象。
H1	4	2min	21×20	豆状破坏，直径 0.2 – 0.5cm。
H2	3.97	1min	20×18	蜂窝状破坏，直径约 0.5 – 2cm。
H3	3.75	1min	24×26	片状、蜂窝状破坏。
H4	3.67	30s	$30 \times 20 \times 5$	圆形破坏区，面积 $30 \times 20 \times 5cm^3$。

结果表明，经PS加固后土遗址的抗风蚀能力明显增强，其中以中、低浓度的PS加固后的墙面其抗风蚀能力最好，加固材料入渗深度和渗透率（加固材料用量）直接影响加固效果。

3　结　论

1）风洞实验和现场模拟实验结果表明，经PS材料加固后土遗址的抗风蚀能力明显增强。

2）风蚀是西北干旱地区土遗址破坏的主要动力机制和成因[2,3]，实验证明风蚀量随风速的增长而大幅度增加，随风蚀时间延长风蚀量近线性增长。

3）分析风洞实验结果认为，浓度大于5%的PS材料加固试样，即使风速达20m/s时，风蚀量均小 $10kg//m^2 \cdot h$，抗风蚀强度提高 6 – 10 倍。

4）现场模拟实验结果表明，中、低浓度的PS材料加固墙面抗风蚀能力最好，加固材料入渗深度和加固剂用量直接影响加固效果。因此选择适当的浓度、提高加固材料的渗透力是土遗址保护加固的关键。

5）综合室内风洞实验与现场模拟实验结果，中浓度PS材料加固后抗蚀能力提高和入渗深度方面略显优势，因此，在自然条件严酷的西北地区，采用该防护材料是对土遗址进行科学保护的一条重要途径，对西北地区土遗址科学保护的全面开展具有重要的指导作用。

致谢

在此对现场实验中全程配合、大力支持的敦煌研究院保护所的张鲁工程师表示感谢，同时感谢保护所修复中心和安西县博士物馆在实验过程中给予支持和方便。

参考文献

[1] 萧默. 敦煌建筑研究. 北京：文物出版社，1989

[2] 李最雄. 丝绸之路古遗址保护. 北京：科学出版社，2003.

[3] 王旭东. 中国西北干旱环境下石窟与土建筑遗址保护加固研究［博士学位论文］. 兰州：兰州大学，2002.

[4] 屈建军，王家澄，程国栋. 西北地区古代生土建筑物冻融风蚀机理的实验研究. 冰川冻土，2002，24（1）：51 – 56.

[5] 赵海英，甘肃境内战国秦长城和汉长城保护研究. 兰州：兰州大学，2005

[6] 宿白. 敦煌莫高窟保护问题. 文物参考资料，1955（2）：39 – 48

[7] 孙满利，李最雄，王旭东. 交河故城的主要病害分析. 敦煌研究，2005（5）：92 – 99

[8] 赵海英，李最雄，韩文峰等. 西北干旱区土遗址的主要病害及成因. 岩石力学与工程学报，2003，22（sup2）：2875 – 2880.

[9] 王旭东，张鲁，李最雄等. 银川西夏陵 3 号陵的现状及保护加固研究. 敦煌研究，2002（4）：64 – 74.

[10] Li Zuixiong. Consolidation of Neolithic Earthen site with Potassium, Compiled by the Getty Conservation Institute［A］. In: 6th International Conference on the Conservation of Earthen Architecture. the Getty Conservation Institute, Los Angeles, New Mexico, U. S. A. , 1990, 295 – 301.

[11] 赵海英，王旭东，李最雄等. PS 材料模数、浓度对西北干旱区土遗址加固效果的影响. 岩石力学与工程学报，2006，25（3）：557 – 562.

[12] 李最雄，张虎元，王旭东. 古代土建筑遗址的加固研究. 敦煌研究，1995（3）：1 – 17.

Wind Erosion Experiment of Ancient Earthen Site Consolidated by PS Material

Zhao Haiying[1,3], LI Zuixiong[2,3], Wang Ren[1],
Wang Xudong[2,3], Han Wenfeng[3]

(1. Institute of Rock and Soil Mechanics the chinese Acadeny of Sciences, Wuhan, 430071;

2. Conservation Institute of Dunhuang Academy, Dunhuan 736200;

3. The cultural relic conservation centre of Lanzhou University, Lanzhou 730000)

Abstract: There are many ruins of ancient earthen sites in Northwest China, such as the famousancient Yumen Pass, Yang Pass in Dunhuang region, the Jiaohe Ruins and Gaochang Ancient Cites in Xinjiang Region , and so on. All of these constructions are precious mankinds culturalheritage, and their valuable artistic value is rareworldwide. But the violent processes of the wind erosion caused many ancient earthen sites collapsed. The wind erosion is the main power mechanism and the genesis resulting in destruction of the ancinet earthen ruins. Through the indoor wind – tunnel test and field wind erosion test, this paper conclude that the bear for wind erosion of the consolidated ancient earthen sites are hugely increased. . The results of the indoor wind – tunnel test indicate that the wind erosion amount is increased with wind speed and is linearly increasing with test time. At the same time, the laboratory experiment discovered that even if the wind speed reaches 20m/s, the wind erosion amount of the samples reinforced with more than 5% of PS is less than $10 \text{kg/m}^2 \cdot \text{h}$, and the against wind erosion intensity enhances $6 - 10$ times. According to the result of the field wind erosion test, the wall consolidated with 3% or 5% of PS is good bear for wind erosion, and the depth of penetration and the amount of PS material directly affect reinforcingt effect. In sum, the key to protecing Ruins is to choosing the suitable consistence PS material, to enhancing penetrability of PS material. comprehensively will develop the important instruction function to northwest local earth ruins science protection. So this reinforced method could be effective in scientific protecting the rare ancient earthen sites from rigorous natural conditions in Northwest China.

Key Words: The ancient sites, wind erosion, PS material, protection

（原载于《岩土力学》，2008 年，第 29 卷第 2 期）

楠竹加筋复合锚杆管材力学性能试验研究

王晓东　张虎元，吕擎峰，张艳军，严耿升

（兰州大学西部灾害与环境力学教育部重点实验室，兰州，730000）

内容摘要： 楠竹加筋复合锚杆是一种应用于土遗址加固工程的新型锚杆，为了解锚杆的工作机制，对其管材楠竹进行了力学性能试验，研究竹材的抗压、抗拉、抗弯强度及其影响因素。结果表明：3a 生楠竹块顺纹抗压强度达 119MPa，比 5a 生楠竹大；同一根楠竹，取自基部和中部的竹块试样，顺纹抗压强度相当，均小于顶部试样；竹块顺纹、横纹、径向抗压强度分别是 98，37 和 65MPa，强度差异是由加压方向和竹纤维生长方向之间的关系决定的；竹材的顺纹抗压、抗拉和抗弯强度均与竹材的含水率有关，含水率增大强度降低，当含水率达到一定值时，抗压强度趋于稳定；径高比为 1:1 和 1:2 的竹筒抗压强度试验以及竹条抗拉强度试验表明，竹节对竹筒和竹条的强度有一定的削弱作用。

关键词： 复合锚杆　楠竹　力学性质　土遗址

0 引 言

楠竹加筋复合锚杆[1]，作为一种应用于土遗址加固这一特殊领域的新型土层锚杆，已经在吐鲁番交河故城的加固工程中得到很好应用（实体模型参见图 1），该锚杆的主要特征是，由楠竹、黏结剂与钢绞线复合为一体，楠竹的内腔安放有钢绞线，楠竹与钢绞线之间充填黏结剂，然后用箍筋绑扎。为了和传统锚杆区别，楠竹与钢绞线之间充填的黏结剂称为内黏结剂，是用环氧树脂、粉煤灰以及石棉按一定比例配制而成的。楠竹在复合锚杆中有很重要的作用：一方面是加筋作用，另一方面是增加锚杆直径，起到扩大摩擦受力面积的作用。

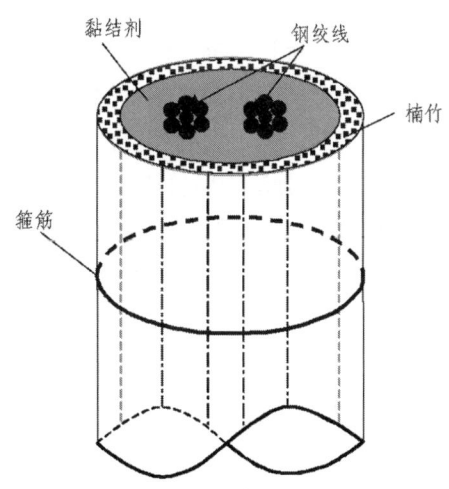

图 1　楠竹加筋复合锚杆实体模型图

目前，传统锚杆杆材根据相关材料规范直接选取，而对于新型的锚杆或新型锚杆材料需进行相应的研究，因此有必要对楠竹加筋复合锚杆进行相应研究。贾新等[2,3]对新型的锚杆材料 GFRP 进行了实体模型的力学性能试验研究。王者尧等[4-7]直接将竹子作为杆材，应用到了煤矿回采巷道和软岩的支护中，其中有些还研究了处理后竹子的抗压、抗拉、抗弯强度。王卫军等[8]研究了利用竹条的柔韧性和弹性，将竹条编网与锚杆联合加固软岩，应用于工程取得了很好的效果。

关于竹材的力学性质的研究，已经取得了一定的进展。苏文会等[9-11]分别对大木竹、苦竹、毛竹、麻竹、绿竹的抗拉、抗压、抗劈裂等方面进行了试验研究，并给出了部分力学性质之间的相关性。俞友明等[12]研究了苦竹的力学性质与物理性质之间的联系，回归分析了竹龄与竹材各项物理力学性质之间的关系。嵇伟兵等[13]以云南龙竹和浙江绿竹为研究对象，将竹子沿壁厚方向分为若干个轴单板层，测定分析了竹材表观弹性模量与不同方向单板层弹性模量之间的关系。T. Tabarsa 和 Y. H. Chui[14]在研究了木材结构在受力作用下的微观动态变化过程，而邵卓平[15,16]对在压缩大变形条件下竹材的应力－应变关系和微观变形特征进行了研究。

本文对楠竹加筋复合锚杆的管材即加筋材料楠竹进行了抗压、抗拉、抗弯等力学性能试验。

1　楠竹材料与试件加工

试验主要采用四川 5a 生楠竹，生长正常，无病害，胸径差别不大，无裂缝及变形。试验时楠竹经过天然风干，含水率为 5.8% - 8.0%，密度为 0.78 - 0.83g/cm³，内径为 50 - 67mm，外径为 58 - 78mm，壁厚为 8 - 11mm。实验室环境温度为 18°左右，相对湿度约为 69%。

抗压、抗拉、抗弯试件制作和试验测试，依照相关试验方法[17]进行。为了比较竹节对抗拉强度的影响，特意制作了包含和不包含竹节的对比试件（见图 2）。而对于竹筒压缩试验，由于没有相应的规范可供参考，试件按照如下方法自行设计及制作（见图 3），试验方法借鉴竹块压缩的实验方法。

竹筒试验中，制作了 4 种试件，即分为有竹节筒和无竹节筒，且分别制作直径和高度比例（D/H）为 1:1 和 1:2 两种，在试件制作及试验过程中严格控制竹筒两端面的平行度，并保持与竖直方向垂直。

2　楠竹块压缩试验

2.1　不同竹龄竹块压缩性能

表 1 中数据显示出 3a 生的竹子比五年生的竹子抗压强度和静力压缩弹性模量高，

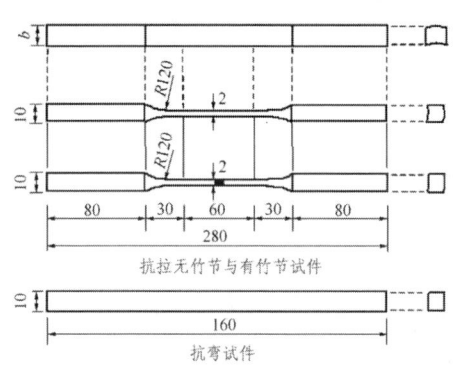

图2　抗拉和抗弯竹条试件
（单位：mm）

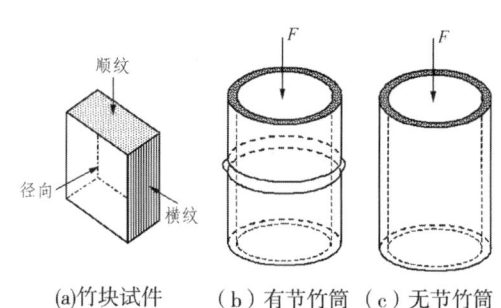

图3　抗压竹块和竹筒试件及压缩方向

此结果与刘力等[10]中苦竹的竹龄与强度的关系一致，说明了竹材性质上的相似性，但其强度比苦竹的高。

表1　不同竹龄竹块的顺纹压缩性能

竹龄/a	抗压强度			静压缩弹性模量		
	平均值/MPa	标准差	变异系数	平均值/GPa	标准差	变异系数
5	98.30	2.02	2.06	1.42	0.01	0.70
3	119.00	1.99	1.67	2.75	0.08	2.90

2.2　不同部位竹块压缩性能

从图4中可以看出，在同一根竹子上的不同部位的顺纹抗压强度是不同的，基部和中部的强度相差不大，而顶部的抗压强度较高，这是因为顶部竹筒的直径较小，其纤维密度较大，与刘力等[10,12]中对苦竹的研究结果较为相似。从微观角度来说，竹材顺纹方向强度的变化主要由于竹材单位面积上的维管束个数变化引起[9]。

2.3　竹块不同方向的压缩性能

由图5中可以看出，在进行顺纹压缩时，应力－应变经历了3个阶段：第一阶段为完全弹性阶段，纤维被压缩，变形可恢复；第二阶段为强化阶段，由于纤维的分布原因试件竹青表面开始出现较小的折皱；第三阶段，为局部变形阶段，应力急剧下降，在试件的表面开始出现大的折皱，纤维束被折断，承载能力急剧下降。

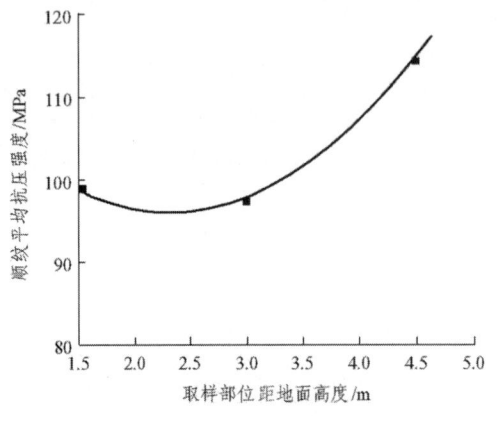

图 4　不同部位抗压强度变化趋势

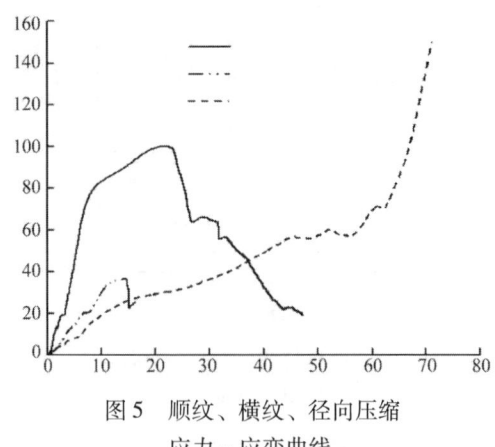

图 5　顺纹、横纹、径向压缩
应力－应变曲线

横纹压缩时，与顺纹压缩经历同样的 3 个阶段，开始阶段也是弹性阶段，竹子的内部组织不断被压缩挤密，荷载继续增加时，竹青部位首先开始出现变形，随后内侧出现变形，这是因为竹子的承载结构主要是纤维和薄壁细胞，而靠近竹青部位的纤维密度较大，强度较高而压缩性较小。本试验中得出的楠竹在横纹压缩时的抗压强度平均值为 37.22MPa，顺纹抗压强度是横纹抗压强度 3.0 倍左右。

径向压缩过程也将经历 3 个阶段，所有试件初始阶段的应力－应变关系基本上成线形关系，当应力超过比例极限，曲线趋于水平，楠竹进入塑性变形阶段，但此阶段较短。随后经过一转折点，进入了第三阶段，细胞腔已经被完全压密，应力进入类指数增加阶段。到达转折点时，竹块已经被压坏，产生了不可恢复变形，纤维间的胶结和组织结构被破坏，所有的空间被压密实。此后的变形来自细胞间的距离减小量，虽然其承载力急剧增加，但其抗弯、抗折、抗拉性能变得很差，一般把这个转折点作为竹子径向压密的临界点，该点对于楠竹其平均值为 65MPa。

2.4　不同含水率竹块压缩性能

从图 6 可以看出，竹块的抗压强度随着含水率的增加而减小，当含水率达到 15% 以上时，其抗压强度趋于稳定。天然风干的竹子的含水率为 5.8% － 8.0%，此区间内竹子的抗压强度为 87 － 122MPa，而烘干后的竹块抗压强度可高达 128MPa。根据相关试验方法[17]对安徽毛竹的研究，温度在 100℃ 以下时，竹子的抗压强度随温度的变化不大。

楠竹不同含水率下的抗压强度近似符合

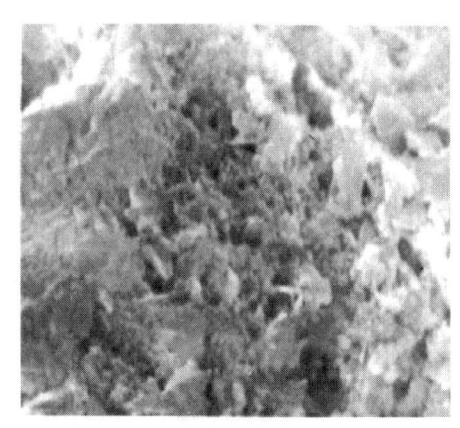

图 6　不同含水率竹块抗压强度的变化趋势

"S"型曲线分布，即

$$f = 58.41 + \frac{77.75}{1 + e^{\frac{w-8.34}{3.28}}}$$

(1)

式中：f 为顺纹抗压强度（MPa），w 为含水率（%）。

3　楠竹条拉伸和弯曲试验

3.1　拉伸试验

天然含水率时，抗拉强度平均值为308.30MPa，含水率在 22.80% – 25.89% 时，其平均抗拉强度为 252.21MPa，而对于带有竹节的天然含水率抗拉试件，其平均抗拉强度为 151.13MPa。从图 7 可以看出，竹子具有较强脆性，含水率较大的竹子的塑性比天然含水率试件有所提高，但承载力降低。从曲线 C 可以看出，竹节是竹条的一个薄弱环节，试验中试件均是从竹节处拉断，可见竹节处纤维排列方式破坏了纤维的连续性，对其强度是很大的削弱。

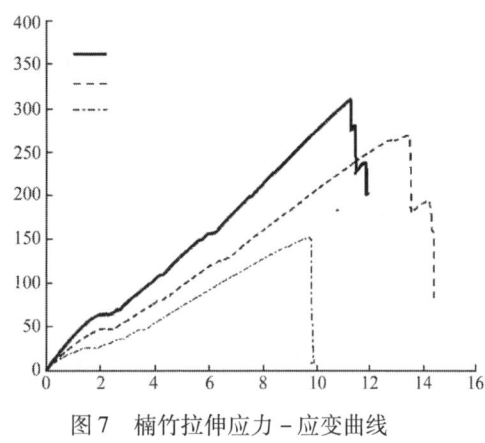

图 7　楠竹拉伸应力 – 应变曲线

3.2　弯曲试验

表 2 给出了不同含水率楠竹弯曲强度，从表中可以看出，楠竹的抗弯强度随着含

表 2　不同含水率楠竹弯曲强度

编号	尺寸/mm				含水率/%	抗弯强度/MPa
	宽度	厚度	总长度	有效长度		
WQ1	10	4.8	160	120	6.73	217.36
WQ2	10	4.8	160	120	6.82	224.42
WQ3	10	4.8	160	120	6.78	228.96
WQ4	10	4.8	160	120	19.33	205.76
WQ5	10	4.8	160	120	19.89	212.72
WQ6	10	4.8	160	120	20.13	210.40
WQ7	10	5.0	160	120	25.73	159.72
WQ8	10	4.8	160	120	26.78	167.85
WQ9	10	4.9	160	120	30.19	154.39

水率的升高呈逐渐下降趋势，这与抗压、抗拉强度随含水率升高逐渐降低趋势是一致的。在进行抗弯试验时，竹青处受拉，当荷载达到一定值时，竹青一侧的纤维先被拉断，破坏逐步向内扩展，最终竹条被折断。楠竹加筋复合锚杆一般的使用长度为 5 - 15m，在运输及吊装过程中经常有锚杆被折断的现象。楠竹作为锚杆的外层，因此研究竹子的抗弯强度，能给锚杆的运输及安装提供了一定的依据。

4　楠竹筒压缩试验

表 3 是不同形态竹筒抗压强度，从表中的数据可以看出，无节竹筒的强度比有节竹筒高一些，这是因为无节竹筒是连续的竹纤维，而当中间出现竹节时，竹节处纤维的特殊排列方式削弱了纤维的连续性。径高比为 1：2 的竹筒的强度比 1：1 竹筒略高。目前对竹筒的研究没有相应规范，且对竹筒的研究甚少，本文对竹筒的试验方法和结果可为今后进一步研究提供参考。

表 3　不同形态竹筒抗压强度

试件类型	试件尺寸/mm			最大压力/kN	抗压强度/MPa	平均抗压强度/MPa
	高度	内径	外径			
1:1 无节竹筒	77.0	64.7	76.9	102.14	75.27	74.23
	67.9	59.8	70.0	77.54	74.57	
	78.3	65.5	76.2	86.76	72.85	
1:2 无节竹筒	125.1	52.8	61.1	58.98	79.43	76.54
	129.0	53.9	62.6	58.73	73.77	
	119.5	50.9	58.9	52.69	76.41	
1:1 有节竹筒	71.2	63.0	77.9	94.46	57.28	68.12
	78.7	65.0	77.8	94.25	65.65	
	75.2	67.0	77.5	97.24	81.60	
1:2 有节竹筒	150.0	61.5	73.0	87.64	72.14	71.21
	149.0	65.0	75.5	90.45	78.06	
	149.3	61.3	72.5	74.66	63.43	

竹筒的压缩破坏整体上是拉裂破坏，但特征有所差异。对于无节竹筒，当应力逐渐增大时，竹筒开始产生裂缝并逐渐贯通，随着应力继续增大裂缝越来越多，最终竹筒破坏为宽约为 2 - 3cm 的竹条，竹条中部被压弯折。

对于有节竹筒，由于竹节板所起的约束作用，其劈裂的竹条不发生向内弯折，竹节板被拉裂为不规则的小块连在竹条上，呈灯笼状破坏（见图 8）。由图 9 中可以看出，竹筒的压缩过程也经历 3 个阶段。第一阶段为弹性阶段，第二阶段为强化阶段，第三阶段为局部变形阶段，第三阶段应力急剧下降，从竹筒的压缩试验也同样说明了竹子脆性很强。

图8　径高比1：1竹筒压缩破坏特征

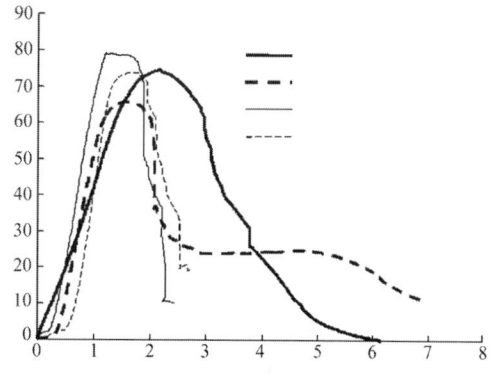

图9　竹筒压缩应力－应变曲线

5　结　论

本文对楠竹加筋复合锚杆管材楠竹的试验得出如下结论：

（1）天然含水率的楠竹顺纹抗压强度平均值为98.30MPa，约为横纹抗压强度的3.0倍，径向抗压强度的1.5倍。无竹节筒比有竹节筒的抗压强度略高，比竹块的抗压强度下降了25%左右。

（2）楠竹的拉伸强度较高，其值在308.30MPa左右，是顺纹抗压强度的3倍多，但若试件中含有竹节，其强度将降低一半。

（3）抗弯与其抗拉过程具有相似性，但抗弯强度较抗拉强度低约40%，其值为223.58MPa。

（4）对于竹块和竹条，随着含水率的增大，其抗压和抗拉强度都有不同程度的下降。

（5）在另外一项试验中，钢管锚杆的单位锚固力是楠竹加筋复合锚杆的一半[18]，而钢管锚杆的抗腐蚀性较差，不适合应用于文物保护工程中。另外，由本文试验可以得出，楠竹的比强度约为38.5×10^6 mm，钢管的比强度为6.5×10^6 mm，作为锚杆管材楠竹比钢管更有优势。

参考文献

[1] 李最雄，王旭东，张鲁. 楠竹加筋复合锚杆. 中华人民共和国：ZL200520107950.0，2006.

[2] 贾新，袁勇，李焯芬. 新型玻璃纤维增强塑料砂浆锚杆的黏结性能试验研究. 岩石力学与工程学报，2006，25（10）：2108－2114.

［3］刘汉东，于新政，李国维. GFRP 锚杆拉伸力学性能试验研究. 岩石力学与工程学报，2005，24（20）：3719 - 3723.

［4］王者尧. 复合竹锚杆在屯兰矿回采巷道中的应用. 建井技术，1997，18（5）：17 - 19.

［5］李彦斌，苏学贵，张召千. 新型锚固式竹锚杆试验研究. 建井技术，2000，21（1）：30 - 32.

［6］吕康成，王晓利. 竹锚杆在软岩巷道支护中的应用. 湘潭矿业学院学报，1994，9（2）：59 - 64.

［7］李先炜，甘吉庆，余锋. 砂浆竹锚杆支护煤巷两帮的试验研究. 中国矿业学院学报，1988，（3）：6 - 15.

［8］王卫军，侯朝炯. 软岩巷道支护参数优化与工程实践. 岩石力学与工程学报，2000，19（5）：647 - 650.

［9］苏文会，顾小平，马灵飞，等. 大木竹竹材力学性质的研究. 林业科学研究，2006，19（5）：621 - 624.

［10］刘力，俞明友，林新春，等. 苦竹竹材化学与力学性质的相关性分析. 浙江林业科技，2006，26（2）：19 - 22.

［11］任海青，张东升，潘雁红. 竹材抗压动态破坏过程分析. 南京林业大学学报（自然科学版），2007，31（2）：47 - 50.

［12］俞友明，方伟，林新春，等. 苦竹竹材物理力学性质的研究. 西南林学院学报，2005，25（3）：64 - 67.

［13］嵇伟兵，姚文斌，马灵飞. 龙竹和绿竹竹材壁厚度方向的梯度力学性能. 浙江林学院学报，2007，24（2）：125 - 129.

［14］Tabarsa T, Chui Y H. Stress - Strain Response of Wood Under Radial Compression. Wood Fiber Sci. , 2000, 32（2）：144 - 152.

［15］邵卓平. 竹材在压缩大变形下的力学行为 I. 应力 - 应变关系. 木材工业，2003，17（2）：12 - 14.

［16］邵卓平. 竹材在压缩大变形下的力学行为 II. 微观变形特征. 木材工业，2004，18（1）：27 - 29.

［17］中华人民共和国行业标准编写组. GB/T 15780 - 1995 竹材物理力学性质试验方法. 北京：中国标准出版社，1995.

［18］孙满利. 吐鲁番交河故城保护加固研究［博士学位论文］. 兰州：兰州大学，2006.

Test on the Mechanical Properties of Pipe Material for Bamboo – Steel Cable Composite Anchor

Wang Xiaodong, Zahng Huyuan, Lu Qingfeng
Zhang Yanjun, Yan Gengsheng

(Key Laboratory of Mechanics on Disaster and Environment in Western China,
Ministry of Education, Lanzhou 730000)

Abstract: Compressive, tensile and bending strength tests were conducted on bamboo specimens in laboratory to understand the working mechanism of bamboo – steel cable composite anchor (BSCC anchor), a newly invented anchor for reinforcing earthen archaeological sites. Test results show that the longitudinal compressive strength of the 3 year – old bamboo is up to 119MPa, which is higher than that of 5 year – old one. With respect to the height positions of the same bamboo, the longitudinal strength are almost the same for the specimens from the middle and bottom parts, but less than that from the top part. The relationship between compressive direction and arrangement of bamboo fiber is highly responsible for the variation of compressive strength of bamboo: the longitudinal, tangential and radial strengths are 98MPa, 37MPa and 65MPa, respectively. The compressive, tensile and bending strengths of bamboo specimens are found to decrease gradually with the increase in moisture content except that the compressive strength becomes stable when moisture content is greater than a fixed value. Compression tests on bamboo pipes in two different diameter – to – height ratios, 1 : 1 and 1 : 2, and tensile tests on bamboo splints, illustrate that the existing of bamboo knots result to a little decrease in bamboo pipe and splint strengths.

Key Words: composite anchor, bamboo wood, mechanical properties, earthen archaeological sites

(原载于《岩石力学与工程学报》, 2009 年, 第 28 卷)

敦煌莫高窟崖体风化特征及保护对策

王旭东[1,2]，张虎元[2]，郭青林[1,2]，吕擎峰[2]

(1. 敦煌研究院，敦煌，730000；
2. 兰州大学 西部灾害与环境力学教育部重点实验室，兰州，730000)

内容摘要： 详细的现场调查发现，莫高窟岩体以物理风化为主。按照病害与地貌部位的组合关系，从加固工程实际出发，将风化病害划分为 9 种形式、3 种程度，确定不同病害的空间展布特征。依据"综合性高、成熟度高、有效性强"的工程技术遴选原则，选择出 PS 渗透固化、裂隙注浆、锚索锚固、薄顶加固、局部清除等具体加固措施，论证各项措施的可靠性，建立莫高窟加固工程设计的框架结构。

关键词： 工程地质　莫高窟　崖体　风化　保护　加固

0　引　言

莫高窟位于中国著名历史文化名城敦煌市南 25km，处于三危山和鸣沙山夹持的大泉河洪积扇上缘地带（见图 1），是当今世界上现存规模宏大、内容丰富、保存完好、艺术精湛的佛教艺术宝库。它始建于前秦建元二年（公元 366 年），现保存有十六国后期到北魏、北周、隋、唐、五代、宋、西夏、元等时代的洞窟 750 多个，分布在南北长 1680m 的山崖上。其中保存有壁画的洞窟

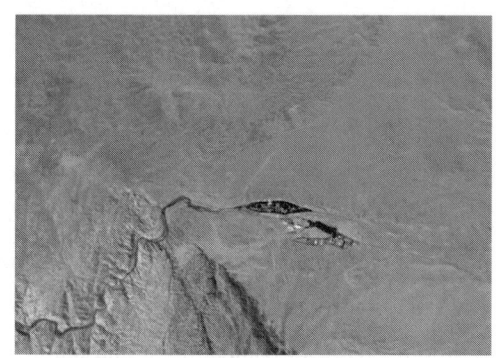

图 1　莫高窟区域影像图

492 个，主要集中在南区，保存壁画45000多 m^2，彩塑 2000 余身。1988 年联合国教科文组织将莫高窟列为世界文化遗产保护单位。

莫高窟是"丝绸之路"上最为重要的历史文化遗址之一，是公元 4 – 14 世纪中西文化交流、融合的重要见证。莫高窟连续不断的建造，系统地提供了中外艺术风格交流、融合、发展的丰富资料，展示了中国古代艺术流派的发展历史，许多建筑、壁画、

雕塑等艺术品都是价值极高的精品。莫高窟提供并展示了古代中国科学技术的丰富资料和重要成果。由沙漠、山岭、戈壁及绿地景观环抱的莫高窟,具有特殊的审美价值。

莫高窟洞窟由不同时代开凿而成,洞窟大小及洞型差别很大,紧密排列在半胶结的砾岩崖体上。由于密集洞窟群开挖松动及直立崖体长期卸荷回弹,莫高窟崖体稳定性实际上是洞室围岩稳定问题与边坡岩体稳定问题的双重组合。

到目前为止,莫高窟崖体加固工程主要由 3 个阶段构成[1-3]:(1)1956 年及 1963 -1966 年间,莫高窟进行过 2 次大规模的岩体加固工程,当时采用混凝土及块石砌体对危岩进行支、挡、顶加固处理,抢救了大批濒危的壁画和彩塑,消除了大规模岩体破坏的严重险情,大大提高了洞窟岩体的稳定性及抗震能力。(2)1999 年,对木桥廊区段(248-261 窟)进行了重新加固,工程内容包括清理危岩,木栈道维修加固,对洞窟上方裸露风化崖面及崖顶斜坡砂砾石覆盖层进行 PS 渗透化学加固。(3)2000 -2003 年,完成莫高窟大泉河防洪工程,消除了地面洪水对莫高窟的威胁;采用锚固及 PS 渗透加固对莫高窟北区岩体进行了保护加固,真正实现了加固工程修旧如旧、不改变原有外貌。

风沙对莫高窟的危害是多方面的。解放前,流沙曾掩埋了大多数底层洞窟,清沙是当时主要的保护任务。长期的携沙风直接侵蚀崖面,造成部分上层洞窟成为薄顶洞窟,为降水入渗提供了可能。进入洞窟的携沙气流还对壁画表面形成不断的磨蚀。从 20 世纪 50 年代开始,针对风沙危害进行过专门的风沙防治研究及试验工程,主要包括防沙墙、防沙沟、输沙沟、树枝及芦苇防沙栅栏、草方格沙障、砾石压沙、化学固沙[4]、尼纶网防沙栅栏[5]及生物固沙[6]。目前,以工程阻沙、生物治沙、化学固沙组成的综合治沙系统已初步形成。

为了取得最佳的壁画保存环境,从 20 世纪 70 年代末以来,展开了 40 多项莫高窟文物保护科研项目,主要涉及莫高窟周边环境演变、窟区环境质量评价、莫高窟水害治理、风沙运动规律及风沙危害研究、固沙试验研究、砂砾岩体风化风蚀机理研究、既有加固构筑物抗震稳定性研究、地震防灾文物保护研究、砂砾岩石窟岩体裂隙灌浆研究、硅酸盐加固灌浆材料研究以及洞窟游客承载量评估等。1980 年安装的铝合金窟门,有效减缓了窟内温湿度变化及风沙磨蚀,窟内安装的玻璃屏风预防了游客对壁画的直接损害。

20 世纪 60 年代开展的大规模岩体加固,从根本上消除了岩体变形破坏对洞窟安全的威胁。但是,窟区支挡工程构筑物覆盖保护的崖面范围有限,洞窟上方未受到保护的裸露岩面及崖顶斜坡部位,在剧烈的温度变化条件下,经受长期的风蚀和雨蚀,发生严重的风化破坏。目前,常常有砂石落下,对窟区游人安全威胁很大。特别是上层洞窟窟顶被风蚀变薄后,入渗雨水严重损坏壁画彩塑文物。快速发展的风化剥蚀,成为威胁莫高窟南区洞窟文物安全的严重隐患,急需有效的控制和治理。

1　风化因素

岩石风化是地表岩石矿物对环境条件响应的结果，地质学上习惯上划分为物理风化、化学风化及生物风化等。莫高窟地处西北内陆腹地，常年受蒙古高压影响，气候干旱、降水量少、温差大，风沙活动频繁，典型的沙漠气候特征决定了风化形式以物理风化为主。

1.1　风场

莫高窟是是一个多风地区，年平均风速为 3.5m/s，而且风向多变（见图 2），以南风、偏南风为主，其次是偏西和偏东风。南风出现频率最高，占 31.0%，与偏南风合计占 47.9%；其次是偏西风，所有的偏西风合计总频率的 28.1%。偏南风多而风力较弱，输沙能力约占 27.5%，但造成崖面强烈风蚀；偏西风少而风力较强，是造成洞前积沙的主要原因。小频率高强度的西风，受主体环流西风带和大型天气过程控制，造成鸣沙山物质向窟区移动；大频率低强度的南风受地形控制，反向搬运，抑制崖顶沙物质的东移。

1.2　降水与温湿度

据观测，莫高窟地区每年日照总时数可达 2962.5h，明显高于北纬 40°附近的年日照标准时数。据莫高窟崖顶气象站观测资料，窟区年平均气温 10.3℃，最高气温 40.6℃，最低气温 –31℃。据位于沙漠绿洲的敦煌市气象站资料，敦煌地区多年平均气温为 9.4℃，最高气温 35℃（7 月），最低气温 –28℃（1 月）。莫高窟与敦煌市历年月平均气温对比见表 1。

就目前国内外研究水平，虽然还不能确切测量或预测岩石中温差应力的大小，但是在干旱寒冷地区，仅仅因为气温急剧降低及岩石表部与内部明显的温度梯度所产生的拉

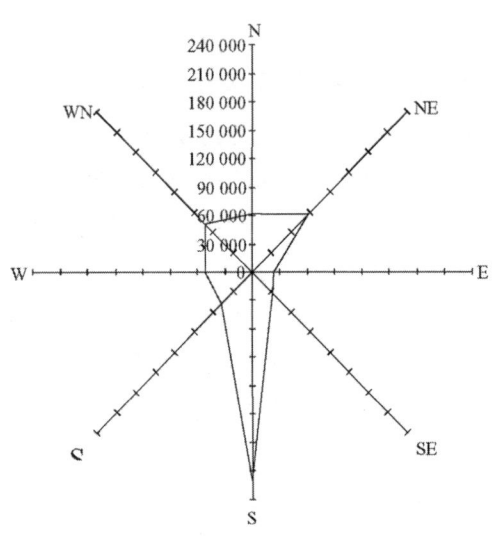

图 2　莫高窟风向玫瑰图（1990 – 2007）

应力，也可能导致岩石颗粒之间拉裂解体[7,8]。崖顶缓坡地段薄层砂岩由于发生强烈的差异风化，逐渐后退成二级陡坎，威胁顶层洞窟的安全。

莫高窟多年平均降水量为 23.2mm，空气相对湿度年平均值为 32%，最高相对湿度

88%，最低相对湿度 7%。敦煌地区多年平均降水量 44.7mm，空气相对湿度为 42.2%。敦煌及莫高窟的降水在年内分配极不均匀，夏季（6－8 月）降水量占全年降水量的 58%，而 10 月至翌年 3 月的降水量仅占 21%（见表 2）。莫高窟地区年平均蒸发量高达 4347.9mm，是年平均降水量的 187 倍。空气干燥指数达 32；敦煌市区年平均蒸发量为 2486mm，为降水量的 56.7 倍（见表 3）。

干燥的气候、稀少的降雨，是莫高窟历经千年完好保护至今的主要环境条件。尽管沙漠戈壁地区降雨极少，但单次阵雨强度较大，可以在崖面上形成集中径流，直接冲刷坡面风化松动岩体，或通过崖顶裂隙直接渗入顶层洞窟内部，引起洞窟壁画酥碱破坏。

表 1　莫高窟与敦煌市历年月平均气温对比　　　　　　　　　　　　　　　℃

站名	月平均气温												多年平均气温
	1 月	2 月	3 月	4 月	5 月	6 月	7 月	8 月	9 月	10 月	11 月	12 月	
莫高窟	-6.7	-4.0	6.3	12.7	19.6	24.0	24.3	25.3	18.8	11.1	1.5	-5.8	10.6
敦煌市	-9.4	-4.6	4.3	12.4	18.9	23.0	24.9	23.8	17.3	9.4	0.3	-7.4	9.4

表 2　莫高窟与敦煌市历年月降水量对比　　　　　　　　　　　　　　　mm

站名	月降雨量												多年平均降雨量
	1 月	2 月	3 月	4 月	5 月	6 月	7 月	8 月	9 月	10 月	11 月	12 月	
莫高窟	1.25	0.17	1.03	2.03	1.43	2.8	6.2	4.4	1.4	0.55	0.95	0.98	23.2
敦煌市	1.3	1.1	1.2	3.6	3.4	9.2	12.5	6.4	2.2	1.0	1.2	1.6	44.7

表 3　莫高窟与敦煌市历年空气相对湿度对比　　　　　　　　　　　　　mm

站名	月空气相对湿度												多年平均空气相对温度
	1 月	2 月	3 月	4 月	5 月	6 月	7 月	8 月	9 月	10 月	11 月	12 月	
莫高窟	45.4	35.2	22.4	36.8	27.3	29.9	30.0	27.5	27.3	26.8	34.8	42.6	32.2
敦煌市	50.6	43.6	34.6	33.1	33.0	39.4	45.3	40.1	39.5	44.6	49.7	53.3	42.2

2　崖体风化特征

2.1　崖体形貌与地层岩性

莫高窟位于大泉河出山口冲洪积扇的上缘，处于基岩山区隆起带与敦煌盆地沉降带之间的接触地带，西南为流沙覆盖的鸣沙山，东南为前震旦系敦煌群古老变质岩组成的三危山（见图 1）。

莫高窟现存洞窟开凿在大泉河西岸陡崖上，崖壁基本上呈南北走向延伸，长约 1680m。

莫高窟 90% 以上的洞窟主要集中在长度920m 南区崖体上，崖体高度一般为 10 - 45m，呈下陡上缓的组合边坡（图 3）。下部直立崖体高 10 - 20m，岩性为中更新统酒泉砾岩，构成洞窟围岩；上部缓坡坡度 40°左右，岩性为上更新统砂砾石层，构成顶层洞窟的覆盖层。缓坡上方存在宽阔的窟顶戈壁平台，与鸣沙山相距 800 - 1000m，是洞窟区来沙的主要输沙区。

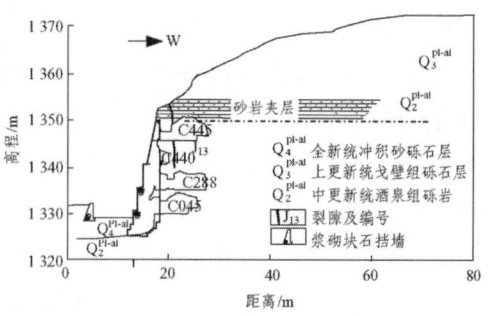

图 3　莫高窟典型洞窟剖面图[9]

下更新统玉门组砾岩（Q_1^{yal-pl}）：上覆于第三系泥质砂岩（N_2）之上，岩性为灰褐色砾岩，层理清楚，质地较为坚硬，硅质胶结或硅钙质胶结，构成洞窟底层的基底。

中更新统酒泉组砾岩（Q_2^{pl-al}）：构成所有洞窟的围岩。青灰色，层理发育，钙质或钙泥质胶结，夹中细砂岩透镜体。其中粒径大于 20mm 的占 7% - 15%，5 - 20mm 占24% - 55%，2 - 5mm 占 10% - 26%，小于 2mm 的占 21% - 33%。

上更新统戈壁组砾石层（Q_3^{pl-al}）：出露于洞窟崖体顶部戈壁层，岩性为灰白色砂砾层夹砂层和粉土层透镜体，层理发育，结构松散，砾石分选性较差，磨圆度为棱角状或次棱角状。

全新统（Q_4^{pl-al}）：岩性主要为河床冲积的松散砂砾石层、亚砂土、亚粘土和风成沙以及近代坡积物，分布于窟前地带。

2.2　风化病害

岩石风化是地表岩石矿物长期缓慢的变质过程。莫高窟岩体风化的主要类型是物理风化。随着环境温湿度随天气、季节、昼夜的反复变化，一方面，石窟砂砾岩中的砾石与胶结物之间发生明显的温差应力；另一方面，泥质胶结物中的黏土矿物，如蒙脱石、绿泥石等反复吸水膨胀，失水收缩，导致砂砾的胶结结构破坏。

莫高窟的文物本体是壁画。洞窟围岩是壁画的天然支撑体，需要具备足够的力学稳定性。同时，洞窟所在的崖体，不仅为洞窟提供密闭边界，而且从客观上又构成莫高窟遗址特定的地貌景观。因此，莫高窟崖体保护的实质，就是要提高洞室及边坡岩体的稳定性，同时尽可能切断洞窟与外界的水汽联系，维持崖体既有的外貌景观不变。应当看到，关于岩石风化研究，出于力学稳定性评价的需要，传统的岩石力学主要关注风化岩石物理力学性质的变化，而文物保护工程出于"修旧如旧"的特殊需要，还必须重视风化作用对岩体表面特有"装饰"效果的影响。

风化作用与特定的地形边界相组合，可能发生一系列的物理地质现象，如崩塌、掉块、流沙、渗漏、盐害等（见图 4 - 7），对文物本体或文物载体的稳定性、密封性、

图4　莫高窟崖顶差异风化现象

图5　莫高窟崖顶缓坡砂岩差异风化现象

图6　C193窟附近强风化砾岩雨后掉落现象

图7　C196窟附近强风化砾岩雨后
掉落现象

装饰性产生危害，也可能给游客安全产生威胁。为行文方便，将风化作用导致的对文物本体、文物载体或文物观赏者带来潜在威胁的物理地质事件统称为文物风化病害。

　　莫高窟崖体不同的地形地貌部位，岩体的风化程度差别很大（见图5），产生的风化病害类型也不相同。从岩体抗风化加固工程的实际需要出发，在现场详细勘察的基础上，将莫高窟风化病害划分为9种类型。根据其对窟区文物或游客的危害程度，将每一种病害划分为危害强烈、危害中等和危害微弱3个水平。表4列出了各种病害危害程度的定性描述特征，表5列出了各类病害的数量统计结果。将病害类型及危害程度赋予不同的编码（见表4），按照危害程度+病害类型的组合方法，将表示各种病害的代码标识在编制的莫高窟崖面 1：200 地质病害分布图上。例如，标记 S－Ⅰ 的区域，表明该区"发育强烈的崖面砾岩风化病害"，依此类推。同一区段同时发育数种不同病害时，为了减轻图面负担，更为了突出加固工程重点，只标注危害强烈及危害中等的病害，而危害轻微的病害则省略。强烈沙害出现在莫高窟南区的全部区域，图中也不再专门示出。应当看到，历史上完成的部分加固工程，如土坯挡沙墙、窟顶水泥砂浆抹面等，由于制作时代较早，已经演化成新的风化病害。洞窟崖面与上部缓坡的连接部位，由于地层中易溶盐含量较高，出现白色斑点或条带，影响崖面色调，作为地层盐害单独列出。对规模较大的构造裂隙、卸荷裂隙和风化裂隙，进行了专门测绘，方便今后加固工程中专门进行灌浆封闭处理。

表 4　莫高窟风化病害类型及发育程度划分

代码	病害类型	危害程度分级		
		强烈（S）	中 等（M）	轻微（L）
Ⅰ	崖面砾岩风化	表部岩体严重风化，疏松状，或呈层状剥离，自然脱落，落石、落沙	表部岩体明显风化，结构疏松，崖面砾石用手可以抠动	表部岩体风化，但结构致密坚硬，崖面砾石经地质锤轻击掉落
Ⅱ	砂岩风化	风化后退形成台坎或凹槽状地形；受风化裂隙切割产生悬挂危石，或风化危石从母岩脱落，在缓坡段极限停留	砂岩露头裸露，长期差异风化形成叠层状外观，表部风化块体用手可以掰落，搓捏后呈散砂状	砂岩露头裸露，但强风化部分在早期加固工程中已被清除；或砂岩被下滑的坡积物覆盖
Ⅲ	缓坡岩体风化	斜坡坡度总体大于 32°，表部残坡积物钎探厚度大于 50cm，坡面砾石一经触动即滚下崖面	斜坡坡度基本接近 30°－32°，表部残坡积物钎探厚度 30－50cm，坡面砾石经触动有滚下崖面的危险	斜坡坡度总体小于 30°，表部残坡积物覆盖层厚度变化较大，且以风积沙为主，无滚石现象
Ⅳ	危岩与危石	卸荷裂隙发育，崖眉附近存在高悬或外凸危岩，既有支挡构筑物加固效果不明显，强烈地震时可能崩塌，威胁洞窟安全	风化裂隙发育，在崖面、砂岩露头或斜坡局部台坎等临空部位形成危石，地震时有可能崩落	缓坡地带残坡积物中存在大漂砾，或砂岩风化形成的松动块石，在地震或降雨触发情况下有可能滚落
Ⅴ	薄顶洞窟	洞窟顶拱深入或接近砂岩层，窟顶上覆地层总厚度小于洞室跨度	洞窟顶拱接近砂岩层，窟顶上覆地层总厚度大于洞室跨度	洞窟顶拱与砂岩之间的砾岩厚度大于洞室跨度
Ⅵ	降水下渗	窟顶上覆地层厚度小于洞室跨度，或裂隙切割洞窟，洞窟内有渗水、潮湿等现象	窟顶上覆地层较厚，但崖面裂隙切割洞窟，降水有入渗洞窟的可能	崖面存在较大面积的露天壁画，壁画表面观察到流水污染的痕迹

续表

代码	病害类型	危害程度分级		
		强烈（S）	中等（M）	轻微（L）
VII	既有加固工程病害	大面积水泥砂浆抹面天然质感差，风化破裂，与下伏岩石脱空，有坠落危险	挡砂墙基础掏空或歪斜，有倒塌危险	崖面裂隙勾缝水泥砂浆天然质感差，勾缝砂浆虚脱
VIII	地层盐害	崖体表面出现数米以上白色盐晕	崖体表面出现不连续白色盐斑	崖体表面偶尔有白色盐斑出现
IX	沙害	大风时窟前落沙掉石现象明显	大风时窟前偶有落沙掉石现象	大风时窟前仅有扬尘现象

表5　莫高窟南区风化病害统计表

代码	I		II		III		IV		V		VI		VII		VIII		IX
病害类型	崖面砾岩风化		砂岩风化		缓坡岩体风化		危岩与危石		薄顶洞窟		降水下渗		既有加固工程病害		地层盐害		沙害
计量	面积/m²	崖面长度/m	面积/m²	崖面长度/m	面积/m²	崖面长度/m	面积/m²	崖面长度/m	面积/m²	崖面长度/m	崖面长度/m	面积/m²	崖面长度/m	面积/m²	崖面长度/m	面积/m2	崖面长度/m
强烈（S）	444.9	65.1	380.0	168.8	10961.4	418.5	359.7	28.0	843.0	140.5	140.5	99.6	9.5	108.1	21.9	39858.0	999.5
中等（M）	3821.6	742.4	1378.9	261.6	8194.5	316.0	2480.8	456.4			243.5（裂隙长度）	232.2	12.2				
轻微（L）							643.6	61.5				97.9		53.8		24.3	

3　保护措施

莫高窟风化岩体加固工程设计，必须遵循"保持原貌，修旧如旧，最小干预"的文物保护基本理念。据此，选择成熟度高、有效性强的工程措施，采取 PS 渗透固化、裂隙注浆、锚索锚固、薄顶加固、局部清除等综合整治的方案，力求给后人保护加固留有余地。

3.1　PS 渗透固化

采用 PS 喷洒渗透方式，主要对崖体表面强烈风化、中等风化砾岩及砂岩露头进行 PS 固化加固，提高其强度及抗风化、抗剥蚀能力，稳定岩面，保护深部岩体。PS 浆液在砂砾岩风化层中的可灌注性良好。根据岩体的风化程度，可以通过调整浆液浓度及配合比，对浆液扩散范围和深度实现间接控制。这样，一方面确保浆液有效加固范围，另一方面防止浆液中的水分超范围渗透，危及洞窟文物。PS 浆液对砂砾岩粘结性强，形成的结石体强度高，具有抗冻融、抗风蚀能力强，化学稳定性好，通气透水能力强的优点。

采用模数为3.8、浓度5% – 10%的PS溶液，分3次进行渗透加固。PS浓度逐次增大，依次为5%，7%和10%。每次喷洒时以溶液不再渗透、沿崖面刚刚出现面流为标准，确保渗透深度超过疏松风化层厚度。关于PS三次喷洒用量分配，中等风化岩体可在1∶1∶1的基础上通过现场试验优化；对于强风化岩体，为减少表部疏松层渗透时软化脱落，适当减少首次用量，在1∶2∶3基础上现场优化确定。

对砂岩夹层地带较大厚度的风化残积物，首先采用梅花形布置花管，通过花管无压注入PS浆液，形成PS固化柱，至少30d之后再对残积物表部进行PS渗透加固，确保表部加固层与下伏岩体有效连接，防止表部加固层剥离或滑移。

以上所有PS渗透固化加固措施完成后，需要进行作旧处理。崖面作旧材料选用敦煌当地澄板土，砂岩风化区作旧材料选用砂岩风化物中分离出的胶结泥质。作旧材料用水浸泡制成泥浆并过滤，加入适量的PS材料，喷涂覆盖前期PS渗透固化的崖面，使PS加固后岩面色调与加固前相近。

关于岩石的物理风化，一般笼统地认为，冻融循环起着主要的作用。其实，在干旱寒冷气候条件下，岩石的含水量很低，水分冻结引起的胀裂并不重要。新近研究表明[7,8]，岩石表面由于存在微起伏度，表面颗粒不同侧面接受的太阳辐射量不同，颗粒在平面方向出现温度梯度；不同矿物颗粒热传导系数的不同，从岩石表面向深度方向出现的温度梯度也有不同。岩石表面矿物频繁的热胀冷缩会引起材料疲劳，温差应力是造成颗粒间胶结物破坏的主因。热致物理风化主要发生在岩石表面一定的深度内。PS加固砂砾岩体的基本原理是，通过PS渗透扩散，二氧化硅胶凝材料提高岩石浅表部颗粒之间胶结物的强度[2]。因此，PS渗透加固崖体风化表部，可以起到良好的抗风化效果。

3.2　裂隙注浆

采用填充式注浆，对崖顶张裂隙进行注浆粘结加固，可以消除岩体沿裂隙进一步风化、增强岩体完整性、阻止大气降水渗入岩体洞窟等目的。

首先采用高压风清理裂隙，然后对裂隙两侧的风化崖面喷洒PS进行渗透加固，待岩面干燥且达到较高的强度后，用水泥砂浆对裂隙进行封闭，然后开始正式灌浆。

根据裂隙宽度、裂隙充填特征及裂隙与洞窟的交切关系，注浆材料可采用不同浓度的PS，PS – C，或PS – F浆液，进行一次性注浆或多次、间歇式注浆。对于与洞窟相贯通或距洞窟较近的裂隙，必须先进行裂隙封闭，采用高浓度浆液，进行低压力、多次、间歇式注浆。对于可能向洞窟内串浆的裂隙，采用高浓度的PS – C浆液，进行挤入式注浆。对于卸荷裂隙，采用低浓度PS浆液，进行无压多次、间歇式注浆，注浆工序采用由下而上的上行方式。因为砂砾岩裂隙注浆的主要目的是填充裂隙，防止雨水渗入，因此，结石体的强度以接近或略大于被注浆岩体的强度最为理想。这可以通过浆液配比得到较好的实现。

干旱地区降雨稀少，但极为少见的突发降雨会在崖面上形成集中径流，沿裂隙渗入到洞窟内部[10]。砂砾岩石窟崖体裂隙 PS－F 灌浆技术，已经在敦煌得到应用，如2006 年完成的敦煌莫高窟北区加固[10]，2002 年完成的榆林窟加固[2]。多年的实际观测证实，该技术成熟可靠，防渗加固效果明显。

3.3　锚索锚固

C201－C204 洞库区崖体顶部发育的卸荷裂隙，切入 196 窟顶拱，与自由临空面（崖面）组合，发育成大体积危险岩体（见图 8），在地震条件下可能会发生错落式剪切破坏，直接威胁 196 窟及其下方 210－204 窟之间所有洞窟的安全。采用机械钻孔压力型锚索（见图 9），将危岩锚固在较深部位的稳定岩体上，达到既不改变崖面形态，又增强岩体稳定性的目的。

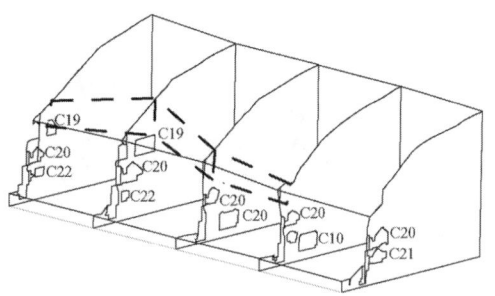

图 8　洞窟 C201－C204 区段卸荷裂隙在三维组合剖面图中的展布

岩体锚固技术在我国麦积山石窟加固中首次得到应用[11]，在榆林窟加固工程应用过程中，配合崖面 PS 渗透加固，克服了以前喷射混凝土对崖面外貌的改变，更符合文物保护"修旧如旧"的基本原则[12]。锚固技术被建议用于伊拉克巴米扬石窟的加固[13]。

3.4　薄顶加固

由于砂砾岩体被严重风化、风蚀，加之雨水的冲刷，莫高窟部分上层洞窟窟顶变薄，雨水很容易透过窟顶透水性好的砂砾岩渗入窟内。窟顶洞窟主要采用土工薄膜防渗，土工织物与 PS 固化碎石层加厚处理的方法进行综合整治。

薄顶洞窟窟顶存在裂隙时，首先应对裂隙进行 PS 注浆封闭。窟顶加固前对窟顶风化砾岩进行修整，喷洒 PS 溶液固化加固。然后铺一层土工薄膜，薄膜上端嵌入岩体横向沟槽，并用钢锚钉锚固在沟槽中，用水泥砂浆将沟槽填平。在土工薄膜上铺设土工织物，铺撒细沙和砾石，喷洒 PS 固化。碎石层分两次完成，每层厚约 3cm，PS 模数和浓度依次升高。

薄顶洞窟加固，巧妙地将下部土工膜防渗与上部人工覆盖砂砾石层 PS 固化处理结合起来，这一创新技术经过莫高窟北区加固工程检验，证明是可靠的[2]。

图 9　洞窟 C201 – C204 区段锚索布置图

3.5　局部清除

洞窟上方的缓坡地带，坡度已经接近天然休止角，表层堆积物极易发生滚落，威胁游人安全。因此，需要对缓坡表部危石和既有加固工程病害进行综合处理。对于台坎部位出现的体积较小、无法用原位加固稳定的危石，对于早期加固工程残留下来的危险挡沙墙，对于遭受严重风化、虚脱或翘离岩体表面的砂浆抹面，建议采用人工的方式，局部予以清除。

局部清除是不可逆的工程措施，一般情况下严禁使用；尽可能采取短锚杆支档等方法，原地稳定危石、孤石，以维持斜坡原始地形地貌不变。只有在短锚杆支档等其他补救措施失效，确认局部清除对斜坡原始地形影响很小，清除后不影响斜坡上方岩体稳定性的前提下，经文物主管部门批准同意，局部清除作业才可以实施。

在过去长期的保护过程中，莫高窟崖体有些病害在历史上曾经得到过多期加固处理。由于既有加固工程长期服役，加之当时技术水平的限制，部分挡沙墙和砂浆抹面已经演化成新的病害，采取审慎的方法予以局部清除，是务实的表现。局部清除在莫高窟属于首次使用[14]，如存在其他比选方案，应尽量避免使用。即便功能是多余的，部分既有加固工程保留下来，也可以为后人提供莫高窟保护加固历史的实物见证。

3.6　加固工程措施综合应用

关于莫高窟崖体岩石的工程性质，已经取得了大量的研究成果[15 – 17]，本研究重点对崖体顶部缓坡地段的工程性质进行了详尽的调查研究，并采用立体摄影的方法对崖面的所有细节进行了测绘，这为准确把握崖面病害分布奠定了基础。

PS 系列产品用于崖体裂隙灌浆、崖面防风化处理与做旧，可以克服传统岩体加固方法（如水泥砂浆、石灰抹面、喷混凝土等）对外观的改变，特别是不改变遗址表面原有的细部特征，保留了文化遗址的沧桑感和历史感。PS 加固砂砾岩体的抗风化效果已经得到国内其他遗址的验证。

采用锚杆或锚索加固石窟崖体，替代传统的挡墙及梁柱支顶，既能取得可靠的结构安全性，同时可以实现文物加固工程"有若无"的特殊效果，是岩体现代加固技术与遗址保护实践成功结合的产物。

薄顶洞窟加固采用的地质膜材料耐久性问题，已经得到环境工程领域的广泛论证[18,19]，用于莫高窟非污染岩土环境中，应当是可靠的。历史上残留下来的既有挡沙墙和砂浆抹面，如果不能满足结构稳定要求，建议局部清除，满足稳定要求的作为加固保护历史见证予以保留。

历史地看，任何加固工程总是受当时科学技术水平的限制，加固效果也只能维持一定的时期。文物保护不存在一劳永逸的措施。因此，需要在技术求新和技术保守之间取得一定的平衡：新技术必须经历实践检验之后才可以在文物保护工程中应用。本研究的主要特点是，综合应用多种实践验证过的新技术、新方法，从整体上应对莫高窟岩体风化引起的病害问题，提高世界文化遗产地的保护水平和开放能力。

4 结 论

（1）莫高窟岩体以物理风化为主，造成岩体风化的因素主要有温湿度变化、降水和携沙风的侵蚀作用。全面勘察研究发现，莫高窟崖体风化病害已经发展到影响遗址安全及正常开放的程度，需要采取工程的方法进行适度干预。

（2）从工程防御的角度出发，将莫高窟风化病害划分为 9 种类型、3 种危害程度，查明并编制了详细的风化病害分布位置图，为加固工程方案编制奠定了基础。

（3）莫高窟崖体防风化加固工程勘察，成功引入三维立体摄影技术，岩体风化病害展示采取了平面图、剖面图、立面图等多种形式，提高了传统勘察技术水平，满足了文物保护的特殊需要。

（4）遵从"保持原貌，修旧如旧，最小干预"的文物保护理念，认为文物保护工程设计需要选择"综合性高、成熟度高、有效性强"技术措施。根据我国石窟保护加固经验和莫高窟实际情况，论证了 PS 渗透固化、裂隙注浆、锚索锚固、薄顶加固、局部清除等措施的适用性，建立了莫高窟加固工程设计的框架结构。

参考文献

［1］ 孙儒涧. 莫高窟石窟加固工程的回顾. 敦煌研究，1994，（2）：14 - 29.

［2］ 李最雄. 丝绸之路石窟壁画彩塑保护. 北京：科学出版社，2005.

［3］ 李最雄. 敦煌石窟保护工作六十年. 敦煌研究，2004，（3）：10 - 26.

［4］ 李最雄，Neville A，林博明. 莫高窟崖顶的化学固沙实验. 敦煌研究，1993，（1）：120 - 125.

［5］ 屈建军，张伟民，凌裕泉. 莫高窟顶尼纶网栅栏防沙效应初步研究. 干旱区研究，1993，（3）：20 - 25.

［6］ 汪万福，张伟民. 敦煌莫高窟窟顶风沙环境综合治理回顾与展望. 敦煌研究，2007，（5）：98 - 102.

［7］ Hall K, André M F. Rock Thermal Data at the Grain Scale：Applicability to Granular Disintegration in Cold Environments. Earth Surface Processes and Landforms, 2003, 28 (8), 823 - 836.

［8］ Hall K, Guglielmin M, Strini A. Weathering of granite in Antarctica：II. Thermal stress at the grain scale. Earth Surface Processes and Landforms, 2008, 33 (3)：475 - 493.

［9］ Wang X D, Zhang H Y, Zhang M Q. Stabilization and Consolidation of Mogao Grottoes in China. Preservation of Natural Stone and Rock Weathering, Sola P, Estaire J, Olalla C, ed. ［S. l.］：［S. n.］, 2007：211 - 216.

［10］ Guo Q L, Wang X D, Zhang H Y, et al. Damage and Conservation of the High Cliff on the Northern Area of Dunhuang Mogao Grottoes, China. Landslides (in press).

［11］ Yiw Z, Lang X Q. Techniques for reinforcement of the Maijishan Grottoes. Proceedings of Conservation of Ancient Sites on the Silk Road. International Conference on the Conservation of Grotto Sites, Mogao Grottes at Dunhuang ［S. l.］：［s. n.］, 1993：187 - 193.

［12］ 李文军，王逢睿. 中国石窟岩体病害治理技术. 兰州：兰州大学出版社，2006.

［13］ Margottini C. Instability and Geotechnical Problems of the Buddha Niches and Surrounding Cliff in Bamiyan Valley, Central Afghanistan. Landslides, 2004, (1)：41 - 51.

［14］ Fan J S. Fifty years of protection of the Dunhuang Grottoes. Proceedings of Conservation of Ancient Sites on the Silk Road. International Conference on the Conservation of Grotto Sites, Mogao Grottes at Dunhuang ［S. l.］：［s. n.］, 1993：12 - 22.

［15］ 王旭东，张明泉，张虎元，等. 敦煌莫高窟洞窟围岩的工程特性. 岩石力学与工程学报，2000，19 (6)：756 - 761.

［16］ 张虎元，曾正中，张明泉，等. 敦煌莫高窟围岩稳定性及环境保护. 中国地质灾害与防治学报，1996，17 (2)：73 - 80.

［17］ 付长华，石玉成. 地震荷载下莫高窟围岩动态损伤特性研究. 西北地震学报，2004，（3）：266 - 273.

［18］ Bouazza A, Zornberg J G, Adam D. Geosynthetics in Waste Containment Facilities：Recent Advances. In Gourc & Girard (eds) Geosynthetics - 7th ICG - Delmas Lisse：Swets & Zeitlinger, 2002, 445 - 507.

[19] Rowe R K, Sangam H P. Durability of HDPE geomembranes. Geotextiles and Geomembranes, 2002, 20 (2): 77 –95.

Weathering Characterization and Conservation Treatment of the Cliff at Mogao Grottoes

Wang Xudong[1,2], Zhang Huyuan[2], Guo Qinglin[1,2], Lu Qingfeng[2]

(1. Dunhuang Academy, Dunhuang, Gansu 736200

2 Key Laboratory of Mechanics on Disaster and Environment in Western China, Ministry of Education, Lanzhou University, Lanzhou 730000)

Abstract: Detailed investigations conducted on the rock cliff of Mogao Grottoes show that physical weathering is the major factor responsible for the deterioration of cliff rock. From the viewpoint of reinforcement engineering, weathering hazards in Mogao Grottoes are classified into 9 kinds with 3 different intensities in relation to micro – geomorgraphy. Various treatments are evaluated and suggested for engineering design, such as the PS consolidation of cliff surface, crack grouting, cable stabilization to unstable rockmass, topping of thin – covered caves and removing of dangerous structures for stabilization constructed in the early time.

Key Words: engineering geology, Mogao Grottoes, rock cliff, weathering, conservation stabilization

(原载于《岩石力学与工程学报》, 2009 年, 第 28 卷第 5 期)

锚固灌浆过程中及工后交河故城
崖体的变形特征研究

张景科[1,2,3]，谌文武[1,2]，崔　凯[1,2]

和法国[1,2]，任非凡[1,2]，韩文峰[1,4]

(1. 兰州大学西部灾害与环境力学教育部重点实验室，兰州，730000；

2. 兰州大学土木工程与力学学院，兰州，730000；

3. 敦煌研究院古代壁画保护国家文物局重点科研基地，敦煌，736200；

4. 天津城市建设学院，天津，736200)

内容摘要：依托国内最大的土遗址加固工程——交河故城抢险加固工程，根据崖体破坏的特点，采用南瑞大坝全自动监测仪器连续高精度监测锚固灌浆过程中崖体的变形。通过监测数据的分析，发现灌浆对崖体扰动最大，锚固对崖体扰动较小，加固前后崖体的变形曲线特征对比证明锚固灌浆取得了成功的加固效果。研究结论为交河故城的整体科学保护提供依据，为类似土遗址加固工程锚固灌浆研究提供参考。

关键词：工程地质　交河故城　岩土锚固灌浆　崖体　变形监测　变形特征

0　引　言

　　岩土锚固灌浆技术成为岩土工程领域的重要分支，它的主要特点为充分发挥和提高岩土体的自身强度和自稳能力，结构物的体积和质量得以大幅度缩减，因其施工安全、加固效果理想，该项技术成为提高岩土工程稳定性和解决复杂的岩土工程问题最经济最有效的方法之一。该方法已在我国工程建设中获得了广泛的应用[1-3]。鉴于隐蔽性强的特点，岩土建筑遗址保护加固中也逐步引进锚固灌浆技术[4-7]。近年来文物界岩土建筑保护专家学者对锚固灌浆材料的兼容和物理力学性能的兼容研究的比较多[8-15]，而对于锚固灌浆加固干扰岩土建筑遗址的研究目前还比较少[16]。

　　岩土建筑遗址体锚固灌浆加固不同于一般岩土体锚固灌浆加固之处在于：岩土建筑遗址体是具有文物属性的岩土体，其文物属性决定了其加固的核心原则为"最小干预、最大兼容、不改变原貌、完整保存文物信息",即在不丧失文物信息和干扰遗址原貌的前提下,采取兼容性强的锚固灌浆技术;而一般岩土体的加固在确保稳定和耐久的前提下可以选择不同形式的锚固灌浆技术,对岩土体可以适当的增加和消减,加固后对原貌允许有较大的变动。相应的在锚固灌浆施工中岩土体变形特点的区别表现在:岩土建筑遗址原状受到扰动,被动的响应,产生各种形变,必须遵循信息化施工;一般岩土体在锚固灌浆加固中,可以接受人为干预岩土体的性状,按照工程师的要求允许产生稳定性的形变。

依托我国最大的土遗址加固工程——新疆吐鲁番交河故城抢险加固工程,本文通过锚固灌浆过程中和工后崖体的变形观测,探讨锚固灌浆对于危崖体的干扰特征和锚固灌浆加固的效果,从而定量评价锚固灌浆对于危崖体的干扰程度,进而对锚固灌浆技术的适用性评价提供依据。

1 交河故城载体锚固灌浆施工工艺

1.1 交河故城危崖体概况

交河故城崖体高耸,最高达 30m,由于两侧地表水的冲蚀、地震、集中降雨、温度作用以及历史上人类的活动,造成崖体临空面发育众多的卸荷裂隙;同时台地上存在两组不同走向的节理,卸荷裂隙对节理有明显的追踪性,形成了崖体边缘破碎的地貌特征。崖体地层微倾南东,坡度 3%,这是东岸崖体比西岸崖体破坏严重的主要原因。同时,地层中有数层明显的软弱层即粉细砂层存在,该层结构松散,未胶结,耐风蚀、雨蚀差,强度低,是崖体破坏的主要控制层。

根据崖体的工程地质条件,对已经崩塌部位进行了详细调查,崖体主要是崩塌破坏,崩塌模式有错断式、拉裂式和倾倒式。

1.2 交河故城崖体锚固灌浆加固工艺

交河故城崖体加固的核心措施是锚固灌浆,此外还有其他辅助的工程措施[17],其加固工艺流程如图 1 所示,从图中可以看出,首先进行临时支护才可以锚固,待锚固发挥作用后再进行灌浆。因此,锚固灌浆包括了临时支护、锚固与灌浆等阶段。

1.2.1 临时支护

临时支护是对危崖体进行临时性的加固,主要通过锚杆缆绳拦拉和地锚缆绳背拉,锚杆和地锚布设于危崖体附近稳定的坡体之中。因此,临时支护也归于锚固工程的范畴,它对于后续工程措施的安全起至关重要的作用。

1.2.2 锚固施工工艺

锚固所采用的锚杆材料包括楠竹加筋复合锚杆、钢筋锚杆、槽钢锚杆及木锚杆等,施工工艺大致相同（见图 2）。楠竹加筋复合锚杆、钢筋锚杆、槽钢锚杆长度 5 – 15m，孔径 150mm，钻孔采用干法冲击钻进，锚孔注浆采用水灰比 0.42 的水泥砂浆。

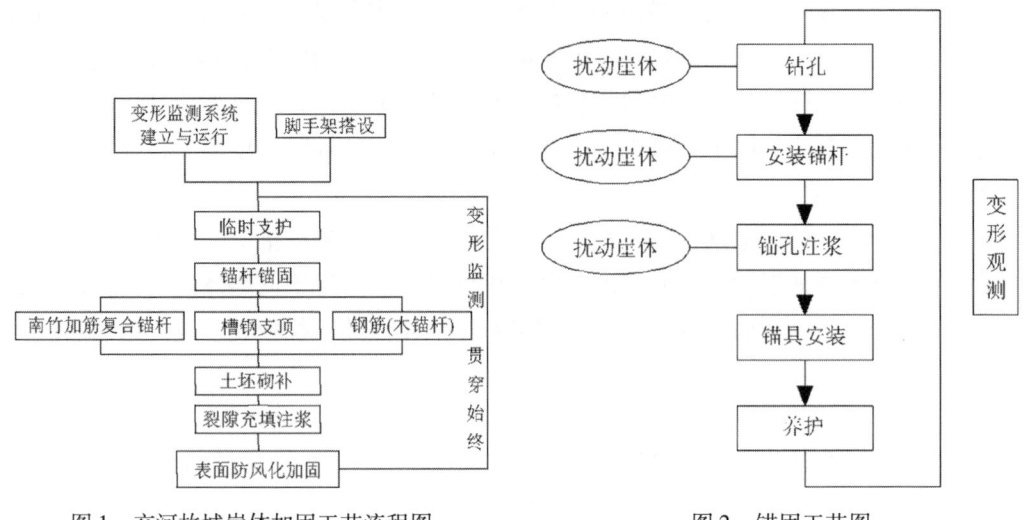

图 1　交河故城崖体加固工艺流程图　　　　　　　　图 2　锚固工艺图

　　锚杆施工中，采用从崖顶至崖底的顺序锚固，为防止锚固施工集中扰动崖体，采取了间隔成孔锚固的工艺，对于崖面上部的锚固严格遵循"一孔一锚"的原则，对于崖面中部的锚固可以集中成孔、集中锚固，但是所有的工艺必须根据变形观测的反馈信息进行动态调整。

1.2.3　裂隙充填注浆

　　裂缝灌浆前，先用模数为 3.7 – 3.8、浓度 12% PS 溶液对裂缝两侧壁喷洒渗透加固；然后用 PS –（C + F）浆液进行封闭裂隙（注：F 为粉煤灰，C 为粉土；F：C 一般为 1:2），对宽大裂缝可配合土坯封闭，PS –（C + F）浆液采用模数 3.8、浓度 5% PS 与粉土和粉煤灰，按水灰比 0.5 – 0.6 拌制，并沿裂缝按竖向间距 500mm 埋设直径 10mm 的塑胶灌浆管；先注入 5% PS 溶液，渗透加固裂隙中的充填物和裂缝两壁，裂隙宽度较大且没有充填物者，应充填粉土块，然后再进行裂缝灌浆；裂缝灌浆采用 PS –（C + F）浆液、按自下而上的次序通过灌浆管进行；灌浆时，当相邻的上方灌浆管中出现浆液溢出时应停止灌浆，并堵塞该灌浆孔，再向上方的灌浆管中灌浆；若裂缝较窄小，可适当增大水灰比以减小浆液黏度，增大可灌性；灌浆压力应小于 0.5MPa。

　　裂隙充填灌浆根据裂隙的规模和类型不同，工艺也有所调整。比如中大裂隙的充填灌浆采用设置中隔墙，进行分段灌浆；小裂隙采取一次完全灌浆工艺。分次灌浆时间间隔不小于 6h，确保浆液的初凝等。具体如图 3 所示。

2 锚固灌浆过程中变形监测方案

2.1 监测方案设置的原则

遵循"多层次监测原则、重点监测关键区的原则、方便使用原则、经济合理原则",建立了交河故城崖体加固的变形监测系统(见图4)。

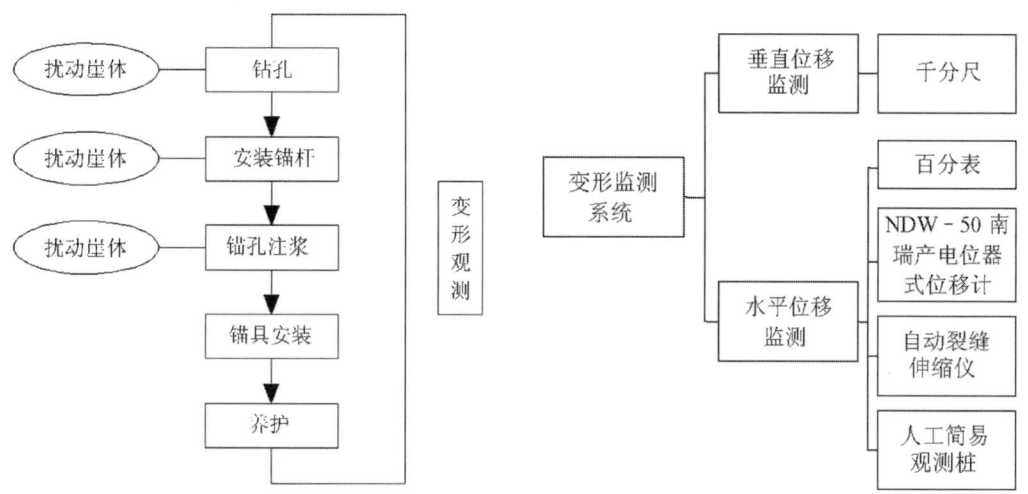

图3 裂隙充填注浆工艺图   图4 交河故城崖体变形监测系统结构图

2.2 变形监测方案

(1)对裂缝外侧的危崖体产生的水平位移、垂直位移进行监测。重点是水平位移监测,垂直位移仅做施工参考。

(2)施工阶段对施工作业区的危崖体进行全面监控,及时掌握裂缝的变化情况,重点监测主破坏点的变形,提前预警,确保施工安全。

(3)危崖体加固工程完成后,对已加固范围进行一段时间观测,了解加固后裂缝的变化情况,为工程效果评价提供依据。

(4)水平位移监测断面垂直于被监测的裂隙走向,安设采用一端固定于裂缝内侧稳定土体,另一端固定于裂缝外濒危崖体的方式,调整两端高度,使之保持水平,采取三角支架插入土体的方式固定,从而得到濒危崖体的绝对变形值。

(5)水平监测仪器除 NDW‑50 南瑞产电位器式位移计(专门为交河故城崖体开发设计的全自动变形观测系统,量程 100mm,精度 0.01mm,监测频率为 15min),其他均为监测频率 3 次/d,精度为 1mm。

3　锚固灌浆过程中的载体变形规律

交河故城崖体总长度超过3000m，工程地质分区共59个，加固的区域18个。为了科学的阐明锚固灌浆过程中崖体的变形规律，本文选择具有代表性的26区－5，26区－6变形数据进行分析（见图5）。

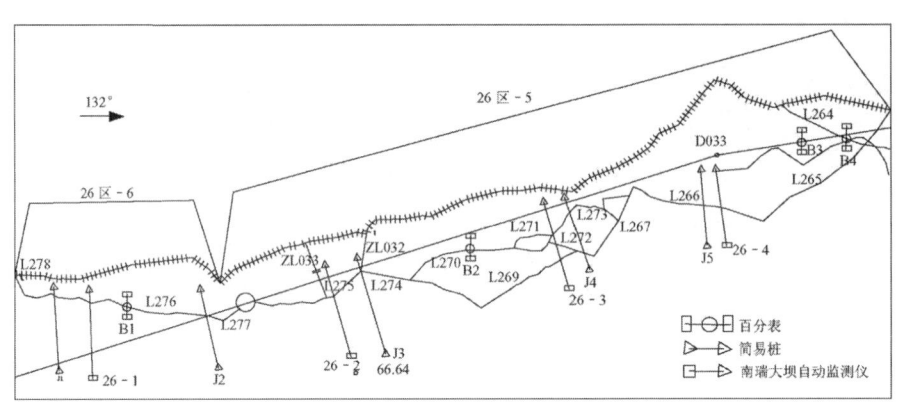

图5　26区－5，26区－6变形监测平面布置示意图

26区－5，26区－6长18.1m，崖体为湖相沉积物，崖面出露的层状水平砂层表现尤为明显，地层连续性较好；由上而下颗粒由细变粗，由上部黏土、粉质黏土逐渐转变成细砂层。根据26区－5，26区－6剖面调查，该区出露地层由上而下依次为：①褐黄色粉质黏土，②淡黄色粉质黏土，③青灰色黏土，④黏土与细砂互层。

裂隙ZL032，ZL033和L275将崖边切割成四边形独立体，四边形长2.8m、宽3.2m，紧挨着该崩塌体。平行于崖面的裂隙L277，L276及与崖面相交的裂隙L278依次相连，将崖边切割成长条形崩塌体，最宽处达2.9m，其中张开度可达0.4m（见图5）。本区内所有独立块体具有共同的特点，即由于第一层细砂层的掏蚀，使垂直裂隙与水平掏蚀缝隙组成独立体而完全脱离崖体。崖边处的台面平缓，无建筑物分布。崖面近直立，上部破坏严重，底部为坡积物覆盖，整个崖体平均高度为26.5m。

根据26区－5，26区－6的特点，确定的变形监测方案（见图5）。共布置南瑞大坝监测断面4个，简易桩5个，百分表4个，沉降观测4个。

全自动变形监测断面26－1监测26区－6，全自动变形监测断面26－2，26－3，26－4监测26区－5。主要是通过全自动变形监测系统的监测数据来分析崖体的变形规律。

3.1　施工全过程崖体的总体变化规律

图6，7分别为26区－5，26区－6施工全过程位移特征。因数据量太大，仅把每

日 0、3、6、9、12、15、18、21 时刻的数据抽取出来进行研究，其中点 9，12，15，18 为施工时间，其他为非施工时间。从图 6 可以看出，临时支护阶段在施工中对于崖体的扰动比较大，锚固施工进程中，崖体位移变化量较小，但在后续的灌浆施工中，崖体位移波动较大。从图 7 可以看出，临时支护与锚固施工过程中，危崖体受到的扰动较小；但在灌浆施工阶段，危崖体受到施工的影响明显。

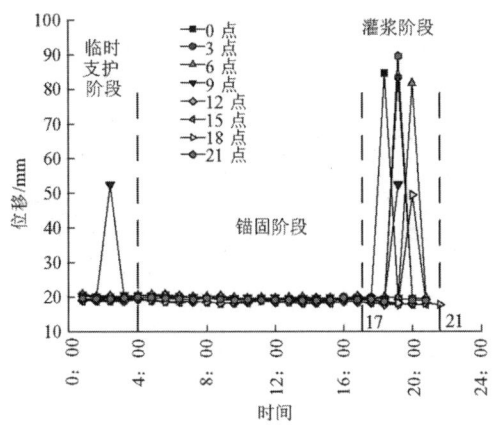
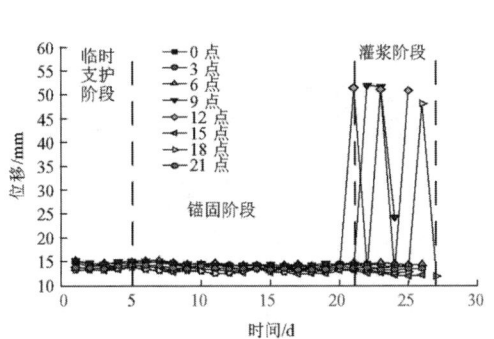

图 6　26 区 – 5 施工全过程位移特征　　　　图 7　26 区 – 6 施工全过程位移特征

3.2　临时支护崖体变形规律

图 8，9 分别为 26 区 – 5 和 26 区 – 6 临时支护阶段每天的位移特征。由图 8 可知，施工期间对于崖体的扰动较大，而且上午施工的扰动远大于下午施工的扰动；在非施工时间内，崖体的位移变化较稳定。由图 9 可知，施工扰动对于崖体的影响较小，但是崖体的位移仍有较小的跳跃。

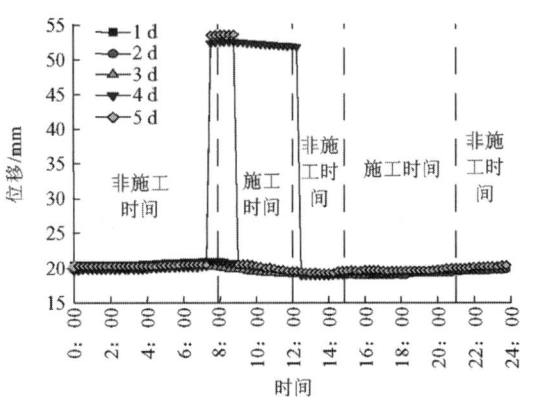
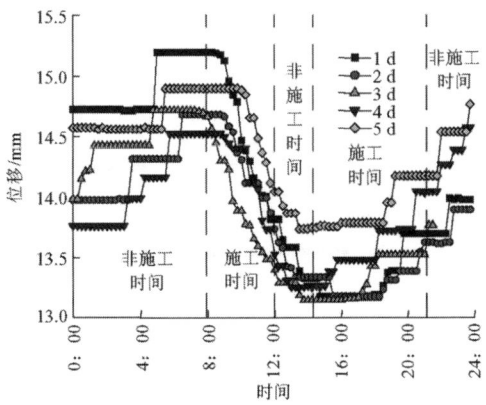

图 8　26 区 – 5 临时支护阶段位移特征　　　　图 9　26 区 – 6 临时支护阶段位移特征

3.3 锚固崖体变形规律

图 10，11 分别为 26 区 -5 和 26 区 -6 锚固阶段每天的位移特征。由图 10 可知，曲线变化较稳定，受到施工的扰动影响，有局部的位移跳跃。总体上，锚固加固施工过程中，崖体的位移变形曲线较为稳定，施工扰动对其影响较小。

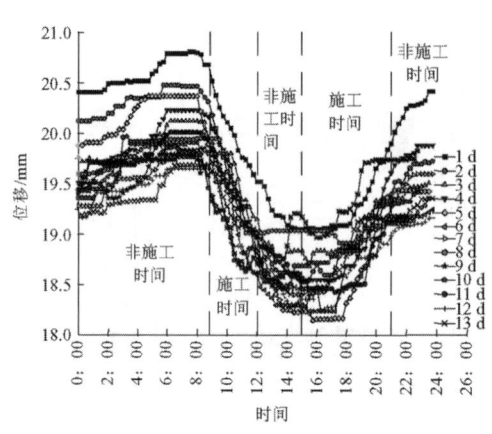
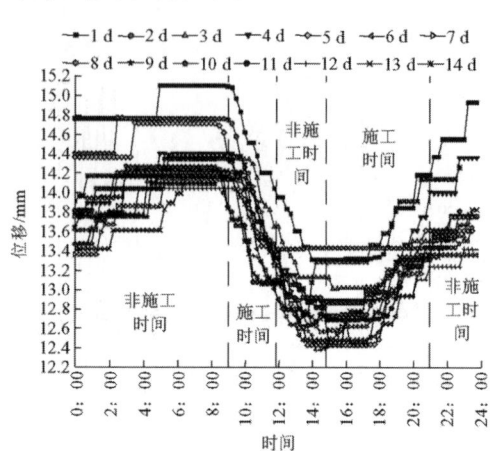

图 10　26 区 -5 锚固阶段位移特征　　　图 11　26 区 -6 锚固阶段位移特征

3.4 灌浆崖体变形规律

图 12，13 分别为 26 区 -5 和 26 区 -6 灌浆阶段每天的位移特征。由图 12 可知，曲线波动非常大，尤其在施工时段，并且在灌浆的第一天晚上崖体发生了自身的调整。由图 13 可知，其曲线波动也非常巨大，波动全部集中在施工时间段，非施工时间段变形较为稳定。总体上，灌浆施工导致崖体发生较大的位移变化。

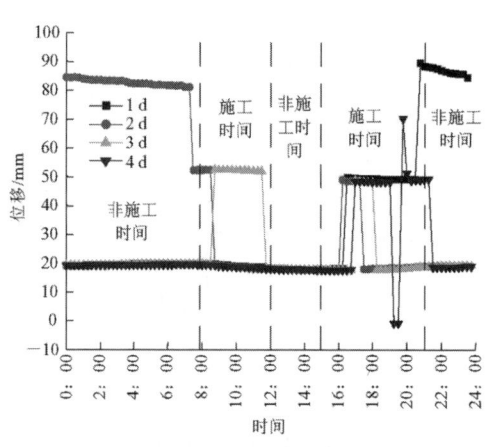
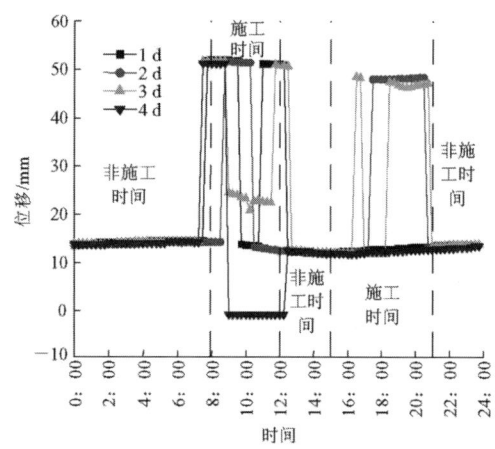

图 12　26 区 -5 灌浆阶段位移特征　　　图 13　26 区 -6 灌浆阶段位移特征

4　锚固灌浆工后的崖体变形规律

（1）图 14 给出了工后连续 8d 的 26 – 1 监测断面位移日变化曲线，从中可以看出，每天的曲线特征类似抛物线，在早晨 8 – 9 点之间位移达到最大值，13 – 15 点之间位移达到最小值，位移变化极小。总体上每天的位移变化非常连续，没有大的波动。随着加固后时间的推移，曲线逐渐后移，且位移量逐渐缩小。每天位移的总差值也不断缩小。

（2）图 15 给出了工后连续 9d 的 26 – 1 监测断面不同时刻连续变化曲线。曲线整体呈迂回趋势，很明显，总体上早晨时段的位移值要大于中午时段的位移值。同时随着时间的推移，不同时刻位移的差值在缩小，在曲线上表现为曲线逐步的靠拢。此外，早晨时间段位移的变化波动较中午时间段弱。

（3）图 16 – 18 分别给出了 26 区 – 5 加固后第一天、第四天、第八天不同监测断面监测曲线。每天的曲线变化均类似抛物线，随着时间的推移，位移的变化越来越小。第一天的时候位移的变化还非常连续，第四天 3 – 9 点时段位移变化非常小，曲线平直，其他时段位移变化较为明显，而到第八天的时候，点 2 – 8 和点 14 – 20 时段的位移变化极小。从 3 个监测断面的位移变化横向比较，3 个监测断面位移的变化趋势几乎一致，且 26 – 4 监测断面的位移变化绝对值一直最小。由此说明裂隙切割后外侧崖体规模大的加固后的变形较小，越是外侧崖体规模小的反而加固后的变形较大。

（4）图 19 – 24 给出了工后连续 8d 的 26 – 2，26 – 3，26 – 4 监测断面的位移日变化曲线。很明显，3 个监测断面的位移变化曲线特征同 26 – 1 监测断面。这也同时说明，加固后随着时间的推移，崖体逐渐稳定，变形逐渐减小，加固效果逐渐凸现。

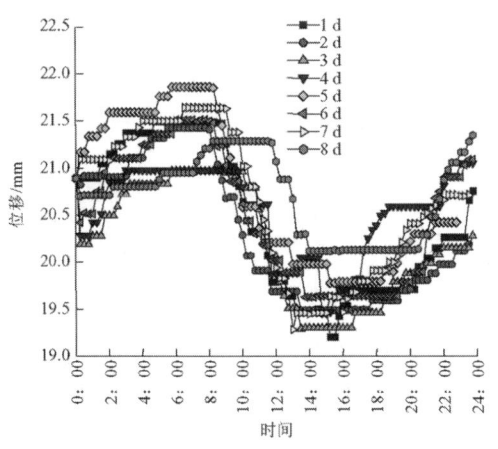

图 14　26 – 1 监测断面位移日变化曲线

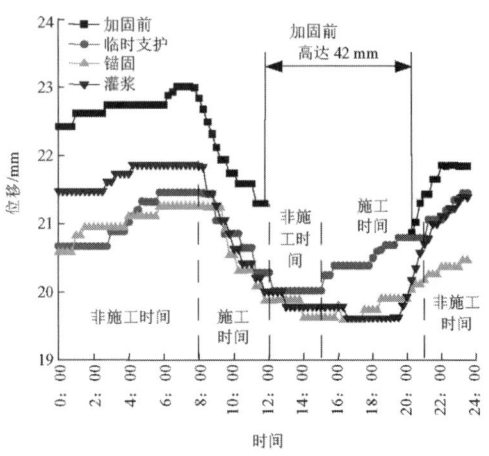

图 15　26 – 1 监测断面不同时刻
连续变化曲线

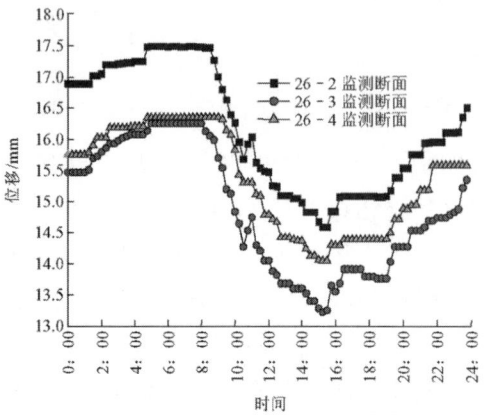

图16　26区-5加固后第一天不同监测
断面监测曲线

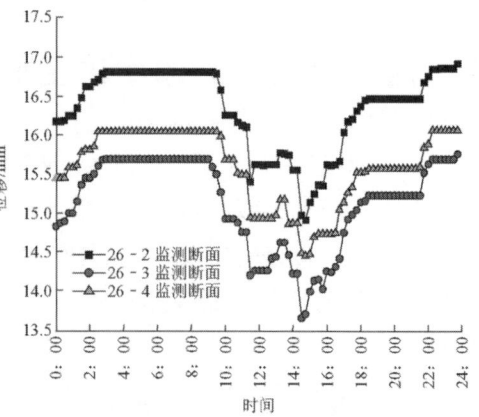

图17　26区-5加固后第四天不同监测
断面监测曲线

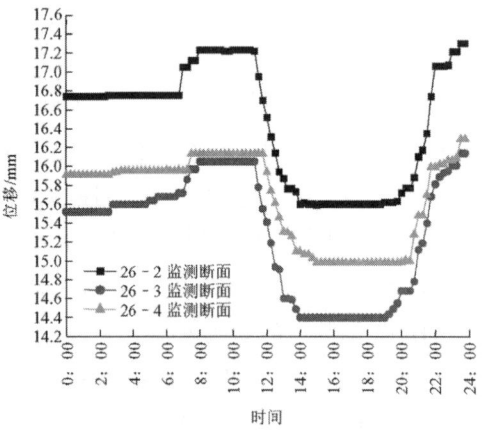

图18　26区-5加固后第八天不同监测
断面监测曲线

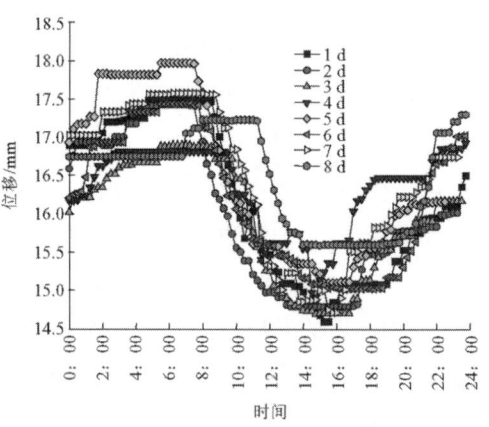

图19　26-2监测断面位移日变化曲线

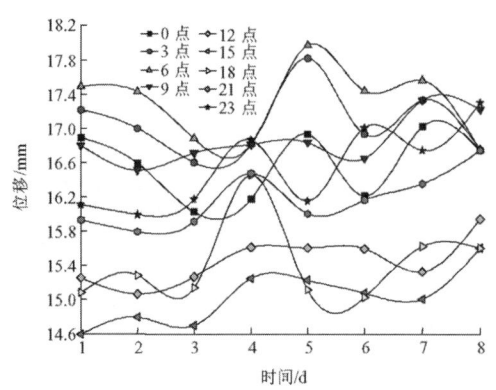

图20　26-2监测断面不同时刻位移
连续变化曲线

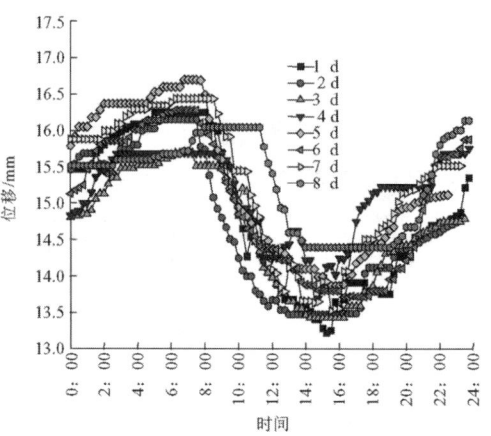

图21　26-3监测断面位移日变化曲线

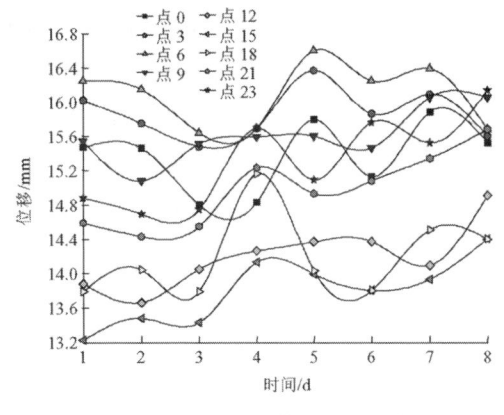

图22 26-3监测断面不同时刻
位移连续变化曲线

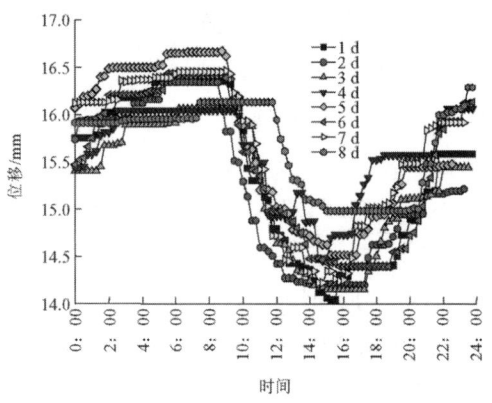

图23 26-4监测断面位移日变化曲线

5 讨 论

从交河故城崖体临时支护-锚固-灌浆的全部施工过程变形监测分析可知：

（1）临时支护对于后续的安全施工起到至关重要的作用：虽然临时支护施工过程中崖体发生了局部的变形，但没有导致崖体的破坏。主要原因为临时支护的锚固位置选择均为稳定部分的崖体之中，临时支护施工过程中坚持"一孔一锚"（即成孔后立即下锚杆注浆）的原则，为后续的成孔提供了安全储备。

（2）由于26区-5规模大，被多组裂

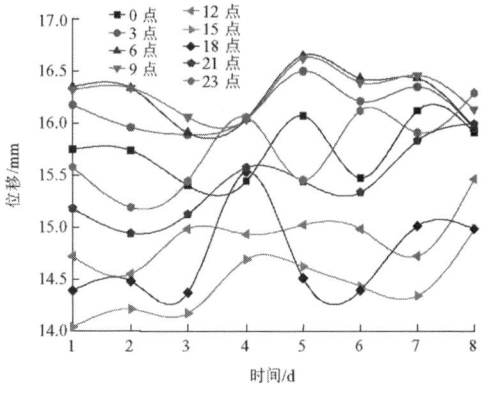

图24 26-4监测断面不同时刻位移
连续变化曲线

隙切割，崖体整体性较差，而26区-6规模小，其被单一裂隙切割，因此在临时支护施工扰动时，26区-5表现出较大的扰动。从整个施工过程的崖体变形特征曲线看出，灌浆施工扰动崖体最为剧烈。对交河故城崖体而言，浆液充填裂隙过程中，与裂隙两侧的土体发生物理和化学的作用，同时浆液浸泡裂隙的底端，一定程度上改变了崖体自身的性能，称之为内因；此外，浆液的重力也作用到崖体之中，称之为外因；而临时支护与锚固对于崖体的扰动主要是钻机在钻进过程中所产生的冲击，为外因。变形特征表明，导致崖体变形的内因作用明显强于外因作用。为减小灌浆施工对崖体的扰动，应当减少一次灌浆量、增加分段的数量、延长两次注浆的间隔时间等措施。

（3）锚固过程中的变形曲线连续平稳变化，反映了临时支护的核心作用。此外，必须指出的是，锚固的施工流程中对崖体扰动最大的就是成孔，但成孔毕竟是某点的外力作用，对于大规模的崖体而言，整体受到的扰动并不大。为防止成孔过程中大面积扰动崖体，要求顶部第一排锚杆必须坚持"一孔一锚"、"跳跃钻孔"、"必要停工"等施工原则。

（4）图25，26分别给出了25区－5和26区－6不同工序的位移特征，从图中可以看出，锚固灌浆有效地加固了危崖体，使得危崖体的位移减小，变化幅度减弱，26区－6的变形曲线特征尤为明显。

对于加固后崖体变形特征的判定，仅从加固后监测断面的位移变化特征不足以说明。只有从加固前后崖体的位移变化特征比较才能科学地说明加固后的变形特征与效果。图27－30分别为26－1，26－2，26－3和26－4监测断面加固前后的变形曲线。

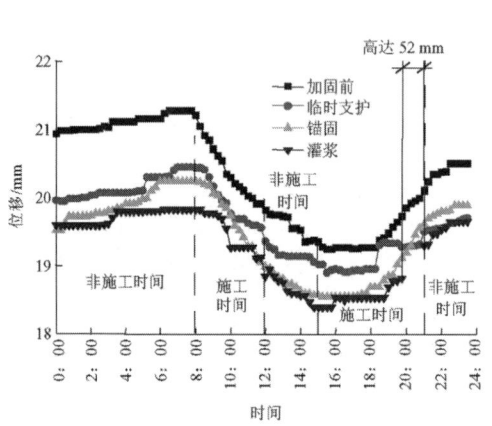

图25　26区－5不同工序的位移特征

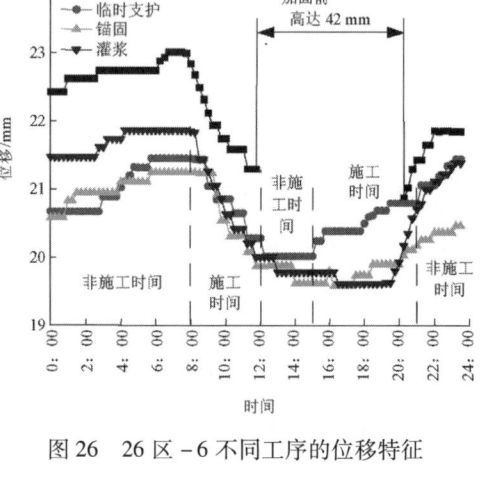

图26　26区－6不同工序的位移特征

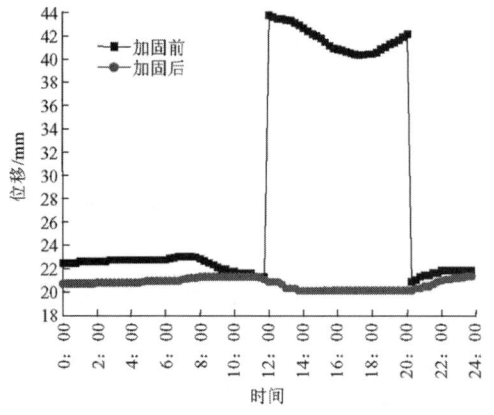

图27　26－1监测断面加固前后的
变形曲线

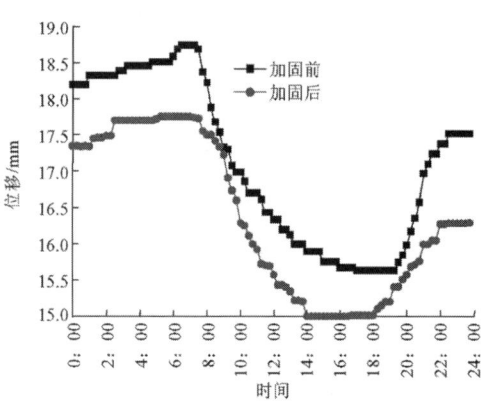

图28　26－2监测断面加固前后的
变形曲线

（1）从图 27 中可以看出，26-1 监测断面加固前后的位移变化非常明显，加固前还发生位移的突变现象，而加固后，突变现象消失，同时加固后的位移值均小于加固前的位移值，由此可以判定所采用的工程措施对崖体加固效果明显。

（2）从图 28 中可以发现，加固前后崖体的位移变化趋势是一致的，但是加固后的位移量明显小于加固前的位移量，曲线的平滑性明显优于加固前。说明锚固起到了良好的作用，但是大体量的裂隙充填注浆给外侧的崖体增加了一定的侧压力，因此位移变化量受到一定的限制。

（3）图 29，30 反映出加固后的位移变化幅度明显小于加固前崖体的位移变化幅度，且变化较小，曲线出现了几处平直的现象，但在早晨之后的时段内，加固后的位移绝对值要大于加固前的位移绝对值，这是因为该处裂隙深、张开度大，相应的灌浆量也较大，浆液给外侧崖体产生一定的侧压力，使得位移量增加。但是日位移变化的绝对值明显减小足以说明崖体得到了有效的加固，处于稳定状态。

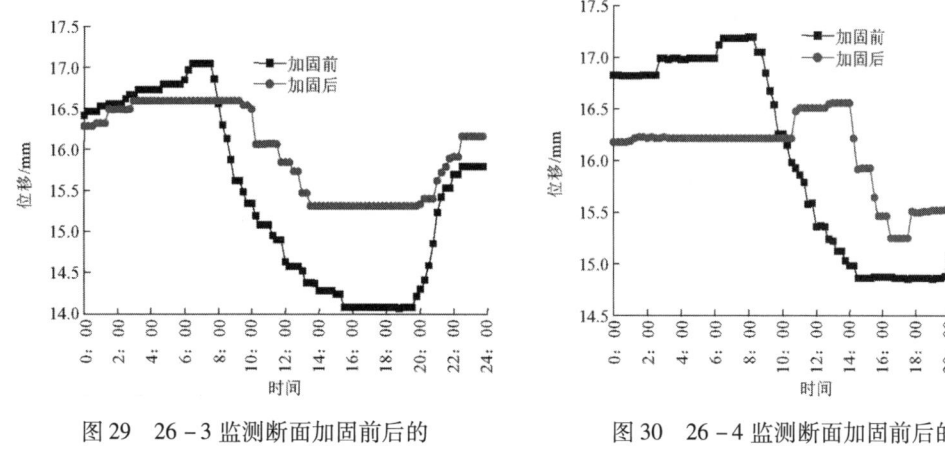

图 29　26-3 监测断面加固前后的
变形曲线

图 30　26-4 监测断面加固前后的
变形曲线

从图 27-30 可以看出，加固后，效果比较明显的在贯通裂隙的边缘，对于裂隙切割严重的地段，加固效果也比较明显，即位移变化明显减弱，变形逐渐平稳，接近天然条件下自然边坡的变形规律。但因崖体的地层均为土层，而且为粉土或黏土，大量的浆液灌注后，浆液与周围的土体产生相互作用，加之浆液的凝固需要相当一段时间，因此崖体的变形不可能短时间内达到稳定状态，但是从加固后变形曲线看，崖体的变形基本处于弹性变形阶段，即加固后的崖体处于稳定状态。反推之，加固效果良好，达到了预期的加固效果。

6　结　论

（1）交河故城崖体锚固灌浆施工变形监测对于安全、快速的施工具有重要的意义。

（2）锚固灌浆施工过程中的变形曲线特征表明，临时支护对于后续的施工具有重要的安全意义，灌浆对于崖体的扰动最大。

（3）锚固灌浆的施工效果明显，显著地减弱了崖体的变形幅度，有效地加固了危崖体。

（4）变形监测信息的采集分析与反馈对于交河故城崖体的科学保护具有重大的作用。

致谢

感谢在现场测试和论文编写过程中敦煌研究院李最雄研究员、王旭东研究员和张鲁高级工程师的悉心指导！

参考文献

[1] 程良奎. 岩土锚固的现状与发展. 土木工程学报, 2001, 34 (3): 7-12.

[2] 汉纳 T H. 锚固技术在岩土工程中的应用. 胡定译. 北京: 中国建筑工业出版社, 1986.

[3] 张乐文, 李术才. 岩土锚固的现状与发展. 岩石力学与工程学报, 2003, 22 (增1): 2214 -2221.

[4] 李最雄. 丝绸之路古遗址保护. 北京: 科学出版社, 2003.

[5] 孙满利, 王旭东, 李最雄, 等. 交河故城瞭望台保护加固技术. 岩土力学, 2007, 28 (7): 163 -168.

[6] 孙满利, 王旭东, 李最雄, 等. 木质锚杆加固生土遗址研究. 岩土工程学报, 2006, 28 (12): 2156-2159.

[7] 李最雄, 王旭东. 古代土建筑遗址保护加固研究的新进展. 敦煌研究, 1997, (4): 167-172.

[8] 中华人民共和国行业标准编写组. CECS22-1990 土层锚杆设计与施工规范. 北京: 中国工程建设标准化协会, 1991.

[9] 姜勇, 孙富通. 土层锚杆技术在特殊工作环境下的施工工艺研究与探讨. 水利水电工程设计, 2006, 25 (3): 26-28.

[10] 中华人民共和国行业标准编写组. CECS 22 岩土锚杆 (索) 技术规程. 北京: 中国工程建设标准化协会, 2005.

[11] Chen W W, Han W F, Zhang J K, et al. Geological Envionment and Engineering Characteristics of Jiaohe. Proceedings of the 11th Congress of ISRM Workshop W3, Preservation of Natural Stone and Rock Weathering. Londun: Taylor and Francis Group, 2007: 85-90.

[12] 孙满利, 王旭东, 李最雄, 等. 交河故城的裂隙特征研究. 岩土工程学报, 2007, 29 (4): 612-617.

[13] 李最雄, 张虎元, 王旭东. 古代土遗址的加固研究. 敦煌研究, 1995, (3): 1-18.

[14] 黄克忠. 岩土文物建筑的保护. 北京: 中国建筑工业出版社, 1998.

[15] 郭宏. 论"不改变原状原则"的本质意义-兼论文物保护科学的文理交叉性. 文物保护与考古

科学，2004，16（1）：60-64.

［16］ 王旭东. 中国西北干旱环境下石窟和土遗址保护加固研究［博士学位论文］. 兰州：兰州大学，2003.

［17］ 孙满利. 吐鲁番交河故城保护加固研究［博士学位论文］. 兰州：兰州大学，2006.

Research on Cliff Deformation Feature of Jiaohe Ruins in Process of and After Anchoring and Grouting

Zhang Jingke[1,2,3], Chen Wenwu[1,2], Cui Kai[1,2]
He Faguo[1,2], Ren Feifan[1,2], Han Wenfeng[1,4]

(1. Key Laboratory of the Western Disaster and Environmental Mechanics, Ministry of Education, Lanzhou University, Lanzhou, Gansu 730000;

2. School of Civil Engineering and Mechanics, Lanzhou University, Lanzhou, Gansu 730000;

3. Key Scientific Research Base of Conservation for Ancient Mural State Administration for Cultural Heritage, Dunhuang Academy, Dunhuang, Gansu 736200;

4. Tianjin Institute of Urban Construction, Tianjin 736200)

Abstract: Based on the largest earthen architecture conservation engineering, Jiaohe ruins rescuing conservation engineering, and the particularity of the cliffs, Nanrui dam automatic monitoring instrument is applied to survey the deformation of cliffs during archoring and grouting. Analysis of the monitoring of the cliff proves grouting disturbs the cliffs more intensely than archoring does. The deformation characteristics of the cliffs before and after the conservation illustrate the conservation success of archoring and grouting. The conclusion provides the foundation for entire scientific conservation of Jiaohe ruins; furthermore, it gives the reference to the research on the archoring and grouting of similar earthen architectures.

Key Words: engineering geology, Jiaohe Ruins, geotechnical anchoring and grouting, cliff mass, deformation monitoring, deformation feature

（原载于《岩石力学与工程学报》2009 年，第 5 期）

楠竹加筋复合锚杆施工工艺优化研究

任非凡[1,2]，谌文武[1,2]，张景科[1,2]，梁收运[1,2]
和法国[1,2]，王　冠[3]，崔　凯[1,2]

(1. 兰州大学 西部灾害与环境力学教育部重点实验室，兰州，730000；
2. 兰州大学 土木工程与力学学院，兰州，730000；
3. 兰州大学 西部环境教育部重点实验室，兰州，730000)

内容摘要： 首先，结合复合锚杆的特殊性，对复合锚杆的锚固机制进行简要分析，获取其界面剪应力与轴向应力分布理论解；其次，在充分认识研究区概况、崖体破坏形式及复合锚杆锚固机制的基础上，结合交河故城崖体锚固工程，对其施工工艺进行系统地总结优化，分别从布孔定位、钻进成孔、上锚杆、安设锚杆、注浆、安设锚具、锚孔封堵、表面作旧、锚杆养护等多方面进行探讨，研究结果可为干旱半干旱地区土遗址高陡边坡复合锚杆加固技术的推广应用提供科学依据，并对类似的锚固工程具有理论和实践指导作用。

关键词： 工程地质　楠竹加筋复合锚杆　锚固机制　文物保护　施工工艺

0　引　言

岩土体锚固是挖掘岩土潜能、提高岩土工程稳定性最经济、有效的方法之一，是岩土加固工程的一个重要组成部分[1-8]。近些年来，保存在我国西北丝绸之路上的土遗址，遭受了多年严重的风蚀、雨蚀、地震以及人类活动等破坏，大批的土遗址濒临破坏，鉴于此，国家加大了文物保护力度。针对具有特殊性的文物土体，如何经济、安全的抢险加固为数不多的土建筑遗址，特别是由于构造裂隙、卸荷裂隙的相互组合造成大量的文物本（载）体不断的倾倒、崩塌、滑塌，导致土遗址大范围的破坏甚至消失，已经成为广大专家、学者最为关注的问题之一[9-12]。锚固作为提高岩土体稳定性一种行之有效的措施正被广大的文物加固单位所采用。

土遗址按照建造材料可分为夯土、生土、土坯、垛泥等，虽然在夯土上对木质锚杆的研究取得了有益的经验，但是对于生土遗址，特别是大厚度的文物土体，锚固研究的工作不多，传统的木质锚杆（长度≤1.5m）已经不能满足加固长度的需要，如交河故城崖体发育的离临空面较远的深大裂隙锚固，国内研究仍是空白，亦没有适合的锚杆能够满足文物加固的需要[9-11]。因此，结合交河故城锚固工程的特殊性，针对传统锚杆所使用的钢材的缺陷性，材料的耐久性较差，不适合土遗址的加固，锚杆强度要求比土的强度略大，不能超过太多，否则容易产生新的破坏，土遗址加固中要求锚杆的变形要较小等要求，以敦煌研究院李最雄研究员为首的科研队伍研发了楠竹加筋复合锚杆，此锚杆内部为φ15.2mm钢绞线，向外依次为复合材料、楠竹、玻璃丝布（见图1），满足了文物加固的要求。复合锚杆加固技术尚属首

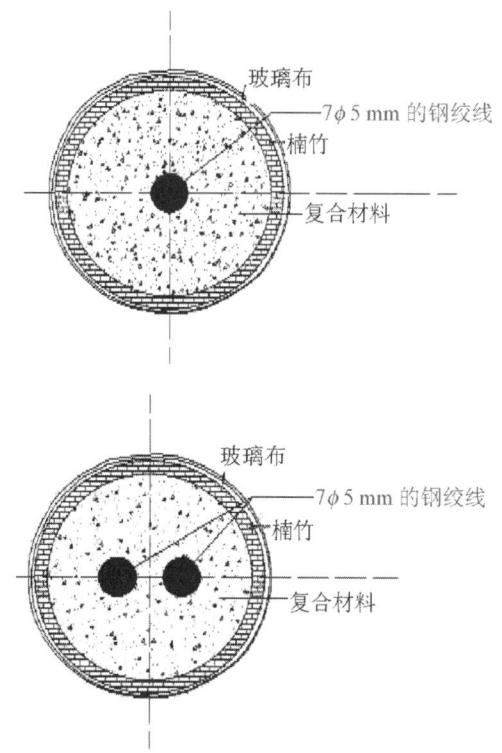

图1　楠竹加筋复合锚杆横截面构造示意图
（上：5m长的锚杆，下：10m、15m长的锚杆）

创，其钻孔合理布设、钻孔、注浆工艺和流程等问题尚未得到科学合理的阐释。对上述问题进行较系统科学的研究，探索了比较完善的施工技术体系和质量评价体系，直接服务于工程建设，确保工程顺利实施。同时，为干旱半干旱地区土遗址高陡边坡复合锚杆加固技术的推广应用提供了科学依据。

1　楠竹加筋复合锚杆的锚固机制

鉴于复合锚杆自身复杂的多界面性，即钢绞线与复合材料、复合材料与楠竹、楠竹与水泥砂浆、水泥砂浆与锚固层等界面，因此，了解其荷载传递机制有利于施工工艺的优化，可起到事半功倍的效果。目前，对锚杆的锚固机制和锚固效果的研究大部分是通过现场试验数据得到的，复合锚杆锚固作用受控于钢绞线、复合材料、楠竹、水泥砂浆以及岩体五者之间的力学传递作用，在锚固系统中，力的传递由钢绞线传递到复合材料，继而经复合材料、楠竹、水泥砂浆最后传递到稳定土体中[6,8,13]。经过对复合锚杆进行拉拔试验，试验结果表明，在锚杆拉拔过程中，锚杆最易于钢绞线与复合材料的界面发生破坏，因此，这一界面受力机制决定着复合锚杆的承载能力，并

且其抵抗破坏的能力主要通过克服界面物理黏结→机械咬合→摩擦作用 3 个方面来提供，杆体与复合材料应力平衡示意图如图 2 所示，荷载沿复合锚杆通过各界面自内而外传递至稳定土体中。

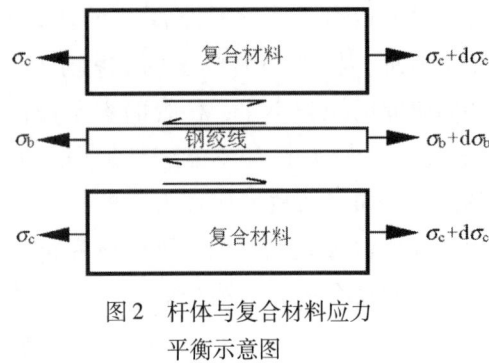

图 2　杆体与复合材料应力
平衡示意图

通过引入一剪切滑移模型，结合变形协调与应力平衡条件，其界面剪应力分布弹性解可用一双曲函数表示，即

$$\tau = \frac{P\lambda\cosh(\lambda x)}{2\pi r_b\sinh(\lambda L)}$$

杆体轴向应力分布可用下式表示：

$$\sigma_s = \frac{P\sinh(\lambda x)}{\pi r_b^2\sinh(\lambda L)}$$

其中，

$$\lambda^2 = \frac{2\tau_f}{\delta_1}\Big[\frac{1}{E_b r_b} + \frac{r_b}{E_c(r_c^2 - r_b^2)}\Big]$$

式中：P 为拉拔荷载；L 为锚杆的长度；τ_f 为界面峰值剪应力；δ_1 为峰值剪应力相对应的滑移量；E_b，E_c 分别指杆体与复合材料的弹性模量，r_b，r_c 分别为杆体与复合材料的半径。

2　施工工艺优化研究

交河故城位于吐鲁番盆地西部，整体坐落于两河之间的柳叶形台地上，台地高约30m，呈 NW－SE 向展布，具有干热、少雨、多大风的气候特征，新构造运动强烈，地层平缓，为湖状沉积，地层岩性自上而下主要分布有：粉质黏土、粉土、粉质黏土与粉土互层、粉砂、含砾粗砂、卵砾石等。正是由于交河故城所处的地质环境，在河流冲刷、风蚀、地震以及人为破坏等多种因素的作用下，造成了故城崖体周围的土体不断崩塌、滑塌、倾倒，导致故城面积不断的减小。因此，锚固加固工程势在必行。

楠竹加筋复合锚杆由于其自身的特性，已应用于交河故城锚固工程中，但由于在很多方面不同于普通的锚杆、锚索，正确的认识复合锚杆的施工技术，对施工的高效性、安全性、经济性会起到很大的作用。因此，本文在充分认识研究区概况、崖体破坏形式及复合锚杆锚固机制的基础上，结合交河故城崖体的锚固工程，基于楠竹加筋复合锚杆自身特性与土遗址加固的特殊性来研究该新型锚杆的施工工艺，研究主要从布孔定位→钻进成孔→上锚杆→安设锚杆→注浆→安设锚具→锚孔封堵→表面作旧→

锚杆养护等方面来进行[13]。

2.1　布孔定位

在进行钻进成孔前，须完成布孔定位的工作，定位的准确与否直接影响锚固工程的质量。因此结合工程实际需要，采用近景摄影图件进行数字化定位。考虑到锚杆的特性、防止群锚效应以达到最佳的锚固效果，需进行梅花桩式布孔（见图3），锚孔横向间距2m，竖向间距2.5m，如遇裂隙，应尽量避免将锚孔设置在裂隙上，可根据情况作适当调整。对于被裂隙切割成孤岛状的危险

图3　梅花桩布孔

土体，布孔时应尽量将锚孔布置在土体的较厚的部位，使其对危险土体起到良好的控制作用。另外布孔时应避免将锚孔放置在软弱夹层上，如交河故城中常见的黑色细砂层等，否则锚杆的锚固作用将被大大削弱。

2.2　钻进成孔

结合崖体的地形地貌与孔位的地层岩性，钻进工艺采用螺旋回转钻进方法，配用三翼钻头、冲击钻头，所有锚孔均采用自重轻、体积小，便于高空作业的 HQD110 型电动潜孔钻机成孔，并结合 Ingersoll - Rand750 型空压机边成孔边出渣。钻头直径 68 - 130mm，经加工改造可达到 180mm，单次推进长度 1000mm，成孔时孔深应比锚杆设计长度大 500mm。钻进前将钻机移置孔位前方后，将钻架底座固定在脚手架上，并调整钻架角度略小于设计角度 15°。这是由于钻杆在钻进过程中，随着钻杆的不断增长，其整体刚度将随之降低，土层孔壁相对软弱，钻杆在类似悬臂的状态下进行钻进，极易出现钻头下垂，逐步偏离原来的直线，造成一定的偏差，并使钻杆尾部向上翘起，与设计角度 15°有一定的偏差，形成弧形断面[13-15]。开孔应采用重压慢转，待钻具稳定后再正常钻进。本工程钻进采用无水干钻，以确保不影响孔壁的黏结性能。钻孔孔壁的沉碴，使用高压空气（风压 0.2 - 0.4MPa）将孔内岩土粉末吹净，以免降低水泥砂浆与孔壁岩土体的黏结强度。对于具有宽大裂隙的危险土体，开孔时一般采用干磨方式钻进，直到跨过裂隙进入稳定土体后可以酌情进行冲击。对于微小裂隙，在监测危险土体稳定的情况下，可采取冲击的方式进行钻进以增快施工进度。对于在砂层上成孔时，由于砂土较松散，黏结性差，为了防止塌孔、孔径过大，应少用冲击钻进，多用干磨的方式成孔，且给风量要适当减少。钻进速度的大小与给风量的大小有关，风量越大，压力越大，进尺越快，反之进尺缓慢。另外，成孔效率与被锚固土体危险程

度、孔位所处地层岩性以及钻工技术熟练程度等息息相关。钻孔施工过程中如发现排渣异常，出现地下水、暗沟、文物、墓穴等异常情况时，应停止钻孔施工，查明情况后再处理。

2.3　上锚杆

成孔完毕后，应尽快安设锚杆，由于此新型锚杆以及崖体的特殊性（高度约30m，坡度近90°，有的地方甚至反倾），下排的锚杆可通过人梯借助脚手架可完成上锚杆操作，但为上层锚孔安设锚杆时就遇到了很多问题，特别是长15m的锚杆，稍有不慎，锚杆将有折断的危险，造成不必要的经济损失，因此很有必要对上锚杆的工艺进行研究。通过对现有的2种工艺进行调查：

（1）第一种锚杆上吊方式是用两个同高度的定滑轮，一个滑轮的绳子拴住锚杆的头部，另一个拴住锚杆靠头部的位置，然后每隔2m用铁丝将绳子箍在锚杆上，并在接近锚杆尾部的地方加上了6m长的钢管来减少锚杆弯曲（锚杆尾部经常发生折断），随着锚杆的上升，依次剪断铁丝，并逐渐将锚杆尾部插入事先打好的钻孔，最终将锚杆安装完毕。

（2）第二种锚杆上吊方式也是用2个定滑轮，但是两个定滑轮的高度不同，一高一低（见图4），2个定滑轮用套环分别挂住锚杆头部的2根钢绞线，然后分别用铁丝将2根绳子箍在锚杆上，随着锚杆的上升，依次剪断位置较低的定滑轮的绳子，以降低锚杆尾部高度，并逐渐将锚杆尾部插入事先打好的钻孔，最终将锚杆安装完毕。

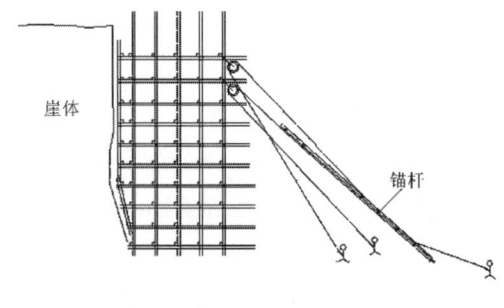

图4　锚杆吊装示意图

通过调查分析，发现两种上锚杆的方法各有利弊，第一种方法在锚杆尾部加衬钢管可以大大降低锚杆折断的几率，但是由于锚杆自身较重，加之钢管的重量，无疑增大了人力的消耗，因此考虑应用轻型、刚度大的材料代替钢管，如用铝合金外加碳钢等材料来代替。第二种方法使用两个不同高度的定滑轮大大减少了消耗功，并且给上锚杆预留了更大的活动空间，但是需升高脚手架搭设的高度。因此两种方法需结合起来，使用轻型材料加衬锚杆，安设不同高度的定滑轮来减少能量消耗，并为锚杆的入孔预留更多的空间。入孔安放锚杆前，为保证锚杆位置居中及锚固质量，应在锚杆每隔1.5－2m安置居中支架，入孔时应防止锚杆挤压、弯曲或扭转，锚杆入孔倾角和方位应与锚孔的倾角和方位一致，要平顺推送，严禁抖动、扭转和串动，安装完成后，不得随意对其敲击，悬挂重物。工程实践证明，应用改进后的上锚杆方法大大降低了锚杆的折断率，节约了人力，满足了工程的需要。

2.4　锚孔注浆

注浆设备采用通达牌 JZB – 2 型挤压式注浆泵进行注浆，其最大工作压力可达 3MPa，水平输送距离为 100m，垂直输送高度 50m，出浆量 1.4 – 2.0m³/h。浆液为 1:1:0.43 的水泥砂浆，随搅随用，浆液应在初凝前用完，进入注浆泵的水泥砂浆需经过滤，以防止未搅拌开的水泥块进入泵体，堵塞阀座或灌浆管路。注浆管采用 Φ25mm 的硬塑料管，具有一定的强度（管壁压力 ≥ 2MPa），以保证注浆施工过程中注浆顺利、不堵塞、爆管或破损拉断。事先将注浆管与锚杆一同下入锚孔中，注浆管距孔底 0.5m，然后将注浆管连接到挤压式注浆泵上开始注浆，为了避免浆液将注浆管固结住，随着砂浆的注入缓慢匀速的拔出，直到锚孔浆液溢出，这时用塞子将锚孔塞住，等待浆液固结。注浆结束后，及时拆开并清洗注浆泵的吸、排水室及注浆管路，防止残存水泥浆凝固。一般情况下，锚孔注浆时间视注浆泵的档位、传送相对高差、距离的远近、注浆技术的熟练程度略有不同，裂隙的发育程度也是注浆难易的一个重要因素，随着土层变形的增加，土层内的裂隙和渗透性均增大，适当的滞后时间或者转换注浆档位有利于浆液的渗透[16]。如果跨越宽裂隙时，需在跨裂隙部位放上 Φ150mm 的 pvc 套管，达到防治漏浆的目的。对于宽大裂隙，为了保证锚固质量，如 41 – 5 区狮身人面像的宽大裂隙，可容一人进入，这时可将跨越裂隙的锚孔两端分别用水泥砂浆封堵，然后分别进行注浆（见图 5，6），以防止浆液流入裂隙中。否则，一方面造成不必要的浪费，另一方面给其他锚孔的成孔带来不便。

 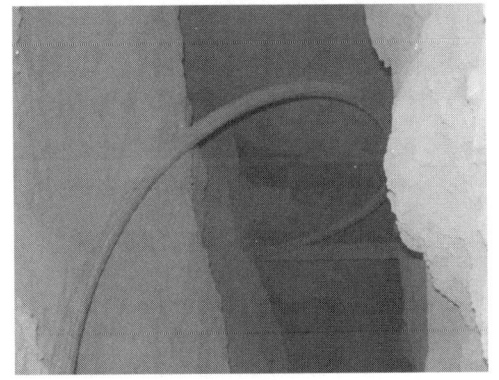

　　　　图 5　裂隙两侧锚孔封堵　　　　　　　　　　图 6　裂隙两端分别注浆

2.5　安设锚具

为了保证锚杆对危险土体的锚固作用，锚具的安设非常的重要。首先在锚孔周围凿一个尺寸 300mm 的四方槽，以便安装锚板，然后用较稠的水泥砂浆对注完浆的锚孔进行补浆，并在凿好的四方槽底部抹上水泥砂浆。接着将锚板穿过钢绞线与锚杆垂直安置，并轻击直到锚板周围有浆液溢出，以示锚板与浆液紧密接触；最后安装锚具。

2.6　锚孔封堵与表面作旧

遵循文物"修旧如旧，不改变原貌"的原则，需对锚孔进行封堵与表面作旧。

（1）先用浓度较高的水泥砂浆将锚孔封堵严实，并保证锚板、锚具、钢绞线完全严实密封，以增加其锚固强度与防腐性能。

（2）用加入麻刀的泥浆抹一层（麻刀10%，用3% PS 溶液配置泥浆），然后将土块嵌入泥浆中（见图7），用麻刀泥浆将其表面抹平，此过程可重复几次，最后使锚孔表面与崖面齐平（见图8）。嵌入土块的目的一方面在于防止表面泥浆收缩干裂，另外还可以增加封堵强度，可以起到填补充填的作用。3.7 锚杆养护养护是锚固工程中的一个重要环节，一方面，随着时间的推进水泥砂浆逐渐硬化，力学强度提高，锚固力也相应的增大。另一方面，复合锚杆内部的复合材料也随时间力学强度不断提高，对钢绞线的握裹力不断增大。锚杆锚固完成后需养护28d，才能充分发挥其锚固作用。

图7　嵌入土块　　　　　　　　　　　图8　作旧完毕的锚孔

3　结果与讨论

通过对现有复合锚杆施工工艺进行现场调查、统计、对比，结合复合锚杆自身特性、锚固机制及土遗址加固的特殊性，主要从布孔定位、成孔、上锚杆、安设锚杆、注浆、安设锚具、锚孔封堵、表面作旧、锚杆养护等多方面进行研究。主要结论如下：

（1）考虑到锚杆的特性、防止群锚效应，进行梅花桩布孔，布孔时应避开裂隙及软弱夹层，对于被裂隙切割成孤岛状的危险土体，布孔时应尽量将锚孔放置在土体厚度较大的部位。

（2）对于存有宽大裂隙危险土体的成孔，采用干磨方式钻进，直到跨过裂隙进入稳定土体后可以酌情进行冲击。在砂层上成孔时，为防止塌孔、孔径过大，多用干磨的方式成孔，给风量要适当减少。

（3）通过对比现有 2 种上锚杆的工艺，取长补短，对优化上锚杆方法提出建议。

（4）由于浆液向孔壁渗透、锚孔中大裂隙的穿过，造成实际注浆量明显高于理论注浆量，采取相应的措施，保证了锚孔注浆的质量、经济。

（5）灌浆完毕 24h 后，应对锚杆进行锚板、锚具的安装，遵循文物保护"修旧如旧，不改变原貌"的原则，对锚孔进行封堵、表面作旧。

（6）锚杆养护时保证锚固质量的一个重要环节，封孔作旧完毕后应对锚杆进行 28d 的养护，以发挥复合锚杆的锚固作用。

在对交河故城崖体保护加固的工程中，对复杂地质条件采取以上施工方法，大大提高了施工工效，节约了施工成本，缩短了工期。从最后的锚杆张拉结果看，全部达到了设计要求，受到业主、研究院与监理等多方好评。楠竹加筋复合锚杆作为高边坡文物土体治理的一种有效方法，对文物载体的稳定起到重要的作用。本文所列举的各种施工工艺方法，是在充分理解锚固理论的基础上，结合工程实践总结出来的，可以在类似地层中使用，但由于不同地区地质条件不尽相同，故在施工时采用的施工工艺也会有所不同，应合理地加以参考与借鉴。

致谢

本次研究工作得到敦煌研究院李最雄研究员、王旭东研究员等人的鼎力支持与帮助，在此表示由衷的感谢！

参考文献

［1］ Freeman T J. The Behavior of Fully – Bonded Rock Bolts in the Kielder Experimental Tunnel. Tunnels and Tunneling, 1978, 10（5）：37 – 40.

［2］ Farmer I W. Stress Distribution Along a Resin Grouted Rock Anchor. International Journal of Rock Mechanics and Mining Science and Geomechanics Abstracts, 1975, 12（2）：347 – 351.

［3］ Hibino S, Motijama M. Effects of Rock Bolting in Jointy Rock. International Symposium on Weak Rock. Tokyo：［s. n.］, 1981：1057 – 1062.

［4］ Pells P. The Behaviour of Fully Bonded Rockbolt. Proceedings of the 3rd ISRM Congress. Denver, USA：［s. n.］, 1974：1212 – 1217.

［5］ Stillbrg B. Experimental Investigation of Steel Cables for Rock Reinforcement in Hard Rock［Doctoral Thesis］. Sweden：Lulea University, 1984.

［6］ 程良奎. 岩土锚固的现状与发展. 土木工程学报, 2001, 34（3）：7 – 12.

［7］ 汉纳. 锚固技术在岩土工程中的应用. 胡定等译. 北京：中国建筑工业出版社, 1986.

［8］ 张乐文, 李术才. 岩土锚固的现状与发展. 岩石力学与工程学报, 2003, 22（增 1）：2214 – 2221.

［9］ 李最雄. 丝绸之路古遗址保护. 北京：科学出版社，2003.

［10］ 孙满利，王旭东，李最雄，等. 交河故城瞭望台保护加固技术. 岩土力学，2007，28（7）：163 – 168.

［11］ 孙满利，王旭东，李最雄，等. 木质锚杆加固生土遗址研究. 岩土工程学报，2006，28（12）：2156 – 2159.

［12］ 李最雄，王旭东. 古代土建筑遗址保护加固研究的新进展. 敦煌研究，1997，（4）：167 – 172.

［13］ 杨为民，李燕粉，张伟. 全长黏结式砂浆锚杆的力学特性数值分析. 河南科技大学学报（自然科学版），2008，29（3）：67 – 70.

［14］ 中国工程建设标准化协会. CECS22：90 土层锚杆设计与施工规范. 北京：中国工程建设标准化协会，1991.

［15］ 姜勇，孙富通. 土层锚杆技术在特殊工作环境下的施工工艺研究与探讨. 水利水电工程设计，2006，25（3）：26 – 28.

［16］ 中国工程建设标准化协会. CECS22 岩土锚杆（索）技术规程. 北京：中国计划出版社，2005.

Study on the Construction Techniques of A Novel Bamboo – Steel Composite Rock – Bolt

Ren Feifan[1,2], Chen Wenwu[1,2], Zhang Jingke[1,2], Liang Shouyun[1,2]
He Faguo[1,2], Wang Guan[3], CUI Kai[1,2]

(1. Key Laboratory of Mechanics on Disaster and Environment in Western China, Ministry of Education, Lanzhou University, Lanzhou 730000；

2. College of Civil Engineering and Mechanics, Lanzhou University, Lanzhou 730000；

3. Key Laboratory of Western China′s Environmental, Ministry of Education, Lanzhou University, Lanzhou 730000)

Abstract：Firstly, combining with the special characteristic of the composite rockbolt, this paper analyses its anchorage mechanism on the basis of the deformation and stress equilibrium in the bonded joint between two materials, and the analytical solutions of shear stress and axial stress distribution have been developed. Secondly, relying on the anchoring projects of the cliff of Jiaohe Ancient City, the construction techniques have been systematically summarized and optimized based on understanding general situation of the study area and anchorage mechanism of the composite rockbolt as well as failure modes of the cliff, including the location of anchor hole, hole – creating, lifting rock – bolts, installing rock – bolts, grouting, installing anchor devices, blocking the anchor holes, imitation of ancient surface, curing the rock – bolts etc. The research results can not only provide scientific basis for popularizing this new type rock – bolt for the preservation projects of cultural relics in the arid – semiarid regions, but also it has a referential meaning for similar anchoring projects.

Key Words: engineering geology, bamboo – steel composite rock – bolts, preservation of cultural relics, anchoring mechanism, construction techniques

（原载于《岩石力学与工程学报》, 2009 年, 第 2 期）

砂砾岩石窟灌浆材料 PS-F 机制研究

郭青林[1,2]，王旭东[1,2]，范宇权[2]，李最雄[1,2]

(1. 兰州大学西部灾害与环境力学教育部重点实验室，兰州，730000；
2. 敦煌研究院，敦煌，736200)

内容摘要： 中国丝绸之路上保存有大量开凿于由钙质或泥质胶结的砂岩或砂砾岩崖体上的石窟，石窟所开凿岩体均有较多裂隙，这些裂隙进一步发育可引起石窟岩体坍塌，导致石窟毁灭性破坏。PS-F 灌浆材料在我国砂砾岩石窟裂隙灌浆加固中取得理想的灌浆效果，但对该灌浆材料的机制研究相对滞后。利用 X-衍射仪和扫描电子显微镜等手段，研究 PS-F 灌浆材料填料粉煤灰主要成分和微观形貌特征，不同模数 PS 的物理性质及微观形貌，以及不同模数和浓度 PS-F 结石体的收缩性、力学性质及形貌特征，通过以上研究对比，说明 PS 具有较好的可灌性，随着 PS 浓度不同和模数变化，PS-F 灌浆材料强度发生变化，通过研究这方面的原因，可较好地解释 PS-F 灌浆材料的作用机制。

关键词： 岩石力学　砂砾岩体　石窟　加固　PS-F 灌浆材料

0　引　言

　　我国丝绸之路上保存的大量石窟，均开凿于由钙质或泥质胶结的砂岩或砂砾岩体上，在降水、风、地震等内外动力地质作用下，导致石窟产生开裂、坍塌、降水入渗等病害，严重威胁到洞窟内壁画和塑像的保存，而崖体裂隙的进一步发育可引起石窟围岩的坍塌，导致石窟毁灭性破坏，雨水也可以沿着裂隙入渗，对壁画和塑像产生破坏，因此，它是石窟病害中最严重、最致命的一种[1]。裂隙灌浆是最有效的治理崖体裂隙病害的手段，它不仅可以防止大气降水沿裂隙渗入洞窟内破坏壁画，而且与锚索工程相配合，增加岩土体的完整性和结构的整体性，特别是岩体的薄弱部分，使岩体的结构面得到较大的增强，最大限度地利用或提高岩土原有的力学性能，有效地增强岩土体自身的抗破坏能力[2,3]。灌浆技术在我国岩石力学与工程领域早有广泛应用[2-12]，近年来文物保护工程，尤其是石窟保护中也得到了一定的应用[13-16]。

　　我国过去的石窟加固，对强度较高的石灰岩和胶结性好的砂岩裂隙已经进行过多次化学灌浆实践[17 - 19]。但对于西北地区的砂砾岩石窟而言，石窟围岩多为泥质胶结或半胶结状态，它们强度很低，极易风化，裂隙面风化也很严重，并在裂隙中填充了很多砂土、碎石，这些砂土、碎石又无法清除。对这种崖体裂隙采用环氧树脂等有机高分子化学浆液灌浆显然是不适宜的。因为松散的岩体裂隙风化层和环氧树脂等高分子材料的浆液形成的结石体不能牢固黏接，势必在浆液结石体与裂隙面上又形成新的裂隙，因此砂砾岩体裂隙化学灌浆是我国近年来石窟加固工程中遇到的一个新的难题。

20 世纪 80 年代，为配合我国天水麦积山石窟加固工程，曾进行过用 PS - C（PS：最佳模数硅酸钾，以下同，C：黏土）进行裂隙灌浆的一系列试验。试验证明：PS - C 浆液结石体具有稳定性好，强度接近或略高于砾岩，但 PS - C 的收缩变形较大，会影响灌浆效果[20,21]。在安西榆林窟加固时，针对砂砾岩岩体裂隙特性，进行了砂砾岩裂隙灌浆材料与工艺的筛选试验研究，筛选出了 PS - F（F：粉煤灰）浆材作为榆林窟裂隙灌浆材料，取得了很好的效果[22,23]，随后 PS - F 灌浆材料又在壁画空鼓灌浆中得到了应用[24,25]，但对于 PS - F 灌浆材料的机制研究一直没有深入展开。

1 样品的制备与试验方法

1.1 主剂 PS 的来源与测试方法

PS 为我国干旱环境下比较常用的一种石窟及土遗址保护加固材料，它不是单一的化合物，而是氧化钾（K_2O）与无水二氧化硅（SiO_2）以一定比例结合的化学物质，其分子式为 $K_2O \cdot nSiO_2$。注浆用 PS 材料对其模数和浓度有一定的要求，模数 M 是描述 PS 材料性能的一个重要参数，其定义为

$$M = \frac{SiO_2 \text{ 克分子数}}{K_2O \text{ 克分子数}}$$

PS 模数的大小对注浆影响很大。模数小时，SiO_2 含量低，凝结时间长，结石体强度高；模数高时，SiO_2 含量高，凝结时间短，结石体强度低。模数过大过小都对注浆不利[26]。赵海英等[27]在土遗址的加固中也对不同模数和浓度 PS 加固效果做了探讨，以上研究说明高模数的 PS 加固效果并不是很理想，因此在本次试验中选取了中模数和低模数的 PS 溶液来研究 PS - F 灌浆材料的作用机制。本次试验中所用低模数 3.25 的 PS 材料为青岛泡花碱厂所生产，中模数 3.84 的 PS 由兰州文物保护技术研究推广中心提供，试验中对不同模数和浓度的 PS 在电子显微镜下进行观察。

1.2 填料粉煤灰的来源与测试方法

粉煤灰（F）是一种排放量大而利用率很低的工业废渣之一，是由球状颗粒、不规则颗粒和炭粒组成。在灌浆中应用粉煤灰是一举两得的事，既可以综合利用工业废渣，

变废为宝，又可以节约灌浆的成本[28]。

本次试验所用粉煤灰（F）为唐山陡河电厂的优质灰，采用日本生产的 Rigaku D/ MAX2500V X 射线衍射仪和化学全分析的方法分析粉煤灰的主要成分。

1.3　灌浆材料 PS - F 样品的制备与测试方法

PS - F 浆液是以高模数硅酸钾（PS）材料为主剂和粉煤灰（F）为填料，两者按一定的比例混合搅拌，必要时加入速凝剂或缓合剂所组成的灌浆材料。试验中，将模数为 3.25 和 3.84 的 PS 材料分别配制成浓度为 5.0%，10.0%，15.0%，18.4% 的溶液（注：由于从青岛泡花碱厂所得 PS 最高浓度为 18.4%，因此，最高浓度取 18.4%），称取等量的粉煤灰 8 份，按水灰比为 0.65 进行浆液的调配，最终得到 PS - F 结石体。结石体养护 20d 后进行结石体的物理力学性质测试和电子显微镜下形貌观察。

2　测试结果与讨论

2.1　PS 材料的物理化学性质及其微观形貌特征

图 1（a），（b）分别是模数为 3.25 和 3.84 的 PS 的扫描电镜（SEM）图像，由图 1（a）可以看出多数粒子直径在 0.2μm 以下，少量粒子直径达到 1μm 左右。该样品粒度较均匀，形状多为较规整的球形。由图 1（b）可以看出该样品粒度较分散，也为较规则的球形，一些粒子直径达到 2μm 左右，占大部分的小粒子直径在 0.5μm 以下。由此可见，随着 PS 材料模数的增大，其粒子直径也相应增大。

2.2　粉煤灰（F）的物理化学性质及微观形貌特征

经日本 Rigaku D/MAX2500 V X 射线衍射仪和化学全分析的方法测试，粉煤灰的主要晶相成分为空心二氧化硅，约占 50%，其次为氧化铁，约占 12%，氧化钙约占 10%

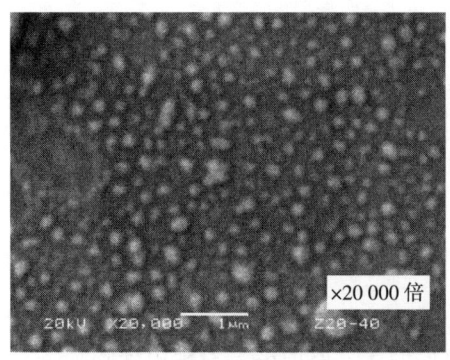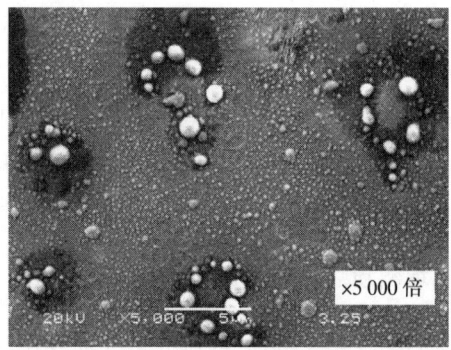

(a) 模数为 3.25

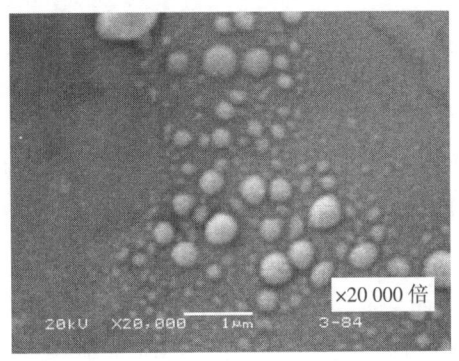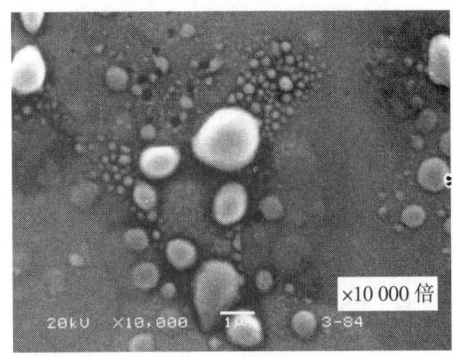

（b）模数为 3.84

图 1　PS 材料的 SEM 图像

和其他非晶成分，主要化学组成为：52.23% SiO_2，12.38% Fe_2O_3，25.27% Al_2O_3，4.45% CaO，3.58% MgO，0.22% SO_3。粉煤灰的主要矿物成分是空心球状的硅线石（化学组成主要是 SiO_2）和石英（见图 2）。

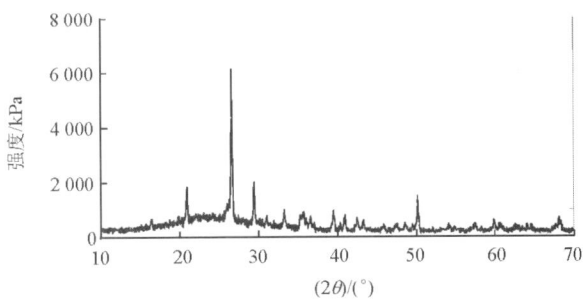

图 2　粉煤灰的 X－衍射图

　　图 3 是粉煤灰分别在放大 2500，7000 倍时的形貌，图像表明，粉煤灰颗粒之间的胶结极差，绝大多数颗粒为空心球状体，这也就是 PS－F 结石体重量轻、浆液的初始黏度低、流动性好、可浆性强的主要原因。

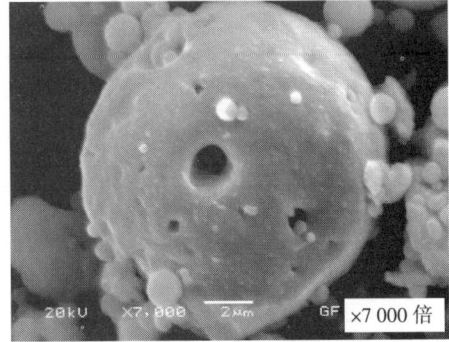

图 3　粉煤灰的 SEM 图像

2.3　PS-F灌浆材料的物理力学性质及微观特征

2.3.1　PS-F灌浆材料的物理力学性质

有关PS-F灌浆材料的强度已经做过一些研究和测试[29]，此次测试的目的就是为了更好地说明其作用机制。按照国家测试标准，结石体的密度为1.14-1.20g/cm³，空隙率为46%-47%。作为灌浆材料，其灌入后体积的变化是非常重要的指标，从图4可以看出，PS-F灌浆材料不但体积不收缩，还会有微弱的膨胀，是非常符合灌浆材料的要求的。采用深圳市瑞格尔（REGER）仪器有限公司生产的RGDtest微机控制电子万能材料试验机，在0.12mm/s的定位移速度下对其进行抗压和抗折测试，图5（a）中的R_{c1}和R_{c2}分别表示模数为$M=3.25$和3.84的PS-F结石体的抗压强度，图5（b）中的R_{f1}和R_{f2}分别表示模数为3.25和3.84的PS-F结石体的抗折强度，从图5中可以看出，PS材料的模数越高其力学性能越差，但随着PS材料浓度的增加，其力学性能明显增强。PS-F灌浆材料的价格也明显低于环氧树脂等文物保护材料的。可见，PS-F

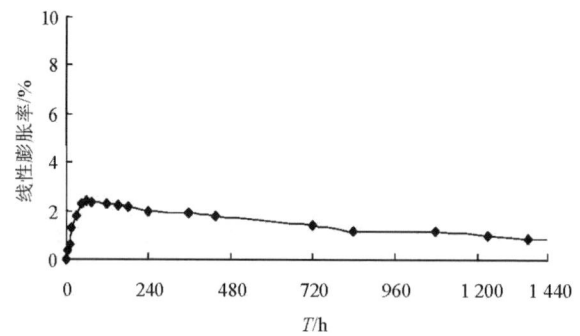

图4　PS-F的线性膨胀率随时间变化曲线

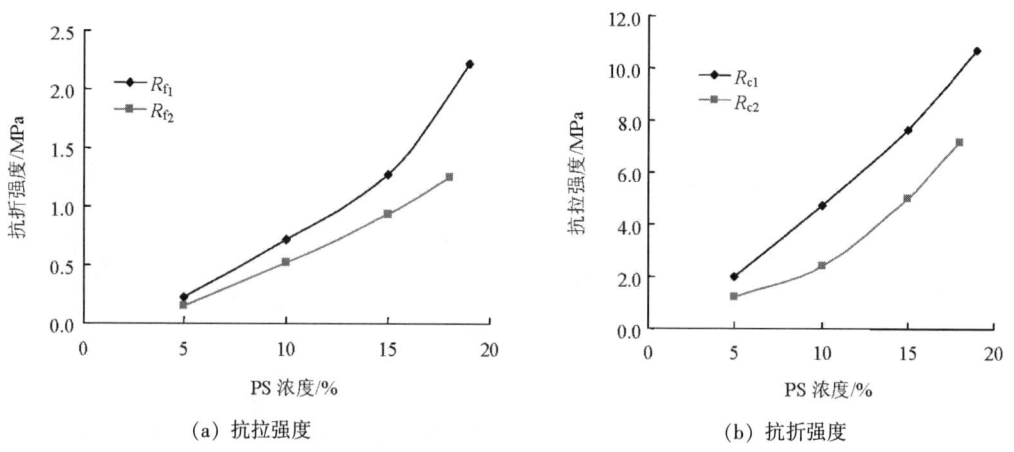

（a）抗拉强度　　　　　　　　　　　　（b）抗折强度

图5　PS-F强度随PS浓度变化曲线

浆液具有质量轻、价廉、无污染、结石体强度可调，结石体略微有一点膨胀等特点。在榆林窟、莫高窟北区等石窟加固中，均使用了 PS－F 浆液进行裂隙灌浆，取得了很好的灌浆效果。

2.3.2　PS－F 的微观形貌与结构研究

（1）PS 模数 $M = 3.84$ 时 PS－F 微观结构与 PS 浓度的关系

由 PS－F 结石体在不同放大倍数下的 SEM 图像（见图 6）可见，PS 材料将粉煤灰颗粒胶联在一起，形成胶联结构，结石体中未发现微裂隙，随着 PS 浓度的增大，粉煤灰颗粒间的凝胶体的量明显增多且变厚，浓度为 5% 的 PS－F 结石体，粉煤灰颗粒表面比较干净，在粉煤灰颗粒接触部位存在 PS 的胶结；浓度为 10% 的 PS－F 结石体，粉煤灰颗粒表面可见厚为 $0.5\mu m$ 左右的 PS 胶体包裹层，颗粒之间分布的 PS 明显多于浓度为 5% 的 PS－F 的结石体；浓度为 15% 和 18.4% 的 PS－F 结石体，粉煤灰颗粒表面可见厚度为 $1-2\mu m$ 的 PS 胶体包裹层，粉煤灰颗粒之间的孔隙大多数被 PS 胶体填充。由此可见，粉煤灰颗粒接触部位存在 PS 的胶结，PS 将粉煤灰颗粒包裹并与其他颗粒紧密结合在一起，增加了颗粒之间的内聚力，使结石体强度随着浓度的增加而上升。

（2）PS 模数 $M = 3.25$ 时 PS－F 微观结构与 PS 浓度的关系

由 PS－F 结石体在不同放大倍数下的 SEM 图像（见图 7）可见，其基本特征与 PS 模数 $M = 3.84$ 时的十分相似，且结石体无微裂隙存在，PS 材料的胶结作用明显。比较而言，相同的 PS 浓度条件下，PS 模数越低，粉煤灰颗粒间的胶凝体的量相对较多，颗粒间的连接更紧密。这也就从微观形貌特征方面说明了随着 PS 模数的增大，PS－F 结石体的强度相对低的原因。因为 PS 模数越高，一方面 PS 的颗粒直径增大，另一方面 SiO_2 的含量也增多，由此导致胶凝体产物减少，从而使颗粒间的胶结强度相对降低。

3　结　论

（1）模数 $M = 3.25$ 的 PS 多数粒子直径一般小于 $0.2\mu m$，少量粒子直径达到 $1\mu m$ 左右。该样品粒度较均匀，形状多为较规整的球形；模数 $M = 3.84$ 的 PS 粒度较分散，也为较规则的球形，一些粒子直径达到 $2\mu m$ 左右，占大部分的小粒子直径在 $0.5\mu m$ 以下。随着 PS 材料模数的增大，其粒子直径也相应增大。

（2）PS－F 灌浆材料的填充料粉煤灰主要是以空心球状二氧化硅组成的硅线石。其特点是粒度小、比重小，其中所含少量的碳粉，性能稳定，质轻而滑腻，使 PS－F 浆液和易性好、流动性大、可灌性好，能保证灌浆的密实而不堵塞。

（3）通过 SEM 可以看出 PS－F 浆液无微裂隙存在，基本无收缩变形，能确保灌浆的密实性，也能使浆液结石体和岩体裂隙两壁的岩面牢固黏结，达到理想的灌浆效果。

（4）通过 SEM 下微观形貌特征方面的观察，说明随着 PS 模数的增大，结石体的

（a）浓度为 5.0%

（b）浓度为 10.0%

（c）浓度为 15.0%

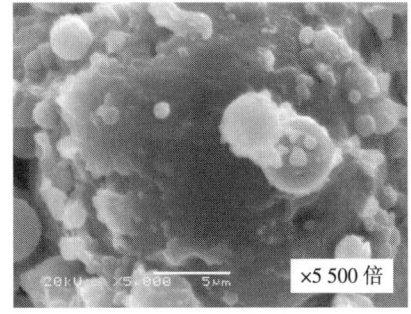

（d）浓度为 18.4%

图 6　PS－F 结石体（PS 模数为 3.84）的 SEM 图像

（a）浓度为 5.0%

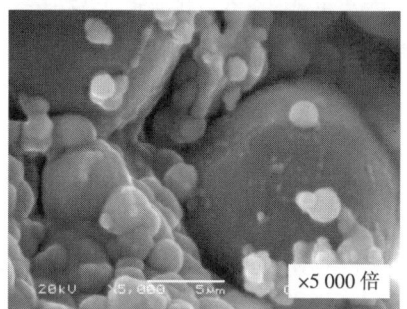

（b）浓度为 10.0%

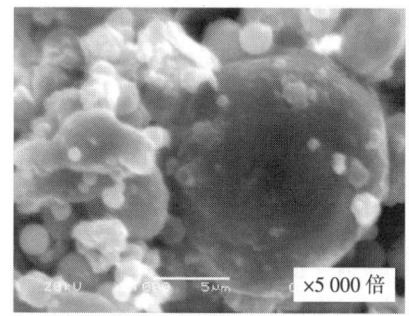

（c）浓度为 15.0%

（d）浓度为 18.4%

图 7　PS－F 结石体（PS 模数 $M = 3.25$）的 SEM 图像

强度相对降低，这是因为 PS 模数越高，PS 的颗粒直径增大，SiO_2 的含量也增多，由此导致胶凝体产物减少，颗粒间的胶结强度相对降低，导致结石体强度降低。

参考文献

[1] 李最雄. 丝绸之路古遗址保护. 北京：科学出版社，2003：39-40.

[2] 程良奎. 岩土锚固的现状与发展. 土木工程学报，2001，34（3）：7-12.

[3] 程良奎. 深基坑锚杆支护的新进展. 岩土锚固新技术. 北京：人民交通出版社，1998：66-76.

[4] 程良奎，张作眉，杨志银. 岩土加固实用技术. 北京：地震出版社，1994.

[5] 程良奎. 岩土锚固研究与新进展. 岩石力学与工程学报，2005，24（21）：3803-3811.

[6] 葛家良. 化学灌浆技术的发展与展望. 岩石力学与工程学报，2006，25（增2）：3384-3392.

[7] 电力工业部华东勘测设计院科学研究所. 化学灌浆技术. 北京：水利出版社，1980.

[8] Karol R H. 化学注浆工艺. 隧道译丛，1988，（3）：1-17.

[9] 刘嘉材. 化学注浆. 北京：中国水利水电出版社，1987.

[10] 杜嘉鸿，张崇瑞，何修仁. 地下建筑灌浆工程简明手册. 北京：科学出版社，1998.

[11] 曾荣秀. 灌浆技术经验汇编. 北京：煤炭工业出版社，1988.

[12] 熊厚金. 国际岩土锚固与灌浆新进展. 北京：中国建筑工业出版社，1996：27-32.

[13] 李最雄，王旭东. 古代土建筑遗址保护加固研究的新进展. 敦煌研究，1997，（4）：167-172.

[14] 李向平. 从若干项文物科技成果看我国文物保护技术的发展. 东南文化，2002，（9）：94-96.

[15] 刘丽萍，李国祥，魏国安. 灌浆锚杆在庆阳北石窟寺165号洞窟病害治理中的应用. 路基工程，2001，99（6）：68-70.

[16] 孙满利，李最雄，王旭东，等. 楠竹加筋复合锚杆加固土遗址研究. 岩石力学与工程学报，2008，27（增2）：3381-3385.

[17] 姜怀英，刘景龙. 龙门石窟奉先寺加固工程中应用高分子材料的研究. 中国文物研究所编. 亚洲地区文物保护技术讨论会论文集. 北京：文物出版社，1989：152-161.

[18] 解廷藩. 云岗石窟加固工程中呋喃改性环氧树脂的应用研究. 中国文物研究所编. 亚洲地区文物保护技术讨论会论文集. 北京：文物出版社，1989：161-168.

[19] 马家郁. 潮湿环境下石窟围岩裂隙灌浆补强材料的研究. 中国文物研究所编. 亚洲地区文物保护技术讨论会论文集. 北京：文物出版社，1989：168-179.

[20] 李最雄，易武志. PS-C 对砂砾岩石窟裂隙灌浆的研究. 文物保护与考古科学，1989，1（2）：19-28.

[21] 李最雄. 应用 PS-C 加固风化砂岩石雕的研究. 敦煌研究，1985，（3）：156-168.

[22] 王旭东，李最雄. 安西榆林窟的岩土工程问题及防治对策. 敦煌研究，2000，（1）：123-131.

[23] 李最雄，王旭东. 榆林窟东崖的岩体裂隙灌浆及其效果的人工地震检测. 敦煌研究，1994，（2）：156-170.

[24] 汪万福，马赞峰，李最雄，等. 空鼓病害壁画灌浆加固技术研究. 文物保护与考古科学，2006，18（1）：52-59.

[25] 樊再轩，李最雄，王旭东，等. 西藏拉萨布达拉宫空鼓壁画现场灌浆加固试验. 敦煌研究，

2005, 92 (4): 35 – 39.

[26] 王旭东. 中国西北干旱环境下石窟与土建筑遗址保护加固研究 [博士学位论文]. 兰州: 兰州大学, 2002.

[27] 赵海英, 王旭东, 李最雄, 等. PS 材料模数、浓度对干旱区土建筑遗址加固效果的影响. 岩石力学与工程学报, 2006, 25 (3): 557 – 562.

[28] 陈礼仪, 王胜. 粉煤灰灌浆材料的研究与应用. 成都理工大学学报 (自然科学版), 2007, 34 (2): 206 – 209.

[29] 杨涛, 李最雄, 谌文武. PS – F 灌浆材料的物理力学性能. 敦煌研究, 2005, 92 (4): 40 – 50.

Study on Mechanism of PS – F Grouting Material for Sandy Conglomerate Grottoes

Guo Qinglin[1,2], Wang Xudong[1,2], Fan Yuquan[2], Li Zuixiong[1,2]

(1. Key Laboratory of Mechanics on Disaster and Environment in Western China,
Ministry of Education, Lanzhou University, Lanzhou 730000;
2. Dunhuang Academy, Dunhuang 736200)

Abstract: Many grottoes are excavated in sandy conglomerate poorly consolidated with a little calcareous/ argillaceous cementation on the Silk Road in China, also many cracks can be found on those grottoes. The further development of those cracks into cliff will cause collapse and devastating damage of rock of caves. PS – F grouting material has a perfect effect on crack grouting of conglomerate grottoes in China, but the mechanism research of PS – F grouting material is comparatively lagging behind. By X – Ray diffractometer (XRD), scanning electron microscopy (SEM) and other analytical tools, the main component and micro – morphology of fly ash, the physical mechanism of PS with different moduli, and the contractibility, mechanical property and micro – morphology of PS – F grouting material with different viscosities and moduli are studied. Comparing above results, it shows that PS – F has good groutability. The strength of PS – F grouting material changes with PS viscosity and modulus, and a reasonable interpretation of mechanism on the PS – F grouting material is presented.

Key Words: rock mechanics, sandy conglomerate, grottoes, reinforcement, PS – F grouting material

(原载于《岩石力学与工程学报》, 2009 年, 第28 卷)

交河故城土体裂隙灌浆材料性能试验

杨　涛[1]，李最雄[1,2,3]，汪万福[2,3]

(1. 兰州大学土木工程与力学学院，兰州，730000；2. 敦煌研究院保护研究所，
敦煌，736200；3. 敦煌研究院文物保护技术服务中心，敦煌 736200)

内容摘要： 以 PS 为主剂，粉煤灰和交河故城原生土为填充材料，氟硅酸钠为固化剂制得 PS－（F＋C）浆液，测定浆液的初凝速度，并观测结石体的收缩变形性。测试结石体在不同龄期时的强度，对比固化温度、固化剂掺量、PS 模数、PS 浓度以及水灰比等因素对结石体强度的影响。对 PS－（F＋C）浆液结石体进行水稳定性、抗冻融性、安定性和耐碱性等耐候性试验。实验结果表明，PS－（F＋C）浆液和易性与可灌性非常好，它与交河故城生土遗址相兼容，浆液的凝结速度适中且可调，水灰比 0.60 时的线性收缩率约 2.6%，PS 主剂浓度是决定浆材长期强度的最关键参数，吐鲁番夏天较高的固化温度有利于气硬性 PS－（F＋C）浆液结石体强度的增长，而且浆液结石体的耐候性能良好。PS－（F＋C）浆液将用于封护加固交河故城生土遗址中的裂隙，防止雨水沿裂隙冲蚀下切崖体。

关键词： 裂隙灌浆　PS－（F＋C）浆材　PS 主剂　粉煤灰　生土　固化剂

0　引　言

交河故城的主要病害有风蚀、雨蚀、墙基酥碱、裂隙密布和坍塌，其中，风蚀、雨蚀和裂隙是交河故城最严重、分布最广的病害[1]。按裂隙的成因将裂隙分为原生裂隙和次生裂隙，其中，次生裂隙又可细分为构造裂隙、风化裂隙和应力释放裂隙[2]。交河故城裂隙可以细化为卸荷裂隙（宽 20－40cm，深 10m）；新构造裂隙、垂直节理；窑洞裂隙（宽 1cm）、不均匀沉降变形裂隙；施工缝、板筑接槎缝[3]。交河故城崖体裂隙的张开度较大，不足 5cm 的仅占 15%，5－25cm 的占 60%，宽于 25cm 占 25%，裂隙局部张开可达 120cm。裂隙延伸长度介于 1－10m 的占 90%，最长可达 50m。切割崖体的裂隙大多止于粉砂层，其深度为 4－8m，占裂隙总条数的 80%；切割纵深止于砂砾层的裂隙深度超过 10m，占 15%；少数裂隙立面出露深

度达 18m[3]。

为了防止交河故城土体裂隙在外营力作用下进一步延伸和扩展，采用灌浆的方法充填封护张开度较大、下切较深的土体裂隙是交河故城保护加固工程中的一项重要措施。合适的灌浆材料需要满足：填充材料密度较小、浆液与裂隙两侧土体粘结密实以及浆液结石体收缩较小。不同于岩基灌浆的是，文物保护工程中的土体裂隙灌浆材料必须具有与被加固土体相近的孔隙贯通率，不能阻隔水汽的运移。

针对砂砾岩的岩性特点，在 20 世纪 80 年代初，敦煌研究院对麦积山砾岩裂隙进行了无机高分子材料 PS - C 的灌浆实验，取得了较好的效果，随后又做了 PS - G、PS - Z 和 PS - F 浆材的灌浆研究[4,5]。在榆林窟东崖岩体裂隙灌浆的现场试验中，PS 在裂隙两壁渗透约 15cm，PS - F 浆液结石体和裂隙两壁粘合非常牢固，浆液填充密实，灌浆效果十分理想[6]。

依循"所有的新材料和新工艺都必须经过前期试验和研究，证明是最有效的，对文物古迹是无害的，才可以使用[7]"，根据"最大兼容"的保护原则，在 PS - F 灌浆材料的基础上，引入交河故城原生土，制备得 PS - （F + C）浆材，对其展开一系列的性能测试实验。

1　实验方法

PS 是一种最佳模数的硅酸钾水溶液，所谓"最佳模数"就是针对拟被加固岩土体的化学组成和矿物成分特点，经过筛选实验，最终选取出的一种最佳 SiO_2：K_2O 摩尔比的硅酸钾[5]。参考工业硅酸钠的检测标准（GB/T 4209 - 1996）[8]测定 PS 主剂的模数和浓度，有时会使用更为快捷的烘焙法测定 PS 的浓度，两种检测方法的结果对比见表 1。

表 1　PS 浓度测定方法对比　　　　　　　　　　　　　　（单位：%）

标称浓度	滴定法	烘焙法
25. 60	27. 13	27. 36
34. 83	37. 78	37. 13

表 1 中，采用滴定法和烘焙法测得的 PS 浓度较为相近，但均大于标称浓度。由于滴定法需要配制 HCl（0. 2mol/L）和 NaOH（0. 2mol/L、0. 5mol/L）的标准溶液，而且需要较为专业的实验技能，因此，在 PS 模数不变的情况下，经常用烘焙法快速测定其稀释液的浓度。实验发现，烘箱温度为 105℃时，样品中的部分水汽被脱水固化的 PS 膜封闭，只有继续加热到 150℃以上，这些水汽才能破膜逃逸。

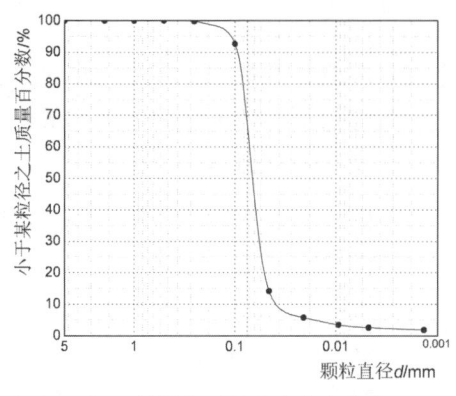

图1 粉煤灰颗粒大小分布曲线

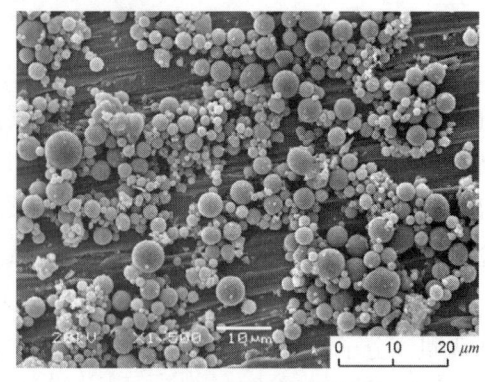

图2 粉煤灰的形态效应

实验所用粉煤灰来源于唐山陡河火力发电厂，其天然含水率为0.15%，颗粒密度为2.27g/cm³，颗粒的粒径多介于0.005 - 0.1mm之间（图1）。依据《用于水泥和混凝土中的粉煤灰》（GB/T 1596 - 2005）测得所用粉煤灰45μm方孔筛筛余量为14.0%，需水量比为94%。在扫描电子显微镜（SEM）下，粉煤灰呈球形半透明玻璃微珠（图2），显现出粒形完整、表面光滑和质地致密的形态效应，它对PS -（F + C）浆液起到减水、致密、匀质以及润滑的作用。按《水泥化学分析方法》（GB/T 176 - 1996）测得其烧失量为3.68%，游离CaO含量为0.22%，采用电感耦合等离子体法（ICP）测得粉煤灰中常规元素的含量占95.37%（表2），包括烧失量和游离CaO在内的其他元素占4.63%。粉煤灰中大量的SiO_2和Al_2O_3微粒与PS碱液[5]发生化学反应，显现出极强的活性效应和微集料效应。

表2 唐山陡河火电厂粉煤灰的主要化学成分 （单位:%）

SiO_2	Al_2O_3	Fe_2O_3	CaO	SO_3	K_2O	MgO	Na_2O	其他
48.61	36.28	3.94	3.45	1.15	0.87	0.86	0.21	4.63

根据交河故城地层的钻孔资料，高约30m的崖体主要由粉质粘土层、粉土层、粉砂层和含砾粗砂层构成[9]，实验所用交河故城原生土取自粉质粘土层和粉土层并经机械粉磨，其颗粒粒径小于0.1mm，主要矿物成分为石英、长石和方解石[10]。

以PS为主剂，粉煤灰和交河故城原生土按质量比2：1的混合物为填充材料，化学纯氟硅酸钠为固化剂，使用KENWOOD KM800拌和机充分搅制PS -（F + C）浆液，随后借鉴《水泥标准稠度用水量、凝结时间、安定性检验方法》（GB/T 1346 - 2001）测试浆液的初凝时间，并参照《水泥胶砂干缩试验方法》（JC/T 603 - 2004）在恒温恒湿条件下观测结石体随时间的收缩变形性。

参考《水泥胶砂强度ISO检验方法》（GB/T 17671 - 1999）制作40 × 40 × 160mm的棱柱试体，实验室的环境温度和相对湿度约20℃和25%。根据PS - F灌浆材料的特性[11,12]，本实验约定标准灌浆材料的配制参数为：10% PS 浓度、3.80PS 模数、0.60 水灰比、1.5%（占 PS 质量）固化剂掺量，在室温开放条件下测试标准浆液结石体在不同龄期时的超声波速（V_p）、三点抗折强度（R_f）以及单轴无侧限抗压强度（R_c）等强度表征指标，并根据浆液结石体的压缩曲线计算其变形模量（E_s）。对比固化温度、固化剂掺量、PS 模数、PS 浓度以及水灰比等配浆参数对结石体强度的影响。

依次对 PS－（F＋C）标准浆液结石体进行水稳定性、抗冻融性、安定性和耐碱性测试。水稳定实验是将标准试块在室温水中浸泡 24 小时后取出并经自然干燥。抗冻融实验是将标准试块在室温水中浸泡 4 小时，然后在 -30℃低温下冻 4 小时，如此反复冻融 8 次。安定性实验是将标准试块在饱和 Na_2SO_4 溶液中浸泡 12 小时，取出后自然干燥，灌浆材料的孔隙内会析出芒硝晶体，如此反复潮解—结晶 5 次。耐碱性实验是将标准试块在浓度 1% 的 NaOH 溶液中浸泡 4 小时，取出后自然干燥。

2　物理性能

依据《土工试验方法标准》（GB/T 50123-1999），测得完全固化后 PS－（F＋C）浆液结石体标准试块的自然含水率为 1.12%，其天然密度为 1.29g/cm³，低于交河故城遗址土体的干密度 1.42－1.72g/cm³[10]。因此，添加粉煤灰微集料后的交河故城土体裂隙灌浆材料 PS－（F＋C）具有密度低的特性。

2.1　凝结时间

常用的钠水玻璃或钾水玻璃硬化方法[13-18]有物理脱水法（如烘干）、酸性或潜在酸性硬化剂（CO_2、有机酯、Na_2SiF_6 等）、强吸水性钙盐类硬化剂（如水泥）和复合硬化法。本试验选择 Na_2SiF_6 作为 PS－（F＋C）浆液的固化剂，水灰比或固化剂掺量不同时，其凝结时间（表3）相差较大。

表3　不同水灰比和固化剂掺量时的凝结时间　　　（单位：小时）

时间	标准浆液	水灰比			固化剂掺量/%		
		0.55	0.65	0.70	0	1.0	2.0
初凝	6.9	6.4	7.5	8.2	22.5	9.5	6.2
终凝	14.9	14.2	15.3	15.8	38.8	17.4	14.6

与水玻璃类灌浆材料相似[19]，表3 中 PS－（F＋C）浆液的凝结时间随水灰比的增加而延长。添加适量的 Na_2SiF_6 可以明显促进浆液的固化，但掺入过量的固化剂并不会显著缩短其固化过程。氟硅化物的活性也是 PS 主剂发挥胶粘作用的重要原因[18,20]。

2.2 收缩变形性

水泥基材料的收缩种类[21]有干燥收缩、自收缩、化学减缩、温度下降引起冷缩、塑性收缩以及碳化收缩，其中，在工程实践中最为关注的是干燥收缩，而干燥收缩又以毛细收缩和凝胶收缩为主。在早期高水胶比的普通混凝土中，最为常用的是采用发气和钙矾石膨胀剂复合的双掺技术来补偿收缩，但是，随着低水胶比高性能混凝土、高流动性自密实混凝土的不断推广应用，以降低孔隙溶液表面张力为原理的减缩剂更受工程界的欢迎[21]。

与水硬性水泥基浆液不同，PS－（F＋C）浆液属于气硬性灌浆材料，因此，基于结晶膨胀和胶体吸水肿胀[21]机理的钙矾石膨胀剂对 PS－（F＋C）是不适用的[12,22]。但是，引气剂（松香类、烷基磺酸钠、高级脂肪醇衍生物类、三萜皂甙类等）和减水剂（萘系、聚羧酸类等）的收缩补偿机理[21]对两种不同体系的浆液材料都是有效的。浆液结石体中的含气量不能太高，否则结石体的弹性模量相应下降，同样的收缩应力产生的收缩必然较大[21]。

本实验以传统干缩测量方式[12]，采用配有电子千分表的比长仪测试 PS－（F＋C）浆液结石体在不同水灰比时的经时线性收缩率（表4）。由于粉煤灰的活化效应和 PS 的脱水固化[16]，浆液结石体内部也存在自收缩、化学减缩、凝缩、自干燥收缩、塑性收缩和碳化收缩[21]，但最主要的仍是干燥条件下的收缩，它是 PS－（F＋C）浆液结石体在干燥环境下由于水分蒸发所引起的收缩。

表4　水灰比对浆液结石体线性收缩率的影响　　　　　　　　（单位:%）

时间/天	标准浆材	水灰比		
		0.55	0.65	0.70
1	0.66	0.54	0.78	0.80
5	0.91	0.89	1.15	1.23
14	1.61	1.56	1.72	1.84
21	2.02	1.74	2.07	2.24
28	2.26	2.13	2.93	3.27
60	2.48	2.16	2.93	3.32
90	2.61	2.22	2.94	3.32

在约束条件下由于收缩而引起的拉应力是导致灌浆材料开裂的重要因素。由于交河故城生土遗址是粉土和粉质粘土的互层，粘粒含量波动较大，分别介于 1.84－19.62% 和 6.8－22.06%[10]，因此，随浆液中生土所占比例的增加，其结石体的收缩越大，粉煤灰的"三大效应"起着减缩的作用。水灰比 0.60 时，PS－F 灌浆材料的收

缩率为2.23%[12]，但浆液填充材料中生土质量占粉煤灰的一半时，PS－（F＋C）浆液结石体90天龄期的收缩率就已达2.61%。随着水灰比增加，表4中灌浆材料的收缩增大，其收缩应变的发展也符合$\varepsilon(t)=\varepsilon_\infty(1-Ae^{at}+Be^{bt})$的时变规律[21]。

3 力学特征

3.1 经时强度

采用中国科学院武汉岩土力学研究所智能仪器研究室设计开发的 RSM－SY5 型非金属声波仪，配备发射频率和接收频率同为 50kHz 的声波换能器测试不同龄期 PS－（F＋C）标准浆液结石体的超声波速度[23]，然后采用深圳市瑞格尔（REGER）仪器有限公司生产的 RGDtest 微机控制电子万能材料试验机，在 0.12mm/s 的定位移速度下对其进行抗折和单轴压缩[12]，根据单轴压缩的轴向应力－应变曲线计算灌浆材料在弹性变形阶段的变形模量（表5）。

表5 标准浆液结石体在不同龄期时的强度参数

龄期/天	V_p/（m·s^{-1}）	R_f/MPa	R_c/MPa	E_s/MPa
3	537.0	0.14	0.41	28
7	617.5	0.19	0.71	45
14	829.5	0.28	1.18	91
28	964.0	0.32	1.47	104
60	1000.5	0.34	1.55	105
90	1026.0	0.37	1.59	109

表5中，PS－（F＋C）标准浆液结石体在28天龄期时的抗折强度和单轴无侧限抗压强度分别达到其90天期龄的86.49%和92.45%。因此，通常选择28天龄期时浆液结石体的强度作对比研究[12]。

7天龄期标准试块的固化程度较低，可塑性较强，而90天龄期试块经充分固化后，更趋于脆性。不同龄期浆液结石体都是当剪切面上的剪应力超过其最大抗剪强度的时候才发生破坏（图3），因此，其断裂机理更符合滑张断裂和剪应力增长说[24]。在单轴压缩应力－应变曲线（图4）中，7天龄期PS－（F＋C）浆液结石体的非线性强化阶段、应力跌落阶段和应变软化阶段[25]非常明显，而90天龄期的灌浆材料在破坏瞬间，其应力急剧跌落。

图3　浆液结石体固化早期的剪裂

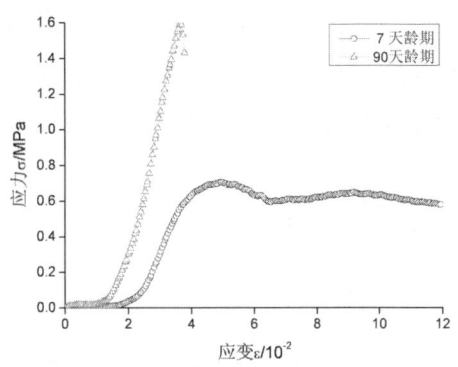

图4　浆液结石体在不同龄期时的脆塑性

3.2　影响因素

不添加任何固化剂时，随着水玻璃模数的增大，粉煤灰基矿物聚合物的抗压强度增大，但当模数超过1.4后，其抗压强度降低，且当模数大于2.0后，其抗压强度显著降低[26]。随着水玻璃含固量的增大，粉煤灰基矿物聚合物的抗压强度提高；对于钠水玻璃，水玻璃含固量为32%时，其抗压强度达到最大值，随水玻璃含固量继续提高，其抗压强度降低；而对于钠钾水玻璃，其抗压强度随着水玻璃含固量从16%增至36%，而一直呈现提高的趋势[26]。除了粉煤灰基矿物聚合物的强度受水玻璃或钾水玻璃的性能影响外，其浆液结石的耐候性取决于钠钾水玻璃的模数[4,5,11,12]。

表6　影响浆液结石体强度的因素　　　　　　（单位：MPa）

强度指标	7 天龄期			28 天龄期											
	标准浆液	100℃	150℃	标准浆液	固化剂掺量/%			PS 模数			PS 浓度/%		水灰比		
					0	1	2	3.60	4.00	5	13	17	0.55	0.65	0.70
R_f	0.19	1.18	1.24	0.32	0.27	0.25	0.25	0.23	0.23	0.06	0.48	0.94	0.26	0.25	0.28
R_c	0.71	2.00	2.76	1.47	1.31	1.33	1.13	0.99	1.11	0.23	2.39	3.22	1.48	1.56	1.59
E_s	45	129	1133	104	96	106	80	76	82	20	121	280	100	123	104

硬化方法对钠钾水玻璃浆液的强度影响较大，采用有机酯硬化或加热硬化的浆液结石体强度比 CO_2 硬化的成倍提高，其关键在于抑制硬化过程中胶粒的过于长大[18]。有机酯作硬化剂时，醋酸和聚硅酸表面硅羟基以氢键键合，通过氢键使醋酸束缚在高聚硅酸盐粒子上阻抑胶粒长大；加热硬化时，钠钾水玻璃的浓度增大，增加了硅酸分子间碰撞的机会，有利于形成更多的胶粒，加热也使胶粒中包含的水分变少，因而胶粒细小；CO_2 硬化时，硅酸的硅羟基与硅羟基间的结合可以自由进行，缺乏制约，而且胶粒中包含的水分较多，因而胶粒粗大[18]，造成其浆液结石体强度较低。为克服 CO_2

硬化浆液结石体终强度较低，可以在浆液中添加硬化效果较好[17]的 Na_2SiF_6 以提高强度。

本实验在标准浆液的配方基础上，对比分析固化温度、固化剂掺量、PS 模数、PS 浓度以及水灰比对 PS – （F + C）浆液结石体强度的影响（表6）。

表6 中，7 天龄期 PS –（F + C）浆液结石体在 150℃ 高温条件下烘焙 8 小时后，其抗折强度、单轴抗压强度和变形模量均大幅提高。28 天龄期浆液结石体的强度受固化剂掺量、PS 模数以及水灰比的影响较小，而 PS 浓度是控制和决定 PS –（F + C）灌浆材料最终强度的关键因素。

由于粉煤灰自身具有较强的活性，当浆液中粉煤灰所占比例较多时，固化剂的掺量可以较少，但当生土含量较多时，应该相应增大固化剂的掺量。在自然干燥情况下，虽然水灰比对浆液结石体的强度影响较小，但较稀的浆液，其收缩较大，容易在浆液结石体内部形成次生裂隙。充分利用 PS –（F + C）浆液结石体的高温固化效应，选择在吐鲁番气温相对较高的夏季实施裂隙灌浆封固工程。

4　耐候性

交河故城所在的吐鲁番盆地属于典型的大陆性暖温带干旱荒漠气候，降水具有时间短、强度大、范围小、雨量集中的特点，年平均降水量 16.2mm，最少 2.9mm，年蒸发量 2787.1mm[10]。交河台地夏季高温、干燥，冬季干冷，最高温度 47.4℃，最低温度 –28℃，年平均温度 35℃[10]。交河故城土体的浸泡液呈弱碱性，土体所含易溶盐中的阴离子以 SO_4^{2-} 和 Cl^- 为主且含量较高，NO_3^- 含量次之，CO_3^{2-} 很少，阳离子以 Ca^{2+}、Na^+ 和 K^+ 为主[10]。

本实验模拟降水、冻融、析盐和碱液等极端恶劣的赋存环境，测试 28 天龄期标准浆液结石体在遭受侵蚀后的强度（表7）。

表7　环境对浆材强度的弱化效应　　　　　　（单位：MPa）

强度指标	标准试块	环境条件			
		水	冻融	结晶盐	碱液
R_f	0.32	0.30	0.20	0.25	0.17
R_c	1.47	1.39	1.21	1.34	1.01
E_s	104	94	81	88	70

表7 中，遭水浸泡的试块，经自然干燥后，其强度基本可以恢复。在遭受 8 次冻融循环后，PS –（F + C）浆液结石体基本完整无损，干燥后试块的强度略有降低。由于 $Na_2SO_4 \cdot 10H_2O$ 晶体在浆液结石体孔隙中反复析出—潮解[5,11,12]，其结构遭到破坏

后强度降低。在液相环境中，NaOH 溶蚀浆材内部已经固化的网状二氧化硅凝胶[5]，类似于强碱对酸式滴定管中玻璃活塞的腐蚀，因此，PS－（F＋C）灌浆材料只能抵抗低浓度碱液的侵蚀。

PS－（F＋C）浆液结石体的饱和含水率为 33.83%，这说明它具有很好的透气渗水性，遗址土体中正常的水汽运移过程不会在灌浆材料与土体的粘合处遭受堵滞而富集。

裂缝型和基质型灰岩的刻蚀模式分别为局部深度刻蚀和表面均匀刻蚀，而且裂缝型的刻蚀速度更快[27,28]。因此，对交河故城土体裂隙进行灌浆封固的工程措施可以有效防止雨水对崖体的冲蚀下切。

5 结 论

由于粉煤灰具有明显的形态效应和微集料效应，PS－（F＋C）浆液和易性好，可灌入较小的裂缝中，适于针管式或泵式灌浆，这是 PS－F 系列浆液所特有的性能。由于粉煤灰的活性效应，PS 与粉煤灰之间发生一系列化学反应，增强浆液结石体的强度。

掺入占 PS 质量 1.5% 的 Na_2SiF_6 后，PS－（F＋C）浆液的凝结时间适中，留给后续灌浆加固作业 2－4 个小时，时间较为充足。浆液结石体具有容重小，收缩较小的特点，其天然密度约 $1.3g/cm^3$，线性收缩率约 2.6%。

PS－（F＋C）灌浆材料的强度受固化温度、固化剂掺量、PS 模数、PS 浓度以及浆液水灰比的影响，PS 浓度是制约浆液结石体强度的决定性因素。

PS－（F＋C）灌浆材料具有优良的水稳定性、抗冻融性和安定性，同时具有一定的耐碱性。

参考文献

[1] 孙满利，李最雄，王旭东，等. 交河故城的主要病害分析. 敦煌研究，2005，93（5）：92－94.

[2] 郑玉辉. 裂隙岩体注浆浆液与注浆控制方法的研究［博士学位论文］. 长春：吉林大学，2005.

[3] 孙满利，王旭东，李最雄，等. 交河故城的裂隙特征研究. 岩土工程学报，2007，29（4）：612－617.

[4] 李最雄，张鲁，王亨通. 砂砾岩石窟岩体裂隙灌浆的进一步研究. 敦煌研究，1993，（3）：79－92.

[5] 李最雄. 丝绸之路古遗址保护. 北京：科学出版社，2003.

[6] 李最雄，王旭东. 榆林窟东崖的岩体裂隙灌浆及其效果的人工地震检测. 敦煌研究，1994，（2）：156－170.

[7] 国际古迹遗址理事会中国国家委员会，中华人民共和国国家文物局. 中国文物古迹保护准则. 洛杉矶：盖蒂保护研究所，2004.

[8] 中华人民共和国国家标准编写组. GB/T 4209－1996 工业硅酸钠. 北京：中国标准出版社，1996.

［9］李肖．交河故城的形制布局．北京：文物出版社，2003.

［10］孙满利．吐鲁番交河故城保护加固研究［博士学位论文］．兰州：兰州大学，2006.

［11］李最雄，张虎元，王旭东．PS－F 灌浆材料的进一步研究．敦煌研究，1996，（1）：125－139.

［12］杨涛，李最雄，谌文武．PS－F 灌浆材料的物理力学性能．敦煌研究，2005，92（4）：40－50.

［13］朱纯熙，卢晨，温文鹏，等．水玻璃砂硬化的新概念．铸造，1994，（1）：9－14.

［14］卢晨，温文鹏，邹忠桂，等．水玻璃砂硬化研究的新进展．铸造，1996，（7）：41－45.

［15］卢晨，朱纯熙．水玻璃化学硬化机理的探索．铸造，1997，（11）：26－30.

［16］朱纯熙，卢晨．水玻璃硬化的认识过程．无机盐工业，2001，33（1）：22－25.

［17］李忠华．固体硬化剂和二氧化碳联合硬化水玻璃砂新工艺．铸造设备研究，2001，（6）：17－19.

［18］许进．不同硬化方法形成的水玻璃胶粒的微观形态变化及其原因探讨．中国铸造装备与技术，2008，（4）：48－52.

［19］王红喜．高性能水玻璃悬浊型双液灌浆材料研究与应用［博士学位论文］．武汉：武汉理工大学，2007.

［20］郝建英．新型岩土无机胶粘剂及其抗压强度性能研究［硕士学位论文］．昆明：昆明理工大学，2003.

［21］田倩．低水胶比大掺量矿物掺合料水泥基材料的收缩及机理研究［博士学位论文］．南京：东南大学，2006.

［22］李最雄，汪万福，王旭东，等．西藏布达拉宫壁画保护修复工程报告．北京：文物出版社，2008.

［23］尤明庆，苏承东，李小双．损伤岩石试样的力学特性与纵波速度关系研究．岩石力学与工程学报，2008，27（3）：458－467.

［24］郭少华．岩石类材料压缩断裂的实验与理论研究［博士学位论文］．长沙：中南大学，2003.

［25］冯西桥．脆性材料的细观损伤理论和损伤结构的安定分析［博士学位论文］．北京：清华大学，1995.

［26］侯云芬，王栋民，李俏，等．水玻璃性能对粉煤灰基矿物聚合物的影响．硅酸盐学报，2008，36（1）：61－64.

［27］周健，陈勉，金衍，等．压裂酸化中近缝区灰岩强度弱化效应试验研究．岩石力学与工程学报，2007，26（1）：206－210.

［28］崔强，冯夏庭，薛强，等．化学腐蚀下砂岩孔隙结构变化的机制研究．岩石力学与工程学报，2008，27（6）：1209－1216.

Performance Test of Compatible Slurry Grouting Into Soil Fracture at the Ancient City of Jiaohe

Yang Tao[1], Li Zuixiong[1,2,3], Wang Wanfu[2,3]

(1. School of Civil Engineering and Mechanics, Lanzhou University, Lanzhou 730000;
2. Conservation Institute, Dunhuang Academy, Dunhuang 736200; 3. Technical and Service Center for Protection of Cultural Relics, Dunhuang Academy, Dunhuang 736200)

Abstract: After the PS – (F + C) slurry is prepared by mixing PS (Potassium Silicate in optimum modulus) as binding ingredient, fly ash (F) generated from thermal power plant and pulverized native raw soil (C) at the ancient city of Jiaohe as filling substance, and sodium fluosilicate as curing agent, its initial setting time is got and the shrinkage behaviour of its concretion is monitored. The uniaxial compressive strength of PS – (F + C) grouting material is tested at different age and the influencing factors for its strength, such as curing temperature, amount of sodium fluosilicate, modulus of PS, concentration of PS and water – ash ratio, are also discussed. Furthermore, the durability experiment including its resistance to water, to cyclic freezing – thawing, to saline crystallization in porous PS – (F + C) grouts and to aqueous alkali is carried out. It is showed that the slurry of PS – (F + C) with good workability is more compatible with the soil mass at the ancient city of Jiaohe because of the adding of native raw soil in a half weight of fly ash, and it shrinks less for the spherical bulking material of fly ash. Its curing process is moderate and controllable, the linear shinkage of its concretion with a PS to filling material ratio by weight of 0. 60 is about 2. 6% , the long term strength is overwhelmingly determined by PS concentration, and its durability is pretty good. High ambient temperature is a positive impact factor that enhances the strength of air hardening PS – (F + C) grouts in its curing process, so that it is a wise decision to execute the grouting practice in hot summer. Such slurry will be used in grouting reinforcement of fractured soil mass at the ancient city of Jiaohe to prevent further erosion by running water through fractures.

Key Words: fracture grouting, PS – (F + C) grouts, PS, fly ash, raw soil, curing agent

（原载于《岩石力学与工程学报》, 2009 年, 第 28 卷）

土遗址墙体含水量与电阻率关系研究

周仲华[1,2]，郑　龙[1,2]，孙　博[1,2]

（1. 兰州大学西部灾害与环境力学教育部重点实验室，兰州，730000；
2. 兰州大学土木工程与力学学院，兰州，730000）

内容摘要： 多孔介质土体电阻率的影响因素很多，对于特定结构的土遗址墙体，电阻率的变化取决于水分和温度的变化。对交河故城土遗址墙体夯土电阻率模型分析，结合改进的 Archie 模型，建立特定结构墙体电阻率模型，通过室内电阻率与含水量的关系试验，确定模型公式中的结构参数和土性参数。根据试验建立的墙体电阻率反演含水量关系式，采用高密度电阻率层析法，对交河土遗址现场试验墙体进行尝试性测试。测试结果论证了该模型公式的实用性，为土遗址文物本体水分运移监测中的实际应用奠定基础。

关键词： 土力学　交河故城　土遗址　水分监测　电阻率模型　水分运移　高密度电阻率法

0　引　言

　　露天土遗址的主要病害是风蚀、雨蚀、裂隙及坍塌[1]，影响病害作用的主要内因是遗址本体的劣化作用。土遗址本体的劣化可简化为水致劣化、热致劣化和化学劣化。文物本体内部及本体与地基土层之间的水分运移与其老化劣化关系密切，水分的运移还直接影响着文物温度场变化和易溶盐表聚。因此，研究土遗址本体水分运移对劣化研究及病害防治具有重要意义。

　　土遗址文物木体水分运移规律研究是以监测其水分变化为基础的。土类松散介质含水量的现场监测包括直接法和间接法两大类：直接法有放射性中子仪[2]、时域反射（time domain reflectometry，TDR）[3,4]等；间接法是以监测某类地球物理场为基础，如电场、电磁场等，通过对物理场的监测，反演介质含水量的变化，包括电阻率法[5]、电磁法[6]等。这些方法基本局限于天然土壤水分监测和研究，对于测试要求严格的土遗址，目前尚无深入研究。鉴于土遗址文物的特殊性，对其水分运移的研究，应采用无损监测方法。实测墙体电阻率反演含水量是无损监测方法之一。

　　土遗址墙体电阻率反演含水量的关键在于建立电阻率与含水量关系模型。本文通过对特定结构土遗址墙体电阻率模型分析，结合电阻率与含水量关系的室内试验，建立以实测电阻率估算墙体含水量的模型公式，并根据拟合的相关公式进行现场尝试性应用。现场采用高密度电阻率层析法，实测人工模拟土遗址墙体的电阻率，以室内拟合的相关关系反演墙体含水量，为土遗址劣化研究及实际应用到文物本体水分运移监测奠定基础。

1　墙体土电阻率模型分析

关于多孔介质电学性质的早期研究始于 G. E. Archie[7]，他就土电阻率与其结构性的关系，提出了适用于饱和无黏性土、纯净砂岩的电阻率结构模型，建立了电阻率随孔隙水电阻率的变化关系方程：

$$\rho = a\rho_w n^{-m} \tag{1}$$

式中：ρ 为土的电阻率，ρ_w 为孔隙水电阻率，a 为土性参数，m 为胶结系数，n 为孔隙率。

Archie 模型适用于孔隙水电阻率低、黏性成分含量低的饱和砂土。为扩大 Archie 模型的适应性，许多学者对土电阻率模型进行了进一步的理论分析与试验研究[8]，提出了推广的 Archie 模型公式来表示土的电阻率：

$$\rho = a\rho_w n^{-m} S_r - b \tag{2}$$

式中：S_r 为饱和度，b 为土性参数。

M. H. Waxman 和 L. J. M. Smits[9] 将土体颗粒表面导电性参数引入了电阻率模型，A. D. Rhoades 和 J. D. Rhoades[10] 也提出了一个非饱和土电阻率模型，M. Fukue 等[11] 的电阻率试验研究则偏重于对土的微观结构的阐述与解释。国内许多学者[12-14]对土电阻率结构模型及影响因素进行了理论与试验研究。

诸多研究[15,16]表明，多孔介质土体的电阻率主要取决于一些重要结构参数，如孔隙率、孔隙形状、孔隙结构、饱和度、孔隙水电阻率、温度、固体颗粒成分、颗粒形状、颗粒定向性以及固化状态等。其中，温度影响的是离子的活动性，温度升高可增加离子活动性，从而导致土电阻率下降。G. V. Keller 和 Frischnecht[8]研究表明，土的电阻率ρ与其18℃时的电阻率有如下关系：

$$\rho = \frac{\rho_{18}}{1 + \alpha \ (T - 18)} \tag{3}$$

式中：ρ_{18} 为18℃时的电阻率；T 为温度；α 为试验常数，约为 $0.025℃^{-1}$。

对于特定结构的土遗址墙体，采用相同土质、相同建筑工艺筑成，其墙体土的结构参数大部分是相同或相近的，如孔隙率、孔隙形状、孔隙结构、孔隙水电阻率、固体颗粒成分、颗粒形状、颗粒定向性等，这些参数在一定的时期内保持不变，对电阻率的影响可认为是常数。因此，特定结构的土遗址墙体，电阻率的变化可取决于饱和度 S_r 和温度 T 的改变。对于结构相同的非饱和松散介质，饱和度可用含水量表征。墙体土温度为 18℃ 时，以改进的 Archie 模型表达土遗址墙体电阻率模型为

$$\rho_{18} = a\rho_w n^{-m} \left(\frac{G_s}{e} \right) - bw^{-b} = Kw^{-b} \tag{4}$$

式中：K 为土的综合结构参数，w 为土的含水量，G_s 为土粒相对密度，e 为孔隙比。综合式（3），（4），可得特定土体结构的土遗址墙体电阻率模型为

$$\rho = \frac{K}{1 + \alpha \ (T - 18)} w^{-b} \tag{5}$$

2 墙体土电阻率试验

根据土遗址墙体电阻率模型公式，遗址土的综合结构参数 K 和土性参数 b 以室内试验确定。在 18℃ ±1℃ 的温度状态下，以含水量 w 为试验变量，温度 T 为试验参变量，通过测定固定温度下遗址土电阻率 ρ 与含水量 w 的关系，建立温度在 18℃ ±1℃ 的状态下的电阻率与含水量相关关系，即可确定综合结构参数 K 和土性参数 b，得到特定土体结构的电阻率反演含水量的拟合公式。

2.1 试验装置

室内电阻率模型试验采用标准 Miller Soil Box 和四电极电阻率测试装置（见图 1）进行，Miller Soil Box 尺寸为 22.2cm×3.2cm×4cm，供电电极距 $AB = 22.2$cm、测量电极距 $MN = 12.8$cm。按此装置参数测试时，实际测试的是 MN 间土样的电阻率，其电阻率计算公式为

$$\rho = \frac{S}{L} \frac{\Delta U}{I} = \frac{4 \times 3.2 \times 10 - 4\Delta U}{12.8 \times 10 - 2 \ I} = \frac{\Delta U}{I} \times 10 - 2 \tag{6}$$

式中：S 为土样合断面面积（m²）；L 为 MN 之间距离（m）；ΔU，I 分别为实测 MN 间的电位差和电流。

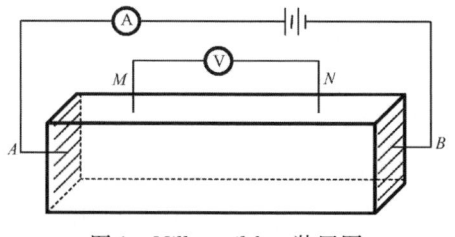

图 1　Miller soil box 装置图

2.2　试样制备与测试

　　电阻率试验土样为新疆吐鲁番交河故城土遗址区现场采取的夯土，土质为粉土和粉质黏土，夯土的物理性质指标见表1。土样试验前先烘干，然后加水制成。每组土样以不同的含水量制备，装入 Miller Soil Box 后测试电阻率。为了对比所填加水对电阻率的影响，采用两种不同类型的水分别试验，即饮用自来水和去离子水。

表1　夯土物理性质指标

土类别	含水量/%	密度/ (g·cm⁻³)	干密度/ (g·cm⁻³)	相对密度	空隙比	孔隙率 /%	饱和度 /%	液限 /%	塑限 /%	塑性指数
粉土	1.76	1.63	1.6	2.70	0.69	40.74	6.9	27.5	18.42	9.08
粉质黏土	1.60 – 2.41	1.55 – 1.71	1.53 – 1.68	2.71 – 2.72	0.62 – 0.77	38.25 – 43.54	5.6 – 9.3	28.3 – 29.7	16.0 – 18.06	10.25 – 13.15

　　注：取样深度为夯土墙体表面0 – 10cm，高度为0 – 100cm。

　　试验的电路原理连线见图1，观测仪器采用重庆地质仪器厂生产的直流电法仪。数据观测时土样及环境温度保持在18℃±1℃的状态下。

2.3　试验结果分析

　　在18℃±1℃的温度条件下，添加饮用自来水和去离子水的土样电阻率与含水量关系测试结果分别见图2，3。

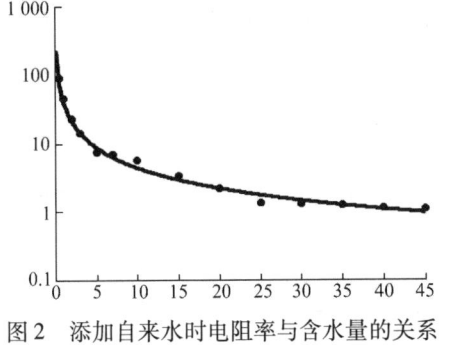
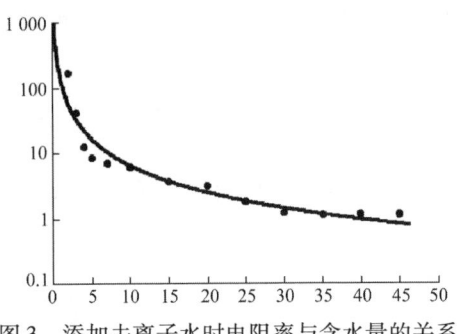

图2　添加自来水时电阻率与含水量的关系　　　图3　添加去离子水时电阻率与含水量的关系

　　图2，3表明，随着含水量的增大，电阻率呈幂函数关系减小。当土接近饱和时（$w > 25\%$），电流几乎都通过孔隙水传导，土的电阻率趋于稳定，约等于孔隙水的电阻率。不同的是，在非饱和状态下，加自来水土样的电阻率明显小于加去离子水土样，这主要因为自来水中所含离子增加了土样的导电性。

　　对于添加自来水和去离子水土样，试验结果均按式（4）拟合，分别得到如下关系：

$$\rho_{18} = 45.078w^{-1.004} \qquad (R^2 = 0.992) \qquad (7)$$

$$\rho_{18} = 152.94w^{-1.367} \qquad (R^2 = 0.915) \qquad (8)$$

试样制备采用先烘干土样，土样中原有易溶盐的成分不变，因此，实际应用去离子水的拟合关系比较合理。根据式（8），确定交河故城土遗址区夯土综合结构参数 K = 152.94、土性参数 b = 1.367。将综合结构参数和土性参数代入土遗址墙体电阻率模型式（5），可得交河故城遗址夯土墙体的电阻率与含水量关系：

$$\rho = \frac{152.94}{1 + 0.025\,(T - 18)} \cdot w^{-1.367} \qquad (9)$$

3　应用实例

3.1　试验墙体电阻率测试

交河故城建于公元前 3 世纪以前，土遗址位于新疆吐鲁番市西 10km 的雅尔乃孜沟村，独特的自然地理环境和气候条件，使得土遗址的病害情况非常严重。为进行土遗址墙体的劣化机制研究，在故城按古代

图4　高密度电法测试现场布置图

建筑工艺分别人工模拟了夯土墙和版筑泥墙。根据对遗址土电阻率模型的研究结果，对其中的夯土墙进行了电阻率反演含水量的尝试性应用测试。现场墙体电阻率测试方法采用高密度电阻率层析法，由于 Wenner 装置类型抗干扰能力较强[17]，实测时采用 Wenner 装置。电极在墙顶排列，极距 0.2m，现场布置见图4。为得到不同日期墙体含水量的变化情况，分别于 2007 年 11 月 15 日和 2008 年 3 月 24 日进行了两次测试，对应的墙体的平均温度分别为 5.3℃和 21.9℃。

3.2　测试结果分析

根据实测数据，采用 RES2DINV（Semi Demo）2D 反演软件进行墙体电阻率反演计算，反演的电阻率剖面见图 5，6。

电阻率剖面图表明，墙体不同部位的电阻率值变化非常大（墙顶 0.2m 深度内的电阻率受人工浇水导致电极接地电阻减少的影响），表明墙体含水率非常不均匀。墙体剖面 2.8 - 3.0，4.4 - 4.8，6.8 - 7.1m 处存在裂缝，电阻率剖面图清楚地反映了裂缝影响范围内的高阻异常（含水量极低）。不同日期的测试结果清楚地显示了墙体含水量的

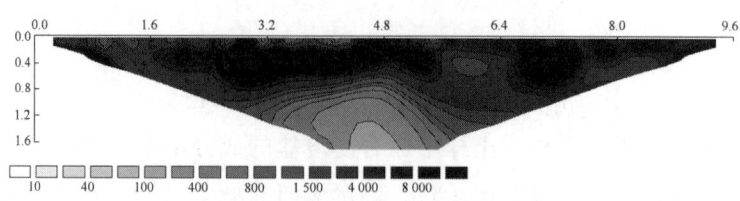

图 5　夯土墙电阻率剖面图（2007 年 11 月 15 日）

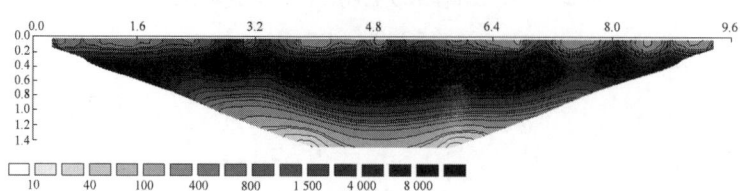

图 6　夯土墙电阻率剖面图（2008 年 3 月 24 日）

变化，结合遗址土电阻率模型关系式（式（9）），即可定量计算出墙体不同部位的含水率。

　　根据关系式（式（9））及 2007 年 11 月 15 日测试的电阻率剖面图 5，验算墙体下部（1.2 - 1.7m）含水量，为 1.80% - 2.38%，而 11 月 17 日采用 TDR 测试的墙体下部（1.21 - 1.68m）含水量为 2.00% - 2.41%。其结果非常接近，论证了该模型公式的实用性。

4　结　论

　　非饱和土电阻率的影响因素很多，但对于特定土体结构的土遗址墙体，由于土质、建筑工艺及所处环境一定，其结构参数大部分是相同或相近，电阻率的变化取决于含水量和温度的变化。

　　交河故城土遗址墙体夯土的电阻率与含水量关系试验表明，在一定温度下，随着含水量的增大，电阻率呈幂函数关系减小，当土接近饱和时，土的电阻率趋于稳定，约等于孔隙水的电阻率。

　　根据室内试验结果和改进的 Archie 模型建立了交河故城遗址墙体夯土电阻率模型公式，并进行了实际应用测试。需要注意的是，对于不同土体结构或不同建筑工艺筑成的墙体，需进行综合结构参数和土性参数的试验确定。

　　在确定了土遗址墙体电阻率与含水量关系的基础上，应用高密度电阻率层析法可实现对墙体含水量快速、连续监测。

参考文献

[1] 孙满利，王旭东，李最雄，等．交河故城的裂隙特征研究．岩土工程学报，2007，29（4）：612 -617.

[2] 陈洪松，邵明安．中子仪的标定及其在坡地土壤水分测量中的应用．干旱地区农业研究，2003，21（2）：68 - 71，76.

[3] 伍永秋，刘宝元，Van Den Elsen E，等．黄土高原土壤水分的自动监测——TDR 系统及其应用．水土保持学报，2001，15（2）：108 - 111.

[4] Ferre P A，redman J D，rudolph D L，et al. The Dependence of the Electrical Conductivity Measured by Time Domain Reflectometry on the Water Content of a Sand. Water Resources Research，1998，34（5）：1207 - 1213.

[5] Zhu J J，Kang H Z，Gonga Y. Application of Wenner Configuration to Estimate Soil Water Content in Pine Plantations on Sandy Land. Pedosphere，2007，17（6）：801 - 812.

[6] Sheets K R，hendrickx J M H. Non - Invasive Soil Water Content Measurements Using Electromagnetic Induction. Water Resources Research，1995，31（10）：2401 - 2409.

[7] Archie G E. The Electric Resistivity Log as an Aid in Determining Some Reservoir Characteristics. Trans-actions of the American Institute of Mining and Metallurgical Engineers，1942，146：54 - 61.

[8] Keller G V，Frischknecht F C. Electrical Methods in Geophysical Prospecting. New York：Pergamon Press，1966.

[9] Waxman M H，Smits L J M. Electrical Conductivity in oil - bearing Shaly Sand. Society of Petroleum Engi-neers Journal，1968，8：107 - 122.

[10] Halvorson A D，Rhoades J D. Field Mapping Soil Conductivity to Delineate Dryland Saline Seeps with Four - Electrode Technique. Soil Science Society of American Journal，1976，40：571 - 574.

[11] Fukue M，minato T，Horibe H，et al. The Micro - Structures of Clay Given by Resistivity Measure-ments. Engineering Geology，1999，54（1/2）：43 - 53.

[12] 刘国华，王振宇，黄建平．土的电阻率特性及其工程应用研究．岩土工程学报，2004，26（1）：83 - 87.

[13] 查甫生，刘松玉，杜延军，等．非饱和黏性土的电阻率特性及其试验研究．岩土力学，2007，28（8）：1671 - 1676.

[14] 缪林昌，严明良，崔　颖．重塑膨胀土的电阻率特性测试研究．岩土工程学报，2007，29（9）：1413 - 1417.

[15] 刘松玉，查甫生，于小军．土的电阻率室内测试技术研究．工程地质学报，2006，14（2）：216 - 222.

[16] 郭秀军，刘　涛，贾永刚，等．土的工程力学性质与其电阻率关系实验研究．地球物理学进展，2003，18（1）：151 - 155.

[17] 郭秀军，贾永刚，黄潇雨，等．利用高密度电阻率法确定滑坡面研究．岩石力学与工程学报，2004，23（10）：1662 - 1669.

Research On relationships Between Water Content and Resistivity of Earthen Ruin Walls

Zhou Zhonghua[1,2], Zheng Long[1,2], Sun Bo[1,2]

（1. Key Laboratory of Mechanics on Disaster and Environment in Western China, Lanzhou University, Lanzhou 730000；2. College of Civil Engineering and Mechanics, Lanzhou University, Lanzhou 730000）

Abstract：Porous media soil resistivity is affected by a number of factors. In the specific structure of the soil wall sites, changes in resistivity depends on the moisture and temperature changes. By the resistivity model analysis of rammed earth wall in Ruins of Jiaohe, combining with the improved Archie model, a resistivity model for a specific structure in the wall is established by the tests which find out the relation between water content and resistivity, and determine the structural parameters and soil parameters in the model formula. According to the established formula by the moisture inversion with the resistivity, using high – density resistivity chromatography, the field wall in Ruins of Jiaohe is tried to be tested. The results demonstrate the practicality of the model formula in relics sites, which lays foundation for practical application of monitoring water translocation in relics sites.

Key Words：soil mechanics, ruins of Jiaohe, earthen ruin wall, moisture monitoring, resistivity model, water translocation, high – density resistivity method

（原载于《岩石力学与工程学报》, 2009 年, 第 28 卷）

西夏王陵四号陵冲沟发育过程、特征及其影响因素

康　超[1,2]，谌文武[1,2]，崔　凯[1,2]，孙光吉[1,2]，程　佳[1,2]

(1. 西部灾害与环境力学教育部重点实验室，兰州，730000；

2. 兰州大学土木工程与力学学院，兰州，730000)

内容摘要：针对农业区的冲沟已进行过大量的研究，但对遗址上冲沟的研究却并不多见。通过选取我国西北干旱、半干旱区的西夏王陵四号陵上的冲沟为代表，在现场勘察和测量的基础上，选取冲沟的特征值，对其进行统计分析，结合遗址体上冲沟的形成过程，分析冲沟的形成原因以及影响因素，探讨其在干旱、半干旱区发育的特殊性，为将来深入研究奠定基础。

关键词：冲沟　土遗址　沟头宽　沟深　宽深比

0　前　言

国内外许多学者针对土壤冲蚀进行过大量的、系统的研究，研究的主要内容涉及冲沟侵蚀的形态学特征、与土地利用类型和植被覆盖率的关系，以及侵蚀的临界条件和侵蚀量与冲沟的特征值之间的关系[1-5]。但针对土遗址上冲沟的研究目前尚不多见。

我国干旱、半干旱区分布着大量的土遗址，但是在内、外营力的作用下发育众多病害，冲沟便是主要病害之一。由于遗址土体的水理性质和力学性质与自然堆积物不尽相同，以及遗址体上冲沟特殊的产流和侵蚀方式，使得土遗址上的冲沟与农业区的冲沟存在很大的差异。

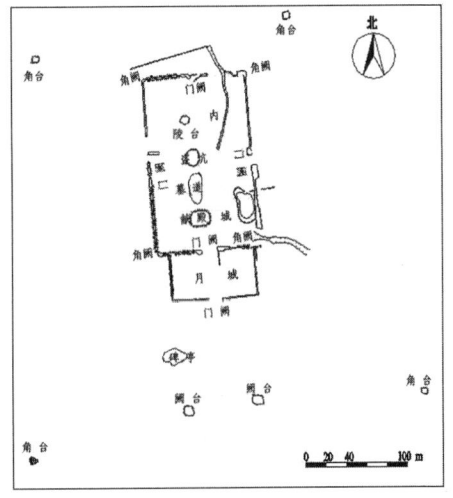

图 1　西夏王陵 4 号陵平面图

因此，对其进行研究具有特殊的意义。本文以西夏王陵四号陵为代表，在现场勘察和测量的基础上，选取代表冲沟特性的特征值，对其进行统计分析，并结合遗址体上冲

沟的形成过程，分析冲沟的形成原因以及影响因素。

西夏王陵 4 号陵位于贺兰山中段东麓的山脚下，坐北朝南，为较为典型的山川沟谷地貌，海拔高度 1108m – 1215m，地形落差较大。遗址区现存角台、阙台、碑亭、门阙、献殿，陵台和神墙等夯土建筑遗址。遗址体病害发育，冲沟为主要病害之一，对遗址体的赋存有很大的影响。

1　西夏王陵四号陵冲沟分类和发育特征

通过对西夏王陵四号陵冲沟的统计分析，选择和提出可以代表土遗址冲沟特性的数值，作为表征冲沟性质的特征值（表1）。然后根据冲沟的特征值，结合冲沟形成原因，将土遗址冲沟分为两种类型：第一类冲沟：水流侵蚀裂隙（缝）发展成的冲沟；第二类冲沟：墙体上产生的径流，沿墙体低洼区汇水后，冲刷墙面形成的冲沟。

从表 1 中可以看出，西夏王陵四号陵第一类冲沟的沟头宽较小，沟长较大，面积也较第二类冲沟小，宽深比较小。

第一类冲沟的平均沟头宽较小，平均沟长较大，面积较小。这主要是由于裂隙（缝）存在，为水流提供了通道，水流易于汇流，冲刷裂隙（缝），冲沟易于发育，且发展速度较快。第一类冲沟的平均沟底宽较小。这主要也是由于第一类冲沟是沿着裂隙（缝）发育，虽然其为冲沟的发育提供了通道，利于其垂向发育，但同时也约束了冲沟的横向发育。从表 1 可以看出，第一类冲沟的宽深比明显小于第二类冲沟，即在相同的沟头宽下，第一类冲沟较深。

表 1　西夏王陵四号陵冲沟特征值统计表

类型	特征值	东立面	南立面	西立面	北立面	平　均
第一类冲沟	沟头宽（m）	0.142	0.452	0.457	0.087	0.284
	沟底宽（m）	0.064	0.104	0.132	0.05	0.087
	沟深（m）	0.124	0.244	0.263	0.04	0.168
	沟长（m）	1.586	2.626	2.197	1.310	1.93
	宽深比	1.145	1.852	1.734	2.167	1.725
	面积（m²）	0.163	0.73	0.646	0.09	0.407
第二类冲沟	沟头宽（m）	0.947	0.475	0.422	0.93	0.694
	沟底宽（m）	0.167	0.103	0.096	0.164	0.133
	沟深（m）	0.201	0.124	0.129	0.194	0.162
	沟长（m）	2.343	1.863	1.419	1.186	1.703
	宽深比	4.702	3.828	3.268	4.794	4.148
	面积（m²）	1.305	0.538	0.368	0.649	0.715

2 土遗址上冲沟的形态特征

通过对西夏王陵四号陵的现场调查分析发现，由于裂隙（缝）的存在，加上集中式降雨和风力的侵蚀作用。第一类冲沟（图2a）具有沟头窄、冲深大、沟壁陡直、面积较小等特点，裂隙（缝）对第一类冲沟的走向有很好的控制作用；第二类冲沟（图2b）面积大、冲深浅、顶部开阔，汇水面积大于第一类冲沟。

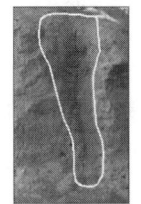 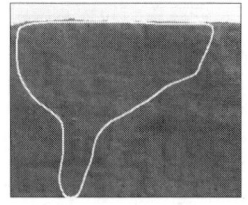

(a) 第一类冲沟　　　　　　(b) 第二类冲沟

图 2　冲沟发育形态特征

表 2　西夏王陵四号陵冲沟分类及分布情况表

位　置	冲沟总条数	第一类冲沟条数	所占比例	第二类冲沟条数	所占比例
东立面	12	5	41.67%	7	58.33%
南立面	35	20	57.14%	15	42.86%
西立面	33	6	18.18%	27	81.82%
北立面	8	3	37.50%	5	62.50%
总　和	88	34	38.64%	54	61.36%

从表2可以看出，除南立面以外，其他各个面上主要以第二类冲沟为主。通过分析发现，南立面上第一类冲沟的沟槽走向与该区的结构面的发育优势方向吻合较好，加上日照时间较长，易于发生裂隙（缝），进而影响第一类冲沟的发育。

3 冲沟的发育过程

冲沟在垂直方向上可以划分为下列组成部分：沟底、沟坡、沟缘，在水平方向上可以划分为上部、中部、下部（图3）。其中，沟底：指冲沟的底部，间歇性流水流经的部分，沟坡：冲沟两侧沟床与沟壁间倾斜的坡地，沟缘：沟坡与沟岸的转折处[6]。

冲沟的上部主要是径流的汇集，流量不大，水深较浅，因此，冲刷能力较弱，冲深也较浅，主要表现在片蚀。中部的冲刷是最强的。主要由于过水断面面积减小，加上流量自上而下增加，水流的侵蚀能力较强，因此冲深最深。而下部主要表现为对中上游侵蚀物质的堆积。

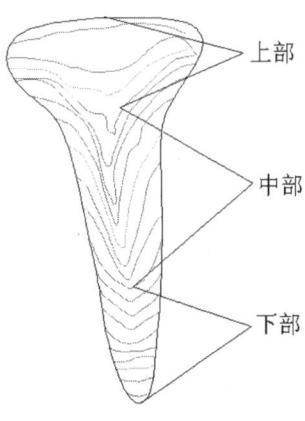

图 3　冲沟平面结构示意图

　　根据西夏王陵四号陵上冲沟平面结构和分类结果，结合冲沟的形成原因，将冲沟的发育过程分为四个阶段（详见表3）。

表3　土遗址冲沟的发育过程

阶　段	第一类冲沟	第二类冲沟
第一阶段	水流沿着墙体薄弱部位垂直下渗，同时对两边的松散物质进行冲刷。	墙体上产生的片状水流水层很薄，呈漫流状态，水流聚成许多条股流，汇于墙体的洼处。水流沿洼处流动，冲刷形成长度和深度一般都比较小的冲沟。
第二阶段	水流对沟壁两侧进一步侵蚀，使得冲沟两壁发生小规模的坍塌，沟槽变宽。	冲沟不断发展，沟槽流量增大，沟口开始下切，沟壁发生小规模的坍塌，使冲沟逐渐规模变大。
第三阶段	细沟受水流进一步侵蚀，沟的深度、宽度、长度进一步扩大，形成切沟。	沟槽下切拓宽，形成凹形平缓的平衡剖面，冲刷现象消失，沟底开始出现较多沉积出现。
第四阶段	冲沟中的间歇性水流慢慢停止向下侵蚀，冲沟就进入衰退阶段。	冲沟侵蚀结束，沟底下切基本停止，有较多的沉积物存在。

4　影响因素

（1）土体性质

土体性质的不同，导致其抗侵蚀的能力不同，进而影响冲沟的发育。

①水理性质

为了查明四号陵遗址的基本物理性质，对所取10组样品，开展了崩解试验，试验结果见表4。

表4　崩解试验结果

试样编号	试样1	试样2	试样3	试样4	试样5	试样6	试样7	试样8	试样9	试样10
崩解速度 g/min	13.2	20.57	12.8	1.1	2.5	7.3	8.3	12.2	7.8	14.7

　　通过对调查数据整理发现，试样1、2、3、8、10取样区段上冲沟的平均深度较大，这说明了土体水理性质对在其上冲沟的发育有很大的影响。

②易溶盐含量

当易溶盐含量越大时，这些盐分在土体总所占的比例越大。如果这些盐分在其中承担土骨架的作用，当这些盐分遇水溶解，土体强度降低，易于崩解，进而影响冲沟的发育[8]。

③力学性质

表5　西夏王陵四号陵夯土力学参数

力学参数	C（KPa）	φ（°）	抗压强度（MPa）
范围值	50 – 80	36 – 42	1 – 2

不同的力学强度，土体的抗侵蚀能力也相同，C、φ值越大，土体抗侵蚀能力越强，冲沟在土体上越不易发育。西夏王陵四号陵的夯土的力学参数见表5。

④其他因素

除上述因素外，土遗址的夯筑形式、夯土层的厚度、夯土的颗粒组成和级配情况等，对冲沟的发育都有一定的影响。

（2）风向和风速

风作为常规的一种外营力，对土遗址上冲沟的发育有着一定的影响，尤其在干旱半干旱的西北地区，干旱半干旱的气候特征导致该区常年以多风天气为主。

该区终年多风，风向以西北和偏南为主（见图4），多大风，极大风速28.8m/s。从表二可以看出，对于第一类冲沟来说，南、西立面的冲沟较东、北立面的深，相同的土体条件和风速下，墙体迎风面的冲深较大。而对于第二类冲沟来说，南、西立面的冲深较小，这

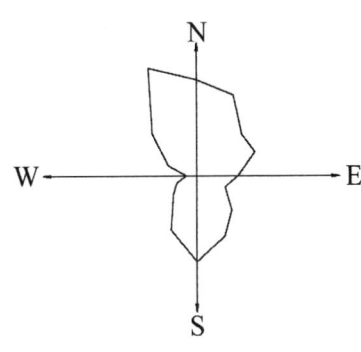

图4　风向玫瑰花图

主要是由于在西北、偏南风和集中降雨下，强烈的雨滴溅蚀，对土体有一定的压实，使得土体的抗侵蚀能力提高，因而，冲沟的沟深较小。

（3）裂隙（缝）

由于存在裂隙（缝），这样就为墙体上的径流提供的通道，于是就比较容易导致其两边的土体崩坠，最后发育成冲沟。西夏王陵的冲沟中，第一类冲沟的冲深大于第二类冲沟，主要是由于墙体之间存在裂隙（缝），导致第一类冲沟在其基础上迅速发育。因此，裂隙（缝）对发育在墙体上的冲沟的发育过程和程度有很大的影响。

（4）气温条件

该区多年平均气温8.5℃，年较差32.4℃，日温差12 – 15℃，1月最冷，平均 –9.0℃，7月最高，平均23.4℃。年端最高气温39.3℃，极端最低气温 –30.6℃。在强烈的温差以及其他内外营力的长期作用下，引起裂隙（缝）的形成，为第一类冲沟的发育提供了条件[7]。

（5）降雨类型

不同的降雨类型对冲沟的发育也有着十分重要的影响。对于暴雨来说，除了产生的径流对土体有侵蚀作用外，雨滴的溅蚀也是一个重要的部分。从图5可以看出，该地区降雨主要集中在夏季，占全年总降雨量的70%以上，且多以集中式暴雨方式降水

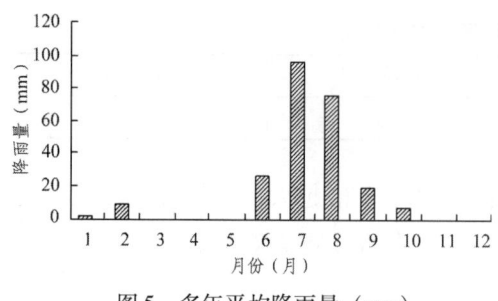

图 5　多年平均降雨量（mm）

为主，这样便为冲沟的发育提供了条件。

（6）地震

地震作用对土遗址有一定的破坏作用，对土遗址上裂隙的发育有一定的影响。四号陵位处贺兰山东麓断裂带，此断裂带更是新构造运动活跃区域。据不完全统计，此带在近 1000 年内共发生破坏性地震 9 次，小震难以计数，其中最大震级 8 级。

（7）集水面积

集水面积越大，产流量越大。冲沟的中游，冲沟宽度减小，水深增大，加上水量增大，侵蚀能力增强，利于冲沟的发育。

5　结论与讨论

（1）我国干旱、半干旱区遗址土体的水理性质和力学性质与自然堆积物不尽相同，以及遗址体上冲沟特殊的产流和侵蚀方式，使得对土遗址上的冲沟的研究具有特殊的意义。

（2）通过对西夏王陵四号陵土遗址上冲沟的进行分析，选出沟深、沟头宽、宽深比和汇水面积作为度量冲沟的特征值。并根据其形成原因将其分为两种类型：一种水流沿裂隙（缝）发展成的冲沟；另一种是在墙体上产生的径流，沿墙体低洼区汇水后，冲刷墙面形成的冲沟。

（3）影响西北干旱区土遗址上冲沟发育的主要因素有土体性质、风向、气温条件、裂隙（缝）、降雨类型、地震和集水面积等。

（4）虽然在土壤侵蚀方面取得了大量成果，但是得出的侵蚀方程大多为经验方程，且其只适用于农业生产区。因此针对土遗址上的冲沟的侵蚀研究还需继续进行，得出一个侵蚀量与其影响因素之间的多因子关系式和侵蚀模型。

参考文献

［1］郑粉莉，高学田．坡面土壤侵蚀过程研究进展．地理科学．2003，23（2）：231-235.

［2］丁文峰，李占斌，鲁克新．黄土坡面细沟侵蚀发生的临界条件．山地学报.2001，19（6）：551-555.

［3］申震洲，刘普灵，谢永生，等．不同下垫面径流小区土壤水蚀特征实验研究．水土保持通报.2006，26（3）：6-9.

［4］周维，张建辉．金沙江支流侵蚀区四种土地利用方式下土壤入渗特性研究．土壤．2006.38（3）：333-337.

［5］石辉，段宏斌，刘普玲. 坡面土壤侵蚀分布规律的初步分析. 水土保持通报. 1997, 4 （2）: 64 –68.

［6］刘青泉，陈力，李家春. 坡度对坡面土壤侵蚀的影响分析. 应用数学和力学. 2001, 22 （5）: 449 –456.

［7］柴宗新，范建容，刘淑珍. 金沙江下游元谋盆地冲沟发育特征和过程分析. 地理科学. 2001, 21 （4）: 339 –344.

［8］陈炜韬，王明年，王鹰，等. 含盐量及含水量对氯盐盐渍土抗剪强度参数的影响. 中国铁道科学. 2006, 27 （4）: 1 –5.

Growth Process & Features and Influencing Factors on Gully of The No. 4 Tomb in the Western Xia Mausoleums

Kang Chao[1,2], Chen Wenwu[1,2]*, Cui Kai[1,2]

Sun Guangji[1,2], Cheng Jia[1,2]

（1. Key laboratory of Mechanics on Western Disaster and Environment, Lanzhou University, Lanzhou 730000; 2. Department of Civil Engineering and Mechanics of Lanzhou University, Lanzhou, 730000.）

Abstract: A large number of studies of gullies in the agricultural region have been conducted, but there is rare research of gullies of the relic. The gully of No. 4 Tomb of The Western Xia Mausoleums is selected for our study. It locates in the northwest of our country, in the mean time it belongs to the arid and semi – arid area. By statistically analyzing the featuring values, which is searched out by the field survey and measurement, and combing the result with the formation of gully of the earthen sites, the influencing factors and the cause of the gullies are analyzed, and so the particularity of the gully formation of the earthen sites are explored in the arid and semi – arid regions. All the analysis above is in the hope of offering certain help to later study on gully of the earthen sites.

Key Words: gully, earthen site, width of gully's head, depth of gully, width – to – depth ratio

（原载于《敦煌研究》2009 年，第 6 期）

潮湿土遗址隔水防潮技术总结研究

周双林，杨　琴，张鹏宇

（北京大学考古文博学院，北京，100871）

内容提要：潮湿土遗址的破坏，很大程度上是受水的影响，目前国内几个潮湿土遗址经常使用的防水隔水措施主要有：挡水墙、隔水廊道、拱券法和抽水法。经过对几种方法进行总结评价，可看出拱券法是最有效的方法。

关键词：潮湿土遗址　防水墙　隔水廊道　抽水法　拱券法

1　目　的

我国的土遗址很多，根据其所处的位置，可以分为干燥环境中的土遗址和潮湿环境中的土遗址。

干燥环境下的土遗址，主要是西北地区，尤其是甘肃、新疆和内蒙西部的土遗址，主要是古城，烽燧，城墙等。著名的如高昌故城、交河故城，黑城，苏巴什古寺庙，汉代长城和烽燧等。

潮湿环境下的土遗址，分布范围很广，包括除了以上地区外的多数土遗址。这些遗址的病害与水有很大的关系，水的来源有地下水，雨水，空气含水等。

由于处于潮湿环境下的土遗址处于恶劣的自然环境中，那么对它们的保护，难度就很大。

潮湿土遗址的保护，是个综合性的工程，包括工程技术措施，化学措施等。其中工程技术措施包括保护建筑的构筑（阻挡阳光直射和雨水的冲刷），地下水的隔断和防潮（隔水防潮），排水系统的设置等。地下水的控制措施是保护潮湿土遗址的重要手段，也是保护潮湿土遗址的关键措施。

国内在潮湿土遗址保护中，在地下水控制方面，曾有多个单位进行了研究探索，但是没有进行认真的总结。本研究的目的就是对国内潮湿土遗址保护中采取的治理地下水影响的工作进行总结，在总结的基础上，得出经验和教训，并为以后的潮湿土遗址保护提出一些指导性的建议。

2　调查内容和方法

2.1　调查内容

国内土遗址保护控制地下水破坏的成功与失败的经验和教训。根据对国内潮湿环境下土遗址的资料调查，选定了国内有代表性的土遗址进行调查和总结，选择这些土遗址是由于这些土遗址具有潮湿环境下病害的特征，并曾经采取一些保护措施，试图解决潮湿土遗址的隔水防潮问题，一定的经验和教训。

2.2　调查方法

主要的是进行实地调查，并与管理人员沟通，通过这些手段了解遗址保护的相关措施，拍摄保护措施的照片等，获得相关的保护措施的实际数据，并在可能的情况下，得到设计和施工图。

3　各个遗址点的情况

3.1　北京大葆台遗址博物馆

北京大葆台遗址在发掘后为了保护遗址，采用了多种的技术保护手段，这些手段先后是：混凝土隔板支撑隔断，修建隔水环廊和博物馆保护房，化学加固和生物防治，化学灌浆等。

在遗址发掘后不久，由于发现水的影响很大，采取了在下部开挖隧道，然后用砖垛支撑水泥板的措施，将遗址支撑起来，后来又将架空的砖垛空间部分用灰土填充。在此之后修建了博物馆，博物馆的基础中，修建了隔水防潮的廊道，并加装了通风设备。在此之后，为了防水的目的，又进行了遗址坑内的灌浆处理，但是打穿下部架空的水泥板，浆液漏掉，没有效果。

目前大葆台周围的地下水位在地下 27 - 30m，因此地下水没有影响，但是在遗址的地面上，春季和秋季，仍有部分潮湿，估计是水分从下部以气态上升到遗址的地面，然后凝结形成。

总之，几个措施中，有用的是隔水廊道，阻止了雨水的渗漏，其他的措施，作用不大。

3.2　北京琉璃河商周遗址博物馆

北京琉璃河遗址的保护，是在遗址发掘后，首先用木板等对遗迹进行临时的隔断，封闭起来，然后修建了博物馆，使遗迹成为了博物馆的展品。为了避免展示时的破坏和控制遗迹的环境，将遗迹用玻璃钢的柜子密封起来。在这些措施采取后，遗迹仍出现了问题，最主要的是生霉，其次还有土体的粉化。

为了解决这些问题，在玻璃钢柜子的底部开了通风孔，用普通的排风扇进行排风。

以上的保护操作，看起来很矛盾，密封的结果将导致小环境的湿度升高，排风的目的是使湿度下降。推测开始采取密封的目的，从保护上，使试图使遗址的规格提高，给人珍贵神奇的感觉，从保护的角度看，是为了减少灰尘等的影响。

由于小环境的高湿度和环境的改变，土体出现了病害，包括土体的粉化，土体表面的绿色和白色微生物形成的膜状物质等，以及水泥侧壁上白色的盐结晶等。

根据以上所述，遗址的小环境控制，没有达到应有的目标。

3.3　郑州大河村遗址博物馆

郑州大河村遗址在发掘后，为了保护遗址，首先修建了保护性建筑，进行遗址的展示与保护，所修建的保护房为砖木结构，砖墙，木门窗，木构架的房顶。后来改建，加高了房顶，并将木门窗换成了铝合金的门窗，使遗址的密封性更好。

由于遗址在刚发掘时以及以后的十几年间，地下水位很高，基本在地下 3－5m，因此水对遗址的破坏很到，主要是形成微生物类的地衣和苔藓，甚至形成草类；水的不断上升，导致土体含水量很高，一些窖穴由于下大上小，悬垂的部分出现垮塌，水分和挥发，湿度的日变化和年变化，导致土体表面粉化。

为了保护遗址，在修建保护房的基础上，又采取了一些其他的隔水降湿的措施，如修建隔水环廊，在环廊设置通风设施等。

修建隔水环廊的措施，是在遗址的外围开挖沟槽，下挖后，在两侧做混凝土的挡板，使沟槽的内外两面隔开，空间距离余额 50cm，挡板达到遗址地面以下 2m，这些修建完成后，将上部覆盖，然后用沙子掩埋，以避免与遗址地面形成明显的差异。

廊道的通风，做法是遗址的东侧修建竖井，使深度在遗址地面 3m 以下，并用粗管道与遗址周围的回廊连通起来，在遗址的西侧，保护房的外墙上，修建一个烟囱形的管道，使与环廊管道连通，试图通过竖直管道将环廊内的湿气抽出。

这些措施采取后，遗址的状况没有很大的改善，推测是修建环廊和通风的操作，效果不大，因为环廊修建后，上部覆盖了沙子，致使内部密封，混凝土材料本身没有隔水作用，仍能传到湿气，使外部湿气传导到内部的遗址上，另外，由于西墙上的管道高度不够，管道直径小，管道没有抽出环廊内湿气的作用，因此，这个设置是没有作用的。

由于附近修建公路，导致附近的水渠系统受影响，因此地下水位出现下降，遗址的病害，较原来位轻，但是病害仍然在发展，所以已经采取的措施，可以说作用不大。

3.4　洛阳天子驾六遗址博物馆

洛阳天子驾六遗址博物馆位于洛阳市中心的河洛文化广场。新发掘的遗址非常潮湿，有关单位建议对遗址进行隔水处理，即下部采用工程技术措施掏空，使与下部的土体隔离，而侧面采用修建隔水墙的措施，这样将遗址与外部的土体整体隔离，起到防止水影响的作用。在施工中，没有采取这个措施，而是使用了侧面隔水防潮的措施。

天子驾六遗址车马坑为西北－东南方向，根据现场调查，在修建博物馆建筑时，由于西南侧面的外部 2－3m 处就是设计的地下停车场，这个停车场本身就进行了隔水防水处理，因此这面未修建隔水墙，而其他 3 面都修建了隔水墙，隔水墙的修建按照相关的设计标准进行，深度距离原地面 6m，约距车马坑地面 3－4m。修建 3 面的隔水墙与西南方向的防空洞墙壁对接。

由于土体表面在稍后采用具有防水作用的材料进行了处理，因此外观看来土体表面非常干燥，但是在遗址中心部位的墓中，打开散碎的回填土，就可发现只有表面 1－2cm 的土是干燥的，而内部的土仍然很潮湿。而在西北部部分重修的侧壁上，也可看到土体潮湿，表面粉化的现象。

虽然目前洛阳市的地下水位很低，而且经过广场地面的硬化和排水设施的修建，地下水和雨水对遗址的影响很小，但是根据土体的含水情况，说明侧面隔水的措施，不能完全解决土体的保护问题，土体的保护，仍有隐患。

3.5　新郑郑韩故城遗址博物馆

新郑郑韩故城车马坑遗址是在 2000 年左右发掘的，发掘完成后，1 号坑没有进行保护处理，只搭建了保护棚，因此目前出现了问题，坑壁风化严重，中字形大墓和附属的车马坑采用了化学防水处理，由于本身距离地面很近，没有问题出现。5 号墓的地势低，潮湿，因此采取了隔断保护措施。

具体的保护措施是：在坑的底部构筑砖券，然后在车马坑的周围修建夹心的水泥墙。并在上部修建通风孔，使间隔中的空气与大气交换，促进湿气挥发。

保护处理完成后，效果很好。

3.6　山东临淄殉马坑遗址博物馆

山东临淄的车马坑发掘后进行了陈列展示，现陈列 106 匹马骨，修建了保护房，并在殉马坑的上部修建了铝合金框架的有机玻璃罩子，期望对遗迹进一步保护。

车马坑发掘后，马骨就开始出现破坏，春季时出现断裂，夏季雨水上升，马骨发霉并生苔藓，严重影响了马骨和车马坑的保护和展示。

为了保护的目的，进行了保护处理。主要的措施实隔绝地下水，采取的是矿业上的坑道施工方法，将遗址整体架空，在下部形成了完整的拱券结构。

经过近 20 年的时间，这个措施比较成功，车马坑的土体干燥，没有生霉现象。缺点是南段没有作隔断，因此南部出现了漏水等现象。

3.7　成都杜甫草堂唐代遗址博物馆

成都杜甫草堂唐代遗址，为了控制地下水采用了打井抽水的措施，具体的做法是在遗址的周围打 3 口井，在井中放入深水泵，当水位超过某个高度时就开始抽水，目前已经运转了近 5 年，一般设置是水位接近地面 20m 开始抽水。这个设施完成后，遗址的潮湿状况有所改善，但是不是非常明显。

4　方法总结及效果评价

4.1. 常用的方法

根据对多个遗址的调查，国内潮湿土遗址隔水降湿的措施，主要有以下几种方法：挡水墙、隔水廊道、抽水法和拱券法等。各种方法所使用的原理不尽一致。

4.2. 效果评价

表 1　各种措施的使用情况

方法	使用的单位	效果评价	缺点
挡水墙	洛阳天子驾六遗址博物馆	土体仍潮湿	不能控制下部的水分运动
隔水廊道	北京大葆台遗址博物馆	有效果，可阻挡雨水渗透	不能控制下部水分运动
抽水法	杜甫草堂唐代遗址	有效果，但是不能阻止微生物生长	容易导致土体的塌陷
拱券法	山东临淄殉马坑河南新郑郑韩故城车马坑	效果好，能解决地下水的问题	操作困难，费用高

4.3　各种措施的评价

（1）挡水墙

原理是在遗址的四周形成隔水层，可以切断从侧面来的水，这个方法的缺点是无法解决从垂直的下方渗透上来的水，如果是在地下水很高的情况下，或者是地下水忽高忽低的情况下，都不会有好的效果，即使是在地下水位不高的情况下，土体仍然是潮湿的，这种情况下，如果环境湿度循环变化，土体仍然会挥发水分，有盐的情况下，将导致水分挥发的位置，出现盐结晶而破坏。

隔水墙在墙体如果施工出现漏洞，或者防水材料老化后，都容易失效。

（2）隔水廊道

与隔水墙的作用一样，作用是阻止侧面水分的渗透，与前者不同的是，中间增加了隔离的空间，可增加通风设施，提高隔水的效率，另外也便于检修。

（3）抽水法

抽水的作用是主动降低地下水，通过降地下水，达到上部土体含水量降低的目的，抽水法在地下水位在一定高度范围内适用，地下水位太低，没有不要使用，地下水位太高，抽水无法解决问题。另外如果地层是透水性很强的结构，那么抽水法无法解决问题，因为耗费太大。抽水法的另外一个缺点是抽水容易导致水的集中流动，这样会导致土体的颗粒被带走，形成土体结构的破坏，抽水还导致土体的浮力降低，局部土体下沉。

（4）拱券法

拱券法的作法是试图切断遗址与地下水的联系，从而阻止地下水的上升造成的破坏。

拱券法的优点是可以彻底隔绝地下水的影响，缺点是操作困难，费用高，在地下水位高的情况下，操作更困难，如结构有漏洞，也很容易失效。拱券法需要注意的是要做的全面，四周和下部都要做，否则还容易造成局部的破坏，例如临淄车马坑的情况。地下水位不高的地点，采用这种措施，能很好解决问题，如新郑的车马坑遗址，但是要注意开挖过程中尽量不要改变遗址的状况。

5 结论和讨论

5.1 结论

通过调查，可以发现在遗址的防水隔水方面，有很多有意义的探索；在国内遗址的保护中，尝试使用的方法有：挡墙法，隔水廊道法，抽水法，拱券法等。这些方法各自有各自的优点和缺点。其中效果最好的是拱券法，其他几种方法对遗址的隔水防潮也都有一定的效用。

5.2 讨论

以上方法的使用，一定要根据各个遗址的实际情况，在进行完整的地质调查，了解和地层情况，地下水情况后，再作决定。

地下水和雨水对土遗址的破坏，是遗址保护必须克服的问题，除了以上的方法外，还有一些手段可以采取，如削切土体和全部密封。

切割土体的方法是在调查秦始皇兵马俑遗址 6 号坑时发现的现象。这个遗址坑是个长条形的随葬坑，遗址的地层为：上部 2m 左右是后来覆盖在遗址上的冲积土，下部是遗址，主要是夯土。为了展示的目的，将遗址的上部土体向外开挖，形成了宽阔的参观步道，这样做的结果，外部的雨水渗漏，只到达切割的边坡的边缘，而风华作用、霉菌滋生等主要发生在这个部位，这样下部的土体，则缓慢的释放水分，和环境逐渐的达到平衡。

　　如果在遇到潮湿土遗址的情况下，为了隔绝雨水的影响，可以采用这种方法。

　　另外一个措施是像西安阳陵遗址的保护措施，就是将遗址进行彻底的密封，而参观的观众从单独的廊道中通过，与遗址隔离。遗址彻底密闭的结果，就是使遗迹的环境湿度很高，一般在80%以上，这样的目的是避免土体内部的水分挥发，那么即使遗址下部有水分，也不会造成破坏。缺点要经常进行防霉处理，遗址中的玻璃也应该是特殊材料，可以将凝聚在玻璃上的水分驱赶走。

致谢

　　本文在写作过程中得到北京市大葆台西汉墓博物馆白岩副馆长、郑州大河村遗址博物馆李建合馆长、新郑市文化局靳宝琴副局长、洛阳周王天子驾六遗址博物馆曹岳森副馆长等几位同志的大力帮助，在此一并表示感谢。

参考文献

［1］ 张龙海. 临淄拾贝. 临淄中轩印务公司，2001：135 – 136.

Research on the Waterproof Technique of Moist Archaeological Earthen Sites

Zhou Shuanglin，Yang Qin，Zhang Pengyu

（School of Archaeology and Museology of Beijing University，Beijing，100871）

Abstract：Water is an important factor on the deterioration of moist earthen archaeological sites. Several archaeological sites were investigated for their waterproof engineering method. The methods they used are：water isolating wall, water isolating corridor, arch method under the site and drainage method. It has proved that arch method is more efficient in preserve the archaeological sites.

Key Words：moist earthen archaeological sites，water isolating wall，water isolating corridor，drainage method，arch method

（原载于《东南文化》，2009 年，第 2 期）

表土结皮形成影响因素述评

刘　平[1]，张虎元[1]，王锦芳[2]，严耿升[1]

(1. 兰州大学西部灾害与环境力学教育部重点实验室，兰州，73000；

2. 兰州大学资源环境学院，兰州，730000)

内容摘要： 西北干旱半干旱地区，表土结皮普遍发育，其形成受诸多因素影响。土壤质地是影响表土结皮形成的最重要因素。此外，团聚体稳定性、表面粗糙度、矿物质和交换性离子浓度、降雨历时、降雨强度、前期含水量、湿润速度等因素同样对结皮的形成具有重要影响。结皮的形成可以简要归纳为两个主要过程，一是团聚体的分散，二是分散后的粘粒阻塞土壤孔隙。因此团聚体稳定性和粘粒含量是影响表土结皮形成的关键。研究发现，土壤中粘粒含量为 20－30% 时，极易形成结皮，当粘粒含量超过 40% 时，团聚体变得较为稳定，结皮形成受到一定抑制。此外，土壤中如果富含蒙脱石矿物，或者土壤溶液具有较低的交换性钠离子和电解质浓度，则表土结皮易于形成。前期含水量和湿润速度对结皮形成也同样具有重要影响。试验表明，粘粒含量较高的试样在较低的前期含水量情况下更容易形成结皮，因为稳定性较高的团聚体在干燥条件下更容易因迅速湿润而崩解。湿润速度对表土结皮的影响作用随着粘粒含量的增加而增大，但在土壤结构不稳定条件下，其影响作用受到很大限制。影响结皮形成的各因素并不是孤立的，它们之间互相作用、互相影响，这给定量研究和分析结皮形成敏感性带来很大难度，如何对各影响因子的临界值进行确定以及定量研究各影响因子对结皮形成的敏感性将是该领域今后研究的发展方向和有待深入的方面。表土结皮不仅局限于适于植物生长的土壤表部，在西北地区铁路及高等级公路土质边坡表部以及诸多土建筑遗址表层均有发育，这对工程构筑物的正常运营和保存构成诸多不利影响。因此该领域向岩土工程学科方向的发展将是其今后重要研究方向之一。

关键词： 表土结皮　交换性钠离子浓度　团聚体　时效性　影响因素　粘土矿物

0　前　言

表土结皮的研究目前主要集中在土壤学方面，因此表土结皮通常也称之为土壤结皮。但随着研究的深入以及研究领域的不断拓宽，表土结皮这一术语越来越受到广泛的应用。因为结皮不仅产生于植物赖以生长的土壤表部，在黄土等其他类型土的表部同样也发育着广泛的结皮，因此表土结皮涵盖的范围比土壤结皮更加广泛。

表土结皮一般分为生物结皮和物理结皮两种[1-3]，生物结皮是指由不同种类的苔藓、地衣、藻类、真菌以及细菌等生物组成成分与其下层很薄的土壤共同组成的一个复合生物土壤层，通常在世界干旱、半干旱地区的各大荒漠地区都广泛分布和发育着生物结皮。由于生物结皮在干旱区生态恢复中所具有的独特生态功能，其研究愈来愈引起人们的广泛关注，成为荒漠化地区防沙治沙和生态恢复研究的热点问题[4-7]，但本文不对其进行相关论述。物理结皮是指在雨滴冲溅和土壤粘粒理化分散作用下，土表孔隙被堵塞，或挟沙水流流经土表时细小颗粒沉积而形成的一层很薄的土表硬壳[8]。物理结皮通常被称为表土结皮（或土壤结皮），这一术语现已为大多数土壤学家所接受，本文主要讨论的表土结皮就是物理结皮。

表土结皮是土壤表面形成的一层较薄的致密层，厚约数毫米至数厘米，在颗粒组成、强度、孔隙度和微结构等方面与下伏土壤明显不同，它的存在限制了水分的下渗和改变了土壤的强度，对土壤的抗风蚀和抗水蚀能力产生重要影响[1,2,9]。研究发现，除质地为纯沙外，几乎所有的土壤都能够形成表土结皮[10]。尤其是干旱半干旱地区土壤，粉沙含量高，有机质含量较低，团聚体稳定性较差，在降雨过程中形成表土结皮是非常普遍的现象[11]。表土结皮形成的影响因素很多，如团聚体稳定性、表面粗糙度、矿物质和交换性离子浓度、降雨历时、降雨强度、地形坡度等，这些因素或直接或间接地影响着结皮的形成及性质，有关这些影响因素的研究报道很多，并且已经开始从半定量化向定量化方向发展，很多研究成果已经明确提出了某种影响因子在结皮发育中的临界值[12]。不过值得指出的是，在研究结皮影响因素时，往往忽视一些重要的因素，诸如时间影响效应、土壤前期含水量等。本文在归纳整理国内外相关文献的基础上，对影响表土结皮的因素进行了总结和分类，并对影响结皮发育的一些其他重要因素进行了补充，希望能对当前该领域的研究提供一定的理论基础和指导依据。

1　土壤特性对表土结皮的影响

1.1　土壤质地对表土结皮形成的影响

土壤质地是影响表土结皮形成的最重要因素[13]。研究表明，土壤团聚体稳定性随黏粒的含量增加而增加，因为分解黏粒含量高的土壤团聚体时需要更大雨滴打击能量[14]。因此较高的粘粒含量并不利于结皮的形成。Ben Hur 等研究发现，当土壤粘粒含量为 20 - 30% 时，极易形成结皮，并且使该土壤渗透速率最小。当粘粒含量超过

40% 时，土壤结构变得较为稳定，结皮形成受到一定抑制，并且土壤渗透速率略有增大。当粘粒含量小于 10% 时，由于粘粒的数量不足以阻塞颗粒间的孔隙，因此结皮难以形成[15]。唐泽军等[16]研究发现相似的结果：当黏粒含量为 10% 时，土壤结皮形成并封闭表层的程度低，此时分散的黏粒并没有充分地堵塞土壤表面的孔隙；当黏粒含量大于 20% 时，土壤结皮形成并封闭表层程度显著增大，虽然黏粒含量增加可以提高土壤团聚体的稳定性，但分散的黏粒也增多，更有效地堵塞土壤表层的孔隙，形成土壤封闭；当黏粒含量大于 20% 时，随黏粒含量的增加，入渗率没有表现出一定的规律性，这表明当黏粒含量达到一定值后，土壤结皮形成受到一定程度的限制。朱远达、蔡强国等[17]利用扫描电镜和偏光显微镜等手段对不同类型土壤试样结皮进行观测后发现，土壤中 0.2～0.002mm 范围内颗粒为土壤结皮的形成提供了物质基础，而 >0.2mm 的土壤颗粒含量则对结皮的形成类型起到决定性作用。

1.2　粘土矿物的影响

土中粘土矿物的成分及含量对其团聚体的稳定性和分散度具有重要影响。具有低分散度（即高稳定性）团聚体的土壤，其形成结皮的能力较低，而具有高分散度（即低稳定性）团聚体的土壤则易于形成表部结皮。Singer（1994）研究了三种粘土矿物（蒙脱石、伊利石、高岭石）对土壤分散度的影响后得出，富含蒙脱石土壤具有较高的分散度，而富含高岭石土壤的分散度则处于较低水平，富含伊利石土壤的分散度介于二者之间。因此，富含蒙脱石的土壤其表部容易形成结皮，而富含高岭石土壤表部结皮的形成发育较前者弱[18]。Stern 等人利用从南非和以色列取得的多组壤土样研究了混合粘土矿物对结皮形成、土壤入渗率以及径流侵蚀的影响，试验发现，富含高岭石或伊利石土壤（其中不含蒙脱石）对结皮的形成并不敏感，相反，如果将富含高岭石或伊利石土壤中添加一定量蒙脱石，则土壤变得更易分散并且有利于结皮的形成，这与仅富含蒙脱石土壤形成结皮的效果基本相当，但富含蒙脱石土壤更易于遭受降雨侵蚀[19]。Frenkel 也进行了相似的观测和研究，他发现高纯度的高岭石土壤的渗透系数基本不受可交换钠离子浓度的影响，但是添加 2% 蒙脱石后，土壤的渗透系数受钠离子浓度的增加影响显著[20]。Levy 等人利用不同质地土壤作为研究对象同样得到了关于渗透系数和抗侵蚀能力的相似结果[21]。

1.3　土壤中交换性钠离子和电解质浓度的影响

Kazman 研究了表土结皮形成对较低的交换性钠离子浓度敏感性的影响[13]，发现在交换性钠离子浓度较低的条件下（ESP = 1），砂质壤土表部有结皮产生，而且渗透系数由最初的 >100mmh^{-1} 减小到最终的 2.4mmh^{-1}。唐泽军等人通过试验，研究不同 ESP 值条件下土壤的结皮形成和表部封闭特性，指出 ESP 值与土壤中团聚体的化学分散作用密切相关。具有高 ESP 值（≥5）土样，其化学分散作用强烈，表部结皮易于形成，土样最终入渗率显著降低；而低 ESP 值（＝2）土样，由于化学分散作用不明显，表部结皮形成受到相应限制，并且主要是依赖于雨滴的打击作用而形成的，土样的最终入渗率也比前者高[16]。这与 Agassi 早期的研究结果相似。Agassi 的研究表明，试验土壤样品的渗透系数随着水中电解质浓度的增加而明显增大，但渗透系数却随着 ESP 值的增加而减小。当试验中采用含有电解质溶液时，粘粒的分散和团聚体的崩解速度会有所降低，同时产生的结皮具有较高的渗透系数[22]。

　　土壤的 ESP 值和电解质浓度对结皮的微观形态也产生影响。Gal 等人对一组砂质壤土进行了扫描电镜研究，砂质壤土的 ESP 值为 1.0 和 11.6。研究发现，当 ESP = 1.0 时，土壤上部形成一层厚 2mm 且由粘粒组成的薄层，其下部为沙粒；相反，当 ESP = 11.6 时，土壤试样表部未形成粘粒层，而是随着粘粒的分散，粘粒随水分向下移动，在淋滤层（表部下方某一深度）处不断积累。当土壤的 ESP 小于 1.0 并且电解质浓度超过 2meql^{-1}时，淋滤层处细小颗粒的累积现象便不复存在[23]。

1.4　有机、无机聚合物的影响

　　随着土壤结构和团聚体稳定性的增加，结皮形成受到一定抑制。虽然研究人员已经意识到团聚体稳定性对土壤结皮形成具有重要意义，但目前仍然缺乏有效的手段和方法对团聚体稳定性与结皮形成间的关系进行量化研究[24]。团聚体稳定性随着土壤中有机质和倍半氧化物含量的增大而增大，但是在有机物提高团聚体稳定性机理方面仍然存在争议[25]。史志华等通过分析不同土壤团聚体稳定性的差别表明，红壤和黑土团聚体比较稳定是因为它们分别含有大量的铁铝氧化物和有机质，红壤中其铁铝氧化物含量达到 30% – 50%，而铁铝氧化物充当着与黏粒和有机质的黏结剂，可以有效的提高土壤团聚体的稳定性[26]。

　　Le Bissonnais and Singer 利用 17 组取自加利福尼亚的土壤样品，研究了土壤的结皮形成、径流和细沟间侵蚀特性。研究发现，有机质含量在 31 – 70g/kg 以及利用柠檬酸盐 – 碳酸氢盐 – 连二硫酸盐方法提取 Fe 和 Al 含量为 2.4 – 10.7% 的土壤样品不能形成结皮；而有机质含量较低并且利用柠檬酸盐 – 碳酸氢盐 – 连二硫酸盐方法提取 Fe 和 Al 含量也较低的土壤样品，则能够形成结皮[24]。

2　表部结皮与时效性

　　目前对土壤表部特性与时效性方面的研究很多，但是在描述土壤对表部结皮、径流和侵蚀的敏感性方面却没有令人满意的结果。研究土壤特性对表部结皮影响的试验通常是采用干燥的土壤试样，并且在高强度模拟降雨条件下进行。许多类似的试验都存在这样的问题：在试样置于模拟降雨之前被从底部或者顶部迅速的湿润，这导致了土壤团聚体的迅速崩解。当然，在自然环境中这种情况是不存在的，天然条件下的土壤具有不同的前期含水量，而且在侵蚀性降雨之前经历低强度降雨过程。尽管认为侵蚀是一种与时间密切相关的进程，但是很少有人从真正意义上来研究这种时间相关性。近年来一些学者已经开始意识到试验设计中有关的时间效应问题，如湿润速度对土壤表面强度和土壤团聚体结构的影响[27]、前期含水量对结皮形成以及径流侵蚀的影响等[28]。下面将讨论前期含水量和润湿速度对土壤表部性质和结皮形成的影响。

2.1 湿润速度对土壤结皮的影响

土壤结皮的形成是两种机制相互作用的结果[22]：（i）表部干燥的团聚体在湿润作用[29]或雨滴的打击作用下分解，随后在雨滴的打击作用下，分散的团聚体被压实；（ii）土壤粘粒在物理化学作用下分解，后随着入渗水分向下迁移，在表部一定深度处阻塞土壤孔隙[1,23]。土壤表部团聚体在湿润作用下的分解这一物理过程，受湿润速度的影响非常明显。团聚体的迅速湿润导致其在由不均匀膨胀以及内部气泡爆炸而产生的应力下的崩解[30-32]。Levy 指出，团聚体缓慢湿润大大降低了土壤形成表部结皮的几率[31]。

范运涛等人通过试验也得到了相似结论，随着湿润速度的增大，团聚体崩解的消散作用显著增加，大团聚体"爆破"形成微团聚体和更小的细颗粒，在水的润滑作用和土壤颗粒的重力作用下，土壤表面易于形成结皮，进而增加土壤表面强度。试验还发现，随着湿润速度的增大，红壤、黑土和黄土 3 种土壤的团聚体平均质量直径（MWD）均相应而减小，并且不同的湿润速度对 MWD 的影响差异显著，并得出随着湿润速度的增大，团聚体稳定性随之降低的规律[27]。

Mamedov 研究了 6 组土壤试样在 60mm/h 人工模拟降雨强度条件（雨滴动能为 15.9kJ/m³，水为去离子水）下，三种不同润湿速度对渗透速率和径流的影响[33]。土壤试样中粘粒含量为 8.8 - 68.3%，ESP 值范围为 0.9 - 20.4。研究发现，润湿速度对渗透速率和径流的影响主要取决于土壤质地和 ESP 值。在 ESP 值为 2 - 5 的条件下，随着土壤中粘粒含量的减少，润湿速度对土壤结皮的形成影响并不明显。当土壤中粘粒和稳定性团聚体含量较高时，润湿速度便成为控制表部结皮形成的重要因素。Loch 同样发现，在粘质土壤中，只有在润湿速度超过 100mm/h 时表部结皮才能够形成[30]。在土壤结构不稳定条件下（如砂质壤土和粉砂壤土），较慢的润湿速度和雨滴打击作用便可以分散团聚体，从而形成表部结皮。在 ESP 值较低情况下，润湿速度的影响较为明显；当 ESP 值相对较高时（ESP 20），团聚体遇水很容易分散，因此较低的润湿速度同样达到相同的效果[33]。

2.2 润湿速度和雨滴能量对土壤结皮的形成和侵蚀的影响

Shainberg 等人研究了湿润速度和雨滴动能在不同粘粒和粉粒含量的土壤中对结皮形成、径流产生以及侵蚀的影响[32]。四组土壤试样，粘粒含量范围为 22.5 – 61.2%，在对其进行 60mm/h 人工模拟降雨（蒸馏水降雨）之前，以不同的润湿速度先对其进行前期湿润（湿润速度为 2、8 和 64mm/h），降雨时雨滴动能为 8kJ/m³ 和 15.9kJ/m³。试验发现，径流和侵蚀程度随着雨滴动能和润湿速度的增加而增大，但是这种相关性与土壤试样中的粘粒含量密切相关。在砂质土壤试样中，降雨动能对结皮的形成和径流具有明显的影响，而湿润速度则影响不明显。相反，对于粘质土壤试样（粘粒含量为 51.3 – 61.2%），湿润速度对结皮的形成影响显著，而降雨动能则不明显[33,34]。实际上，对于绝大多数土壤来说，降雨能量是影响土壤侵蚀的主要因素。水蚀本质上是土壤在水的作用下分解并被搬运，雨滴打击能量的增大使土壤分解和被搬运能力得以加强，从而加速了土壤的水蚀。对于粘质土壤，其抗水蚀能力随着湿润速度的增大而降低。由快速湿润和雨滴打击导致的团聚体的分散增加了粘质土壤的侵蚀程度。可以确定，对于轻质土壤，降雨动能在结皮的形成和径流产生方面起到关键作用，而对于粘重质地的土壤来说，润湿速度则起到决定性作用。不过值得指出的是，对于试验室土壤托盘中用来研究侵蚀的试样来说，降雨动能无疑是一重要的影响因素。

2.3 前期含水量的影响

土壤表面团聚体在降雨前期的湿度条件极大地影响着团聚体的抗分解能力。前期含水量决定着团聚体的分散机制，以及由此引起的颗粒分布和结皮的形成[35]。Le Bissonnais 等人提出了一个关于水的状态对团聚体分散和结皮形成影响的概念模型[35,36]。对于前期干燥的团聚体，其在降雨条件下的分散形式主要是由本身崩解引起的。如果在降雨之前土壤表面具有较高的含水量，在降雨过程中团聚体分散和结皮形成程度较低，并且这两种过程的主要驱动力来自于雨滴的打击作用。

Le Bissonnais andBradford 利用 6 组土壤试样研究了前期含水量对表部结皮形成的影响[36]。6 组试样中 3 组试样具有较低的粘粒含量，团聚体稳定性也较差；作为对比，另外 3 组土壤样品具有较高的粘粒含量和较为稳定的团聚体。试验发现，粘粒含量较低的试样在较高的前期含水量情况下更容易形成结皮；而对于粘粒含量较高的土壤试样，结皮则更容易在前期含水量较低的试样中形成。Le Bissonnais and Singer 研究了前期含水量与结皮形成、径流和侵蚀间的关系，试验土样为 2 组粘粒含量超过 30% 的加利福尼亚壤土。研究发现，对土壤进行缓慢的前期湿润，可以有效降低结皮形成以及径流和侵蚀的产生[37]。在粘粒含量较低、粉粒含量较高的土壤中，团聚体稳定性较差，在这种情况下，前期含水量和湿润速度对土壤结皮形成和抗侵蚀能力影响较小[33]，因为团聚体在干燥和潮湿条件下的稳定性都很低，雨滴的冲击能量决定了该类土壤结皮的形成。相反，在粘质土壤中，团聚体具有较高的稳定性，干燥的团聚体在迅速湿润过程中崩解分散，这对表部结皮的形成具有重要作用。当稳定性团聚体具有较高的前期含水量时，较快的湿润速度并不能分散团聚体，因此在这种情况下结皮很难形成。

赵晓光等人[38]通过研究发现，表层土抗剪强度在含水量较低时随含水量增大而缓缓增大，在含水量12 - 14%时达最大，然后较迅速减小，并指出产生这种现象的原因是土壤干燥时，土粒周围水分子膜引力较大，但数量较少，对团聚体的牵引作用并非很强。随着水分子数量增多，牵引作用逐渐增强，但达到一定程度后（12 - 14%），由于土粒周围水膜厚度的增大，降低了土粒间相对滑动的摩擦力；另一个原因是水对土粒间起粘结作用的胶结物的溶解作用，导致胶结强度降低，这两个因素共同作用，促使其抗剪强度降低。

在许多模拟降雨试验中，并没有采取专门的试验设计措施来考虑前期含水量的影响。试样在进行模拟降雨之前被预先湿润，并最终得到该土壤对结皮形成、径流和侵蚀具有高敏感性[13,15,22]。在这些试验中，土壤通常被以较快的速度进行湿润，因此即使在具有较高稳定性团聚体的土壤中也会发生团聚体的分散。因此，很容易得出这些土壤都对结皮形成具有较高敏感性的片面结论。

2.4 时效和含水量对结皮的影响

关于时效性、含水量以及温度对团聚体稳定性、渗透速度和侵蚀的影响，相关研究表明：①土壤颗粒间的胶结与有机质含量和有机微生物群体活性并没有直接关系；②化学作用（包括诸如碳酸钙和二氧化硅的沉积作用）与土壤颗粒间的胶结存在一定的关系；③面 - 面接触力与边 - 面接触力与内聚力存在某种相关性；④粘粒的位移和重定向（随着含水量、布朗运动、和粘粒含量的增加而程度增大）在一定程度上控制着内聚力的发展速度。试验过程中，20 - 24 小时内可以观测到内聚力的显著变化[39-42]。

团聚体稳定性的增加在一定程度上抑制了结皮的形成。当土壤受潮湿后静置一段时间，此时土壤团聚体稳定性在该阶段内得以加强，然后再将其暴露于降雨条件下，试验测得土壤对结皮的形成具有较低的敏感性。Levy 等研究发现[31]，对暗色粒状黑粘土和黄土湿润后静置18 小时后，测得的可侵蚀能力比没有静置一定时间的试样低40 - 25%。

3 结 语

表土结皮的形成受众多因素影响，包括土壤质地、粘土矿物、交换性钠离子浓度、湿润速度、前期含水量等，其中土壤质地是最为重要的影响因素。值得指出的是，时效性对表土结皮的形成也具有重要影响，这往往被很多研究者所忽视，因此今后研究应对时效性给予充分地重视。影响结皮形成的各因素并不是孤立的，它们之间互相作用、互相影响，这给定量研究结皮形成关键因子的临界值及其影响敏感性带来很大难度，如何对各影响因子的临界值进行确定以及定量研究各影响因子对结皮形成的敏感性将是该领域今后研究的发展方向和有待深入的方面。

　　表土结皮的相关研究目前在土壤学领域得到了极大地发展，众多研究成果均从土壤学角度进行展开的。表土结皮的形成发育相当普遍，它不仅仅局限于适于植物生长的土壤表部，在西北干旱半干旱地区铁路及高等级公路土质边坡表部以及诸多土质建筑遗址表层均有表土结皮的存在，这给工程建筑物的正常运营和保存带来诸多不利影响，这便涉及到了岩土工程、地质工程等领域。因此扩宽研究视角、进行相关学科间的交流合作也应当是其今后发展的重要方向之一。

参考文献

［1］ McIntyre D S. Permeability Measurements of Soil Crusts Formed From Raindrop Impacts. Soil Sci. , 1958, 85: 185 – 189.

［2］ McIntyre D S. Soil Splash and the Formation of Water Drops and Raindrops. Trans Am. Geophys, 1958, b, 22: 709 – 721.

［3］ Onofiok O, Singer MJ. Scanning Electron Microscope Studies of Surface Crusts Formed by Simulated Rainfall. Soil Sci. Soc. Am. J. , 1984, 48: 1137 – 1143.

［4］ West N E. Structure and Function of Microphytic Soil Crusts in Wildland Ecosystems of Arid to Semi – arid Regions. Advances in Ecological Research, 1990, 20: 179 – 223.

［5］ 凌裕泉, 屈建军, 胡玟. 沙面结皮形成与微环境变化. 应用生态学报, 1993, 4 (4): 393 – 398.

［6］ 梁少民, 吴楠, 王红玲等. 干扰对生物土壤结皮及其理化性质的影响. 干旱区地理, 2005, 28 (6): 818 – 822.

［7］ Belnap J, Harper K T, Warren S D. Surface Disturbance of Cryptobiotic Soil Crusts: Nitrogenase Activity, Chlorophyll Content and Chlorophyll Degradation. Arid Soil Research and Rehabilitation, 1994, 8: 1 – 8.

［8］ Singer, M. J. Physical Properties of Arid Region Soils. In: Skujins J. ed. Semiarid Lands and Deserts: Soils Resource and Reclamation , New York: Marcel Dekker, 1991: 81 – 109.

［9］ 宋阳, 刘连友, 严平等. 土壤可蚀性研究述评. 干旱区地理, 2006, 29 (1): 124 – 131.

［10］ MualemJ, Assouline S, Rohaenburc H. Rainfall Induced Soil Seal (A): Acritical Review of Observations and Models. Catena, 1990, 17: 185 – 205.

［11］ Kemper W D, Miller D E. Management of Crusting Soil: Some Practical Possibilities. In: Cary J W, Evans D D (Eds), Soil Crusts. Technical Bulletin 214. Agricultural Experimental Station. University of Arizona, 1974, 1 – 6.

［12］ 程琴娟, 蔡强国, 李家永. 表土结皮发育过程及其侵蚀响应研究进展. 地理科学进展, 2005, 24 (4): 114 – 122.

［13］ Kazman Z, Shainberg I, Gal M. Effect of Low Levels of Exchangeable Na and Applied Phosphogypsum on the in Ltration Rates of Various Soils. Soil Science, 1983, 135: 184 – 192.

[14] Fox, DM, Le Bissonnais Y. Process – based Analysis of Aggregate Stability Effects on Sealing, in filtration, and Interrill Erosion. Soil Science Society of America Journal, 1998, 62: 717 – 724.

[15] Ben – Hur M, Shainberg I, Bakker D, Keren R. Effect of Soil Texture and CaCO$_3$ Content on Water Infiltration in Crusted Soil. Irrigation Science, 1985, 6: 281 – 294.

[16] 唐泽军, 左海萍, 于键等. ESP 值和黏粒含量对土壤表面封闭作用的影响. 农业工程学报, 2007, 23 (5): 51 – 55.

[17] 朱远达, 蔡强国, 胡霞等. 土壤理化性质对结皮形成的影响. 土壤学报, 2004, 41 (1): 13 – 19.

[18] Singer, A. Clay Mineralogy as Affecting Dispersivity and Crust Formation in ' Aridisols. In J. D. Etchevers (ed.) Transactions of the 15th World Congress of Soil Science. Acapulco, Mexico. 1994, 8a: 37 – 46.

[19] Stern R, Ben Hur M, Shainberg I. Clay Mineralogy Effect on Rain Infiltration, Seal Formation and Soil Losses. Soil Science, 1991, 152: 455 – 462.

[20] Frenkel H, Goertzen JO, Rhoades JD. Effects of Clay Type and Content, Exchangeable Sodium Percentage, and Electrolyte Concentration on Clay Dispersion and Soil Hydraulic Conductivity. Soil Science Society of America Journal, 1978, 42: 32 – 39.

[21] Levy, G. J. , and H. v. H. van der Watt. Effect of Clay Mineralogy and Soil Sodicity on Soil Infiltration Rate. S. Afr. J. Plant Soil, 1988, 5: 92 – 96.

[22] Agassi M, Shainberg I, Morin J. Effect of Electrolyte Concentration and Soil Sodicity on the Infiltration Rate and Crust Formation. Soil Science Society of America Journal, 1981, 45: 848 – 851.

[23] Gal M, Arkan L, Shainberg I, Keren R. The Effect of Exchangeable Na and Phosphogypsum on the Structure of Soil Crust – SEM Observation. Soil Science Society of America Journal, 1984, 48: 872 – 878.

[24] Le Bissonnais Y, Singer MJ. Seal Formation, Runoff, and Interrill Erosion From Seventeen California Soils. Soil Science Society of America Journal, 1993, 57: 224 – 229.

[25] Kay BD, Angers DA. Soil Structure. In Handbook of Soil Science, Sumner ME (ed.) . CRC Press: Boca Raton, FL; 1999, A229 – A276.

[26] 史志华, 闫峰陵, 李朝霞等. 红壤表土团聚体破碎方式对坡面产流过程的影响. 自然科学进展, 2007, (17) 2: 217 – 224.

[27] 范云涛, 雷廷武, 蔡强国. 湿润速度对土壤表面强度和土壤团聚体结构的影响. 农业工程学报, 2008, 24 (5): 46 – 50.

[28] Michael J. Singer, Isaac Shainberg. Mineral Soil Surface Crusts and Wind and Water Erosion. Earth Surface Processes and Landforms, 2004, 29: 1065 – 1075.

[29] De Ploey J. Crusting and Time – Dependent Rainwash Mechanisms on Loamy Soil. In Soil Conservation Problems and Perspectives, Morgan RPC (ed.) . J. Wiley and Sons: New York, 1981, 139 – 152.

[30] Loch RJ. Structure Breakdown on Wetting. In: Sealing, Crusting and Hardsetting Soils, Productivity and Conservation, So HB, Smith GD, Raine SR, Schafer BM, Loch RJ (eds) . Australian Society of Soil

Science: Brisbane, 1994, 113 – 132.

[31] Levy GJ, Levin J, Shainberg I. Prewetting Rate and Aging Effects on Seal Formation and Interrill Soil E-rosion. Soil Science, 1997, 162: 131 – 139.

[32] Quirk JP, Panabokke CR. Incipient Failure of Soil Aggregates. Journal of Soil Science, 1962, 13: 60 – 69.

[33] Mamedov AI, Levy GJ, Shainberg I, Letey J. Wetting Rate, Sodicity and Soil Texture Effects on Infiltration Rate and Runoff [J]. Australian Journal of Soil Research, 2001, 39: 1293 – 1305.

[34] Shainberg I, Mamedov AI, Levy GJ. Role of Wetting Rate and Rain Energy in Seal Formation and Erosion. Soil Science, 2003, 168 (1): 54 – 62.

[35] Le Bissonnais Y. Experimental Study and Modeling of Soil Surface Crusting Processes In Soil Erosion – Experiments and Models, Bryan RB (ed.). Catena Supplement 17. Catena Verlag: Cremlingen – Dest-edt, W. Germany, 1990, 13 – 28.

[36] Le Bissonnais Y. Bruand A. Jamagne M. Laboratory Experimental Study of Soil Crusting: Relation Between Aggregate Breakdown Mechanisms and Crust Structure. Catena, 1989, 16: 377 – 392.

[37] Le Bissonnais Y, Singer MJ. Crusting, Runoff, and Erosion Response to Soil Water Content and Successive Rainfalls. Soil Science Society of America Journal, 1992, 56: 1898 – 1903.

[38] 赵晓光, 石辉. 水蚀作用下土壤抗蚀能力的表征. 干旱区地理, 2003, 26 (1): 12 – 16.

[39] Blake GR, Gilman RD. Thixotropic Changes with Aging of Synthetic Soil Aggregates. Soil Science Society of America Proceedings, 1970, 34: 561 – 564.

[40] Shainberg I, Goldstein D, Levy GJ. Rill Erosion Dependence on Soil Moisture Content, Aging Duration and Temperature. Soil Science Society of America Journal, 1996. 59: 916 – 922.

[41] Kemper WD, Rosenau RC, Dexter AR. Cohesion Development in Disrupted Soils as Affected by Clay and Organic Matter Content and Temperature. Soil Science Society of America Journal, 1987, 51: 860 – 867.

[42] Singer MJ, Southard RJ, Warrington DN, Janitzky P. Stability of Synthetic Sand – Clay Aggregates After Wetting and Drying Cycles. Soil Science Society of America Journal, 1992, 56: 1843 – 1848.

Summary on Influencing Factors of Soil Surface Crust

Liu Ping[1], Zhang Huyuan[1], Wang Jinfang[2], Yan Gengsheng[1]

(1. Key Laboratory of Mechanics on Disaster and Environment in Western China, Ministry of Education, Lanzhou 730000; 2. College of Earth and Environmental Science, Lanzhou University, Lanzhou 730000)

Abstract: Surface crusting is a common occurrence in many soils worldwide, especially in arid and semiarid soils. The formation of soil surface crust/seal mainly depends on soil permanent properties (such as soil texture, mineralogy, organic and inorganic polymers, composition of exchangeable cations, aggregate stability, antecedent water content and wetting rate). The objective of this study is to classify these influence factors and review the main research direction in this field. The general sequence of events that leads to crust formation under rainfall conditions can be described as follows: (ⅰ) breakdown of soil aggregates caused by raindrop impact or slaking; (ⅱ) movement of clay particles and blockage of soil pores. So the aggregate stability and clay content have substantial effects on formation of surface crust/seal. Research shows that soils with 20 – 30 percent clay were the most susceptible to crust formation. With increasing clay content above 40 percent, soil structure became more stable, crust formation was diminished. In addition, smectitic soils, low levels of exchangeable sodium percentage and electrolyte concentration were all beneficial to the formation of soil surface crust/seal. Wetting rate, antecedent moisture content, also significantly affect soil susceptibility to crusting, but this was often neglected by many researchers. Fast wetting of dry soil caused aggregate slaking and crusting whereas high antecedent moisture content decreased aggregate disintegration. Quantitative study on the influence of various factors to the surface crust formation is the future research direction in this field although this would be challenging because of the interaction among these factors. In arid and semi – arid areas in Northwest China, surface crust is also a very common phenomenon on the surface of earthen architecture site and soil slope on both sides of highway and railway. The presence of surface crust has produced the adverse effect on transit operation and conservation of earthen architecture. So it is very necessary to enhancing the international exchange and cooperation between soil science and geotechnical engineering, and this has already become the main and inevitable trend in the field.

Key Words: surface crust, exchangeable sodium percentage, aggregates, time – dependent property, influencing factor, clay mineral

（原载于《干旱区地理》，2009 年，第 32 卷第 5 期）

西北地区石窟与土建筑遗址保护研究的
现状与任务

王旭东[1,2]

（1. 敦煌研究院，敦煌，736200；
2. 古代壁画保护古代壁画保护国家文物局重点科研基地，敦煌，736200）

内容摘要： 我国西北干旱地区遗存的古代建筑遗址分为两大类，一类是石窟寺，另一大类是土建筑遗址。本文阐述了中国西北干旱区石窟与土建筑遗址的病害、赋存环境、保存现状、研究进展、保护中存在的主要科学技术问题，对今后西北地区石窟与土遗址保护研究的重点问题进行了归纳和总结。最后提出应积极开展国内外相关大学和科研机构的大联合，多学科、多领域联合进行文物保护科技攻关，大力培养高水平文物保护科技人才，开创西北地区石窟与土建筑遗址保护科学研究和保护实践的新局面。

关键词： 西北地区　石窟　土建筑遗址　保护

1　中国西北干旱区石窟与土建筑遗址保护研究的现状

在我国西北干旱地区遗存有大量的古代建筑遗址（见图1）。这些古代建筑遗址分为两大类，一类是石窟寺，即在岩体上开凿洞窟，窟内制作壁画、塑像或石刻像，最著名的如敦煌莫高窟、安西榆林窟，这两处石窟保存有从十六国到清十一个时代的约777个洞窟，45000m^{2}壁画和2500多身彩塑像。另外主要的石窟还有天水的麦积山石窟，永靖的炳灵寺，武威的天梯山、张掖的马蹄寺石窟群和新疆的柏孜克里克、克孜尔和库木吐拉石窟等全国或省级重点文物保护单位。

古建筑遗址的另一大类是土建筑遗址，最著名的有西安半坡仰韶时期的原始村落遗址，临潼的秦兵马俑坑土建筑遗址，甘肃秦安的大地湾仰韶村落遗址，敦煌近郊的玉门关及河仓城、汉长城、安西的锁阳城遗址等，内蒙古额济纳旗的黑水城遗址，宁夏规模宏伟的西夏王陵，新疆吐鲁番的交河故城、高昌故城及楼兰的大批土建筑遗址。

西北地区大批的古建筑遗址是我国优秀、珍贵文化遗产的重要组成部分，不但有

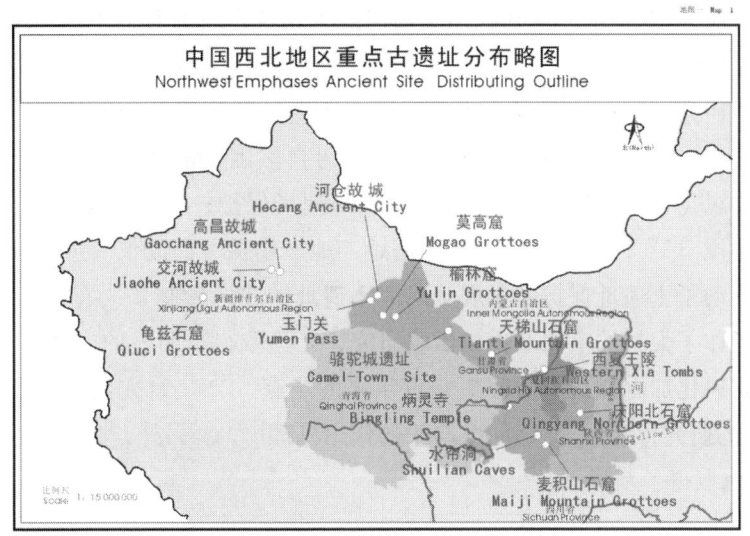

图1　西北干旱区重点古遗址分布略图

很高的学术研究价值，而且随着西部大开发战略的实施以及人们精神文化需求的日益增大，西北地区的文物旅游已成为我国旅游的热点，因此也具有很高的经济价值。但由于受自然环境与工程地质诸因素的影响，以及近年工业和旅游业迅速发展所造成的环境污染毁坏，使窟内的壁画、彩塑和雕像产生风化、酥碱、起甲、变色、褪色等病害[1]。露天的建筑遗址更是遭受风蚀、风化及雨水冲刷、开裂坍塌等的威胁[2]。许多遗址如不尽快抢救，就有遭受毁灭性破坏的可能。

过去针对个别古遗址的保护加固工程中存在的问题做过一些遗址赋存环境与保护方面的研究，如敦煌的莫高窟、安西的榆林窟、四川的乐山大佛、重庆的大足石窟，山西大同的云冈石窟，河南洛阳的龙门石窟和甘肃的麦积山、炳灵寺、北石窟，新疆吐鲁番的交河古城、克孜尔石窟等也做过一些环境地质和保护加固方面的研究，但大都针对某一具体问题进行研究，并没有从遗址的赋存环境和文物保护的特殊要求进行全面、系统、深入的研究，更没有形成具有普遍指导意义的保护理论与技术[3-23]。目前还没有特别针对西北干旱区古遗址的特点和保护的特殊要求进行全面、系统的研究，更没有将遗址赋存环境与保护加固材料、加固技术以及工程实践结合起来进行的研究。我国西北干旱区的石窟大都开凿于泥质胶结或半胶结状、强度极低、孔隙率大而松散的砂岩和砂砾岩岩体，石窟的环境问题较多。大批土建筑遗址幸存于气候干燥而多风沙的戈壁上，产生的病害极具特殊性，保护研究的任务、目标以及对策措施也迥异。由于该地区古遗址有其独特的环境特征，保护上有特殊要求，在宏观上具有普遍的统一规律，但个体差异又较大。只有对其赋存环境特征进行系统地、全面地研究，才能有针对性地开展保护加固材料和技术的研制开发。

国内土遗址保护工作开展较晚，上世纪80年代末才开始在少数几个地方进行土质遗址科学保护研究试验[24-25]。在我国文物保护工作者不懈的努力下，至本世纪初，土遗址保护工作取得了长足的进展，所涉及的研究内容越来越广泛，且部分已达较高水平。土遗址的研究主要集中在以下方面：研究土遗址的病害及破坏机理，如病害成因研究[24,26-31]，提出风、雨、温度、洪水、地震等自然因素都可对土遗址产生破坏的观点；土遗址的风化机理研究[32-37]；研究发掘与现场保护；环境和土遗址的关系研究；现代的测试手段[38-39]，近景摄影、航空遥感、地震物探、面波仪、声波仪等的大量应用，极大地推动了土遗址保护的发展；研究土遗址的建筑形制[40-41]，对土遗址的保护加固技术已经作了大量的室内及现场试验研究，已经取得了明显的成绩[18-21,42-43]；对土遗址表面防风化加固材料的研究更是近年来的热点[27,44-49]，尤其对在干旱环境下使用的 PS 材料的研究，已经深入到 PS 与土的作用机理[27,50]。另外，关于灌浆材料和锚固技术[27,51-56]也取得了新进展。

2　西北干旱区石窟与土建筑遗址保护的主要科学技术问题

（1）弄清石窟与土建筑遗址的赋存环境特征是中国西北干旱区石窟与土建筑遗址保护的主要科学技术问题之一。遗址的赋存环境包括地质环境、水环境、气象环境、社会环境等。按保护对象和拟解决的问题不同，研究方法和技术路线将有所不同。

古遗址的各种病害都是受遗址所处的工程地质、水文地质及环境诸因素影响而产生的。因此对古遗址的保护研究必须从遗址的赋存环境研究入手，这样才能从根本上解决古遗址的保护问题。

西北地区的石窟大多数均处于干旱区，另外大都开凿在易于手工开挖、又能保持自稳的砂岩或砂砾岩体中，这类岩石结构疏松、孔隙大，抗崩解和抗风蚀性能极差。又由于石窟均开凿在直立的崖体上，卸荷裂隙十分发育，随时危及洞窟的稳定。这种特殊的气候和地质环境共同构成了中国西北干旱区石窟与土建筑遗址的赋存环境。既存在有利于遗址保护的方面，又存在不利的方面。正确而全面的认识该地区石窟与土建筑遗址的赋存环境至关重要。由于特殊的自然环境，使得西北地区石窟与土建筑遗址的保护问题就具有特殊性，保护研究的重点和难点也不同于其他地区。

（2）遗址的结构及建造材料的研究是解决中国西北干旱区石窟与土建筑遗址保护的又一科学技术问题。

建筑材料是各类石窟的建筑形式及古代艺术的物质载体。丝绸之路上的石窟寺因其所处的地质环境及开凿时代的不同而具有各自的特点，有的以壁画为主（如莫高窟），有的以泥塑为主（如天水麦积山石窟），也有的以石雕为主（如炳灵寺），其形制大小也有差异。壁画、彩塑的制作材料也因地域的不同而不同。必须搞清制作材料的物质成分，为文物保护提供基础数据。

古代土建筑有些在室内，但大多暴露在室外，它们的建筑形式各异。不同的建筑结构、形式拥有不同的物质组成。有些采用夯土或版筑土（如交河古城、玉门关等），有些则以植物枝条和沙土分层夯筑（如汉长城及其烽火台）。

遗址的建筑形式与物质组成不同使得遗址的病害也各异，对此进行研究是今后保护对策研究的基础。

（3）保护加固材料、工艺、加固效果评价是石窟与土建筑遗址保护的落脚点、难点，也是衡量我们保护工作成败的关键，是摆在文物保护科技工作者面前且最终必须予以解决的科学技术问题。

不同的古遗址由于其赋存环境不同、建筑结构与建筑材料的巨大差异，西北地区石窟及土建筑遗址病害类型与所处的环境和制作材料、工艺之间有着密切的关系，再加上文物保护的特殊要求，几乎没有现成的保护加固材料和技术可直接应用到石窟和土建筑遗址的保护加固中，必须筛选或研制开发出适合其特殊要求的保护加固材料和技术。其加固效果还必须采用无损检测的方法进行评价。因此，在充分认识这些病害产生机理的基础上，研发适宜的保护材料和工艺及保护效果的评价方法是西北地区石窟及土建筑保护的难点和重要内容之一。

（4）岩土体的表面防风化加固和锚固、灌浆将是该地区石窟与土建筑保护加固研究和工程实践的重点内容之一。

中国西北干旱区石窟与土建筑遗址存在的主要病害是岩土体结构疏松、风蚀和雨蚀作用强烈、裂隙发育和岩土体坍塌等。因此，岩土体的表面防风化加固和锚固、灌浆将是该地区石窟与土建筑保护加固研究和工程实践的重点内容之一。

3 西北干旱区石窟与土建筑遗址保护的思考

在全球经济结构调整的大浪潮中，我国政府及时做出实施西部大开发的战略决策。抓住时机，实施西部大开发战略是实现共同富裕、加强民族团结、保持社会稳定和边疆安全的战略举措；是扩大国内有效需求，实现经济持续快速健康发展的重要途径；是实现现代化建设第三步战略目标的客观需要；也是适应世界范围经济结构调整，提高我国国际竞争力的迫切需要；无论是在经济上还是在政治上，都具有重大的现实意义和深远的历史意义[56]。在这种大背景下，西北地区的石窟与土建筑遗址的保护将面临新的机遇和挑战。一方面，国家已将西部地区的大遗址保护列入西部大开发的重要工作之一，保护资金的投入将越来越多。另一方面，由于西北地区的古代建筑遗址分布广、规模大，赋存环境特殊，急需解决的保护问题很多，需要大量的人力、财力的支持。

遗址加固是将胶粘材料或支撑材料应用到文物的实际的结构中，以便保证文物的持续的耐久性或结构的完整性。在过去的十多年来，我们开展了石窟与土建筑遗址赋存环境、建筑形式和材料、砂砾岩石窟裂隙灌浆材料与技术、土建筑遗址防风化加固材料和工艺、土建筑遗址开裂墙体的锚固技术等的系统研究。对砂砾岩石窟裂隙灌浆材料 PS - F 进行了系统、深入的研究，尤其是对 PS - F 浆液的组成成分、结石体的强度特征、微观结构进行了大量的实验研究；对土建筑遗址防风化加固材料 PS 与遗址土体的作用机理、加固前后的物理力学性能的变化规律进行了系统实验研究；还开展了开裂遗址土体的锚固实验研究。并在敦煌莫高窟、安西榆林窟等石窟，以及敦煌玉门关、河仓城遗址、宁夏银川的西夏陵三号陵等土建筑遗址的保护加固工程中得到应用，但由于遗址文物保护的特殊要求，仍有大量的问题还有待今后进一步研究，如：建立遗址文物保护理论问题；岩土工程勘察与加固技术与文物保护的适应性问题；石窟与土建筑遗址加固技术的规范化问题；保护加固效果的无损检测问题等。解决所有上述问题将是今后保护科研和保护工程实践的重点。

文物的保护与科学研究，是一项系统的综合性科学。它既涉及到社会科学，又涉及到自然科学的诸领域，如考古学、化学、物理学、地质学、环境科学、生物学等。只有依靠多学科的综合、交叉才能有效地完成一项具体的文物保护项目。文物的保护和科学研究，对于人们认识自己的历史和创造力量，揭示人类社会发展的客观规律，认识并促进当代和未来社会的发展，具有重要的意义。多年来，根据上述原则，文物保护取得了长足的进展。运用科学技术手段控制和防止自然力对文化遗址的损害和破坏，是文物保护与科学研究的一个重要环节。保护科学技术研究是采取利用现代科学技术手段与传统文物保护技术相结合的方针，既要充分利用现代科学技术又要研究总结和提高行之有效的传统技术。文物保护项目应组织各学科联合攻关，并及时推广文物保护科学技术的新成果，使古建筑遗址延年益寿，将古代劳动人民留给我们的珍贵文化遗产完整地传给子孙后代。

文物保护不存在放之四海而皆准，在任何情况下均行之有效的方法，因为遗址的类型及其自然状况、社会状况完全不同，所以解决方法也完全不同。但指导遗址保护管理的基本原则，以及为确保其成功的基本程序则是存在的。

目前文物保护界的现状是保护人才的奇缺，同时，现有的保护加固技术不能满足规模大、分布广、赋存环境特殊的西北干旱地区石窟与土建筑遗址的保护需求。迫切的任务是要积极主动地联合国内外相关科研教学机构，大力培养文物保护科技人才，并形成多学科、多领域联合进行文物保护科技攻关的局面。以文物保护科研机构为主体、发挥高校和相关科研院所的优势，共同推进西北干旱区石窟与土建筑遗址的保护工作上一个新台阶，以保存大量珍贵的文化遗产，为西北地区社会、经济的可持续发展奉献一份力量。

2005 年，敦煌研究院已被国家文物局确定为古代壁画保护重点科研基地，该基地将以石窟和土建筑遗址保护研究为重点，将把人才培养、联合国内外高等院校和科研院所开展文物保护科技攻关作为主要任务，为中国西北地区文物保护，尤其是石窟和土建筑遗址的保护发挥积极的作用。在此基础上还应积极申请建立国家级的古遗址保护工程技术研究中心，立足敦煌，面向西北，带动西北地区遗址文物保护快速发展。在人才培养方面，我们早在2002年就与兰州大学联合成立了文物保护研究中心，通过院校联合的方式加大人才培养的力度。目前我们已与美国盖蒂保护研究所、英国伦敦大学考陶尔德艺术学院合作举办了壁画保护研究生班，敦煌研究院已联合多家高校和科研院所承担了国家科技部科技支撑计划中的"土遗址保护关键技术研究"、"古代壁画脱盐关键技术研究"课题，这两个课题将主要侧重于对西北地区石窟与土建筑遗址的保护技术攻关。相信通过上述课题的研究，西北地区的石窟与土建筑遗址的保护研究水平与工程实践将迈上一个新的台阶。

参考文献

[1] 樊锦诗. 敦煌莫高窟的保存、维修和展望. 敦煌研究文集. 石窟保护篇，兰州：甘肃民族出版社，1993：4 – 12.

[2] Li Zuixiong and Wang Xudong, Conservation of Grottoes and Earth Architecture along the Silk Road, China, "8th Congress of the International Association for Engineering Geology and the Environment", September, 1998, Vancouver, Canada.

[3] 姜怀英，刘景龙. 龙门石窟奉先寺加固工程中应用高分子材料的研究. 亚洲地区文物保护技术讨论会论文集. 1989：152 – 161.

[4] 解廷藩. 云岗石窟加固工程中呋喃改性环氧树脂的应用研究. 亚洲地区文物保护技术讨论会论文集. 1989：161 – 168.

[5] 马家郁. 潮湿环境下石窟围岩裂隙灌浆补强材料的研究. 亚洲地区文物保护技术讨论会论文集. 1989：168 – 179.

[6] 李最雄，易武志. PS – C 对砂砾岩石窟裂隙灌浆的研究. 文物保护与考古科学，1989（2）：19 – 28.

[7] 孙儒间. 榆林窟的病害及其保护. 敦煌研究，1990（3）：84 – 92.

[8] 屈建军等. 论敦煌莫高窟的若干风沙问题. 地理学报 1996（5）：418 – 425.

[9] 凌裕泉等. 敦煌莫高窟崖顶风沙危害研究. 敦煌研究文集. 石窟保护篇（上），兰州：甘肃民族出版社，1993：134 – 145.

[10] 张明泉，张虎元等. 敦煌壁画盐害及其地质背景 敦煌研究文集. 石窟保护篇（上）：356 –361.

[11] 李最雄，炳灵寺. 麦积山和庆阳北石窟的风化研究. 敦煌研究文集. 石窟保护篇（上），兰州：甘肃民族出版社. 1993：171 – 187.

[12] Robert E. Englekirk. Geotechnical Issues in the conservation of sites. Conservation of Ancient Sites on the Silk Road. Proceedings of an International Conference on the Conservation of Grotto sites edited by Neville Agnew. 1997：147 – 158.

［13］Sun RujianReviews of Stabilization Projects at the Mogao Grottoes. Proceedings of an International Conference on the Conservation of Grotto sites edited by Neville Agnew. 1997：159 – 169.

［14］Jiang Huangying and Huang Kezhong Stabililization and Consolidation of Kizil Grottoes. Conservation of Ancient Sites on theSilk Road. Proceedings of an International Conference on the Conservation of Grotto sites edited by Neville Agnew. 1997：170 – 180.

［15］Li Zuixiong Neville Agnew& Po – Ming Lin Chemical Consolidation of Conglomerate and Sand at the Mogao Grottoes. Conservation of Ancient Sites on the Silk Road. Proceedings of an International Conference on the Conservation of Grotto sites edited by Neville Agnew 1997.

［16］Zhong Shihang Huang Kezhong. A Nondestructive Method for Determining Weathering and Consolidation of Stone Conservation of Ancient Sites on theSilk Road. Proceedings of an International Conference on the Conservation of Grotto sites edited by Neville Agnew. 1997：314 – 319.

［17］He Ling Ma Tao Rolf Snethlage Eberhard Wendler Investigations of the Deterioration and conservation of the Dafosi Grotto Conservation of Ancient Sites on theSilk Road. Proceedings of an International Conference on the Conservation of Grotto sites edited by Neville Agnew. 1997.

［18］李最雄，王旭东，田琳．交河古城土建筑遗址的加固实验．敦煌研究，1997（3）：171 – 181.

［19］李最雄，王旭东．古代土建筑遗址保护加固新进展．敦煌研究，1997（4）：167 – 172.

［20］李最雄，王旭东，张志军等．秦俑坑土遗址的加固实验．敦煌研究，1998（4）：151 – 158.

［21］李最雄，王旭东，郝利民．室内土建筑遗址的加固实验．敦煌研究，1998（4）：44 – 149.

［22］姜怀英，黄克忠，冯丽娟．克孜尔千佛洞一、二工段的维修与保护．文物保护与考古科学，1999（2）：33 – 42.

［23］樊锦诗，李传珠．锚索新技术在榆林窟岩体加固工程上的应用．敦煌研究，2000（1）：119 – 122.

［24］黄克忠编著．岩土文物建筑的保护 北京：中国建筑工业出版社 1998.

［25］黄克忠．走向二十一世纪的中国文物科技保护．敦煌研究，2000（1）：5 – 9.

［26］解耀华．交河故城的历史及保护修缮工程．交河故城保护与研究［C］，乌鲁木齐：新疆人民出版社，1999：31 – 32.

［27］李最雄．丝绸之路古遗址保护．北京：科学出版社，2003.

［28］赵海英，李最雄，韩文峰等．西北干旱区土遗址的主要病害及成因．岩石力学与工程学报，2003，22（增2）：2875 – 2880.

［29］王旭东．中国西北干旱环境下石窟和土遗址保护加固研究．兰州：兰州大学，2003.

［30］赵海英．甘肃境内战国秦长城和汉长城保护研究．兰州大学，2005.

［31］Sikka, Sandeep. Theme：Decay and Conservation：Research and PracticeTopic：Conservation of Historic Earth Structures in the Western Himalayas. In 9th International Conference on the Study and Conservation of Earthen Architecture Terra 2003. yazd – IRAN, 2003：513 – 530

［32］6th International Conference on the Conservation of Earthen Architecture, Las Cruces, New Mexico, U. S. A. October, 14—16, 280：269.

［33］刘林学，张宗仁，薛茜等．古文化遗址风化机理及其保护的初步研究．文博，1988（6）：71 – 75.

［34］ 张万学．半坡遗址风化问题浅析．文博，1985（5）．

［35］ 贾文熙．土质文物的风化机理与保护刍议．文物养护与复制适用技术．西安：陕西旅游出版社，1997.

［36］ 张志军．秦兵马俑文物保护研究．西安：陕西人民教育出版社，1998：104 - 106.

［37］ 屈建军，王家澄，程国栋等．西北地区古代生土建筑物冻融风蚀机理的实验研究．冰川冻土，2002，24（1）：51 - 55.

［38］ D'Aragon, Jean. Earth as an element of persistence in South African Xhosa culture. in. 9th International Conference on the Study and Conservation of Earthen Architecture Terra 2003. yazd - IRAN, 2003：120 - 127

［39］ 马清林，苏伯民，胡之德等．中国文物分析鉴别与科学保护．北京：科学出版社，2001.

［40］ 李肖．交河故城的形制布局．北京：文物出版社，2003.

［41］ 姜波．汉唐都城礼制建筑研究．北京：文物出版社，2003.

［42］ 秦俑坑土遗址保护课题组．秦俑坑土遗址的研究与保护

［43］ 王旭东，张鲁，李最雄等．银川西夏 3 号陵的现状及保护加固研究．敦煌研究，2002（4）：64 - 72.

［44］ 内蒙古博物馆．大窑遗址四道沟地层剖面"PS"材料保护加固实验报告．内蒙古文物考古，2002（1）：135 - 139.

［45］ 和玲，梁国正．偏氟聚物加固保护土质文物的研究．敦煌研究，2002（6）：92 - 108.

［46］ 周双林，原思训，杨宪伟等．丙烯酸非水分散体等几种土遗址防风化加固剂的效果比较．文物保护与考古科学，2003，15（2）：40 - 48.

［47］ 周双林，王雪莹，胡原等．辽宁牛河梁红山文化遗址土体加固保护材料的筛选．岩土工程学报，2005，27（5）：567 - 570.

［48］ 周双林．文物保护用有机高分子材料及要求．四川文物，2003（3）：94 - 96.

［49］ 周双林，原思训．有机硅改性丙烯酸树脂非水分散体的制备及在土遗址保护中的试用．文物保护与考古科学，2004，16（4）：50 - 52.

［50］ 周双林．土遗址防风化加固保护材料研制及在秦俑土遗址的试用．北京：北京大学，2000.

［51］ 苏伯民，李最雄，胡之德．PS 与土遗址作用机理的初步探讨．敦煌研究，2000（1）：30 - 35.

［52］ 中国对外翻译出版公司，联合国教科文组织出版办公室．文物保护工作中的适用技术．北京：中国建筑出版社，1985.

［53］ 范章．SV - Ⅱ灌缝胶及其在古建筑土坯墙体加固中的应用．西北建筑与建材，2003（5）：26 - 28.

［54］ 杨涛，李最雄，谌文武．PS - F 灌浆材料的物理力学性能．敦煌研究，2005（4）．

［55］ 庞正智．加固交河古代遗址裂缝．文物，1997（11）：88 - 91.

［56］ 熊厚金，胡一红，张展．高分子灌浆防水加固技术对沙土层文物的原位保护．见：国家文物局文物一处编．文物科学技术成果应用指南．

［57］ 丁俊发主编．西部大开发—中国 21 世纪大战略．北京：科学出版社，2000.

The Condition and Tasks about the Conservation of Grottoes and Earthen Architecture Sites at Northwest China

Wang Xudong[1,2]

(1. Dunhuang Academy, Dunhuang, 736200;
2. The Key Scientific Research Base for Ancient Wall Paintings, Dunhuang, 736200)

Abstract: The ancient architectural ruins of arid environments regions atNorthwest China are divided into two categories, one is grotto temple, and another is the earthen architecture site. This paper discusses the deteriorations of grottoes and earthen architecture sites at the arid environmental regions of Northwest China, and surroundings, condition of conservation, research progress of conservation, the major scientific and technological problems of conservation, and summarizes the key issues about conservation and research of the grottoes and earthen architecture sites at Northwest China in future. Finally, it is pointed that we should actively unite the domestic and foreign universities and scientific institutions, and conduct the conservation technological breakthrough at the multidisciplinary and different researching areas, vigorously cultivate high – level professionals in the field of conservation. In this case, research and practice of the conservation of the grottoes and earthen architecture site at Northwest China will be having new progress.

Keywords: Northwest China, Grottoes, Earthen architecture site, Conservation

(原载于《敦煌研究》，2007 年，第 5 期)

综合变形监测方法在新疆交河故城崖体加固中的应用

张　鲁[1]，郭青林[1,2]，裴强强[1]，刘典国[1]，韩　龙[3]

（1. 敦煌研究院保护研究所，敦煌，736200；2. 兰州大学土木工程与力学学院，
兰州，730000；3. 中铁西北科学研究院，兰州，730000）

内容摘要：本文通过对首次应用于古遗址加固工程领域内的综合变形监测方法以及在交河加固工程的应用实例的介绍，说明简易观测桩、半自动和全自动监测设备综合使用的变形监测方法能够从监测设备方面为古遗址文物和加固人员的安全提供保障。并通过全自动变形监测结果比较可知：经过加固后的危崖体明显趋于稳定，目前交河故城危崖体的加固方法是可行有效的，以及温度的频繁波动是导致交河故城台地崖边裂隙发育的主要原因之一等结论。

关键词：交河故城　崖体加固　变形监测

1　前　言

新疆交河故城遗址是国务院 1961 年公布的第一批全国重点文物保护单位，位于新疆维吾尔自治区吐鲁番市西 10km 的雅尔乃孜沟村。交河故城建于公元前 3 世纪以前，在我国西域史上占有重要的位置，从汉武帝的开疆扩土到元末的宗教战争，许多历史事件的发生都和它有关，对于研究中西方文化的交流和我国西域的历史有着不可替代的作用。交河故城也是东西方文化、科技、宗教交流的中心之一，是研究我国西域乃至中原、中亚、欧洲古代科学技术的活标本。由于自然和人为因素，交河故城的文物本体和崖体产生了严重的病害[1]。

2006 年国家文物局立项对交河故城实施抢险加固工程，分为文物本体和崖体加固两部分，其中崖体加固工程占本次加固工程量的绝大部分。据敦煌研究院和兰州大学文物保护中心调查[2]，交河故城的崖体主要为 Q_2 和 Q_3 粉土地层构成，高 20－30m。台地崖边裂隙密布（见图 1），卸荷裂隙和节理非常发育，裂隙最大宽度达 80cm，最大切

图1　交河故城崖体裂隙发育

割深度达 18m，形成了崖边破碎的地貌特征，崩塌破坏为其主要破坏形式，主要崩塌类型有错断式、倾倒式和拉裂式。由于一些待加固的危崖体濒临崩塌或下挫的极限，为了确保加固过程中人员的安全和文物的安全，对加固崖体全过程实施变形监测。有关变形监测的方法和手段在我国多用于滑坡和大坝监测[3-10]，在古遗址加固中尚属首次。在交河故城崖体加固中，我们借鉴了滑坡和大坝监测的方法，又考虑了文物加固中变形监测的特殊性，采用了全自动、半自动和观测桩相结合的监测方法。

2　施工中主要采取的监测方法

2.1　人工简易观测桩

在交河危崖体加固工程中，对判定有危害程度的危岩体、变形不明显的区域都布设简易观测桩，形成观测桩断面，采用人工尺量的方法进行观测。每个危险块体上都应有观测点，读数精确到 0.1mm，正常情况下每天确保两次观测，当该区域施工时，加密测量次数。观测桩布置见图2 和图3。

图2　崖体加固中布置的简易观测桩

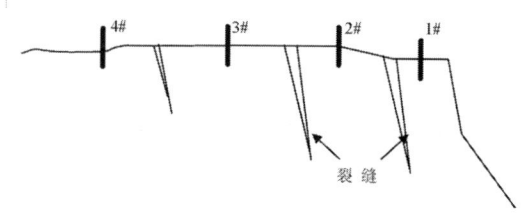

图3　简易观测桩观测断面示意图

简易观测桩具有布置方便，不需要设备，观测直接，操作简单，费用低等优点，但这种方法获得数据少，不能进行连续监测，无法知道危崖体发生变形的确切时间。我们在交河崖体加固工程中大量使用了简易桩观测，用来验证监测仪器的准确性和工后期监测加固后危崖体是否稳定。

2.2 自动裂缝伸缩仪

在交河崖体加固中我们使用了由中铁西北科学研究院自行研制的 JXY－1 型裂缝观测仪，它是依据日本株式会社 SRL－6（4）型裂缝伸缩仪改制的一种能够准确观测裂缝变化的自动记录仪器，通过单点或多台级联方式来观测裂缝的开、合变化情况，有周计（连续 150 小时自动记录）和月计（连续 720 小时自动记录）两种型号。其读数精度可以达到 0.2mm。安装见图 4 和图版 5。

该设备可以通过图 2 中的自动记录仪实现自动变形监测，并能够连续记录一定时段内的危崖体的变形，设备费用较低，在交河加固工程中发挥了一定的作用，但所得数据精度相对较低，数据处理比较麻烦，也无法进行现场数据传输和报警，因此只能算作半自动监测设备。

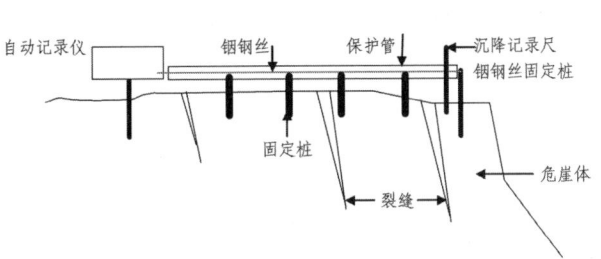

图 4 自动裂缝伸缩仪安装示意图

图 5 JXY－1 型裂缝观测仪

2.3 全自动变形监测设备

交河故城加固工程所使用的全自动变形监测系统由传感器、数据采集单元和采集软件组成，所用设备为南京南瑞集团公司大坝工程监测分公司的电位器式位移计、DAMS－IV 型数据采集系统及相关数据采集软件。该设备是南瑞集团大坝监测分公司的技术和开发人员通过现场的实地考察后，根据交河故城加固工程的特殊性，专门为交河加固工程开发研制的一套全自动监测设备。

2.3.1 传感器

采用 NDW－50 南瑞产电位器式位移计，测量范围：50mm，最小读数：0.01mm。将恒张力机构两端装在待测部位，以恒力张拉铟钢丝，位移计一端与铟钢线相连接，待测部位间的相对位移转化为铟钢丝的相对固定端的位移，位

图 6 全自动变形监测设备

移值由电位器式位移计测出。铟钢丝由 2″保护管保护（图6）。

2.3.2　数据采集单元

系统配置 1 台 DAU2000 数据采集单元，通信介质采用 CDMA 网络。测量现场安装一台采集单元，内装 2 个 NDA1603 数据采集模块，1 个 CDMA 通信模块和 1 个 NDA5200 直流电源（配 12V/24AH 免维护蓄电池）（图7），采用 40W 太阳能电池板供电监控中心设置 1 台监控计算机，配 USB 口 CDMA 上网卡，负责现场采集单元与计算机间的通信。采集单元中设置 2

图 7　DAMS－Ⅳ型数据采集系统

个数据采集模块，数据采集模块可以执行动态测量方式，对位移计的进行动态测量，最小采样时间间隔不大于 5 秒，数据实时上传至监控计算机；也可以执行静态测量方式，只对位移计进行静态测量，最小采样时间间隔可以自行设定，数据定时上传至监控计算机，图 8 为全自动监测设备系统构成示意图。

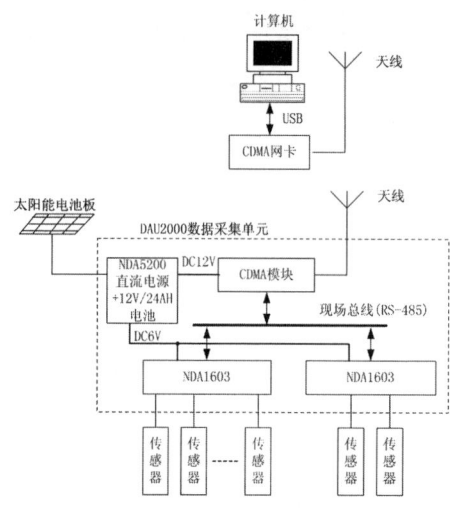

图 8　全自动变形监测系统构成示意图

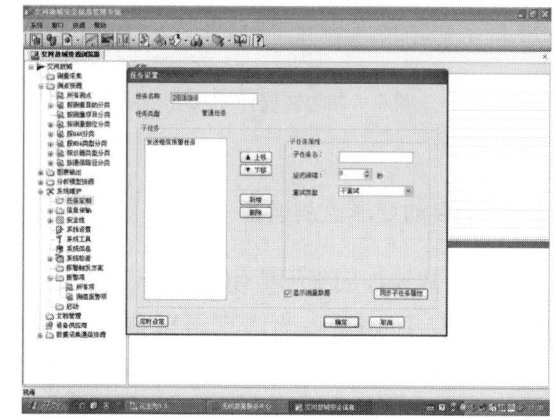

图 9　DSIMS 数据采集软件报警设置界面

2.3.3　采集软件

数据采集所用软件为南瑞大坝监测公司开发的 DSIMS 数据采集软件，软件可设置各种测量方式、测量参数，获得各种测量数据；数据采集过程中，可以快速及时获取数据，并对越限数据进行报警，采用手机短信报警方式进行报警。软件可对监测数据进行换算并保存至数据库中，对监测数据和成果进行查阅、编辑、删除、备份等操作，并将监测数据转换成 Excel 等通用格式，可制作年、季、月、旬、周、日等多种形式的报表，输出单点测值、多点测值和相对取值。软件也可绘制过程线图、分布图、相关图、方块图等多种图形，各种图形都可随意定制，并有多种外观可供选用。图 9 为 DSIMS 数据采集软件中的报警设置界面。

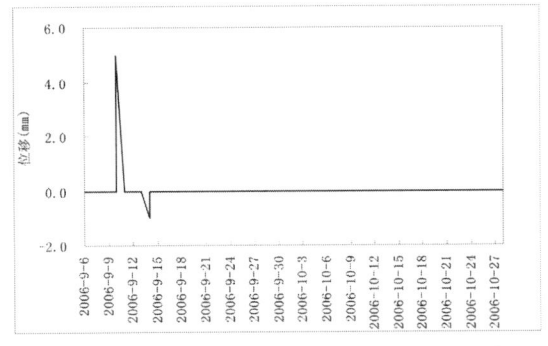

图 10　交河故城 45 区简易观测桩水平位移变化曲线

3　变形监测数据初步分析

　　图 10 为交河故城崖体 45 区施工期间简易观测桩水平位移变化曲线图，所用数据为每天 8 点和 20 点分别对裂隙两端的观测桩进行测量，记录数据成图。图中有位移的地方均为施工时钻机扰动危崖体所至。从图中可以看出，简易桩除在施工扰动较大的情况下监测到变形之外，其他时候所监测到的位移变化均为零，可见简易桩在施工期间用来监测不失为一种简单有效的方法，并可以对全自动监测所得设备进行验证，但由于其观测精度和数据的不连续性，单一的使用这种方法并不能确保加固过程中人员和文物的安全。

　　图 11 为交河故城 45 区 JXY－1 型裂缝观测仪所测水平位移变化曲线，与图三相比图 11 所得数据具有连续性，精度相对也高于简易观测桩所得数据，同时间内所测出的位移变化也明显多于简易观测桩，但其数据获取采用时钟滚筒自记式，只有观测人员在现场才能了解到是否有位移变化，无法实现数据的实时监测。

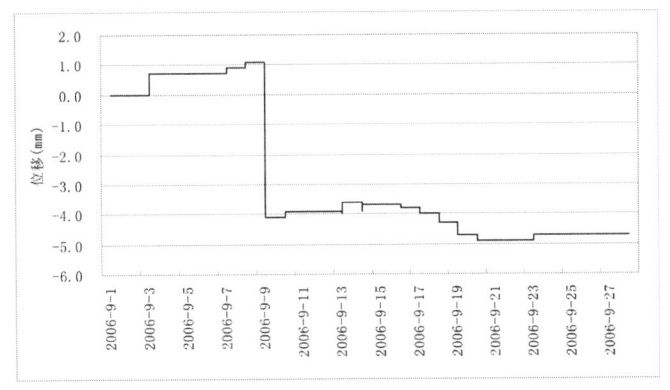

图 11　交河故城 45 区 JXY－1 型裂缝观测仪所测水平位移变化曲线

　　图 12 和图 13 分别为全自动监测设备所测水平位移监测数据所作曲线，对比前两种监测方法，该方法实现了危崖体和裂缝变形监测的完全自动化，并且可以进行实时监测，仪器的灵敏度也远高于前两种方法。一旦仪器测到变形发生，便可以根据设置自动向监测人员报警，监测人员可根据情况立即做出反应，可最大限度地避免文物失损和人员伤亡。

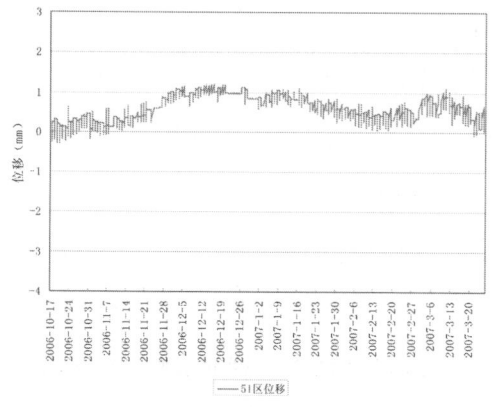

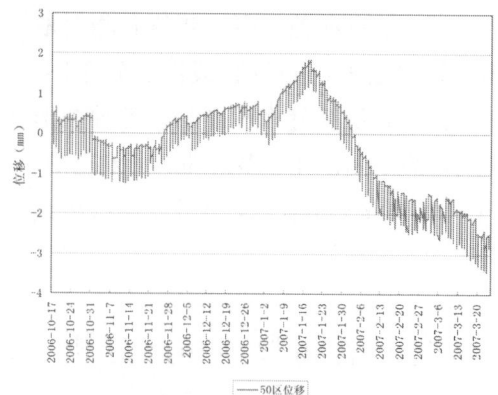

图 12　51 区崖体加固后水平位移变化曲线　　　　图 13　交河故城 50 区未加固崖体裂缝水平
　　　　　　　　　　　　　　　　　　　　　　　　　　　　　　位移变化曲线

　　图 12 为 51 区加固后的水平位移监测情况，51 区未加固前为该加固工程最危险的区域之一，发育的纵向裂隙切割形成的危崖体已发生外倾，裂隙张开度大，随时有坍塌的可能。图 13 为同一时间 50 区内未加固的崖体水平位移监测曲线，50 区相对 51 区而言比较稳定，裂隙张开度较小，相对稳定。对比两图可以看出，加固后的崖体的水平位移的变化幅度明显的小于未加固崖体同一时间段的变化幅度，崖体经过加固后明显趋于稳定，可见对交河故城危崖体的加固有十分明显的效果，从而也说明目前所采取的崖体加固方法是可行的。

　　图 14 为用美国产的 HO-BO 温湿度探头所测与图 12、图 13 同一时间段的温度变化曲线，其变化趋势刚好和图 13 变化趋势相反，由此可以推测温度的频繁波动是导致交河故城台地崖边裂隙发育的主要原因之一。

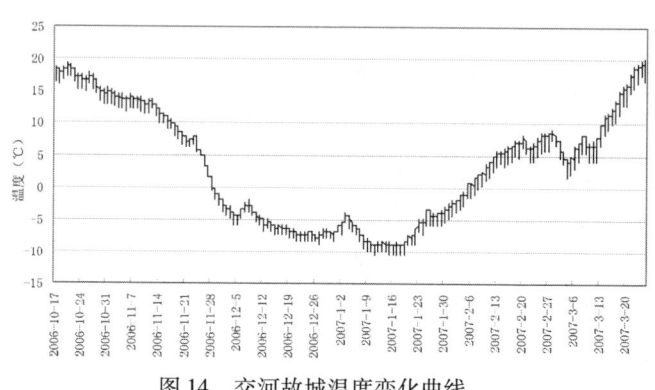

图 14　交河故城温度变化曲线

4　结　论

　　（1）交河故城加固工程首次将我国滑坡和大坝变形监测中所用手段应用于我国遗址加固领域。

　　（2）简易观测桩、半自动和全自动监测设备结合使用的变形监测方法既可以使所测得的数据之间可以相互印证，又提高资金的利用率，从监测设备方面为文物和加固人员的安全提供了保障。

（3）从加固区域和未加固区域崖体水平位移监测曲线可以看出，加固的崖体的水平位移的变化幅度明显的小于未加固崖体同一时间段的变化幅度，崖体经过加固后明显趋于稳定，目前交河故城危崖体的加固方法是可行有效的。

（4）温度的频繁波动是导致交河故城台地崖边裂隙发育的主要原因之一。

（5）交河故城加固工程的变形监测还处于探索阶段，还需要更加深入的研究和工程实践的检验。

致谢

加固工程中所使用变形监测仪器的选定以及现场监测得到了中铁西北科学研究院、南瑞大坝监测分公司的相关人员的无私的帮助和指导，在此深表感谢。

参考文献

［1］孙满利，李最雄，王旭东等．交河故城的主要病害分析．敦煌研究，2005（5）：92 – 94.

［2］敦煌研究院，兰州大学文物保护研究中心．交河故城抢险加固工程勘察总报告. 2005. 5.

［3］尚文凯，秦建明，田金泽等．无缆监测系统在边坡变形监测中的应用．露天采矿技术，2006（2）：10 – 11.

［4］纵坤，韩效海，董立新．注浆加固工程安全监测的探讨．能源技术与管理，2006（2）：73 – 74.

［5］王晓华，胡友健，柏柳．变形监测研究现状综述测绘科学．2006，31（2）：130 – 132.

［6］张华伟，王世梅，霍志涛等，三峡库区滑坡监测的新方法，科学技术与工程，第13期第6卷，2006，13（6）：1898 – 1900.

［7］孙伯永．水库大坝变形观测资料的数学模型分析．西部探矿工程，2006，（增刊）：73 – 74.

［8］李红连，黄丁发，陈宪东．大坝变形监测的研究现状与发展趋势．中国农村水利水电，2006（2）：89 – 93.

［9］杨杰，吴中如．大坝安全监控的国内外研究现状与发展．西安理工大学学报，2002，（1）．

［10］方卫华，王润英．大坝变形监测自动化系统进展．水利水电科技进展，2000，（12）．

Application in Synthesized Methods of Deformation Monitoring of the Ruins of Ancient Jiaohe City

Zhang Lu[1], Guo Qinglin[1,2], Pei Qaingqiang[1], Liu Dianuo[1]

(1. Conservation Institute OfDunhuang Academy, Dunhuang 736200;

2. College of Civil Engineering and Mechanics of Lanzhou University, Dunhuang, 730000)

Abstract: Based on the first time application in synthesized methods of deformation monitoring at the field of consolidation engineering of ancient sites in China and the case of deformation monitoring of the Ruins of the ancient Jiaohe City, we know the synthesized methods which we use three equipments: simple observation pile, Semi – automatic and automatic monitoring e-quipments can insure the ancient site and conservator's security from the monitoring equipment aspect. Comparing to deformation monitoring data by automatic monitoring equipment, we can conclude some results: the cliff – reinforcement is apparently becoming stable, the current re-inforcement methods of the Ruins of the Ancient Jiaohe City is feasible and effective, and the frequent temperature fluctuations is one of the main reasons, which caused edge of a cliff fis-sure of the Ruins of the Ancient Jiaohe.

Keywords: the Ruins of the Ancient Jiaohe City, consolidation of cliff, deformation monitoring

（原载于《敦煌研究》，2007 年，第 5 期）

环境对交河故城破坏机理研究

孙满利[1,3]，李最雄[2,3]，王旭东[2,3]，谌文武[3]

（1. 西北大学文博学院，西安，710069；2. 敦煌研究院，敦煌，736200；
3. 兰州大学文物保护研究中心，兰州，730001）

内容摘要： 交河故城遗址是第一批全国重点文物保护单位，在自然和人为环境的影响下，已经遭受了严重的破坏，交河故城的环境主要特点是风沙大，温差大，土体耐崩解性差，矿物成分的耐风化、热膨胀系数有差异，位于新构造活动带。它的主要病害有风蚀、雨蚀、裂隙、崩塌等，交河故城的破坏主要是这些因素的综合作用。通过对交河故城赋存环境和病害的调查，分析它的赋存环境因素对土遗址的作用机理，认为风是交河故城破坏的主要外动力，风蚀病害是交河故城的最主要病害，风参与了所有的破坏活动；温差变化大、雨蚀、地质构造和地震是它破坏的因素之一。温度变化引起土体内水分含量的变化是表层土体风化的主要因素；土体中可溶盐、方解石、长石含量高，是它抵抗破坏性能差的主要内因；同时，建议可用 PS 材料对它进行保护加固。

关键词： 交河故城　环境　保护　土遗址

0　前　言

交河故城始建于公元前三世纪以前，位于新疆吐鲁番市西 10km 的雅尔乃孜沟村，地处吐鲁番盆地西部火焰山与盐山交接之处的天然豁口，是丝绸之路上具有两千多年悠久历史的名城，它是古代西域政治、经济、文化中心之一，对东西方经济和文化的交流起过重要的作用。交河故城是研究我国古代西域城池建筑形制和建筑工艺具有代表性的活标本，它对研究我国古代西域史、民族史、中西文化交流史以及西部环境变化都有重要的意义。

土遗址保护的根本点就是研究环境对文物的作用，并把环境对文物的破坏作用降低到最低。交河故城在自然和人为环境的侵蚀下，已经遭受了严重的破坏，它的主要病害有风蚀、雨蚀、裂隙、崩塌等，这些病害都和环境有着密不可分的联系，只有研究清楚它的环境赋存条件，才能准确的分析它的病害形成机理，才可能对其进行有效的保护。因此，研究它的赋存环境，对科学的保护它有至关重要的作用。

环境对文物的重要性已经引起文物工作者的注意[1-2]，过去对交河的环境也作过大量基础工作[3-5]，但是，这些工作没有将交河故城的赋存环境与病害形成机理之间的关系作系统的研究，本文就试图从这方面对它进行探讨。

1　建造工艺及组分特征

1.1　建造工艺

交河城址座落在雅尔乃孜沟两条河之间的 30m 高的黄土台上，长约 1650m，两端窄，中间最宽处约 300m，呈柳叶形半岛。交河故城的布局大体分为三部份，北部寺院区和南部居住区，一条长约 350m，宽约 10m 的南北大道，把居住区分为东、西两大部分。大道两侧是高厚的土垣，垣后是被纵横交错的短巷分割的"坊"，临街不开门。交河故城的建造工艺主要有两类，一类是整个建筑直接在生土上挖造而成，多为窑洞式建筑，如窑洞、地穴、半地穴、井等。另一类是挖、夯和堆砌三种工艺组合或者挖和堆砌两种工艺组合构筑的建筑物，多为庭院式建筑、佛塔和佛坛等，这类建筑物的基础部分都是自地表向下从生土中挖出。一种是在生土墙基顶部的自然凹陷处，用土料分层夯补找平，也有用填补土块的方法补平，若高度不够，其上再做板筑泥墙至所需高度，版筑泥层高约 0.6 - 0.80，以 0.7m 的层高多见，每层可分为细层，细层厚 10 - 15cm 每垛长 45 - 60cm，另一种没有找平层，在夯土上直接砌筑版筑泥。

1.2　组分特征

交河故城生土的岩性以粉土、粉质粘土、粉细砂互层为主，生土墙基及台体是第四纪冲洪积物，呈层状不均匀结构，含沙量大，强度较低。版筑泥墙体相对沙含量较低，但仍是用台地土料建造，其性质与墙基生土基本相同，夯土一般就地取材，土性也和生土基本一致。

交河故城墙体土的矿物成分主要是石英、方解石、长石、水云母和绿泥石少量。不同的建筑工艺的材料各种矿物的含量略有变化。交河故城土体的易溶盐主要为 NaCl、Na_2SO_4，易溶盐总量为 6.05 - 17.96g/kg。

2　交河故城的赋存环境特征

影响交河故城保护主要环境因素有风、雨、温度、工程地质条件、水文地质条件、地质构造及地震。

2.1　风的特征

吐鲁番盆地风沙很大，春季多风，根据吐鲁番 40 年（1951 – 1990）的气象资料统计：8 – 10 级大风年平均为 36.2d，沙暴年平均为 11.2d，大风持续时间最长为 8d，平均每天刮 8.35h。

2.2　雨的特征

吐鲁番盆地属典型的大陆性暖温带干旱荒漠气候，具有干热、少雨的气候特征，最大年降水量为 48.4mm，最少为 2.9mm，多年平均降水量为 16.2mm，年蒸发量为 2787.1mm，但历史上也曾出过现过 40 – 50mm 的大暴雨，近 50 年来，40mm 以上的大雨也有数次，吐鲁番地区的大降水具有时间短、强度大、范围小和雨量集中的特点[6]。

2.3　温度特征

交河台地夏季高温、干燥，冬季干冷，最高温度 47.4℃，最低温度为 – 28℃，年平均温度为 35℃，高温天气一般可达 99d，其中 40℃以上高温可达 36d。据 1994 年 7 月 15 日至 20 日 6 天的温差测试数据见图 1，最高气温与最低气温相差 21.9℃，地面昼夜温差达 44.5℃。

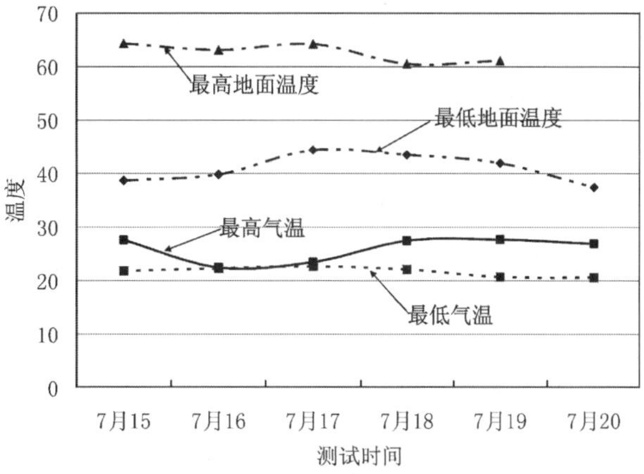

图 1　交河故城日温度变化

2.4　地质构造及地震作用

交河故城位于吐鲁番盆地中央隆起构造带肯德克逆断裂 ~ 背斜的背斜东北段，该构造带呈 100° – 110° 走向的狭窄条带状展布，由肯德克山前逆断裂及其上盘的肯德克背斜组成，是一条活动的断层扩展背斜带。

据《建筑抗震设计规范（2001）》，故城的抗震设防烈度为Ⅶ度。有发生中强地震的条件[7]，并且吐鲁番盆地已再一次面临大地震的危险[8]。同时，据仅百年记载，造成吐鲁番地区民房、寺庙倒塌的地震就有五次。

2.5　水文环境

东天山的降水和冰雪消融形成的洪水通过塔尔朗、大河沿两道河沟和戈壁下泻至环绕交河的雅尔乃孜河沟，洪水对故城的危害是十分严重的，故城东侧雅尔乃孜河沟平时流量只有 $2-3m^3/s$，但每年的 7、8 月间都要发生大小不同的洪水二三次，流量可达 $40-80m^3/s$，据吐鲁番水文资料初步统计，1955-1995 年塔尔朗河和大河沿河在 40 年间发生较大的洪水 19 次，其中 1958 年从雅尔乃孜沟下泻的洪水达 $80m^3/s$。

3　病害类型及特征

3.1　风蚀

风蚀在交河故城的各种病害中占主导地位，它自始至终都参与各种病害发生、发展，除了典型的风蚀地貌外，它也对其他病害起到加重作用。在交河故城中，典型的风蚀地貌有三种：蜂窝状、层状、棒槌墙。在风的作用下，版筑墙面上的草泥层被磨蚀殆尽，向西北的墙面被风蚀得千疮百孔，有的墙面凹凸不平呈蜂窝麻面状，有的呈鳞片状龟裂剥离，甚至有的墙体局部被风蚀串透，大部墙被风蚀凹进，使墙使呈"棒锤山"。

3.2　雨蚀

吐鲁番地区虽然非常干旱少雨，但一次降雨量超过 40mm 的强降雨也偶尔出现。在两千多年漫长的岁月里，这种偶尔大雨冲刷造成的破坏是可以想象到的。遗址的墙体是含沙量大，耐崩解性差 遇到雨水便立即崩解成泥浆而被流失，形成三种典型病害：墙面片状剥离、低洼区浸水、冲沟。

3.3　根部酥碱

交河故城的根部酥碱主要发生在台地中部和南部，造成大量的墙体坍塌，1992 年曾进行的抢救性保护，用土坯进行了砌补，由于当时的保护技术落后，现在许多已经开裂。

3.4　裂隙密布

在强烈日温差所引起的反复胀缩、以及地震、冻融和卸荷等内外营力长期作用下，建筑物裂隙密布，主要表现形式是土体开裂，洞顶裂隙，版筑泥缝开裂。

3.5　崩塌

墙体、窑洞、台体、台地边坡的崩塌是交河故城危害性最大的一种病害，交河故城的崩塌主要有错断式、拉裂式和倾倒式。

4 环境因素对土遗址的作用机理研究

4.1 温度对文物的作用

温度对土遗址的作用主要是温差的影响，由于土遗址本身所含的矿物成分的差异，不同矿物的热膨胀系数不同，在温度急剧变化的条件下，产生差异膨胀，使土体的结构不断疏松，强度降低。

热膨胀是矿物材料的重要物理性质，矿物的热膨胀是矿物在不同温度下分子键长及键角变化的复合反应，组成晶体的配位多面体的膨胀性不因晶体结构的变化而变化，热膨胀的大小和组成晶体的化学成分、化学键类型、配位数、离子价态、离子大小、电子分布等有关。晶体的热膨胀严格受晶体对称性的约束，中、低级晶族晶体的热膨胀系数表现出明显的各向异性，对于层状、链状结构矿物这种异向性表现更明显[9]，另一方面，组成晶体的配位多面体若以共角顶的方式连接，则有可能发生旋转，导致热膨胀系数随温度迅速变化，如石英的情况，或角顶间夹角的改变造成热膨胀系数的异常大或异常小的现象。

交河故城土体中的层状、链状结构矿物不多，但含有34% - 40%的方解石，方解石属于含氧盐矿物大类的碳酸盐矿物类方解石族，是无水碳酸盐，属中级晶族三方晶系，晶体结构属方解石型，硬度为3，比重为2.71，方解石结构型矿物热膨胀系数存在各向异性，耐冻融性差，在温差的作用下，由于体积变化和热膨胀差异，在岩石颗粒内部以及颗粒之间会产生巨大的热应力效应，造成应力的局部集中，岩石内部结构将发生破坏[10]，如此长期反复发热作用，使土体的结构不断疏松。

温度的变化还可以引起版筑泥墙裂缝的形成，版筑泥墙由于失水收缩，沿版跺缝开裂形成裂缝，为其他环境因素的进一步作用提供了条件。

4.2 水对土遗址的作用

交河故城水的来源主要由温差引起的空气湿度变化、降雨以及地表水。

4.2.1 吸附水的作用

气温升降引起岩石干湿变化，会使岩石沿着已有的联结软弱部位（如未开裂的层理、片理、劈理，矿物颗粒的集合面，以及矿物解理面等）形成新的裂隙，即风化裂隙，或者对原有裂隙进一步增宽、加深、延展和扩大，这种岩石裂隙的生成或加剧主要是水的楔入和冻胀作用的结果。由于温度的变化引起空气湿度的变化，同时，由于交河故城的温差极大，可以产生凝结水。水对土遗址的破坏主要有三种形式，水可以形成吸附水，加速矿物的风化，交河故城土体中含有15% - 30%的长石，长石属于含氧盐矿物大类的硅酸盐矿物类的架状结构硅酸盐亚类长石族，硬度为 6，比重为 2.5 - 2.8 之间，长石族矿物是抗风化能力较差的一类矿物，当遭受风化时，颗粒表面常为一层次生的绢云母或高岭石一类矿物所覆盖，因而致使它对油、气、水的吸附能力加强并产生膨胀，堵塞岩石所在的孔隙或使之变小，造成岩石渗透性降低[11]。

吸附水是以中性水分子形式被机械地吸附于矿物颗粒外表面或孔隙中的水，呈 H_2O 分子状态，含量不固定，不参加晶格构造。这种水可以是气态的，形成气泡水；也可以是液态的，或者包围矿物的颗粒形成薄膜水，或者填充在矿物裂隙及矿物粉末孔隙中形成毛细管水，或者以微弱的联结力依附在胶体粒子表面上，形成胶体水，在常压下，当温度达到 100—110℃ 或更高一点时，吸附水就可从矿物中全部逸出。吸附水的作用增加改变了孔隙内表面分子的相互作用力，大约在岩石孔隙表面吸附达到 3 个分子层时，就可发生强烈的膨胀效应，在低的相对湿度下，伴随水的吸附作用存在的膨胀效应，使孔隙张开，水能进一步渗入孔隙和张裂隙，加速它的风化作用[12]。

水的另一个作用是引起可溶盐的结晶、溶解。交河故城遗址土中含有较多的可溶盐，由于温湿度的变化，引起土中可溶盐的反复结晶、溶解，尤其是 Na_2SO_4 反复的溶解收缩——结晶膨胀——溶解收缩。Na_2SO_4 溶解度随温度的变化比较大（从 15℃ - 5℃ 溶解度减小十几倍），因此，温度的降低将会导致大量的 $Na_2SO_4 \cdot 10H_2O$ 晶体析出，硫酸钠吸水后结晶析出，会造成体积膨胀 3.1 倍，而且土中的硫酸钠晶体析出使土体的膨胀量更大[13]，因此，对故城产生极大的破坏作用，象基础部位由于水分含量相对高，谁的作用更为明显，基础酥碱是故城破坏的主要形式之一。

水的冰劈作用，由于吐鲁番最低温度 - 28℃，充填于孔隙的水结冰膨胀，对土体的破坏也不能忽视。

4.2.2　雨对文物的作用

雨蚀是交河故城的破坏原因之一，交河故城虽然位于干旱区，但交河 40mm 以上的大雨也时有发生，土遗址表层的土体由于长期风化作用，抗剪强度较低，抗雨蚀能力较差[14]。雨滴的平均降落速度为 7 - 9m/s，对土遗址产生很大的冲击力，雨滴击溅可分为干土溅散、泥浆溅散、层状侵蚀三个阶段[15]。降雨初期，雨滴降落到相对比较干燥的土体表面，因土体颗粒间隙有空气充填，土粒还来不及吸取雨水，细小土粒只随雨滴溅散开，随着降雨时间的延长，表层土体空隙充填的水分逐渐增多，并继续接受雨滴的冲击、震荡，由于交河故城土体的耐崩解性能较差，在雨的作用下，土体迅速崩解，当其土体表层水分增加到过于饱和程度后，即成为稀泥状态，降雨过程继续延长，土体表层的泥浆将阻塞土壤孔隙，妨碍水分继续下渗，形成泥浆状沿墙面流下，同时土体的可溶盐溶解流失，使墙面形成一层富含 $CaCO_3$ 的泥皮，在太阳的暴晒下龟裂，由于表层土体和新鲜土体性质的差异，在其他外动力作用下脱落，形成面片状剥落。对版筑泥墙，雨水还可以沿版筑缝下渗，使版筑缝不断扩大，最后墙体失稳倒塌。

对有些台体由于顶部面积较大，有汇水面，雨水汇集成径流，顺地势而下，在台体表面形成冲沟，破坏台体的外貌并且雨水渗入土体裂隙，降低土的力学性能，引起土体失稳坍塌。同时，雨水还可以汇集在墙的基础，使基础处土体含水量增加，加速了基础的酥碱作用。

4.2.3　地表水的作用

在凶猛的洪水冲击下，故城周缘崖体不断坍塌，据测算，故城东崖岸塌毁地段不少于 15 – 20m[16]，随着崖体的坍塌，大量建筑也随之塌落，目前，洪水对台地的破坏已经得到了人们的重视，92 年已经修建了防洪堤，较好的解决了洪水对台地的危害。

4.3　风对文物的作用

风是交河故城破坏的主要外动力，风蚀病害是交河故城的最主要病害。风对土遗址的破坏主要是吹蚀作用和磨蚀作用，在温度和雨等长期作用下，土体表面风化、强度降低，风尤其是携沙风对土遗址产生巨大的破坏作用。交河故城大于 17m/s 的风经常发生，15m/s 的携沙风吹蚀模数可达 20.4kg/m^2 · h[17]，在交河，所有朝向西北的墙面损坏的都很严重，表面呈现凹凸不平的钙结核，版筑泥墙面的草皮被吹蚀殆尽，大部分面片状泥皮被剥落。风沙的磨蚀作用破坏性也很大，风所携带的沙主要集中在离地面 2m 高度范围内[1]，是基础掏蚀的主要外动力。

4.4　地质条件对文物的作用

不同的地层，土体的成分、矿物结构、胶结程度、强度都不同，其抗风蚀的能力也差异很大，形成了典型的风蚀地貌，温度的风化作用主要是矿物成分之间的差异，雨的作用强度与土体本身的水理性质有关，也离不开可溶盐的参与。

矿物是岩石的构成单位，它的化学性质在一定程度上是控制岩石强度及其抗风化能力的重要因素。结晶质矿物都具有一定的化学组成和内部结构，化学组成是构成矿物晶体的物质内容，而内部结构是该矿物在一定条件下得以稳定存在的形式，它们两者之间相互依存、相互制约的有机联系，决定着结晶质矿物的外部形态和各项物理性质。

地质构造的作用在交河故城也不可忽视，由于交河故城位于新构造活动带，其裂隙明显的受构造影响，裂隙的走向以 SW300° – SW330°居多。在交河故城的崖边更是发育大量的卸荷裂隙，严重的影响崖体的稳定。

4.5　地震对文物的作用

交河故城所在地区地震频繁，地震是造成故城破坏严重的另一个因素，地震往往会造成毁灭性的破坏，2003 年地震对伊朗巴姆古城造成的破坏就是明证。在故城及河流阶地剖面上均发现有古地震造成的沙土液化现象[3]，近代的地震也都对故城造成了破坏。

4.6 人为因素对文物的作用

交河破坏严重的另一个因素是人为原因，20 世纪人们曾在台地上取土作为肥料，对故城造成了很大的破坏，现在已经得到了有效的管理。

5 保护加固对策

土遗址的破坏与环境有着密切的关系，因此，研究土遗址的保护，就必须搞清它的赋存环境以及环境对土遗址的破坏机理。交河故城的环境特点是风大、温差大、暴雨时有发生、位于新构造活动带，土体本身的易溶盐含量大，含有较多的耐风化差的长石和耐冻融差的方解石，土体的耐崩解性极差。

（1）交河故城的病害是各种病害的组合形式，没有一个建筑物是单一病害，各种病害相互促进，共同发展。它的病害从保护得角度可以分为两大类，即风化问题（风蚀、雨蚀和酥碱）和稳定问题（裂隙和崩塌）。

（2）交河故城的病害是内外因共同作用的结果，室外遗址的保护，环境是很难改变，保护工作的重心应该是提高土体本身抵抗外力破坏的性能，文物保护维修工程的原则是不改变原貌，因此，研究土的改性材料是一个较好的方法。

（3）交河故城的主要病害是风化，目前只能采取延缓它风化的速度，提高土体本身的抗风化性能，PS 材料特别适合西部干旱区土遗址保护[18]，PS 表面渗透加固对土遗址有很好的防风蚀、雨蚀效果[18]，耐老化（冻融）性能明显提高[17]，可以作为交河故城的加固材料。

（4）对稳定问题，目前适合土遗址加固的方法尚处于研究阶段，绝对不改变原貌的措施目前还没有，应该重点研究加固方法和文物保护维修原则的合适的切入点，即要尽可能的保持原貌，又要保证文物的安全，如果没有合适的方法，那就要根据可逆性原则，选择可逆性的方案。

（5）在交河保护是要考虑风蚀地貌本身就是一种景观，它提高了文物的观赏价值，因此，保护维修工程要特别注意对一些具有观赏价值的地貌不能破坏它的艺术造型。

6 结论及建议

（1）交河故城的环境主要特点是风大，温差大，土体耐崩解性差，矿物成分的耐风化、热膨胀系数有差异，位于新构造活动带。交河故城的破坏主要是这些因素的综合作用；

（2）交河故城的主要病害有风蚀、雨蚀、裂隙密布和崩塌；

（3）风是交河故城破坏的主要外动力，风蚀病害是交河故城的最主要病害，风参与了所有的破坏活动。

（4）温度、雨蚀、地质构造及地震也是它破坏的因素之一。

（5）温度变化引起土体内水分含量的变化是表层土体风化的主要因素。

（6）土体中可溶盐、方解石、长石含量高，是它破坏的主要内因。

（7）建议可用 PS 材料对它进行保护加固。

参考文献

[1] 郭宏. 文物保护环境概论. 北京：科学出版社，2001.

[2] 潘别桐，黄克忠. 文物保护与环境地质. 武汉：中国地质大学出版社，1992.

[3] 田琳. 交河故城遗址水文地质调查报告. 见：解耀华编. 交河故城保护与研究，乌鲁木齐：新疆人民出版社，1999：111－130.

[4] 解耀华. 交河故城的历史及保护修缮工程. 见：解耀华编. 交河故城保护与研究，乌鲁木齐：新疆人民出版社，1999：34－61.

[5] 田琳. 交河故城生土建筑遗存保护加固实验报告. 交河故城保护与研究，乌鲁木齐，新疆人民出版社，1999：146－154.

[6] 慕福智. 吐鲁番地区大降水的天气动力学特征. 新疆气象，1995，18（2）：4－8.

[7] 高国英，聂晓红. 吐鲁番地区地震活动与应力场特征分析. 地震地磁观测与研究，2000，21（6）：39－44.

[8] 邓起东，冯先岳，张培震. 天山活动构造. 北京：地震出版社，2000.

[9] 李锁在，廖立兵. 矿物热膨胀的晶体化学研究综述. 高校地质学报，2002，6（2）：333－339.

[10] 刘均荣等. 岩石热增渗机理初探. 石油钻采工艺，2003，25（5）：43－46.

[11] 王永华，刘文荣. 矿物学. 北京：地质出版社，1985.

[12] 史谞等. 结晶岩的水化膨胀研究. 地球物理学报，2000，43（6）：798－804.

[13] 费雪良，李斌. 硫酸盐渍土压实特性及盐胀机理研究. 中国公路学报，1995，8（1）：44－49.

[14] 赵晓光，石辉. 水蚀作用下土壤抗蚀能力的表征. 干旱区地理，2003，26（1）：12－15.

[15] 郭耀文. 雨滴侵蚀特征分析. 中国水土保持，1997，4：15－18.

[16] 柳洪亮. 交河故城城市布局调查. 见：解耀华编. 交河故城保护与研究，乌鲁木齐：新疆人民出版社，1999：235－240.

[17] 李最雄. 丝绸之路古遗址保护. 北京：科学出版社，2003.

[18] 袁传勋. 土遗址保护材料综述. 敦煌研究，2002（6）：103－105.

[19] 王旭东. 中国西北干旱环境下石窟及土建筑遗址保护加固研究［博士论文］. 兰州：兰州大学，2003.

The Mechanism Research on Breakage of the Ruins of Jiaohe by Environment

Sun Manli[1,3], Li Zuixiong[2,3], Wang Xudong[2,3], Chen Wenwu[3]

(1. College of Cult ure and Museology, Northwest University, Xi'an 710069;

2. Dunhuang Academy, Dunhuang 736200; 3. Research Center of Conservation Cult ure,

Lanzhou University, Lanzhou 730001)

Abstract: The Ruins of Jiaohe is a national major preservation unit of cultural relic, It have already been seriously demolished by the natural and artificial environment, The main characteristics of the environment of The Ruins of Jiaohe is big sandstorm, the big difference of temperature, the bad slake durability of soil mass, the resist weathering and heat dilatability coefficient of the mineral is difference, located the new tectonic movement belt. Its primary damages is weathering, rain erode, cranny and collapse etc. The breakage of The Ruins of Jiaohe is these factors to synthesize effect. Pass to investigate the conservational environment and the damages of its, analyzing the action mechanism that the environment factor impact the earthen sites, thinking that the wind is a main outside power to the breakage of The Ruins of Jiaohe, The wind erode is most damage of The Ruins of Jiaohe, the wind participates in all sabotage; The great difference in temperature, rain erode, geology structure and the earthquake is one of the factor of its breakage. It is the primary factor of the surface layer soil weathering that the temperature variety bring on the soil internal water content variety. The bad capability to resist destroyed rest with plenty salt, feldspar, calcite within the soil. So the material PS is suggested to use.

Key Words: The Ruins of Jiaohe, environment, protection, earthen site

（原载于《敦煌研究》2007 年，第 5 期）

PS 材料加固交河故城土体试验研究

和法国，谌文武，张景科，任非凡，崔　凯

（兰州大学土木工程与力学学院，兰州，730000）

内容摘要：交河故城，属于我国第一批全国重点文保单位。交河故城病害的成因主要是风化作用，为科学合理地保护交河故城，本文选用 PS 材料对交河故城土体进行了加固试验，对原状土和重塑土 PS 加固前后进行力学强度测试和抗风蚀能力测试。试验结果表明：PS 加固交河故城土体后，其物理力学参数都能得到明显的改善，抗风蚀能力也得到明显提高，证明交河故城土体适于用 PS 材料进行表面防风化加固。

关键词：PS 材料　交河故城　加固试验　风蚀

0　前　言

　　位于新疆维吾尔自治区吐鲁番市西 10km 的交河故城是 1961 年公布的第一批全国重点文物保护单位，独特的地理位置和气候特征造就了其能够屹立千余年而不倒，成为世界保存最完整、最大的土遗址之一。但由于近期气候环境变化及人类破坏等原因，尤其风蚀对交河故城影响很大，加快了交河故城的破坏速度。所以对交河故城土体进行研究，探讨其加固原理就有非常重要的意义。

　　PS 材料经过敦煌研究院多年来的研究和应用，已经在多处土遗址加固工程中发挥了巨大的作用，如宁夏西夏王陵、甘肃玉门关、河仓城、破城子、高昌故城等。实践证明：PS 材料用于土质文物具有良好的效果。为了更好的将其应用于交河故城的保护加固工程中，本文对交河故城土体的物理力学性质和 PS 材料加固效果进行了初步的研究。

1　交河故城土体的性质

1.1　交河故城土体的基本物理性质

　　交河故城本体土的类型有四种：生土、夯土、垛泥和土坯。本试验选取前三种土作为研究对象，三种土在物理力学性质上有较大的差别，通过大量的室内常规试验得出交河故城土的基本物理性质如表 1 所示。

表 1　交河故城土的基本物理性质

类型	含水量（%）	天然密度（g/cm³）	干密度（g/cm³）	比重	孔隙比	液限（%）	塑限（%）	塑性指数	级配
生土	1.0 - 3.0	1.51 - 1.77	1.47 - 1.73	2.7	0.6 - 0.9	24.9 - 31.7	16.0 - 19.9	8 - 13	良好
夯土	1.5 - 2.6	1.56 - 1.72	1.54 - 1.70	2.7	0.6 - 0.8	27.5 - 30	16.0 - 18.5	9 - 13	良好
垛泥	1.3 - 2.2	1.50 - 1.70	1.55 - 1.68	2.7	0.7 - 0.9	27.0 - 32.0	17.2 - 18.5	9 - 14	不良

可以看出，交河故城土体的类型不同，导致其基本性质也有所差别，生土建筑是在原状土中直接开凿而成的，属天然土，所以其土体性质波动范围较大，而夯土和垛泥都具有特殊的施工工艺，所以其性质相对较单一。从表中还可以看出，夯土的性质与垛泥相比较好一些，这与两种土的建造工艺的差异有关。

2　交河故城土 PS 加固试验

试验选用交河生土和垛泥作为研究对象，用 PS 材料对其原状土和重塑土样进行加固，测试其物理力学性质，对比加固前后的结果，得出其加固效果。

2.1　试样的制取

（1）原状样

将交河故城现场取的土样切割成大小统一的立方体，本试验为 5cm×5cm×5cm 的立方体，详细测量每块试样的尺寸和重量。在室温条件下自然养护至干待测。

（2）重塑土样

参照交河故城土的天然密度，试验选取 1.5g/cm³、1.6g/cm³、1.7g/cm³ 三种密度进行制样。将原状土用粉碎机粉碎，过 5mm 的筛子，一般按 10% 的含水量充分拌匀，装入塑料袋密封过夜，使其充分浸湿。

定量称取备好的湿土，装入 7.07cm×7.07cm×7.07cm 立方体模具，在 WE - 30 型液压式万能材料试验机下压制，之后用脱模机脱模。将试样放在室内一定时间自然风干养护，风干时间可控制半个月，并称试样质量，风干的指标是含水量控制在 2.0% 左右。

2.2　PS 材料加固方案

试验采用模数为 3.8 的 PS 溶液，采用浓度分别为 3%、5%、7% 和 10%。试验方案分为以下几种：（1）未用 PS 加固。（2）3% 浓度 PS 溶液喷洒第一次、5% 浓度 PS 溶液喷洒第二次、7%浓度 PS 溶液喷洒第三次。（3）5%浓度 PS 溶液喷洒三次。（4）7%浓度 PS 溶液喷洒三次。（5）10%浓度 PS 溶液喷洒三次。

2.3　试验结果分析

2.3.1　抗压、抗拉强度试验

（1）原状土

将原状土用5%浓度 PS 溶液喷洒三次，每次喷洒时间间隔为24小时，全部喷洒完毕后在室内养护至自然风干，测试其单轴抗压和抗拉强度，选取典型的土样 JH – 029、JH – 030、JH – 011 和 JH – 012，其测试结果如表2。

表2　原状土强度试验结果

土样类型	土样编号	抗压强度（MPa）		抗拉强度（MPa）	
		加固前	加固后	加固前	加固后
生土	JH – 029	3.67	5.21	0.41	0.62
	JH – 030	3.76	5.49	0.68	1.01
垛泥	JH – 011	1.05	1.78	0.40	0.48
	JH – 012	0.73	1.34	0.424	0.52

可以看出：经过 PS 材料加固后，生土和垛泥的强度得到了明显的提高，提高幅度120% – 180%，生土的强度要高于垛泥。

（2）重塑土

分别对密度为 $1.5g/cm^3$、$1.6g/cm^3$、$1.7g/cm^3$ 的重塑土样进行 PS 加固，采用与加固原状土同样的方式，加固后测试其 PS 固含量和强度。

表3　重塑土加固后 PS 固含量

土样名称	重塑土 PS 固含量（g）		
	$\rho = 1.5g/cm^3$	$\rho = 1.6g/cm^3$	$\rho = 1.7g/cm^3$
交河生土	6.339	5.435	4.607
交河垛泥	6.415	5.451	4.849

表4　重塑土抗压强度结果

土样名称	未加固土抗压强度（MPa）			加固土抗压强度（MPa）		
	$\rho = 1.5g/cm^3$	$\rho = 1.6g/cm^3$	$\rho = 1.7g/cm^3$	$\rho = 1.5g/cm^3$	$\rho = 1.6g/cm^3$	$\rho = 1.7g/cm^3$
交河生土	0.40	0.72	0.90	0.56	0.88	1.32
交河垛泥	0.42	0.78	1.08	0.48	0.84	1.32

从表3、4和5可以看出：土的密度越小，吸收 PS 溶液的能力越强，经 PS 加固后，

重塑土的抗压和抗拉强度明显增大，最大可提高约 1.6 倍。

表 5　重塑土抗拉强度结果

土样名称	未加固土抗拉强度（MPa）			加固土抗拉强度（MPa）		
	$\rho = 1.5 \text{g/cm}^3$	$\rho = 1.6 \text{g/cm}^3$	$\rho = 1.7 \text{g/cm}^3$	$\rho = 1.5 \text{g/cm}^3$	$\rho = 1.6 \text{g/cm}^3$	$\rho = 1.7 \text{g/cm}^3$
交河生土	0.14	0.18	0.22	0.18	0.28	0.35
交河垛泥	0.18	0.22	0.28	0.22	0.26	0.34

2.3.2　抗风蚀试验

抗风蚀能力测试在中国科学院寒区旱区研究所的宁夏沙坡头野外风洞试验室进行，试样水平放置，采用风速为 17m/s 的携沙风，吹蚀时间为 10 分钟。

（1）原状土

对原状土进行（1）、（2）、（3）、（4）、（5）种方式的操作进行加固，并对其结果进行对比分析，试验结果如表 6。

从图 1 中可以看出，PS 浓度越大，原状土的抗风蚀能力越强，但变化不明显，所以 PS 浓度以 5% 浓度为宜。不同加固方法以及 PS 浓度不同，风蚀率也略有不同。未加固的原状土风蚀率为加固土风蚀率的 6 – 24 倍，可见 PS 加固后原状土的抗风蚀能力大大提高。

表 6　原状土风蚀率结果

	交河生土	交河垛泥	备注
（1）	0.270%	0.35%	（1）未加固。（2）3% 浓度 PS 溶液喷洒第一次、5% 浓度 PS 溶液喷洒第二次、7% 浓度 PS 溶液喷洒第三次。（3）5% 浓度 PS 溶液喷洒三次。（4）7% 浓度 PS 溶液喷洒三次。（5）10% 浓度 PS 溶液喷洒三次。
（2）	0.040%	0.050%	
（3）	0.020%	0.027%	
（4）	0.020%	0.023%	
（5）	0.017%	0.018%	

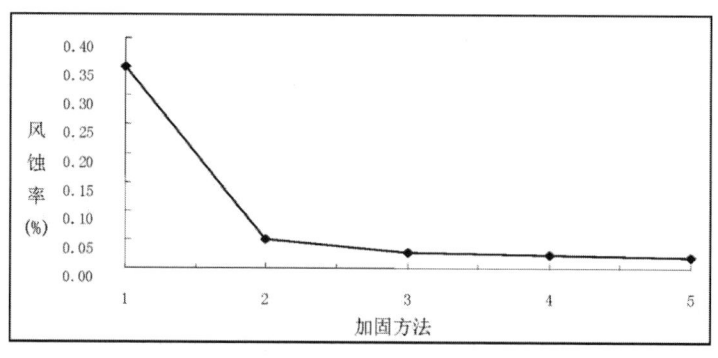

图 1　风蚀率与不同加固方法的关系

（2）重塑土

表7 重塑土风蚀率结果

	交河生土			交河垛泥			备注
	1.50g/cm³	1.60g/cm³	1.70g/cm³	1.50g/cm³	1.60g/cm³	1.70g/cm³	（1）未加固重塑样风蚀。（2）加固重塑样风蚀。所有重塑土样加固都用5%浓度PS溶液喷洒三次
（1）	0.11%	0.09%	0.03%	0.08%	0.06%	0.04%	
（2）	1.55%	0.74%	0.67%	1.22%	0.82%	0.75%	

从表7、图2可以看出：密度越大，PS加固后抗风蚀能力越强，加固样的抗风蚀能力提高8－22倍。

图2 重塑土未加固与加固后风蚀结果

3 结 论

（1）交河故城各种土的物理参数有所差别，但总体来讲其物理性质较好。

（2）土的密度越小，吸收PS溶液的能力越强，经过PS材料加固后，原状土和重塑土的强度都能得到明显的提高，原状土可提高1.8倍，重塑土可提高1.6倍。

（3）经PS加固后，土的抗风蚀能力明显增强，原状土可提高6－24倍，重塑土可提高8－22倍。不同加固方法以及PS浓度不同，风蚀率也略有不同，PS浓度以5%为宜。

（4）PS材料是交河故城土体加固的理想材料。

致谢

本试验得到西北大学文博学院孙满利高级工程师和敦煌研究院张鲁高级工程师的大力支持，在此表示感谢。

参考文献

[1] 李最雄，张虎元，王旭东. 古代土遗址的加固研究. 敦煌研究. 1995.

［2］李最雄，王旭东，田琳. 交河古城土遗址的加固实验. 敦煌研究. 1997.

［3］李最雄，王旭东，郝利民. 室内土遗址的加固实验. 敦煌研究. 1998.

［4］王银梅. 西北干旱区土建筑遗址加固概述. 工程地质学报. 2003.

［5］黄克忠. 岩土文物建筑的保护. 北京：中国建筑工业出版社. 1998.

［6］孙满利. 吐鲁番交河古城保护加固研究. 博士论文. 2006.

［7］和法国. 岩土工程加固新材料试验研究. 硕士论文. 2006.

Research on Test of Soil Reinforced by PS Material in Jiaohe Ancient City

He Faguo, Chen Wenwu, Zhang Jingke, Ren Feifan, Cui Kai

(School of Mechanics and Civil Engineering, Lanzhou University, Lanzhou 730000)

Abstract: Jiaohe Ancient City is one of the first passel of important cultural relices in our country. The reason of its diseases mainly is weathering. In order to protect Jiaohe Ancient City, this article have taken test on the soil mass of Jiaohe Ancient City reinforced by PS. The intensity and anti – aeolian erosion ability of raw soil and reshaped soil reinforced by PS have been tested. The result shows that: reinforced by PS, the physics and mechanics parameters of the soil of Jiaohe Ancient City can be improved obviously. The soil of Jiaohe is fit to be reinforced by PS material to prevent aeolian erosion .

Key Words: PS material, Jiaohe Ancient City, reinforce test, aeolian erosion

（原载于《敦煌研究》2007 年，第 5 期）

交河故城台地土体结构面的
面波探测方法初步研究

崔　凯，谌文武，张景科，和法国，任非凡

（兰州大学土木工程与力学学院西部灾害与环境力学重点实验室，兰州，730000）

内容摘要：交河故城台地边缘向内 20m 的范围内，结构面大量发育，严重切割台地土体，已成为危害交河故城台地稳定性的首要隐患。因此，掌握结构面在空间上的发育特征，成为研究台地土体破坏机理和科学保护加固的关键；由于台地土体属于文物的范畴，结构面在空间的发育特征无法采取常规有损的探测手段，本文利用面波探测方法对结构面在空间上的发育特征进行了初步研究，试验结果表明，多瞬道面波技术可以较为准确的判别出裂隙的长度、张开度和空间延展形态，从而为交河故城抢险加固工程提供了科学的依据。

关键词：交河故城　结构面　面波探测　研究

0　前　言

交河故城为全国第一批重点文物保护单位，坐落在吐鲁番西面大约 10km 处的雅尔乃孜沟旁，是古代西域"城郭诸国"之一的车师前国的都城。历经 2000 多年战火和自然作用的洗礼，故城已遭受到严重破坏，尤其是故城台地土体在地质内外营力的共同作用下，已经处于极度危险的状态[1]。台地边缘结构面密布，卸荷裂隙和节理最为发育，大部分卸荷裂隙和节理共生发育，相互连通，切割台地，形成巨大的不稳定体，目前已成为危害交河故城台地稳定性的首要隐患[2]。因此，如何正确评价台地裂隙的空间分布特征，关系到台地抢救加固工程的科学性和经济性，但是由于台地土体是文物这一特殊性，大型的破坏性钻探和坑探工程不能运用，面波探测方法以其无损伤、高精度的特点成为研究的首选[3]。

1 台地土体结构面的平面发育特征

1.1 结构面平面分布特征

台地上较为发育的结构面主要分布在台地边缘向内 20m 范围内，平面分布不均匀。东北边较西北边发育、密集，对台地土体的切割破坏严重。裂隙与台地边缘平行延伸并侧切台地，纵横交错将崖体切割为一面临空，或后缘裂隙与侧切裂隙贯通将崖体切割为板状、柱状、楔状体等，构成有利的破坏边界。后缘裂隙延伸长，最长可达 50m，其中节理呈"之"字形延伸。卸荷裂隙的发育与台地微地形地貌关系密切，台地转弯处裂隙明显密集。

1.2 结构面类型及特征

台地发育的结构面主要有节理、卸荷裂隙两种类型，节理发育大致归类为三组，卸荷裂隙一组发育（见表1）。节理以走向 25° 和走向 325° 两组最为发育；卸荷裂隙，北西走向，均值 328°；两种类型结构面的倾角均较为大，近于直立。

表 1 交河故城台地结构面分组特征

结构面类型	走向范围	倾角范围	发育程度
节理	275° – 295°	74° – 85°	不发育
节理	310° – 330°	82° – 85°	发育
节理	15° – 35°	80° – 90°	发育
卸荷裂隙	305° – 360°	74° – 90°	发育

1.3 结构面规模

结构面规模主要指其长度或延续性、切穿性及裂隙深度[4][5]。通过平面调查发现，卸荷裂隙长度呈正态分布，数量多，以 1 – 3m 和 3 – 5m 居多，各占总裂隙的 30% 以上，最长可达 50m；其次为 5m – 10m，占总裂隙的 22%；长度大于 10m 的占裂隙数的 10% 以上；小于 1m 者仅占 1%。多数延伸长度大者为与崖体边缘平行的卸荷裂隙，追踪节理发育，两组节理长度多在 1 – 5m，侧切崖体[2]。

2 结构面立面特征调查中存在的问题

由于台地发育的卸荷裂隙均以较大倾角向下发育且倾角出现小幅变化，张开度也随着裂隙切割深度呈现一定梯度的递减变化且台地土体四面临空，构成 20 - 30m 不等的高大陡直边坡。因此，裂隙在台地面的观测深度非常有限，无法得出裂隙的具体立面延伸长度，进而裂隙在立面的张开度变化和充填状况无法精确的测绘或计算得出。常规的探测手段如坑探、钻探等虽能较为直观的反映裂隙在空间的发育特征，但是对于的台地的巨大破坏性是巨大而不可逆，与文物保护的宗旨和精神背道而驰，因此，一种无损伤的高分辨率、高精度的探测和合理的探测方法成为解决问题的关键所在。

3 面波探测的基本原理

面波探测也称弹性波频率测探。瞬态面波技术是利用弹性面波中能量最强、振幅最大、频率最低、易识别测量的瑞利波进行工作，具有仪器设备轻便，对探测场地条件要求低，探测速度快等优点。

面波是一种特殊的地震波。弹性波理论分析表明，在层状介质中，瑞利波是由 SV 波与 P 波干涉而形成，其能量主要集中在介质表面附近，能量的衰减与传播距离 r 成正比，要比体波（P 波和 S 波）衰减慢得多。传播过程中，介质的质点运动轨迹为长轴垂直于地面、逆时针方向旋转的极化椭圆，并以高度约一个波长（λ_R）的圆柱体为波前向外扩散传播。在瞬态激震下，地面产生的瑞雷波沿地面传播，其穿透深度约为一个波长，同一波长的瑞雷波传播特征反映了介质性质在水平方向的变化情况，而不同的波长则反映了不同深度的地下情况。由于面波的能量主要集中在半波长以内，因此，地面测得的瑞雷波速度 V_r 反映的主要是半波长深度范围内介质的性质。

当用重锤激振地面时，利用不同频率 f 的瑞雷面波，得到不同深度范围波速 V_r，绘出面波勘探点的 $V_r \sim H$ 曲线（即频散曲线）。由勘察原理可知，频散曲线上 V_r 反映的是一定水平范围及从零到半波长地层内的平均速度。然后通过 $V_r \sim H$ 频散曲线，反演解释出不同岩土层的面波波速 V_r。利用多个面波点排列，即可绘制面波波速等值线断面图，还可直接利用反演解释结果绘制地层推断解释图。

4 面波探测台地土体结构面立面形态的初步试验

在交河故城台地结构面立面测试条件尚不具备的情况下，选取交河台地附近同一时期 2# 台地一处结构面发育处（见图 1），该结构面与交河故城台地大多数卸荷裂隙发育机制一致，具有典型的代表意义，按照实验方案开展了面波裂隙测深的试验工作，以苏州一光 OTS534 全站仪与北京水利水电研究所的 SWS - 1 型多功能综合物探仪组成的联合观测系统进行数据采集工作（见图 2）。

图 1　实验场地裂隙发育情况　　　　　　　　图 2　联合观测系统

4.1　面波现场探测

为取得合适的道间距、偏移距、激震能量、采样时间与间隔等采集参数，在实测工作之前，首先进行试验，通过多种方案对比分析，确定了合理的采集参数，实测采用 12 道检波器接收，并将检波器对称埋置在勘探点一侧，震源点和检波器沿垂直滑动方向在平坦的平台排列，测线沿垂直方向布置，在排列单侧激振。由于本次探测要求精度高，需要反映浅部详细信息，选用 28Hz、38Hz、100Hz 的检波器接受，采样点数为 2048 个，以 8 磅和 0.5 重磅激振。为避免丢失面波某一频段的信息，采用全通档滤波方式，为增强激发信号，提高信噪比，采用 5 – 10 次叠加[6][7]。

4.2　探测成果的整理、分析与解释

探测点布置工作依据探测目的及有关规程规范，沿结构面立面延展方向布置面波测点 2 个、测点间距 1m，经室内整理，汇总分析得到 100Hz 检波器接受，0.5m 道间距，1m 偏移距，2048 采样点为探测该裂隙的最佳方案。据此解译采集波形，得到最优频散曲线 2 组（见图 3、4），并经、波速反演与正演，得到波速印象彩色图和面波地质剖面各 1 个（见图 5、6）。波速印象彩图和面波解译地质图较为准确、直观的反映了该处裂隙 L1、L2 的立面形态特征、张开度以及与表层土体之间的距离。

4.3　探测成果的校核

为了验证面波探测裂隙形态的可行性与准确性，与探测后对探测裂隙进行了现场开挖比较，对比结果（见表 2）显示，面波对裂隙立面形态探测结果准确，与实际裂隙发育情况偏差极小，具有可信度与准确性。

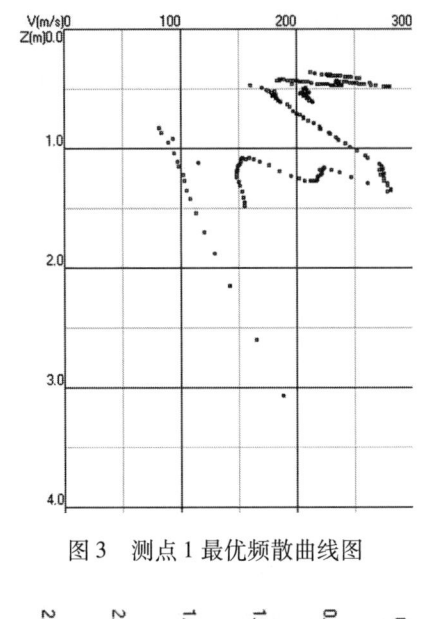

图 3   测点 1 最优频散曲线图

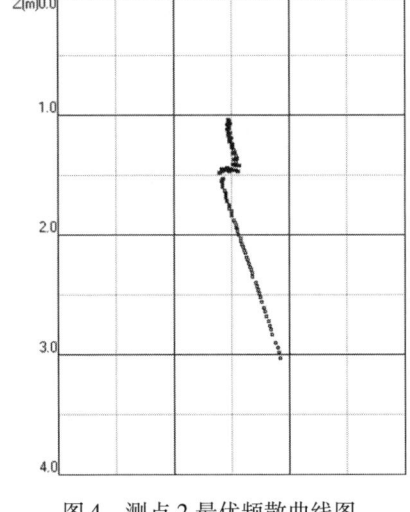

图 4   测点 2 最优频散曲线图

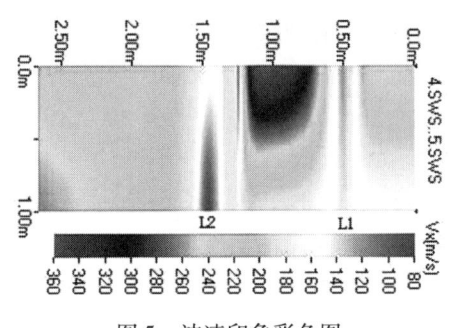

图 5   波速印象彩色图

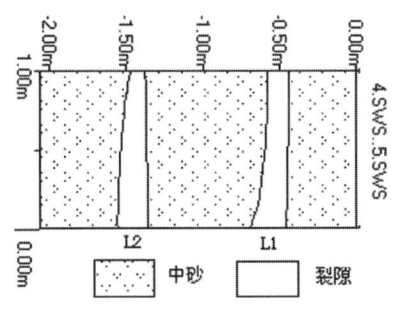

图 6   面波解译地质图

表 2   裂隙面波探测与实际开挖测量

探测方式	开挖实测		面波探测	
裂隙号	测点 1	测点 2	测点 1	测点 2
L1	张开 10cm 无充填，距地表 0.5m	张开 6cm 无充填，距地表 0.55m	张开 11cm 无充填，距地表 0.4m	张开 8cm 无充填，距地表 0.45m
L2	张开 14cm 无充填，距地表 1.4m	张开 12cm 无充填，距地表 1.43m	张开 10cm 无充填，距地表 1.35m	张开 13cm 无充填，距地表 1.4m

5   结   论

（1）交河故城台地土体结构面大量发育，对台地土体的切割破坏严重，构成有利于台地土体破坏的组合方式，已成为危害交河故城台地稳定性的首要隐患。

（2）初步面波探测结果显示，面波作为一种无损伤高精度探测手段完全满足卸荷裂隙立面延展形态精确探测的研究目的，是台地土体结构面空间发育特征研究的有效手段。

（3）探测结果的正确性关键是研究者对于研究对象的理解程度以及合理的探测方案。

致谢

本次研究工作得到了敦煌研究院张鲁高级工程师和交河古城抢险加固工程项目部全体成员的关心和支持，在这里对他们表示由衷的谢意。

参考文献

［1］李最雄．丝绸之路古遗址保护．北京：科学出版社，2003．

［2］交河故城保护调查报告．敦煌研究院，兰州大学文物保护中心，2005．

［3］交河故城面波检测报告．敦煌研究院，兰州大学文物保护中心，2005．

［4］张咸恭，王思敬，张悼元，等．中国工程地质学．北京：科学出版社，2000. 203－215

［5］张悼元，王士天，王兰生．工程地质分析原理（第二版）．北京：地质出版社，1994. 236－243

［6］刘永祯．JGJ/T 143－2004 多道瞬态面波勘察技术规程．

［7］S. M. Ali Zomorodian and Osama Hunaidi. Inversion of SASW Dispersion Curves Based on Maximum Flexibility Coefficients in the Wave Number Domain SoilDynamics and Earthquake Engineering, Volume 26, Issue 8, August 2006: 735－752.

The Primary Research on Method of Surface Wave Surveying on Discontinuity Earthernmass of Terrace in Jiaohe Ancient City

Cui Kai, Chen Wenwu, Zhang Jingke, He Faguo, Ren Feifan

(Resources and Environment College, Lanzhou University, Key Laboratory of
Mechanic on Western Disaster and Environment, Lanzhou 730000 China)

Abstract: Discontinuity is popular, damaging and good for earthernmass destroy in terrace in Jiaohe ancient city, which has became chief factor which is key to it's conservation. Therefore, mastering discontinuity characters in three dimensions has been critical problem of reason for it's destroy and correct design of conservation and reinforcement. Because the terrace is belonged to heritage site and many damaging surveying methods can not be put into effect on it, how to master the characters of discontinuity in vertical has became a new difficulty. Experiment testify that technology of SWS can clearly define longth, width and figure of discontinuity, therefore, it can offer scientific gist for project of Jiaohe ancient city's conservation.

Key Words: Jiaohe Anient city discontinuity, surface wave surveying, research

（原载于《敦煌研究》，2007 年，第 5 期）

交河故城东北佛寺墙体裂隙发育程度反演研究

张景科[1]，谌文武[1]，李最雄[1,2]，郭青林[1,2]

（1. 兰州大学教育部西部灾害与环境力学重点实验室，兰州，730000；

2. 敦煌研究院保护所，敦煌，736200）

内容摘要：裂隙发育是西北干旱半干旱地区土遗址的主要病害，如何较为精确了解裂隙发育程度成为土遗址加固工程设计中的难题。本文通过交河故城东北佛寺裂隙加固工程中的工程量反演遗址体的裂隙发育程度，从而为交河故城其他类似土遗址建筑的加固设计提供思路。经研究，交河故城东北佛寺墙体总裂隙体积率大约为4.4%。裂隙发育程度与墙体的规模如下大致的规律：墙体规模越大，裂隙体积相应大，裂隙体积率相应小。从墙体的长高比、长厚比、高厚比去研究墙体的裂隙发育程度规律是可行的。

关键词：土遗址　东北佛寺　裂隙发育程度　反演　墙体

0　前　言

在西北干旱半干旱环境中，在风化作用下，土遗址发育众多病害，主要病害是片状剥蚀和裂隙，片状剥蚀造成遗址体规模不断的缩减、历史信息逐渐灭失，而发育的裂隙，除了具有同样后果外，还造成遗址体的倒塌，导致文物的严重毁坏[1]。土体裂隙对土体的变形破坏有控制作用，影响着土体的力学性质，同时又是风蚀雨蚀的重要通道[2]-[3]。因此，明确裂隙发育的程度对于遗址体的保护极其重要[4]。

由于土遗址保护的特殊要求，加之裂隙自身的隐蔽性，裂隙病害的调查一直以粗略测量和描述为主要手段，无法进行量化。本文通过东北佛寺加固工程中裂隙注浆量反演东北佛寺墙体裂隙发育程度，从而得到较为精确的病害信息。

1　东北佛寺概况[5]

东北佛寺是交河故城保存较好，现存较大的寺院之一，寺院占地面积为1248.6m²，外墙体高大宏伟，中心殿堂塔座基本保存较好。东北佛寺主导建筑风格以生土、夯土和板筑泥的方式建造而成。东北佛寺的建筑形制是采用"压地起凸法"而成、即生土层，然后是约1m厚的夯土层，再上全为板筑泥层。遗存现状见图1和表1。

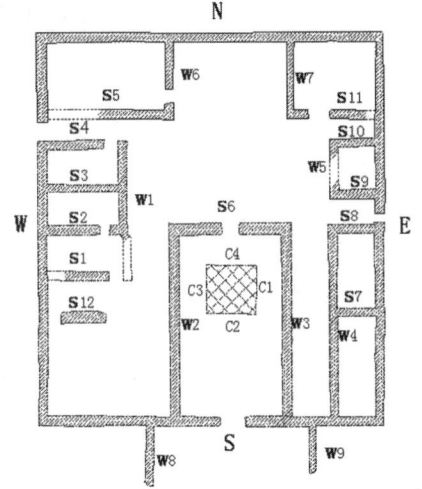

图1　东北佛寺平面示意图

东北佛寺裂隙病害发育的特点为：（1）裂隙类型主要为：结构裂隙、卸荷拉裂裂隙或在二者基础上进一步发展演化的风化裂隙；（2）裂隙倾角多近于直立，走向大都垂直墙面切断墙体；（3）裂隙发展的直接后果是，部分墙体倾倒、崩塌。

经墙体表面调查，墙体裂隙分为大、中、小三种规模。大裂隙张开度不小于10cm，沿着墙体延伸，自上而下切割墙体；中等裂隙张开度处于3－10cm之间，沿墙体上半部延伸发育，未达到下部夯土层；小裂隙多发育墙体表面，张开度不大于3cm，延伸范围在一个版筑层内，未切穿墙体厚度。东北佛寺墙体80%以上裂隙为中等规模裂隙，大裂隙数量最少。如N墙上一条由宽12cm的裂隙，贯穿深度可达原板筑层5层之多，其切割、分裂的墙体有倒塌的趋势。见图2。又如，S5墙体上的一条平行于墙面、沿墙体中轴线发育的裂隙，已下切板筑层5层之多，表面风化开口宽达8cm，是该墙体对严重的部位，其危险性在所有病害中是属最严重的。见图3。裂隙破坏主要是在E、S、W、N墙体和W、S系列墙体中较高段表现较为普遍。

图2　东北佛寺N墙（部分）南立面

图3　东北佛寺S5墙南立面

表1　现存墙体长、高、厚统计数据表

编号	长度（m）	平均高度（m）	平均厚度（m）
E	37.4	3.9	0.7
S	33.4	3.75	0.55
W	36.8	3.95	0.65
N	33.6	2.85	0.4
TZ1	4.1	1.7	TZ 墙体外形为近似立方体
TZ2	4.4	1.7	
TZ3	4.0	1.7	
TZ4	4.0	1.7	
W2	17.4	4.2	0.9
W3	9.9	1.8	1.0
W6	7.0	3.5	0.7
S2	8.0	1.75	0.6
S4	5.2	2.8	0.6
S5	6.5	3.0	0.7
S6	10.1	3.35	0.9

2　东北佛寺裂隙加固概况[5]

针对东北佛寺遗址体的裂隙发育特点，按照文物保护程序，裂隙加固的工艺流程见图4。

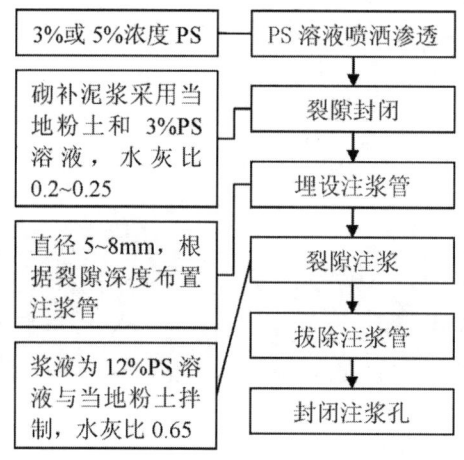

图4　裂隙加固流程图

3　裂隙加固工程量对墙体裂隙发育程度的反演

3.1　基本假设

从裂隙注浆的工艺流程可以看出，裂隙总体积 V 由以下几个部分组成（1）裂隙砌补体积 V_1；（2）注浆体积 V_2（因注浆前已进行5% PS 溶液渗透，因此不考虑浆液的渗透）；（3）墙体裂隙预留的部分 V_3。即：

$$V = V_1 + V_2 + V_3。$$

考虑到墙体裂隙表层预留部分主要基于"修旧如旧，不改变原貌"的文物保护原则，预留裂隙部分在墙体表面深度小于1cm，因此不予考虑，即 $V = V_1 + V_2$。

墙体的体积 Vz 等于墙体内外面积的平均乘以墙体的平均厚度。墙体裂隙体积率 S $= V/Vz$。

3.2　各墙体的工程量分布

在裂隙加固施工过程中，精确的对裂隙砌补泥浆体积、灌注浆液体积进行计量。最终各墙体的工程量见表2。

表2　东北佛寺各墙体裂隙加固工程量表

墙体	E	W	S	N	TZ	S2
砌补注浆量（ml）	5440452.35	3852585.322	2357325.707	1262808.998	5453.5	225641.405
墙体	S4	S5	S6	W2	W3	W6
砌补注浆量（ml）	263375.39	175539.98	4616356.774	2928103.165	304683.4	252420.07

3.3　裂隙发育程度的反演

因 W1、W4、W5、W7、、W9、S1、S3、S7、S8、S9、S10、S11 和 S12 墙残存不多，倒塌严重，现多呈低矮墙体，风化程度严重，所以没有裂隙发育。W8 墙体未做加固，预留验收用。因此，本文对其他各墙体进行研究。

从总裂隙量和墙体的总体积，可得到遗址体总体裂隙率 S = 4.4%。

从图5中可以看出，E、W、S、N、S6、W2 墙体裂隙量远大于 TZ、S2、S4、S5、W3、W6 墙体的裂隙量，约3 – 11 倍。尤其 TZ 裂隙发育体积仅为 5453.5cm^3。对于裂隙发育的 E、W、S、N、S6、W2 墙体而言，有如下规律：$S_E > S_{S6} > S_W > S_{W2} > S_S > S_N$。

从图6中可以看出，各墙体裂隙体积率大多处于2% – 4.5%之间。S6 墙体裂隙率高达 14.5%，而 TZ 墙体裂隙率仅为 0.018%。墙体裂隙率规律为：$S_{S6} > S_{W2} > S_{S2} > S_E > S_S > S_W > S_N > S_{S4} > S_{W6} > S_{W3} > S_{W5}$。

4　反演结果分析

（1）从裂隙加固工程量反演的各墙体裂隙发育特点可以看出，对于墙体规模比较大的 E、W、S、N、S6、W2 墙体，裂隙发育体积也非常的大，而对于墙体规模较小的 TZ、S2、S4、S5、W3、W6 墙体，裂隙发育体积也相应的小。表明，在同样的遗址体材料下，同样的自然地理环境下，墙体规模与其裂隙发育程度呈正比关系。

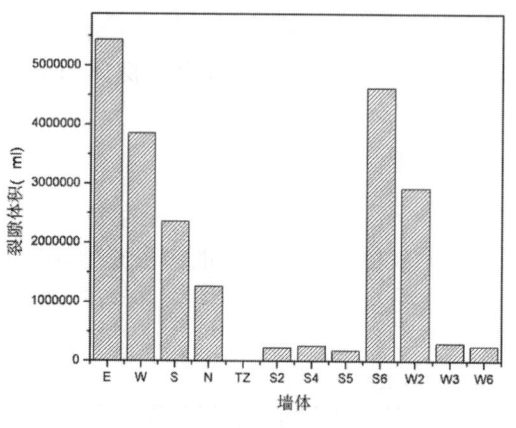
图 5　各墙体裂隙量分布图

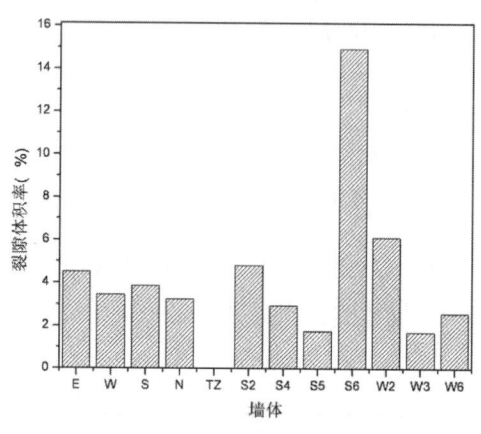
图 6　各墙体裂隙体积率分布图

（2）从各墙体的裂隙体积率指标的分布看，对于坍塌严重的墙体，因其上部板筑泥建筑大多消失，其裂隙体积率相应的小，如 S4、W6、W3、W5、S5 墙体。对于保存较为完整的 S6、W2、S2、E、S、W、N 墙，其裂隙率的规律与其裂隙体积的变化规律并不一致。但是有这样一个大致的规律，即：墙体规模越大，裂隙体积率相应越小。

（3）为研究墙体裂隙体积

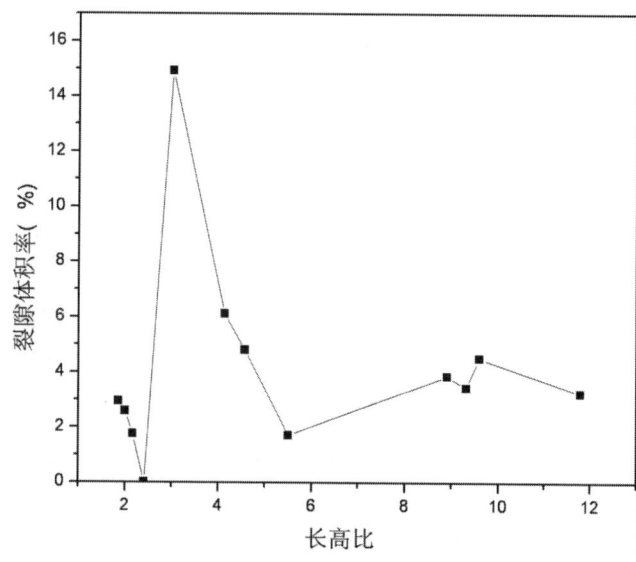
图 7　裂隙体积率与长高比的关系图

率与墙体的规模之间的关系，图 7 - 9 反映了墙体体积裂隙率与墙体长高比、长厚比、高厚比之间的关系曲线。从曲线中可以看出，长高比 > 4、长厚比 > 4、高厚比 > 6 时，墙体的裂隙体积率均较高。这也就可以解释 TZ 墙体裂隙体积率最低而 S6 墙体裂隙体积率最高的特点，同样可以解释其他墙体裂隙的发育规律。

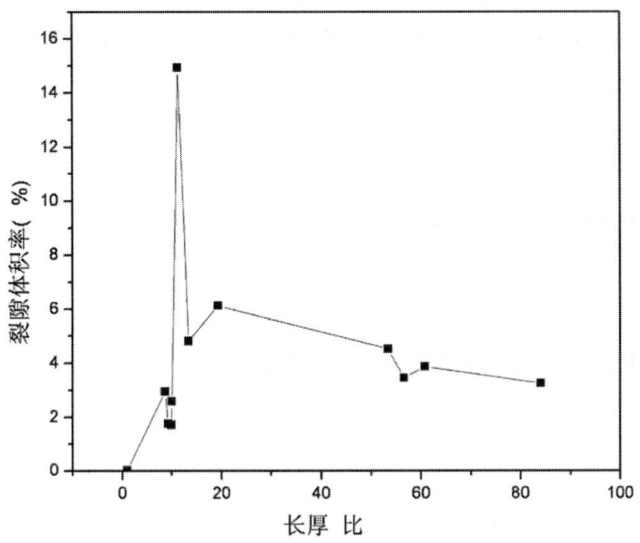

图 8　裂隙体积率与长厚比的关系图

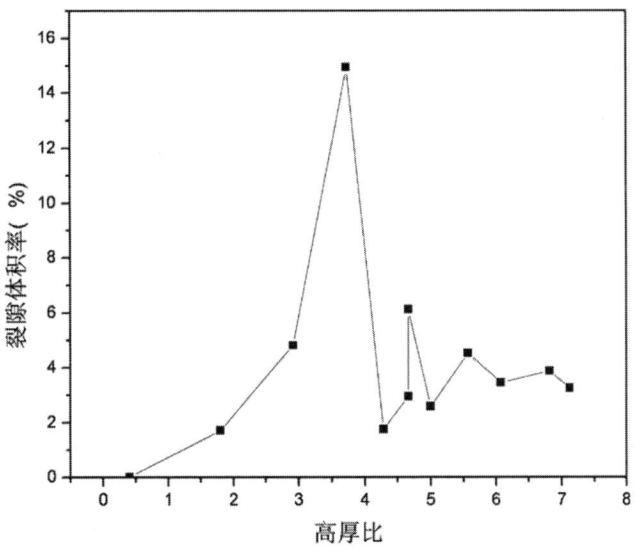

图 9　裂隙体积率与高厚比的关系图

5 结 论

（1）交河故城东北佛寺墙体裂隙发育于遗存较好的墙体。

（2）交河故城东北佛寺墙体总裂隙体积率大约为 4.4%。

（3）交河故城东北佛寺墙体裂隙发育程度与墙体的规模如下大致的规律：墙体规模越大，裂隙体积相应大，裂隙体积率相应小。

（4）从墙体的长高比、长厚比、高厚比去研究墙体的裂隙发育程度规律是可行的。

（5）通过研究交河故城东北佛寺墙体的裂隙发育程度研究，为交河故城寺院区的其他佛寺遗址裂隙加固奠定了基础。

致谢

在论文写作过程中得到了敦煌研究院王旭东研究员和张鲁高级工程师的悉心指导和帮助，在此感谢！

参考文献

［1］李最雄. 丝绸之路古遗址保护. 中国文化遗产，2004，（3）：118 – 112.

［2］蒋建平，罗国煜，汪明武. 土体结构面对岩土工程问题的影响探讨. 中国矿业，2002，（4）：32 – 34.

［3］蒋建平，章杨松，罗国煜. 基于土体中结构面的岩土工程问题探讨. 工程地质学报，2002/10（02）：0160 – 01606.

［4］孙满利. 吐鲁番交河故城保护加固研究. 兰州大学博士论文，2006.

［5］交河故城抢险加固工程施工设计图. 敦煌研究院，兰州大学文物保护研究中心，2006

Research on Developing Degree of Cranny in Northeast Temple of Jiaohe Ruins

Zhang Jingke[1], Chen Wenwu[1], Li Zuixiong[1,2]
Wang Xudong[1,2], Guo Qinglin[1,2]

1. Key Laboratory of Mechanics on Western Disaster and Environment,
Lanzhou 730000; 2. Dunhuang academy Dunhuang 736200)

Abstract: Cranny is the main diseases of earthen architecture in northwest arid and semi – arid region. It is a difficulty for conservation design of earthen architecture that how to acknowledge the developing degree of cranny in detail. The paper re – evolved the degree of cranny by means of researching the engineering quantity of cranny conservation in northeast temple of Jiaohe ruins. Thus, it can provide reference for cranny conservation design of other earthen architectures in Jiaohe ruins. Research result shows: ①volume ratio of wall in northeast temple is approximately 4.4%; ②developing degree of cranny has relation with the scale of wall, and the bigger the scale is, the higher the cranny volume is, the lower the volume ratio of wall is. ③it is feasible that finding the law between developing degree of cranny and scale of wall by length/height, leng/thickness, and height/thickness raio.

Key Words: earthen architecture northeast temple, developing degree of cranny re – evolvement wall

（原载于《敦煌研究》，2007 年，第 5 期）

甘肃瓜州锁阳城遗址环境问题分析及整治对策

杨善龙[1]，郭青林[1,2,3]，蔺青涛[1]，张国彬[2,3]，刘晓东[4]，宏　伟[4]

（1. 兰州大学土木工程与力学学院，兰州，730000；2. 敦煌研究院保护研究所，敦煌，736200；
3. 古代壁画保护国家文物局重点科研基地，敦煌，736200；4. 瓜州博物馆，瓜州，736100）

内容摘要： 锁阳城遗址是我国丝绸之路上的重要遗址之一，本文通过对锁阳城遗址保存现状调查与分析，查明锁阳城遗址主要存在风沙危害、降雨危害、植物危害、原有设施和遗址景观不协调等环境问题，并根据存在的问题提出了 PS 表面防风化处理；危害墙体的植被剪除；拆除遗址区小道上的水泥石板和红砖，改为木板路；遗址区高压电线改地埋；参观规范路线、设立相应的服务设施等整治对策，并建议遗址应当加强日常管理，开展气象、风沙、文物本体病害等遗址监测工作。这些环境整治对策及建议对锁阳城遗址保护的保护具有十分重要意义。

关键词： 瓜州　锁阳城　环境　整治

0　前　言

　　锁阳城，又名"苦峪城"，位于甘肃省瓜州县锁阳城镇桥子村南坝二队正南戈壁荒漠中。锁阳城在汉代是敦煌郡冥安县治所，西晋为晋昌县，隋为常乐县，唐为瓜州郡。后历经战乱，明王室闭关后遭废弃。锁阳城之名缘于清代民间，因城周围有诸多味美甘甜的锁阳，后人因物命名为"锁阳城"。

　　根据瓜州博物馆研究，锁阳城遗址包括古城址一座，古寺庙一座，古墓葬三片。古城址包括锁阳城、羊马城、弩城和隋玉门关。锁阳城

图 1　锁阳城卫星影像图

分为内、外两城（图1），锁阳城内城呈不规则四边形，均用当地粘性土夯筑而成。城墙夯层内排列有圆木，城墙顶部有土坯柴草维修的痕迹。

锁阳城是古丝绸之路咽喉要地上的一个大城，是我国目前保存最为完整的汉唐古城之一。该城乃汉、隋、唐、宋（西夏）、元、明时期瓜州地区政治、经济、军事、文化以及宗教文化之中心，在河西政治、经济、文化及军事诸方面曾起到过非常重要的作用，是隋唐瓜州断代史之标志。锁阳城遗址及其周边地区是集历史人文景观和自然景观为一体的独特区域，它汇集了古城址、古寺院、石窟寺、古墓群和古垦区等多种遗迹，其多样性和复杂丰富的内涵为国内罕见。这里的古城址和烽燧构成了我国目前保存较为完整的古代军事防御和信息传递系统，而由大量的灌溉渠系和农田组成的古代农业灌溉系统也是我国目前保存较完整的古代农业灌溉体系，显示了该地区古代灌溉农业的发达及其以后沙漠化的进程。该遗址是丝绸之路甘肃境内的一座重要古城遗址，在研究汉唐时期河西走廊政治、经济、文化以及军事等诸多方面有着重要的价值。

锁阳城遗址整体保护规划[1]已经得到批准，根据规划要求及遗址目前保存状况分析，锁阳城迫切需要进行文物本体保护和遗址保存环境整治，本文在遗址环境现状进行详细调查的基础上，提出相应的环境整治措施。通过现场调查发现，由于自然和人为原因，特别是风沙和集中式强降雨使锁阳城受到了很大的破坏。

1 赋存环境

1.1 区域地质环境

锁阳城地处祁连山褶皱北翼与天山—内蒙褶皱系北山皱带南带之间的一个中新生代盆地中，这一区域构造体系发育在前震旦系，主要活动于中生代，而且在新生代以后也有强烈的活动。从元古代到新生代地层均有出露，前古生代为一套深变质岩，主要有混合岩、片麻岩；古生代为一套中深变质岩，主要有硅质板岩、碳酸盐岩、变质砂岩等；中生代缺失三叠系和白垩系地层，地层多系砾岩、砂砾岩、泥质砂岩；盆地内广泛分布着第四系河湖相地层，厚度达数米、数十米至550m之间。

1.2 气象环境

锁阳城遗址深居内陆，气候属典型的大陆性气候，基本特征是降水少，蒸发量大，日照长，昼夜温差大，夏季炎热，冬季严寒，风沙活动频繁，风蚀作用强烈。所在地年降雨量在45.7 - 104mm之间，降水主要集中在6 - 8月份。年蒸发量在2889 - 3028mm之间。最高气温在35 - 37.7℃之间，最低气温在零下10.4 - 30.5℃之间，平均日温差为16.1℃，年平均温度8.7℃。年平均风速2.2 - 3.7m/秒，最大风速可达

30m/秒，盛行东风和西风。

1.3 水文环境

锁阳城遗址位于安西极旱荒漠国家级自然保护区内，疏勒河在保护区境内流程 50.75km，年径流量 $2.5 \times 10^8 m^3$，中游双塔水库有效库容量 $1.15 \times 10^8 m^3$。榆林河在保护区内流程 36.25km，年均径流量 $0.55 \times 10^8 m^3$。锁阳城遗址保护区内没有河流流过，但地下水资源比较丰富单井涌水量为 3000 – 5000m³/天，矿化度 < 1.0 克/升，硬度 10.3° – 12.9°（德国度），水为 $HCO_3 - SO_4 - Na - Mg$ 型水，根据现场对遗址区内水井水位的测定，锁阳城地下水位在 10 – 15m 左右。

2　主要环境问题

在中国西北干旱环境下，土遗址经受各种自然环境因素影响，风沙和集中式降雨是威胁土遗址保存的最主要的影响因素，即使是遗址墙体的开裂坍塌也与二者有极大的关系[2]。通过现场调查，锁阳城遗址存在的主要环境问题有以下几点：

（1）风沙危害

风沙危害严重是锁阳城遗址中最主要的环境问题，且最严重的部位在锁阳城遗址内城东墙和外城大部分地段。锁阳城内城东侧植被稀少，形成一个风口，携沙风吹打墙体，使墙面出现蜂窝状风蚀窝和风洞。一些墙体根部由于强风吹蚀，墙体已濒危倒塌（图2），局部墙体由于风沙危害墙体已坍塌。另外，

图2　受风沙危害的东墙

大风携带的沙土在西、北城墙和城内大量堆积，对遗址保存不利。

（2）降雨危害

锁阳城地处西北干旱区，常年少雨。但在降雨比较多的 6 – 8 月份，降雨以集中式强降雨为主，集中式强降雨可在城墙顶部迅速形成汇水，然后沿着版筑缝及城墙表面流下，从而在墙体上形成很多冲沟（图3）。这种危害在锁阳城内城北城墙和南城墙较多。

（3）植物对锁阳城遗址保存的危害

在锁阳城遗址墙体上和墙体两侧长有红柳、骆驼刺等植物，这些沙生植物对锁阳城产生双重破坏。一方面，墙体两侧红柳在风的作用下磨蚀墙体（图4）；另一方面，这些植物发达的根系伸入墙体，对墙体的夯层结构造成破坏，危害墙体的保存。

图3　南墙降水沿版筑缝形成冲沟　　　　　　　图4　红柳磨蚀墙体

（4）内城北城墙顶部水泥板道路

以前为参观方便，在北城墙顶部修建了一条用两块或三块水泥板铺设的参观小路（图5），这条小路虽然为游客观看整个锁阳城全景提供了便利，但与遗址景观严重不协调，在游客参观时，也存在对遗址的踩踏，威胁遗址的保存。另外，由于道路较窄，城墙较高，也存在参观游客的安全隐患。

（5）遗址内城铺砖路面

在锁阳城内有一条北城门至西南角供参观用的砖铺道路（图6），在铺设前对路基的处理不够以及可溶盐活动的影响，很多砖已经松动破裂，道路已经变得崎岖不平，这条用红砖铺砌的小道无论质地和色泽均和整个锁阳城遗址景观很不协调。

图5　北城墙顶部的石板路　　　　　　　　图6　城内砖铺路面

（6）保护区内的高压电线

在锁阳城保护区北侧架设有水泥高压电线，虽然解决了遗址区的供电问题，但影响了整个遗址区的景观。

（7）参观路线

目前锁阳城参观路面为砂石路，参观路线只有很少的一段，不能全面的展示锁阳城遗址。

（8）服务设施缺乏

在遗址区缺少垃圾桶、标识牌、厕所等服务设施，这些设施的缺乏对游客造成很多不便。

（9）人为因素对遗址带来的危害

尽管锁阳城遗址目前已经有专人看管，但遗址面积较大，难免存在疏漏，在此次调查中，我们可以看到多处地段存在当地村民挖掘锁阳等药材留下的坑，有一些坑距离遗址墙体很近。村民的滥挖不仅对遗址景观带来破坏，也影响遗址的保存。

3　环境整治对策

针对锁阳城目前已存在的环境问题及规划要求，提出如下环境整治对策：

（1）风沙、降雨危害防治

风沙和降雨属于自然现象，人为不可能改变。目前土遗址保护中，针对风沙和降雨危害防治的主要采用一些化学方法[3-7]提高土体的抗风化能力，从而达到保护的目的。由于这些危害机理比较复杂，保护方式也各不相同，需进行专门分析研究，本文不再论述。

（2）植物危害处理

清除距墙体1.5m范围内的植物，剪除在墙体上生长的骆驼刺等植物，对根系可采取适当的措施抑制其生长。不采取连根拔出的办法，这样避免了对墙体造成新的伤害。

（3）城墙顶水泥板路的拆除

拆除北城墙顶水泥板路，拆除后用和城墙土成分、粒度分布相近的土对低洼处进行填补，以免积水。等填补层干透后，再用5%的PS进行防风化处理。

（4）城内道路的拆除

对城内严重影像遗址景观的红砖道路进行拆除，改为木板路面。

（5）高压线改地埋

对现有高压线进行地埋改造，这样就消除了高压线对景观的影响。

（6）参观道路改建

参观路线设计按《甘肃省安西县锁阳城遗址保护总体规划》（2006－2025）中的

"展示规划"内容实施。修建宽4m的双车道电瓶车用道路，路面为砂石路面。新建步行道路宽1.5m，重点展示段路面宽可放大至2m，采用完全可拆除且不会对文物造成破坏的木板道路，在地表遗存处设木栈道跨越。

（7）遗址区部分服务设施

在遗址区内设置各种用于文物保护，展示及参观路线的说明牌、标示牌、垃圾桶和环保厕所等服务设施，服务设施的设计风格要与遗址区总体风格相协调。

（8）人为破坏防治

通过加强遗址区管理和人文素质的提高，这种危害是很容易解决的。目前主要是通过加强遗址区管理的方式，防治人为破坏。

4　建立环境监测体系

环境保护不是一朝一夕的事，需要长时间的观测以了解当地的环境问题，然后做出相应的保护方法，为此在锁阳城遗址区建立如下环境监测体系。

（1）气象环境监测

在遗址区安装气象站一台，用于监测遗址区内的温度、湿度、降水、风速、风向等气象要素，为遗址的科学保护提供气象环境数据。经现场考察，选定气象站地理位置：N40°15′12.8″，E096°12′01.3″。选定该点主要考虑到距离管理区和遗址区都较近，且地势空旷，无遮挡物，在该点所测的气象数据能够代表整个遗址区的气象资料，并且该地点采集数据较便利。

（2）文物本体的监测

选择遗址区内较为危险的部位做为监测点，定期进行文物本体监测，采用照相对比法对比遗址的一定时期（五年）内（间隔期为2个月）的变化，应用自动位移计、百分表和应变计观测裂隙位移的变化等。

（3）周边自然环境的监测

间隔两年购买一次卫星影像图，通过不同时期卫星影像图的对比，来监测遗址区内周边自然环境的变化。

（4）风沙监测

对风沙主要进行地表形态的动态变化和输沙量的监测。锁阳城南城墙、北城墙、西城墙以及城内部沙丘由于风的原因，使得城内外地表形态因风蚀或堆积而发生改变。地表形态的动态变化监测主要采用集沙断面监测的方法，即从被风蚀或堆积的沙丘顶部到丘间基地每2m依次设置铁丝标杆，测量铁丝标杆离地面的距离来监测风蚀或堆积。测量次数为1次/月，若有大风天气，大风后需测量一次；输沙量的监测采用高立式自动流沙采集仪对城内以及城外流沙活动频繁区域的输沙量进行监测，称量集沙仪中的流沙，计算不同地段、不同局域的输沙量。测量次数也为 1 次/月，若有大风天气，大风后需测量一次，测量时间为五年。

5　结论及建议

（1）锁阳城环境现状不容乐观——风沙及集中式强降雨危害遗址，景观环境与遗址不协调。

（2）由于锁阳城缺乏相应的史料，建议尽快进行考古工作，以免随着时间的延长和自然破坏导致一些文物信息的丢失。

（3）锁阳城所在地区环境比较独特，而且遗址病害与环境有关。建议开展环境与遗址本体保护的进一步研究。

（4）加强遗址的管理，锁阳城作为一个大遗址，对其管理比较困难。建议安装一些安防设施，减少遗址破坏的人为因素。

参考文献

[1] 中国建筑设计研究院建筑历史研究所. 甘肃省安西县锁阳城遗址保护总体规划（2006 – 2025）. 2007.

[2] 王旭东. 中国西北干旱环境下石窟与土建筑遗址保护加固研究［博士学位论文］. 兰州：兰州大学，2002：91 – 92.

[3] 王旭东，李最雄，郭青林. 干旱环境下土遗址防风化加固室内实验研究. 中国文物保护技术协会第二届学术年会论文集，2002.

[4] 李最雄，王旭东，张志军，等. 秦俑坑土遗址的加固试验. 敦煌研究，1998，（4）.

[5] 王旭东，张鲁，李最雄，等. 银川西夏 3 号陵的现状及保护加固研究. 敦煌研究，2002，（4）.

[6] 袁传勋. 土遗址保护材料综述. 敦煌研究，2002，（6）.

[7] 王银梅. 西北干旱区土建筑遗址加固概述. 工程地质学报，2003，（2）.

Analysis and Regulating Countermeasures of Environment Problems of Gansu Guazhou Suoyang City Site

Yang Shanlong[1], Guo Qinglin [1,2,3], Lin Qingtao [1]
Zhang Guobin[2,3], Liu Xiaodong[4], Li Hongwei[4]

(1. School of Civil Engineering and Mechanics, Lanzhou University, Lanzhou 730000;

2. Key Scientific Research Base of Conservation for Ancient Mural State Administration for Cultural Heritage,

Dunhuang 736200; 3. Conservation Institute of Dunhuang Academy, Dunhuang 736200;

4. Guazhou musenm, Guazhou 736100)

Abstract: Suoyang city is one of the important sites on Silk Road of China. Base on the investigation of actuality of the site, several major environmental problems have been found, such as wind erosion, rain erosion, plant threat, inharmony between the original facilities and landscape of the site, and so on. The site will be treated with PS for resisting sand and rain damage; Cutting plants which damaging the wall of site; Wooden road will replace the road were made of brick and cement; The high voltage will be beded under the floor; Designed visiting route, setted up corresponding establishment and reinforce daily mangement; We also proposed a environment monitoring system for monitor weather, winded – sand, pathology of site, and so on. It has a siginificance for concervation of Suoyang city.

Key Words: Guazhou, Suoyang city, Environment, regulating

(原载于《敦煌研究》, 2008 年, 第 6 期)

中国干旱环境下土遗址保护关键技术研究新进展

王旭东[1,2]

（1. 敦煌研究院，敦煌，736200；2. 古代壁画保护国家文物局重点
科研基地，敦煌，736200）

内容摘要：土遗址是指人类历史上以土为主要材料建造的具有历史、艺术和科学价值的文化遗产。土自身的物理力学性质和建造工艺决定了土遗址的脆弱性。再加上长期的自然营力作用及人为等多重因素的影响，这些土遗址发育各种病害。本文结合正在开展的国家十一五科技支撑计划土遗址保护关键技术研究课题，分析了我国干旱环境下土遗址保护研究现状和存在的主要问题，就干旱环境土遗址保护关键技术研究的最新研究成果和进展进行了初步总结，其中包括：土遗址风化机理及病害评估研究、土遗址加固材料研发、土遗址锚固灌浆加固技术研究、土遗址保护加固技术规范和土遗址保护信息平台等几个方面的最新研究成果和进展。

关键词：干旱环境 土遗址 保护 关键技术 新进展

0 前 言

土遗址是人类历史上以土为主要材料建造的具有历史、艺术和科学价值的文化遗产。我国的土遗址遍布祖国各地，属于国家级文物保护单位的土遗址在各省、市和自治区均有分布（图1）。大多数土遗址主要分布在西北干旱环境下，比较著名的土遗址有新疆境内的交河故城、高昌故城、楼兰、尼雅遗址等，甘肃境内的长城和烽燧、玉门关、阳关等，宁夏的西夏王陵，青海的喇家遗址、柳湾遗址等。

土的自身物理力学性质和建造工艺决定

5个以下
5-10个
10-20个
20-40个
40以上

图1 土遗址全国重点文物保护单位分布图

了土遗址的脆弱性，在长期的自然营力作用及人为等多重因素的影响下，绝大多数土遗址病害普遍发育，急需实施保护。导致土遗址破坏的地质及自然环境因素主要有两种：一为内动力作用，主要是地壳运动和地震作用；二为外动力作用，主要有风、雨、温湿度变化、地下水和可溶盐的运移等，这些因素对遗址的作用机理极为复杂。因此，对土遗址保护而言，在没有现成规范可依和大型保护工程项目为借鉴的现状下，遗址保护的方法、施工工艺、材料选择和加固后的效果检测等还很不完善，存在许多亟待解决的问题。根据我国目前土遗址的保护研究现状，分析土遗址保护研究中存在的主要问题，提出解决这些问题所需关键技术的研究内容，对我国干旱环境下土遗址保护的发展具有十分重要的意义。

1 保护研究现状及存在的主要问题

1.1 保护研究现状

相对于器物与石质古建筑的保护而言，土遗址的保护开始时间较晚，所做工作也较少。真正意义上的土遗址保护是在 20 世纪 60 年代以后。目前国际上土遗址保护研究的主要机构是 ICOMOS（International Council on Monuments and Sites）下设的土遗址保护专业委员会。另外，设在意大利的 ICCROM 与美国的盖蒂（Getty）保护所等对土遗址的保护也有一定的研究。

国内土遗址保护工作开展更晚，上世纪 80 年代末才开始在少数几个地方进行土质遗址科学保护研究试验[1-2]。在我国文物保护工作者不懈的努力下，至本世纪初，土遗址保护工作取得了长足的进展，所涉及的研究内容越来越广泛，且部分已达较高水平。土遗址的研究主要集中在以下方面：研究土遗址的病害及破坏机理，如病害成因研究[3-8]，提出风、雨、温度、洪水、地震等自然因素都可对土遗址产生破坏的观点；土遗址的风化机理研究[9-14]；研究发掘与现场保护[15]；环境和土遗址的关系研究[16-18]；现代的测试手段[19-20]，近景摄影、航空遥感、地震物探、面波仪，声波仪等的大量应用，极大地推动了土遗址保护的发展；研究土遗址的建筑形制[21-22]，对土遗址的保护加固技术已经作了大量的室内及现场试验研究，已经取得了明显的成绩[23-31]；对土遗址表面防风化加固材料的研究更是近年来的热点[32-40]。另外，关于灌浆材料[41-45]和锚固技术也取得了一定的研究成果[46]。

截至目前，全世界进行的土遗址防风化保护工程并不多。在国外，1969 年 Giacomo Chiari 等人采用正硅酸乙酯—乙醇体系、聚醋酸乙烯酯和丙烯酸树脂（注射）等对伊拉克某遗址（Selcucia and Hatra in Iraq）风干砖的保护[47]；1975 年秘鲁采用正硅酸乙酯与乙醇混合体系处理土坯建筑的表面[48]；20 世纪六、七十年代日本采用甲基丙烯酸树脂加固土质文物；日本学者采用聚氨酯树脂保护古墓等[49]。在国内单玮等采用丙烯酸树脂对秦始皇兵马俑炭化遗迹的保护[50]；张宗仁等采用有机硅单体、低聚物、高聚物等材料对秦俑弩弓迹、车轮迹、西安半坡部分土遗址、西安老牛坡商代古墓群中车马坑的保护[51]；敦煌研究院应用 PS 材料对甘肃敦煌玉门关、河仓城、宁夏银川西夏王陵三号陵和新疆交河故城瞭望台、安西锁阳城角墩等进行了保护加固，正在进行中的丝绸之路新疆段重点文物保护项目－交河故城抢险加固工程、高昌古城墙城抢险加固工程及甘肃境内战国秦长、汉长城（烽燧）均采用 PS 材料进行防风化加固。

1.2　保护研究中存在的主要问题

根据土遗址的保护研究状况，借鉴其他学科和领域的研究成果和进展，目前土遗址保护中存在迫切需要解决、且解决时机相对成熟的主要问题有：

（1）土遗址风化机理及病害评估方面的问题

土遗址防风化研究虽然取得了一定的进展，但对土遗址风化机理的研究还不够深入。土遗址风化机理研究大多集中在单一因素对遗址方面，如风蚀对遗址的破坏，雨蚀对遗址的破坏，盐分运移导致遗址的风化等，但对多因素耦合共同作用对遗址的劣化研究几乎没有开展。另外，对作为遗址风化的主要因素之一的温度对遗址的作用研究较少。在病害调查中，现代尖端无损、微损分析检测技术等高科技测试手段的应用相对较少。

在土遗址病害评估方面的研究，大多局限在单个遗址的病害的研究与评估。土遗址病害的评估体系还未完全建立。

（2）土遗址加固材料研发方面的问题

土遗址防风化材料的研制一直是土遗址保护研究的重点和难点。文物工作者曾尝试了多种材料[52-57]，如无机类材料：PS 材料、硅酸钠、硅酸铝、氢氧化钙、氢氧化钡等；有机高分子材料类：有机硅树脂和有机聚合物材料（全氟聚醚、环氧树脂、聚氨酯树脂、醋酸乙烯酯、丙烯酸等）。无机—有机复合材料，如硅酸钾—甲基三乙氧基硅烷等。这些材料虽然在室内试验和小范围的应用中效果较好，但在大规模的现场应用中还存在一定的问题，如环境的适应性、现场应用的可操作性等。

（3）土遗址锚固灌浆加固技术方面存在的问题

锚固、灌浆和表面防风化技术是土遗址保护最常用的几种技术，其中锚固技术主要是通过不同类型、材质的锚杆加固开裂土体；灌浆技术则是通过对土遗址中的裂隙进行充填灌浆，防止因雨水通过裂隙入渗而降低下部土体强度的重要工程措施，同时，在一定程度上增加遗址土体的整体性。这两种技术措施是目前治理土遗址开裂病害的重要手段。随着锚固技术和裂隙灌浆技术研究的逐步深入，取得了一些突破性的进展，在我国西北干旱、半干旱地区的土遗址保护加固中发挥了重要的作用。在宁夏西夏陵、敦煌玉门关、河仓城、新疆交河故城等遗址均已有所应用。但对不同类型和材质的锚杆的锚固机理、锚固前后稳定性计算的研究相对较少，对不同类型锚杆的锚固工艺，灌浆材料的工艺和浆液的性质不够深入，缺乏系统而又科学的锚固和灌浆效果检测方法。

（4）土遗址保护加固技术规范还未建立

随着国家对文化遗产保护力度的逐步加大和保护资金的不断投入，一些大型的土遗址，如长城、交河故城、高昌故城等大型土遗址的保护工作均陆续开展。与其他文化遗产相比，土遗址保护在我国文化遗产保护行业中虽起步较晚，但土建筑遗址的保护已经成为我国文化遗产保护中的一项重要任务。目前我国还没有任何关于土遗址保护加固方面的技术规范，不同的保护项目承担单位对土遗址勘察、设计、施工和效果评价的方法、内容和侧重点都不一样。因此，系统总结和凝练国内外土遗址保护的实践经验和科研成果，建立我国土遗址勘察、设计和施工等一些工程技术规范标准，形成一套科学的土遗址保护的程序和方法，对我国土遗址保护有十分重要的意义。

（5）缺乏土遗址保护的信息平台

我国土遗址具有分布范围广、面积大、赋存环境复杂和种类繁多等特点，随着地理信息系统和遥感技术的不断成熟和发展，使土遗址地理信息系统的开发与遥感信息的提取和判读方面的研究成为可能。建成我国土遗址的开放型数据库和土遗址病害体系、开发实用型土遗址信息系统，通过卫星影像提取土遗址遥感信息，将高科技手段应用于土遗址的保护和研究，实现土遗址信息的科学管理，对我国土遗址保护的长久和持续地发展将产生重要影响。

2 保护关键技术研究新进展

上述问题已经制约着土遗址保护研究及其工程实践，在科技部和国家文物局的大力支持下，敦煌研究院联合兰州大学、中科院地质与地球物理研究所、西北大学、浙江大学、北京大学、清华大学和中科院上海硅酸盐研究所，共同承担了国家十一五科技支撑计划土遗址保护关键技术研究课题，就在土遗址风化机理及病害评估、加固材料、锚固灌浆、保护加固规范和土遗址保护的信息平台等内容开展联合公关，经过一年半的时间，在课题组成员的共同努力下，土遗址保护关键技术研究进展顺利，并在各研究方面均取得了一定的成果。

2.1 土遗址风化机理及病害评估体系研究

土遗址风化机理方面的研究进展在于：通过现场病害调查、室内试验、数值模拟的方法，研究生土文物的风化耐久性，揭示文物病害的发病机理、环境控制因素，寻求提高文物保存时限的技术措施。首次从病害演化动力学的角度，提出生土文物老化的劣化－损耗说："劣化作用"导致土体内部连接弱化，"损耗过程"导致土体质量（或体积）的减少。提出了文物本体与环境因子相互作用的概念模型，并将劣化作用分解为水致劣化、热致劣化和化学劣化，将损耗过程分解为风蚀损耗和雨蚀损耗。对岩土工程试验方法进行改良，进行水致劣化、热致劣化和化学劣化叠加耦合的室内模拟试验。从土－水－气－热耦合的角度，试验研究了长期服役工程土体的耐久性。

通过风洞试验、人工降雨试验、非饱和渗流试验、热传导试验、湿化试验、水热联合监测试验、材料加速老化试验、材料力学试验等，提出和进一步完善了土遗址的试验方法和测试手段。完善了岩体风化与土体风化的差别，基本建立了遗址土劣化的框架结构和理论体系。

在土遗址的病害调查方面，以有一定代表性的交河故城土遗址为典型案例，通过现场调查，系统取样，室内试验，分析和研究了土质文物表层结皮的物理化学性质。通过粒度分析、粉晶 X 射线衍射分析、易溶盐离子色谱分析等方法，分析和研究了土质文物表层结皮的物理化学性质及土建筑遗址结皮层的形成和演化模式。利用红外摄像测温仪研究了土遗址结皮层的升温、降温过程。研究发现，结皮层与下伏母墙相比，粒度偏细，偏碱性，易溶盐含量偏低，升温、降温幅度更大；土建筑遗址结皮层的形成和演化模式与土壤结皮不同，温度变化和风蚀的影响加速了结皮的剥离。

随着越来越多的土遗址病害调查评估，在总结已有资料的基础上，进行土遗址病害分类，提出适合我国土遗址病害的评估体系已经成为可能。在收集和分析已有资料和大量现场调查的基础上，分析了我国土遗址病害的分布特征和病害成因，由此对土遗址的病害进行了分类，初步建立了遗址病害的评估程序和综合评价体系。通过以上研究，将土遗址的病害分为两大类七类 19 个亚类，从稳定性和表面风化程度两个方面来进行病害评估，在表面风化程度评估中引入了风化率的概念，采用风化率来定量评估土遗址的病害，通过对风化率分类来确定评估结论。

2.2　土遗址加固材料研究

目前，土遗址加固材料研究的思路是筛选出在现场使用效果较好且有一定工程使应用实例的保护加固材料，通过引进其他领域材料的研究思路和方法，对其作用机理进行深入研究。这样不仅可以科学地评价一种加固材料对遗址土加固的适用性，更重要的是可为其他保护材料的筛选研究提供借鉴。此次研究主要选择在我国已经开始应用于工程实践的 PS 材料，探索 PS 渗透加固非饱和土的土力学的原理及结晶固化过程，深入分析 PS 材料的入渗深度与土的性质间的关系问题；研究 PS 材料渗透机理、确定其渗透深度，以及 PS 渗透加固土的结构特性；深入研究 PS 材料的加固机理。取得的研究进展如下：

（1）通过现场测试和室内试验研究，揭示了遗址土天然密度及其空间变化规律；建立密度、强度和渗透性的定量关系；进行土基质吸力与饱和度关系的测定。此次研究的突破在于通过模拟试验墙进行现场风蚀和雨蚀试验，以加固墙面耐风蚀和雨蚀的效果来评价 PS 加固渗透的工艺方法。现场试验研究发现，经 PS 溶液渗透加固的土体，抗风化能力明显增强，其中滴渗加固土体，由于渗透半径梯度关系，需采用密集布点渗透的方法进行加固来提高土体的抗风化能力。同时对于密度不同的墙体，密度相对较小的土体加固效果更加明显，加固后土体的抗雨蚀能力也明显提高，按照雨蚀破坏深度计算，相对提高 4 - 9 倍。

（2）首次在国内土遗址保护研究中引入了非饱和土的研究方法和理论，开展不同含水量与压实度状况下遗址土的湿化试验与非饱和土力学试验，进行了水及 PS 溶液入渗试验与土水特征曲线量测，用非饱和土力学理论分析在天然含水量条件下 PS 材料入渗量、分布规律及与土作用特征，分析含水量、土的密度和强度对 PS 材料入渗程度和加固效果的影响。研究结果表明，经 PS 加固后的土样，即使遇雨水浸泡，饱和后的强度仍然高且不变形，当加固过的土样由最大含水量经过干燥变为 13% 时，加固效果最好强度最高，16% 时的强度，9% 时的强度最低，加固后的土样随着温湿度的变化，强度的变化以含水率 13% 为界而发生变化，7% PS 加固后的比 3% PS 加固后遇水饱和后的强度高 1 - 2 倍等。

（3）结合施工对渗透加固土体进行物理力学试验，以及抗风蚀、雨蚀、温度应力腐蚀及耐渗流性能测定，研究 PS 渗透加固效应，尝试应用微型灌入仪、数字网络热成像分析系统等高科技无损和微损手段来分析和评价土遗址加固效果。虽然微型灌入仪和数字网络热成像分析系统等设备均是首次在土遗址加固无损检测分析中应用，但结果证明均是可行的无损检测的方式，由十分广阔的开发和利用前景。

（4）结合以前的研究成果，利用 XRD，SEM，TEM，XPS，TG 等现代分析测试手段，通过分析遗址土加固前后的形貌、物相组成、表面能变化等。通过研究可知，经 PS 加固后遗址土的片状结构消失，变为一种较致密的网状结构，提高土遗址的物理强度和抗风化能力，除填塞孔隙和粘结等物理作用之外，还在遗址土颗粒之间发生化学键合作用，基本上阐述清楚了 PS 与遗址土的作用机理。

2.3　土遗址锚固灌浆加固技术研究

土遗址锚固和灌浆方面，研究了土遗址赋存环境，通过室内试验，研究了复合锚杆的工作机理结合加固工程，通过现场拉拔试验，综合评价复合锚杆的锚固机理和锚固质量，完善了锚固灌浆技术的施工工艺和施工顺序。通过室内及现场实验分析，确定灌浆材料合适的浓度和配比范围；总结裂隙灌浆的技术、设备和工艺的规范化要求以及质量评价方法等。主要研究进展如下：

（1）应用工程地质学方面的知识，开展西北干旱区土遗址工程地质环境的研究，通过复杂的大地构造格局与特殊的大陆动力学环境，干燥与灾害性事件频发的气候，内动力地质作用等论述了西北干旱区土遗址的工程地质环境，首次从宏观环境方面解释地质环境对遗址的影响。提出差异性风蚀效应造成了交河故城崖体的风化，并研究了差异性风蚀效应的作用条件，论述了差异性风蚀效应的作用机理，得出交河故城崖体地层中的黑色粗砂层、青色细砂层以及其上覆和下覆土层差异性风蚀效应的产生对于台地陡直边坡的稳定性产生了较大的影响，由差异性风蚀效应导致的台地边缘变形不断增大，直至发生倾倒。

（2）通过遗址的气候特征、地形地貌特征、地质构造、地层与岩性特征、水文和水文地质条件、地震特征等，来研究土遗址的地质环境特征；利用室内测试、物理模拟、数值模拟计算与现场调查测试相结合，对遗址土体的物理特性、力学特性、易溶盐特性、崩解特性、土的动力特征等进行了系统的研究，建立遗址变形破坏模型，分析变形破坏机理。

（3）应用复合材料力学的方法和理论，研究复合锚杆的工作机理。结合工程实例，确定复合锚杆的制作工艺和流程，研究变形破坏机理，确保锚杆的整体强度；通过大量的室内实验来研究楠竹加筋复合锚杆管材和锚杆内粘结剂的力学性能，并在复合材料与锚杆之间、锚杆与灌注浆材之间、注浆材料与土体之间布设变形检测仪器，进行了拉拔试验，分析它们之间的强度与变形规律；应用 ANSYS 软件，进行了楠竹加筋复合锚杆的初步数值模拟。研究结果表明复合锚杆不但增大了锚杆与土体的接触面积，而且具有良好的力学性能，非常适合土遗址载体的锚固。并初步建立了一套科学评价土遗址锚固质量的体系。

（4）通过强度、凝结时间、安定性、耐久性、冻融性等大量试验研究了 PS －（C ＋F）材料的物理力学性能和可灌性，并结合交河故城加固工程实例总结了土遗址本体、载体不同裂隙的灌浆工艺；利用面波、地质雷达等高科技无损检测手段研究灌浆的密实度，进行灌后质量评价，初步形成一套可行的灌浆工艺及灌浆质量评价方法。研究结果表明，PS －（C ＋F）灌浆材料非常适合于土遗址裂隙灌浆。

2.4 土遗址保护加固技术规范

目前，没有任何专门针对土遗址保护加固的技术标准和规范，本次研究在系统总结国内外土遗址保护的实践经验和科研成果的基础上，对我国目前所开展的土遗址保护加固工程中所使用的表面防风化、锚固技术、灌浆技术、嵌补支顶技术进行了系统的总结和归纳，并对这些保护技术措施提出具体的实施要求。土遗址保护中的一些技术标准的制订，对我国土遗址保护的规范化具有十分重要意义。

2.5 土遗址信息系统开发研究

土遗址信息系统的开发研究根据文物管理者、土遗址研究者、普通使用者对土遗址信息系统的不同需求开展需求分析，以土遗址信息数据库建设为核心，在 GIS 理论的指导下，通过对土遗址地理位置、规模、形制、类别、现状、保护等级、管理机构、简要说明、保存现状、保护范围和建设控制地带、保护标志、保护机构现状等环境信息与专题信息的采集、存储、处理、分析、显示，为文物管理和研究部门搭建一个获取土遗址信息的平台，以满足对土遗址信息的查询、检索、统计、分析、制图、输出等需求，实现对土遗址信息的共享与利用，为土遗址的保护和研究提供便利。为适应不同应用者的需求，又将土遗址信息系统分为网络版与专业版。以交河故城和金沙遗址为例，进行了土遗址遥感图像目视解释标志，进行了土遗址生存环境的遥感识别等关键技术的研究和相关实验，从遥感图像中判读出了土遗址处的地理环境（水域、植被、土壤）、古城镇、古河道的分布等。目前，土遗址信息系统已经初步完成，土遗址遥感信息的提取方面也取得了一定的突破。

3 结 语

在土遗址保护关键技术研究方面，我们取得了一些重要进展，具体体现在以下几个方面：

（1）基本建立了遗址土劣化的框架结构和理论体系。通过现场病害调查、室内试验、数值模拟的方法，研究生土文物的风化耐久性，揭示文物病害的发病机理、环境控制因素，分析和研究了土质文物表层结皮的物理化学性质及土建筑遗址结皮层的形成和演化模式，提出和进一步完善了土遗址的试验方法和测试手段。

（2）初步建立遗址病害的评估程序和综合评价体系。将土遗址的病害分为两大类七类 19 个亚类，病害的评估主要从稳定性和表面风化程度两个方面来评估，采用风化率来定量评估土遗址的病害。

（3）首次通过模拟试验墙进行了现场风蚀和雨蚀试验，以加固墙面耐风蚀和雨蚀的效果来评价 PS 加固渗透的工艺方法；尝试应用微型灌入仪、数字网络热成像分析系统等高科技无损和微损手段来分析和评价土遗址加固效果。

（4）首次在国内土遗址保护研究中引入了非饱和土的研究方法和理论，开展不同含水量与压实度状况下遗址土的湿化试验与非饱和土力学试验，进行了水及 PS 溶液入渗试验与土水特征曲线量测，用非饱和土力学理论分析在天然含水量条件下 PS 材料入渗量、分布规律及与土作用特征，分析含水量、土的密度和强度对 PS 材料入渗程度和加固效果的影响。

（5）通过分析遗址土加固前后的形貌、物相组成、表面能变化等，基本上阐述清楚了 PS 与遗址土的作用机理。

（6）通过室内及现场试验，研究了复合锚杆的工作机理结合加固工程，综合评价了复合锚杆的锚固机理和锚固质量，完善了锚固灌浆技术的施工工艺和施工顺序。裂隙灌浆的技术、设备和工艺的规范化要求以及质量评价方法等方面取得了一定的突破。

（7）在系统总结国内外土遗址保护的实践经验和科研成果的基础上，开始了我国土遗址保护规范工作的编制尝试。

（8）首次建立了土遗址保护研究信息系统的基本框架，完成了一些重点土遗址的信息采集和录入工作，验证了信息系统的适用性。同时初步建立了土遗址保护研究信息发布平台，为文物管理人员、保护研究人员以及关心土遗址保护研究的其他人员提供可用的信息。

但是，相对于其他文化遗产保护而言，我国的土遗址保护还处于起步阶段，快速地提高我国土遗址保护水平的有效途径是建立高效的联合科技攻关平台，组织我国土遗址保护行业的科技人员，吸引其他相关行业、高校和科研院所的研究人员，针对土遗址保护中存在的主要问题及关键技术继续开展联合攻关，进一步提高我国土遗址保护水平，同时，也可为我国大量亟待保护的土遗址培养出一支既能从事应用基础研究，又能承担保护工程的高层次人才队伍。

参考文献

［1］黄克忠．走向二十一世纪的中国文物科技保护．敦煌研究，2000（1）：5 - 9.

［2］黄克忠．岩土文物建筑的保护．北京：中国建筑工业出版社，1998：9.

［3］解耀华．交河故城的历史及保护修缮工程．交河故城保护与研究［C］，乌鲁木齐：新疆人民出版社，1999：31 - 32.

［4］李最雄．丝绸之路古遗址保护．北京：科学出版社，2003.

［5］赵海英，李最雄，韩文峰等．西北干旱区土遗址的主要病害及成因．岩石力学与工程学报，2003，22（增 2）：2875 - 2880.

［6］王旭东．中国西北干旱环境下石窟和土遗址保护加固研究．兰州：兰州大学，2003.

［7］赵海英．甘肃境内战国秦长城和汉长城保护研究．兰州大学，2005.

［8］Sikka, Sandeep. Theme：Decay and Conservation：Research and Practice Topic：Conservation of Historic Earth Structures in theWestern Himalayas. in. 9th International Conference on the Study and Conservation of Earthen Architecture Terra 2003. yazd - IRAN, 2003：513 - 530.

［9］6th International Conference on the Conservation of Earthen Architecture, Las Cruces, New Mexico, U. S. A. October, 14—16, p269, 280.

［10］刘林学，张宗仁，薛茜等．古文化遗址风化机理及其保护的初步研究．文博，1988（6）：71 - 75.

[11] 张万学. 半坡遗址风化问题浅析. 文博, 1985 (5).

[12] 贾文熙. 土质文物的风化机理与保护刍议. 文物养护与复制适用技术. 西安: 陕西旅游出版社, 1997.

[13] 张志军. 秦兵马俑文物保护研究. 西安: 陕西人民教育出版社, 1998, 104 - 106.

[14] 屈建军, 王家澄, 程国栋等. 西北地区古代生土建筑物冻融风蚀机理的实验研究. 冰川冻土, 2002, 24 (1): 51 - 55.

[15] 周双林. 谈谈考古发掘中文物的现场保护.

[16] 潘别桐, 黄克忠. 文物保护和环境地质. 北京: 中国地质大学出版社, 1992.

[17] 郭宏. 文物保护环境概论. 北京: 科学出版社, 2001.

[18] D'Aragon, Jean. Earth as an Element of Persistence in South African Xhosa Culture. in. 9th International Conference on the Study and Conservation of Earthen Architecture Terra 2003. yazd - IRAN, 2003: 120 - 127.

[19] 马清林, 苏伯民, 胡之德等. 中国文物分析鉴别与科学保护. 北京: 科学出版社, 2001.

[20] 黄克忠. 岩上文物建筑的保护. 北京: 中国建筑工业出版社, 1998: 47 - 53.

[21] 李肖. 交河故城的形制布局. 北京: 文物出版社, 2003.

[22] 姜波. 汉唐都城礼制建筑研究. 北京: 文物出版社, 2003.

[23] 秦俑坑土遗址保护课题组. 秦俑坑土遗址的研究与保护.

[24] 李最雄, 王旭东. 古代土建筑遗址保护加固研究的新进展. 敦煌研究, 1997 (4): 167 - 172.

[25] 李最雄, 张虎元, 王旭东. 古代土建筑遗址的加固研究. 敦煌研究, 1995 (3): 1 - 17.

[26] 李最雄, 王旭东, 张志军等. 秦俑坑土遗址的加固试验. 敦煌研究, 1998 (4): 151 - 158.

[27] 李最雄, 王旭东, 田琳. 交河故城土建筑遗址的加固试验. 敦煌研究, 1997 (3): 171 - 188.

[28] 李最雄, 王旭东, 郝利民. 室内土建筑遗址的加固试验——半坡土建筑遗址的加固试验. 敦煌研究, 1998 (4): 144 - 149.

[29] 王旭东, 张鲁, 李最雄等. 银川西夏 3 号陵的现状及保护加固研究. 敦煌研究, 2002 (4): 64 - 72.

[30] 李最雄. 丝绸之路古遗址保护. 北京: 科学出版社, 2003.

[31] 内蒙古博物馆. 大窑遗址四道沟地层剖面 "PS" 材料保护加固实验报告. 内蒙古文物考古, 2002 (1): 135 - 139.

[32] 和玲, 梁国正. 偏氟聚物加固保护土质文物的研究. 敦煌研究, 2002 (6): 92 - 108.

[33] 周双林, 原思训, 杨宪伟等. 丙烯酸非水分散体等几种土遗址防风化加固剂的效果比较. 文物保护与考古科学, 2003, 15 (2): 40 - 48.

[34] 周双林, 王雪莹, 胡原等. 辽宁牛河梁红山文化遗址土体加固保护材料的筛选. 岩土工程学报, 2005, 27 (5): 567 - 570.

[35] 周双林. 文物保护用有机高分子材料及要求. 四川文物, 2003 (3): 94 - 96.

[36] 周双林, 原思训. 有机硅改性丙烯酸树脂非水分散体的制备及在土遗址保护中的试用. 文物保护与考古科学, 2004, 16 (4): 50 - 52.

[37] 周双林. 土遗址防风化加固保护材料研制及在秦俑土遗址的试用. 北京: 北京大学, 2000.

［38］李最雄．丝绸之路古遗址保护．北京：科学出版社，2003.

［39］苏伯民，李最雄，胡之德．PS 与土遗址作用机理的初步探讨．敦煌研究，2000（1）：30 - 35.

［40］王银梅．西北干旱区土建筑遗址加固概述．工程地质学报，2003，11（2）：189 - 192.

［41］中国对外翻译出版公司，联合国教科文组织出版办公室．文物保护工作中的适用技术．北京：中国建筑出版社，1985.

［42］范章．SV - Ⅱ灌缝胶及其在古建筑土坯墙体加固中的应用．西北建筑与建材，2003（5）：26 - 28.

［43］杨涛，李最雄，谌文武．PS - F 灌浆材料的物理力学性能．敦煌研究，2005（4）.

［44］庞正智．加固交河古代遗址裂缝．文物，1997（11）：88 - 91.

［45］熊厚金，胡一红，张展．高分子灌浆防水加固技术对沙土层文物的原位保护．见：国家文物局文物一处编．文物科学技术成果应用指南.

［46］李最雄．丝绸之路古遗址保护．北京：科学出版社，2003.

［47］Giacomo Chiari. Chemical Treatments and Capping Teehniques of Earthen Structures：A Long—Term E-valuation. In：6th International Conference on the Conservation of Earthen Architecture. Las Cruces, New Mexico, U. S. A. , October, 14—16, p267, 270.

［48］中国对外翻译出版公司，联合国教科文组织出版办公室．文物保护中的适用技术．北京：中国建筑工业出版社，1985：109.

［49］周双林．土遗址防风化保护概况．中原文物，2003（6）：78 - 83.

［50］单玮，张康生，刘世勋．秦俑一号坑碳化遗迹的加固．秦俑学研究．西安：陕西人民教育出版社，1996：1385 - 1387.

［51］张宗仁，樊北平．几处商秦土遗迹的保护．秦俑学研究．西安：陕西人民教育出版社，1996：1379 - 1383.

［52］B. H. Stuart. Conservation Materials. In Analytical Techniques in Materials Conservation. John Wiley & Sons, 2007.

［53］Giacomo Chiari. Chemical Treatments and Capping Teehniques of Earthen Structures：A Long—Term E-valuation. In：6th International Conference on the Conservation of Earthen Architecture. Las Cruces, New Mexico, U. S. A. , October, 14—16, p267, 270.

［54］中国对外翻译出版公司，联合国教科文组织出版办公室．文物保护中的适用技术．北京：中国建筑工业出版社，1985：109.

［55］周双林．土遗址防风化保护概况．中原文物，2003（6）：78 - 83.

［56］单玮，张康生，刘世勋．秦俑一号坑碳化遗迹的加固．秦俑学研究．西安：陕西人民教育出版社，1996：1385 - 1387.

［57］张宗仁，樊北平．几处商秦土遗迹的保护．秦俑学研究．西安：陕西人民教育出版社，1996：1379 - 1383.

New Progresses on Key Technologies for the Conservation of Chinese Earthen Sites in Arid Environment

Wang Xudong[1,2]

(1. Dunhuang Academy, Dunhuang, Gansu, 736200; 2. Key Base for the Conservation of Ancient Murals of NACH, Dunhuang, Gansu, 736200)

Abstract: The earthen sites refer to the cultural heritages that are mainly made of earth and of historical, art, and scientific value. The physical mechanics and construction technics of the earthen sites determined their fragility. With long – term influences from the nature itself and mankind, these earthen sites have developed various diseases. Combined with the ongoing project of Key Techniques Study for the Conservation of Earthen Sites in Arid Environment, supported by a National Key Technology Research and Development Program in the 11th Five – year Plan, this paper analyzes the present conservation and research situation of the earthen sites in arid environment and their main problems, and thereby summaries the latest research achievements and progress in the earth site studies, such as researching and evaluating the weathering mechanism and deteriorations, synthesizing the consolidating materials, researching the anchoring and grouting techniques, editing the technology standard of the conservation and consolidation and developing a conservation database, etc.

Key Words: arid environment, earthen ruins, conservation, key technology, new progress

（原载于《敦煌研究》，2008 年，第 6 期）

PS 材料加固西北干旱区土遗址试验研究

赵海英[1,2]，李最雄[2]，韩文峰[2]，汪　稔[1]

（1. 中国科学院武汉岩土力学研究所，岩土力学与工程国家重点实验室，武汉，430071；
2. 兰州大学文物保护研究中心，兰州，730000）

内容摘要： 土遗址是大遗址中最难保护的一类，而防风化加固是其中的难点，也是目前国际上普遍关注和攻关的课题，PS 材料用于西北干旱区土遗址的防风化加固已获得了初步的成功。室内单轴抗压强度、抗剪强度研究发现，强度提高幅度满足要求，材料具有可重复使用性；通过对 PS 材料加固土遗址的微观结构特征进行研究，加固后 X 衍射图谱中部分矿物衍射强度降低和密集低矮的非晶体物相峰群的出现，定性说明，非晶质物相的生成加强了矿物间胶结作用；加固前后的红外谱图基本吻合，没有新晶质物相出现，仅是化学键间结合力略有提高；SEM 图像显示骨架颗粒胶结状态由点状接触向胶结接触转变。研究表明 PS 材料与土作用后加强了土骨架颗粒的连结强度，而土的结构基本保持不变，宏观上改善了遗址土的水稳定性，增强了工程力学性能，满足文物保护的特殊要求。

关键词： 西北干旱区　土遗址　PS 材料　微观结构　加固

0　引　言

西北地区由于其独特的自然环境，保存了我国主要的土遗址，如著名的汉长城玉门关、阳关遗址，交河故城、楼兰古城遗址等，是我国优秀、珍贵文化遗产的重要组成部分，其珍贵的历史价值、艺术价值、科学价值在国内外实例中颇不多经见[1-4]。但受所在地区工程地质条件、水文地质条件及环境诸因素的影响，破坏严重，危及遗址的保存甚至彻底毁灭遗址[4,5]。近年来通过对西北地区一些濒临倒塌的重要土遗址的系统调查研究发现[2-4,6-9]，风蚀和集中式降雨侵蚀是威胁土遗址保存的最主要的影响因素，即使是遗址墙体的开裂坍塌也与二者有极大的关系[3]，故防风化加固在土遗址保护中具有普遍性和重要地位，在国际上也尚处于起步阶段，列为保护专项进行研究[6,10,11]。

《中国文物古迹保护准则》规定：只有在传统措施无效或虽然有效但作用不大时方可使用现代材料进行防护加固，在使用过程中要遵循防护材料不得改变或损伤被防护的原材料且不妨碍再次实施更有效的防护加固措施。20 世纪 60 年代初，我国文物保护工作者尝试采用钠水玻璃加固半坡遗址，虽未取得良好的效果，但开创了我国土遗址防风化化学加固的开端[2]。自 20 世纪 80 年代开始，PS（高模数钾水玻璃）材料应用于西北地区石窟遗址和土遗址的保护加固，多年室内试验和近期工程实践证明，加固后土的耐风蚀性和耐水崩解性明显提高，且强度提高程度、遗址外观完全满足文物保护的特殊要求[2,3,4]。微观上，遗址风化层与 PS 发生了怎样的作用且如何影响土的宏观工程特性，使其既满足防护加固的特殊要求又达到良好的加固效果，相关研究较少[2,12]。为此本文结合 PS 材料加固砂砾岩及 PS 材料本身微观结构研究成果，在评价遗址土经 PS 材料加固后强度满足文物保护加固要求的基础上，采用红外光谱、扫描电镜结合 X 射线分析等技术，对 PS 材料与土遗址夯土相互作用前后的微观结构进行了试验研究，进一步揭示了 PS 材料既未破坏遗址土的结构又提高遗址耐蚀性的特性，为西北地区大型土遗址保护工程的开展提供了理论依据。

1　试验材料与样品制备

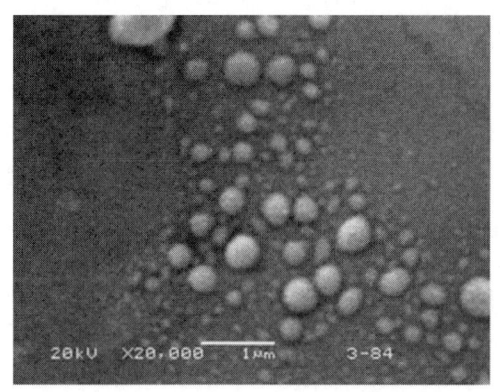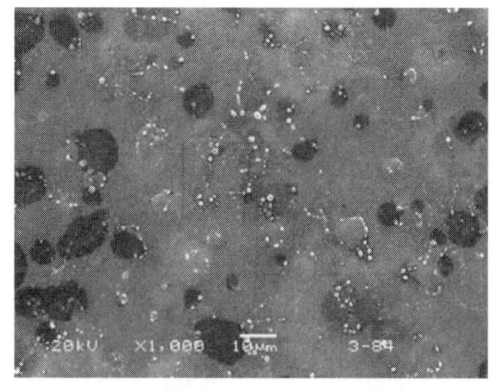

图 1　PS 材料的 SEM 图像 （×20000，×1000）

1.1　PS 材料的制备

配制适宜模数、浓度 10% 的 PS（高模数 K_2SiO_4）溶液备用，测定其参数。测得 PS 材料 pH 值 10.4 – 11.2。黏度随浓度的升高略有升高，浓度在 7% 以内时，其黏度小于 1.5mpa·s。图 1 是配制的 PS 材料 SEM 图像，其微观结构为较规则的球形，粒度较分散，直径主要在 0.5μm 以下，个别直径达到 2μm 左右。

1.2　遗址土的制备

土样取自定西地区战国秦长城夯土，物理性质试验结果显示，表面风化层的干密度多集中在 $1.3g \cdot cm^{-3} - 1.5g \cdot cm^{-3}$ 左右，内部未风化墙体干密度 $1.53g \cdot cm^{-3} - 1.75g \cdot cm^{-3}$；力学性质试验结果显示，夯土单轴抗压强度 $1.8 - 3.18Mpa$ 平均值 $2.4Mpa$，遗址夯土抗剪强度 C 值 $59.33 - 116Kpa$，Φ 值集中于 $20 - 35°$，试样密度大于 $1.6g \cdot cm^{-3}$；为避免取样对遗址造成保护性破坏和样品的不均一性带来的误差，加固试验样均为重塑样，制成 $7cm \times 7cm \times 7cm$ 的立方体，用 PS 材料滴渗加固。

2　强度试验结果

强度是加固土性能的主要评价指标，文物保护准则要求遗址加固后强度不能过高，应与未风化夯土强度接近为宜。

2.1　无侧限抗压强度

无侧限抗压强度是其力学性能指标的集中反映，不仅与加固土的其他物理力学性质密切相关，且易于测定，实验使用仪器为 WE - 30 型液压式万能材料试验机，按 $0.6mm/min$ 的应变速度加荷。根据试验结果设计干密度为 $1.30 \pm 0.05g \cdot cm^{-3}$、$1.50 \pm 0.05g \cdot cm^{-3}$、$1.70 \pm 0.05g \cdot cm^{-3}$，制成 $7cm \times 7cm \times 7cm$ 的立方体，用 PS 材料滴渗加固，PS 加固溶液入渗量按最大饱和度 Sr = 85% 计算后准确控制，用滴管抽汲相应加固液，分六个面均匀点滴完所要求的加固液，放在室内自然养护风干。实验共制重塑试样 42 组，每组试样一般为 3 个，共制作可测定抗压强度的试块 63 个，实验结果见表 1。

表 1　无侧限抗压强度　　　　　　　　　　（Mpa）

		1.30 ± 0.05（g/cm³）	1.50 ± 0.05（g/cm³）	1.70 ± 0.05（g/cm³）
未加固样	0.320	0.800	2.094	
PS 加固一次	3%	0.340	0.930	2.251
	5%	0.580	1.200	2.361
	7%	0.480	1.330	2.521
PS 加固三次	3%	0.580	1.620	2.801
	5%	1.280	2.251	3.208
	7%	1.200	2.411	2.671

结果表明，PS 固化试样抗压强度有明显增高，对中、低密度加固效果显著，以 5% 浓度加固三次强度最好，加固后强度与未风化墙体强度最为接近，强度提高满足文

物保护要求。

2.2　抗剪强度

　　试验用应变控制盒式直剪仪，直接快剪试验。多年研究表明遗址破坏首先是表面的剪切破坏，物性试验结果表面风化层土的密度 1.3 - 1.5g/cm³。故设计制样密度为 1.5g/cm³，称好土重后以含水量 12% 左右拌匀后轻轻压实装入环刀，室内自然风干后再滴渗定量的 PS 材料，再风干待测。

　　取曲线峰值处剪切应力与垂直压力，利用

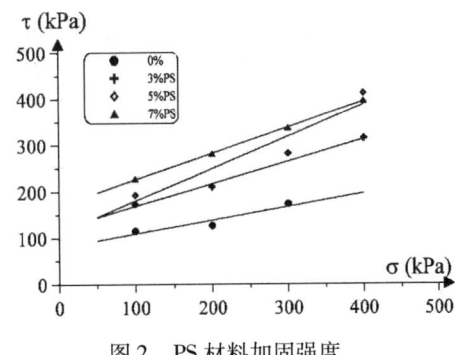

图 2　PS 材料加固强度

最小二乘法进行拟合，求得抗剪强度 τ 与垂直应力 σ 的关系（图 2），从图中可知相同浓度下的各试样具有良好的线性拟合。试验结果显示遗址土经 PS 材料处理后，强度指标 C、φ 值均有明显提高，强度值与未风化夯土接近：C 值随加固次数、加固剂浓度增加而增大；φ 值提高幅度随浓度及加固次数变化无明显规律性。证明经 PS 加固后土的抗剪强度提高，使用后可使土的内聚力和内摩擦角改变，增强土的抗剪强度、增强整体性、增强遗址的稳定性，同时也反映了材料可多次重复使用。

3　微观分析试验结果

　　无侧限抗压强度试验和直接剪切试验结果显示，遗址土经 PS 材料加固后强度提高。综合分析试验结果，对于表面风化层墙面（干密度大多为 1.30 - 1.50g·cm⁻³），以浓度 5 - 7% 的 PS 材料多次加固为宜，且加固后强度满足文物保护特殊要求。为进一步证实遗址土经 PS 材料加固后强度提高，但未破坏原遗址夯土的内在结构和透水透气性，研究加固前后遗址土微观结构性，了解、对比土骨架颗粒的形貌、孔结构、胶结物成分及其变化，开展以下微观试验。

3.1　X—射线衍射分析

　　X 射线衍射是物相定性分析的重要手段。用 Rigaku RINT 2100X 射线衍射仪分析经 PS 加固前后的样品。

　　图 3、4 为试样 X 射线衍射谱图。图谱中，蒙脱石、伊利石和高岭石分别以 1.415nm（0.228nm）、0.99nm 和 0.7nm 附近的衍射峰为鉴定依据；在非粘土矿物中石英以 0.426nm 和 0.335nm 为其特征衍射峰，长石和方解石分别以 0.320nm 和 0.303nm 附近的衍射峰为其特征峰。未加固土样衍射图谱显示遗址土的主要成分为

石英、长石、云母、方解石及粘土矿物伊利石和绿泥石等，将加固前后遗址土的衍射测试结果对比，加固后衍射图谱与未加固遗址土基本吻合，矿物成份未发生改变，仅是部分粘土矿物衍射强度降低，没有新衍射峰形成，但出现了密集低矮的非晶体物相的峰群。衍射结果定性说明，用 PS 加固遗址土后，土中矿物间虽发生了作用，但生成物为非晶质的；PS 材料处理后，粘土矿物收缩层 K^+ 含量高于膨胀层，改善了土中粘土矿物特性。

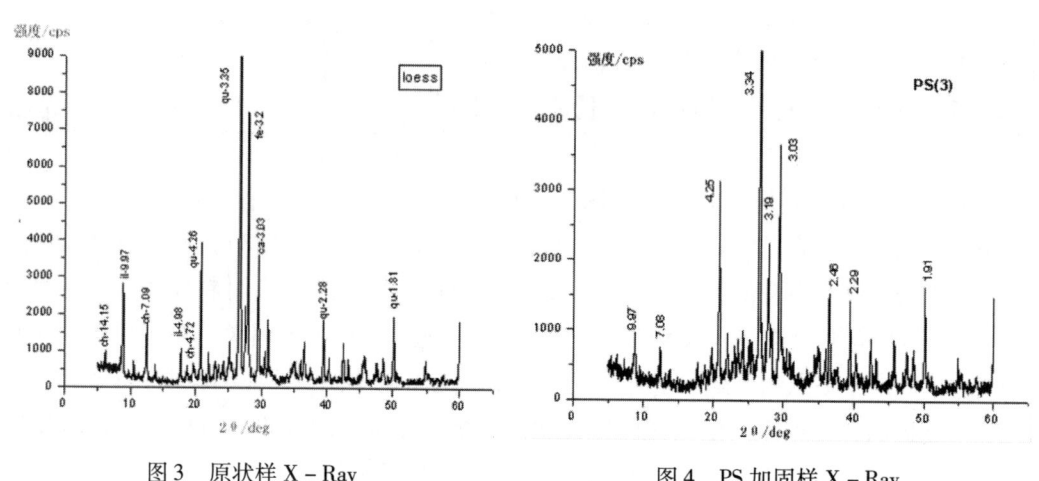

图 3　原状样 X – Ray　　　　　　　图 4　PS 加固样 X – Ray

3.2　红外光谱分析

取 PS 加固试块和未加固试块少量，用溴化钾压片法制样，固体粉末可直接与溴化钾粉末混合研磨，一般取 1 – 2mg 试样加 100 – 200mg 的 KBr。用 Nicolet NEXUS 670 FT – IR 仪，测出未加固土和 PS 加固土的红外光谱，见图 5、6。

图谱有以下特征：

（1）遗址土经 PS 加固后，谱图透射率提高，各种波长的透射光强度提高。

（2）在高频区（3300 – 4300cm^{-1}）内加固前后均只出现一个吸收谱带，3600cm^{-1}附近的 – OH（羟基）峰和 3200cm^{-1}附近的 O – H 键峰基本衔接在一起，构成一个由高频向低频缓倾的宽大吸收谱带。

（3）在 1500cm^{-1}附近和 1000cm^{-1}附近的吸收峰（Si – O 键所在位置）加固前后波谱形状没有变化。

试验结果显示加固前后红外谱图未有较大变化，遗址土经 PS 材料加固后没有新晶质的物相出现，只是物质化学键结合力增强。

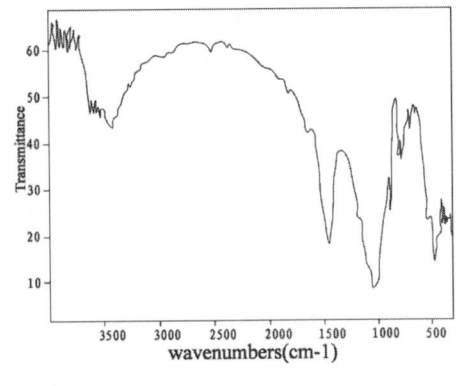

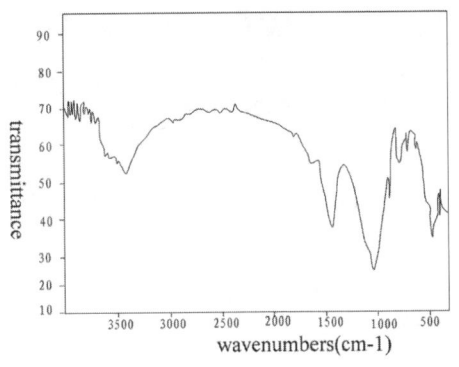

图 5　原状土红外图谱　　　　　　　　　图 6　PS 加固一次土红外图谱

3.3　扫描电镜分析

用取土刀将风干后的固化试块切开，取其新鲜断面，切为厚 2 - 5mm、最大边不超过 10mm 的块状，整平断面，用吸球除去表面浮灰，得到新鲜而较完整且保持原状结构的试样。在试样表面喷镀一层金属（金）薄膜，即为扫描电镜断面。试验设备为日本电子公司（TEOL）生产的 JSM - 5600 LV 低真空扫描电镜（分辨率 3.5nm），测试条件 20kv。观察了多张显微照片，其中典型的如图 7、8、9、10。

遗址土的结构为骨架状结构，其中既有 20 - 30μm 的大孔隙，也有 1μm 以下的小孔隙，骨架颗粒呈粒状架空或粒状镶嵌，颗粒之间多呈点接触，胶结物呈片状或星点状附着于骨架颗粒表面，图 8 所示。经 PS 材料加固后土的结构仍为骨架结构，但土颗粒表面多附着胶结物，颗粒边缘粗糙不清，孔隙内可见有少量的丝状胶结（图 9、10），改善了骨架颗粒间点状接触，使接触面增大，成为空间网状整体。说明经 PS 加固后土强度、稳定性提高的事实。

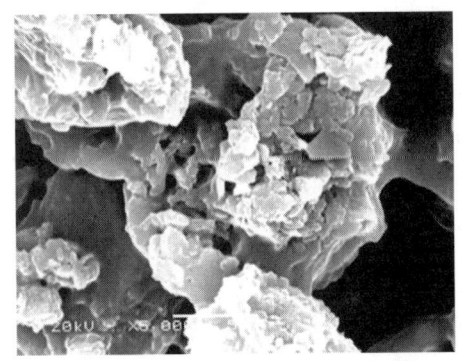

图 7　未加固土样微观结构（×1000）　　　　图 8　未加固土胶结连结（×5000）

图 9　加固后土的微观结构（×1000）

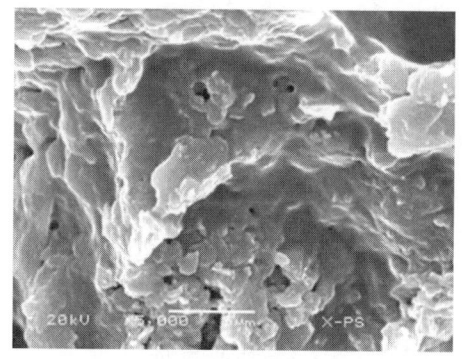
图 10　加固后形成的胶结连结（×5000）

3.4　比表面/微孔隙测定

文物保护要求土遗址经化学材料加固后必须具有良好的透气、透水性，以保证水、气的自由进出，因此，加固前后孔隙结构变化对土遗址防风化加固保护有着非常重要的意义。试验用中国科学院兰州物理化学研究所 Micromeritics ASAP 2010 快速表面积孔隙分析仪测定。

表 2　加固前后土孔隙结构特征

样品	BET/m²/g	Pore Volume/cm³/g	Average Pore Diameter /Å	Pore size distribution /Å
加固前	15.1446	0.038171	78.0220	17 – 1200
PS 加固	15.7180	0.038976	76.8816	17 – 1150

试验结果见表 2，从中可以看出，遗址土加固后，孔径分布基本无变化，在 17 – 1200Å 之间；平均孔径略有降低；PS 处理后土的孔隙体积基本无变化，遗址土样品的空隙无明显的改变，特别是占大多数的小孔径，此结果与电镜结果一致；比表面积略有所增加，变化大小不到 0.6m²/g。比表面各和微孔隙测定结果显示，土用 PS 处理后没改变土颗粒的微观结构特征，保证了水、气的自由进出。从微观结构上为 PS 材料加固干旱环境土遗址的适宜性提供了支持。

4　结　论

加固前后遗址土的结构有以下特性：

（1）遗址土经 PS 材料加固后，其抗压强度和抗剪强度的提高，揭示了土的胶结程度和土颗粒间粘聚力的提高。

（2）加固后 X 衍图谱部分矿物衍射强度降低和密集低矮的非晶体物相峰群出现，

定性说明，非晶质物相的生成加强了矿物间胶结作用。

（3）红外谱图加固前后未有较大变化，表明经 PS 材料加固后没有新晶质的物相出现，只是物质化学键结合力增强。

（4）SEM 结果显示，经 PS 加固后片状胶结向硅酸凝胶胶结转变，骨架颗粒间接触由点状接触变成胶结接触关系。

（5）加固后比表面积和平均孔径无明显变化，表征加固后微观结构未发生改变的事实；同时孔隙体积未发生改变，保证了水、气的自由出入。

试验结果表明，加固剂与土中碱土金属易溶盐、碳酸盐岩、粘土矿物、骨架颗粒等组分进行了复杂的物理、化学作用，改善了土中粘土矿物的晶间距和骨架颗粒间的胶结状态，从而加强了土骨架颗粒的连结强度，并使土的结构基本保持不变。宏观上改善了遗址土的水稳定性、增强了工程力学性能，使其抗冻性、抗老化能力、抗风蚀能力、抗崩解性提高，有利于遗址保存；同时加固后土的渗透性与加固前处于同一数量级，不影响内外水、气交换[2-4,13]。加固效果符合文物保护相关法规要求。

致谢

感谢兰州大学物理学院的宋大康教授帮助完成 X - 衍射试验和协助完成试验结果分析，感谢敦煌研究院赵林毅馆员帮助完成红外光谱试验。

参考文献

［1］萧默. 敦煌建筑研究. 北京：文物出版社，1989.

［2］丝绸之路古遗址保护. 科学出版社，2003.

［3］王旭东. 中国西北干旱环境下石窟与土建筑遗址保护加固研究［博士学位论文］. 兰州：兰州大学，2002.

［4］赵海英. 甘肃境内战国秦长城和汉长城保护研究. 兰州：兰州大学，2005.

［5］郭宏. 文物保存环境概论. 北京：科学出版社，2001.

［6］黄克忠. 岩土文物建筑的保护，北京：中国建筑工业出版社，1998.

［7］赵海英，李最雄，韩文峰等. 西北干旱区土遗址的主要病害及成因. 岩石力学与工程学报，2003，22（sup2）：2875 - 2880.

［8］王旭东，张鲁，李最雄等. 银川西夏陵3 号陵的现状及保护加固研究. 敦煌研究，2002（4）：64 - 74.

［9］Li Zuixiong. Consolidation of Neolithic Earthen site with Potassium, Compiled by the Getty Conservation Institute. In：6th International Conference on the Conservation of Earthen Architecture. the Getty Conservation Institute, Los Angeles, New Mexico, U. S. A. , 1990, 295 - 301.

［10］Charlerl Sewitz, Richard Coffman, Nevill Agnew. The Getty Adobe Research Project at Fort Selden III：An Evaluation of the Application of Chemical Consolidants to Test Walls：6th International Conference on the Conservation of Earthen Architecture. Las Cruces, New Mexico, U. S. A., October 14 – 19, 1990, 255 – 260.

[11] Agnew. N, Preusser F., J. R. Druzik. Strategies for Adobe Preservation: 5th International Meeting of Experts on the Conservation of Earthen Architecture. ICCROM – CRATERRE, 1987, 3 – 11.

[12] 苏伯民，李最雄，胡之德. PS 与土遗址作用机制的初步探讨. 敦煌研究，2000（1）：30 – 35.

[13] 赵海英，王旭东，李最雄等. PS 材料模数、浓度对西北干旱区土遗址加固效果的影响. 岩石力学与工程学报，2006，25（3）：557 – 562.

Study on the Soil Micromechanics of Consolidating the Earth Site Using PS Material in the Arid Region of Northwest China

Zhao Haiying[1,2], Li Zuixiong[2], Han Wenfeng[2], Wang Ren[1]

（1. State Key Laboratory of Geomechanics and Geotechnical Engineering, Institute of Rock and Soil Mechanics, Chinese Academy of Sciences, Wuhan 430071;

2. The cultural relic conservation centre of Lanzhou Univercyty, Lanzhou 730000）

Abstract: The earth site is most difficult to protect in the Site. And at present, protecting the earthen sites from weathering is the international difficult point and and had brought wide attention, . The PS material has been applied to consolidating the earth site in the Northwest arid region and was succeeded in use. Through the compression test and the shear strength test, the results of test indicate that the compression strength and the shear strength are increased with the PS material consistency and the reinforcement times, and that he PS meterial can be multiple application. At the same time, the results show that the 5% PS material is the best consistency to consolidating the soil of the Great Wall. By adopting many multi – disciplinary techniques such as the X – ray, the IR, the SEM and the BET technique, studied the soil micromechanics which has been consolidated by the PS material. . In the X – ray spectrogram, some mineral diffract intensity of consolidated soil depressed, and there appear dense diffraction peak of uncrystalline phase. Above phenomena show cementation been increased and the structure will become more stable. The infrared spectrum indicated that no new crystalline phase was produced and just the chemical bond increased a little. The SEM photo show the consolidated soil cementation changed from schistose cementation to silicic acid cementation. The outcome of the test indicated that the connection between particles consolidated by PS has been apparently strong and the soil structure doesn't change and will become more stable. On the whole, the engineering performance of the soil consolidated by the PS improved.

Key Words: the Northwest Arid Region, the Earth Site, PS Material, Soil Micromechanics, Consolidate

（原载于《湖南科技大学学报》，2008 年，第 23 卷第 1 期）

中国古代土工建造方法

张虎元[1]，赵天宇[1]，王旭东[2]

(1. 兰州大学西部灾害与环境力学教育部重点实验室，兰州，73000；

2. 敦煌研究院，敦煌，736200)

内容摘要： 我国有大量土建筑遗址，它们在建筑形态和建造技术上各不相同，是我国建筑艺术宝库中重要的组成部分。本文对多处古代典型生土建筑的施工技术和建造方法做了考察，将我国古代土工建造方法归纳为挖余法、夯土法、垛泥法、土坯砌筑法和生土块法，并分别做了详细介绍。本文还对不同施工技术条件下各种土的物理性质指标进行了测试分析，并对比其异同，指出各种生土建筑与其相应建造方法配合的合理性。

关键词： 生土建筑　建造方法　土遗址　物理性质

0　引　言

土是我国古代建筑中使用最广泛的材料，生土建筑的发生、发展与人类社会的发展紧密相连，生土建筑遗存是我国古代文化遗产的重要组成部分。生土建筑具有造价低廉、施工工艺简单、绿色环保等其他建筑形式不可替代的优点。

我国发现史前和历史时期大量的生土遗址，这些土遗址是利用就近的天然土质材料建造而成的，由于其大体量、不可移动的特点，必须露天保存，因而了解其建造方法对于土遗址文物保护具有重要的意义。

1　生土建筑的概念、类型及其发展状况

生土建筑是一个现代术语，泛指世界各地以仅经过简单加工的原状土质材料建造的建筑，包括黄土塬上开挖的窑洞、用夯土形式建成的古城、用土坯形式砌筑的墙体、用泥加草调拌后而修造的挑土墙、用版筑形式夯造的版筑墙和生土块砌筑的构筑物，等等。按照材料、结构与建造工艺，生土建筑可以分为黄土窑洞、土坯窑洞、土坯建

筑、夯土墙、草泥垛墙，以及各种大体量夯土构筑物与各种被土覆盖的掩土建筑。总之，生土建筑的最大特点就是土材料未经烧造，仅在建造方法和施工技术上有一些变化而已。古代土工建造方法示意图（图1），比较形象地说明了古代的土作技术。

黄河流域的中原一带是中华民族起源地之一。这一地区干燥少雨，丰富的黄土层就成为原始先民的天然建筑材料。距今6000年的半坡遗址地穴、半地穴和地面建筑，即采用生土建筑材料；4000年前的龙山文化遗址，出现了夯土建造的城墙、台基和墙壁[1]。中国丝绸之路沿线分布着大量极具地域特色的各类生土建筑遗址，如河西走廊绵亘千里的长城遗址，新疆交河故城遗址、高昌古城遗址等，都是古代先民因地制宜的伟大建筑杰作。土作为最简单的建筑材料，在古建筑的发展过程中一直扮演着重要角色。

图1　古代土工建造方法示意图

2　生土建造方法总结

相比之下，传统土作技术没有木作技术那样较为详实的记述和科学理论指导，更多的是工匠经验的积累和传承，使其在积累过程中不断地得到发展和更新。土作技术从出现到发展渐趋完美，表征了人们对土的物理性质、工程动力性质等的认识在一步步加深，在此基础上将经验和技能一代代传承下来。随着人们生土建筑重要性认识的日益深入和对土性质认识的日趋成熟，也开始不断地研究这种自然的生态建筑，将传统的土作技法总结上升为理论成果。

Ivo Herle[2]系统地介绍了生土建筑的历史及其演化，而 *P. Doat*[3]、Gernot Minke[4]等人通过对世界各地生土建筑及其相关资料的考察，比较全面地介绍了各种土作技术的营造方法，John Norton[5]在此基础上引入现代土建筑的观念，从理论角度指导了今后生土建筑营造技术的发展。中国古代的生土建筑内容丰富，但建造方法的记述却略显贫乏，只有少数学者针对某一特定土遗址或土建筑在技法上做了较为详细的工作。表一为传统生土建造技法简单总结，从表中我们可以清晰地看到各种传统土作技术所运用的手段和施工方法。

本文通过对我国古代典型生土建筑形制及其建造方法的考察，将我国的生土建筑施工技术总结为以下几种：

2.1　挖余法

挖余法，即在原来地貌形态基础上挖出空间成形的建筑形式。这种建筑方法不是采用投入建筑材料以构筑空间的"加法"方式，而是采用挖去天然材料以取得地下空间的"减法"方式。它主要利用土体直立的性质，在不改变原状土体结构和物理性质的前提下对土体的应力空间作了调整，因此也在一定程度上改变了土体的抗压、剪切等工程特性。挖余法建筑主要包括地穴、半地穴、窑洞式建筑，以及一些从地面向下挖出的庭院式建筑和故城形制，我国的黄土高原各式窑洞和新疆交河故城遗址，即为典型代表。

2.1.1　生土挖造的发展及其施工技术

远古人类的居住条件十分简陋，最初只是寻找一些自然山洞居住。在没有自然山洞的地方，他们主要有两种居住方式，一种是筑巢而居，栖息在树上；另一种是在较高的山丘陆地上挖穴而居[6]。原始社会，人们挖洞为穴，也就是后世所说的"穴居"，它是一种最初级形态的生土建筑。随着经验的积累，人们逐渐了解了一些土的性质，掌握了哪些地区的土体更适合挖造，并开始在挖造的形式和空间上有了一定的改进。

生土挖造，首先需要选址，因为土质的好坏直接决定着是否适合挖掘以及开挖后建筑物的稳定性，同时也决定着施工量的大小和施工的难易程度。一些比较有经验的人能够用"握土法"估计土的含水量，能用"指捻法"知道土的坚实性，能用"拳击法"知道土的抗剪能力，还能凭"钣镢"反作用于手的力量了解土的强度，从而确定营建地点。

选址完成后，就要根据将要开挖的类型和大小进行规划布局，确定挖掘的形状、大小、深度等。刚开始挖掘时可以在不超挖的前提下比较随意地大幅度挖掘（但不同建筑型式的各部分挖掘有先后次序，这主要是为了让挖出的空间应力释放均匀，减少土体的应力集中以保持稳定性）而形成雏形，待通风晾干再进行修整，用草泥或灰泥（或麻刀白灰）作土壁维护。挖余法在洞室的挖造进度和形式上也有一定的要求，通常情况下每天不宜挖土超过一定量（不同地区根据土质而定），这样是为了保证土体应力缓慢释放防止坍塌。洞室一般以穹隆顶最好（窑洞以拱顶为最佳），可以减少应力集中效应。但也有一些平顶洞室的实例。

2.1.2　生土挖造主要的几种形式

目前可以看到的生土挖造形式主要有以下几种：

（1）地面上首先规划好布局，确定了墙壁的位置之后，把墙内土挖去以形成墙体，接着挖出房间、院落及街道。交河故城的大型院落区、官署区的部分建筑、中央大道、东西大道、东门、一部分护墙及大部分街巷就是这类建筑形式的典型代表。

（2）选择地势较高的小山包或崖面，经粗略切削，在垂直的黄土壁面开洞向纵深挖掘，如靠崖窑洞。

（3）平地上按需要的大小和形状垂直向下挖出深坑，再从坑壁向四面挖靠山窑洞，布局如同四合院，入口处挖成隧道式或开敞式的阶梯通出地面，如下沉式窑洞。

（4）平地上先挖条斜坡道，达到一定深度后在斜坡尽头的壁面开洞，向纵深挖掘出洞室[7]。

生土挖余法的最大特点，就是在原有地貌上直接进行挖掘，使挖出的空间形成建筑。这种生土建筑型式取之自然、融于自然、因地制宜、施工简便、造价低廉。窑洞式建筑深藏土层中，具有保温、隔热、蓄能、调节洞室小气候的功能[8]。但是这种方法的局限，就是不能够建造规模很大的建筑，而且一旦院落或窑洞形成，再想改造也非常困难。

2.2　夯土法

夯土技术就是用"夯"这种工具打土，以外力的作用使局部土质密实牢固，以求得整体坚实。夯土法是我国生土建筑中运用最广泛的建造方法之一。按照施工技术的不同，我国的夯土技术可以分为直接夯筑和版筑夯土两种。

2.2.1　直接夯筑

直接夯筑，可以根据建筑用途分为两种：一种是用于基槽型城墙的基础处理部分，即先在拟建城墙地带挖一深沟作为城墙的基础槽，然后从基槽底部向上填土逐层夯实，这种方法多用于大型墙体的构筑。另一种是堆土夯筑，即在需要夯实的部位直接堆土，然后用夯具逐层夯实，无须在土的周围进行支挡，使土自然成坡。堆土夯筑一般用于一些城台、墩台和大型墙体的建筑[9]。

直接夯筑在基槽型城墙的基础处理中所用的土，都是从基槽中挖出的土，一般不作处理，也有加入一些卵砾石、砂砾或灰土的作法，以使夯筑效果更好些。

堆土夯筑的土一般也是就地取土，有些时候会对土作一些处理，例如按一定比例加入灰土、砂，并加入一定量的水达到最优含水率。在夯筑过程中大多还添加一些加筋材料，如芦苇、麻绳等。堆土夯筑与下面将要介绍的版筑夯土在土的处理、加筋、夯筑方式等方面有许多共同点，故在此不作详述。

2.2.2　版筑夯土

（1）版筑夯土的起源与发展

版筑夯土亦称"夯土版筑"。版筑技术的应用，最早的目前见于殷商时代。《孟子·告子下》载："傅说举于版筑之间。"言商代贤士曾版筑于傅岩之地，举为相[10]。版筑即用木板作边框，在框内填土用木杵打实，然后将木板拆除向上移动，再依次填土夯实，直至所需高度为止，农村称为"打土墙"或"干打垒"。考古学家发现了比较成熟的商代中期的夯土遗迹，不少高台和生土住宅就是利用夯土技术建造起来的。春秋战国时期的筑城、筑堤坝和建房广泛使用夯土法，此后经秦、汉、唐、五代到北宋，夯土技术得到进一步的改进。到了明清时期，发源于中原的夯土版筑技术，随着中原汉民族的南迁，从黄河流域传播到福建省西南部和广东省东北部、江西省南部，并在南方客家地区得到了发展。

（2）版筑夯土的材料

传统夯筑使用的材料主要是土、沙石、竹、植物纤维等。土质的好坏直接关系到土墙的耐久性和坚固性，故一般应尽量避开含有机物、泥炭等腐蚀质的土料。粘性好又含有一些砂子的黄土为最佳材料，少量砂子可以减少土墙筑成后的收缩，使土墙不易裂缝。夯土有素土、石渣土、灰土、特殊土等不同类型，根据土质条件和夯筑要求，可以单独使用，也可以几种配合使用。石渣土即在素土中加入砾石等，它能提高夯筑的密实度和夯土墙的强度。灰土使夯筑更密实，老化后强度大，且有一定抗水蚀能力。

夯筑一般是就地取土，因此它的材料受地域限制比较大。各地根据自己的实际条件可以适当的作一些加工和处理，或从较近处运输较好的夯筑土。如长城沿线的夯土墙，有的是用粘土和砂再夹以红柳或芦苇的枝条夯筑成的，也有的地方是用土、砂、石灰加以碎石夯筑的。福建土楼夯筑的土墙最讲究的是用"三合土"，即以黄土、石灰、河沙搅拌夯筑。还有将红糖、蛋清水及糯米汤水加入"三合土"中，以增强"三合土"的坚韧度，用这种方法夯筑的土墙干固后异常坚硬，水浸不变，即使用铁钉也难以钉入，其坚固耐久性远胜于水泥[11]，因此许多土楼历经数百年风雨依然固若金汤，完好无损。三合土夯筑又分为干夯、湿夯与特殊配方湿夯三种夯筑方法。生土挖出后一般不直接夯筑，而要敲碎研细，并放置一段时间，让其发酵，使其和易性更好，以保证夯土墙的质量。

（3）版筑夯土的施工技术

版筑夯土筑城之前，先在墙基边缘栽立四根高大结实的柱子，深入地下30-50cm，两边平行，长宽距离相等，古代谓之"桢"，是筑墙工事中的支柱，将制作好的木板或圆木放在平行立柱的内侧（图2），以限定墙基的方位和墙体的长度、宽度及厚度，是为"版"[12]。

夯筑时一般都要对土的含水量进行调整，多数情况下是向土中加水，使其达到一定湿度（最优含水率），具备重新粘结的条件后填入加筑的木板之内，整平后，双人抬夯夯筑。土中水分的控制是十分讲究的，水分太多了，夯筑时会发生水析现象，土墙不能夯实；水分稍偏多，则墙体不易干燥，且会收缩变形开裂；水分少了则粘性差，很难夯实。当夯土层达到底层木板或圆木的高度时，两边再加一层木板或圆木，再继续填土夯打。第二层填满后，取下第一层木板放到第三层，再填土夯打，

图2　夯筑模具示意图

这样连续不断，直到需要的高度（有些地区为了使夯筑墙体有足够的稳定时间，采用三层木板或圆木轮换，有些甚至采用四层），即成一"堵"墙。把一桢侧移，利用已成墙的一端代作另一桢，接续夯第二堵墙，逐堵接续，直至所需长度为止。用此法夯筑的墙是由多堵连成的，夯层一般厚为 10－12cm（不同地区因土质、建筑要求等不同夯层厚度可调整较大），一层又一层，分层捣实。

　　另一类版筑是用两块侧版一块端版组成模具，另一端加活动卡具，夯筑后拆模平移，连续筑至所需长度，为第一"版"；再把模具移放第一版上，如法筑第二版；逐版升高直至所需高度为止，用此法筑成的是一道整墙，以若干版叠加

图3　一道墙版筑示意图

而成，如图4所示。夯土墙在施工时每版夯筑高度不宜大于45cm，分3次下土，铺土后踩平，用夯具全面夯筑，每层夯5－6遍，先夯边，后夯中间，每天夯筑高度不宜超过3版[13]。

　　夯土版筑墙体一般都有收分，既墙的下部较宽，向上不断变窄[14]。不同时代和不同地区，夯筑墙体的收分可以有很大差别。例如隋朝以前一部分版筑夯土长城，它的高度一般是底厚的一倍左右，顶部宽度为墙高的四分之一至五分之一，所以城墙有明显的收分，这种墙有一定的承载能力，它能阻止敌人步、骑兵的行动，抵抗冷兵器（刀，枪，箭等）的袭击。有些墙体的收分则不明显，例如现在福建的版筑土楼可以达到高度与宽度之比25：1。还有很少一部分高度不是很大的墙体则可以不收分。

　　夯土版筑墙体，一般都在夯筑过程中铺设加筋材料；这样可以加强夯土的坚固性，增加抗拉强度，使墙体不会轻易倾倒和塌陷。加筋材料因地而异，各地一般都就地取材。如甘肃河西地区的汉长城在修建时，用红柳、芦苇、罗布麻以及胡杨树的枝条为筋材，在土、砂砾石间夹芦苇等筋材，层层夯筑而成。敦煌以西大方盘城一段的汉长

城，从地面以上 50cm 处，每隔 15cm 夹铺两层芦苇。福建土楼则以竹片为主要筋材，土楼夯筑一般每版墙高 40cm，分四伏土或五伏土，每版埋入二根长约 2m 的竹片或杉木枝条为"墙骨"，每两伏土放置两根短竹片、木片，以增加其拉力。

夯土所用的工具为夯杵（杵是最早加工谷物的工具），宋以前主要用木杵，有的加铁或石制的夯头[15]。夯杵的大小、重量一般以单人使用方便为宜，夯头一般上小下大，下部较平整，直径约 10 - 15cm 左右。夯杵的形式和种类在后来发展中逐渐增多，例如出现尖铁头的夯土工具和用于大面积夯土"硪"。

版筑夯土墙的夯土方法也有一定的讲究，《营造法式》规定每步土夯实三遍，杵数为六、四、二递减。清工部《工程做法》记夯土有大夯、小夯两种做法。小夯径 3 寸，用来筑灰土，按所需坚实程度分别用 24、20、16 把夯（每夯一人）夯筑。为求均匀密实和整体性强，行夯的次序、路线、遍数都有规定。为使夯层间结合密实，还有用"拐子"（尖铁头的工具）打眼，使上层局部突入下层中。大夯径 6 寸，用来夯灰土和素土，只用 5 把施工，由 2 人抬一夯。打夯时，循序渐进，一夯压半夯，一层一层地打，一段一段地打，这叫做打顺夯；还有一种叫做梅花夯，即打一个梅花再从四面打梅花[11]。打夯的方式各地不尽相同，有 2 人夯、3 人夯、4 人夯和 5 人夯等，其区别主要与当地的夯具、建筑要求和夯筑经验等有关。例如福建土楼对夯筑要求比较高，通常一天行墙一周，行第二周时，必须反方向进行，正反方向轮流夯筑，这样墙体才更加牢固。有些地方用一种叫"硪"的石夯，硪上洞眼拴绳，一个硪用 7 至 12 个人，用力拽绳把硪抬拉起来，利用地球引力惯性下夯。它多用于大型台基、城台的建造。

2.3　垛泥法

垛泥建筑在国外称之为"草泥粘土建筑"，它是比较简单的生土建筑，用沙子和灰泥，再加上稻草、麦穗和水，混合之后堆砌成墙。我国垛泥墙最早见于陕西岐山凤雏的早周建筑。

2.3.1　垛泥建筑的材料

垛泥建筑所需要的原料，是随处可见的泥土（有机质、淤泥或者细沙含量高的泥土比较难于运用）。有时候，地表下土中的沙子和粘土的含量正好适合用来制造坚固耐久、不会收缩和破裂的垛泥墙，但一般都需要向地表土中添加粘土、粗沙和植物纤维。

粘土，混合物中最主要的粘合剂，能够把其他材料结合起来。粘土湿润的时候有粘性，干燥的时候则坚硬脆弱。它能与自身、水分还有其他矿物材料结合的很好。粘土潮湿的时候会膨胀而干燥的时候又会收缩，如果混合物中粘土含量太高的话，这样可能引起裂纹的出现。

沙子，硬度较高且化学性质比较稳定，当沙粒之间的粘土干燥收缩的时候，能增加垛泥的可压缩性和强度。

农作物纤维（多为农作物纤维），用以增加垛泥的抗拉性，农作物纤维在垛泥中随意分布，形成了三维空间的编织网，因此有很大的抗拉性。同时，它还增加了垛泥的隔热性能，因为它们的茎秆中含有空气，而且它们能通过毛细作用把垛泥墙中的水分散发出去[16]。

2.3.2 垛泥建筑的建造方法

垛泥建筑按照施工技术的不同可以分为两类：一类是直接用手工控制形态并成型；另一类使用模板，又称"板筑泥法建筑"，即在筑板之间垛泥建造墙体。

粘土在垛泥混合物中的比例从3%－20%不等，垛泥的混合搅拌工作可以由人用铲子进行，或者直接用脚垛，也可以由体重较大的动物（例如牛）来踩踏。

通常垛泥砌筑施工由地面、墙上两组人共同完成。地面上的人向墙上的施工者输送粘稠的泥浆混合物，墙上的人随即用力向下把泥片甩到要堆砌的部位，在手臂所能及的范围内将泥片堆砌到预定的层高，即完成一垛的堆砌（图4所示），如此反复接着下一垛的堆砌[17]。也有在每一层泥土的顶部加入一些稻草或麦束的。交河故城的垛泥建筑，层与层之间则加有一层细干土，相邻两层泥块的垛垒方向相反，立面裂痕呈"人"字形，说明建筑时显然是一往一返进行的。

在垛下一层泥土之前，要留一段时间待泥层自然干燥。干燥过程中，要用工具把泥土压实，并且让墙面保持平坦和垂直。完成垛墙后，最后再用草泥抹面，这对于因泥片含粘粒较多以及垛间无刻意衔接处理等原因出现的垛间收缩缝，具有修饰和补强双重作用[19]。

无模和有模垛泥墙在施工方面没有太大的区别，只是无模垛泥墙是将潮湿的泥块在无模具限制的情况下一层层堆垛至所需高度后，再铲削平整墙面而成（图6所示），而有模垛泥墙则不需对墙面作修整。

此外，在古代的土遗址中，还可以看到类似于垛泥建筑的建造形态—"木骨泥墙"。所谓木骨泥墙，就是在挖好的基槽内埋设成排的柱子，柱子之间用植物藤条连接，然后在里外涂上草拌泥，有的

图4　垛泥简单示意图

图5　无模垛泥铲平示意图

还要经过烧烤[19]。通常情况下，埋设的柱子都比较粗大，能对整个墙体起到支撑作用，摸泥后便看不到柱子了。与前面的纯粹垛泥相比较，这种墙体的厚度要窄很多，由于柱子和藤条的联结作用，墙体不易倾倒，泥浆的强粘结性使得它比较结实，是一种较好的墙体建筑形态。但这种墙体的建造需较多木材和植物藤条，且其承重能力不是很大，一般不作承重墙，因此在古代建筑中使用较少。

2.4　土坯砌筑法

土坯就是使用模具将土制成一定形状的块体，用现代的建筑术语说，就是小型砌块，北方的某些地方把它称为"胡墼"。土坯作为建筑材料，会使建筑施工更为灵活方便。它与夯土砌筑同时向前发展。

土坯砌筑技术目前所知道最早的，出现在河南永城龙山文化晚期遗址中，秦、汉时期的一些建筑遗址中都发现有土坯砌筑的墙体。交河故城的部分墙体和城内庙宇建筑墙壁都是用土坯砌筑的。

土坯的制作要经过选土、和泥、制坯模、制坯等工序。各地的土质不同、风俗习惯不同，土坯的制作与具体使用方法也各不相同。仅制坯上就有很多不同的方法。如：手模坯，将泥土装满坯模，再用手将泥面与坯模抹平，过一定时间将坯模拿掉；杵打坯，将坯模放在平整石面上，装土后用石杵捣固，拿掉坯模取出土坯（图6）；水制坯，先将制坯场地放水引平，

图6　"杵打坯"工具

等水蒸发后呈半泥状态时，将泥切成坯块、取出凉干即可。这几种制坯方法中，使用杵打制出的土坯最为坚固，可承受较大的压力。

夯制土坯所用土料多为当地的素土，一般选用较好的粘土，再掺和适量的草筋或麦糠，有的地方还添加木棍、蒿杆等，以增加土坯的拉结力。有经验的工匠夯制前几天在土堆上泼洒一定的水，施工时恰好达到预期的含水量，然后用"机母"（土坯的模具）夯制土坯。

工匠将土坯的制作过程形象的概括为"三锨六脚三夯"。将模具固定好放在一块平整的石板上，加三锨土料，即"三锨"；用脚将土踏实，须移动脚步六次，即"六脚"；有经验的工匠只用三夯，即"三夯"，土坯即已夯制完毕[20]。

土坯的尺寸在不同时代、不同地区各不相同，其体积不宜太大，大了不易搬运及在搬运途中易损坏；不宜太厚，厚了不易干。

根据使用土坯的多少，土坯墙体主要分为五种：一是全部使用土坯的全土坯墙，二是上下四面用砖，内填土坯的填心墙；三是上半截用土坯，下半截用夯土的版土坯

墙，四是用土坯全部空心横砌的空心墙；五是土坯墙部分用砖包边的混合墙。

土坯的砌筑方式多为顺砖与丁砖交替式砌筑，上下两层要有错分，相互错缝搭接，搭接长度不应小于土坯长度的三分之一。土坯墙砌筑，采用挤浆、刮浆法、铺浆法等交错砌筑，不使用灌浆法，以免土坯软化及加大土坯墙体干缩后的变形。泥浆缝的宽度应在1.5cm左右，土坯墙每天砌筑高度一般不超过1.2m。

2.5 生土块法

所谓生土块，是指利用当地天然或挖掘的生土体，将其削切成大小适中的块体，形成便于搬运和砌筑的砌体。这类砌筑技术在生土建筑中使用较少，在不严格的意义上可以将其归入土坯砌筑类。

生土块的使用，要求当地气候条件比较干燥，土质较为坚硬，土易成块体状，这些限制是生土块在生土建筑中使用较少的一个重要原因。生土块是天然条件下固结的，其强度受沉积年代，上覆土压力等诸多条件影响较严重，一般情况下强度较低，尤其是抗剪、抗拉强度都很低，这也限制了它的适用范围。生土块的制作工艺比较简单，主要是受原材料的限制，在原料比较丰富的条件下它的制作还是比较快捷的。

图7 生土块地基找平

生土块可以被随意削切，根据建筑要求可以削切成所需的规格，砌筑起来方便灵活，砌筑方法也因地而异。由于其抗拉、抗剪强度强度都较低，一般只用它来做少量的生土块砌墙、补洞、地基找平等（图7）。生土块所砌的墙一般都作为非承重墙体，例如建筑物的隔墙、轻质屋顶的屋墙等。

以上各种传统土作技术和施工方法见下表：

表1 传统生土建造技法

Techniques		Examples
英 语	汉 语	
Dug out	挖出法	黄土窑洞
Cut left	挖余法	交河"压地起拱"
Cut block / Earth Mortar	泥浆砌土块	
Rammed earth	原位夯实法	"干打垒"，土质长城
Compressed block	压实土坯	"胡基"、"胡墼"

续表

Techniques		Examples
英　语	汉　语	
Covered	覆盖法	"地窝子"、掩土建筑
Hand shaped	手工成型	
Stacked（Cob）	垛泥法	垛泥墙 （西班牙泥球垛泥墙："马舍"； 中国泥片垛泥墙："板筑泥"）
Mounded（Adobe, mud – brick）	晾晒土砖	高昌故城，中东传统建筑
Wattle & Daub	抹灰篱笆墙	"木骨泥墙"
Earth plaster（earth mortar, straw clay, hemp fiber clay, cotton fiber clay）	泥浆抹面 （素泥，草泥，麻泥，棉泥）	洞窟壁画
Poured	灌注成型法	
Stabilized（lime, pure clay, egg, rice powder, salt liquid）	加固土 （石灰，纯粘土，蛋清，糯米汁，盐水）	塔基，地下墓穴，戈壁长城
Faber reinforced	加筋土	芦苇加筋长城

3　土体物理性质测试及分析

我国土遗址分布广泛，本文通过对长城、交河故城、西夏王陵、破城子、玉门关、秦俑坑和河仓城等典型土遗址土样物理性质的分析，以求找到生土建造方法中各类土的共性（以下部分数据来自李最雄文[21]）。

3.1　粒度成分测试分析

从几种遗址土的粒度成分三角图（图8）可以看出：①红色表示为夯土，其粉粒含量都比较高，只有西夏王陵的稍低一点，大部分超过了40%；砂粒分布则比较分散，从2%到60%之间都有分布；粘粒含量非常小，大都在10%左右或者更小，最多的也不超过17%。②黑色表示为原生土，粒径分布比较分散，仍可看出其粉粒占优势，粘粒含量不大。③蓝色表示地仗层土，粉粒含量不及前两种土高，砂粒含量有所增高，且粘粒含量总体也比前两种土稍高一些。

夯土大多数级配较好，这也验证了夯土颗粒对级配的要求，级配越好则越容易夯实。生土比较分散，也验证了其选择性比较小的规律，它的土粒只能是先存的土体，不能对其改造和掺配。地仗层土由于其草泥、棉泥层粗细颗粒含量各不相同，各种粒径含量都有分布，总体粘粒含量较高，级配也较好一些。

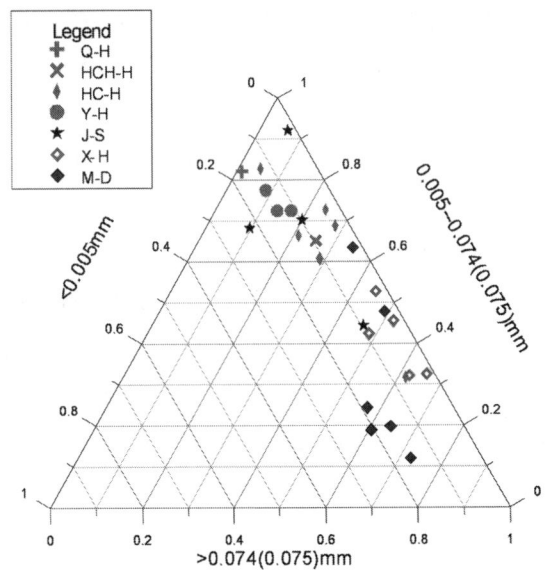

图8　土的粒度成分三角图

Q-H：秦长城夯土　　HCH-H：汉长城夯土　　HC-H：河仓城夯土　　Y-H：玉门关夯土

J-S：交河故城生土　　X-H：西夏王陵夯土　　M-D：莫高窟地仗层

3.2　基本物理性质指标测试分析

从不同施工技术条件下各种土的干密度分布图（图9）可以看出：①夯土的干密度分布范围较宽，从 1.25g/cm³ 至 1.95g/cm³ 都有分布，但以 1.6g/cm³ 左右分布居多，总体来说夯土的干密度大于生土，说明夯筑过程使得土体更为密实，提高了力学性能。②生土的干密度较小，一般不超过 1.7g/cm³，同一地区生土的干密度分布

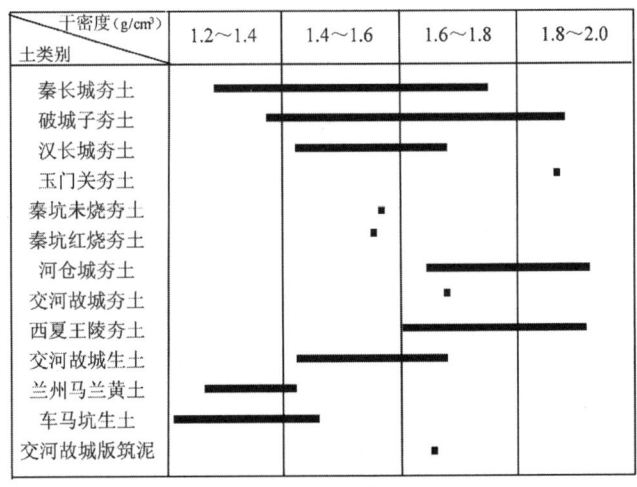

干密度（g/cm³） 土类别	1.2～1.4	1.4～1.6	1.6～1.8	1.8～2.0
秦长城夯土				
破城子夯土				
汉长城夯土				
玉门关夯土				
秦坑未烧夯土				
秦坑红烧夯土				
河仓城夯土				
交河故城夯土				
西夏王陵夯土				
交河故城生土				
兰州马兰黄土				
车马坑生土				
交河故城版筑泥				

图9　土的干密度分布图

范围较夯土要小一些。不同地方的生土干密度差异性较大，充分说明了原状土体性质的地区差异性。③版筑泥的干密度大于生土，与夯土相当，说明其力学性能也有较大的提高。

夯土和版筑泥都是在施工手段和建造方法上对生土的改造，在很大程度使土体的密实度提高，这说明人们早已认识到这种方法的实用和可靠性。

不同施工技术条件下各种土的孔隙比分布图（图10）表明：①夯土的孔隙比总体小于生土，但其孔隙比的分布范围比较宽，从0.42到1.15都有分布，这说明不同夯土条件下夯土的性质有很大差异。②不同地区生土的孔隙比差异比较大，兰州马兰黄土孔隙比可以达到1.18，而交河故城最大不超过0.78，充分说明了土体性质的地区差异性。③版筑泥的干密度与夯土相当，但孔隙比却大于夯土，说明在同等条件下它的密实度远不及夯土好，但由于版筑泥的粘聚力大于夯土，它的力学性能不一定比夯土差。

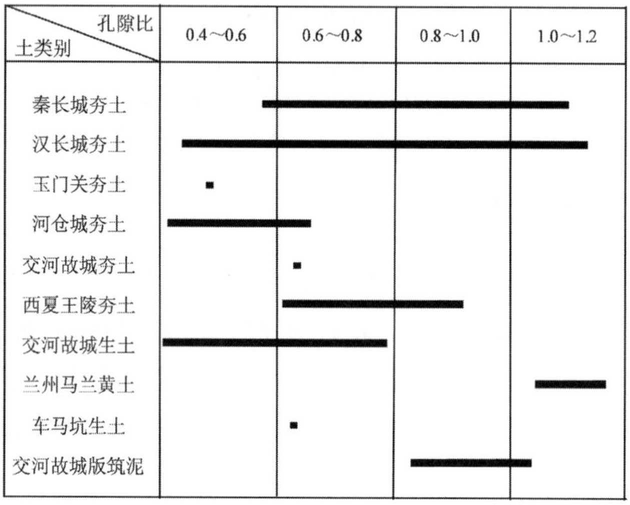

土类别 ＼ 孔隙比	0.4～0.6	0.6～0.8	0.8～1.0	1.0～1.2
秦长城夯土		████	████	
汉长城夯土	████	████		
玉门关夯土	▪			
河仓城夯土	████			
交河故城夯土		▪		
西夏王陵夯土		████	██	
交河故城生土	████	██		
兰州马兰黄土				███
车马坑生土		▪		
交河故城版筑泥			████	

图10　土的孔隙比分布图

为不同施工技术条件下各种土的含水率分布图（图12）表明：①总体来说几种土的含水量相差不是很大，这主要与土体所在地的气候环境相关，这些土样都取自我国北方地区纬度相当的地方，故气候差异不明显，使得含水量表现出相似性。②夯土的含水量分布范围较宽，说明在不同夯土条件下含水量各有所异，且阳面和阴面对土体含水量的影响也很大。③版筑泥的含水量与夯土相当或略大些。④与干密度、孔隙比相同，生土的含水量也表现出很大的地区差异性，交河生土最大含水量不超过2.5%，而兰州马兰黄土在5%左右。

从不同施工技术条件下各种土的液限（图12）、塑限（图13）和塑性指数分布图（图14）可以看出：①各种土的液、塑限分布范围宽度大致相当（液限都在10个百分

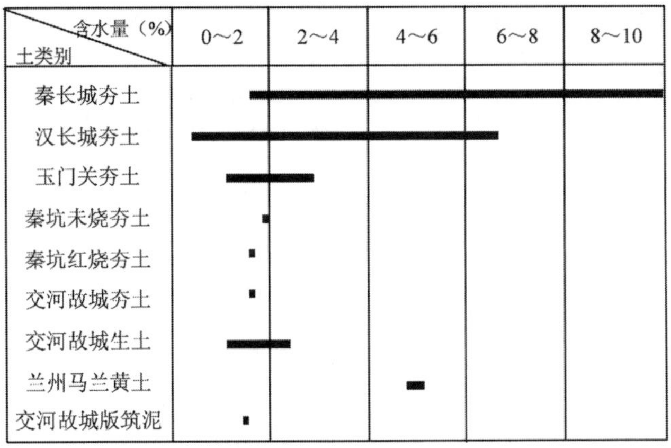

土类别＼含水量（%）	0～2	2～4	4～6	6～8	8～10
秦长城夯土					
汉长城夯土					
玉门关夯土					
秦坑未烧夯土					
秦坑红烧夯土					
交河故城夯土					
交河故城生土					
兰州马兰黄土					
交河故城版筑泥					

图 11　土的含水量分布图

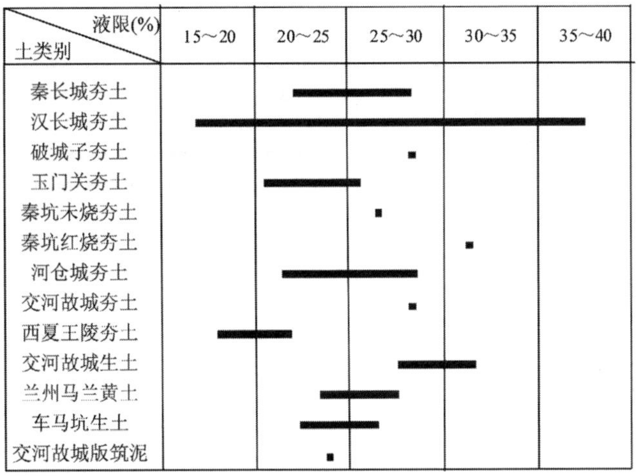

土类别＼液限(%)	15～20	20～25	25～30	30～35	35～40
秦长城夯土					
汉长城夯土					
破城子夯土					
玉门关夯土					
秦坑未烧夯土					
秦坑红烧夯土					
河仓城夯土					
交河故城夯土					
西夏王陵夯土					
交河故城生土					
兰州马兰黄土					
车马坑生土					
交河故城版筑泥					

图 12　土的液限分布图

点左右，塑限都在 5 个百分点左右），只有汉长城的夯土分布范围比较宽（液限 17% –
38%，共 21 个百分点；塑限 9% –26%，共 17 个百分点），这与汉长城夯筑过程中土
的类型变化关系比较密切，因为它在不同地段筑造时土的性质差异较大。②除兰州马
兰黄土塑限在 4.5% –8.5% 以外，其余大都超过了 10%，以 16% 左右居多，结合含水
量分布图，得知除兰州马兰黄土外其余土体都不容易达到其塑限。③结合塑性指数和
液限分布图，可以将这些土都划分到低塑性土的范围内。④大多数土的塑性指数都在
3% –10% 之间，以 8% 左右居多，故可以判断为粉土系列，只有汉长城夯土、秦长城
夯土、河仓城夯土、交河生土的部分土体大于 12%，表明其中的粘粒含量稍多一些，
这与土的粒度三角形分布图相一致；⑤总体来说，夯土的塑性指数分布范围宽度大于
生土，这说明夯土粒度成分的变化大于生土，它可以掺合不同粒径的土，以达到更大
的密实度。

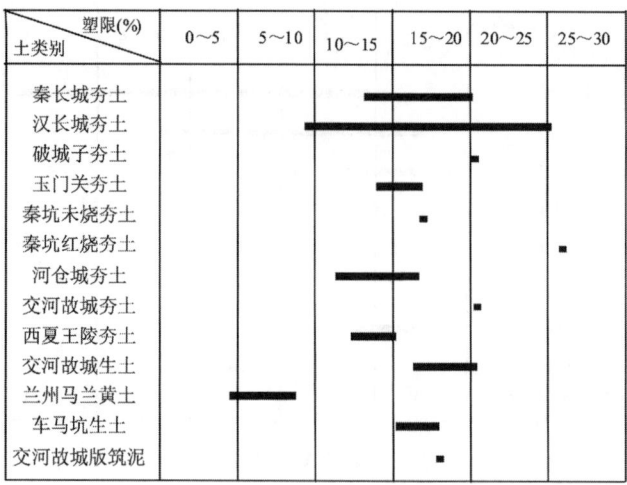

图 13　土的塑限分布图

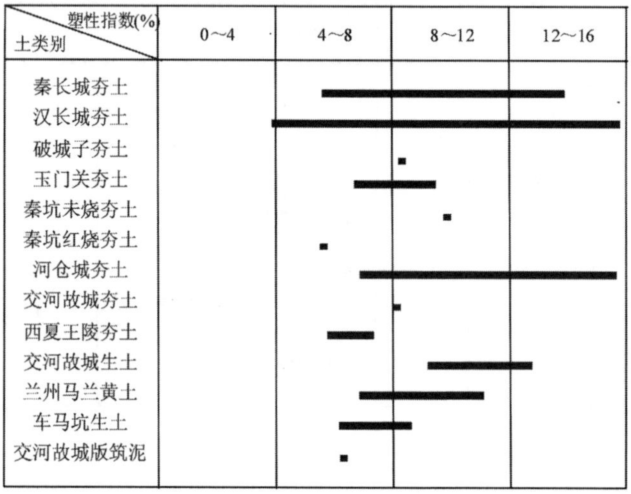

图 14　土的塑性指数分布图

3.3　综合分析

　　生土建筑因地制宜，原材料都取自当地，因此其受地域限制比较大，而且地形地貌也在很大程度上控制着施工技术的选择，如在台地和平原区一般可向下挖出空间或在地面上夯土、垛泥，而在有斜坡或陡面的地貌处则可以借用崖体向进挖出空间。各种生土建筑通常情况下并不是单独使用一种施工工艺进行建造，而是几种施工技术相互结合建造而成。我国许多土遗址都是一般先在生土层中挖造基础，于其上夯筑一定高度的墙体，之上再用土坯砌建。有些烽燧、土塔，周围先用土坯砌建，中心用粉土夯筑。有的在夯筑基础上垛泥和土坯砌筑，分层中间铺夹灌木枝条或芦苇一类的柴草。

4 结 论

通过对古代生土建筑建造方法的综述和不同施工技术条件土体物理性质的测试分析，可以得出以下结论：

（1）对材料作一定处理，可以有效地提高生土建筑的稳定性和耐久性。例如夯土中使用特殊"三合土"后可使土墙坚硬无比，垛泥建筑中粘土、沙子、农作物纤维的合理配比则可使其耐久性提高很多，红烧夯土的使用也在很大程度上提高了其耐久性。

（2）各种施工技术都有一定的优缺点，生土施工中可以多种技术交互使用、相互配合，从而进一步提高建筑物的稳定性和耐久性。

（3）夯土和垛泥多为粉土系列土，但垛泥中粘粒的含量较高，同等条件下，它们可使得土体的干密度和密实度指标提高很多。

（4）同一施工方法，由于土的性质、施工器具和施工条件等不同，使得生土建筑的力学性能和强度有很大的不同。

（5）很多古代的生土建筑能够经历风风雨雨残存下来，说明土的性质与其相应的施工技术结合得较好，因此土遗址加固保护应尽可能查明并正确运用合理的施工技术进行修复。

参考文献

[1] 王军，吕东军. 走向生土建筑的未来. 西安建筑科技大学学报. 2001, 33（2）：147-149.

[2] Ivo Herle, History of Geotechnical Engineering. Institute of Geotechnical Engineering TU Dresden, 2004.

[3] P. Doat, A. Hays, H. Houben, S. Matuk & F. Vitoux. Building with Earth. NewDelhi, India：The Mud Village Society，1991.

[4] Gernot Minke. Building with Earth – Design and Technology of a Sustainable Architecture. Germany：Birkhäuser Basel，2006.

[5] John Norton. Building with Earth：A Handbook. England：Intermediate Technology Pubs, 1997.

[6] 逄振镐. 东夷史前住屋建筑及其演变. 考古与文物 1995，（3）：78-85.

[7] 孙满利，李最雄，王旭东等. 交河故城的主要病害分析. 敦煌研究. 2005，（5）：92-94.

[8] 杨红霞，崔保龙. 陕北窑洞的民间施工工艺. 建筑工人. 2004，（5）：14-15.

[9] 张国硕，阴春枝. 我国新石器时代城址综合研究. 郑州大学学报（哲学社会科学版），1997，30（2）：58-62.

[10] 张成. 版筑营造术创始人传说. 人物春秋. 2002.，（1）：9-9.

[11] 谢华章. 福建土楼夯土版筑的建造技艺. 住宅科技. 2004，（7）：40-41.

[12] 李旭东. 锁阳城的形制及城垣的"夯土版筑". 阳关，1999，（05）：43-45

[13] 赵西平，赵方周，刘加平等. 2005. 秦岭山地民居墙体构造技术. 西安科技大学学报. 25（1）：

114 - 115.

［14］张玉石. 中国古代版筑技术研究. 中原文物. 2004（2）：59 - 70.

［15］李浈. 中国传统建筑形制与工艺. 上海：同济大学出版社，2006.

［16］（美）琳恩·伊丽莎白，卡萨德勒·亚当斯. 吴春苑 译. 新乡土建筑——当代天然建造方法. 北京：机械工业出版社，2005.

［17］李肖. 交河故城的形制布局. 北京. 文物出版社，2001.

［18］解耀华，邱陵，胡隽秋等. 交河故城保护与研究. 新疆：新疆人民出版社，1999.

［19］崔大庸. 山东龙山文化的墓葬、城址与房屋建筑. 济南大学学报. 1994，4（3）：11 - 16.

［20］王其钧. 中国古建筑语言. 北京：机械工业出版社，2007.

［21］李最雄. 丝绸之路古遗址保护. 北京：科学出版社，2003.

The Ancient Geotechnical Construction Methods in China

Zhang Huyuan[1], Zhao Tianyu[1], Wang Xudong[2]

(1. Key Laboratory of Mechanics on Western Disaster and Environment, Ministry of Education of P. R. China, Lanzhou, Gansu 730000; 2. Key Scientific Research Base for Ancient Wall Paintings Conservation, State Administration of Cultural Heritage of China, Dunhuang, Gansu 736200)

Abstract: soil construction sites are widely distributed in China, their construction configuration and technologies are different from each other, which is an extremely important part of Chinese architectural art treasure trove. Also, it has become an important precondition for the conservation and restoration of the soil construction sites. Based on inspection of typical ancient adobe architecture in the technology and methods, Chinese ancient geotechnical construction methods can be refined and described in detail for five kinds, which consist of carving out of the earth, ramming, piling of mud, construction of sun - dried brick and the adobe blocks. At the same time, the physical properties of soil indicators were tested for different soil construction techniques, it summed up the similarities and differences in physical properties of all kinds soil construction methods, pointing out the rationality of the corresponding construction - methods with adobe construction.

Key Words: earth building, construction - methods, soil construction sites, physical properties

（原载于《敦煌研究》，2008 年，第 5 期）

古代生土建筑风蚀的主要影响因素分析[*]

严耿升[1]，张虎元[1]，王旭东[2]，张艳军[1]

（1. 兰州大学西部灾害与环境力学教育部重点实验室，兰州，73000；
2. 敦煌研究院古代壁画保护国家文物局重点科研基地，敦煌，736200）

内容摘要： 西北地区分布着大量的古代生土建筑遗址，它们利用天然土质材料经过简单施工而成，性质脆弱，在长期风沙场作用下遭受严重的侵蚀破坏。本文综述了土壤风蚀领域的试验研究成果，分析了影响风蚀的最主要因素，如土的粒度、风速、土的含水量和冻融循环次数。本文区分出土易于风蚀和难于风蚀的粒径范围，说明了含水量差别及冻融循环对风蚀程度影响的原因，指出了今后生土建筑风蚀机理研究的主攻方向。

关键词： 生土建筑　风蚀　影响因素　交河故城

　　我国西北地区遗存有大量生土建筑遗址，如河西长城，新疆交河故城、高昌故城、敦煌的佛塔等。它们都是人类宝贵的文化遗产，具有不可估量的历史和文化价值。地处西北荒漠、戈壁地区的生土建筑，遭受着强烈而长期的风蚀作用。有些情况下，风蚀破坏是导致某些生土建筑毁坏的直接原因。近年来，国内外学者对土遗址的化学加固、保护等方面做了大量的工作，但对古代生土建筑物风蚀耐久性机理研究却很少[1]。相反，关于土壤的风蚀过程研究，已经积累了大量的成果。综合分析和整理土壤风蚀领域的相关实验数据，对开展生土建筑的风蚀耐久性定量研究，深化古代生土建筑风蚀机理认识水平，有着重要的参考价值。

1　粒度对风蚀的影响

　　土的粒度成分不同，抵抗风蚀的能力差别很大。图 1、2、3 是根据文献［2］整理的沙质壤土、壤质沙土、固定沙丘风积沙土的风蚀量与风速及粒径的关系图。图 1 表明，沙质壤土被风蚀颗粒粒径主要在 0.25mm 以下，且随着风速的增加，被风蚀颗粒的粒径明显加粗。图 2 表明，壤质沙土被风蚀颗粒粒径主要在 0.5mm 以下，随着风速的增加，被风蚀颗粒的粒径加粗，但没有沙质壤土明显。图 3 表明，沙土被风蚀颗粒粒径主要集中在 0.05 – 0.25mm 之间。由此可见，土的类型不同，颗粒粒径组合方式不同，最容易被风蚀的粒组是变化的。

图 4 是根据不同学者研究成果汇总而成的可风蚀土粒粒径分布区间。Chepil 研究认为，土中 <0.05mm 粒径含量越高，易形成不可风蚀的团聚体稳定结构[3]。李晓丽等通过试验分析认为，易风蚀粒径大致可划分为 0.25 – 0.425mm 和 0.075 – 0.2mm 两个区间[4]。马存月等认为，粒径在 0.08 – 0.25mm 的土颗粒最易被风蚀[5]。董治宝等野外实地观测内蒙古后山地区灌丛沙堆的风蚀情况，将粒径大于 1.0mm 定为不可风蚀颗粒[6]。图 4 中的阴影区，是本文综合各家观点认定的可风蚀颗粒粒径分布区间。

图 4 直观的表明，当土的颗粒很细（如小于 0.05mm）时，由于土颗粒之间强烈的物理化学作用，容易形成团聚结构的大颗粒，土难以被风蚀。另一方面，当土的粒径很粗（如大于 1.0mm）时，由于单个颗粒自身的重力较大，需要很大的启动风速才可

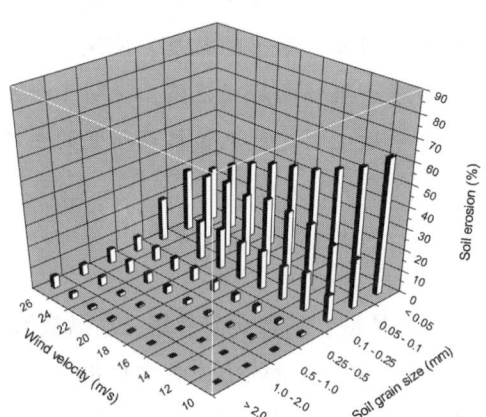

图 1　沙质壤土风蚀量与风速及粒径的关系

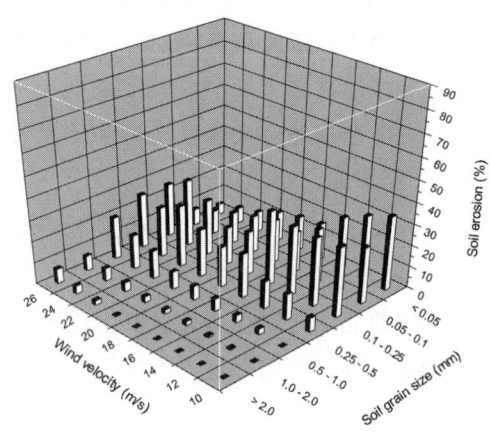

图 2　壤质沙土风蚀量与风速及粒径的关系

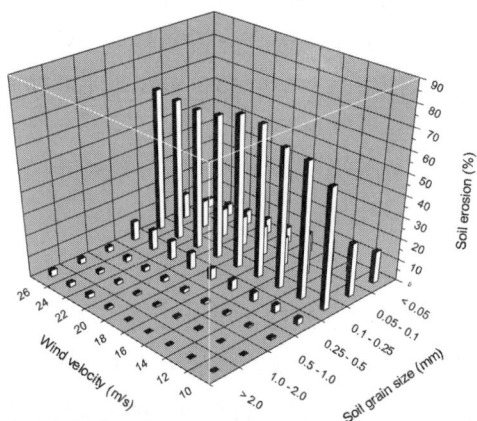

图 3　固定沙丘沙土风蚀量与风速及粒径的关系

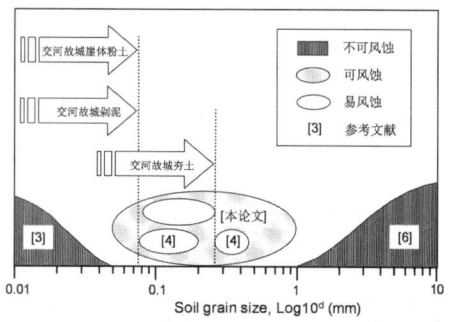

图 4　土的可风蚀颗粒粒径分布图

以被搬运，土也难以被风蚀。相反，土颗粒粒径介于 0.05 – 1.0mm 之间时，均有被风沙流启动和搬运的可能，最容易被风蚀的粒径集中在 0.075 – 0.25mm 之间。随着风速的增大，被侵蚀的颗粒粒径逐渐变粗。

　　交河故城生土建筑及其遗址所在天然地层的粒度存在较明显差异。具体而言，夯土的粒径主要分布在 0.05mm – 0.25mm 之间（图 5），剁泥的粒径主要分布在 0.05 – 0.075mm 之间（图 6），崖体粉土的粒径主要分布在 0.005 – 0.075mm 之间（图 7）。将交河故城三种土的粒径分布上限示于图 4 中，可以看出，夯土的粒径大部分分布在可风蚀区间之内，而崖体粉土及剁泥的粒径只有很少一部分分布在可风蚀区间之内。这说明，夯填法建造的生土建筑容易遭受风蚀破坏；相对而言，遗址所在崖体的粉土层以及由剁泥法建造的生土建筑不容易遭受风蚀破坏。

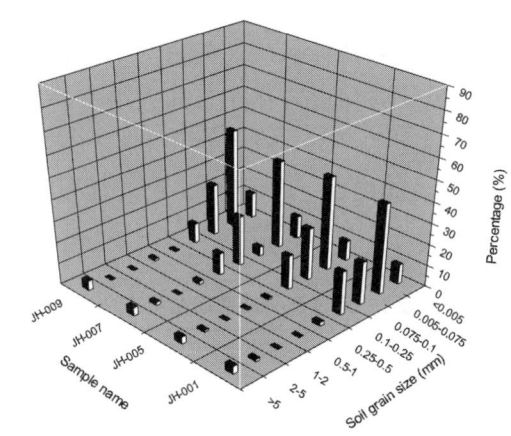

图 5　交河故城夯土的粒度组成

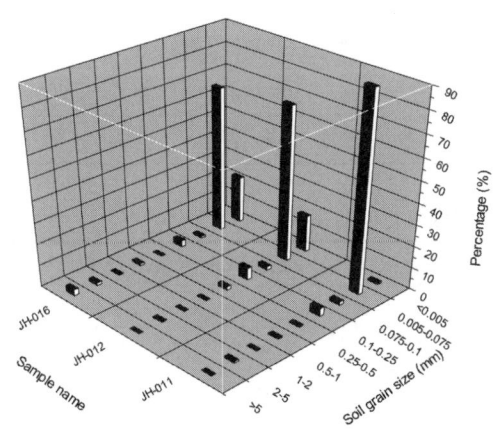

图 6　交河故城剁泥的粒度组成

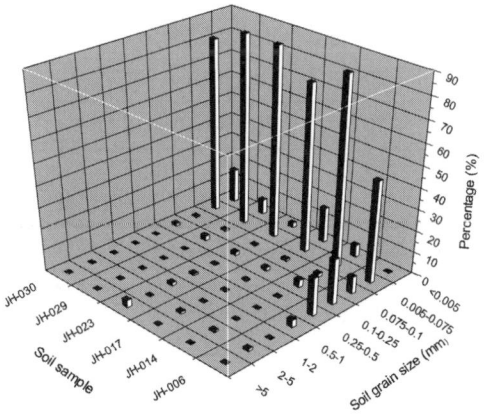

图 7　交河故城生土粒度的组成组成

交河故城坐落在河流下切形成的台地上，崖面出露地层主要由颗粒较细的粉粒组成，这种以粉土为主的地层中夹有颗粒较粗的沙质粉土薄层。台地西北侧崖面与当地的主导风向呈大角度相交，受到风蚀的机会最大。观察西北侧崖面的风蚀特征可知，颗粒较粗的沙质粉土层比其上覆及下伏的细粒粉土层发生较为严重的风蚀现象，说明图 4 揭示的风蚀量与土粒粒径的关系是可靠的。

2　风速及挟沙气流对风蚀的影响

风速是影响生土文物风蚀的又一个重要因素。不同学者通过风洞试验建立了土的风蚀量和风速之间的关系模型（表 1）。所有的模型都表明，风蚀量随着风速的增加明显增大。

表 2 的数据显示，净风吹蚀和挟沙风吹蚀的启动风速也是不同的[2]。在净风吹蚀条件下，土体表面主要受风的剪切应力作用，其大小主要由风力大小决定。由于风的动能取决于空气比重和风速的平方，在大气压和空气温度一定的情况下，风的动能与风速的平方成正比，动能愈大，传递给沙粒的能量越多，风蚀量也就随即增加[12][13]。

表 1　风蚀量与风速回归关系

序号	年份	回归方程	参数	参考文献
1	1996	$E = D_1 + D_2 \cdot e^{D_3 V}$	E 风蚀量、V 风速，D_1、D_2、D_3 回归系数	[7]
2	1997	$E = C \cdot D^V$	E 风蚀量、V 风速，C、D 回归系数	[8]
3	1998	$E \propto V^2$	E 风蚀量、V 风速	[9]
4	2004	$E = C \cdot e^{DV}$	E 风蚀量、V 风速，C、D 回归系数。	[10]
5	2005	$E = C \cdot V^B$	E 风蚀量、V 风速，C、B 为回归系数	[11]
6	2006	$E = 0.0148 + 0.0115 \, (V - V_t)^2$	E 风蚀量、V 风速，V_t 起动风速	[5]

表 2　净风和挟沙风与土的风蚀量之间的关系

土的类型	试样面积（cm²）	气流状况	风力等级	总风蚀量（kg）	风蚀量增加倍数
粉沙质土	95×30	净风	4 – 12	2.06	1
		挟沙风	4 – 12	8.99	4.36
固定沙丘沙	95×30	净风	4 – 12	2.15	1
		挟沙风	4 – 12	11.27	5.24
半固定沙丘沙	58×26.5	净风	8	0.11	1
		挟沙风	8	8.02	72.9

与净风条件相比，挟沙风的风蚀率远大于净风的风蚀率。影响挟沙风风蚀过程的因素很多，最主要的，首先是土体表面要受到的风的剪切力作用，其次是贴地运动的沙粒对地表磨蚀作用。净风条件下土粒的起动完全依靠风力的作用，而在挟沙风条件下，土粒不仅受到风的剪切力作用而且还受到风携沙粒的撞击作用，这使得土粒更容易脱离土体表面，增大了风蚀率，加重了风蚀程度[14]。

挟沙风作用下土体风蚀量与风速大小有关，此外还和跃移沙粒与土体表面撞击的角度和速度以及跃移沙粒的多少有关。假定风蚀活动是由净风的剪切力以及风沙流的磨蚀和撞击作用两个因素的简单叠加，研究发现，随着风速增加，风沙流中的沙粒数量随之增加，挟沙风对土体的风蚀量与风速之间存在二次函数关系[14]。也有研究结果显示，在低风速段，风蚀量随风速的增大出现小幅增加，在 7 – 10m/s 的风速范围内，风蚀量随风速的增加而显著增大[11]。

3 含水量对风蚀的影响

图 8 是对文献 [2] 实验数据的简化图，显示了含水量对风蚀作用的影响。由图 8 可知，随着风速的增加，风蚀模数明显增大，这种现象对低含水量土样尤为明显。与干燥土相比，稍湿的土颗粒孔隙中形成毛细吸力，趋向于增强土颗粒之间的连接力，在一定程度上提高了土的抗风蚀能力。这可能暗示，经过较为漫长而干燥的冬季之后，露天生土建筑中的含水量更低，更容易遭受

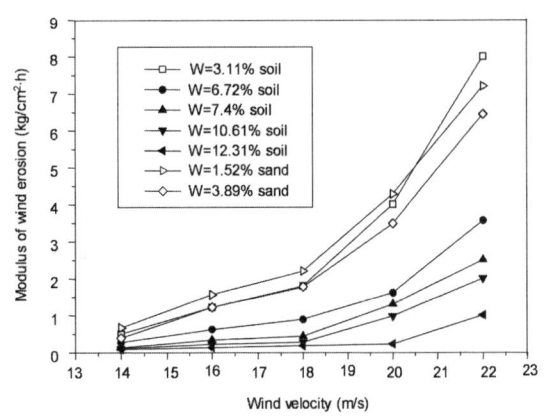

图 8 不同风速下土样含水量与风蚀模数的关系

风蚀侵害。上述结果还暗示，今后在研究干湿循环对生土建筑风蚀作用的影响时，需要把重点放在干湿循环之后的低含水量情况上。

4 冻融循环对风蚀的影响

地处西北干旱、半干旱地区的生土文物，天然含水量很低，季节变化引起的冻融循环直接导致文物破坏的实例很少见。但是，冻融循环对生土文物抗风蚀能力的影响引起了研究者的注意[1]。研究结果表明，随含水量增加和冻融循环次数的增加，土样从宏观上出现不同程度的变形和破坏（图9）。随着冻融循环次数的增加，风蚀模数也在增加（图10）。对比图10与图8，可以看出冻融循环对风蚀程度的影响。在反复冻

融循环条件下，风蚀模数超过 2kg/cm² · h 所需要的风速一般大于 15m/s（图 10）；相反，在不发生冻融的情况下，风蚀模数超过 2kg/cm² · h 所需要的风速应一般大于 18m/s（图 8）。说明反复冻融循环确实促进了风蚀作用的程度。这可能是因为冻融循环破坏了土体的微结构，进而降低了土的抗风蚀能力。冻融循环引起土体结构劣化，促进风蚀作用的具体细节，还需要通过随后的实验研究进一步分析判断。

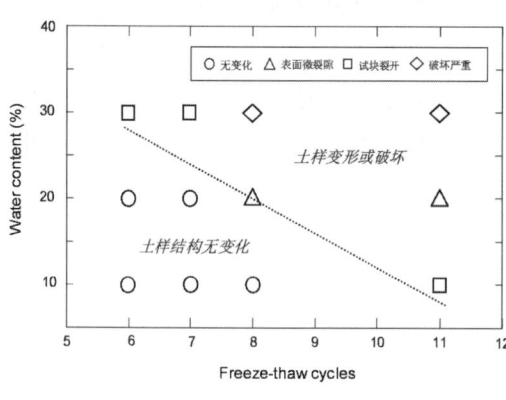

图 9　冻融循环条件下土样显观结构变化　　　图 10　冻融循环次数对风蚀模数的影响

5　综合分析

综合分析国内外学者土的风蚀试验研究成果发现，风速、气流是否挟沙、粒度、含水率、冻融循环次数均对生土文物的风蚀耐久性产生明显的影响。现有的试验数据显示，土存在易于风蚀和难于风蚀的粒径区间。这说明土颗粒之间的有效连接是抵御风沙流侵蚀的内在根源。一定量的粘粒和粉土可以将土中的粉粒或砂粒在一定程度上连接起来，形成较为稳定的团聚结构，提高抵御风沙流侵蚀的水平。这也正是西北沙漠戈壁地区尽管风沙盛行，但生土文物却可以长期存在的基本理由。

应当看到，干湿循环和冻融循环从微观上破坏土团聚结构，导致土体劣化，从而加速生土文物的风蚀。这个过程与岩石的风化过程大体相似又有根本的差别。岩石风化的典型特征是化学风化，即造岩矿物在化学作用下逐渐转变成简单矿物甚至粘土矿物的过程；与此不同的是，土的风化过程，最主要的特征是物理风化，即在干湿循环和冻融循环的作用下，土的微观结构发生破坏，可以称之为劣化作用。因此，定量研究生土文物的风蚀耐久性，需要从温度场-水分场-气流场耦合的观点出发，以干湿循环、冻融循环导致土的微结构变化为突破口，通过风洞试验揭示风沙流场中土样的质量损耗（ΔW）与风速（V）、土样干密度（γ_d）、干湿或冻融循环次数（N）等指标的关系（图 11）。

丝绸之路沿线土遗址，处于典型的干旱气候环境中，日温差及年温差变化很多，风沙流盛行。风蚀作用对露天土遗址的危害最为严重，属于第一位的质量损耗过程。对于不可移动的大型土遗址而言，难以仿照室内博物馆的保存模式改变或控制遗址所处的恶劣环境条件，这也是大遗址保护中"维持外貌不变"的原则所不允许的。提高土遗址抗风蚀能力最有效的方法可能是，在风蚀机理研究的基础上深化化学加固水平，通过提高土的耐久性延缓风蚀进程。

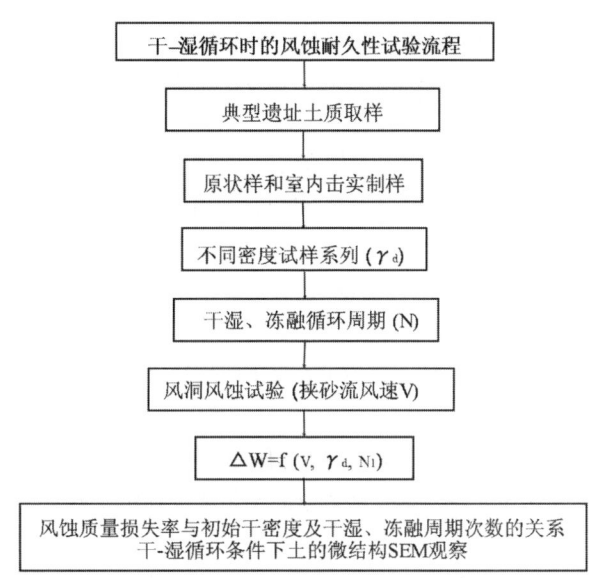

图11　干湿循环条件下土遗址风蚀耐久性试验研究流程图

6　结　论

（1）现有的试验数据显示，粒径小于0.05mm和大于1mm的土颗粒难以被风蚀；粒径在0.05－1mm之间的土颗粒可以被风蚀；粒径在0.075－0.45mm之间的土颗粒易于被风蚀。

（2）随着风速的增加，土的风蚀模数明显提高，含水量较低的土比含水量较高的土风蚀模数提高更为显著。

（3）同等条件下，随着冻融循环次数的增加，土的风蚀模数提高。冻融循环过程中土的显观结构变化暗示，冻融循环过程中土的微观结构劣化可能是导致抗风蚀能力下降的内在原因。

（4）从温度场－水分场－气流场耦合的角度，研究干湿、冻融循环导致土的结构劣化条件下土的风蚀质量损耗与风速、土样干密度等参数的关系，有可能建立生土建筑风蚀耐久性的定量关系。

参考文献

[1] 屈建军，王家澄，程国栋，李芳，俎瑞平．西北地区古代生土建筑物冻融风蚀机理的实验研究．冰川冻土．2002，24（1）：51－56.

[2] 屈建军，王涛，董治宝，张伟民，刘玉璋．沙尘暴风洞模拟实验的综述．干旱资源与环境（增刊）2004，18：109－115.

[3] Chepil W S. Properties of soil which influence wind erosion（Ⅰ－Ⅴ）. Soil Sci, 1950－1951：69－70.

[4] 李晓丽，申向东．裸露耕地土壤风蚀跃移颗粒分布特征的试验研究．农业工程学报．2006，22（5）：74－77.

[5] 马月存，陈源泉，隋鹏，尹春梅．土壤风蚀影响因子与防治技术．2006，25（11）：1390－1394.

[6] 董治宝，陈广庭．内蒙古后山地区土壤风蚀问题初论．土壤侵蚀与水土保持学报．1997，3（2）：84－90.

[7] 张春来，董光荣，董治宝，李长志．用风洞试验方法计算土壤风蚀量的时距问题．中国沙漠．1996，16（2）：200－204）．

[8] 董治宝，陈渭南，李振山，杨佐涛．风沙土开垦中的风蚀研究．土壤学报．1997，34（1）：74－80.

[9] 董治宝．建立小流域风蚀量统计模型初探．水土保持通报．1998，18（5）：55－62.

[10] 荣姣凤，张海涛，毛宁．土壤风蚀量随风速的变化规律研究．干旱地区农业研究．2004，22（2）：149－153.

[11] 何文清，赵彩霞，高旺盛，陈源泉，秦红灵，樊秀荣．不同土地利用方式下土壤风蚀主要影响因子研究——以内蒙古武川县为例．应用生态学报．2005，16（11）：2092－2096.

[12] 移小勇，赵哈林，张铜会，李玉强，刘新平，卓鸿．挟沙风对土壤风蚀的影响研究．水土保持学报．2005，19（3）：58－61.

[13] Chun－Lai Zhang, Xue－Yong Zou, Ping Yang, Yu－Xiang Dong, Sen, Xin－Hu Wei, Shuo Yang, Xing－Hui Pan. 2006. Wind tunnel test and 137Cs tracing study on winderosion of several soils in Tibet. Soil & Tillage Research 94（2007）269－282.

[14] 刘东，任树梅，杨培岭．PAM 对土壤抗风蚀能力的影响．中国水土保持 SWCC. 2006，12：33－36.

Major Factors Influencing Wind Erosion of Ancientearthen Architectures

Yan Gengsheng, Zhang Huyuan, Wang Xudong, Zhang Yanjun

(1. Key Laboratory of Mechanics on Western Disaster and Environment, Ministry of Education of P. R. China, Lanzhou 730000; 2. Key Scientific Research Base for Ancient Wall Paintings Conservation, State Administration of Cultural Heritage of China, Dunhuang 736200)

Abstract: There are many earthen architecture existed along Silk Road in Northwest China which have been suffered from severe wind erosion due to their fragile properties. By reviewing the available test results, major factor affecting wind erosion of soils are analyzed such as soil grain size, wind velocity, water content of the soil and cyclic freeze – thaw. This paper illustrates the easily and difficultly eroded grain size areas by sand – blown wind, explains the possible reasons for water content and cyclic freeze – thaw on wind erosion to soils. A reasonable research direction is suggested for the going – on study of wind erosion on ancient earthen architectures.

Key Words: Earthen architecture, wind erosion, influencing factors, Jiaohe Ruins

（原载于《敦煌研究》，2007 年，第 5 期）

土层锚杆抗拔承载力确定方法及影响因素分析

王晓东[1]，张虎元[1]，吕擎峰[1]，张艳军[1]，王旭东[2]

（1. 西部灾害与环境力学教育部重点实验室，兰州，730000；2. 敦煌研究院，敦煌，736200）

内容摘要： 利用现有的锚杆承载力计算公式对楠竹加筋复合锚杆和钢筋锚杆的极限承载力进行试算，结果表明，大部分公式对于楠竹加筋复合锚杆的计算结果偏大，而对传统的钢筋锚杆较适用。对以前的研究成果进行了总结，并在对各种土层锚杆承载力计算公式分析的基础上得出了锚杆抗拔承载力的影响因素，提出通过扩大锚杆截面和改良锚固方法可以提高锚杆抗拔承载力的工程建议。

关键词： 土层锚杆　抗拔承载力　楠竹加筋复合锚杆

0　前　言

土层锚杆就是在稳定土层内部的钻孔中，用粘结材料将钢筋（或钢绞线）与土体粘结在一起的拉结挡土结构。目前大部分工程中采用的是拉力型注浆锚杆，这类锚杆的传力方式是，当锚杆受力时，拉力首先通过钢筋与灌浆体界面粘结摩阻力传到灌浆体中，然后再通过灌浆体与土体间粘结摩阻力传递到稳定的地层中。20世纪50年代以前，锚杆技术只是作为施工过程的一种临时性措施。60年代以来，锚杆技术的迅速发展，不仅在临时性建筑物基础开挖中使用，在修造长期性建筑物以及边坡支护时也较为广泛地应用。

锚杆的抗拔承载力是指锚杆的粘结灌浆体与岩土体紧密结合后抵抗外拉力的能力，灌浆体与岩土体之间的粘结力是影响单根锚杆承载力的关键[1]。锚杆在轴向荷载作用下其抗拔承载力取决于杆体材料强度、杆体与灌浆体间的握裹力及灌浆体与土体间的粘结摩阻力三个方面[2]。对于土层锚杆，其抗拔承载力主要取决于杆体、水泥砂浆和土体三者的强度以及之间粘结摩阻力，杆体材料强度和杆体与灌浆体间的粘结力在设计中容易满足，势必造成杆体与砂浆间的粘结强度远大于土体与粘结灌浆体间的剪切强度，而出现软弱体与强化体之间的相对软弱面的界面效应，因此土层锚杆破坏一般就出现在砂浆体与土体界面上[3]。目前，对于土层锚杆抗拔承载力的确定方法主要有现场试验和理论计算。本文主要介绍土层锚杆抗拔承载力的理论确定方法及其优缺点，并分析影响土层锚杆抗拔承载力的因素和提高土层锚杆抗拔承载力的措施。

1 土层锚杆抗拔承载力确定方法

1.1 试验法

国家现行规范[4,5]中，对于土层锚杆的试验方法有三种。规范［5］中的基本试验适用于各种土层，要求试验锚杆数量不少于 3 根，试验目的是为确定锚杆极限承载力和获得有关设计参数。试验确定土层锚杆的抗拔承载力受诸多因素影响，如：锚杆锚固后至拉拔时的间隔时间长度、试验变形的相对稳定标准、终止试验的条件、加荷方式、观测间隔时间等。同时，抗拔极限承载力是通过 $Q-s$ 曲线确定的，误差较大，确定极限承载力很困难，缺乏可操作性。

1.2 理论法

大量试验[2][6,7]和理论研究[8,9]已经明确粘结摩阻强度在整个粘结灌浆体长度上的分布是不均匀的，且土层锚杆的抗拔承载力与锚固长度也不是正比例关系，其典型分布形式见图1。

目前关于锚杆的设计，认为锚杆的极限承载力与锚杆的锚固长度成正比，此种情况是基于锚杆处于弹塑性状态的初期[7]。锚杆极限抗拔承载力 T_u 的计算式为：

$$T_u = 2\pi R L \tau_p \tag{1}$$

式中：R 为粘结灌浆体半径；L 为锚固段长度；τ_p 为浆体与土体间的平均粘结摩阻强度。

文［10］，［6］考虑到式（1）基本假定的不合理，引入了一个与锚固长度有关的有效因子 ψ，其随着锚固段长度的增加而逐渐降低。在文［11］假定的粘结灌浆体与岩土体间的剪力与剪切位移呈线性增加关系的基础上，建立荷载传递的双曲函数模型，获得了粘结灌浆体表面粘结摩阻强度沿锚固段长度的分布，文［12］通过对粘结摩阻强度沿锚固长度积分，得出了锚杆的极限抗拔承载力公式：

$$T_u = \frac{\pi D^2 \tau_u}{\beta} th \left(\frac{\beta L}{D} \right) \tag{2}$$

式中：D 为粘结灌浆体直径；τ_u 为浆体与岩土体间的极限粘结摩阻强度；系数 β 与粘结灌浆体等效弹性模量、粘结灌浆体与岩土体界面的剪切模量有关。

文［13］中以当锚杆拉拔力达到一定值时，粘结灌浆体与土体的粘结面将进入塑性流动状态、且随受力增加塑性区范围往下发展这一依据，将锚杆抗拔作用下的剪应力-位移曲线简化为折线段分布，得出了适合于全长粘结式锚杆的抗拔承载力计算公式（3），该式相比式（2）在模型上进行了简化（图2），且算例分析表明理论值与实际值较吻合。

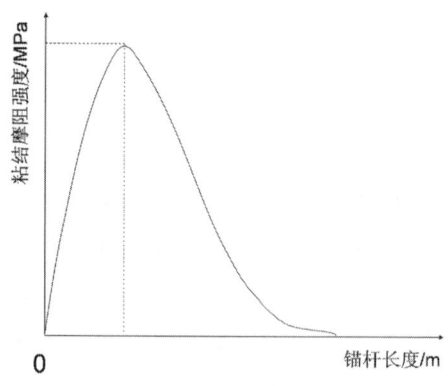

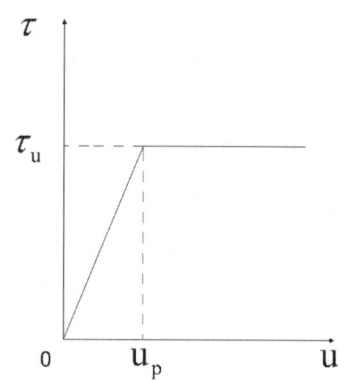

图1　粘结摩阻强度沿锚杆分布　　　　　图2　锚杆受拉时粘结摩阻强度-位移曲线

$$T_u = \tau_u \frac{\pi D}{4\lambda} Q_2 \tag{3}$$

式中：λ 是与锚杆直径、剪切刚度系数、粘结灌浆体的等效弹性模量和截面积有关的常数；Q_2 与锚杆长度及 λ 有关，该参数综合考虑了粘结灌浆体各部分弹性模量、截面比例、粘结力等物理力学性能对承载力的影响。

文［14］认为锚杆的抗拔承载力主要取决于锚固段的粘结灌浆体与土体间的总侧摩阻力和粘结灌浆体上端部土体的总压力，分析众多因素得出，土层锚杆抗拔承载力设计值是否准确主要取决于粘结灌浆体的直径是否准确。在充分考虑粘结灌浆体所处地层的渗透性、注浆压力和锚杆钻孔成孔方法对直径的影响后，将抗拔承载力公式修正为：

$$T_u = \frac{k' Q}{n (y_2 - y_1) k} \int_{y_1}^{y_2} \tau_y \mathrm{d}y + \frac{\pi q}{4} \left[(^')2 - d^2 \right] \tag{4}$$

式中：y_1 为非锚固段长度；y_2 为锚杆长度；q 为粘结灌浆体上端部土体的抗压强度；τ_y 为深度 y 处土体抗剪强度；d 为锚杆直径；k' 为成孔方法影响系数；Q 为某规格锚杆试验注浆用量；n 为孔隙率；k 为地层介质经验系数。

文［15］利用变位-剪应力理论中按土体介质中桩的载荷传递机理推导得出的土层锚杆体表面应力的关系式来分析锚杆剪应力的分布规律。当锚固体端部 τ 增大到土体的抗剪强度时，该处杆体表面的土体发生破坏，当荷载继续增大，土层锚杆将发生渐进性破坏，直到土层锚杆全部拔出，由此可以得出锚杆的最大极限承载力：

$$T_u = \pi \tau_u d^2 (1 - \mu_0^2) \sqrt{\frac{E}{E_0}} \tag{5}$$

式中：μ_0 为土的泊松比；E 为土的弹性模量；E_0 为锚固体弹性模量。

文［16］考虑到灌浆体与土体的界面抗剪强度高于土体的抗剪强度，提出锚杆拉拔破坏将以土层的破坏为主。全长粘结式锚杆最后破坏的界面将是土体中的一个楔形体，对于有明显自由段锚杆破坏时其部分自由段的土体也参与抗剪，因此锚固段拔出土楔体类似于一个纺锤体。文中采用极限分析理论上限定理确定土楔体抗剪能力，分别给出了全长粘结式锚杆和具有自由段锚杆的极限承载力公式，公式中的参量仅涉及到土体的特征参量，容易理解且较明了。全长粘结式锚杆极限承载力公式：

$$T_u = \pi c \cos\varphi \, \frac{L_q{}^2 \tan\,(\pi/4 - \varphi/2)}{\cos\,(\pi/4 - \varphi/2)\,\cos\,(\pi/4 - 3\varphi/2)} + \frac{1}{3}\pi\gamma L_q{}^3 \tan^2\,(\pi/4 - \varphi/2)\,\sin\alpha$$

$$(6)$$

有明显自由段锚杆极限承载力计算公式：

$$T_u = \pi c \cos\varphi \, \frac{L_{z1}{}^2 \tan\,(\pi/4 - \varphi/2)}{\cos\,(\pi/4 - \varphi/2)\,\cos\,(\pi/4 - 3\varphi/2)} +$$

$$\pi c \cos\varphi \, \frac{L_{z2}{}^2 \tan^3\,(\pi/4 - \varphi/2)}{\cos\,(\pi/4 + \varphi/2)\,\cos\,(\pi/4 + 3\varphi/2)}$$

$$(7)$$

式中：c 为土体的粘聚力；φ 为土体的内摩擦角；γ 为土体容重；L_q 为全长粘结式锚杆破坏土楔体长度；L_{z1} 为有明显自由段锚杆锚固段破坏土楔体长度，L_{z2} 为有明显自由段锚杆自由段破坏土楔体长度。

文［17］根据试验给出了锚杆在冲积土中的以直径和长度为变量的锚杆极限抗拔承载力经验计算公式。文［18］研究了在淤泥质砂土中的微扩孔锚杆的承载力，建立了一种研究锚杆承载力的数值模型，理论计算结果与试验结果较吻合。

2 土层锚杆抗拔承载力的影响因素分析

以上各公式都有其推导的侧重点，可以通过以上公式分析得出，土层锚杆的薄弱界面为土层与灌浆体之间的界面和影响抗拔承载力的各种因素。粘结摩阻作用大致由三部分组成[9]：1）水泥胶体与土体表面的化学胶着力；2）粘结灌浆体外表面与土体接触面上的摩擦力；3）粘结灌浆体外表面粗糙产生的机械咬合作用。其中化学胶着力很小，发生相对滑动后，粘结摩阻力主要由摩擦力和咬合力所提供。因此对土层锚杆抗拔承载力的影响因素从以下几个方面详细讨论。

2.1 灌浆材料特性

随灌浆材料的抗剪强度和弹性模量的增加，可以提高灌浆体自身强度（即灌浆体承载力）以及灌浆体与土体之间的粘结摩阻力，从而提高土层锚杆的抗拔承载力[19]。灌浆材料特性对土层锚杆抗拔承载力的影响，是通过对粘结灌浆体与土体的粘结摩阻强度的影响体现出来的。另外，灌浆材料的水灰比和养护时间以及掺入的添加剂对承载力有比较大的影响。若灌浆材料为砂浆，水灰比一般控制在 0.4 左右。

2.2　土层特性

当土体较松软时，粘结摩阻强度的最大值较小，应力分布范围较大，分布比较均匀；反之，当围岩较坚硬时，粘结摩阻强度的最大值较大，应力分布范围较小，应力集中明显[12]。因而在坚硬岩体中锚杆的有效锚固长度不大，而对于软岩或土层中的锚杆，所需的锚固长度较长。

在锚杆注浆中，地层的孔隙率大、孔隙大，则渗透性好，浆液易渗透，注浆扩散半径大，形成的粘结灌浆体直径也就越大，锚杆的极限抗拔承载力也就越大[14]。

2.3　粘结灌浆体特性

粘结灌浆体的承载力随锚杆直径和锚孔深度的增加而增加[19]；随着粘结灌浆体直径的增大[6]，轴力及剪应力的分布趋于平缓，即参与工作的接触面增大，因而粘结灌浆体的抗力和刚度也明显增加。粘结灌浆体几何形状对抗拔承载力的影响也较大，高压注浆在锚固段形成的异形体在粘结灌浆体与土层之间形成了机械锁力，可有效增大抗拔承载力。

锚固段长度是影响锚杆抗拔承载力的一个重要因素[12][20]，适当增加锚杆（或粘结灌浆体）的直径和长度也可以增加锚杆的抗拔承载力，若锚杆长度超过临界长度，由于粘结摩阻强度分布的不均匀性，而且沿锚固段衰减很快，抗拔承载力随长度的增加很少。因而，一味增加锚杆长度并不能有效提高锚杆抗拔承载力。

粘结灌浆体的底部扩体同高压注浆在粘结灌浆体表面形成异形体的效果和机理相近，扩体的直径是提高粘结灌浆体同土层间的机械锁力的因素之一。

对锚杆自由段长度的选择，各国的相关规范都做了规定[1]，设置自由段不仅可以有效地增加粘结灌浆体的抗剪承载力，同时自由段长度的选择还必须使锚杆锚固于比破坏面更深的稳定的地层上，以保证锚杆和被锚固结构的稳定性。

从文［21］理论计算的过程中也可以看出锚杆的承载力与粘结材料以及锚杆本身的特性密切相关。

2.4　锚固参数

锚杆的倾斜角度一般应限定在 15°－45°的范围内，锚杆倾斜角的增大可大大减小其剪切位移。锚杆倾斜角对加固效果的影响程度还与节理面的粗糙程度有关，粗糙度大的剪切面，其抗剪切位移的能力比光滑表面的要大，文［22］中对锚固角也进行了相应的理论计算，并用计算结果进行了实例分析。

注浆压力及次数也是影响抗拔承载力的因素之一[23]，用不同的注浆压力进行注浆，可形成不同的粘结灌浆体直径，且二次注浆形成异形体，能改善锚杆周围土体和粘结灌浆体的力学性能，显著提高土层锚杆的极限抗拔承载力。

2.5　其他因素

成孔方式和锚杆布置间距对锚杆的抗拔承载力也有影响，不同的钻孔方式使钻孔周围土体受到挤密和扰动的程度不同，影响地层的渗透性，进而影响粘结灌浆体的直径和形状；而锚杆间距的选择涉及到是否会产生群锚效应，而影响单根锚杆的抗拔承载力；上覆层厚度对锚杆的抗拔承载力也有影响。

3　土层锚杆抗拔承载力的提高措施

如何在一定条件下提高锚杆的承载力，是广大研究者及工程师共同关注的一个重要问题。以式（1）为例，$2\pi RL$ 是锚固段固化砂浆体与土体的接触面积，τ_p 是单位面积上的粘结摩阻力，与钻孔方法，土壤性质，内摩擦角 φ、抗剪强度、埋设条件、灌浆压力等很多因素有关，确切的值应当通过现场试验取得，也可按规范取值。通过式（1）可看出，要提高锚杆承载力，可加大 $2\pi RL$ 值或增大 τ_p 值；工程实践及大量试验表明，锚固长度 L 并不与承载力 T_u 成线性关系，当 L 大于 10m 后，T_u 值的增幅就很小。目前提高它主要靠在锚固端头扩体和二次灌浆技术。通过扩体，不仅增加了锚固段表面积，从而达到增加承载力的目的，更重要的是扩大头前端土体所给予的阻力及端承力，这时计算锚固力往往端承力占主要部分。锚固端头扩体的缺点是造成端头应力集中，容易造成端头部位的局部破坏，且二次灌浆技术的工艺又比较复杂。

除上述途径，还可以通过增加锚杆的表面积来提高锚杆的承载力。已有工程在这方面做了尝试，并取得了很好的效果。楠竹加筋复合锚杆[24]是由敦煌研究院根据古代土遗址保护加固工程特殊需要发明的专利产品，并且在新疆交河故城崖体加固工程中得到实际应用[25]。用楠竹作为管材，钢绞线作为受拉部件，环氧树脂固化粉煤灰填充钢绞线与管材之间的空间，构成楠竹加筋复合锚杆进行土体锚固。与普通的钢筋锚杆相比，楠竹复合锚杆通过较大的表面积增大了侧壁粘结摩阻力总量，以获得足够大的锚杆抗拔承载力。

4　工程实例分析

楠竹加筋复合锚杆在新疆交河故城的崖体第一期抢险加固中得到了良好的应用。以第一期的锚杆加固试验为依据，利用文中 1.2 节所列理论计算公式计算楠竹加筋复合锚杆的极限抗拔承载力。表1为交河故城崖体土的工程特性。

表 1 交河故城崖体土的工程特性

指标	$\gamma/kN/m^3$	e	$w/\%$	I_p	I_l	c/kPa	$\varphi/°$
范围	14.9 – 17.1	0.57 – 0.92	1.1 – 3.0	16 – 22	0.25 – 0.32	98 – 359	28.9 – 61.9

表 2 工程实例参数选用表

锚杆类型	τ_u/kPa	β	λ/m^{-1}	Q_2	q/MPa	τ_y/kPa	k'	n	c/kPa	$\varphi/°$	$\gamma/kN/m^3$
楠竹加筋复合锚杆	176.2	0.02	9.4×10^{-3}	4.7×10^{-3}	3.08	345	1	0.7	263	44.73	16.3
钢筋锚杆	113.7	0.02	5.1×10^{-3}	2.3×10^{-2}	3.08	345	1	0.7	263	44.73	16.3

楠竹加筋复合锚杆的直径一般在 80 – 100mm 之间，试验锚杆的直径为 90mm，钻孔直径为 110mm，长度为 3m，楠竹加筋复合锚杆实体模型见图 3。

利用公式（2），（3），（4），（6）计算楠竹加筋复合锚杆的极限抗拔承载力分别为 163.36，30.41，367.16，147.59kN，分别为试验值的 176.1%，30.7%，375.4%，150.9%。可以看出，三个理论公式的计算结果比实际值偏高，只有式（3）偏低。这些偏差是由于楠竹加筋复合锚杆位是由多相材料复合而成的复

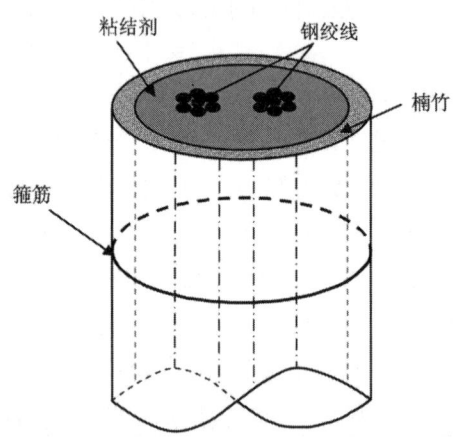

图 3 楠竹加筋复合锚杆实体模型图

合锚杆，其受力及传力机理较复杂。而且其内粘结剂是用环氧树脂按一定比例固化粉煤灰和石棉而成，是一种新型的复合材料，与传统的砂浆灌浆材料在物理力学、化学性质方面均存在差异，一些经验性参数尚待研究。

为了进行对比研究，在加固工程中还使用了钢筋锚杆。钢筋锚杆采用 Φ28 螺纹钢，锚杆长度为 8m，钻孔直径为 110mm，利用式（2），（3），（4），（6）计算钢筋锚杆的极限抗拔承载力分别为 269.50，270.72，314.12，300.00kN，分别是试验值的 100.00%，99.55%，116.04%，111.93%，均与真实值比较接近。计算中选用参数见表2。

由以上的计算结果可以得出，目前的公式对传统锚杆的计算比较准确，具有一定应用价值，而对于新型的楠竹加筋复合锚杆误差较大，且大部分偏大而使设计不安全。所以对于楠竹加筋复合锚杆的极限抗拔承载力的确定，还需在今后的试验和理论研究中加以修正和改良。

5　结论与建议

（1）文中所列公式大多虽对某些工况较精确，但考虑的影响因素较多，过于繁琐，不适于工程的普遍应用。式（1）的形式简洁明了，现在工程设计中广泛应用，但其确存在不准确性，在一定程度上给工程造成了安全隐患，建议从文［6］，［10］的思路出发，综合文中提到的各种抗拔承载力的影响因素，给出一个简单适用的表达式。

（2）锚杆的极限承载力是以锚固系统中的荷载传递机理为基础的，文中各公式中也均含有粘结灌浆体粘结摩阻强度，从目前的研究现状也可以看出，锚杆荷载传递机理研究是一个关键。

（3）目前的研究多数集中在材料的弹性变形阶段，但鉴于粘结材料以及岩土的本身特性，应该扩展弹塑性、塑性以及非线性方面的研究，促进锚固技术向更精确、与实际更接近的方向发展。

（4）在具有潜在滑裂面的土体中使用锚杆时，计算其抗拔承载力必须严格区分自由段和锚固段长度，以免造成安全隐患。

（5）楠竹加筋复合锚杆作为一种新型的锚杆，应用于土遗址的加固，其应用时间尚短，由于其特殊性，尚未形成准确的理论计算公式，其抗拔承载力计算尚待进一步研究。

参考文献

［1］方从严，卓家寿．锚杆加固机理的试验研究现状．河海大学学报（自然科学版），2005，33（6）：696－700．

［2］刘兴旺，李亮．张拉荷载作用下全长粘结式锚杆工作机理研究．铁道建筑，2006，（2）：57－59．

［3］赵继承，郭玉荣，邹银生．土层预应力锚杆支护设计探讨．山西建筑，2006，32（8）：3－4．

［4］GB 50330－2002 建筑边坡工程技术规范．北京：中国建筑工业出版社，2002．

［5］CECS22：90 土层锚杆设计与施工规范．北京：中国工程建设标准化协会标准，1990．

［6］程良奎，韩军．单孔复合锚固法的理论和实践．工业建筑，2001，31（5）：35－38．

［7］李峰．土层锚杆应力传递特征及其预应力水平分析．中国煤田地质，2000，12（2）：39－41．

［8］尤春安．全长粘结式锚杆的受力分析．岩石力学与工程学报，2000，19（3）：339－341．

［9］许明，张永兴，阴可．砂浆锚杆的锚固及失效机理研究．重庆建筑大学学报，2001，23（6）：10－15．

［10］余民久，熊峰．土层锚杆锚固段应力分布规律研究．四川水利，2006（6）：19－21．

［11］张季如，唐保付．锚杆荷载传递机理的双曲线函数模型．岩土工程学报，2002（2）：188－192．

［12］李万喜，刘建民．全长粘结式注浆锚杆抗拔力分析，探矿工程（岩土钻掘工程），2004（6）：6

　　　　－8.

[13] 魏新江，张世民，危伟. 全长粘结式锚杆抗拔力计算公式的探讨. 岩土工程学报，2006，28
　　　（7）：902－905.

[14] 潘殿琦，吴银柱，吴丽萍. 土层锚杆抗拔力的影响因素及其计算公式的修正. 地质找矿论丛，
　　　1999，14（2）：87－92.

[15] 郑全明. 拉力型土锚最优长度及最大极限承载力的确定. 西部探矿工程，2000（2）：7－8.

[16] 彭文轩，杨建国. 采用极限分析方法确定土层锚杆的极限承载力. 工程勘察，2004（4）：13
　　　－15.

[17] Liao H J, Ou C D, Shu S C. Anchorage Behavior of Shaft Anchors in Alluvial Soil. Journal of Geotechni-
　　　cal Engineering, 1996, 122（7）：526－533.

[18] Liao H J, Asce M, Hsu S T. Uplift Behavior of Blade－Underreamed Anchors in Silty Sand. Journal of
　　　Geotechnical and Geoenvironmental Engineering, 2003, 129（6）：560－568..

[19] Kilic A, Yasar E, Celika G. Effect of Grout Properties on the Pullout Load Capacity of Fully Grouted
　　　Rock Bolt［J］. Tunnelling and Underground Space Technology, 2000, 17：355－362.

[20] Ei Sawwaf M, Nazir A. The Effect of Soil Reinforcement on Pullout Resistance of an Existing Vertical
　　　Anchor Plate in Sand. Computers and Geotechnics, 2006,（33）：167－176.

[21] Wu Zhimin, Yang Shutong, Hu Xiaozhi, et al. Analytical Method for Pullout of Anchor From Anchor－
　　　Mortar－Concrete Anchorage System Due to shear Failure of Mortar. Journal of Engineering Mechanics,
　　　2007（12）：1352－1369.

[22] Roman D, Hryciw. Anchor Design for Slope Stabilization by Surface Loading. Journal of Geotechnical En-
　　　gineering, 1991, 117（8）：1260－1274.

[23] 陈峰. 软土地区土层锚杆试验分析及实践. 勘察科学技术，2001（4）：36－40.

[24] 李最雄，王旭东，张鲁. 楠竹加筋复合锚杆. 中华人民共和国：ZL200520107950.0，2006.7.5.

[25] 孙满利. 吐鲁番交河故城保护加固研究. 兰州：兰州大学，2006.

Calculating Method of Soil Anchor Pullout Resistance and Analysis on Its Influencing Factors

Wang Xiaodong[1], Zhang Huyuan[1], Lv Qingfeng[1],
Zhang Yanjun[1], Wang Xudong[2]

(1. Key Laboratory of Western China Disaster and Environmental Mechanics, Lanzhou University,
Lanzhou 730000; 2. Dunhuang Academy, Dunhuang 736200)

Abstract: Resistances of bamboo – steel cable composite anchor and steel anchor were calculated using current formulas. It showed that most of the formulas lead to bigger results for bamboo – steel cable composite anchor and are suitable for steel anchor. It summarized the research results, got the influencing factors on pullout resistance, and presented suggestions for enhancing pullout resistance from enlarging anchor section and improving anchorage method.

Keywords: soil anchor, pullout resistance, bamboo – steel cable composite anchor

(原载于《建筑结构》, 2010 年, 第 40 卷第 3 期)

楠竹加筋复合锚杆内粘结剂力学性能试验

张虎元[1]，张艳军[1]，王旭东[2]，王晓东[1]，吕擎峰[1]

(1. 兰州大学西部灾害与环境力学教育部重点实验室，兰州，730000；
2. 敦煌研究院古代壁画保护国家文物局重点科研基地，敦煌，736200)

内容摘要： 楠竹加筋复合锚杆是一种用于土遗址加固的新型锚定杆件，其内粘结剂由粉煤灰、石棉、环氧树脂组成。内粘结剂是一种新型纤维加筋复合材料，其物理力学性能目前尚未研究。通过弹性纵波波速测定、无侧限压缩试验、巴西劈裂试验得出了内粘结剂的最短养护时间、抗压强度、弹性模量、抗拉强度等物理力学指标。结果表明，按照新疆交河故城粉土崖体加固工程配比设计的内粘结剂（粉煤灰－石棉－环氧树脂胶结体）具有良好的力学强度和较低的密度，有利于楠竹加筋复合锚杆内部应力的有效传递。

关键词： 楠竹加筋复合锚杆　内粘结剂　复合材料　比强度　比模量

0　引　言

楠竹加筋复合锚杆是一种用于土体加固的粘结型锚定结构，由敦煌研究院根据古代土遗址保护加固工程特殊需要发明的专利产品[1]。新疆交河故城粉土崖体加固的典型锚杆横断面如图 1 所示[2]。

楠竹加筋复合锚杆从结构上分为三个部分：杆材（钢绞线）、内粘结剂（石棉/环氧树脂复合材料）、管材（楠竹）。杆材起着承受载荷的主要作用；内粘结剂起着粘结、支持、保护钢绞线和传递界面应力的作用；管材在整个锚固体系中起到了加筋作用；玻璃纤维起到增大复合锚杆与水泥砂浆摩阻系数的作用。

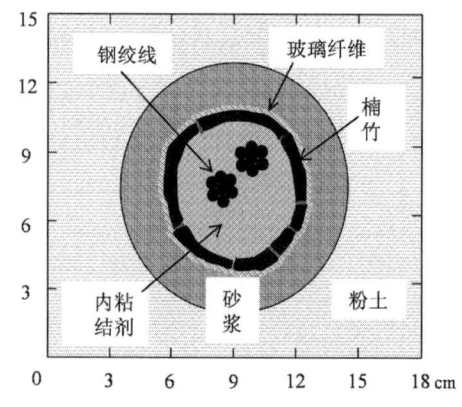

图 1　楠竹加筋复合锚杆典型横断面

内粘结剂是一种石棉/环氧树脂复合材料，其中石棉起到增强环氧树脂刚度和强度的作用；粉煤灰作为内粘结剂充填料，可以避免固化过程中的体积收缩。近年来，各种纤维/环氧树脂复合材料以其优异的力学性能，如高比强度、高比模量，以及抗疲劳性、抗腐蚀性等[3]，在许多工程领域得到了广泛应用。从理论上讲，控制纤维/环氧树脂复合材料性能的主要因素是纤维和基体的物理性能，以及两者之间的粘结强度。关于纤维加筋复合材料中纤维的增强机理，文献［4、5、6］提出了"混合定律"用来推测复合材料的等效模量；文献［7］分析了复合材料中纤维的长度、排列方式的影响；文献［8］对排列成行的长短纤维的全应力–应变曲线、裂缝间距及裂缝宽度进行了简化计算；文献［9］从理论上预测了纤维混凝土单向拉伸抗裂应力的方法。内粘结剂作为一种新型复合材料应用于土遗址加固，其基本的物理力学性能目前尚未研究。

本文通过弹性纵波波速测试、无侧限压缩试验、巴西劈裂试验等测定了内粘结剂的最短养护时间、抗压强度、弹性模量、抗拉强度等力学指标，分析了内粘结剂的抗压、抗拉破坏特征及其主要的影响因素，为楠竹加筋复合锚杆力学模型的建立奠定基础。

1 室内试验

1.1 试样制备

内粘结剂的组成成分主要有粉煤灰、环氧树脂、石棉等。

（1）粉煤灰：①粉煤灰的主要化学组成为：SiO_2 – 52.23%，Fe_2O_3 – 12.38%，Al_2O_3 – 25.27%，CaO – 4.45%，MgO – 3.58%，SO_3 – 0.22%。②粉煤灰的主要矿物成分是空心球状的硅线石（主要是 SiO_2）和石英。原始粉煤灰的比重为2.30，粒度 < 0.1mm 的粉煤灰的比重为2.32，粒度 > 0.1mm 的粉煤灰的比重为2.12。③粉煤灰的颗粒组成：> 0.3mm – 0%，0.1mm – 0.3mm – 13%，0.05mm – 0.1mm – 31%，0.005 – 0.05 – 56%，< 0.005 – 0%。粉煤灰的界限含水量为：液限 W_L = 37.02%，塑限 W_p = 33.03%。塑性指数 I_p = 3.99。

（2）环氧树脂：从具有良好的材性角度出发，同时兼顾满足购料与施工方便等需要。楠竹复合锚杆内粘结剂中选用无锡石油化工总厂生产的 WSR 6101 型环氧树脂，无机氯值 ≤ 1×10^{-3} eq/100g，有机氯值 ≤ 2×10^{-2} eq/100g，挥发物 ≤ 1%，软化点 12 – 20℃，环氧值 eqö100g = 0.41 – 0.47。

（3）石棉：选用青海茫崖石棉矿生产的石棉粉，化学成份主要为 $Mg_6 [Si_4O_{10}] [OH]_8$，含有氧化镁、铝、钾、铁、硅等成分的白色粉末集合体，粒径 ≤ 1μm，粉粒中夹杂30%的絮状纤维（直径 0.02 – 1.00μm，纤维长度 ≤ 40mm），硬度 2.5 – 3.0，比重 2.2 – 2.7。

表 1　内粘结剂组成成分的基本物理指标

材　料	密度 （g/cm³）	弹性模量 （GPa）	抗拉强度 （MPa）	抗压强度 （MPa）	伸长率（%）	在复合材料中 常用体积（%）
粉煤灰	2.2 – 2.5	—	—	—	—	14
石棉纤维	2.6	164.0	500.0 – 1800.0	—	2.5	10
环氧树脂	1.1 – 1.3	3.0 – 4.0	60.0 – 95.0	90 – 110	2 – 3	50

　　三种组成材料的基本力学指标如表 1 所列。在新疆吐鲁番交河故城施工现场制样，材料配比（质量比）为粉煤灰：石棉：环氧树脂 = 2：2：1。制作过程为：①取 1.5 公斤的粉煤灰和石棉粉搅拌均匀。②称取 0.5 公斤的环氧树脂，加入 14 % 环氧树脂质量的固化剂（多胺类化合物：乙二胺 T – 31）搅拌 30 分钟，然后用 1.20 – 1.35 倍环氧树脂质量的酒精进行稀释，直到环氧树脂完全溶解。③把搅拌均匀的粉煤灰和石棉粉复合料缓缓加入到稀释好的环氧树脂中，同时进行搅拌直至均匀。④将浆体状混合物注入内壁涂油的 7cm×7cm×7cm 的立方体钢模中，充分震动成型。试件成型 24h 后脱模编号，在实验室内自然养护至预定龄期。养护环境：温度为 20 – 28℃，湿度为 14 – 16%。

1.2　试验方法

　　本次试验主要是测试内粘结剂的抗压强度、弹性模量、抗拉强度，并通过试验数据来分析内粘结剂力学性能的影响因素。测出试样自然状态尺寸、质量，将试件在 40℃下烘干至质量恒重后测其质量、尺寸。采用智能声波检测仪，测定其弹性纵波波速值。采用液压万能试验机，参照《普通混凝土力学性能试验方法》（GBJ81 – 85），测定其无侧限抗压强度。采用液压万能试验机，参照混凝土劈裂试验方法，测定其抗拉强度。压缩试验过程中，利用试样两侧对称粘贴的 2 个应变片，外接静态电阻应变仪，采用全桥电路测定内粘结剂的弹性模量。参照《土工试验规程》（SL237 – 1999），压缩试验与劈裂试验中试验机以 1mm/min 的速率连续均匀加载，直至试件破坏。

2　试验结果分析

2.1　波速特征

　　图 2 是不同龄期试样纵波波速 – 龄期关系图。纵波波速可以反映出试样的固化程度和强度特征，例如，文献［10］表明岩土体的波速和强度表现为正相关关系。文献

[11]中 PS－F 复合材料的强度随着龄期的增加表现出先增加后稳定的趋势。文献[12]中环氧树脂－粉煤灰屈服强度随着养护时间的延长表现出先增大后稳定的趋势。从图 2 可以看出，在龄期从 20d 到 40d 试样波速逐渐增大，龄期为 40d 后试样波速基本无变化，说明内粘结剂在养护 40d 后完全固化，弹性状态和强度特性也趋于稳定。说明内粘结剂的最短养护期为 40d。

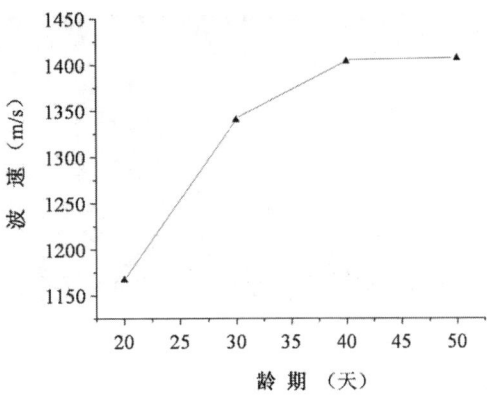

图 2　内粘结剂波速－龄期变化曲线

　　参考文献[12]，环氧树脂－粉煤灰的最佳养护时间为 6－10 天。通过比较可以看出，内粘结剂中添加了石棉纤维使得内粘结剂的养护时间增加。

2.2　无侧限压缩试验应力－应变曲线

　　取养护 40d 后的试样进行无侧限压缩试验，典型应力－应变曲线如图 3 所示。

　　从图 3 可以看出，内粘结剂压缩破坏过程分为 OA、AB、BC、CD 等四个阶段。

　　（1）OA 段为压密阶段，在外荷载作用下，内粘结剂中原有张开微结构界面或微裂隙逐渐闭合，内粘结剂试样被压密，形成早期的非线性变形。

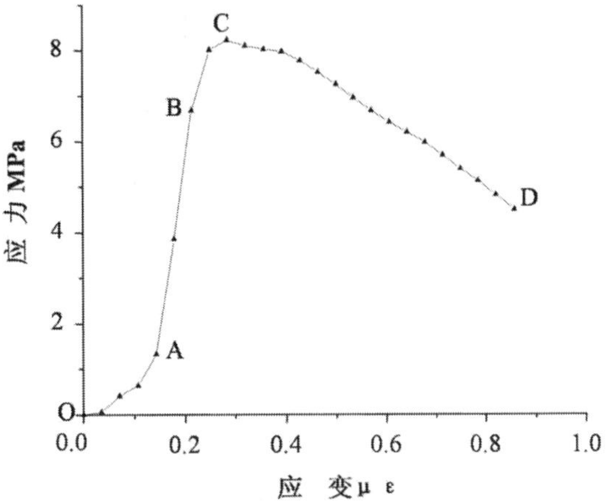

　　（2）AB 段为弹性变形至微破裂稳

图 3　内粘结剂无侧限压缩典型应力－应变曲线

定发展阶段，弹性变形阶段应力－应变表现为线性关系，微破坏稳定发展阶段主要表现为塑性变形，试样内部开始出现微破裂。

　　（3）BC 段为非稳定发展阶段，微破裂的发展出现了质的变化，在内粘结剂中，粉煤灰、石棉纤维、环氧树脂三者界面的力学强度不同，同一组分的抗压强度在空间上的分布不均匀所造成的局部应力集中效应显著，破坏首先从试样内部的薄弱部位开始，应力重新分配后，其结果又引起次薄弱部位的破坏，依次进行下去直到试样破坏，这个阶段内粘结剂宏观表现为试样表面出现裂缝，破坏形态如图 4－（a）所示。

　　（4）内粘结剂承载力达到峰值后，其内部结构完全破坏，但试样依然基本保持整体状，破坏特征如图 4－（b）所示。CD 段为峰值后阶段，裂隙快速发展，交叉且相

（a）非稳定发展阶段　　　　　　（b）达到峰值时　　　　　　（c）最终破坏形态

图4　内粘结剂无侧限压缩破坏形态

互联合，形成宏观断裂面，试样承载力随变形增大迅速下降，但并不降到零，说明破裂的试样仍有一定的承载力，试样破坏形态如图 4 – （c）所示。

　　曲线在超过峰值强度后呈下降趋势，表现出明显的应变软化现象。从固体力学理论分析，主要与内粘结剂的非均匀性和变形局部化相关。内粘结剂在受载变形过程中，经历一定量的均匀变形后，突然产生高度局部化剪切带，剪切带内变形较剪切带以外材料变形大得多，导致变形不连续性。这一现象与混凝土相似[16]。

2.2　巴西劈裂试验荷载 – 横向位移曲线

　　内粘结剂易脆断，传统的拉伸试验较难实现。参考文献［13］，取养护 40 天后的立方体试样进行辟裂试验。荷载 – 横向位移曲线如图 5 所示。内粘结剂的最终劈裂破坏形态如图 6 所示。

　　从图 5 可以看出，A 点前阶段荷载由内粘结剂中的基体材料（环氧树脂）和石棉纤维共同承担，荷载通过石棉纤维与基体间的界面应力传递给石棉纤维。A 点后阶段，荷载由石棉纤维单独承担。由图 7 中的曲线可以看出，在基

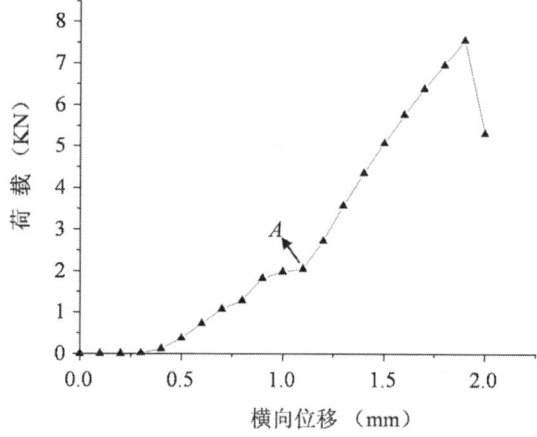

图5　内粘结剂典型拉伸荷载 – 横向位移曲线

体开裂后，内粘结剂承受的载荷比开裂前要大。通过文献［14］可知，这种曲线形态说明石棉纤维的抗拉性能赋予内粘结剂更大的表观延展性，增强了内粘结剂与楠竹、钢绞线两个界面的协调性。从表 1 中数据可以看出，石棉纤维的抗拉强度为环氧树脂的 3 – 20 倍，可见石棉纤维的掺入量及其抗拉强度是影响内粘结剂抗拉强度的主要因素。

2.3　内粘结剂强度特征

（1）无侧限压缩试验、劈裂试验得出内粘结剂的主要力学指标如表 2、3 所列。

劈裂面凸面

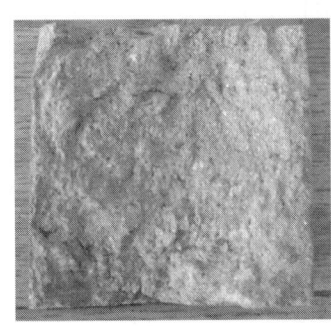
劈裂面凹面

劈裂缝

图 6　内粘结剂劈裂破坏形态

表 2　内粘结剂无侧限压缩试验数据

编号	相对密度（γ）	抗压强度（MPa）	弹性模量（GPa）	抗压比强度[①]（MPa）	抗压比模量[②]（GPa）
A1	1.42	8.0	2.4	5.6	1.7
A2	1.34	8.2	1.4	6.1	1.0
A3	1.29	8.2	1.3	6.4	1.0
B1	1.31	8.1	1.2	6.1	0.9
B2	1.36	7.8	2.2	5.7	1.6
B3	1.41	11.0	2.1	7.8	1.5

①比强度为抗压强度与相对密度的比值。
②比模量为弹性模量与相对密度的比值。

表 3　内粘结剂劈裂试验数据

编号	相对密度（γ）	荷载（KN）	抗拉强度（MPa）	比强度[①]（MPa）	断裂时伸长率（%）
F1	1.41	11.94	2.35	1.67	2.9
F2	1.21	6.98	1.37	1.13	2.1
F3	1.32	9.96	1.98	1.50	2.8

由表 2、3 可以计算出，内粘结剂的平均密度为 1.35g/cm³，平均抗压强度为 8.55MPa，压缩弹性模量 1.3 - 2.4GPa，平均抗拉强度为 1.90MPa，断裂时伸长率 2.1 - 2.9%。参照表 1 中的数据，内粘结剂断裂时伸长率与石棉纤维伸长率（2.5%）较为接近，说明石棉纤维的掺入，可显著的提高内粘结剂的变型能力和韧性，从而提高了内粘结剂基体材料的抗裂性和抗冲击能力。通过文献［15］可知，复合材料的抗压强度与基体材料抗压强度相近，由于内粘结剂中充填了粉煤灰和石棉纤维，其抗压强

度低于环氧树脂的抗压强度（参照表1）。内粘结剂的弹性模量与楠竹的弹性模量（1.42－2.75GPa）接近，说明内粘结剂与楠竹的变形协调性好，有利于楠竹加筋复合锚杆层间切应力传递。

（2）与其他复合材料力学性能比较

由表4可以看出，内粘结剂的抗拉比强度为混凝土（C_2O）的2.4倍，抗压比强度为混凝土（C_2O）的1.2倍，表现出了复合材料轻质高强的力学性能。内粘结剂的抗拉比强度高于石棉纤维水泥，说明石棉纤维的抗拉性能赋予内粘结剂更大的表观延展性。混凝土（C_2O）的弹性模量大于楠竹弹性模量（1.42－2.75GPa），说明二者之间的协调性较差，不利于层间切应力传递。

表4　几种复合材料力学性能比较

材料	相对密度（γ）	抗拉强度（MPa）	抗压强度（MPa）	弹性模量（GPa）	抗压比强度（MPa）	抗拉比强度（MPa）	比模量（GPa）	参考文献
内粘结剂	1.35	1.90	8.55	1.3－2.4	6.3	1.43	0.9－1.7	—
混凝土（C20）	2.5	1.54	13.4	25.5	5.4	0.6	10.2	[14]
石棉纤维水泥③	1.8－2.1	15.0－17.8	32.6	16.6－16.93	15.5－18.1	1.03	0.97	[15]

（3）石棉纤维体积为5.7%，基体空隙率为17.9%的石棉纤维水泥。

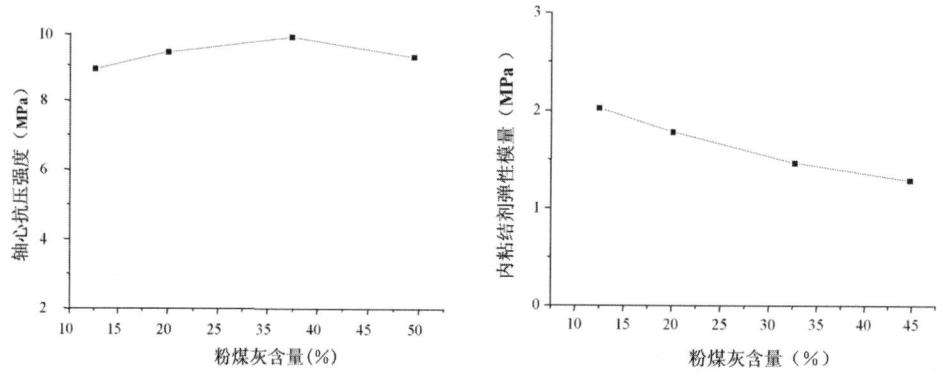

图7　力学参数随粉煤灰掺入量变化曲线

2.4　材料参量对内粘结剂强度影响

在环氧树脂与石棉纤维参量不变的情况下，通过改变粉煤灰的参量来研究粉煤灰对内粘结剂力学性能的影响。由图7可以看出粉煤灰参量为40%时，内粘结剂的抗压强度最大，内粘结剂的弹性模量与楠竹的弹性模量最接近，二者能够表现出较好的变形协调性，但是与钢绞线的弹性模量表现出较大的差异。这也导致楠竹复合锚杆在拉拔过程中，钢绞线与内粘结剂界面最先破坏。还需要大量的试验来得出粉煤灰的最优化参量。

参考文献［7］，可得石棉纤维在内粘结剂中的含量存在一个临界纤维体积 $V_{f(crit)}$，表达式如下：

$$V_{f(crit)} = \frac{\sigma_{m\mu}}{\sigma_{fu\mp}\varepsilon_{mu}E_f + \sigma_{mu}} \tag{1}$$

$\varepsilon_{m\mu}$ 为基体的抗裂应变，$\sigma_{m\mu}$ 为基体的抗裂应力，σ_{fu} 为粘结纤维的最大破坏应力或为粘结纤维的拔出应力。内粘结剂可以通过控制石棉纤维的临界纤维体积 $V_{f(crit)}$ 来调整内粘结剂的力学性能。通过工程应用知道石棉在环氧树脂中的掺入量受到限制，这样只能降低临界纤维体积 $V_{f(crit)}$ 而使石棉纤维的掺入量大于 $V_{f(crit)}$。分析（1）式，$V_{f(crit)}$ 主要受 σ_{mu}、σ_{fu} 项支配，对于纤维复合材料，一般 $\sigma_{fu} \geq \sigma_{mu}$，因此可以推断出，降低 $V_{f(crit)}$ 的主要因素：减小 $\sigma_{m\mu}$；增加 σ_{fu}。石棉纤维临界参量的确定，将会在后续的试验中进行补充。

3 结 论

（1）无侧限压缩应力-应变曲线表明，内粘结剂破坏分为四个主要阶段：压密阶段、线弹性变形至微破裂稳定发展阶段、非稳定发展阶段、峰值后的阶段。劈裂试验荷载-横向位移曲线表明，内粘结剂拉伸破坏分三个阶段：基体和石棉纤维共同承担荷载、基体开裂临界状态、石棉纤维单独承担荷载阶段。

（2）通过与其他复合材料力学性能比较，内粘结剂（环氧树脂固化粉煤灰/石棉纤维）具有较高的比强度、比模量，表现出轻质、高强度的力学性能。

（3）通过分析试验数据得出粉煤灰、石棉纤维的含量对内粘结剂的力学性能有很大的影响，还需通过大量的试验对材料的配比进行优化设计。

（4）内粘结剂采用酒精为溶剂稀释环氧树脂可以有效地保护钢绞线不被锈蚀；内粘结剂的弹性模量与楠竹相近，两种材料的变性协调性好，有利于应力传递。内粘结剂与钢绞线、楠竹的粘结力学性能分析会在今后的试验中进一步研究。

参考文献

［1］李最雄，王旭东．"楠竹加筋复合锚杆"（专利号：ZL200520107950.0）．中华人民共和国知识产权局，授权日期：2006.7.5.

［2］张艳军，张虎元，吕擎峰，王晓东，严耿升．楠竹加筋复合锚杆应力传递理论模型．水文地质与工程地质，2008，5.

［3］沈观林．复合材料力学．北京：清华大学出版社，2006，9.

［4］Kelly, A. StrongSolids, Clarenden ress, Oxford, 1973.

［5］Holiday, L, Composite Materials, Elsevier, Amsterdam, 1966.

［6］Holister, G. S. and Thomas, C. Fibre – Renforced Materials, Elsevier, Amsterdam, 1966.

［7］Laws, V. The Efficiency of Fibous Renforcement of Brittle Matrices, Journal Physics D: Applied Physics, 41737 – 1746（1971）.

［8］Aveston, J. Cooper, G. A. and Kelly, A. Single and Multiple Fracture. The Properties of Fibre Composites, Conference Proceedings of N. P. L. Conference, IPC Science and technology Press Ltd. , 1971, PP. 15 – 24.

［9］Romualdi, J. P. and Batson, G. B. Mechanics of Crack Arrest in Concrete, Proceedings ASCE, VOL. 89, NO. EM3, June 1963, PP. 147 – 168.

［10］李静坡. 岩土体弹性波速测试及岩土体波速与物理的相关性研究. 北京：中国地质大学. 2005, 5.

［11］李最雄, 张虎元, 王旭东. PS – F 灌浆材料的进一步研究. 敦煌：敦煌研究. 1996, 1, 125 – 139.

［12］殷惠光, 赵启林, 金广谦, 段壮志. 环氧树脂粉煤灰的物理力学性能试验研究. 徐州：徐州工程学院学报. 2005,（20）1, 38 – 42.

［13］张楚汉. 论岩石、混凝土离散 – 接触 – 断裂分析. 岩石力学与工程学报, 2008,（27）2, 217 – 235.

［14］刘勇军, 朱岳明, 曹为民, 沈洪俊. 长方体劈裂试验的可行性研究. 河海大学学报, 2001,（29）5, 100 – 102.

［15］Hannant, D. J. Additional Data on Fibre Corrosion in Cracked Beams and Theoretical Treatment of Effect of Fibre Corrosion on Beam Load Capacity. Fibre – Reinforced Cement and Concrete RILEM Symposium, 1975, Volume 2, Construction Press, 1976: 177 – 178.

［16］程文瀼, 康谷贻. 混凝土结构. 北京：中国建筑工业出版社, 2001, 6.

Machanical Properties of Inner Filled
Material in BSC Composite Anchor

Zhang Huyuan[1], Zhang Yanjun[1], Wang Xudong[2]
Wang Xiaodong[1], Lv Qingfeng[1],

(1. Key Laboratory of Mechanics on Western Disaster and Environment, Ministry of Education of
P. R. China, Lanzhou 730000; 2. Key Scientific Research Base for Ancient Wall Paintings
Conservation, State Administration of Cultural Heritage of China, Dunhuang 736200)

Abstract: Bamboo – steel cable (BSC) composite anchor has been used to stabilize soil cliff in an acient site in Xingjiang, china. The inner filled material of BSC anchor consist of fly ash and asbestos – fibers cementad by epoxy. The inner filled material of BSC anchor is a new type of fiber reinforced composite materials, physical and mechanical properties of inner filled material of BSC anchor is not study on. Elastic wave velocity text, unconfined compressive test and Brazilian test results shows that the adhesive curing time of the shortest, compressive strength, modulus of elasticity, tensile strength and other physical and mechanical indicators. The results illystrate that the fly ash – fabrie – epoxy composite material has a higher strength and a lower density, showing better mechanical properties for axial load transitias.

Keywords: BSC composite anchor, inner filled material of BSC anchor, composite Materials, Strength, Specific modulus

(原载于《新型建筑材料》, 2009 年, 第 1 期)

洞窟壁画等温吸湿－放湿数理模型

闫　玲[1]，张虎元[1]，吕擎峰[1]，王旭东[2]，张正模[2]

(1. 兰州大学西部灾害与环境力学教育部重点实验室，兰州 730000；
2. 敦煌研究院，敦煌，736200)

内容摘要： 在对敦煌莫高窟第 53 窟窟内及窟外实测温度、湿度资料的基础上，对比研究建筑围护结构中建筑物内表面吸放湿过程，发现两者具有较高的相似性，因此选择借鉴建筑围护结构吸放湿过程的方法是可行的。利用有效渗透深度理论，推导出吸放湿流量 Q_m。在对洞窟小环境温湿度的长期监测的基础上，不断计算壁画地仗层吸放湿流量 Q_m，掌握它的走向和趋势，从而起到预防壁画发生酥碱病害的作用。

关键词： 酥碱病害　等温吸放湿过程　吸放湿流量　有效渗透深度理论

0　前　言

敦煌莫高窟壁画由颜料层和地仗层构成。地仗层是一种人工加筋土，它是在天然土料中人工加入各种植物纤维，加水拌成软泥，分层涂抹在开挖成型的石质洞窟内壁，待风干后作为壁画的绘制基层。颜料层、地仗层及洞窟围岩是莫高窟壁画艺术的物质载体，保持三者良好的依存条件和长期稳定的状态，是壁画保护的中心内容[1]。然而由于自然、人为等因素的影响，莫高窟壁画面临着酥碱病害的威胁。

壁画酥碱病害是指在水分参与下，洞窟围岩及地仗层中的盐分发生表聚作用，造成壁画地仗层酥软、粉化的现象。由于酥碱病害的产生改变了壁画与地仗层的结构，可使地仗膨胀鼓起而脱落，或者使地仗层逐渐散落。这种病害一旦发生，就难以治理，其作用的最终结果使壁画珍贵的颜料层剥离画面而脱落，致使壁画面貌皆非[2]。

多年以来，许多研究者针对壁画的酥碱问题进行了很多探索。张明泉等[1,2]为了寻找莫高窟地仗层病害的原因，选取了不同层位、不同病害类型及程度的代表洞窟，通过大量的实验发现，地仗病害并不是地仗层中的粘土矿物吸水膨胀直接造成的，而是地仗层中水盐移移的结果，并按其成因划分成盐胀型和腐筋型两类。郭宏等[3-5]结合洞窟所处位置、洞窟壁画结构中的水分来源以及洞窟小环境空气温湿度的监测结果，也认为酥碱病变的主要原因是水盐运移的结果。

　　包括壁画酥碱病害在内的水盐运移及盐类重结晶作用所引起的孔隙介质材料性质发生退化的现象，其实是许多领域的研究课题，习惯上统称为盐类风化（salt weathering）。对于敦煌壁画而言，研究水分的迁移规律对于认识壁画酥碱病害显得更为重要。多年以来，对于壁画酥碱问题中水分的迁移规律始终停留在定性化的解释上，目前仍未能给出定量化的描述。因此，只有找出合理的物理、数学模型来定量化描述水分迁移的过程，才能给出相应的指标来判断壁画是否发生酥碱病害及其病害的程度。

　　本文借助于建筑围护结构吸放湿数理模型，希望能定量描述壁画在常温条件下的吸放湿过程。建筑围护结构大多属于多孔介质。多孔建筑材料的传热、传湿特性直接影响建筑的使用性能、寿命以及房间的舒适性[6]。在过去的几十年里，许多学者在这一方面进行了大量的研究工作，在理论计算和实验测量方面都取得了一定的进展。这些成果对研究壁画酥碱病害的实质有借鉴意义。首先，在建筑工艺方面，敦煌莫高窟壁画的制作工艺是在洞窟围岩表面涂抹上地仗层，这与建筑围护结构的制作工艺是相同的，因此洞窟壁画层本身结构（如图1所示）与建筑围护结构具有相似性；其次，从建筑材料的角度，地仗层虽属人工加筋土，但它的性质与一些建筑材料（如粘土、生土）具有相似性；第三，敦煌洞室入口小，洞窟空间相对封闭，

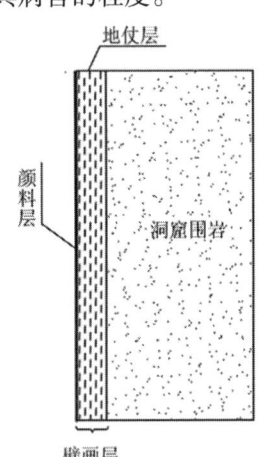

图1　敦煌莫高窟壁画
　　　层结构示意图

与建筑房间极为相近。可见，借助建筑围护结构吸放湿数理模型研究壁画吸放湿过程是可行的。

1　洞窟壁画层吸湿 – 放湿过程

　　壁画地仗层材料与建筑围护结构材料相似，都属于多孔介质。对于多孔介质而言，由于室内外空气之间的湿度和温度的差别以及围护结构的空气渗透性，从而产生通过多孔围护结构的传湿。Kusuda[7]指出室内表面材料可以吸收室内产湿量的1/3左右。松本衛[8]也证明，室内表面材料对室内空气湿度有很大的调节作用。

　　多孔围护结构中的传湿是很复杂的现象。一方面，它包括围护结构表面的吸湿、放湿和结构本身的湿传导，而且这些过程又涉及如蒸气扩散、分子扩散等多种传输方式；另一方面，由于室外空气，雨水，雪霜等随季节和昼夜不断变化，以及室内人员的数量及活动方式等影响，室内湿度也随之变化。因此，通过围护结构的湿传递是随时间而变化的，是复杂的不稳定的过程[9,10]。

　　工程中的情况一般是处于蒸气和水同时传递的状态，即液态水和水蒸气是同时存在、

同时传递[11]。闫增峰[12]通过对生土建筑围护结构吸放湿过程的研究发现：在湿环境方面，由于生土建筑围护结构的蒸气渗透阻力小，湿气容易扩散，减小了生土建筑围护结构内部冷凝的可能性；加之，由于生土建筑围护结构的多孔属性，使得粘土墙对室内空气湿度具有一定调节能力。当室内空气湿度较大时，湿气会向粘土墙内渗透（吸湿过程）；当室内空气较干燥时，粘土墙内蓄存的水分会向室内散发（放湿过程）。与此同时，生土建筑存在很多缺点，如通风不畅，换气量小，开窗较小，室内采光不足等，一旦土墙受潮，不仅其热工性能会受到影响，更重要的是对墙体结构性能有影响。

文献［9］通过建筑内表面吸放湿仿真研究得出，室内空气含湿量的变化，在有室内表面吸放湿情况下比在没有室内表面吸放湿情况下要小得多。室内相对湿度的变化幅度，在有室内表面吸放湿情况下不超过10%，而在没有室内表面吸放湿情况下超过了20%。可见，室内表面吸放湿过程对室内的湿度具有重要的缓和调节作用。

敦煌研究院对莫高窟大部分洞窟都进行了常年的监测，由于第53窟酥碱病害相对严重，因此本文选取53窟温湿度监测资料进行分析。53窟位于莫高窟北端最下部（第一层），是一个大型洞窟，它的长、宽、高均约6.5m，并且该窟一直处于长期封闭状态。图2为第53窟2007年2月1日及7月1日洞窟温湿度实测数据。其中洞窟内温湿度测定采用美国ONESET公司生产的Hobo自动温湿度记录器，而窟外温湿度的测定由敦煌莫高窟气象站进行监测。

由图2可以看出洞窟内的温度和相对湿度一直保持相对平稳的状态。图2（a）为洞窟内、外温度变化，从图中可以看出，洞窟外温度的变化随时间一直在变化，而窟内的温度却保持基本恒定，并且在冬季（2月1日），窟内温度普遍比窟外温度高，而在夏季（7月1日），窟内温度普遍比窟外温度低，因此窟内出现冬暖夏凉的现象。图

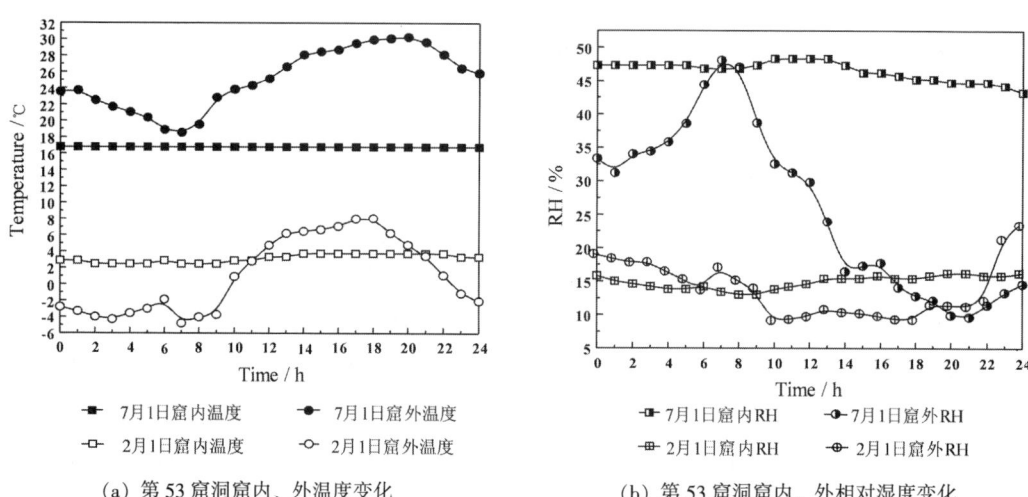

（a）第53窟洞窟内、外温度变化　　　　　（b）第53窟洞窟内、外相对湿度变化

图2　第53窟2007年2月1日及7月1日洞窟温湿度实测数据

2（b）也反应出洞窟内的湿度不随时间而发生剧烈变动。在冬季（2月1日），窟外相对湿度（RH）变化范围在10%左右，而窟内相对湿度（RH）变化范围仅在5%以内；在夏季（7月1日），窟外相对湿度（RH）的变化幅度非常大，最高相对湿度（RH）为48.07%，最低相对湿度（RH）为9.61%，而窟内相对湿度始终保持在46%左右，相对湿度变化不大。可见，吸放湿作用对室内温度、湿度具有重要的调节作用，使得洞窟内温度、湿度变化平稳，在一天当中基本处于不变的状态（不包括雨季）。这与文献［9］仿真研究得结果是一致的。同时，根据刘刚[13]等对85窟窟内的环境监测也发现，洞窟内年平均气温在10–12℃之间，而年平均相对湿度（RH）在23–29%之间，并且在一天之中，温度和湿度的变化非常小。

综上所述，由于洞窟内吸放湿的调节作用，窟内的温湿度年平均变化非常小，并且在一天当中窟内温度及湿度基本不发生超过10%的变化（不包括雨季）。而这一结果与文献［9］的研究结果是一致的，这说明，洞窟壁画层（主要为地仗层）与建筑物内表面吸放湿过程具有较高的相似性，利用建筑围护结构内表面吸放湿作用的研究结果来揭示洞窟壁画层的吸放湿作用，这一方法是可行的。

2 洞窟壁画层吸放湿过程物理模型

基于对洞窟内温湿度实测资料的分析，以及对建筑围护结构吸放湿过程的研究，建立洞窟壁画层吸放湿过程的物理模型。由于颜料层厚度相对于地仗层而言非常薄，因此可以忽略不计，把吸放湿作用集中在地仗层中。

相对于洞窟空间尺寸而言，莫高窟地仗层厚度非常小，可以看成建筑围护结构内表面薄层来处理。为此，建立了如图3所示的壁画吸放湿过程物理模型。由于洞窟一

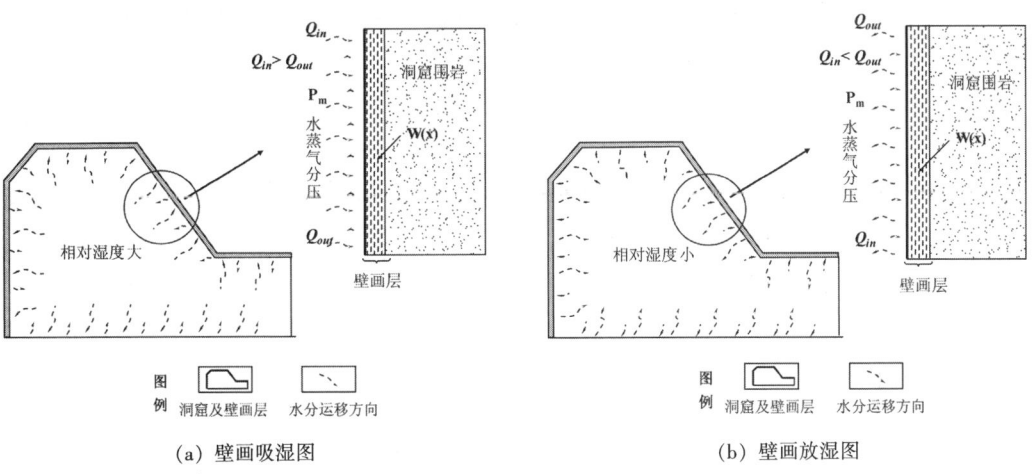

(a) 壁画吸湿图　　　　　　　　　　　　　　(b) 壁画放湿图

图3　壁画吸放湿过程的物理模型

直处于封闭状态，假设窟内没有空气环流，在稳定状态下水蒸气分压（P_m）成为唯一的驱动力，地仗层在吸湿、放湿过程中没有热量的吸收和释放，因此视为等温吸放湿过程。图 3（a）表明，当窟内相对湿度较大时，吸湿流量 Q_{in} 将大于放湿流量 Q_{out}，此时对于地仗层整体而言，处于吸湿状态；反之，如图 3（b），当窟内相对湿度较小时，吸湿流量 Q_{in} 将小于放湿流量 Q_{out}，此时对于地仗层整体而言，处于放湿状态。

根据建筑围护结构中，对墙体内表面材料的吸放湿过程所作出的假设条件[9]进行修改，得出对于壁画地仗层吸放湿过程的假设条件：

（1）忽略吸放湿过程所吸收或释放的热量，则吸放湿过程为等温过程；

（2）在洞窟湿度条件下，壁画地仗层的材料在吸湿性范围内，因而可以忽略其滞后影响；

（3）假设水蒸气分压是唯一的驱动力，水蒸气视为理想气体；

（4）水分扩散系数为常数；

（5）壁画地仗层材料的吸放湿面积相对于渗透厚度极大，吸放湿过程是线性的。

需要重点提出，等温过程是针对吸湿、放湿过程中没有热量的吸收或释放，而不是要求洞窟内温度不发生变化。

3　洞窟壁画层吸放湿过程数学模型

从建筑围护角度而言，吸放湿过程主要发生在建筑围护结构的内壁上，因此对于洞窟而言，根据有效渗透深度理论[14]可知，吸放湿过程主要发生在洞窟壁画地仗层中。

有效渗透深度理论[14]（EMPD, effective moisture penetration depth）描述了洞窟内，靠地仗层进行吸放湿作用。其概念图如图 3 中（a）、（b）所示。

在壁画地仗层吸放湿过程物理模型假设条件的基础上，壁画层中的动态湿扩散过程表述为：

$$\frac{\partial W}{\partial t} = a_m \frac{\partial^2 W}{\partial x^2} \tag{1}$$

式中，W – 地仗层材料含湿量，kg/kg；a_m – 地仗层材料湿扩散率，m^2/s；t – 时间，s；x – 壁画层材料中离表面的距离，m。

由于洞窟内空气与地仗层材料之间的界面不连续，导致其中含湿量的不连续，故含湿量不能描述两者出之间边界上的湿作用。因此，对于洞窟地仗层的动态吸放湿过程，可以用水蒸气分压力作为驱动力，表示如下：

$$\frac{\partial P_m(x,\ t)}{\partial t} = a_m \frac{\partial^2 P_m(x,\ t)}{\partial x^2} \tag{2}$$

吸放湿流量方程可由如下方程描述：

$$Q_m(x, t) = -D_v \frac{\partial P_m(x, t)}{\partial x} \tag{3}$$

式中，a_m 为地仗层湿扩散率，$a_m = D_v / (\rho_m C_m)$，m^2/s；ρ_m 为地仗层材料密度，kg/m^3；C_m 为地仗层材料的含湿率，$kg/(kg \cdot Pa)$；D_v 为地仗层材料水蒸气传导率，$kg/(m \cdot s \cdot Pa)$；P_m 为地仗层材料中的水蒸气分压力，Pa；Q_m 为吸放湿流量，$kg/(m^2 \cdot s)$。

初始条件为：

$$P_m \big|_{t=0} = P_m(x, 0) \tag{4}$$

边界条件：

$$Q_m \big|_{x=0} = D_v \frac{\partial P_m}{\partial x} \big|_{x=0} = h_m(P_a - P_m(0, t)) \tag{5}$$

假设在 x = L_m 处是不可渗透的，即：

$$Q_m \big|_{x=L_m} = 0 \tag{6}$$

式中，表示为 $h_m = \dfrac{h_c}{\rho_a C_a}$，$L_m = \dfrac{V_m}{Ae}$。同时式中，$P_m$ 为初始时刻（t = 0）地仗层材料中的水蒸气分压力，Pa；h_m 为表面对流传质系数，$kg/(m^2 \cdot s \cdot Pa)$；$h_c$ 为表面传热系数，$W/(m^2 \cdot ℃)$；ρ_a 为空气密度，kg/m^3；c_a 空气比热，$J/(kg \cdot ℃)$；L_m 为有效渗透深度，m；A_e 为外露面积，m^2；V_m 为体积，m^3。

对于有表面涂层的材料，如壁画颜料层，h_m 用等效对流传质系数 h_{me} 代替[15]，即

$$\frac{1}{h_{me}} = \frac{1}{h_m} + \frac{\rho_{gs}}{M_p p_{gs}} \tag{5}$$

式中，h_{me} 为含有颜料层表面对流传质系数，$kg/(m^2 \cdot s \cdot Pa)$；$\rho_{gs}$ 为涂层饱和水蒸气密度，kg/m^3；p_{gs} 为涂层饱和水蒸气分压，Pa；M_p 为涂层导湿率，$kg/(m^2 \cdot s \cdot Pa)$。

综上所述，由式（3）可见，洞窟地仗层的吸放湿流量 Q_m，是与表面一定距离以及时间有关的函数，因此，在一定的初始和边界条件下，通过求解式（3）便可得到洞窟壁画层中某处任意时间的吸放湿流量，从而进一步定量研究酥碱病害中水分的迁移规律。

4 结 论

（1）洞窟壁画等温吸放湿过程的数理模型建立的假设条件是符合敦煌莫高窟洞窟环境要求的。

（2）在实测数据的基础上，发现洞窟壁画层的吸放湿特性与建筑围护结构内表面吸放湿特性是一致的，因此利用建筑围护结构关于吸放湿过程的研究结果，这一方法

是可行的。

（3）利用有效渗透深度理论，在测定相关壁画层参数的基础上，可以计算壁画吸放湿流量 Q_m，并通过对 Q_m 的求解，来揭示壁画发生酥碱病害的程度。

参考文献

［1］张明泉，张虎元，曾正中等．莫高窟地仗物质成分及微结构特征，敦煌研究，1995（3）：23 - 28.

［2］张明泉，张虎元，曾正中等．莫高窟壁画酥碱病害产生机理，兰州大学学报（自然科学版），1995，31（1）：96 - 101.

［3］郭宏，李最雄，宋大康等．敦煌莫高窟壁画酥碱病害研究之一，敦煌研究，1998（3）.

［4］郭宏，李最雄，裘元勋等．敦煌莫高窟壁画酥碱病害研究之二，敦煌研究，1998（4）：159—172.

［5］郭宏，李最雄，裘元勋等．敦煌莫高窟壁画酥碱病害研究之三，敦煌研究，1999（6）：153 - 175.

［6］陈会娟，陈滨．多孔建筑材料热湿传递过程的研究，暖通空调，2004，34（11）：24 - 29.

［7］Kusuda T. Indoor humidity calculation. ASHRAE Trans, 1983, 89（2）：728 - 738.

［8］松本衛，壁の吸放湿性を考慮した室温湿度変動ぉよび熱・水分負荷の解析．空気調和・衛生工学，1988，6（10）：867 - 877.

［9］陈有明，陈在康，陈晓辉．建筑内表面吸放湿过程对室内环境和空调负荷影响的仿真研究，暖通空调，1999，29（5）：5—9.

［10］胡敏，建筑结构湿过程对室内环境的影响及其分析方法的研究，湖南大学，2006.

［11］陶智，康宁．建筑结构中的湿迁移，力学进展，1994，24（4）：441—457.

［12］闫增峰，生土建筑室内热湿环境研究，西安建筑科技大学，2003.

［13］刘刚，薛平，侯文芳等．莫高窟85窟微气象环境的监测研究，敦煌研究，2000（1）：36—41.

［14］Kerestecioglu A, Swami M, Kamel A. Theoretical and computational investigation of simultaneous heat and moisture transfer in buildings: effective penetration depth theory. ASHRAE Transactions, 1990, 96（1）：447 - 454.

［15］Thomas W C, Burch D M. Experimental validation of a mathematical model for predicting water vapor sorption at interior building surfaces. ASHRAE Trans, 1990, 96（1）：487 - 496.

Isothermal Model for Moisture Adsorption and Desorption of Mural Layers

Yan Ling[1] , Zhang Huyuan[1] , Wang Xudong[2] , Zhang Zhengmo[2]

(1. Key Laboratory of Mechanics on Western China's Disasters and Environment of Ministry of Education, Lanzhou University, Lanzhou 730000; 2. Dunhuang Academy, Dunhuang 736200)

Abstract: Based on the measured data of temperature and relative humidity about the 53rd cave of Dunhuang Mogao Grottoes, and compared with the isothermal model for moisture adsorption and desorption of building envelope, the paper finds the moisture adsorption and desorption of building envelope and the situation of caves have a high similarity. So, it is feasible to use the model of building envelope to caves. Moreover, based on the theory of effective moisture penetration depth, using this theory, we can get the total amount of moisture absorbed and desorbed Q_m. In the caves' local environment, with the long – time inspection, we could get Q_m constantly and find out the trend of efflorescent disaster, so we could protect the mural paste layers better and better.

Key Words: salinization disruption, isothermal moisture absorption and desorption, total amount of moisture absorbed or desorbed, the theory of effective moisture penetration depth

(原载于《敦煌研究》, 2008 年, 第 6 期)

楠竹加筋复合锚杆应力传递理论模型

张艳军，张虎元，吕擎峰，王晓东，严耿升

（兰州大学西部灾害与环境力学教育部重点实验室，兰州，730000）

内容摘要： 楠竹加筋复合锚杆是一种用于土遗址土体加固的新型锚杆。本文从复合材料力学的角度分析了楠竹复合锚杆内部系统的工作机理，推导了复合锚杆内部系统层间切应力的传递模型。复合锚杆的内部工作机理研究表明，管材的弹性模量与杆材的弹性模量比值、内粘结剂的剪切模量等对楠竹复合锚杆内部荷载传递影响较大。通过分析认为，可以通过一些措施：改变管材与杆材弹性模量的比值、调整内粘结剂的配比等从而使复合锚杆内部层间应力传递曲线达到最优化状态。

关键词： 楠竹加筋复合锚杆　复合材料力学　管材　内粘结剂

0　前　言

　　楠竹加筋复合锚杆是一种粘结型土体锚定结构。它是由敦煌研究院根据古代土遗址保护加固工程特殊需要发明的专利产品[1]，图1是楠竹加筋复合锚杆的典型横断面图。

　　楠竹加筋复合锚杆是在传统的粘结型土层锚杆的基础上发展而来，并且在新疆交河故城崖体加固工程中得到实际应用。以前，土体加固曾经尝试过利用大口径薄壁钢管复合锚杆进行锚固。由于钢管造价高，易锈蚀，改用楠竹作为管材，钢绞线作为杆材，环氧树脂固化粉煤灰充填管材与杆材之间的空间，并在楠竹表面包裹玻璃纤维进行土体锚固，从图1中可以看出楠竹在锚固体系中起到了加筋的作用，因此将复合锚杆称作楠竹加筋复合锚杆。楠竹加筋复合锚杆内部系统是

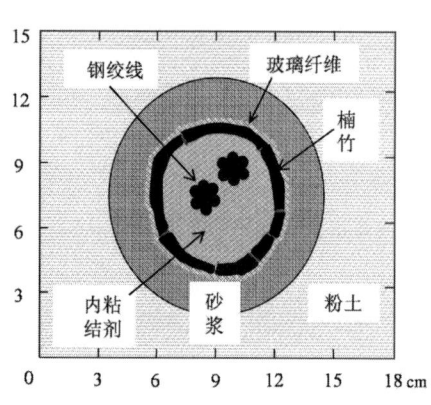

图1　楠竹加筋复合锚杆典型横断面

个多层结构体系，组成材料的基本性能如表 1 所示。

表 1　复合锚杆组成材料的基本性能

材料	组成成分	厚度（mm）	抗拉强度（MPa）	抗弯强度（MPa）	弹性模量（GPa）
杆材	7 根 $\varphi 5$ 钢丝	15	1820	—	200
内粘结剂	环氧树脂 + 石棉粉 + 粉煤灰	45	60 – 95	100	3 – 4
管材	楠竹	5	270 – 330	210 – 228	1.6 – 2.4
玻璃纤维	玻璃丝	1	3500 – 4900	—	74 – 84

　　锚杆通过杆材和粘结剂形成的锚固体向稳定的岩土层传递荷载，传递机理非常复杂。迄今许多学者对此开展了深入研究。在基于弹性力学理论分析方法中：Phillips[2] 假定摩阻力沿锚固长度按幂函数分布，给出适用于岩石锚杆的有关参数。徐波[3] 按照弹性力学的 Mindlin 解，由材料力学中的变形协调条件推导出计算锚杆内力的解析法，其结果可反映锚固体表面的摩阻力沿锚固长度分布的不均匀性，张季如[4] 假定锚固体与锚固层之间的剪力与剪切位移呈线性增加关系，建立了荷载传递的双曲函数模型。

　　本文从复合材料力学的角度分析了复合锚杆内部系统的工作机理，推导了复合锚杆内部系统层间切应力的传递模型。

1　复合锚杆内部工作机理

2.1　复合锚杆应力传递理论模型的建立

　　复合锚杆的内部系统是一个复合材料体系，导致应力传递非常复杂。从复合材料力学[5] 的观点出发，复合锚杆可以看成是由三层不同材料（杆材、内粘结剂、管材）复合而成。杆材作为增强物起着承受载荷的主要作用，内粘结剂作为基体起着粘结、支持、保护增强物和传递应力的作用。管材在整个锚固体系中起到了加筋作用，使得楠竹复合锚杆较其他的土层锚杆有更高的强度、较小的应力集中、较好的耐

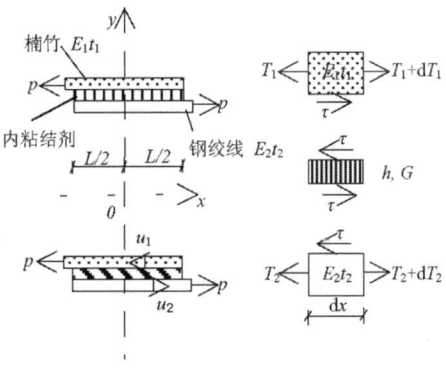

图 2　胶结层的受力示意图

磨性、耐腐性。复合锚杆内部系统工作机理研究可以简化为几种不同材料层间切应力的传递规律。楠竹复合锚杆内部系统的两个界面主要靠环氧树脂固化后形成的胶结物粘结在一起，当层间由于剪切作用产生应力时，层间粘结 – 摩阻力就构成了发生作用

的主要抗力。下面对两个界面进行力学分析（简化模型及受力分析图如图 2 所示），对模型作如下假定：

（1）忽略由于偏心造成弯矩的影响。

（2）胶层只受剪切作用。

（3）胶层在弹性状态下工作，胶层上下界面的剪应力与层间相对位移成正比。

E_1、t_1 为管材的弹性模量和厚度，E_2、t_2 为杆材的弹性模量和厚度，G、h 为管材与杆材之间内粘结剂的剪切模量和厚度。根据弹性假定，在复合锚杆简化模型的任一截面上有：

$$T_1 + T_2 = p \qquad\qquad (1.1)$$

根据假定（3）有：

$$\tau = k \times (u_2 - u_1) \qquad\qquad (1.2)$$

k 为胶结层上下界面的粘结 – 摩阻系数，u_1、u_2 为层间相对位移。根据几何关系和胶层物理关系有：

$$\tau = G\gamma = \frac{G (u_1 - u_2)}{h} \qquad\qquad (1.3)$$

比较 1.2、1.3 两式有：

$$k = G/h$$

根据材料力学中应力 – 应变关系有：

$$dT_1/dx = -\tau, \ dT_2/dx = \tau \qquad\qquad (1.4)$$

对 1.4 式的第一个式子进行微分可得：

$$d^2 T_1/dx^2 = -d\tau/dx \qquad\qquad (1.5)$$

将 1.2 式代入到 1.5 式可得：

$$d^2 T_1/dx^2 = -k (du_2/dx - du_1/dx) \qquad\qquad (1.6)$$

设 ε_1、ε_2 分别表示两个层间的应变，由胡克定律得其与位移的关系：

$$\varepsilon_1 = du_1/dx = T_1/E_1 \times t_1, \ \varepsilon_2 = du_2/dx = T_2/E_2 \times t_2 \qquad\qquad (1.7)$$

再将 1.7 式代入到 1.6 式，并考虑 $T_1 + T_2 = p$、$k = G/h$ 得：

$$d^2 T_1/dx^2 - \lambda^2 T_1 + Gp/ (hE_2 t_2) = 0 \qquad\qquad (1.8)$$

式中：

$$\lambda = \sqrt{\frac{G}{h} (\frac{1}{E_1 t_1} + \frac{1}{E_2 t_2})}$$

通过微分方程 1.8 式求解得：

$$T_1 = C_1 sh\lambda x + C_2 ch\lambda x + pE_1 t_1/ (E_1 t_1 + E_2 t_2)$$

代入边界条件：$x_1 = L/2$ 时，$T_1 = 0$，

$$x_2 = -L/2 \ \text{时}, \ T_1 = p$$

解出　$C_1 = -p/2sh(\lambda L/2)$、$C_2 = p(E_2t_2 - E_1t_1)/2ch(\lambda/2) \times (E_1t_1 + E_2t_2)$

通过关系式：$dT_1/dx = -\tau$，可以求解 τ：

$$\tau = \frac{\lambda p}{2}\left[\frac{ch\lambda x}{sh\dfrac{\lambda l}{2}} - \frac{E_2t_2 - E_1t_1}{E_2t_2 + E_1t_1} \times \frac{sh\lambda x}{ch\dfrac{\lambda l}{2}}\right] \tag{1.9}$$

式中：

$\lambda = \sqrt{\dfrac{G}{h}\left(\dfrac{1}{E_1t_1} + \dfrac{1}{E_2t_2}\right)}$，

p—— 端部集中荷载，

E_1—— 楠竹复合锚杆管材的弹性模量，

t_1—— 楠竹复合锚杆管材的厚度，

E_2—— 楠竹复合锚杆杆材的弹性模量，

t_2—— 楠竹复合锚杆杆材的直径，

G—— 楠竹复合锚杆内粘结剂的剪切模量，

h—— 楠竹复合锚杆中杆材与管材之间粘结剂的厚度，

1.2　讨论

将表1中楠竹复合锚杆组成材料的相关参数：E_1、t_1、E_2、t_2；$l = 50cm$；$G = 1.5Gpa$；$h = 22.5mm$；$p = 10KN$ 等带入到 1.9 式中，使用 matlab 绘出函数曲线如图 3 所示。

假定：$E_1/E_2 = a$

（1）讨论 a 的变化对荷载传递曲线的影响：$a = 0.05$、0.04、0.03 不同值对应的曲线如图 4 所示。

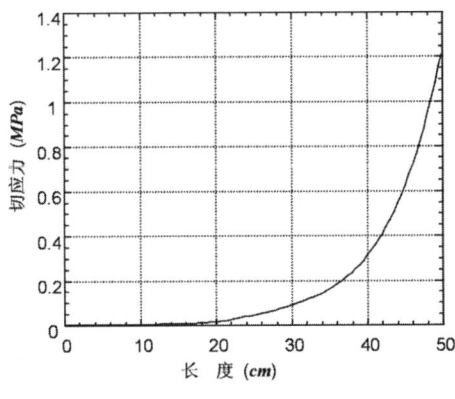

图 3　切应力传递曲线

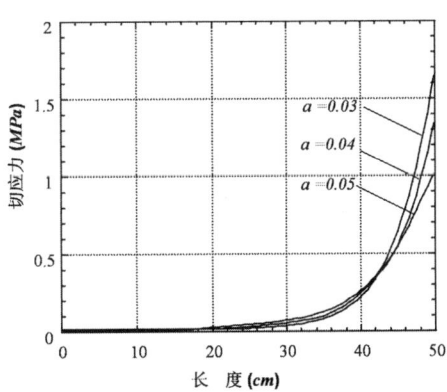

图 4　切应力传递曲线

　　分析图 4 中的曲线可得，管材弹性模量与杆材弹性模量的比值是影响切应力传递曲线的主要因素，杆材与管材的模量越接近对应力的分布越有利，由此可以考虑在实际工程中通过一些措施在增加管材的弹性模量，是否在 $a = 1$ 时应力分布为最优，还需要大量试验来证明。另外通过模型分析，管材与杆材的厚度较大对层间切应力分布有利。

　　（2）讨论 G 的变化对荷载曲线传递的影响

　　得出：$a = 0.02$ 时 $G = 1.3Gp$、$2.6Gp$ 对应的曲线如图 5 所示。

　　分析图 5 中的曲线，胶结层的剪切模量越小对应力分布越有利，在实际工程中可以考虑在环氧树脂中加入添加剂、或是调整内粘结剂的配比等来降低胶结层的剪切模量从而降低应力集中。通过模型分析，胶结层的厚度增加会降低剪应力集中，有利于提高楠竹复合锚杆的承载能力。实际工程中在环氧树脂中添加粉煤灰、石棉增加内粘结剂的厚度，但是 h 增大，胶层内部缺陷增多会引起胶接强度下降。在实际工程中可以考虑，在胶层中增加一层玻璃布等措施来提高内粘结剂的胶接强度。

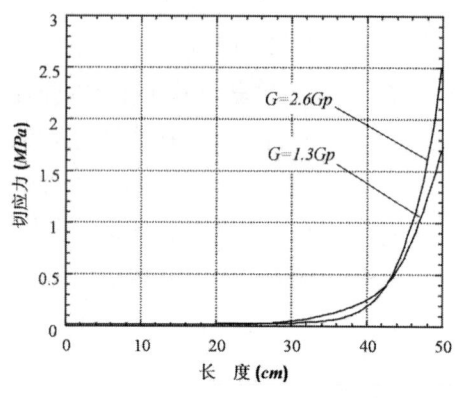

图 5　切应力传递曲线

2　结　语

　　（1）楠竹加筋复合锚杆是用于土遗址加固工程的粘结型土层锚杆，是对传统土层锚杆的创新。

　　（2）建立了楠竹加筋复合锚杆的应力传递理论模型，获得了楠竹复合锚杆内部系统各层间切应力的分布规律及影响因素。分析表明杆材、管材的模量比值是影响层间切应力传递的主要因素，内粘结剂的剪切模量对应力集中影响较大。

　　（3）模型简单实用，具有较好的适应性，计算结果复合一般实际，初步验证了该模型的正确性。

参考文献

［1］李最雄，王旭东．"楠竹加筋复合锚杆"（专利号：ZL200520107950.0）．中华人民共和国知识产权局，授权日期：2006.7.5.

［2］Phillips S H E. Factors Affecting the Design of Anchor Ages in Rock. London：Cementation Research Ltd，1970.

[3] 徐波，吴智敏．混凝土中锚杆荷载传递机理的理论分析．哈尔滨工业大学学报，2006，38（3）：415 – 417.

[4] 张季如，唐保付．锚杆荷载传递机理分析的双曲函数模型．岩土工程学报，2002，24（2）：188 – 192.

[5] 沈观林．复合材料力学．北京：清华大学出版社，2006，9.

[6] 高丹盈，李趁趁，朱海堂．树脂基复合材料在混凝土结构中的应用．纤维复合材料，2002，37（5）：37 – 39.

[7] 王瑞，王春红，赵思，仝海江，刘丽妍，于飞．竹原纤维增强复合材料的研究．塑料，2006，35（4）：35 – 38.

[8] 李新平，宋桂红，陈先仿，杨文东．锚固岩体复合材料力学性质的数值模拟研究．武汉理工大学学报，2006，28（4）：75 – 79.

[9] 张钢琴．纤维聚合物锚杆的锚固机理及数值分析．郑州：郑州大学．2004，5.

[10] 杨双锁，康立勋．锚杆作用机理及不同锚固方式的力学特征．太原理工大学学报，2003，34（5）：537 – 540.

[11] 贺若兰，张平，李宁，刘宝琛．拉拔工况下全长粘结锚杆工作机理．中南大学学报（自然科学版），2006，37（2）：595 – 401.

[12] 孙峙华．锚杆围岩体系的锚固质量检测技术的研究．武汉：武汉理工大学．2005，6.

[13] O'BR IEN M P. Review of the Theory of Turbulent Flow and Its Relationships to Sediment Transportation. A2 merican Geophys. Union Trans, 1933, 14: 487 – 491.

[14] Randolph M F, Wroth C P. Analysis of Deformation of Vertically Loaded Piles. Journal of Geotechnical Engineering. ASCE. 1978, 104 (12): 1465 – 1489.

Bamboo – Steel Cable Composite Anchor Stress Transfer Model

Zhang Yanjun, Zhang Huyuan , Lv Qingfeng
Wang Xiaodong, Yan Gengsheng

(Key Laboratory of Mechanics on Western Disaster and Environment,
Ministry of Education of P. R. China, Lanzhou 730000)

Abstract：Bamboo – steel composite anchor (BSC composite anchor) is a newly designed anchor for stabilization of soil strata encountered in earthen historical site. From the perspective of composite mechanics of bamboo composite bolt mechanism of the work of internal systems, we put forward the internal system of bolt shear stress layer transfer model. Composite anchor mechanism of the work show that pipe – elastic modulus and the elastic modulus influence the material value of the shear modulus of the binder such as bamboo composite bolt greater impact on the internal load transfer. We found that the internal layer of stress transfer curve can be achieved to optimal state using the following measures: changing the pipe with wood – modulus of elasticity ratio, etc.

Key Words: bamboo – steel composite anchor, composite materials, pipe, binder

（原载于《水文地质工程地质》, 2008 年, 第 5 期）

温度作用下高陡濒危古遗址载体变形响应特征

张景科[1,2,3]，谌文武[1,2]*，和法国[1,2]，孙冠平[1,2]，郭青林[3,4]

(1. 兰州大学西部灾害与环境力学教育部重点实验室，兰州，730000；
2. 兰州大学土木工程与力学学院，兰州，730000；
3. 敦煌研究院古代壁画保护国家文物局重点科研基地，敦煌，736200；
4. 敦煌研究院保护所，敦煌 736200)

内容摘要：土遗址载体高陡边坡兼有地质体与遗址体两种属性，边坡的变形监测及变形特征对于遗址的保护加固措施具有重要的指导作用，变形影响因子的研究是查明边坡变形机理的关键。国内外对于边坡滑动变形破坏机理及因子研究较多，但对于高陡濒危的边坡研究较少。依托世界最大的生土遗址–新疆吐鲁番交河故城，通过高精度变形和温度监测，实时采集监测数据。通过对监测期内濒危崖体的大气温度特征、变形特征分析，发现交河故城濒危崖体的变形主要由大气温度所诱导。变形与大气温度均表现出较明显的周期时效性。温度升高，变形减小；温度降低，变形增大。分析结果表明，在天然状态与无突发事件下，濒危崖体变形处于周期性的弹性变形。如遇极端事件诱发，将导致濒危崖体的坍塌。研究结论对于交河故城崖体的科学加固具有重要的指导意义。

关键词：古遗址载体　温度作用　变形响应　周期性　时效性

0　引　言

　　长期以来，边坡的变形研究一直是地质工程界研究的热点。边坡变形受地形地质条件和外在环境等方面的影响，具有较强的动态性。掌握边坡的变形特征对于查明边坡破坏机制和高精度预测举足轻重。边坡的变形分析方法大致分为两种[1-4]，一种是建立在地质力学模型基础上的数值模拟，由于地质条件和岩土特性参数通常具有较高的非线性及岩土物理力学机制的复杂性，在实际应用中受到一定的限制；另一种是针对实测资料的时间序列建立模型进行分析（斋藤迪孝（1963）；Hoek，　（1969）；P. C. Stevenson（1977），T. H. Nilsen（1979），Chow Y K（1986），蒋刚（2000），吕金虎（2001），杨成祥（2004），唐天国（2005））。近年来，许多学者在建立模型过程中，加入了环境因子，如温度、降雨等，取得初步的成果。文献［5 - 13］研究了降雨入渗、环境温度等因子对土质边坡变形、土体力学性能的影响，并初步建立了环境因子影响下的边坡变形模型。因大量获取边坡体的实测数据，后者在实际工程中得到广泛应用。

　　古建筑遗址载体不同于一般意义的边坡，它承载着地质边坡和建筑遗址体双重属性[14]。古建筑遗址的变形监控一直是古遗址保护的重点，遗址体的动态发展规律是确定加固措施介入时间和方法的关键，进而更科学地满足"最小干预、最大兼容"的文物保护准则。

　　新疆吐鲁番交河故城是世界上最大的生土遗址，历史上发生了多次大规模坍塌，目前故城四周崖体处于濒危状态，严重威胁到顶部的遗址本体。文献［15］研究了交河故城崖体 26 区加固中及工后的变形特征，对加固前的濒危崖体变形特征及诱因未作深入分析。

　　本文选取交河故城濒危崖体 41 - 3 亚区为例，在获取连续实测变形和温度等资料的基础上，应用时间序列分析方法，并考虑到吐鲁番地区气候因素中的温度因子，分析天然状态下高陡濒危土质边坡变形响应特征，进而精确掌握濒危崖体的动态特征，对于交河故城遗址的整体保护具有重要意义。

1　交河故城高陡濒危土遗址载体概况

1.1　交河故城概况

　　交河故城地处古代西域重地新疆吐鲁番地区，自古以来就是连接内地与西域的门户，也是沟通塔里木、准噶尔两大盆地的通道。交河故城有文字历史记载始于《史记》，其曰："楼兰、姑师邑有城郭、临盐泽"，其后，成书于公元 1 世纪的《汉书》对它有详细记载："车师前国，王治交河城，河水分流绕城下，故号交河，去长安八千一百五十里，户七百，口六千五十，胜兵八百六十五人"，从汉初至元末延续 1600 多年，1389 年毁于元末的战火。交河故城是丝绸之路上具有两千多年悠久历史的名城，它自公元前 2 世纪直到公元 14 世纪一直是西域重镇，是古代西域政治、经济、文化中心之一，在东西方文化交流中起过十分重要的作用。它是世界上保存最完好的土遗址，在建筑学上独具特色，既是罕见的生土建筑，也是雄伟的垛泥建筑。

　　交河故城整体位于两河之间的柳叶形台地上，台地呈北西—南东向展布，大致走向 320。西北高，海拔 80.64m；东南低，海拔 42.95m。交河故城坐落在高达 30m 的台地上，南北最长 1787m，东西最宽处约 310m，最窄处位于东南端仅有 4m。台地正当火焰山与盐山交接处，控扼着两山之间的天然豁口。故城在一柳叶形狭小台地上依地形因地制宜规划建造。以中心大街为中轴线，规划出官署区、寺庙区、民居区、墓葬区，以及与中心大街相连接的众多街巷（如图1）。

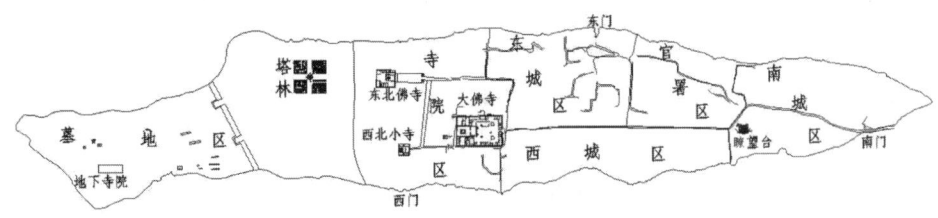

图1 交河故城规划示意图

1.2 濒危载体概况

交河故城台地崖体高耸，由于应力释放，发育有众多的卸荷裂隙，同时由于台地上存在两组不同走向的节理，卸荷裂隙对节理有明显的追踪性，形成了崖体边缘破碎的地貌特征。勘察发现，崖体主要是崩塌破坏，崩塌模式有错断式崩塌、拉裂式和倾倒式[16]。根据崖体的工程地质条件和文物价值的评估，崖体划分为59个区，各区根据裂隙组合及崖体状况又划分亚区。本文选择交河故城崖体41−3亚区作为研究对象。

1.2.1 崖体41−3亚区工程地质特征

（1）地形地貌

区内崖顶分布有大量的文物本体，但裂隙将文物本体切割破碎，由于地形起伏较大，崩塌体前、后缘高度不一，崖体已发生明显倾斜，张开度最大处达80cm。本区崖面周边陡直，坡度在80°左右，崖面起伏很小，坡底为崩塌堆积物，堆积规模较大，说明那个崖体已经发生了严重的崩塌破坏（如图2）。崖面风化严重，部分地层尤其砂层由于风化，地层水平凹进，形成一定深度的水平空洞，给崖体崩塌增加了有利条件。

图2 41−3亚区崖体立面图

图3 L135.L136、L117、L118、L119平面形态

图4 L120、L121、L122、L123平面形态

（2）地层岩性

区内崖体岩性为湖相沉积地层，整个崖体出露地层均成水平展布，地层连续性较好。该区出露地层由上而下依次为：①褐黄色粉质粘土；②青色砂层；③淡黄色粉质粘土；④青灰色粘土；⑤棕黄色粉质粘土；⑥砾砂、粘土互层；⑦砂砾石层。

（3）地质构造

①结构面的分布与组合关系

区段内结构面主要以裂隙切割面为主，区内崖体裂隙共分两种，即构造节理和次生卸荷裂隙[17]（见表1，图3、图4）。本区控制裂隙 L118、L122 主要以卸荷裂隙为主，走向与崖面基本平行，裂隙 L119、L123、L135、L136 为构造节理。在崖体顶部，部分裂隙在崖面出露，由于裂隙的走向确定了本区结构面互相垂直，且以平行于崖面和垂直于崖面为主导走向。这些裂隙将崖体切割成柱状体，破坏了崖体的完整性。各裂隙在平面上与崖面基本平行，立面上形成的破裂面倾角近直立。

②结构面特征

该区段内结构面在空间上主要以跟崖面近乎平行的形式分布。区内裂隙发展趋向于崖内，而且大部分控制裂隙均已延伸至粘土、砂互层顶面，部分穿透该层延伸更深，使崖面顶部悬空，水平面上，粘土、砂层为水平控制层位，由于裂隙发育特点和分层关系使粘土、砂层顶面成为最优破坏面，根据结构面走向及地形地貌、堆积物特点和地层岩性等特点，崩塌体最可能发生倾倒式破坏。

表1　崖体41 – 3亚区裂隙特征一览表

编号	长度（m）	可见深度（m）	最大张开度（cm）	产　状	充填物状况	特征及描述
L117	5		20	118°∠84°	松散土	节理
L118	15		70	63°∠82°	无	卸荷裂隙，平面呈锯齿状，将台地切割成孤岛状，
L119	5	9.64	20	32°∠83°	松散土	节理
L120	6		10	175°∠82°	松散土	节理
L122	4		25	48°∠84°	松散土	卸荷裂隙与节理连通将台地切割成为孤岛状块体，垂直方向发生150cm错距
L123	3		20	144°∠82°	松散土	节理，连通将台地切割成为孤岛状块体，垂直方向发生10cm错距.
L135	2.8	13.26	80	158°∠83°	无	节理，连通将台地切割成为孤岛状块体，根部反翘2cm
L136	3.5	8.85	20	64°∠82°	无	节理，连通将台地切割成为孤岛状块体，根部反翘2cm

2 变形监测方案

基于崖体破坏特点,重点进行水平位移监测。所用仪器为全自动变形监测系统,由传感器、数据采集单元和采集软件构成,包括南京南瑞集团公司大坝工程监测分公司的电位器式位移计、DAMS－IV 型数据采集系统及相关数据采集软件[18]。量程100mm,测量精度0.01mm。重点监测主控裂隙 L118、L135、L136,布设方案见图5。

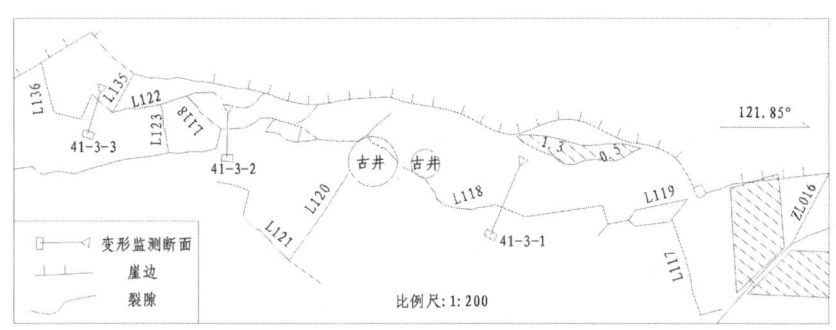

图5 41－3亚区变形监测平面布置图

此外,在崖体附近安设美国产的 HOBO 温度湿度监测仪。监测日期为 2007 年 5 月 19 日－2007 年 6 月 6 日,共计 19 日。

3 水平位移随温度的响应特征

3.1 大气温度变化特征及分析

通过 HOBO 温度湿度监测仪实时采集研究区的大气温度,数据采集间隔为 15min,监测期间为 2007 年 5 月 19 日－2007 年 6 月 6 日。基于温度资料,分析监测期交河故城区域温度变化特征,以期与裂隙变形特征相对照。

在监测期内,平均温度、最高温度、最低温度及极差,均表现出周期性变化,总体呈现上升的规律性(见图6)。平均温度在 22℃ －

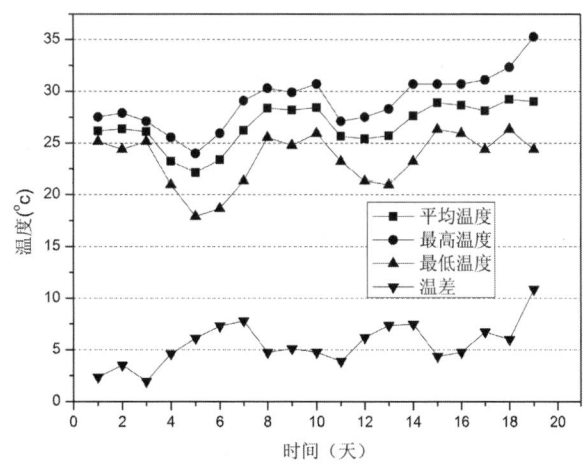

图6 大气温度随时间的连续变化曲线图

30℃之间，幅度高达 8℃，变化曲线呈波浪形，总体上，平均温度随时间的增长而加大；每日的最高温度在 24℃ −35℃之间，幅度高达 11℃，变化曲线呈波浪形，总体上，随时间的延续而加大；最低温度在 17℃ −26℃之间，幅度高达 9℃，变化曲线呈波浪形，总体上，随时间的延续而稳定在 25℃左右；温差总体上处于上升趋势，由2.5℃曲折上升至 11℃。

这些气温变化特征与吐鲁番地区的气候息息相关。本监测期处于春夏交替阶段，吐鲁番地区特有的盆地气候在该季节表现为气温稳步升高、温差逐步增加的特点[19]。

3.2　变形时效特征

运用南瑞大坝全自动变形监测仪，在 41 − 3 亚区崖体顶面布置 3 个监测断面，分别为：41 − 3 − 1 监测断面、41 − 3 − 2 监测断面和 41 − 3 − 3 监测断面。监测期间为 2007年 5 月 19 日 −2007 年 6 月 6 日，数据采集间隔为 15 分钟。

从曲线变化趋势看，三个监测断面总体上具有高度的协同性和一致性，而且变形曲线表现出明显的周期性（如图7）。变形曲线表明，天然状态下，研究对象的水平位移变化特征为：在 X 轴处周期性的增长和减小，三个监测断面水平位移变化幅度基本在 2mm 之内。在2007 年 5 月 21 日，三个断面发生异常变化，41 − 3 − 1 监测断面变形量达到 −20mm 和 28mm，41 − 3 − 2 监测断面变形量达到 −23mm，41 − 3 − 3 监测断面变形量达到 −20mm 和 30mm。在 2007年 6 月 5 日，41 − 3 − 2 监测断面变形量达到 3mm 和 −19mm，而 41 − 3 − 1 和 41−3 − 3 监测断面均未发生变形异常。

由三个监测断面监测期内的变形时效特征可以看出：

（1）濒危崖体具有较好的联动性，

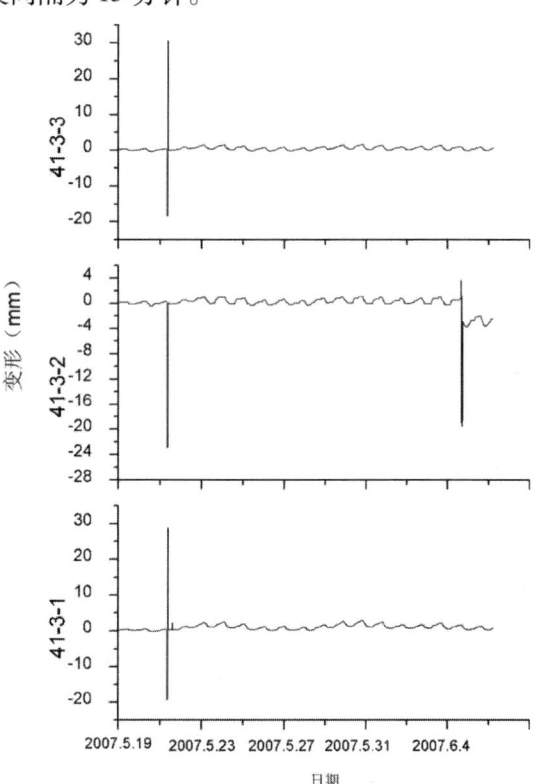

图7　三个监测断面同步变形时效曲线

即：天然状态下，表现出步调一致的变形特征，反之遇到突发扰动时，将联动发生整体的破坏。这与崖体的地层、结构面组合有关。研究区崖体地层近水平，岩土体胶结性好，故裂隙切割后，外侧濒危崖体整体性较好，即使有横向裂隙切割，在变形状态下，各块体可以联动，进而最终形成整体的破坏趋势。

（2）除了个别变形数据异常外，大部分变形数据表现出明显的周期性，说明，崖体的变形与天然条件的某些因素相关；吐鲁番地区的气候特征为干旱少雨、炎热等特点，而监测期内气温表现明显出的周期性，可以初步认为变形与气温具有相关性，换言之，温度作用下，研究区濒危崖体表现出周期性的变形时效特征。

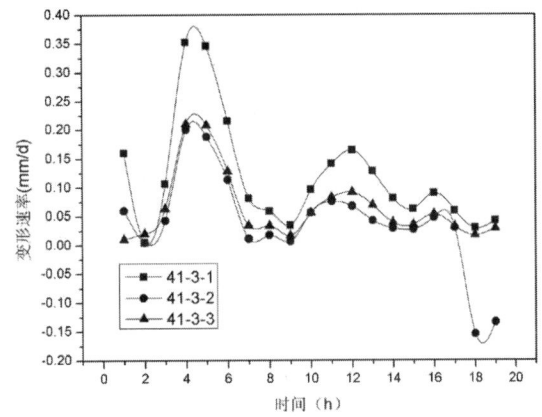

图8 三个监测断面同步变形速率时效曲线

（3）从变形量绝对值看，研究区濒危崖体完全可以承受30mm的变形量，即濒危崖体与母体连接处的岩土体的弹性变形量大于30mm，在温度作用下，岩土体发生有规律性的弹性变形响应。

三个监测断面变形速率与监测时间的曲线具有较大的跃动性，表现出多峰，处于某一稳定值附近上下跳动（图8）。从该曲线上也可以看出，三个监测断面的较强的协同性，即变形增加和减小的趋势一致。相比较而言，41－3－1监测断面平均变形速率最大，41－3－3监测断面次之，41－3－2监测断面最小。

变形速率的时效特征取决于以下几点：

（1）崖体的层状地层、土体的致密胶结、结构面的连续追踪等特征决定了三个监测断面平均变形速率具有同步变化的特征；

（2）41－3－1监测断面处裂隙张开度，濒危崖体的规模均大于其他两个监测断面，该处位于主裂段，因此在同样温度作用下，从变形破坏机理而言，该处的变形量较其他两处大，因此相应的变形速率要大于其他两处。而41－3－3监测断面位于L136、L138与L118三条裂隙切割体处，对于该独立体而言，温度作用下，受到附近岩土体的牵制作用较小，相应的变化量和变形速率也较高；41－3－2监测断面处于其他两个监测断面之间，变形受到两侧岩土体的限制，因此其变形量和变形速率最小。

3.3 温度作用下变形时效特征

从四个变形曲线不难发现，三个监测断面的变形曲线均与相应的温度变形曲线具有很好的相关性，即温度升高时，变形增大，而温度降低时，变形随之减小（图9）。现对各变形曲线分述之。

（1）9（a）反映出三个监测断面的变形曲线形态非常相似，表现为同步上升、同步平稳与同步下降的特征。41－3－1监测断面的变形值均为正值，极值为0.4mm与0mm，表明裂隙度过扩张－收缩－扩张的动态历程；41－3－2监测断面的变形值有正

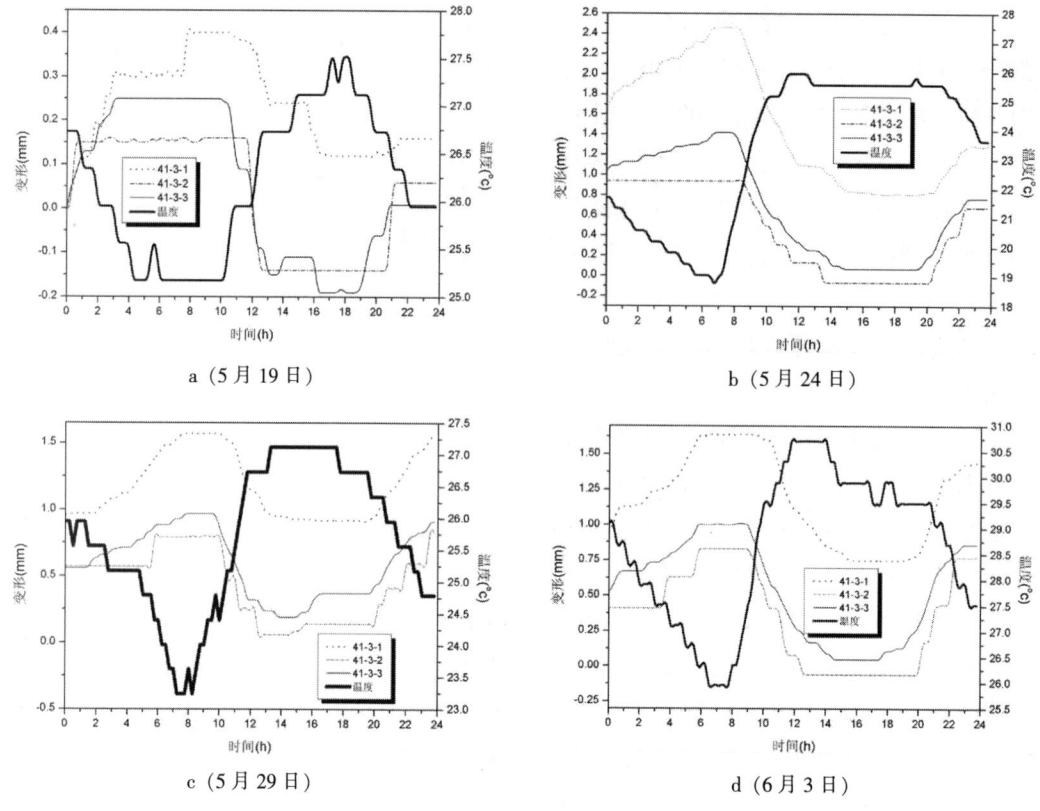

a（5月19日）　　　　　　　　　　　b（5月24日）

c（5月29日）　　　　　　　　　　　d（6月3日）

图9　三个监测断面不同时间变形－温度时效曲线

有负，极值为0.15mm和－0.15mm，表明裂隙处于扩张－收缩－扩张的动态；41－3－3监测断面的变形值同41－3－2监测断面，极值为0.25mm和－0.19mm，即裂隙同样处于扩张－收缩－扩张的动态历程。三个变形曲线横向比较，41－3－1监测断面变形量大于其他两个监测断面的变形量；同时间段的温度变化曲线，也表现出两个峰值，即25.2℃与27.5℃，曲线包括波峰波谷各一个，该曲线特征恰与三个监测断面的变形曲线相对应，即变形曲线的波峰对应温度曲线的波谷，变形曲线的波谷对应温度曲线的波峰。

　　（2）9（b）反映出三个监测断面的变形曲线形态非常相似，表现为同步上升、同步平稳与同步下降的特征。41－3－1监测断面的变形值均为正值，极值为2.5mm与0.9mm，表明裂隙度过扩张－收缩－扩张的动态历程；41－3－2监测断面的变形值有正有负，极值为0.95mm和－0.12mm，表明裂隙处于扩张－收缩－扩张的动态；41－3－3监测断面的变形值同41－3－2监测断面，极值为1.45mm和0.12mm，即裂隙同样处于扩张－收缩－扩张的动态历程。三个变形曲线横向比较，变形量的大小关系为41－1＞41－3＞41－2。同时间段的温度变化曲线，也表现出两个峰值，即18.5℃与26℃，曲线包括波峰波谷各一个，该曲线特征恰与三个监测断面的变形曲线相对应，即变形曲线的波峰对应温度曲线的波谷，变形曲线的波谷对应温度曲线的波峰。

（3）9（c）反映出三个监测断面的变形曲线形态非常相似，表现为同步上升、同步平稳与同步下降的特征。41-3-1监测断面的变形值均为正值，极值为1.53mm与0.82mm，表明裂隙度过扩张-收缩-扩张的动态历程；41-3-2监测断面的变形值均为正，极值为0.78mm和0.08mm，表明裂隙处于扩张-收缩-扩张的动态；41-3-3监测断面的变形值同41-3-2监测断面，极值为1.45mm和0.12mm，即裂隙同样处于扩张-收缩-扩张的动态历程。三个变形曲线横向比较，变形量的大小关系为41-3-1>41-3-3>41-3-2。同时间段的温度变化曲线，也表现出两个峰值，即23.28°C与27.20°C，曲线包括波峰波谷各一个，该曲线特征恰与三个监测断面的变形曲线相对应，即变形曲线的波峰对应温度曲线的波谷，变形曲线的波谷对应温度曲线的波峰。

（4）9（d）反映出三个监测断面的变形曲线形态非常相似，表现为同步上升、同步平稳与同步下降的特征。41-3-1监测断面的变形值均为正值，极值为1.65mm与0.75mm，表明裂隙度过扩张-收缩-扩张的动态历程；41-3-2监测断面的变形值有正有负，极值为0.81mm和-0.12mm，表明裂隙处于扩张-收缩-扩张的动态；41-3-3监测断面的变形值均为正，极值为1.02mm和0.11mm，即裂隙同样处于扩张-收缩-扩张的动态历程。三个变形曲线横向比较，变形量的大小关系为41-3-1>41-3-3>41-3-2。同时间段的温度变化曲线，也表现出两个峰值，即25.7°C与30.7°C，曲线包括波峰波谷各一个，该曲线特征恰与三个监测断面的变形曲线相对应，即变形曲线的波峰对应温度曲线的波谷，变形曲线的波谷对应温度曲线的波峰。

9（a）-9（d）反映出的变形-温度时效特征曲线证实了温度与变形的相关性结论。即崖体的变形的控制性因素为大气温度。大气温度的周期性变化诱发崖体岩土体内部温度的变化。

（1）当气温升高时，土体温度随之升高，外侧濒危崖体和内侧崖体均发生热胀效应，但由于外侧濒危崖体为三面临空，从空气中吸收热源的面积远大于两面临空的内侧崖体，相应的外侧崖体膨胀量大于内侧崖体，因此，在温度上升过程中，水平位移变化为缩减的特征。

（2）当气温降低时，土体温度随之降低，外侧濒危崖体和内侧崖体均发生冷缩效应，同样由于释放热源的面积差异造成内侧崖体的冷缩量小于外侧濒危崖体，因此，在温度下降过程中，水平位移变化表性为扩张的特征。

3.4 温度-变形曲线特征

由图10可以看出，裂隙变形速率与温差均具有相同的时效性，但裂隙变形速率的变化趋势滞后于温差的变化趋势。该特征说明：当温度发生变化时，对于岩土体而言，从大气中吸收热量或释放热量均需要较长的过程，毕竟岩土体为热的不良导体，当气

温发生变化时，岩土体的变形速率
要相应的滞后。

5 结　论

（1）变形监测对于研究古遗址
载体的动态具有重要的意义；

（2）监测期内的温度变化特征
与三个监测断面的变形曲线特征对
比分析，证明交河故城崖体的变形
为温度所诱导；

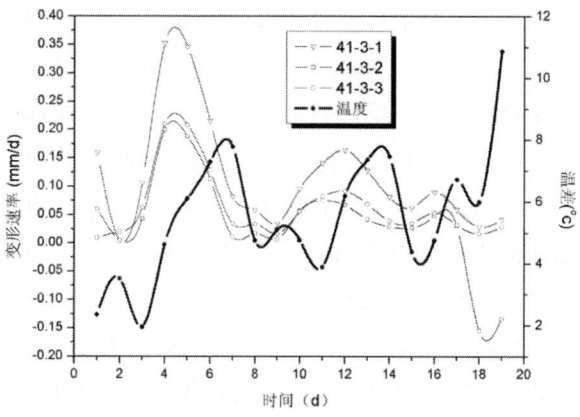

图10　三个监测断面变形速率－温差时效曲线

（3）温度作用下，交河故城濒危崖体变形时效特征为：大气温度升高，裂隙表现
为收缩；大气温度降低，裂隙表现为扩张；

（4）大气温度作用下，交河故城濒危崖体水平变形表现出明显的周期性；

（5）交河故城濒危崖体变形速率滞后于大气温差的变化；

（6）温度作用下交河故城濒危崖体的变形时效特征对于交河故城大面积载体的研
究具有重要的意义，为同类古遗址载体的研究提供参考。

参考文献

[1] Boris Benko. Numerical modelling of Complex Slope Deformations. Saskatoon：Univ of Saskatchewan, 1997.

[2] Jinman Kim. Probabilistic Approach to Evaluation of Earthquake – Induced Permanent Deformation of Slopes. Berkeley：Univ of California, 2001.

[3] 郑东健，顾冲时，吴中如. 边坡变形的多因素时变预测模型. 岩石力学与工程学报：2005, 24 (17)：3180 – 3183.

[4] 陈晓鹏，张强勇，刘大文，等. 边坡变形统计回归分析模型及应用. 岩石力学与工程学报：2008, 27 (S2)：3673 – 3679.

[5] 孔令伟，陈建斌，郭爱国等. 大气作用下膨胀土边坡的现场响应试验研究. 岩土工程学报，2007, 29 (7)：1065 – 1073.

[6] 詹良通，吴宏伟，等. 降雨入渗条件下非饱和膨胀土边坡原位监测. 岩土力学，2003, 24 (2)：151 – 158. Lia G, Yue Z Q, Tham L G, et al. Field – Monitored Variationsof Soil Moisture and Matric Suction in a Saprolite Slope. Candian Geotechnical Journal, 2005, 42 (1)：13 – 26.

[8] Rahardjo H, Lee T T, Leong E C, Rezaur R B. Response of A Residual Soil Slope to Rainfall. Canadian Geotechnical Journal, 2005, 42 (2)：340 – 351.

[9] 杨果林，黄向京. 不同气候条件下膨胀土路堤土压力的变化规律试验研究. 岩土工程学报，2005, 27 (8)：948 – 955.

[10] Blight G E. Interaction Between the Atmosphere and the Earth. Geotechnique, 1997, 42 (4): 715 – 766.

[11] 徐则民，杨立中. 成渝线典型路基边坡对降雨过程的响应模拟. 西南交通大学学报（自然科学版），2000, 35 (1): 23 – 27.

[12] Philip J R, De Veries D A. Moisture Movement in Porousaterials Under Temperature Gradients. Transactions American Geophysical Union, 1957, 38: 222 – 232.

[13] 谢云，陈正汉，李刚. 温度对非饱和膨胀土抗剪强度和变形特性的影响. 岩土工程学报: 2005, 27 (9): 1082 – 1085

[14] 黄克忠. 岩土文物建筑的保护. 北京: 中国建筑工业出版社出版，1998: 5 – 10.

[15] 张景科，谌文武，崔凯等. 锚固灌浆过程中及工后交河故城崖体的变形特征研究. 岩石力学与工程学报: 2009, 28 (5): 1064 – 1078.

[16] 孙满利，李最雄，王旭东，等. 环境对交河故城破坏机理研究. 敦煌研究: 2007, (5): 68 – 73.

[17] 孙满利，王旭东，李最雄，等. 交河故城的裂隙特征研究. 岩土工程学报，2007, 29 (4): 612 – 617.

[18] 张鲁，郭青林，裴强强，等. 综合变形监测方法在新疆交河故城崖体加固中的应用. 敦煌研究: 2007, (5): 28 – 31.

[19] 程乾. 吐鲁番盆地夏季气温概率分布规律. 吐鲁番科技: 2000, (2): 40 – 43.

Deformation Reaction Characteristic of High – Steep Endangered Ancient Ruins Cliff Under Thermal Function

Zhang Jingke[1,2,3], Chen Wenwu[1,2]*, He Faguo[1,2]
Sun Guanping[1,2], Guo Qinglin[3,4]

(1. Civil engineering and mechanics school of Lanzhou university, Gansu 730000;

2. Key laboratory of mechanics on western disaster and environment, Gansu 730000;

3. Key Scientific Research Base of Conservation for Ancient Mural

State Administration for Cultural Heritage, Dunhuang 736200;

4. Dunhuang Academy, Dunhuang 736200)

Abstract: Earthen sites vector – high and steep slope owns the property of geology and heritage. Conservation measures partly result from the deformation monitoring and characteristic of slope. The research on deformation effect factors is crucial to pinpoint the deformation mechanism of slope. There are a lot of researches on landslide, but less on high – steep endangered slope. Relying on Jiaohe ruins in Turpan, Xinjiang (the largest earthen architecture in world), high – accuracy deformation and temperature data is real – timely monitor. Based on the analysis of characteristic of atmospheric temperature and deformation, it is proved that atmospheric temperature induces the deformation of Jiaohe Cliff. Temperature and deformation both behave periodically. Temperature lifts and deformation lowers correspondingly, otherwise, temperature lowers and deformation lifts correspondingly. The result reveals that endangered cliff deforms elastically and periodically under natural condition and without outbreak events, and collapses under outbreak events, such as earthquake. The conclusion makes sense to the conservation of Jiaohe endangered cliffs.

Key Words: ancient site vector, thermal function, deformation response, periodically, timely – effect

（原载《兰州大学学报》（自然科学版）2010 年，第 6 期）

不同浓度 PS 滴渗夯土墙表面渗透直径的分布规律

张景科[1,2]，谌文武[1,2]，孙满利[3]，李最雄[4,1]，王旭东[4,1]

(1. 兰州大学土木工程与力学学院，兰州，730000；2. 教育部西部灾害与环境力学实验室，
兰州，730000；3. 西北大学，西安，710072；4. 敦煌研究院，敦煌，736200)

内容摘要：我国西北干旱区土遗址的主要病害之一是表面严重风化。目前的研究证明，解决风化的出路在于防风化材料的研制以及材料的施工工艺。多年来的研究应用证明 PS 材料是西北干旱区土遗址防风化加固较为理想的材料，施工工艺的研究迟缓制约了 PS 材料的大规模推广应用，本文系统了研究了 PS 滴渗夯土墙表面渗透直径的分布规律，为 PS 滴渗施工提供了工艺参数。试验结果表明，5% 浓度是 PS 滴渗理想的浓度，滴渗的理想时间为 20 - 25 分钟，滴渗的最终表面渗透直径为 10 - 15cm. 。试验结论为正在开展的交河故城抢险加固工程提供了施工依据。

关键词：PS　喷洒次数　渗透深度　5 - 7%

0　引　言

土遗址防风化加固一直是文物界的难题，目前国内外研究的重点在于防风化加固材料的研究[1]。防风化材料的应用面临两个关键性的问题，一是材料关，即材料本身的特性满足土遗址保护的要求；二是施工工艺关，即材料的施工工艺简单可行，具有科学的施工工艺规范，并能达到大面积推广使用的要求[2]。多年来的研究证明 PS（Potassium Silicate with high modulus，高模数硅酸钾溶液）是干旱半干旱环境下土遗址防风化加固较为理想的材料[2]-[10]。目前 PS 材料的研究已经深入到机理研究，并开始在土遗址保护工程中推广应用。PS 材料防风化加固的施工工艺包括喷洒渗透和滴渗。喷洒渗透主要针对风化层厚度较小的遗址体，而滴渗主要针对风化层厚度较大的墙体。PS 溶液渗透的浓度目前主要采用 3%、5% 和 7%[11]-[12]。为更科学的优化 PS 滴渗的施工工艺，本文系统研究了不同浓度 PS 滴渗夯土墙表面渗透直径的分布规律，从而为确定滴渗施工的工艺参数打下铺垫。进而为正在进行的交河故城抢险加固工程和甘肃境内战国秦长城汉长城抢险加固工程提供施工工艺支撑。

1　试验内容

1.1　试验场地选择

1.1.1　场地选择的原则[13]

（1）试验所处的环境应具有典型的西北干旱半干旱自然环境特征；

（2）试验遗址土体的性质应符合西北土遗址体的基本性质；

（3）试验遗址体的文物价值小；

（4）试验时间应在文物允许加固的季节。

1.1.2　选择的试验场地状况

经过充分研究和协调，最终确定试验场地在甘肃省敦煌市河洲堡（图1）。河洲堡为一清代民居，平面上呈矩形，长35m，宽35m，外墙墙垣高大，保存较完好，夯土版筑，夯土相对致密，风化层厚度较薄，墙面形成致密外壳。城内有后期影视拍摄所留夯土墙，内墙残高1-2m，破损较严重，夯土建造，夯土较疏松，风化层较厚。（图2、图3）

试验区属大陆性气候，夏季炎热，冬季寒冷，年最高温度35℃，最低温度-28℃，全年平均降雨量88.7mm，蒸发量为1841mm，气候干燥。经常有暴风，8级以上大风时有发生，盛行西风。试验期间无风，最高温度在35℃左右。

夯土的性质见表1。

图1　中国西北干旱区主要土遗址分布图

图 2　河洲堡遗址

图 3　河洲堡遗址夯筑墙体

表 1　外墙与内墙夯土基本性质

含水量（%）	密度（g/cm³）	比重	液限（%）	塑限（%）	塑性指数	土类别	崩解速度（g/min）	风化层厚度（cm）
0.7	1.5	2.69	19.9	11.5	8.4	低液限粉土	80.7－95.2，平均为87.9	3－8

1.2　试验仪器设备

架梯、自制多输出口容器、医用输液器、自制输液控制线路、医用输液瓶、直径 5mm 的铜花管、手摇钻、卷尺、米尺、土钉、扁铲等。

1.3　试验原理

根据溶液在土体中的渗透理论，为确保 PS 溶液渗透的完整性，采取从土体内部向外部渗透的方式。溶液通过渗流管在管底接触未风化层的土体，而后溶液逐步向周围和外部扩展，表观上是墙体表面形成圆形的渗透范围，其实表面内部已经全部渗透。通过墙体表面的渗透直径的变化及大小来确定滴渗的范围和效果[14]-[15]。

1.4　试验方案

1.4.1　试验区域界定

布置 3 块试验区域，用细绳和土钉圈定，上部进行标号。

1.4.2　试验方案与步骤

采用如下三种方案在每块试验区域均进行 PS 滴渗：①3% 浓度 PS 溶液滴渗；②5% 浓度 PS 溶液滴渗；③7% 浓度 PS 溶液滴渗。每种方案安排 4 孔渗透。每种方案在每块试验区域内平行 4 组试验。

PS 溶液采用模数 3.79，浓度 25.68%，PS 原液配制。溶液放置于自制多输出口容器和医用输液瓶中，输出采用医用输液器和自制输液控制线路，输出的压力、流量由控制阀来调节，末端采用直径为 5mm 的铜花管，铜花管的长度取决于风化层的厚度，以穿越风化层 2 - 3cm 为宜。试验前，先用手摇钻成直径略大于 5mm 的孔，把铜花管放置其中。安排就绪后，进行滴渗试验，同时记录时间与墙体表面渗透直径，当渗透溶液发生明显的下流时，结束试验。（图 4、5、6、7）

2　试验结果与分析

2.1　PS 滴渗表面渗透直径与渗透时间的关系

土遗址防风化加固主要是表面风化层的加固，理想的加固效果以 PS 渗透到未风化层 2 - 3cm 的深度且墙体表面所有风化层均完全渗透为准。对于滴渗，因其深度超越了风化层，故单孔的渗透范围是关键，这里以渗透直径来进行评价。

图 4　试验现场

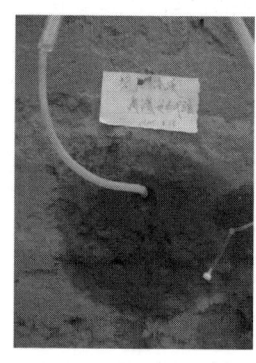

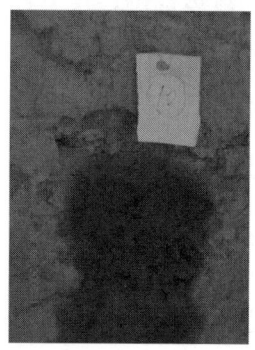

图 5　滴渗点　　　　　　　　　　　图 6　滴渗直径测量

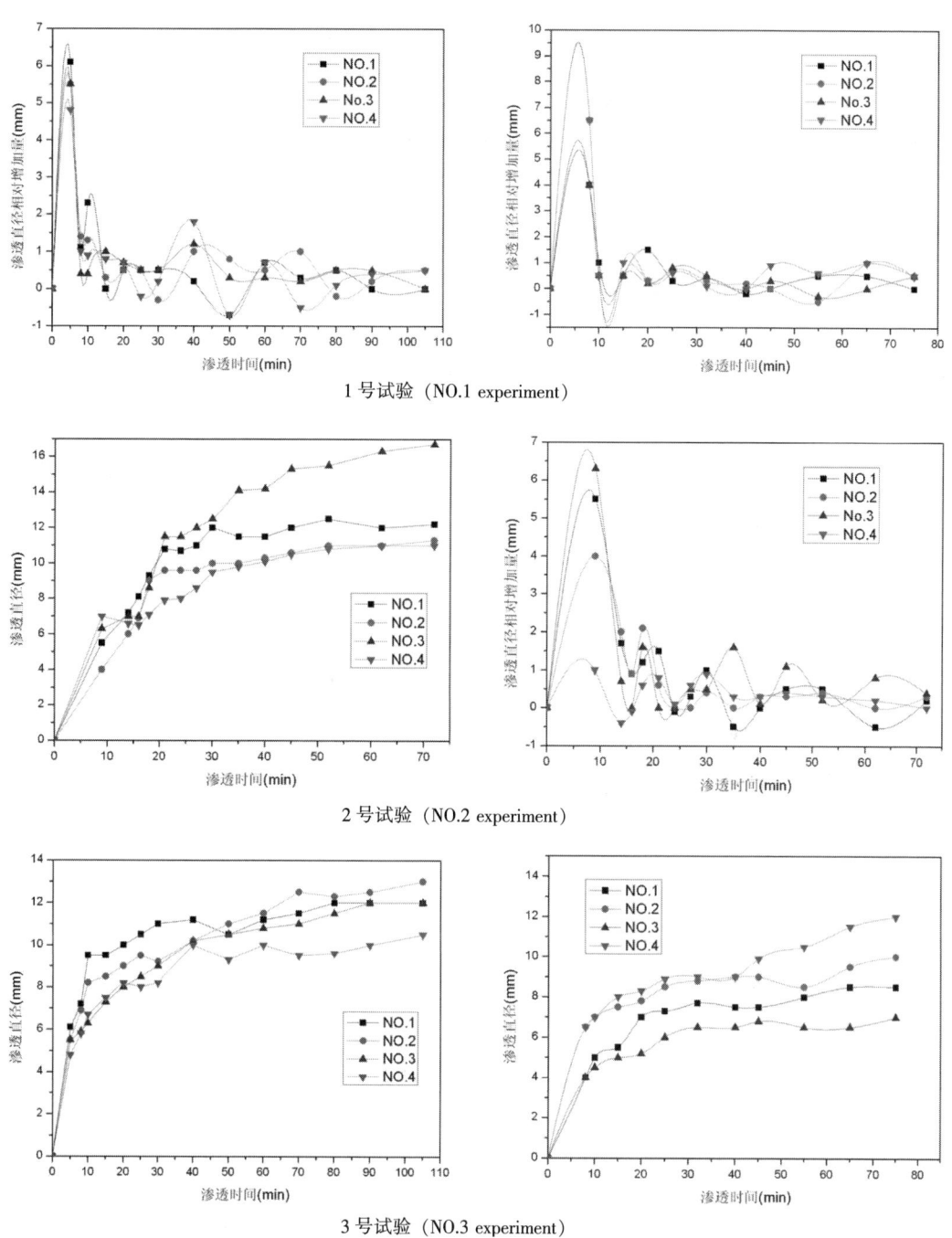

1 号试验（NO.1 experiment）

2 号试验（NO.2 experiment）

3 号试验（NO.3 experiment）

图 7　3% 浓度 PS 滴渗时间与直径关系图

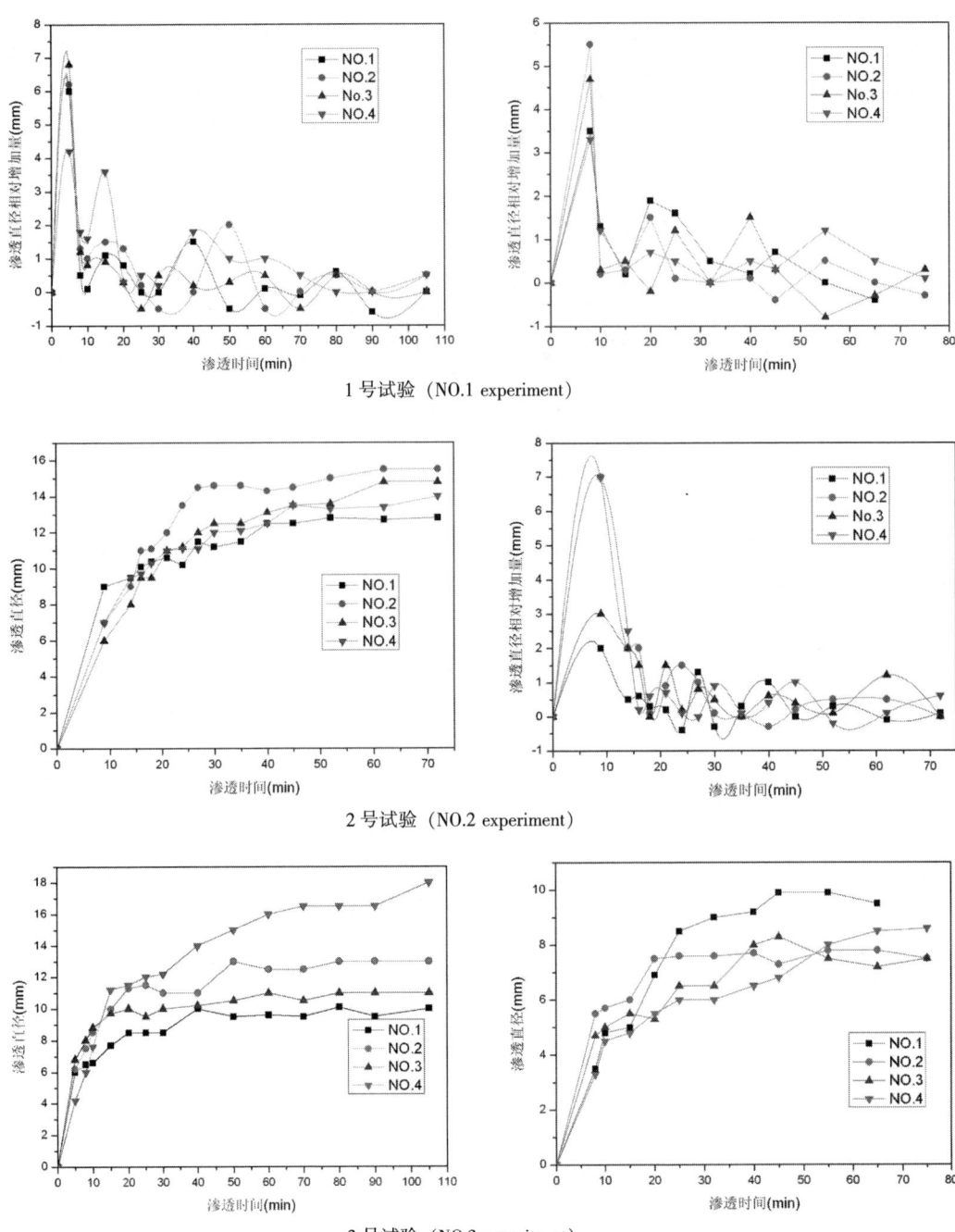

1 号试验（NO.1 experiment）

2 号试验（NO.2 experiment）

3 号试验（NO.3 experiment）

图 8　5% 浓度 PS 滴渗时间与直径关系图

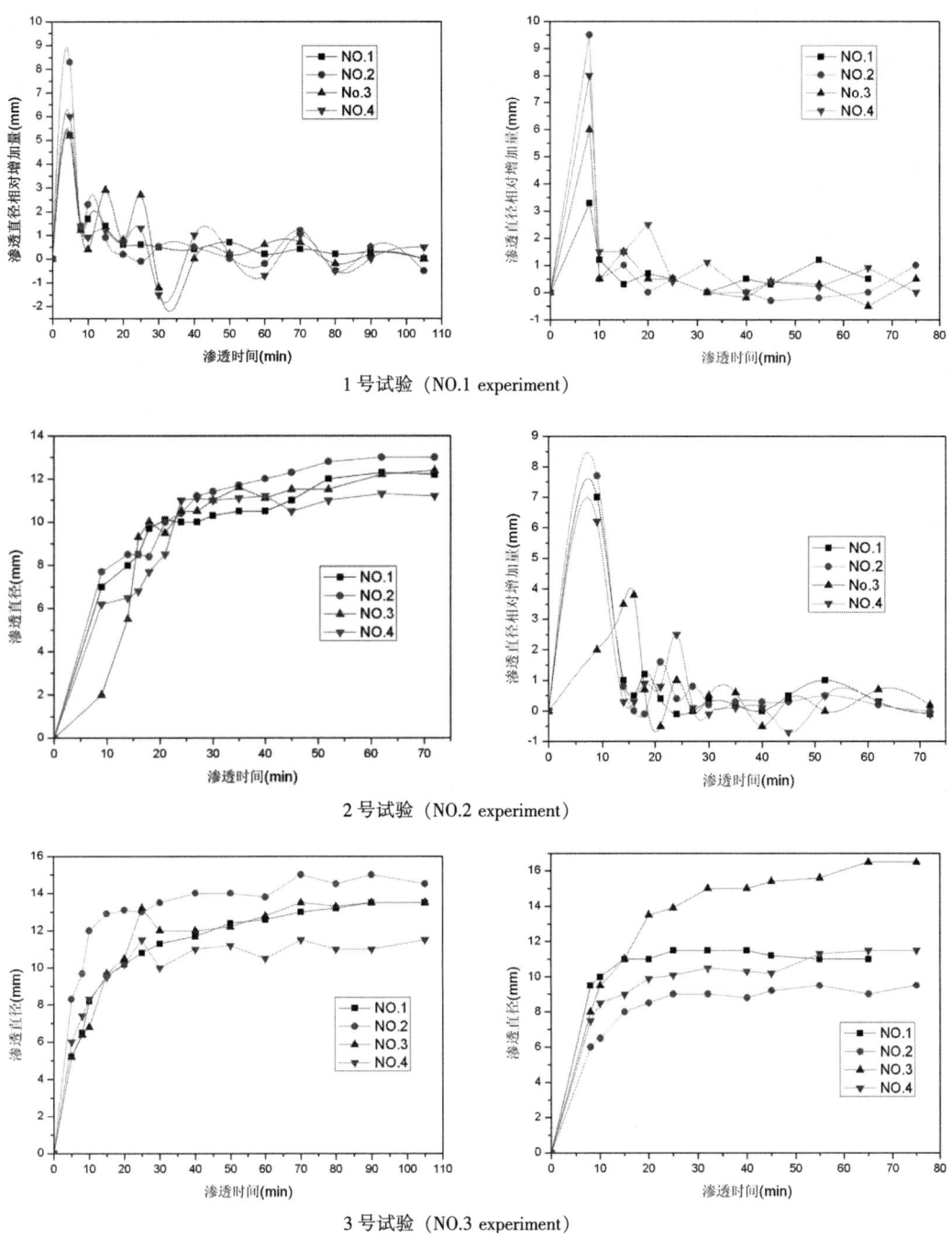

1 号试验（NO.1 experiment）

2 号试验（NO.2 experiment）

3 号试验（NO.3 experiment）

图 9　7% 浓度 PS 滴渗时间与直径关系图

　　从图 7、图 8、图 9 可以看出，3%、5%、7% 浓度 PS 滴渗时表面渗透直径与时间呈双曲线型关系，随着时间的增大，渗透直径相应增加，10 – 20 分钟后增加速率明显减缓。渗透直径相对增加值随着渗透时间逐渐趋于平稳，10 – 20 分钟左右是转折点，虽然之后渗透直径增加量有一定的波动，但是波动幅度不大。其中3%浓度PS溶液滴渗3号试验数据离散性较小，其他两个试验数据离散性较大。而5%、7%浓度PS溶液滴渗2号试验数据离散性较小，其他较大。

2.2　不同试验方案的PS滴渗表面最终渗透直径

从图10中可以看出，3%浓度PS最终墙体表面的渗透直径处于7-17cm，其中12-13cm的样本数最多。总体上表面渗透直径数据较为离散，与理想的正态分布曲线有一定的差异，但渗透直径多处于10-13cm区间，其中12-12.5cm区间样本最多。

从图11中可以看出，与3%浓度PS最终墙体表面的渗透直径类似，数据较为离散，与理想的正态分布曲线不符。5%浓度PS最终墙体表面渗透直径数据出现三个峰值，但渗透直径的集中区间在10-16cm。其中12-12.5cm区间和14-14.5cm区间样本数最多。

从图12中可以看出，7%浓度PS最终墙体表面渗透直径数据较为理想，与理想的正态分布曲线较为吻合。渗透直径多处于11-14cm区间，其中12-12.5cm区间样本数最多。

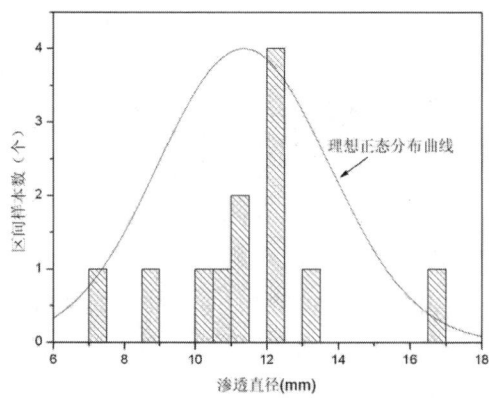

图10　3%浓度PS最终渗透直径分布

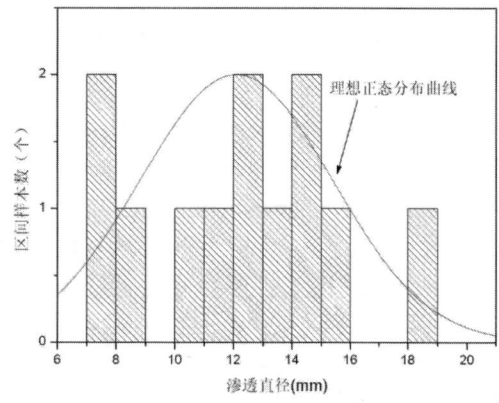

图11　5%浓度PS最终渗透直径分布

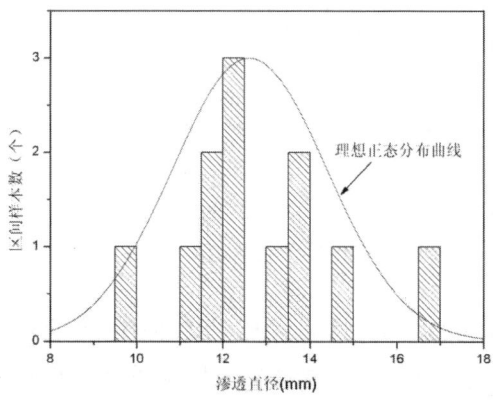

图12　7%浓度PS最终渗透直径分布

3 讨 论

3.1 不同浓度滴渗表面直径与渗透时间关系的比较

本试验选择了三个试验区域，在同一试验区域，滴渗试验点的土体性质基本一致，因此对比同一试验区域不同浓度 PS 的滴渗效果对于确定理想 PS 浓度具有重要的指导作用[10]。

从图 13 可以看出，渗透直径与渗透时间均呈双曲线型关系，渗透直径增加量随渗透时间呈现衰减至 0 的趋势。3% 浓度与 5% 浓度 PS 滴渗的变化曲线较为接近，而 7% 浓度 PS 滴渗的渗透直径增长速度较大，渗透直径均大于相应的 3% 和 5% PS 滴渗直径。三种不同浓度滴渗直径的变化时间点基本一致，20 分钟是渗透直径变化的转折点。

从图 14 中可以看出，渗透直径与渗透时间均呈双曲线型关系，渗透直径增加量随渗透时间呈现衰减至 0 的趋势。3% 浓度与 7% 浓度 PS 滴渗的变化曲线较为接近，而 5% 浓度 PS 滴渗的渗透直径增长速度较大，渗透直径均大于相应的 3% 和 5% PS 滴渗直径。三种不同浓度滴渗直径的变化时间点基本一致，25 分钟是渗透直径变化的转折点。

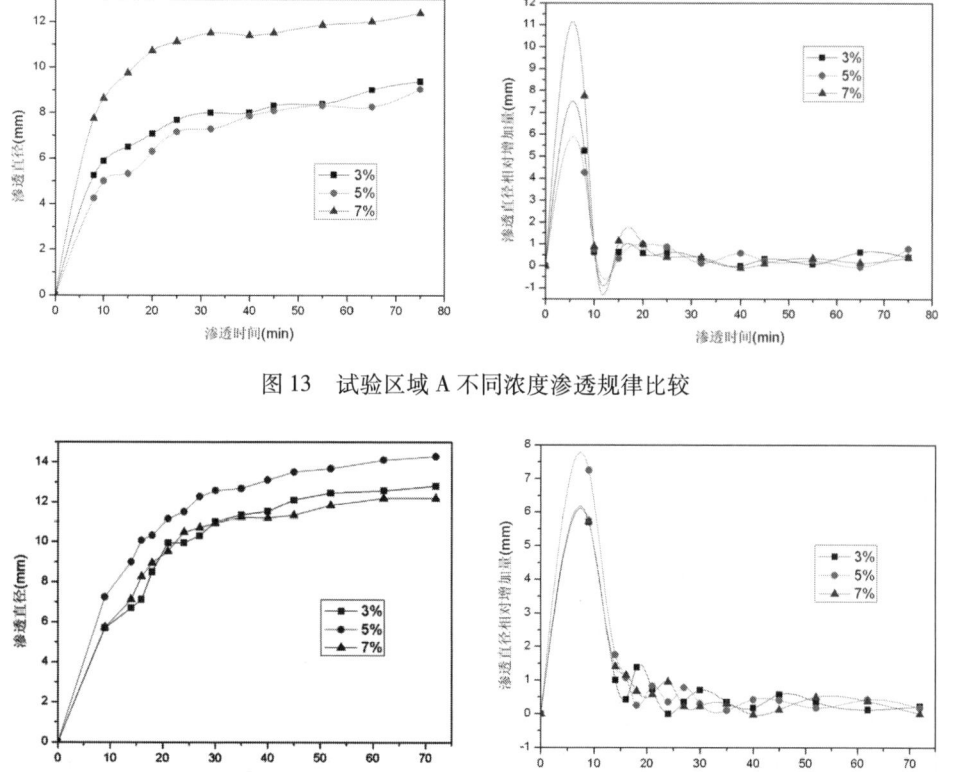

图 13　试验区域 A 不同浓度渗透规律比较

图 14　试验区域 B 不同浓度渗透规律比较

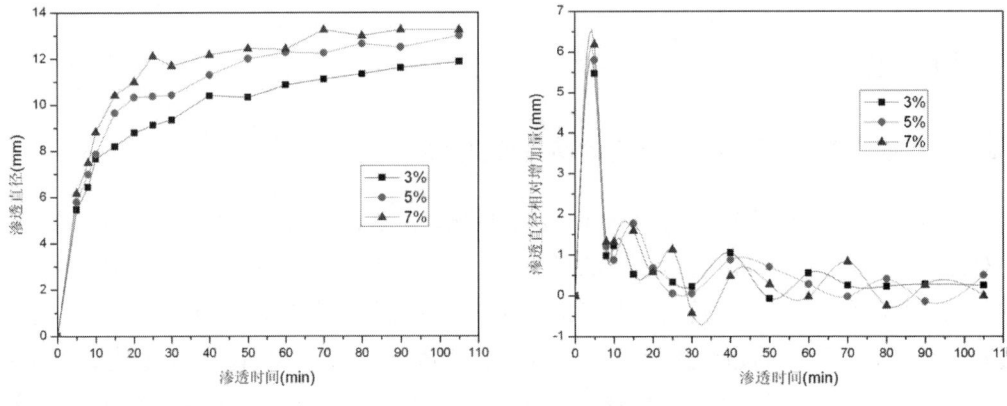

图 15　试验区域 C 不同浓度渗透规律比较

从图 14 中可以看出，渗透直径与渗透时间均呈双曲线型关系，渗透直径增加量随渗透时间呈现衰减至 0 的趋势。5% 浓度与 7% 浓度 PS 滴渗的变化曲线较为接近，而3% 浓度 PS 滴渗的渗透直径增长速度较小，渗透直径均大于相应的 5% 和 7% PS 滴渗直径。三种不同浓度滴渗直径的变化时间点基本一致，20 分钟是渗透直径变化的转折点。值得指出的是，7% 浓度 PS 溶液滴渗直径后期增加波动较大，没有 3% 和 5% 浓度 PS 滴渗平稳。

从以上比较可以看出，单纯的从一个试验区域的滴渗结果无法准确的确定理想的PS 浓度。从溶液渗透直径变化的稳定性来看，3% 与 5% 浓度 PS 较为理想。

3.2　不同浓度滴渗最终表面渗透直径的比较

滴渗的目的是夯土遗址体的防风化加固，而加固的效果取决于 PS 渗透的效果。对于 PS 滴渗而言，其效果评价在于渗透的深度和范围。因本试验是穿越风化层而进行渗透，故渗透的深度能满足要求。根据试验的原理可知，渗透的范围主要从最终墙体表面的渗透直径来反映。

从图 16 可以看出，3% 浓度 PS 滴渗的最终渗透直径多处于 10 – 13cm，5% 浓度 PS 滴渗的最终渗透直径多处于 10 –

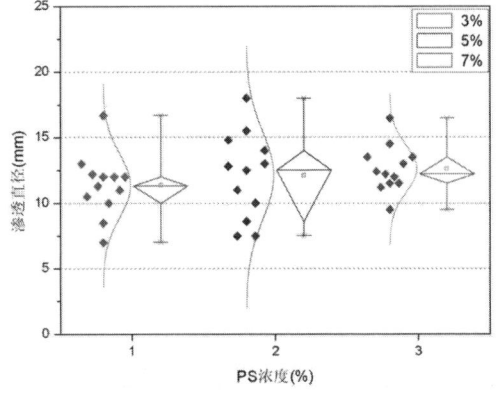

图 16　不同浓度 PS 溶液渗透直径分布比较图

15cm，7% 浓度 PS 滴渗的最终渗透直径多处于 11 – 14cm。相对而言，5% 浓度 PS 滴渗的最终渗透直径数据较为离散。从最终渗透直径比较来看，5% 浓度 PS 滴渗的效果较好。

4　结　论

（1）本试验选择我国西北干旱区典型的夯土墙进行试验，试验结论具有一定的代表性；

（2）对于密度 $1.4 - 1.6\text{g/cm}^3$ 的夯土墙表面风化层的 PS 滴渗，理想的 PS 浓度为 5% ，合理的滴渗时间为 20 - 25 分钟。

（3）5% 浓度 PS 滴渗的最终渗透半径在 10 - 15cm 之间。

（4）风化层加固中，溶液的渗透性能与土体的孔隙率、密度、含水量等均相关，加之文物加固的特殊性，在实际运用过程中，应做进一步的试验，方可大规模施工。

（5）必须指出的是，不同于 PS 喷洒，PS 滴渗对于文物体有一定的损伤作用，但对于风化层厚度较大的遗址体进行防风化加固一直是难题。如何避免最小的干预遗址体，同时又能达到加固效果是今后需要重点研究的课题。

致谢

在现场试验以及论文写作过程中，得到了敦煌研究院张鲁高级工程师的热心帮助，在此表示由衷的感谢!

参考文献

[1]　周双林. 土遗址防风化保护概况. 中原文物, 2003（6），78 - 83.

[2]　王旭东. 中国西北干旱环境下石窟和土遗址保护加固研究. 兰州大学博士论文, 2005.

[3]　李最雄, 张虎元, 王旭东. 古代土建筑遗址的加固研究. 敦煌研究, 1995（3），1 - 17.

[4]　李最雄, 王旭东, 田琳. 交河故城土建筑遗址的加固试验. 敦煌研究, 1997（3），171 - 188.

[5]　李最雄, 王旭东. 古代土建筑遗址保护加固研究的新进展. 敦煌研究, 1997（4），167 - 172.

[6]　李最雄, 王旭东, 张志军等. 秦俑坑土遗址的加固试验. 敦煌研究, 1998（4），151 - 158.

[7]　内蒙古博物馆. 大窑遗址四道沟地层剖面"PS"材料保护加固研究试验报告. 内蒙古文物考古, 2002（1），135 - 139.

[8]　王旭东, 张鲁, 李最雄等. 银川西夏 3 号陵的现状及保护加固研究. 敦煌研究, 2002（4），64 - 72.

[9]　赵海英. 甘肃境内战国秦长城和汉长城保护研究. 兰州大学博士论文, 2005.

[10]　孙满利. 吐鲁番交河故城保护加固研究. 兰州大学博士论文, 2006.

[11]　苏伯民, 李最雄, 胡之德. PS 与土遗址作用机理的初步探讨. 敦煌研究, 2000（1），30 - 35.

[12]　李最雄. 丝绸之路古遗址保护. 北京：科学出版社, 2003.

[13]　中华人民共和国水利部. 《土工试验方法标准》（GB/T50123 - 1999），1999.

[14]　郝哲, 杨栋. 土体注浆理论评述. 有色金属, 20（3），16 - 19.

[15]　李宁, 张平, 闫建文. 灌浆的数值仿真分析模型探讨. 岩石力学与工程学报, 21（3），326 - 330.

（原载于《第十届全国岩石力学与工程学术大会论文集》，2008 年）

西北地区古代建筑土遗址的保护研究

李　黎[1]，孙满利[2]，赵海英[3]，李最雄[4]，王思敬[1]

(1. 中国科学院地球与地质物理研究所，北京，100029；2. 西北大学，西安，710069；

3. 中国科学院武汉岩土所，武汉，430071；4. 敦煌研究院，敦煌，736200)

内容摘要： 保存在我国西北古丝绸之路的土遗址是祖国珍贵文化遗产的主要组成部分。由于受戈壁荒野诸环境因素的影响，目前，这些土遗址正面临一种毁灭性的破坏。通过对新疆吐鲁番交河故城等土遗址保存现状、地质病害调查及病害机理的分析，同时通过对 PS 处理前后粘土试样的 X 衍射分析、结晶度测定、扫描电镜及透射电镜分析等方法的测试研究，以探讨 PS 加固土遗址的机理。在此基础上，对交河故城实施表面喷洒 PS 渗透加固，以防风化和雨蚀的破坏；对裂隙和危土体实施 PS + F + C 浆液灌浆和竹、木或楠竹加筋复合锚杆锚固，以防裂隙扩延和危土体坍塌，获得了明显地加固保护效果。

关键词： 土遗址　病害　保护　加固　PS 材料

0　引　言

　　我国西北古丝绸之路的新疆、甘肃、宁夏和陕西境内，遗存下许多古代建筑土遗址，如著名的新石器时代人类居住遗址—西安近郊的半坡村和甘肃秦安县的大地湾遗址；新疆吐鲁番的交河、高昌故城以及甘肃安西县的锁阳城等古城遗址；敦煌的阳关、玉门关等关隘及附近一座座烽燧；甘肃临洮、渭源等地的战国秦长城；敦煌、嘉峪关及河西走廊的汉、明长城等。这些土建筑遗址历史久远，是中华文明的象征之一，有很高的科学和历史价值。

　　西北地区的古代建筑土遗址大部分是由粉土、粉质粘土或沙土夯筑而成。敦煌附近的烽燧、汉长城是一层沙土，再加一层芨芨草、芦苇或灌木枝条，一层一层夯筑成，这正如现代混凝土建筑中的钢筋，增强土建筑物的整体性和力学强度。有些古城和居住遗址，以夯土为基础，上砌土坯墙体建造而成。由于我国西北地区气候干燥、少雨，而干燥的夯土有较高的力学强度，才使许多古代建筑土遗址能保存到今天（图1）。

但是，千百年来，由于风化、雨水冲刷及其他自然因素的侵蚀破坏，特别是西北地区风沙的严重风蚀作用，大批古代建筑土遗址都已消失于戈壁荒野中，变成一堆堆沙土。虽然西北地区少雨干旱，但由于夯土在水中非常容易崩解，在漫长岁月中偶尔的强降雨对古代建筑土遗址的破坏是非常严重的，另外，还有裂隙渗雨水及地震等自然因素的破坏，少量幸存的土

图1 敦煌境内的汉长城及烽燧

遗址也大面积坍塌，正遭到毁灭性的破坏。因此，抢救保护土遗址是当前文物保护工作的当务之急。

2000年，国务院发出了《关于西部大开发中加强文物保护和管理工作的通知》，通知中特别强调了对大遗址的保护。去年，国务院又公布了《长城保护条例》，现已开始全面实施对世界文化遗产——长城的考古调查和抢救性保护。从20世纪60年代初开始，我国的文物保护工作者采用钠水玻璃等材料进行过防风化加固试验，但没有取得成功。后来又采用有机硅等一类有机加固材料进行加固试验，也没有获得明显的防风化效果。经过多年的实验研究，从20世纪80年代初开始，我们用PS（高模数的硅酸钾）加固的方法，成功的将一座新石器时代的陶窑连同土体从秦安县搬至兰州的甘肃省博物馆，之后又进一步用PS加固复原，在博物馆展出至今已有20余件，证明了PS对土建筑遗址有良好的加固效果。后来又对秦安大地湾居住遗址——F901房址的墙体、灶炕和柱洞等做了PS渗透加固，也证明了防风化加固效果明显[1]。

近年来，采用PS加固材料及相适应的加固工艺方法，先后对敦煌的玉门关、河仓城，宁夏西夏陵3号陵，吐鲁番交河故城瞭望台等国家保护级的土遗址进行了加固，都取到了明显的保护效果[2-16]。特别是2006年，通过投标的形式，开始对吐鲁番交河故城实施全面的抢险加固，这是目前我国规模最大，也是技术最难、最复杂的土遗址保护项目。

1 土建筑遗址的主要地质病害

土遗址所产生的种种地质病害与所处的环境密切相关，环境不同，所产生地质病害也不同。我国西北地区土遗址所处的环境有两类，一类是遗存于戈壁荒野中，如交河故城、西夏王陵、汉长城、玉门关等，这一类土遗址的主要病害以交河故城为例作

介绍。另一类是保存在室内的土遗址，如西安的半坡村遗址，在 20 世纪 50 年代考古发掘后立即建造了保护性的建筑物掩体。还有甘肃秦安大地湾 F901 房屋遗址，在 20 世纪 70 年代考古发掘后也立即建造了大厅，将遗址保存在室内，这一类土遗址的主要病害以半坡村遗址为例作介绍。

1.1　交河故城

由于交河故城处于炎热干燥的气候环境中，在这种环境中土体有较高的强度，因此，遗址基本保存完好，如大佛殿直立高达约 6.0m 的墙体，可看出当年建筑的宏伟和壮观。但遗址所处的地区常年有大风、沙暴，因此遗址的墙体遭受到非常严重的风蚀破坏。另外，雨水冲刷侵蚀所造成的破坏也很明显。由于遗址的墙体采用不同的工艺，如大型佛殿的建造是先挖造生土基础，再用版筑泥建造墙体。而一般的小型民居，则在挖造的生土基础上以夯土建筑墙体。因生土、夯土和版筑泥的物理力学性质有差异，矿物成分，特别是可溶盐的含量也有差异，因而在几种墙体上出现的病害形式也不完全相同，但主要病害有下列几种：

1.1.1　片状剥蚀

（1）雨蚀剥离

在交河故城可见两种类型的雨蚀剥离病害。一种是在暴雨作用下土体崩解成泥流附着在墙体上，在强烈的干湿交替作用下形成泥皮，由于风等外营力的作用，泥皮脱落。发育不同程度的墙面片状剥蚀，主要发育在墙体的西北面，生土墙体、垛泥墙体和夯土均有发育。另一种是龟裂纹，主要分布在垛泥墙表面，在大佛寺、东北小寺和西北小寺发育最为广泛。

（2）风蚀剥离

风蚀剥离病害在交河故城发育较为广泛，主要发育在土遗址的西北面，垛泥墙面主要表现形式是墙面被风吹蚀成凹凸不平的蜂窝状，在生土墙面主要表现为墙体表面残留有大量的结石小突起。

1.1.2　掏蚀

（1）酥碱

由于土体中含有较多的易溶盐，在水的作用下，土遗址土体中的可溶盐尤其是 Na_2SO_4 发生反复的溶解收缩－结晶膨胀，土体结构不断疏松。主要分布在台地的中部和南部，在地势较低处的墙基较为发育，多见在生土墙基。

（2）风力掏蚀

交河故城的风力掏蚀主要有两种形式。由于地层岩性的差异，胶结差的地层容易被风吹蚀，形成典型的风蚀病害。层状风蚀病害主要发生在生土地层。棒槌墙是墙基根部由于酥碱作用下结构变得疏松，在风的作用下墙基被掏蚀凹进，主要分布在生土墙基。

1.1.3　裂隙（缝）

（1）卸荷裂隙

在土遗址本体上，卸荷裂缝主要分布在一些宽大、高耸的土台上，土台一般近直立，裂缝宽，破坏性大。

（2）构造缝

交河故城的构造缝主要有两种表现形式。一种是新构造活动的结果，延伸长，分布广。还有一种是生土墙基的节理构造以及受其影响发育在上部墙体的构造缝。

（3）变形裂隙

交河故城的变形裂隙主要有两种形式。一种是由于窑洞的开挖，引起应力重分布导致的洞顶纵向裂缝和洞口变形裂缝。另一种是由于基础的不均匀沉降引起的变形裂隙，如塔林大金刚塔，基础是对自然地面略加整理，然后用夯土层进行找平。由于自然地面的起伏，夯土层厚度不一，夯土层厚的达 1.5m，最薄不足 10cm，由于自然土层和夯土压缩性的不同，在上覆遗址的重压下，地基产生不均匀沉降，引起遗址的变形拉裂破坏这种病害主要发育在有夯土找平层的土遗址。

（4）建筑工艺裂缝

交河故城建筑工艺裂缝主要有墙体之间的接槎缝和垛块之间的施工缝。主要分布在垛泥墙体上。垛泥墙由于施工时的垛缝以及墙间互不接槎，墙体干燥收缩在风和雨的作用下，裂缝不断加宽。

1.2　半坡村遗址

半坡遗址位于西安东郊浐河东岸，是黄河流域一个典型的母系氏族公社聚落遗址，距今六千多年。1953 年发掘后建造保护掩体，保护在室内，其主要病害有：

1.2.1　严重的污染

半坡遗址发掘出土已 50 多年，虽然当时修建了保护大厅，但因保护大厅比较简陋，四周有许多高窗。遗址附近有火力发电厂，煤场和棉纺织厂。电厂的烟尘，随风飘来的粉煤，纺织厂飘来的棉绒，对遗址的污染十分严重。新出土的遗址表面是淡黄带微红色的黄土，但经过 50 多年的污染，表面履盖了一层约 2 - 3cm 左右的粉煤、棉绒与风化土相混的暗灰色土层。

1.2.2　风化、泛碱

遗址的黄土中含有可溶盐，分析结果主要是无水芒硝 Na_2SO_4。受环境温湿度变化和地下水的影响，可溶盐反复溶解膨胀 - 结晶收缩，使遗址受到严重的风化破坏。如部分房层遗迹、墙壁残段和椽痕迹等，与出土时相比，外观变化很大。一些风化特别严重者，已面貌全非，变成一堆堆的积土。风化严重的遗址面上又覆盖了一层厚厚的烟尘、棉绒，和风化层混在一起，无法分离，给化学加固带来了很大困难。

1.2.3　开裂、块状剥落

半坡遗址中的部分房屋墙壁残段、窖穴和窑址等，由于受干燥收缩和卸荷等自然因素的影响，严重开裂、块状剥落，使遗址遭受到严重破坏。

2　土遗址的加固

根据土遗址的主要病害和破坏因素，对其保护加固分为：表面防风化的化学加固；防开裂、坍塌的裂隙灌浆、锚固，夯筑、培筑和建筑砌体的基础加固。

2.1　表面防风化的化学加固

在总结过去对土遗址保护研究和现场加固试验的基础上，确定了一套用 PS 溶液对土遗址表面进行防风化加固的工艺方法。

2.1.1　低浓度 PS 多次渗透加固

根据遗址墙体风蚀的严重程度，将加固的墙体分为两类：一类是严重风化，另一类是轻微风化。对风化的墙面以低浓度的 PS 溶液进行 2 - 3 次喷洒渗透加固，每次喷洒间隔一般 3 天为宜，其原则是待第一次喷洒的 PS 溶液凝固且干透后再做第二、第三次喷洒。这样尽可能使 PS 溶液达到理想的渗透深度，同时，在渗透加固过程中逐渐提高 PS 溶液的浓度，我们依次采用 3%、5%、7% 的 PS 溶液渗透。一般情况下，最后一次喷洒用 5% 的 PS 溶液，若墙体严重风化、孔隙也大，最后一次喷洒用 7% 的 PS 溶液。

土遗址中，有些墙体风蚀特别严重，墙面上形成许多约 5cm 大小不同凸出的小块，这些凸出小块的底部非常疏松，大部已松动，和墙连接不牢，随时都会剥离。遇到这种情况时，先用 3% PS 喷洒加固，使松动的小块初步加固，同时具有一定耐水性。待第一遍喷洒的 PS 干燥后，再从墙体上部开始，依次向下喷洒从遗址附近粘土中制备的泥浆。注意泥浆不宜太稠，应有较好的流动性，使其充分入渗到小土块底层疏松部位和裂隙中，能和墙体粘连。待喷洒的泥浆完全干透后，用与上述相同方法喷洒 3 - 5% PS 溶液，以加固喷洒在墙体上的泥浆。

有些遗址的墙体夯筑较密实，PS 溶液渗透性较差。如果在气温较高的环境条件喷洒加固，水分挥发快，大部分 PS 凝固在墙体表面，使强度过高，就有可能形成较硬的外壳而产生剥离。遇到这种情况时，先以干净水喷洒，使墙面湿润，半干时再喷洒 PS 溶液，能获得较好的渗透加固效果。

另外，对于风化层或疏松层较厚的部位，采用滴渗的方法进行加固，即在风化层较厚的部位开许多小孔，孔中插入胶管，以进行 PS 滴渗。滴渗时将 PS 液面提升到适当的高度，利用高差的液压控制适宜的滴渗速度。孔深和孔距根据风化层的厚度而定，其原理类似于帷幕灌浆，使每个孔中渗透的 PS 连片。

PS 加固后的墙体，一般呈现较新，颜色和质感与原墙体稍有差别。这种情况下，可进行做旧处理。其工艺是，最后喷洒一遍从遗址附近粘土中制备的、较稀的泥浆，待干燥后，再以 3% 的 PS 溶液喷洒加固，可达到修旧如旧的效果。有些加固后的墙体，经半年左右的时间后，可恢复到与原墙体基本相同的外貌，这种情况下，就不必再进行做旧处理。

2.2 夯筑基础

露天的古代建筑土遗址，经过千百年的风化、风蚀和雨蚀的破坏，一般墙基被严重掏蚀，形成上大下小倒立"棒槌形"，很容易造成坍塌。如果轻微掏蚀，就用无可溶盐的粘土，掺加约 1/6 的石灰（过筛），用净水拌和均匀，培筑被掏蚀凹进的基础。若用掺加适量 PS 的水（约 0.5%）拌和夯筑土，效果会更好。

如果墙基被严重掏蚀，凹进很深，这时无法夯筑。原因之一是垂直墙体夯筑无法施工，原因之二是夯筑产生的震动，随时可能造成墙体坍塌。这种情况下，将配制的夯筑土调成泥，制作土坯，用这种干透的土坯做砌体，填充掏蚀凹进的墙基。在进行夯筑和砌体前，将墙基掏蚀凹进部位表面的风化疏松层清除，喷洒 3% PS 进行渗透加固，最好再打钉适当数量的小木制锚杆，以增强夯筑土、土坯砌体与原墙体的连接强度。待夯筑土体和土坯砌体干后，以 5% PS 喷洒加固。同时，建造土坯砌体时必须特别注意，每做一层土坯砌体，就要做一次灌浆，以使土坯砌体与加固的墙体紧密连接，防止雨水入渗而破坏遗址。

2.3 锚固与裂隙灌浆

遗存在露天的土遗址由于强烈昼夜温差所引起的反复胀缩、以及雨水冲刷入渗、地震、冻融和卸荷等自然因素引起的开裂坍塌，对遗址造成特别严重的破坏。因此遗址的加固保护不仅要进行表面的防雨水冲刷和防风蚀、风化的化学加固处理，同时要对开裂的墙体进行锚固和裂隙灌浆等工程加固，使其结构稳定。

2.3.1 锚固

经过反复的现场试验，对小体量的土体以竹或硬质木锚杆锚固，对大体量的土体以楠竹加筋复合锚杆进行锚固。锚固前，在锚孔中注入适量 5% PS 对孔壁进行渗透加固，以提高锚固效果。锚固所用浆液为 PS +（粘土 + 粉煤灰），PS 模数为 3.6，浓度一般为 8%，粘土和粉煤灰的配比一般为 1 : 1，水灰比一般为 0.6。

2.3.2 裂隙灌浆

土遗址裂隙灌浆所采用的浆液与锚固所采用的浆液基本相同，只是裂隙灌浆时浆液所采用的水灰比一般较锚固的大，这要根据裂隙的大小和可灌性而定。

3 PS 加固土遗址的机理的初步探讨

通过对 PS 处理前后的粘土试样的 X - 衍射分析、结晶度测定、扫描电镜和透射电镜分析等方法的测试研究，以探讨 PS 加固土遗址的机理。

3.1 X 衍射分析

X 衍射分析采用日本理学 D/max - 2400 型 X 衍射仪分析经 PS 处理前后粘土试样。见图 2 - 4。

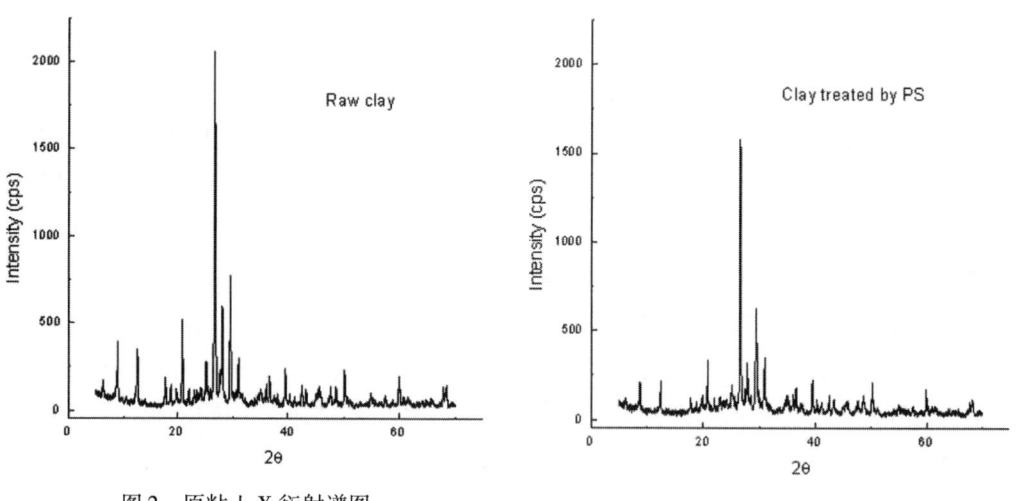

图 2　原粘土 X 衍射谱图　　　　　　图 3　PS 处理后的粘土 X 衍射谱图

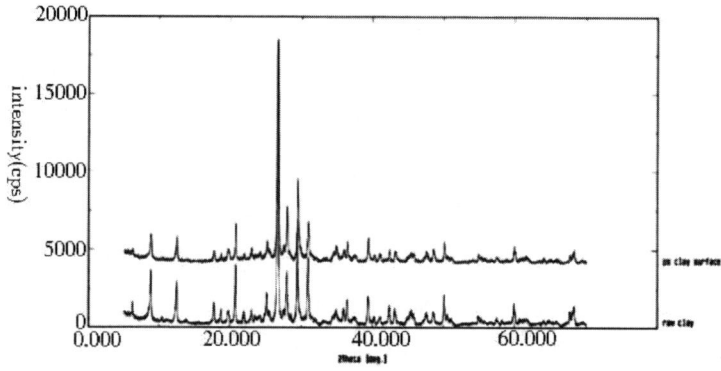

图 4　粘土经 PS 处理前后的 X 衍射谱图对比

3.2　电子能谱法

电子能谱法是测量结晶度的最常用方法之一。

在 VG SGENTIFIC LTD 公司生产的 ESCALAB210 电子能谱仪法上，对经 PS 处理前后的粘土作电子能谱法分析。结果见表 1。

表 1　粘土经 PS 处理前后 Si、Al 的结合能变化

样品	Si_{2p}/ eV	Al_{2p}/ eV
处理前	102.94	74.70
PS 处理后	102.40	74.22

3.3　结晶度测定

电子能谱法和 X 射线衍射法是测定结晶度的最常用的方法，粘土矿物在由晶态向非晶态的转变过程中，结晶度是一个重要的参数，它对于了解材料的各种物理性质随外界条件的变化关系是很重要的。

X 射线衍射法是通过测定结晶部分和非结晶部分累积衍射强度 Ic 和 Ia 来计算结晶度的。结晶部分的累积衍射强度等于样品衍射图谱的总强度减去非晶衍射峰的强度及背底强度。测定结果见表 2。

表 2　粘土经 PS 处理前后 X 衍射峰的强度变化

加固前		加固后	
d – Value	强度	d – Value	强度
10.0176（I）	1022	9.9500（I）	639
7.0981（C）	773	7.0642（C）	540
4.9900（I）	607	4.9844（I）	462

注：I 代表伊利石，C 代表绿泥石

3.4　扫描电镜分析

SEM 分析是在日本电子公司（TEOL）生产的 JSM – 5600LV 扫描电镜上进行。由于本实验所测的样品均为绝缘体，将样品粘在样品架上后，喷金以使其导电。测试条件为 20kv，将样品由低倍向高倍进行观察对比样品处理前后的形貌变化。观察结果见图 5、图 6。

 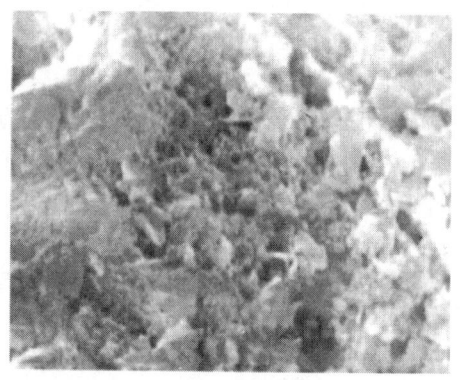

图 5　未经 PS 处理的粘土试样的扫描电镜　　　　图 6　经 PS 处理的粘土试样的扫描电镜
　　　　照片（×5000）　　　　　　　　　　　　　　　　照片（×5000）

3.5　透射电镜分析

TEM 分析是在日本电子公司生产的 JEM–1200EX 透射电镜上进行。取极少量的样品粉末固定在仪器测定专用的铜片上制成薄膜，然后上机拍摄经 PS 处理前后样品的晶体形貌和电子衍射图样，结果见图 7、图 8。

图 7　未经 PS 处理的粘土电子衍射图　　　　　　图 8　经 PS 处理后的粘土电子衍射图

3.6　结果讨论

从 X 衍射谱图 2、图 3、图 4 对比看出，粘土经 PS 处理后，粘土矿物各晶态物质的 X 衍射峰强度明显下降，说明与 PS 作用过程中消耗了一定量的粘土矿物，特别是经

PS 处理后的粘土矿物 X 衍射谱图中出现了一个明显的非晶态物质弥散峰，证明了粘土矿物经 PS 处理后，部分晶态粘土矿物已转化为非晶态物质。

前已述及，结晶度是表征物质结晶强度的重要参数，经 X 衍射测得，粘土经 PS 处理前后 X 衍射峰的强度变化如上表 2 所示，粘土经 PS 处理前后的结晶度分别为 75.87% 和 32.15%。结果表明了经 PS 处理后粘土矿物的结晶度明显下降。

表 1 列出了样品处理前后的样品中 Si、Al 的结合能变化数值，Si 的结合能相差 0.54eV，Al 的结合能相差 0.48eV。从化学状态来说结合能的降低是还原行为，说明在样品处理后 Si、Al 周围的电子云密度有所升高，是硅铝与其他原子的结合状态发生变化的结果。

从以上扫描电镜照片可以看到，粘土样经 PS 处理前为层状的、片状的结构，各晶体之间相互分离，孔隙大，这种结构具有吸水性强、强度小的特点，是粘土矿物易于风化的内在原因。而经 PS 加固后，我们可看到粘土的片状结构已消失，较大的孔隙也被充填，变为一种网状的致密结构。

从以上粘土经 PS 处理前后的电子衍射图 7 和图 8 中看出，粘土矿物的单晶呈规则的、片状形态，电子衍射图也呈规则的、六边形，说明是一个完好的单晶。经 PS 加固后，晶体形状发生了很大变化，电子衍射图证明粘土矿物已由纯粹的单晶变化为非晶化的混合晶体。

4 结 论

通过上述实验，证明了 PS 作用于粘土后，改变了分离的、片状的晶态粘土矿物的微观结构，形成了一种致密的非晶态凝胶网状结构。这种网状凝胶体有较高的力学强度，特别有好的水稳定性。因此，用 PS 喷洒渗透加固后的土遗址，有较好的抗风蚀性和较强耐雨水冲刷破坏。根据现场试验及实际工程应用结果显示，针对西北地区土遗址的病害，PS 及其相适应的加固工艺方法是行之有效的。

近年来，采用 PS 加固材料及相适应的加固工艺方法，如表面喷洒 PS 渗透加固；裂隙以 PS + F + C（PS：高模数硅酸钾，F：粉煤灰，C：粘土）浆液灌浆；危土体以竹、木或楠竹加筋复合锚杆锚固，先后对敦煌的玉门关、河仓城，宁夏西夏陵 3 号陵，吐鲁番交河故城等进行了抢险加固，都取到了明显的防风化、防雨蚀和防坍塌破坏的保护效果。

参考文献

[1] 李最雄. 丝绸之路古遗址保护. 北京：科学出版社，2003.

[2] 李最雄，王旭东，田琳. 交河故城土建筑遗址的加固试验. 敦煌研究，1997，(3)：171 - 188.

［3］李最雄，王旭东，郝利民．室内土建筑遗址的加固试验——半坡土建筑遗址的加固试验．敦煌研究，1998，（4）：144 – 149.

［4］李最雄，张虎元，王旭东．古代土建筑遗址的加固研究．敦煌研究，1995，（3）：1 – 17.

［5］李最雄，王旭东．PS 加固土质石质文物的稳定性和强度问题．敦煌研究，1996，（3）：96 – 111.

［6］李最雄，王旭东．古代土建筑遗址保护加固研究的新进展．敦煌研究，1997，（4）：167 – 172.

［7］李最雄，王旭东，张志军等．秦俑坑土遗址的加固实验．敦煌研究，1998，（4）：151 – 158.

［8］李最雄．应用 PS – C 加固风化砂岩石雕的研究．李最雄．石窟保护论文集．兰州：甘肃民族出版社，1994.

［9］李最雄．PS – C 对砂砾岩石窟岩体裂隙灌浆的研究．李最雄．石窟保护论文集：兰州：甘肃民族出版社，1994.

［10］李最雄．炳灵寺、麦积山和庆阳北石窟寺的风化研究．李最雄．石窟保护论文集：兰州：甘肃民族出版社，1994.

［11］黄克忠．岩上文物建筑的保护．北京：中国建筑工业出版社，1998.

［12］赵海英，李最雄，韩文峰等．西北干旱区土遗址的主要病害及成因．岩石力学与工程学报，2003，22（增2）：2875 – 2880.

［13］王旭东．中国西北干旱环境下石窟和土遗址保护加固研究［博士学位论文］．兰州：兰州大学，2003.

［14］赵海英．甘肃境内战国秦长城和汉长城保护研究［博士学位论文］．兰州：兰州大学，2005.

［15］孙满利．吐鲁番交河故城保护加固研究［博士学位论文］．兰州：兰州大学，2006.

［16］苏伯民，李最雄．PS 与土遗址作用机理的初步探讨］．敦煌研究，2000，（1）：30 – 35.

（原载于《中国土木工程学会第十届土力学及岩土工程学术会议论文集》，2008 年）

干旱区土遗址病害的分类研究

孙满利[1,2]，李最雄[2,3]，王旭东[2,3]，谌文武[2]

（1. 西北大学文博学院，西安，710069；2. 兰州大学文物保护研究中心，
兰州，730001；3. 敦煌研究院，敦煌，732600）

内容摘要：我国西北干旱区分布大量的土遗址，在分析干旱区土遗址病害的基础上，建立了按病害成因、病害表现形式和形成机理分类的土遗址病害三级分类体系和定义。将土遗址的病害分为两大类即自然破坏和人为破坏。自然破坏有五个亚类14个病害表现形式，包括片状剥蚀：雨蚀剥离病害、风蚀剥离病害和裂隙剥离病害；掏蚀：酥碱、风力掏蚀和流水掏蚀；裂隙（缝）：卸荷裂隙、构造缝、变形裂隙、建筑工艺裂缝；冲沟：裂隙型冲沟和径流型冲沟；生物破坏：动物病害和植物病害。人为破坏有两种即历史破坏和近现代破坏。

关键词：土遗址　病害分类

0　前　言

干旱区一般指降雨量少于250mm的地区，我国的西北大部分处于这一自然条件区，象甘肃的西北，新疆大部，及内蒙、宁夏、青海、陕西北部地区。在这些地区散布着众多的土遗址，土遗址就是包含一定价值和文化信息的以土质材料为主体的古代人类遗存或遗迹。土遗址按保护形式可分为两种：室外遗址和室内遗址。而室外遗址由于长期受自然和人为破坏，大多病害严重，病害分析是土遗址保护科学的核心，虽然对土遗址的病害已经有很多研究[1-10]，但是目前还没有一个系统的分类，对各种病害也没有准确的定义，这已经严重影响了土遗址的保护研究。因此，作者在总结西北干旱区室外土遗址本体病害特点的基础上，提出一种系统的分类方法，有利于规范土遗址保护的研究。

1　土遗址病害分类的定义及成因机理

1.1　土遗址病害的分类

土遗址的病害主要有两方面的因素形成，自然因素和人为因素，解决这两种因素造成的破坏的手段也不一样。对自然因素造成的破坏，主要采用科学保护技术的方法来解决，对人为因素造成的破坏主要采用科学管理的手段来解决。根据土遗址病害的这个特性，首先将土遗址的病害成因分成两大类，即自然破坏和人为破坏。对文物保护技术来讲，主要研究抵御自然破坏的办法。由于土遗址的自然破坏因素繁多，很少有单个因素作用的病害，往往是多种因素综合作用的结果，也可能是多种因素交替作用的结果。在土遗址保护工程中往往更多的是针对不同的病害现象采取相应的保护措施，因此，根据病害表现形式进行二级分类。由于病害的机理不同，保护加固所采用的材料和工艺方法也有差异，虽然病害是由多种因素造成，但在某一特定时期，有起主要作用的因素，因此，研究病害的机理时，要抓住起主要作用的因素。按病害形成机理对土遗址的病害进行分类，对保护研究是十分重要的，作者按不同的病害形成机理对土遗址的病害进行三级分类。见图1。

1.2　自然破坏（Ⅰ）

1.2.1　片状剥蚀（$Ⅰ_1$）

片状剥蚀是指土遗址的表面在外营力或内营力的作用下表面疏松起壳，在外力或重力作用下成片状或小块状脱落。它包含三种形式，雨蚀剥离病害（$Ⅰ_{1a}$）、风蚀剥离病害（$Ⅰ_{1b}$）和裂隙剥离病害（$Ⅰ_{1c}$）。前两种形式在西北干旱区的土遗址上非常普遍。

（1）雨蚀剥离病害

雨蚀剥离病害有两种表现形式。

当较大降雨发生时，雨滴的平均降落速度为 7 - 9m/s，对土遗址产生很大的冲击力，雨滴击溅可分为干土溅散、泥浆溅散、层状侵蚀三个阶段[11]。降雨初期，雨滴降落到相对比较干燥的土体表面，因土体颗粒间隙有空气充填，土粒还来不及吸取雨水，细小土粒只随雨滴溅散开，随着降雨时间的延长，表层土体空隙充填的水分逐渐增多，并继续接受雨滴的冲击、震荡，由于土遗址土的耐崩解性能较差，在雨的作用下，土体迅速崩解，当其土体表层水分增加到饱和程度后，即成为稀泥状态，降雨过程继续延长，土体表层的泥浆将阻塞土壤孔隙，妨碍水分继续下渗，形成泥浆状沿墙面流下，同时土体的可溶盐溶解流失，使墙面形成一层富含 $CaCO_3$ 的泥皮，当降雨停止时，部分泥流残留在土遗址的表面，随着温度的变化，残留在土遗址上的泥迅速干缩，形成

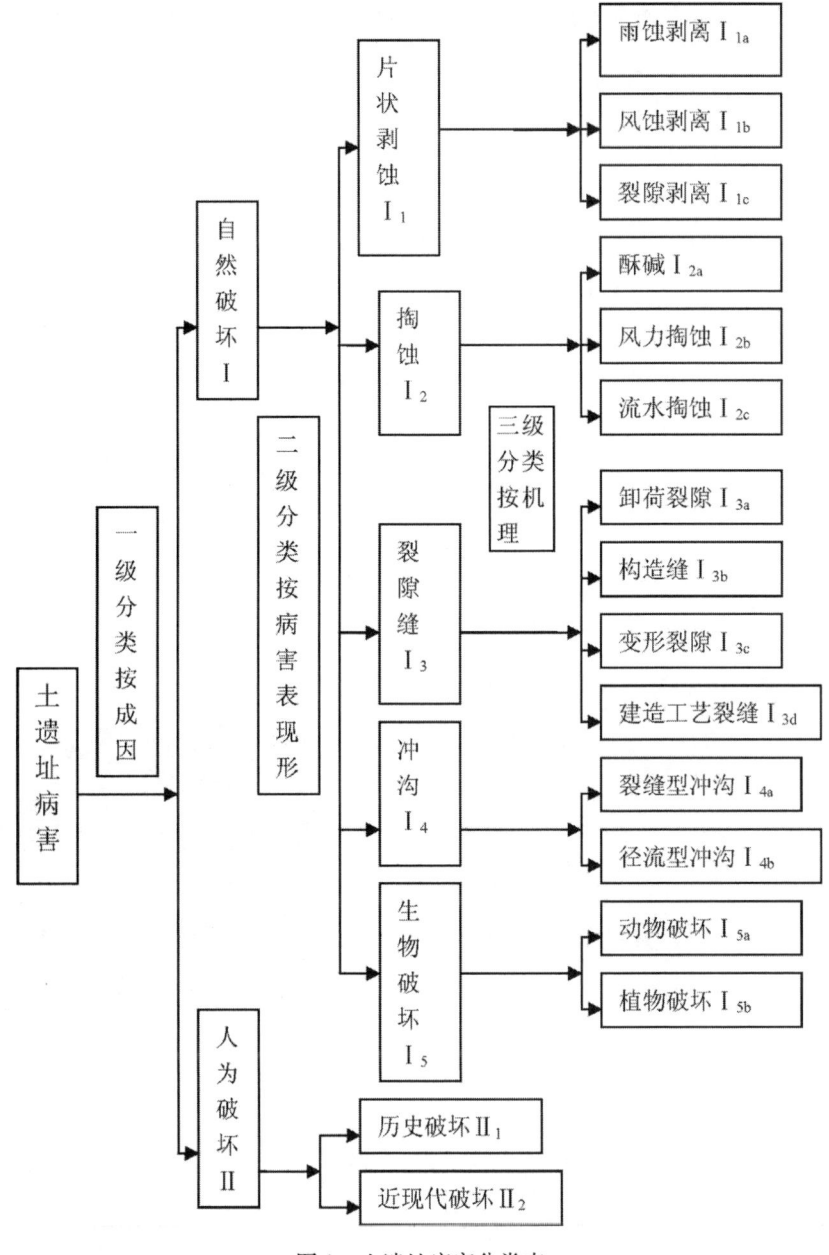

图1　土遗址病害分类表

一层壳，俗称泥皮（图2）。泥皮在形成过程中及后期，逐渐和土遗址表面新鲜土体分离，在外力主要是风的作用下，剥离脱落，形成雨蚀剥离病害。如果降水量较小，则在土遗址的表面不能形成泥流，但仍然会形成片状剥离病害，这是片状剥离病害的另一种形式，即龟裂纹。这是由于较小的降水会残留在土遗址的表面，由于该区温差较大，在温度急剧变化条件下，水分迅速蒸发，土遗址表面干缩龟裂，部分龟裂片可翘起和墙体分离，最后在外力作用下脱落。龟裂纹病害危害程度相对小于泥皮壳。

雨蚀剥离常分三个阶段：降雨形成泥皮，泥皮老化，脱落。这个作用是一个不断循环的过程，只要环境因素存在，它将一直进行下去。（图3、图4、图5、图6）

（2）风蚀剥离病害

风蚀剥离病害是指在风的作用下，土遗址墙面薄弱部分被风吹蚀成片状或小块状脱落，在墙面形成凹凸不平的蜂窝状（图7），或残留一些小突起。象交河故城垛泥墙的西北面的蜂窝状和生土墙残留的小结核都是风作用的结果。

土遗址的主要建筑材料是土，土是一种非均质的材料，其内部结构、矿物成分都存在差异，其风化性能也不同，这些差异性必然要反映在遗址表面，土遗址表面土体的强度就存在差别，风化层的强度和厚度都不同。风蚀剥离病害主要受风的吹扬作用和旋磨作用。风本身的冲击力可以将土体表面的薄弱部位吸扬到空中或剥离原地，当风速大于起动风速时，土粒将脱离原土体，同时风中的沙粒在土体的裂隙中或表面坑洼处表现出强烈的旋转运动，形成旋磨作用，加速土粒或土片的松动形成风蚀剥离病害。

图2　雨蚀形成的泥皮（交河故城塔林）

图3　形成泥皮（居延遗址东大湾城）

图4　泥皮老化发育（居延遗址东大湾城）

图5　泥皮脱落（居延遗址东大湾城）

图6　重新形成泥皮（居延遗址东大湾城）

图7　垛泥墙面风蚀剥离病害（交河故城东北佛寺西北墙外面）

（3）裂隙剥离病害

裂隙剥离病害是指由于原生节理、次生卸荷裂隙和次生风化裂隙等组合作用，在土遗址墙体表面形成一些片状、小块状分离体，在外力或重力作用下不断掉落。如汉长城部分地段，由于受密集节理和卸荷应力的组合作用，在墙体表面形成众多的小块体，在外力（风力、振动、雨、生物等）或重力作用下不断与墙体表面剥离。

1.2.2　掏蚀（I_2）

掏蚀是指土遗址在风、雨、水、盐类活动等单独或组合作用下不断掏蚀凹进形成的。在西北干旱区土遗址上它属一种典型病害，包括三种形式，酥碱（I_{2a}）、风力掏蚀（I_{2b}）和流水掏蚀（I_{2c}）。

（1）酥碱

酥碱是指在水的作用下，土体内部的盐分在土体遗址的表面富集，由于盐分的结晶、溶解后体积的变化，在膨胀——收缩的反复作用，土体结构不断疏松，引起土遗址的破坏，在外营力的作用下，土遗址不断凹进（图8）。

土遗址土中含有较多的可溶盐，由于温湿度的变化，引起土中可溶盐的反复溶解、结晶，尤其是 Na_2SO_4 反复的溶解收缩——结晶膨胀。Na_2SO_4 溶解度随温度的变化比较大（从15℃ - -5℃溶解度减小十几倍），因此，温度的降低将会导致大量的 $Na_2SO_4 \cdot 10H_2O$ 晶体析出，Na_2SO_4 在溶液中吸收 10 个水分子而转变为芒硝（$Na_2SO_4 \cdot 10H_2O$）晶体时，体积要增大 3.11 倍，使土体体积膨胀[12]。Na_2SO_4 盐具有结晶膨胀——溶解收缩——结晶膨胀的特性[13]，由于含水量的变化，或者由于温度变化，引起空气湿度和盐的溶解度的不同，都可以引起盐分的结晶与溶解，在这种反复作用下，土体结构不断疏松，在外营力的作用下，土遗址表面不断被掏蚀凹进，形成酥碱病害。

（2）风力掏蚀

风力掏蚀是指在风的磨蚀和旋蚀作用下，土遗址墙体、基础或地基形成掏蚀坑、掏蚀槽或掏蚀洞，甚至土遗址被穿透。象上大下小的棒槌墙。

　　风具有磨蚀和旋蚀作用，它一般发生在地面上 2.0m 以内[14]。由于土遗址往往基础被掩埋，或者地基已经出露，地面位置不定，因此，风可能作用在土遗址墙体，也有可能在基础或地基，在风的作用下地面以上 2.0m 以内的薄弱部位就会形成掏蚀坑、掏蚀槽或掏蚀洞（图9），甚至土遗址墙体被穿透。对生土墙体而言，如果地层差异较大，如交河故城部分墙体是由粉质粘土和粉沙层构成，二者的强度差异非常明显，也会被风掏蚀成层状地貌（图10）。

　　（3）流水掏蚀

　　流水掏蚀是指在降雨时由于有利于汇水地形的汇集作用，或者由于地表河流、引水渠道等的地面水对土遗址底部造成侵蚀，使土遗址的底部凹进（图11），如长城的部分墙体基础由于降雨产生地表径流对遗址基础的破坏。

图8　墙基酥碱（交河故城）　　　　　图9　风力掏蚀（交河故城大佛寺 EW1 墙）

1.2.3　裂隙（缝）（I₃）

　　裂隙（缝）是指土遗址内不同原因形成的裂隙或裂缝。它往往是坍塌或冲沟病害发生的条件。主要包括卸荷裂隙（I₃ₐ）、构造缝（I₃ᵦ）、变形裂隙（I₃꜀）、建筑工艺裂缝（I₃d）。

　　（1）卸荷裂隙

　　卸荷裂隙是指土遗址由于应力重分布向临空面释放引起土体变形而形成的裂隙，如陡峭土体的边坡卸荷裂隙（图12）。

　　土遗址是岩土体的一种，岩土体在十分悠久的赋存历史中，受过多次作用方式和作用特征各不相同的地质构造作用，从而形成了大小不等、方向各异的多组结构面。

图10 风蚀地貌（交河故城大佛寺外东40m）

图11 流水掏蚀（乌拉泊古城北门）

所以岩土体必然是含有多组裂隙的岩土体。在生土建筑中，一些陡峭土台必然在一定程度上继承了上述结构面。卸荷裂隙包括原生闭合裂隙的张开和新生裂隙的形成。无论是自然边坡还是人工边坡，当边坡的开挖使坡体内部原有应力状态发生变化，坡体应力重新分布，应力向临空面释放形成卸荷裂隙。

（2）构造缝

构造缝是指由于新构造活动产生的裂隙，或者沿构造活动遗留的裂隙或薄弱结构面形成的裂隙（图13）。它包括断层、节理面，地震作用产生的裂隙，以及在它们影响下土遗址产生的新的裂缝。如在交河故城，由于新构造活动强烈，产生较多的构造裂缝，它们是薄弱的结构面，在其他因素作用下，结构面张开、扩大、变形。在生土墙基，本身受节理的影响，同时其上覆墙体必然随着发生变化，产生构造缝。

图12 卸荷裂隙（交河故城南城区）

图13 构造裂缝（官署区街道旁）

（3）变形裂隙

变形裂隙由于应力的重分布，局部应力集中或产生张引力，当应力超过土体强度时，土体发生破坏，引起土遗址开裂变形，产生的裂隙。象窑洞顶部（图14、图15）、脸部的变形裂隙，基础的不均匀沉降产生的变形裂隙。虽然卸荷裂隙也是属于应力的作用，有一定的变形，但它主要是应力释放产生，而且它在土遗址中比较普遍，因而单列。

图14　洞顶变形裂缝（东城区）　　　　　图15　洞口变形裂缝（台地南端）

（4）建筑工艺裂缝

建筑工艺裂缝是指由于建筑工艺的原因，沿建筑工艺的接槎缝、结构缝、施工缝等产生的裂缝。如交河故城的垛泥缝，长城版筑墙体的版筑缝（图16、图17）。

由于建筑时墙体的接槎缝、结构缝、施工缝等部位属于墙体的薄弱环节，在风、雨、温度等的作用下，这些裂缝开裂，不断扩大，它属于次生裂缝。

图16　垛泥缝（交河故城东北佛寺）　　　图17　垛泥墙接槎缝（东北佛寺南墙入口10m）

1.2.4　冲沟（I_4）

冲沟是指由于地面水（包括降雨产生的地面径流）沿汇水地形流动，对土遗址表面造成的侵蚀破坏作用。主要有裂隙型冲沟（I_{4a}）和径流型冲沟（I_{4b}）。

（1）裂隙型冲沟

裂隙型冲沟是指降雨在土遗址顶部汇集，沿已有的裂隙不断冲蚀、扩大裂隙，并且规模（长度，宽度、深度）比裂隙更大，象居延遗址西大湾城多有此病害（图18）。这种病害一般发生在土遗址墙体的立面，这是区分它和径流型冲沟的显著特点。

（2）径流型冲沟

径流型冲沟是指由于地表水形成径流后对土遗址表面的侵蚀，象古城内的地面冲沟、一些宽大土遗址的顶部，包括一些体量较大的土遗址单体建筑，坡度较大，也可形成汇水面如西夏王陵陵台斜坡面的冲沟（图19）。

图18 裂隙型冲沟（居延遗址东大湾城）　　　图19 径流型冲沟（西夏王陵三号陵）

1.2.5 生物破坏（I_5）

生物破坏是指由于生物作用对土遗址造成的破坏。它包括动物病害（I_{5a}）和植物病害（I_{5b}）。

（1）动物病害

动物病害是指一些虫洞、鼠洞、鸟巢、鸟类粪便等动物作用造成的病害。

蚂蚁、蚯蚓等钻洞挖土，可不停地对岩石进行机械破碎，加速土体的风化，有些大的洞穴不断贯通、进水还可以引起土体的坍塌。

（2）植物病害

植物病害是指植物生长过程中，延伸在土遗址中的根系所造成的破坏作用引起的病害，在定

图20 植物破坏（定西秦长城）

西秦长城生长有茂盛的植物（图20），它们对长城造成生物风化作用。

生长在土遗址中的植物，随着植物的生长发育，其根部可以产生根劈作用，使土体结构变得疏松。植物在生长过程中，依靠太阳光辐射合成化合物时，通过分泌有机酸、碳酸、硝酸等溶液，溶解并吸收矿物中的某些元素，例如 P、K、Ca、Fe、Cu 等作为营养，即把土体作为自己生长的营养源，这种作用可使土体受到腐蚀性破坏，同时植物死后遗体腐烂，可分解出有机酸和 CO_2、H_2S 等溶于水后形成酸而对土体进行腐蚀破坏，加速土体的分解，降低土体抵抗自然破坏的性能。

1.3　人为破坏（Ⅱ）

1.3.1　历史破坏Ⅱ₁

历史破坏是指在人类历史上对土遗址所造成的破坏，这类破坏一般作为土遗址的原状应予以保存。

1.3.2　近现代破坏Ⅱ₂

近现代破坏是指近现代人类活动对土遗址造成的破坏，按照文物保护的要求一般应该修复的病害。

2　结　论

在分析干旱区土遗址病害的基础上，提出了按病害成因、病害表现形式和形成机理分类的土遗址病害三级分类体系和定义，分析了病害的成因。认为土遗址的病害分为两大类即自然破坏和人为破坏。自然破坏有五个亚类14个病害表现形式，包括片状剥蚀：雨蚀剥离病害、风蚀剥离病害和裂隙剥离病害；掏蚀：酥碱、风力掏蚀和流水掏蚀；裂隙（缝）：卸荷裂隙、构造缝、变形裂隙、建筑工艺裂缝；冲沟：裂隙型冲沟和径流型冲沟；生物破坏：动物病害和植物病害。人为破坏有两种即历史破坏和近现代破坏。

参考文献

［1］李最雄. 丝绸之路古遗址保护. 北京：科学出版社，2003.

［2］黄克忠. 岩土文物建筑的保护. 北京：中国建筑工业出版社，1998：9.

［3］王旭东. 中国西北干旱环境下石窟和土遗址保护加固研究. 兰州：兰州大学，2003.

［4］赵海英. 甘肃境内战国秦长城和汉长城保护研究. 兰州大学，2005.

［5］王旭东，张鲁，李最雄等. 银川西夏3号陵的现状及保护加固研究. 敦煌研究，2002（4）：64 －72.

［6］孙满利、李最雄、王旭东等. 交河故城的主要病害. 敦煌研究，2005（5）：92－94.

［7］王银梅. 西北干旱区土建筑遗址加固概述. 工程地质学报，2003，11（2）：189－192.

［8］田琳. 干旱地区生土遗址保护加固研究. 见：解耀华编. 交河故城保护与研究. 乌鲁木齐：新疆人民出版社，1999：177－225.

［9］赵海英，李最雄，韩文峰等. 西北干旱区土遗址的主要病害及成因. 岩石力学与工程学报，2003，22（增2）：2875－2880.

［10］李最雄，王旭东，田淋. 交河古城土建筑遗址的加固实验. 敦煌研究，1997（3）：171－181.

［11］郭耀文. 雨滴侵蚀特征分析. 中国水土保持，1997，4：15－18.

［12］高江平，杨荣尚. 含氯化钠硫酸盐渍土在单向降温时水分和盐分迁移规律的研究. 西安公路交通大学学报，1997，17（3）：22－25.

[13] 费雪良，李斌. 硫酸盐渍土压实特性及盐胀机理研究. 中国公路学报, 1995, 8 (1)：44 – 49.

[14] 郭宏. 文物保存环境概论. 北京：科学出版社, 2001.

Classification of Deteriorations Associated with Many Earther Heritage Sites in Arid Areas of Northw Est China

Sun Manli[1,2], Li Zuixiong[2,3], Wang Xudong[2,3], Chen Wenwu[3]

(1. College of Culture and Museology, Northwest University, Xi'an 710069;

2. Research Center of Conservation Culture, Lanzhou University, Lanzhou 730001;

3. Dunhuang Academy, Dunhuang 736200)

Abstracter：There are a great deal earthen sites in the arid areas of northwest China, based on the analyse of the issues of earthen sites of the arid area, the third grade classification system and definition about the issues of earthen sites is established, according to the difference of the cause of issues, the manifestation modality of issues, and engendered mechanism of issues. The issues of earthen sites was divided into the two major type, the nature breakage and the man breakage. The nature breakage had 5 second classification, 14 third classification, including slice – peeling (the rain erosion – peeling, the wind erosion – peeling and the cranny – peeling), recess (the salt – recess, the wind – recess and the fluvial recess), cranny (the unloading cranny, the tectonic cranny, the deformation cranny and the building cranny), gulch (the cranny – gulch and runoff – gulch), life – form breakage (the animal breakage and the plant breakage). The man breakage has two kinds, the old breakage and the latter – day breakage.

Key Words：the earthen sites, the issues classification

（原载于《工程地质学报》2007 年，第 15 卷第 6 期）

土遗址保护研究现状综述与进展

孙满利

（西北大学文博学院，西安，710069）

内容摘要： 土遗址保护是一门新兴的科学。土遗址保护研究虽然取得了很大的进步，土遗址保护科学也已初具雏形，但是土遗址保护科学的理论体系还不成熟，土遗址的研究还没有规范，土遗址保护技术还不能满足保护工程的需要。随着大量先进技术的运用，和社会需求的不断增大，它将进入快速发展期。

关键词： 土遗址　保护　现状

0　引　言

土遗址是指以土作为主要建筑材料的人类历史上生产、生活等各种活动遗留下来的遗迹，是一种重要的文物资源。文物是人类社会活动中遗留下来的具有历史、艺术、科学价值的遗物和遗迹。文物保护的历史很悠久，我国在宋代金石学的研究就已经开始文物保护，但是，文物保护真正成为一门科学还是近几十年的事情。土遗址保护作为文物保护的一个重要分支，是一个世界性难题，还没有形成完整的科学体系，随着科技的发展，土遗址的保护越来越引起人们的重视，人们对土遗址的认识逐渐加深，研究也逐步深入。

1　土遗址保护理念的发展与成熟

土遗址的大部分是古建筑遗址，由于土遗址保护研究较晚，还没有形成具有自身特色的保护理念，其保护理念目前还采用古建筑、古遗址的保护理念和思想。

古建筑的维修和保护在国外的发展经历了三个阶段。第一阶段：萌芽阶段。1721年，葡萄牙王国的霍奥五世所下赦诏中，提倡保护历史纪念物[1]，但在18世纪以前，欧洲还没有形成一定的理论和方法。第二阶段：发展阶段。19世纪中叶法国人 V. L. 杜克首次提出把古建筑修复置于科学基础之上，1844 年他在为巴黎圣母院进行修复设计的时候，提出了"整体修复"古建筑的原则。在同一个时期，英国人 J. 拉斯金提出了一个完全不同的见解，他从根本上否定了对古建筑的"修复"，认为"修复"即意味着破坏，而且是最彻底的破坏，对古建筑只能是加强经常性的保护，强调古建筑根本不可能修复，修复后的古建筑只不过是一个毫无生气的假古董。1880 年意大利人 C. 波依多对古建筑的保护和修缮，提出了新的见解，既反对 V. L. 杜克的主张，也反对 J. 拉斯金的观点。他认为古建筑的价值是多方面的，而不仅仅是艺术品，必须尊重建筑物的现状[2]。第三阶段：成熟阶段。20 世纪初期，G. 乔瓦诺尼补充和发展了波依多的理论。认为古建筑是历史发展的活的见证，要保护建筑物所蕴含的全部历史信息，包括它所赋存的原有环境，对历史上的一切改动或增添的部分都要保护。1933 年国际现代建筑会议第四次会议以乔瓦诺尼的理论为基础而形成的《雅典宪章》提出了"保存好代表某一时期的、有历史价值的古建筑，具有教育今人和后代的重要意义；并提出在可能条件下，交通干道应避免穿越古建筑区。"的观点。1964 年 5 月 31 日在意大利威尼斯，国际古迹遗址理事会（ICOMOS）第二次会议通过了保护古建筑及历史地段的《威尼斯宪章》，提出了"古迹的保护包含着对一定规模环境的保护，古迹的保护至关重要的一点在于日常的维护，古迹的保护与修复必须求助于对研究和保护考古遗产有利的一切科学技术，不得整个地或局部地搬迁古建筑"等论述。1972 年 11 月联合国教科文组织第十七届会议通过了《保护世界文化和自然遗产公约》，提出了整个国际社会有责任参与保护具有突出普遍价值的文化和自然遗产。1994 年通过的《奈良真实性文件》则从文化多样性方面，对文物修复的真实性进行了重新定义，强调亚洲文化的特殊性和多样性，主张在理念和相应的保护方法上根据遗产的特质来确定。"在其后若干年间，保护的对象逐渐从遗产本体扩展到遗产的环境，包括自然环境和社会环境，物质环境和非物质环境。"2005 年 10 月 21 日国际古迹遗址理事会第 15 届大会通过的《西安宣言》指出："凡是对古建筑、古遗址和历史区域的价值构成影响的自然、人文、社会、经济环境都将被看作是文物本身的一部分；而在具体的文物保护实践中，则要加入环境干预的内容。"

在中国，把古建筑作为专门保护的科学，起始于二十世纪初[3]。1928 年成立了中央古物保管委员会，颁布了第一个古物保存法。1929 年，中国营造学社成立以后，梁思成等开创了用现代建筑方法研究古代建筑的先河，把文物古建筑保护和研究的工作，提高到一门专业科学的水平。但作为文物科技保护事业形成规模，则开始于二十世纪六、七十年代，确定了"重点保护，重点发掘，既对基本建设有利，又对文物保护有利"的方针。这一阶段是我国文物保护探索阶段，其基本理念也适合土遗址。1982 年第一部《中华人民共和国文物保护法》和 1992 年公布的实施细则及有关文物保护科技管理办法，明确提出了"保护为主，抢救第一，合理利用，加强管理"的原则。2004 年，由国际古迹遗址理事会（ICOMOS）中国国家委员会联合美国盖蒂保护所、澳大利亚遗产委员会制订的《中国文物古迹保护准则》，标志着文物保护技术已走向科学化和规范化的轨道，也标志着中国的古遗址和古建筑保护理念开始走向成熟。2005 年随着《西安宣言》的发表，标志着中国文化进入了国际主流，也标志着中国土遗址保护理念和世界接轨。

2 土遗址保护技术的研究现状

土遗址的保护虽然开展较早，如博物馆式保护、展示，但是真正科学意义上的土遗址保护技术的研究相对较晚。科学的土遗址保护技术研究是在 20 世纪 60 年代以后，国内开展更晚，20 世纪 80 年代末才开始在少数几个地方进行土遗址保护技术研究试验[4]。关于土遗址的研究主要集中在以下方面：土遗址的病害及破坏机理，如病害成因研究[5-10]，提出风、雨、温度、洪水、地震等自然因素都可对土遗址产生破坏的观点；土遗址的风化机理[11-15]，以及冻融风蚀机理[16]；土遗址发掘与现场保护[17]；环境和土遗址的关系[18-20]；土遗址的勘察测试方法[21-22]，如近景摄影、航空遥感、地震物探、面波仪和声波仪等大量应用；土遗址的建筑形制[23-24]；土遗址的保护加固技术[25-33]；土遗址表面防风化加固材料[34-40]，尤其对高模数的硅酸钾溶液（简称 PS）的研究已经深入到 PS 对土的作用机理研究[41-42]；关于灌浆材料[43-47]和锚杆锚固技术也取得了新进展[48]。

2.1 土遗址保护加固技术研究的新进展

（1）防风化材料的研究

防止土遗址表面风化材料的研制一直是土遗址保护研究的重点和难题。文物工作者曾尝试了多种材料：无机材料如硅酸钠、硅酸钾、硅酸铝、氢氧化钙、氢氧化钡等；有机高分子材料类如有机硅树脂、有机聚合物材料（全氟聚醚、环氧树脂、聚氨酯树脂、醋酸乙烯酯、丙烯酸等）；无机—有机复合材料如硅酸钾—甲基三乙氧基硅烷等。

土遗址防风化保护的工程不多，在国外 1969 年 Giacomo Chiari 等人采用正硅酸乙酯—乙醇体系，聚醋酸乙烯酯和丙烯酸树脂（注射）等对伊拉克某遗址（Selcucia and Hatra in Iraq）风干砖的保护[49]；1975 年秘鲁采用正硅酸乙酯与乙醇混合体系处理土坯建筑的表面[50]；20 世纪六七十年代日本采用甲基丙烯酸树脂加固土质；日本学者采用聚氨酯树脂保护古墓[51]。在国内单玮等采用丙烯酸树脂对秦始皇兵马俑炭化遗迹的保护[52]，张宗仁等采用有机硅单体、低聚物、高聚物等材料对秦俑弩弓迹、车轮迹、西安半坡部分土遗址、西安老牛坡商代古墓群中车马坑的保护[53]。近年来，李最雄等在无机材料的改性方面研制出一种特别适用于西北干旱地区土遗址保护的 PS 材料，并在西北地区大面积推广使用，成效显著。

1983 年，尝试采用 PS 渗透的方法加固秦安大地湾居住遗址，取得了明显的防风化效果；1992 年，通过系统研究，在室内试验取得成功的基础上，先后在甘肃省安西县的汉代破城子古城遗址、吐鲁番交河故城 4 号寺、西安半坡遗址、秦俑坑遗址、三门峡虢国墓地车马坑进行了现场试验，通过这些试验，得出了 PS 加固土遗址的合适的模数、浓度、施工工艺参数。室内试验与现场试验结果表明，PS 加固西北干旱区土遗址能保证材料有较好的渗透性，因而起到了保护加固遗址表面风化层的作用，避免遗址在自然营力作用下的进一步剥蚀破坏[6]。1999 年至 2002 年，采用多学科的测试手段—X 射线衍射分析、扫描电子显微镜分析、透射电子显微镜分析、X 射线能量色散谱分析、孔隙率和比表面分析以及差热分析，对 PS 材料本身及其与粘土矿物、粘性土（西夏陵遗址土）作用的机理进一步进行研究，研究表明，经 PS 材料加固后的遗址土体仍具有良好透气透水性的特点[8]。同时发现 PS 材料不仅改变了土体中粘土矿物的结构，并可与土中的可溶性盐类发生一系列的化学反应，生成硅酸盐凝胶等产物，改变了土的成分和结构，从而改善了土的一系列工程性能，提高了土体抵抗自然营力破坏的能力[54]。1998 - 2002 年应用 PS 材料对甘肃敦煌玉门关、河仓城和宁夏王陵三号陵墓、交河故城瞭望台进行了保护加固工程，经过实际工程检验，PS 材料已经取得认可，目前正处于推广应用阶段。

近年来，对潮湿地区的土遗址表面防风化材料研究也取得了一些成就，但都是处于试验阶段，还没有达到工程应用程度，如偏氟聚物[34]、丙烯酸树脂[35-36,38]等。

（2）灌浆材料的研究

灌浆材料一般用于土遗址裂缝灌浆填充和破碎块的粘连。国外常用的有石灰粉、火山灰、石英砂与水混合，或者粘性土与石灰水混合[55]；在国内，作为土遗址裂隙灌浆系列材料的 PS—C、PS—F 在交河故城、高昌故城、玉门关、阳关等工程应用中已获得成功。

（3）锚固技术的应用

土遗址的加固主要解决两方面的问题，一是表面防风化，二是整体稳定性，对于防风化的研究前文已经叙述，对稳定性的加固主要采用砌补、灌浆、锚杆锚固。锚杆材料主要有钢筋[56]、木锚杆[57]和楠竹加筋复合锚杆。

锚固技术在文物保护领域的应用首先在石窟寺危岩体的加固工程中取得成功。怎样将锚固技术合理地应用到土遗址是当前研究的一个新课题。20 世纪 90 年代中期，利用薄壁钢管在甘肃安西破城子遗址进行了锚固试验，尝试探索利用锚杆加固土遗址的新技术[58]。近年来，又进行了木质锚杆的试验研究，通过对夯土加固采用木质锚杆的研究[59-60]，试验结果表明注浆材料与土体及木质锚杆均有较好的固结性。在试验基础上，敦煌研究院在玉门关、河仓城、西夏王陵、交河故城瞭望台加固工程中以木质锚杆对破损墙体进行锚固，工程应用效果良好。另外，由于木质锚杆只能对小体量的墙体进行锚固，2005 年，采用楠竹加筋复合锚杆加固土遗址，已经试验成功[61]，并且在交河故城保护加固工程中得已运用。

2.2　土遗址研究的存在问题

土遗址保护研究虽然取得了很大的进步，但土遗址保护科学的体系还没有完全建立，有关土遗址保护的概念还十分紊乱，尤其对土遗址病害的概念分类体系还没有完全建立。土遗址保护工程的勘察、设计、施工、监理和检测还没有形成规范，尤其将现代科学技术的新手段、将无损检测技术应用到土遗址保护工程的监测上还有很多的工作要做。在PS 材料的应用上，还没有形成规范性的工艺，限制了它的推广应用。由于文物的复杂性，土遗址保护加固的技术还有待进一步的发展和完善。通过现代无损（微损）分析技术、材料科学和环境科学的应用研究，解决文物保护中的关键技术问题。在重大文物保护项目的实施中，运用文物科技基础研究的新成果，积极应用高新技术，改进适用的传统技术，加强文物保护的原创技术和集成技术攻关。在考古发掘现场保护等方面，都需加紧研究，形成一批具有广泛推广价值的技术。这些问题的存在为我们今后工作指明了研究方向。

3　结　论

土遗址保护研究虽然取得了很大的进步，积累了大量的资料，但是土遗址保护科学的理论体系还不成熟，土遗址的研究还没有形成规范，土遗址保护技术还不能满足保护工程的需要，但是，土遗址保护科学已初具雏形，随着大量先进技术的运用，它将进入快速发展期。

参考文献

[1] 田中琢．文物保护的思想．考古与文物，1995（2）：86 – 90.

[2] 世界各国文物保护的历史发展概况．了望，1994（3）：17 – 18.

[3] 鲍小会．中国现代文物保护意识的形成．文博，2000（3）：75 – 80.

[4] 黄克忠．岩上文物建筑的保护．北京：中国建筑工业出版社，1998：9.

[5] 解耀华．交河故城的历史及保护修缮工程．见：解耀华编．交河故城保护与研究，乌鲁木齐：新疆人民出版社，1999：31 – 32.

[6] 李最雄．丝绸之路古遗址保护．北京：科学出版社，2003.

[7] 赵海英，李最雄，韩文峰等．西北干旱区土遗址的主要病害及成因．岩石力学与工程学报，2003，22（增2）：2875 – 2880.

[8] 王旭东．中国西北干旱环境下石窟和土遗址保护加固研究．兰州：兰州大学，2003.

[9] 赵海英．甘肃境内战国秦长城和汉长城保护研究．兰州：兰州大学，2005.

[10] Sikka, Sandeep. Theme: Decay and Conservation: Research and Practice Topic: Conservation of Historic Earth Structures in the Western Himalayas. in. 9th International Conference on the Study and Conservation

of Earthen Architecture Terra 2003. yazd – IRAN, 2003: 513 – 530

[11] Giacomo Chiari. Chemical Treatments and Capping Techniques of Earthen Structures: A Long—Term E-valuation. In: 6th International Conference on the Conservation of Earthen Architecture. Las Cruces, New Mexico, U. S. A. , 1990, October, 14—16, p267, 270.

[12] 刘林学, 张宗仁, 薛茜等. 古文化遗址风化机理及其保护的初步研究. 文博, 1988 (6): 71 – 75.

[13] 张万学. 半坡遗址风化问题浅析. 文博, 1985 (5).

[14] 贾文熙. 土质文物的风化机理与保护刍议. 文物养护与复制适用技术. 西安: 陕西旅游出版社, 1997.

[15] 张志军. 秦兵马俑文物保护研究. 西安: 陕西人民教育出版社, 1998: 104—106.

[16] 屈建军, 王家澄, 程国栋等. 西北地区古代生土建筑物冻融风蚀机理的实验研究. 冰川冻土, 2002, 24 (1): 51 – 55.

[17] 周双林. 谈谈考古发掘中文物的现场保护. 文物世界, 1999 (04): 17 – 20.

[18] 潘别桐, 黄克忠. 文物保护和环境地质. 北京: 中国地质大学出版社, 1992.

[19] 郭宏. 文物保护环境概论. 北京: 科学出版社, 2001.

[20] D'Aragon, Jean. Earth As an Element of Persistence in South African Xhosa Culture. in: 9th International Conference on the Study and Conservation of Earthen Architecture Terra 2003. yazd – IRAN, 2003: 120 – 127.

[21] 马清林, 苏伯民, 胡之德等. 中国文物分析鉴别与科学保护. 北京: 科学出版社, 2001.

[22] 黄克忠. 岩土文物建筑的保护. 北京: 中国建筑工业出版社, 1998: 47 – 53.

[23] 李肖. 交河故城的形制布局. 北京: 文物出版社, 2003.

[24] 姜波. 汉唐都城礼制建筑研究. 北京: 文物出版社, 2003.

[25] 秦俑坑土遗址保护课题组. 秦俑坑土遗址的研究与保护. 见: 秦始皇兵马俑博物馆编. 秦俑学研究. 西安: 陕西人民教育出版社, 1996 (8): 1388 – 1403.

[26] 李最雄, 王旭东. 古代土建筑遗址保护加固研究的新进展. 敦煌研究, 1997 (4): 167 – 172.

[27] 李最雄, 张虎元, 王旭东. 古代土建筑遗址的加固研究. 敦煌研究, 1995 (3): 1 – 17.

[28] 李最雄, 王旭东, 张志军等. 秦俑坑土遗址的加固试验. 敦煌研究, 1998 (4): 151 – 158.

[29] 李最雄, 王旭东, 田琳. 交河故城土建筑遗址的加固试验. 敦煌研究, 1997 (3): 171 – 188.

[30] 李最雄, 王旭东, 郝利民. 室内土建筑遗址的加固试验——半坡土建筑遗址的加固试验. 敦煌研究, 1998 (4): 144 – 149.

[31] 王旭东, 张鲁, 李最雄等. 银川西夏 3 号陵的现状及保护加固研究. 敦煌研究, 2002 (4): 64 – 72.

[32] 李最雄. 丝绸之路古遗址保护. 北京: 科学出版社, 2003.

[33] 内蒙古博物馆. 大窑遗址四道沟地层剖面 "PS" 材料保护加固实验报告. 内蒙古文物考古, 2002 (1): 135 – 139.

[34] 和玲, 梁国正. 偏氟聚物加固保护土质文物的研究. 敦煌研究, 2002 (6): 92 – 108.

[35] 周双林, 原思训, 杨宪伟等. 丙烯酸非水分散体等几种土遗址防风化加固剂的效果比较. 文物保护与考古科学, 2003, 15 (2): 40 – 48.

[36] 周双林, 王雪莹, 胡原, 等. 辽宁牛河梁红山文化遗址土体加固保护材料的筛选. 岩土工程学报, 2005, 27 (5): 567 - 570.

[37] 周双林. 文物保护用有机高分子材料及要求. 四川文物, 2003 (3): 94 - 96.

[38] 周双林, 原思训. 有机硅改性丙烯酸树脂非水分散体的制备及在土遗址保护中的试用. 文物保护与考古科学, 2004, 16 (4): 50 - 52.

[39] 周双林. 土遗址防风化加固保护材料研制及在秦俑土遗址的试用. 北京: 北京大学, 2000.

[40] 李最雄. 丝绸之路古遗址保护. 北京: 科学出版社, 2003.

[41] 苏伯民, 李最雄, 胡之德. PS 与土遗址作用机理的初步探讨. 敦煌研究, 2000 (1): 30 - 35.

[42] 王银梅. 西北干旱区土建筑遗址加固概述. 工程地质学报, 2003, 11 (2): 189 - 192.

[43] 中国对外翻译出版公司, 联合国教科文组织出版办公室. 文物保护工作中的适用技术. 北京: 中国建筑工业出版社, 1985: 109.

[44] 范章. SV - Ⅱ灌缝胶及其在古建筑土坯墙体加固中的应用. 西北建筑与建材, 2003 (5): 26 - 28.

[45] 杨涛, 李最雄, 谌文武. PS - F 灌浆材料的物理力学性能. 敦煌研究, 2005 (4): 40 - 50.

[46] 庞正智. 加固交河古代遗址裂缝. 文物, 1997 (11): 88 - 91.

[47] 熊厚金, 胡一红, 张展. 高分子灌浆防水加固技术对沙土层文物的原位保护. 见: 国家文物局文物一处编. 文物科学技术成果应用指南.

[48] 李最雄. 丝绸之路遗址保护. 北京: 科学出版社, 2003.

[49] Giacomo Chiari. Chemical Treatments and Capping Techniques of Earthen Structures: A Long—Term Evaluation. In: 6th International Conference on the Conservation of Earthen Architecture. Las Cruces, New Mexico, U. S. A., 1990, October, 14—16, p267, 270.

[50] 中国对外翻译出版公司, 联合国教科文组织出版办公室. 文物保护中的适用技术. 北京: 中国建筑工业出版社, 1985: 109.

[51] 周双林. 土遗址防风化保护概况. 中原文物, 2003 (6): 78 - 83.

[52] 单玮, 张康生, 刘世勋. 秦俑一号坑碳化遗迹的加固. 见: 秦始皇兵马俑博物馆编. 秦俑学研究. 西安: 陕西人民教育出版社, 1996: 1385 - 1387.

[53] 张宗仁, 樊北平. 几处商秦土遗迹的保护. 见: 秦始皇兵马俑博物馆编. 秦俑学研究. 西安: 陕西人民教育出版社, 1996: 1379 - 1383.

[54] 李最雄. 丝绸之路古遗址保护. 北京: 科学出版社, 2003.

[55] 黄克忠. 岩土文物建筑的保护. 北京: 中国建筑工业出版社, 1998: 109.

[56] 黄克忠. 岩土文物建筑的保护. 北京: 中国建筑工业出版社, 1998: 111.

[57] 王旭东, 张鲁, 李最雄等. 银川西夏 3 号陵的现状及保护加固研究. 敦煌研究, 2002 (4): 64 - 72.

[58] 李最雄. 丝绸之路古遗址保护. 北京: 科学出版社, 2003.

[59] 李最雄, 王旭东. 古代土建筑遗址保护加固研究的新进展. 敦煌研究, 1997 (4): 167 - 172.

[60] 黄克忠. 走向二十一世纪的中国文物科技保护. 敦煌研究, 2000 (1): 5 - 9.

[61] 孙满利. 交河故城保护加固研究. 兰州: 兰州大学, 2006.

Research Status and Development of the Conservation of Earthen Sites

Sun Manli

(College of Culturd and Museology, Northwest University, Xi'an 710069, China)

Abstract: The conservation of earthen sites is a newly arisen science. Although there is the very big advance about the research of the conservation of earthen sites, the earthen sites conservation science already have early embryo too, but the theories system of the earthen sites conservation science is still not mature, there is a lack of norm about the research of earthen sites, the protection technique of earthen sites can't still satisfy to protection engineering. It will enter fleetness development period along with advanced technical application and ceaseless increscent society demanding.

Key Words: The earthen sites, conservation, the present situation

（原载于《文物保护与考古科学》2007 年，第 19 卷第 4 期）

土质文物的风蚀模型

严耿升[1]，张虎元[1]，郭青林[1,2]，王晓东[1]，龙玉凤[1]

（1. 西部灾害与环境力学教育部重点实验室，兰州，730000；

2. 敦煌研究院，敦煌，736200）

内容摘要： 在西北地区寒旱环境条件下，受干湿、冻融、风蚀等自然条件以及人为因素的影响，土质文物逐渐剥落坍塌。在众多破坏因素中，风蚀危害是最严重的因素之一。土质文物本体具有一定的内聚力，表现出不同于散体土壤颗粒风蚀行为。通过对土壤风蚀影响因素和已有风蚀预测模型的分析，提出了适用于土质文物的风蚀预测模型。研究将土质文物风蚀影响因素分为营力子系统（风力）和响应子系统（粒度、含水率、强度）。通过对土质文物风蚀营力子系统和响应子系统的分析，土质文物的风蚀模型应包括风速（V）、土体含水率（W）、粒径（d）和土体强度（F）四个影响因子，根据的分析，其函数形式为 $E = f\ (e^{A_0 V},\ W^{1/2},\ d^{-2},\ F^{-1})$。土质文物不同于土壤，在无植被覆盖、灌溉翻耕的情况下，能够比较客观的反映土质文物受到风蚀的情况。且在对前人风蚀实验数据总结的基础上，提出了风蚀量与风速、风蚀时间、风蚀面积之间的定量关系，可以用于预报一次风蚀事件的风蚀量。

关键词： 土质文物　风蚀　模型　风速　含水量

0　前　言

　　我国西北地区现有的国家级重点土遗址文物共有 43 处，其中新疆境内 22 处、甘肃境内 11 处、宁夏境内 5 处、青海境内 5 处；省级重点土遗址文物近 400 处[1]，保存在西北干旱环境下的土遗址主要有古城、长城、关隘、烽燧、土塔及陵墓等均受到风蚀的影响[2]。诸如土遗址此类的土质文物在露天保存几百年甚至上千年，其形态已被大幅度改变，有的甚至只剩下一些依稀可见的轮廓。这是因为在西北地区寒旱环境条件下[3-5]，受干湿、冻融、风蚀等自然条件以及人为因素的影响，土质文物逐渐剥落坍塌造成的。在众多破坏因素中，风蚀危害是最严重的因素之一。准确预测风蚀及由风蚀引起的劣化问题，对露天土质文物制定保护规划，确定保护加固措施以及检验保护效果，延长文物的寿命等十分必要。本文在国内外现有的土壤风蚀研究的基础上，结合露天土质文物的特性，提出了适用于露天土质文物的风蚀模型。

1 土壤风蚀预测模型

1.1 WEQ 模型

Woodruff 和 Siddoway[6] 于 1965 年提出了第一个风蚀预报模型—WEQ。WEQ 是一个用于估算田间年风蚀量（E）的模型，包含土壤可蚀性因子（I）、土壤表面粗糙度因子（K）、气候因子（C）、地块长度因子（L）以及植被覆盖因子（V）等 5 组 11 个变量。其函数关系式为为：$E = f(I, C, K, L, V)$。风蚀预报系统（WEPS）是美国农业部组织多学科科学家开发研究的一个连续的以过程为基础的模型，可以模拟每日的天气、田间条件及风蚀状况等。研究开发风蚀预报系统的目的，是为了提高土壤风蚀评价技术，增加风蚀悬浮土壤流失量计算等新功能。

1.2 克拉瓦洛维克（Cravailovic）风蚀强度公式

姚洪林等采用的克拉瓦洛维克的风蚀强度公式计算新疆多伦县地区风蚀情况[7]，风蚀强度公式：

$$E_P = T \cdot V \cdot D_e \cdot X_\partial \cdot A \tag{1}$$

式中：E_P—年风蚀量；

T—为温度系数，$T = (t/10) + 0.1$，t—年平均温度；

V—年平均风速；

D_e—无雪覆盖时期的年平均风日数；

Y—土壤抗蚀系数（沙为 2.0，最抗蚀土壤为 0.25，其他为 2.0 – 0.25 之间）；

X_∂—汇水区结构系数（耕地或裸地为 0.9 – 1.0，荒地为 1.0，森林地为 0.05）；

A—汇水区面积。

该模型主要通过土壤的稳定程度来反映对风蚀的影响，根据不同地表状况下的实测数据研究地表粗糙度对风蚀的影响。

1.3 小流域风蚀量统计模型

董治宝[8] 应用系统分析的方法，提出用营力系（A）、响应系（R）和影响系（I）表述土壤风蚀预报模型，即认为用风速 V（m/s）、空气相对湿度 H（%）、土体颗粒平均粒径 d（mm）、土体硬度 F（N/cm^2）、植被盖度 VCR（%）、地表破碎率 SDR（%）、地表坡度 θ（°）可以构造风蚀预报方程。依据风洞模拟实验结果，提出满足区域以 1a 为尺度的估算模型，如式：

$$Q = \iiint (A \cdot B) \; dx \cdot dy \cdot dt \tag{2}$$

式中：$A = 3.90 \; (1.0413 + 0.0441\theta + 0.0021\theta^2 - 0.0001\theta^3)$

$B = V^2 \; (8.2 \times 10 - 5)^{V_{CR}} S_{DR}^{\;2} / \; (H^8 d^2 F) \; x, \; y, \; t$

$x, \; y$ 为距参照点距离（东西和南北方向）；

t 为时间（S）。

1.4　帕萨克（Pasak）模型

帕萨克于 1973 年提出的风蚀模型旨在预测单一风蚀事件[9]，其模型形式如（3）式所示：

$$E = 22.02 - 0.72P + 1.69V - 2.64W \tag{3}$$

式中：E—风蚀量；

P—不可蚀颗粒所占百分比；

V—风速；

W—相对土壤湿度。

该模型以简单的函数关系来预测风蚀量，系经验性模型，应用起来方便，但缺少一些其他必要的变量，如土壤表面粗糙度等因子，在实际应用中存在一定的局限性。

1.5　波查罗夫（Bocharov）模型

前苏联科学家波查罗夫认为，风蚀取决于众多的因素，包括地表土壤物理性质和若干气流特征参数[10]。他于 80 年代初期曾提出如下模型：

$$E = F \; (V, \; S, \; M, \; A) \tag{4}$$

式中：E—风蚀程度；

V—风况特征；

S—土壤表层特点；

M—气候要素特征；

A—人类对土壤表面的干扰程度以及与农业活动有关的其他一些因子。

该模型中的风况由以下参数决定：风速、风向、气流湍流程度以及风速的频率分布。土壤特征包括机械组成、湿度、团块结构、表面结壳、土壤结构的水稳性等。气象要素包括气温、土壤温度、降雨强度与降雨量、空气相对湿度等。

1.6　德克萨斯侵蚀分析模型（TEAM）

格利高里（Gregory）于 1988 年提出德克萨斯侵蚀分析模型[11,12]，以期利用计算机程序来模拟风速廊线发育及各种长度田块上的土壤运动。其基本方程为：

$$X = C \left(SU^2{}_* - U^2{}_{*t} \right) U_* \left(1 - e^{-0.00169AIL} \right) \tag{5}$$

式中：X—在长度 L 处（顺风向裸露地表之长度 L 处）的土壤移动速率，M/LT；

$C\left(SU^2{}_* - U^2{}_{*t} \right)$—地表为细的非胶聚物覆盖时的最大土壤运动速率；

C—取决于采样宽度及 U_* 单位的常量；

S—地表覆盖因子；

U_*—剪切速度；

U_{*t}—临界剪切速度；

A—磨蚀调整系数；

I—土壤可蚀性因子，即剪切强度与剪切角；

L—顺风向裸露地表。

磨蚀调整系数 A 可由（6）式求得

$$A = \left(1 - A_1 \right) \left(1 - e^{-0.0072e^{0.00079IL}} \right) + A_1 \tag{6}$$

式中：A_1—磨蚀效应的下限（设定为 0.23）

该模型注重土壤在非胶结状态下土粒运动过程，不能全面反映土壤遭受风蚀的情况。

2 土质文物风蚀影响因素

总结现有的土壤风蚀模型发现，土壤风蚀的影响因素可以归结为土壤特性和环境因素两大类。因此，根据土质文物土体特性和环境因素确定土质文物的风蚀影响因素，可以建立土质文物风蚀模型。文物土体遭受风力侵蚀，其风蚀量主要是由挟砂量、风速的大小和表面土体性质决定。从系统论原理出发，本文认为主要有两个系统控制土质文物风蚀，即营力子系统和响应子系统。

2.1 营力子系统

土体的风蚀动力来自大气，取决于气象条件。因此，风蚀营力研究主要从风力的大小着手，建立土体风蚀程度与风力作用强度的关系。

2.1.1 风速

土体风蚀表现为在风力作用下，地表颗粒被吹起和搬运的过程[13]。在净风吹蚀下，土体表面主要受风的剪切应力作用。由于风的动能取决于空气比重和风速的平方，在大气压和空气温度一定的情况下，风的动能与风速的平方成正比，动能愈大，传递给沙粒的能量越多，风蚀量也就随之增加。因此，净风吹蚀下，风蚀量与风速之间存在指数关系，即风蚀量随风速的增加而急剧增大。

挟沙风作用下的风蚀过程，其影响因素较多，且变化也大。首先是土体表面要受到风的剪切力作用。其次，挟沙风的运动具有气、固两相特征。跃移沙粒在风场中运动时，除受到重力、空气的拖曳力外，还会因为碰撞等原因导致沙粒旋转，其转速每秒高达几百至上千转，因此具有更大的动能，对土体表面直接撞击，使风蚀量加大，撞击的角度和速度也会对风蚀量产生不同的影响。另外，粒径较大的沙粒在蠕移过程中对土壤表面产生磨蚀作用，也加大了对地表结构的破坏，使土体变得更易风蚀。假定风蚀活动是由净风的剪切力和风沙流的磨蚀和撞击作用两个因素的简单叠加，风速增加，风沙流中的沙粒数量随着增加，风沙流愈强。

移小勇等[14]实验证明，挟沙风作用下，土体风蚀量与风速之间存在二次函数关系。同时，陈渭南、马月存等[15,16]认为风速作为土壤风蚀产生的动力，风蚀量取决于实际风速超过起始风速的部分，风蚀量（E）与实际风速（V）和起动风速（V_t）关系为：$E = 0.0148 + 0.0115(V - V_t)^2$，张春来等[17]认为相同时段内累积风蚀量随风速增大而显著增大，其回归关系式为：$Q_X = D_1 + D_2 e^{D_3 v}$，（$D_1$、$D_2$、$D_3$ 为常数）。

3.2　响应子系统

土体的机械组成、含水量及水分状态、结构（包括团聚体与胶结状况）强度对风蚀的影响，可以通过建立抗蚀性指数与土体风蚀量之间的关系达到整合各影响因子与风蚀量之间函数关系[18]。

2.2.1　粒度

土体质地是影响风蚀的重要因素之一。土体中粉粒（0.05 - 0.002mm）和粘粒（< 0.002mm）含量越高，形成的土体结构越稳定；反之，沙粒（> 0.05mm）比例高则难以形成团粒结构，抗风蚀能力低；土颗粒粒径介于 0.05 - 1.0mm 之间时，均有被风沙流启动和搬运的可能，最容易被风蚀的粒径集中在 0.075 - 0.25mm 之间。随着风速的增大，被侵蚀的颗粒粒径逐渐变粗[19]。研究表明，土体中石砾含量越多，不易蚀因子就越高；作为胶结物质的物理性粘粒（粒径 <0.01mm）的含量越多，不易蚀因子的就越高[20]。董治宝研究中表明[8]，风蚀量与土体颗粒粒径（平均粒径）之间存在幂函数关系，即 $E \propto d^{-2}$。

2.2.2　含水率

土体湿度是影响土体可蚀性的重要因素。土体中水的存在使土体颗粒表面形成水膜层，水膜的静电作用使土体颗粒之产生黏着力。刘小平等[20]通过对不同含水率沙启动风速的研究发现，湿沙起动摩阻速度增加了 1.01 - 3.68 倍，增加的倍数与沙含水率和沙粒粒径有关。在含水率较低情况下，粗沙较细沙不易被风起动。通过统计相关分析，得出相对起动摩阻速度与沙子含水率关系为：

$$U_* = (1 + fW)^{\frac{1}{2}} \tag{7}$$

式中：W—沙含水率；

f—回归系数。

在给定沙粒粒径情况下，湿沙的起动风速与沙含水率的平方根成线性关系。实验结果[21]还表明，增加相同的水分时，低含水率的沙子比高含水率的沙子的起动风速增加得多。Chen Weinan 等[15]研究表明，土体含水量（W）和起始风速之间呈指数函数关系：$V_t = 4.6 \times 1.12W$（$R^2 = 0.99$）。同时，随着土体湿度的增加，起动风速的提高主要取决于土体水的含量和存在形式。当土体水由水膜的形式转变到毛细水时，土体的抗蚀性能极大提高，即风蚀量随土体湿度的线性增加，逐渐减小。

2.2.3 强度

董治宝等[22]对风沙土的研究表明，风沙土风蚀速率与地表破坏率呈二次幂函数关系。许中旗等[23]人工模拟干扰栗钙土实验表明，侵蚀率与干扰程度呈直线相关关系。根据表1中土体表面强度与起始风速的关系，可以推断出随着土体强度增大，土体遭受风蚀的起始风速也随着增大，土体的抗风蚀性也在增强[24,25]。根据 Gregory 和 Wilson 等[11]的研究结果，风蚀流失量与土体硬度成反比例关系，$E \propto F^{-1}$。

表1 土体表面强度与起始风速关系表

地表结皮类型	苔藓结皮	地衣结皮	藻结皮	藻类地衣结皮
抗压强度（kPa）	56.95	52.57	32.53	33.16
10%破损条件起始风速（m/s）	21	18.52	16.04	11.78

3 土质文物风蚀模型

土质文物的风蚀受到多种环境因素的影响，可以将土壤风蚀模型进行改进，应用到土质文物风蚀预测及土质文物保护中。本次试验均在挟砂风情况下进行，设计风速分别为8m/s、10m/s、12m/s、14m/s、16m/s 和20m/s。

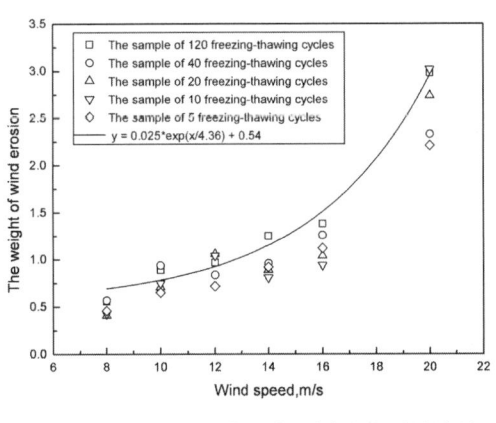
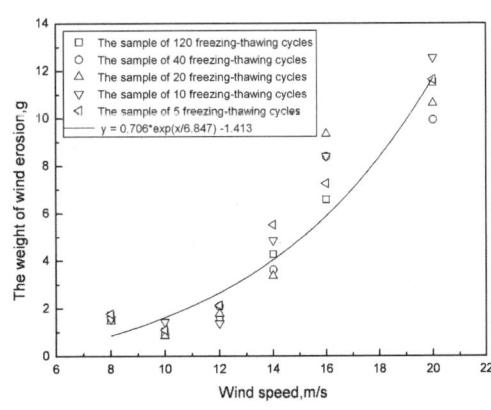

图1 冻融循环后原状土在不同风速下风蚀量　　图2 冻融循环后重塑土在不同风速下风蚀量

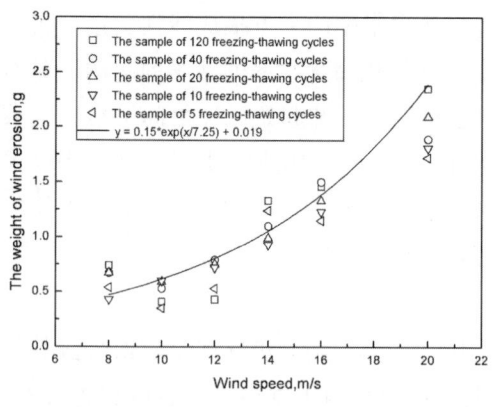 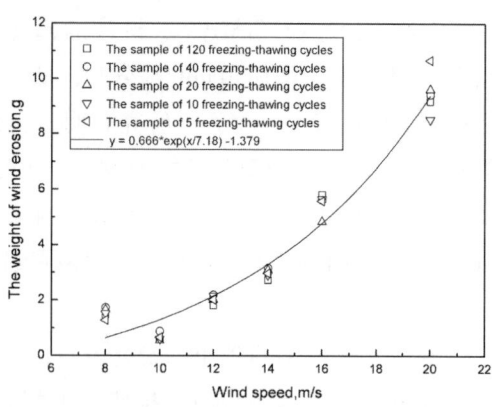

图 3　干湿循环后原状土在不同风速下风蚀量　　　图 4　干湿循环后重塑土不同风速风蚀量

图 1 至图 4 分别为交河生土分别经过冻融和干湿循环后不同风速下的风蚀量，通过拟合风蚀量与风速的关系，风蚀量随风速普遍呈指数增长，如下式：

$$M = A_1 * \exp\ (V/t_1)\ - A_0 \tag{8}$$

式中：M—风蚀模数；

V—风速；

A_1，t_1，A_0—常数。

通过分析屈建军等[26,27]对山丹明长城和敦煌莫高窟两地生土风洞试验所得的数据（表2），对风速和风蚀模数的相关性进行拟合（如图1），数据显示风蚀模数与风速呈（8）式关系：

$$M = 0.960\,95\exp\ (V/4.621\,36)\ - 4.887\,76 \tag{9}$$

其相关性达到 0.986，很好地反映了生土风速与风蚀模数之间的关系。又因为风蚀模数定义为：

$$M = \frac{E}{S \times T} \tag{10}$$

式中：E—风蚀量；

S—风蚀面积；

T—风蚀时间。

把（9）式代入（10）式可以得出下式：

$$E = A_0 ST\ [0.960\,95\exp\ (V/4.621\,36)\ - 4.887\,76] \tag{11}$$

式中：A_0—相关系数。

由以上分析可见，针对风蚀发生营力（风速），这一单一因素预测风蚀量变化，可以得出下式：

$$M = B_1 * \exp\ (V/T_1)\ - B_0 \tag{12}$$

式中：B_1，B_0，T_1—常数。

从（12）式中可以看出土质文物的风蚀量随风速呈指数增长。因此，在测得风速、风蚀时间的情况下，可以依据（12）式对已知种类特定面积的生土文物发生的风蚀事件进行风蚀量预测。

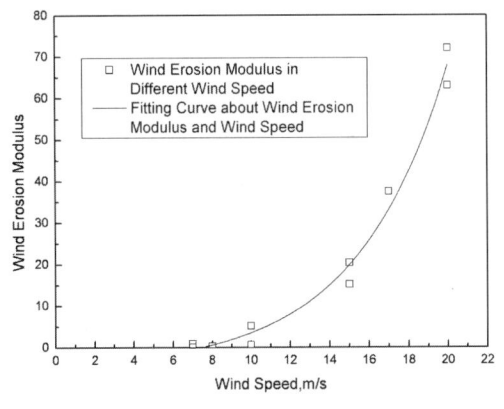
图5　生土文物试样风蚀模数与风速回归关系

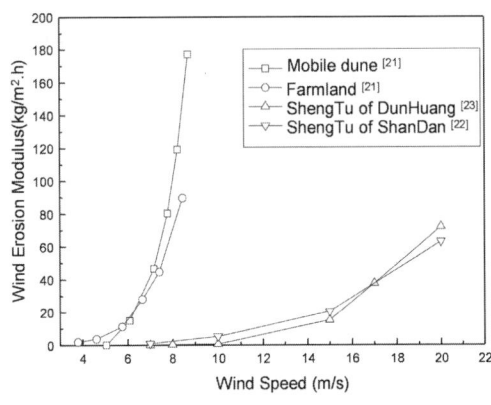
图6　不同土样风蚀模数与风速关系

图6对比了流动沙丘土样、农田土样、山丹明长城生土和敦煌莫高窟生土风蚀模数的差别，从图6中可以看出流动沙丘和人为破坏较严重的农田土的起始风速较小，分别为3.8m/s和5m/s，而生土的起始风速达到8m/s。这由于土质文物本体具有一定的内聚力，土体颗粒表现出比散体土壤颗粒更强的风蚀抵御行为。

通过对土质文物风蚀营力子系统和响应子系统的分析，土质文物的风蚀模型应包括风速（V）、土体湿度（W）、粒径（d）和土体强度（F）四个影响因子，根据前面的分析，其函数形式为：

$$E = f\left(e^{A_0 V},\ W^{\frac{1}{2}},\ d^{-2},\ F^{-1}\right) \tag{13}$$

式中：A_0—相关性系数。

土质文物不同于土壤，在无植被覆盖、灌溉翻耕的情况下，（13）式能够比较客观的反映土质文物受到风蚀的情况。通过测定土质文物上述相关指标，就可能建立土质文物风蚀长期预报模型。本文在综合前人研究提出的预测模型还需要进一步积累实验数据，不断完善后才能在实践中应用。在以后的工作中，需要把文物本体即响应子系统各个变化要素通过多条件耦合，达到对土质文物风蚀预测。

表 2　生土文物风蚀量试验结果

序号	土样类型	试样面积（cm²）	气流	吹蚀时间（min）	风速（m·s⁻¹）	吹蚀量（g）	风蚀模数（kg·m⁻²·h⁻¹）
1	02 年为山丹明长城生土	25	净风	20	15	0	0
2		25		20	7	0.75	0.9
3		25	挟沙风	20	10	4.3	5.16
4		25		10	15	8.5	20.4
5		25		4	20	10.5	63
6	94 年为敦煌莫高窟生土	25	净风	30	20	0	0
7		49.6		30	7	0	0
8		49.6		30	8	0.8	0.32
9		49.6	挟沙风	10	10	0.5	0.6
10		49.6		5	15	6.3	15.2
12		49.6		3	17	9.3	37.50
13		49.6		2	20	11.9	71.97

4　结　论

土质文物的风蚀与多种因素相关，其风蚀模型的建立还必须通过大量的理论和试验研究，本文的分析认为，土质文物风蚀主要受挟砂和净风条件下风速大小、土体湿度、粒径和土体强度四个因素影响。

（1）在特定土体类型时，土质文物风蚀量与风速单因素回归关系是 $M = B_1 * \exp (V/T_1) - B_0$。

（2）土质文物本体具有一定的内聚力，表现出散体土壤颗粒不同的风蚀行为，生土文物发生风蚀的起始风速比散体的沙丘、农田土大。

（3）土质文物风蚀模型 $E = f(e^{A_0V}, W^{\frac{1}{2}}, d^{-2}, F^{-1})$ 主要考虑了风速大小、土体湿度、粒径和土体强度四个影响因素，对于特定的生土类型，可以、拟合出一次偶然事件下风蚀量预测模型。

参考文献

[1] 李最雄. 丝绸之路古遗址保护. 北京：科学出版社，2003.

[2] 赵海英，李最雄，韩文峰等. 西北干旱区土遗址的主要病害及成因. 岩石力学与工程学报. 2003，22（增）：2875 - 2880.

[3] 王毅荣. 河西走廊风能时空特征. 干旱区地理. 2007, 30 (3): 343 – 350.

[4] 普宗朝, 张山清, 李景林等. 近36年新疆天山山区气候暖湿变化及其特征分析. 干旱区地理. 2008, 31 (3): 409 – 415.

[5] 李祥余, 何清, 艾力. 买买提等. 塔中春季晴天近地层温度、湿度和风速廓线特征. 干旱区地理. 2008, 31 (3): 389 – 396.

[6] 廖超英, 郑粉莉, 刘国彬等. 风蚀预报系统 (WEPS) 介绍. 水土保持研究. 2004, 12 (4): 77 – 79.

[7] 姚洪林, 闫德仁, 李宝军等. 多伦县风蚀地貌及风蚀量评价研究. 内蒙古林业科技. 2002, 4: 3 – 7.

[8] 董治宝. 建立小流域风蚀量统计模型初探. 水土保持通报, 1998, 18 (5): 55 – 62.

[9] D. W. Fryrear, A. Saleh, J. D. Bilbro. A Single Event Wind Erosion Model. American Society of Agricultural Engineers. 1998, 41 (5): 1369 – 1374.

[10] Bocharov, A. P. A Description of Devices Used in the Study of Wind Erosion of Soils. Oxonian Press Pvt, Ltd, New Delhi, 1984.

[11] Gregory, J. M. , J. Borrelli and C. B. Fedler. TEAM: Texas Erosion Analysis Model. In Proceedings of 1988 Wind erosion Conference, Texas Tech. University, Lubbock, Texas. 1988, 88 – 103.

[12] 董治宝. 土壤风蚀预报简述. 中国水土保持 SWCC. 1996, 6: 17 – 19.

[13] 赵小虎, 李振山. 风力作用下沙粒蠕移概率的转化特征. 干旱区地理. 2008, 31 (3): 348 – 354.

[14] 移小勇, 赵哈林, 张铜会等. 挟沙风对土壤风蚀的影响研究. 水土保持学报. 2005, 6 (3): 58 – 61.

[15] Chen Weinan, Dong Zhibao, LI ZhenshanS, et al. Wind tunnel test of the influence of moisture on the erodibility of loessial sandy loam soils by wind. Journal of Arid Environments. 1996, 34: 391 – 402.

[16] 马月存, 陈源泉, 隋鹏等. 土壤风蚀影响因子与防治技术. 生态学杂志. 2006, 25 (11): 1390 – 1394.

[17] 张春来, 董光荣, 董治宝等. 用风洞试验方法计算土壤风蚀量的时距问题. 中国沙漠. 1996, 6 (2): 200 – 203.

[18] 董治宝, 董光荣, 陈广庭. 以北方旱作农田为重点开展我国的土壤风蚀研究. 干旱区资源与环境. 1996, 6 (2): 31 – 37.

[19] 严耿升, 张虎元, 王旭东等. 古代生土建筑风蚀的主要影响因素分析. 敦煌研究. 2007, 5: 78 – 82. 2007, 5: 78 – 82.

[20] 李小雁, 李福兴, 刘连友. 土壤风蚀中有关土壤性质因子的研究历史与动向. 沙漠研究. 1998, 3 (1): 91 – 95.

[21] 刘小平, 董治宝. 湿沙的风蚀起动风速实验研究. 水土保持通报. 2002, 4 (2): 1 – 4.

[22] 董治宝, 陈渭南, 董光荣等. 关于人为地表结构破损与土壤风蚀关系的定量研究. 科学通报, 1995, 40 (1): 54 – 57.

[23] 许中旗, 李文华, 闵庆文等. 典型草原抗风蚀能力的实验研究. 环境科学. 2005, 9 (5): 164

　　– 168. X.

［24］王雪芹，张元明，张伟民等. 古尔班通古特沙漠生物结皮对地表风蚀作用影响的风洞实验. 冰川冻土. 2004, 10（5）：632 – 638.

［25］移小勇，赵哈林，李玉霖等. 科尔沁沙地不同风沙土的风蚀特征. 水土保持学报. 2006, 9（4）：10 – 13. YI.

［26］屈建军，王家澄，程国栋等. 西北地区古代生土建筑物冻融风蚀机理的实验研究. 冰川冻土. 2002, 2（1）：51 – 56.

［27］屈建军，张伟民，王远萍等. 敦煌莫高窟古代生土建筑风蚀机理与防护对策研究. 地理研究. 1994, 12（4）：98 – 104.

Wind Erosion Model for Earthen Architecture

Yan Gengsheng[1], Zhang Huyuan[1], Guo Qinglin[1,2]
Wang Xiaodong[1], Long Yufeng

(1. Key Laboratory of Mechanics on Western Disaster and Environmental in Western China （Lanzhou University）, Ministry of Education, Gansu Lanzhou, 730000; 2. Dunhuang Academy, Gansu Dunhuang, 736200）

Abstract：In North – West area, the climate is cold and arid. Due to wetting – drying cycles, freezing – thawing cycles and wind erosion, Earthen Relic is sloughing gradually. Wind erosion is one of the most serious diseases. This study divide influence factors into climate forcing subsystem, like wind, and response subsystem, like particle size, water content, strength. The effect of wind acting on soil embody to two aspects：First, the surface of soil mass suffer shear stress of wind. Second, the movement of wind carrying sand has gas and solid phase characteristic. So that soil mass is easy to suffer erosion. When the content of clay is higher, the structure of soil is more steady and harder to erode. Due to water layer formed in soil particles, electrostatic – interaction of water – layer generates adhesion among particles. Along with the moisture of soil increase, the raise of starting wind velocity depends on content and form. When water layer transform into capillary water, tarnish resistance increase greatly. And the increment of strength also contributes to tarnish resistance of soil. By analyzing the factors influencing wind erosion of soil and the available prediction models, the wind erosion model of earthen site involve 4 influence factors, such as wind speed, water content, particle size and strength of soil. According to analysis, the function form of model is $E = f\left(e^{A_0 V}, W^{\frac{1}{2}}, d^{-2}, F^{-1}\right)$. This article put forward a wind erosion model for earthen architecture relics, on which exhibit a wind erosion behavior different from the granular soil due to the interior cohesion. Based mathematical fitting to test date published for earthen architecture relics, this article established a quantitative relation between wind erosion and wind speed, time and area.

Key Words: earthen architecture relics, wind erosion, model, wind speed, water content

（原载于《敦煌研究》，2009 年，第 6 期）

现场 PS 喷洒渗透加固深度与喷洒工艺的对比研究

张景科[1,2]，孙满利[3]，谌文武[1,2]，李最雄[4,1]，王旭东[4,1]

（1. 兰州大学土木工程与力学学院，兰州，730000；2. 教育部西部灾害与环境力学实验室，兰州，730000；3. 西北大学，西安，710072；4. 敦煌研究院，敦煌，736200）

内容摘要： 为研究 PS 喷洒工艺与渗透渗深度的关系，进而为加固施工提供技术参数，为此在甘肃省敦煌市河州堡开展了现场试验。在划定试验区域，开展了 3%、5% 与 7% 浓度在不同次数喷洒次的渗透深度试验，同时对 PS 用量进行了统计。试验结果表明：①内墙上，7% 浓度 PS 三次喷洒的渗透深度满足防风化加固的要求且 PS 用量适中；②外墙上，5% 浓度 PS 喷洒三次渗透深度满足防风化加固的要求且 PS 用量适中。通过试验可知，PS 喷洒多次渗透效果更为理想，低浓度 PS 渗透密度大的土体与高浓度 PS 渗透密度小的土体效果较好。试验结论为正在施工中的交河故城遗址体防风化加固提供了施工依据。

关键词： PS　喷洒次数　渗透深度　5%－7%浓度

0 引 言

土遗址防风化加固一直是文物界的难题，目前国内外研究的重点在于防风化加固材料的研究[1]。防风化材料的应用面临两个关键性的问题，一是材料关，即材料本身的特性满足土遗址保护的要求；二是施工工艺关，即材料的施工工艺简单可行，具有科学的施工工艺规范，并能达到大面积推广使用的要求[2]。多年来的研究证明 PS（Potassium Silicate with high modulus，高模数硅酸钾溶液）是干旱半干旱环境下土遗址防风化加固较为理想的材料[2]-[10]。目前 PS 材料的研究已经深入到机理研究[11]-[12]，并开始在土遗址保护工程中推广应用。由于缺乏 PS 材料施工工艺技术的系统研究，制约着 PS 材料的推广。本工作通过总结以往施工工艺技术，结合 PS 材料自身的特性，开展系统试验研究，通过现场试验，进行了 PS 喷洒渗透加固深度与喷洒工艺的对比。为正在进行的交河故城抢险加固工程及即将实施的甘肃境内战国秦长城和汉长城抢险加固工程提供施工依据。

1 试验场地与方法

1.1 试验场地选择

1.1.1 场地选择的原则[13]

（1）试验所处的环境应具有典型的西北干旱半干旱自然环境特征；（2）试验遗址土体的性质应符合西北土遗址体的基本性质；（3）试验时间应在文物允许加固的季节。

1.1.2 所选试验场地状况

经过充分研究和协调，最终确定试验场地在甘肃省敦煌市河洲堡。河洲堡为一清代民居，平面上呈矩形，长35m，宽35m，外墙墙垣高大，保存较完好，夯土版筑，夯土相对致密，风化层厚度较薄，墙面形成致密外壳。城内有后期影视拍摄所留夯土墙，内墙残高1-2m，破损较严重，夯土建造，夯土较疏松，风化层较厚。

试验区属大陆性气候，夏季炎热，冬季寒冷，年最高温度35℃，最低温度-28℃，全年平均降雨量88.7mm，蒸发量为1841mm，气候干燥。经常有暴风，8级以上大风时有发生，盛行西风。试验期间无风，最高温度在35℃左右。

外墙与内墙夯土的性质见表1。

表1 外墙与内墙夯土基本性质

墙体	含水量/%	密度/g·cm⁻³	比重	液限/%	塑限/%	塑性指数	土类别	崩解速度/g·min⁻¹	风化层厚度/cm
外墙	1	1.72	2.70	19.5	11.6	7.9	低液限粉土	26.9-29.6，平均为28.3	0.5-1
内墙	0.7	1.5	2.69	19.9	11.5	8.4	低液限粉土	80.7-95.2，平均为87.9	5-8

1.2 试验仪器设备

手动喷壶、电动空压机喷枪、自制切土刀、卷尺、米尺、细绳、上钉等。

1.3 试验方案

1.3.1 试验区域界定

布置16块试验区域，其中内墙12块，外墙4块，每块试验区为边长1.0m的正方形，用细绳和土钉圈定，上部进行标号。

1.3.2 试验工艺方案

采用四种方案喷洒PS，每种工艺安排3块试验区做对比实验。喷洒溶液采用模数

3.79，浓度 25.68%，PS 原液配制。喷洒方法如下：

（1）3% 浓度 PS 溶液喷洒第一次、5% 浓度 PS 溶液喷洒第二次、7% 浓度 PS 溶液喷洒第三次；

（2）3% 浓度 PS 溶液喷洒三次；

（3）5% 浓度 PS 溶液喷洒三次；

（4）7% 浓度 PS 溶液喷洒三次；

1.3.3　喷洒设备的选择

电动空压机喷枪具有喷洒均匀、速度容易控制、覆盖面积大、可以不间断喷洒等特点，手动喷壶喷洒不尽均匀、速度容易控制、覆盖面积小且集中、喷洒不能连续等特点。对于本试验区由于面积小（1m²），故选用手动喷壶。因此对于大面积的施工而言宜采用电动空压机喷枪，对于小面积遗址体的施工宜采用手动喷壶。

1.3.4　PS 喷洒次数的选择

土遗址防风化加固主要是表面风化层的加固，理想的加固效果以 PS 渗透到未风化层 2 – 3cm 的深度为准。而在一定温度、湿度条件下，喷洒得 PS 溶液在非饱和土中一次渗透深度是有限的。因此为达到所需要渗透的深度，喷洒渗透的次数尤为重要。

从图 1 中可以看出，第一次喷洒 3% 浓度 PS 溶液渗透深度集中于 7 – 12cm，11 – 12cm 最为集中；第二次喷洒 5% 浓度 PS 溶液渗透深度集中于 1 – 4cm，2 – 3cm 最为集中；第三次喷洒 7% 浓度 PS 溶液渗透深度分布不均匀，以 11 – 12cm 居多。

从图 2 中可以看出，3% 浓度 PS 溶液喷洒第一次深度集中于 7 – 12cm，11 – 12cm 最为集中；第二次喷洒深度集中于 11 – 12cm；第三次喷洒深度集中于 15 – 16cm。

从图 3 中可以看出，第二次 5% 浓度渗透深度大部分在 2 – 4cm，第三次渗透深度大部分在 5 – 6cm。

从图 4 中可以看出，第二次 7% 浓度渗透深度大部分在 2 – 5cm，第三次渗透深度大部分在 8 – 9cm。

从四种试验方案的渗透深度结果可以得出，试验区表面风化程度具有较大的离散性，随着 PS 溶液喷洒次数的增加，渗透深度也随之增加，除 5% 浓度 PS 三次喷洒方案外，其余试验方案均可以满足内墙防风化加固的要求。因此在施工中，应选择多次喷洒渗透工艺。对于低密度的内墙，宜选用 3% 与 7% 浓度 PS 溶液。

1.3.5　试验步骤

（1）界定不同试验区域并进行编号，清理试验区表面的浮灰；

（2）按要求配制一定浓度一定用量的 PS 溶液；

（3）采用手动喷壶或电动空压机喷枪，喷枪与作业面的距离保持在 15 – 20cm，控制均匀的喷洒速度，将 PS 材料均匀的喷洒在试验区内；

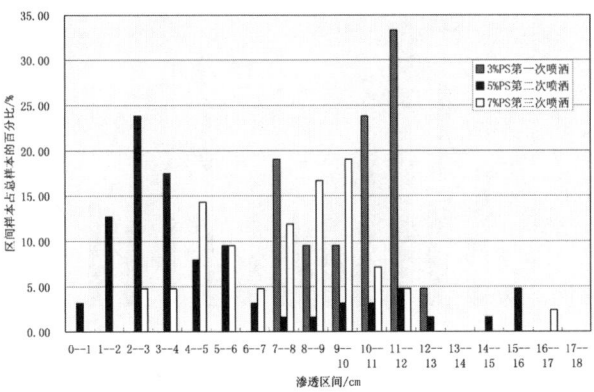

图1 3、5、7%浓度 PS 溶液渗透深度分布（内墙）

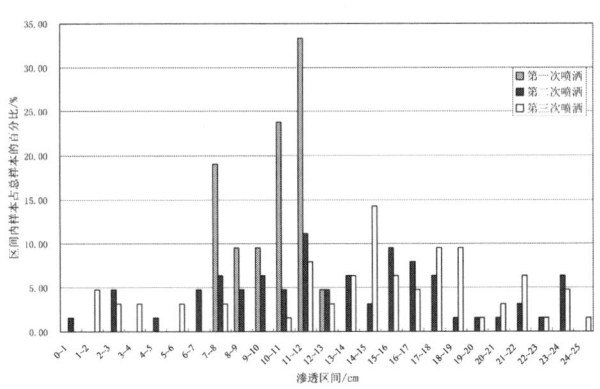

图2 3% 浓度 PS 溶液渗透深度分布（内墙）

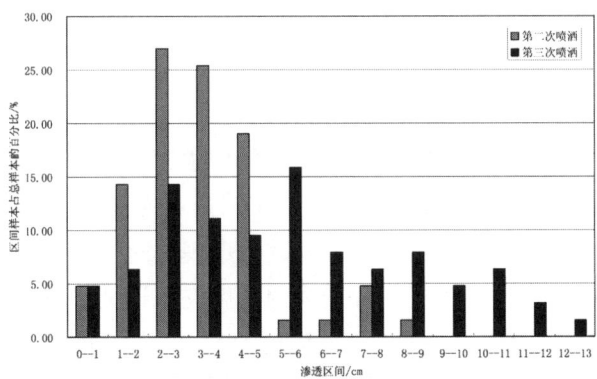

图3 5% 浓度 PS 溶液渗透深度的分布（内墙）

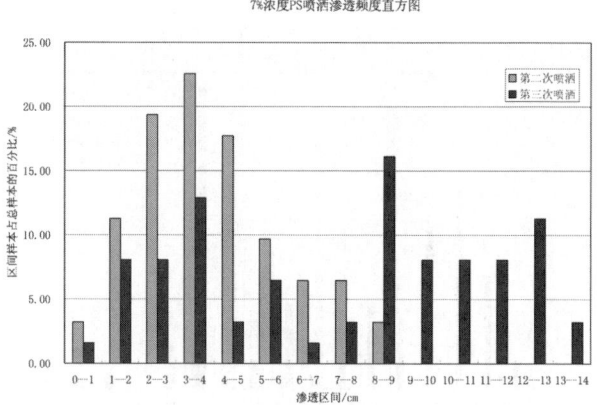

图4　7% 浓度 PS 溶液渗透深度的分布（内墙）

（4）喷洒时间歇进行操作，当试验区出现渗透缓慢、大面积下流的现象时，停止喷洒；沿着试验区域的纵向和横向间隔5cm用自制切土刀挖取面积2cm×2cm的长方体探坑，观察测量 PS 的渗透深度。

（5）待第一次喷洒的 PS 溶液完全凝固干燥后，以相同的方法做第二次、第三次的喷洒加固和渗透深度测量。两次喷洒加固时间间隔为三天。

2　试验结果与分析

2.1　不同试验方案的 PS 渗透深度比较

对内墙而言，从图5可以看出，比较不同工艺的渗透深度，除3%喷三次的渗透深度较大外，其余三种工艺的渗透深度变化不大，5%喷三次的渗透深度相对较小，3%、5%、7%依次渗透的深度稍大，而7%喷三次的最终渗透深度和3%、5%、7%依次渗透最终深度基本相同，从内墙风化层加固的角度来看，考虑7%浓度较大，对内墙这种低密度的墙体可采用7%喷三次的工艺加固。

对外墙而言，由于密度较大，其不同工艺的加固渗透规律也不完全一样，从图6可以看出，5%喷三次的加固渗透深度最大，而3%喷三次的加固渗透深度最小，从外墙风化层加固的角度来看，5%浓度 PS 溶液喷洒渗透最为理想。

综合两个试验结果，不同渗透方案的渗透深度规律有一定的差异，最终的渗透深度也有较大的变化，本次试验所选两种墙体的密度在土遗址中属两个极端，即较大的和较小的，可以得出一个相对的规律，5%浓度和7%浓度的 PS 渗透相对较好，对密度较大的用小值，对密度较小的用大值。这也符合非饱和土的渗透性质与密度之间的关系[14]。

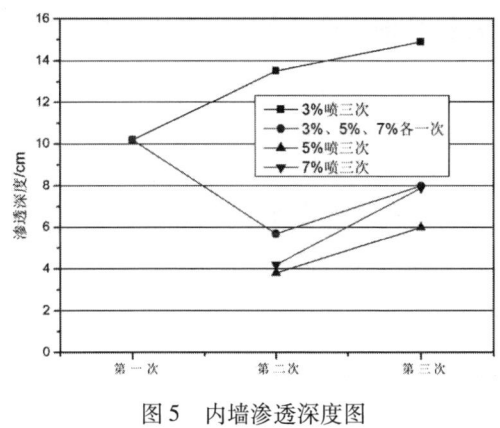

图 5　内墙渗透深度图

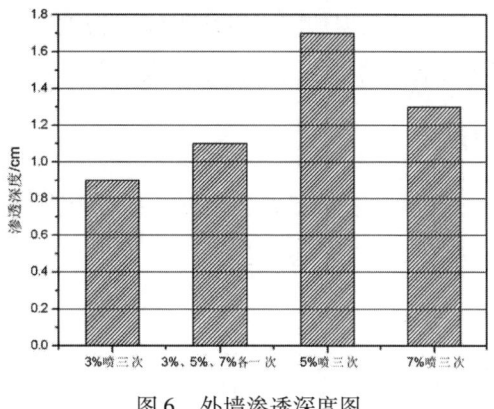

图 6　外墙渗透深度图

2.2　不同工艺的 PS 用量

从图 7 可以看出，内墙的加固液用量比外墙的加固液用量要高出许多，这主要是墙体的密度和含水量均小于外墙。同时，不同浓度的 PS 对于溶液的用量影响很小。因此，结合其他影响因素，可以确定 5% – 7% 浓度作为加固土遗址的主要浓度。

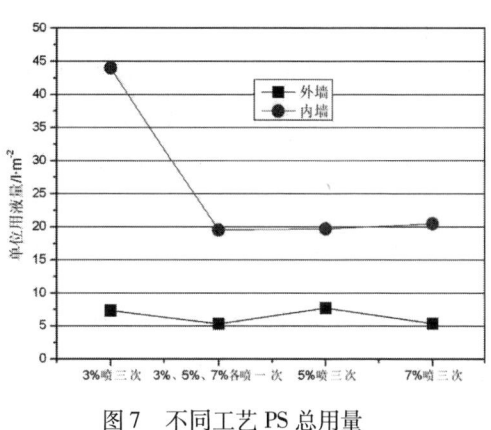

图 7　不同工艺 PS 总用量

3　讨　论

（1）渗透深度要求达到未风化层 2 – 3cm 是比较理想的，实际施工中，要从土体特性、周边环境与材料成本等因素综合考虑后确定渗透深度。

（2）为进一步研究 PS 喷洒的工艺，今后要增加室内土样渗透深度与工艺的研究内容。

（3）为更加合理的证明加固的效果，今后研究中要重视加固后强度的对比及加固剖面的强度分布，从而筛选出最佳的加固工艺。

4　结　论

（1）大面积喷洒宜采用电动空压极喷枪设备，小范围喷洒宜采用手动喷壶；PS 喷洒渗透宜采取多次喷洒的工艺。

（2）从渗透的深度与 PS 的用量两个指标的对比来看，7% 浓度 PS 喷洒三次是内墙的理想选择，5% 浓度 PS 喷洒三次是外墙的理想选择。

（3）根据加固土遗址土体的密度来选择渗透 PS 的浓度；密度大者选用浓度小的 PS 溶液，密度小者选用浓度大的 PS 溶液。

致谢

在现场试验以及论文写作过程中，得到了敦煌研究院张鲁高级工程师的热心帮助，在此表示由衷的感谢！

参考文献

［1］周双林．土遗址防风化保护概况．中原文物，2003，（6）：78－83.

［2］王旭东．中国西北干旱环境下石窟和土遗址保护加固研究．兰州大学博士论文，2005.

［3］李最雄，张虎元，王旭东．古代土建筑遗址的加固研究．敦煌研究，1995，（3）：1－17.

［4］李最雄，王旭东，田琳．交河故城土建筑遗址的加固试验．敦煌研究，1997，（3）：171－188.

［5］李最雄，王旭东．古代土建筑遗址保护加固研究的新进展．敦煌研究，1997，（4）：167－172

［6］李最雄，王旭东，张志军等．秦俑坑土遗址的加固试验．敦煌研究，1998，（4）：151－158.

［7］内蒙古博物馆．大窑遗址四道沟地层剖面"PS"材料保护加固研究试验报告．内蒙古文物考古，2002，（1）：135－139.

［8］王旭东，张鲁，李最雄等．银川西夏3号陵的现状及保护加固研究．敦煌研究，2002，（4）：64－72.

［9］赵海英．甘肃境内战国秦长城和汉长城保护研究．兰州大学博士论文，2005.

［10］孙满利．吐鲁番交河故城保护加固研究．兰州大学博士论文，2006.

［11］苏伯民，李最雄，胡之德．PS 与土遗址作用机理的初步探讨．敦煌研究，2000，（1）：30－35.

［12］李最雄．丝绸之路古遗址保护．北京：科学出版社，2003.

［13］中华人民共和国水利部．《土工试验方法标准》（GB/T50123－1999），1999.

［14］李永乐，刘翠然，刘海宁，刘慧卿．非饱和土的渗透特性试验研究．岩石力学与工程学，2004，23（22）：3861－3865.

The comparison Research Between Permeability Depth and Technics of In – Site Spraying Permeability of PS

Zhang JingKe[1,2], Sun ManLi[3], Chen WenWu[1,2]
LI ZuiXiong[4,1], Wang XuDong[4,1]

(1. Civil engineering and mechanicsschool of Lanzhou university, Gansu 730000;

2. Key laboratory of mechanics on western disaster and environment, Gansu 730000;

3. Northwest university, Shanxi Xi`an 710072; 4. Dunhuang Academy, Dunhuang, 736200)

Abstract: In order to reveal the relation between spraying technics and permeability depth of PS solution, furmore provide the technique index for consideration, the paper chooses Hezhoubu site of Duhuang country in Gansu province to carry out in – site experiment. At the specified region, experiments were done by different times spraying permeability with 3%, 5% and 7% PS, and dosage of PS solution were measured as well. The test data indicts: ①7% PS with three – times spraying permeability can satisfy the regulation of anti – weathering with moderate PS dosage in inner wall; ②5% PS with three – times spraying permeability can satisfy the regulation of anti – weathering with moderate PS dosage in outer wall. The result proves several times spraying can attain perfect consideration effect, and it's a good choice to permeable low – density soil with high – concentration PS solution and permeable high – density soil with low – concentration PS solution. The conclusion is taked as the basis on anti – weathering consolidation of constructing earthen architecture in Jiaohe ruins

Key Words: PS, spraying times, permeability depth, 5 – 7 percent

（原载于《文物保护与考古科学》，2008 年，第 20 卷第 3 期）

传统建筑泥灰类加固材料的性能研究与机理探讨

曾余瑶，张秉坚，梁晓林

（浙江大学化学系，杭州，310027）

内容摘要：人们已经发现一些古建筑所使用的传统材料具有较好的加固作用，其耐久性、强度、与建筑本体的和谐、以及与环境的友好等方面都具有突出的优点。但是由于当时科学技术水平的限制，以及天然材料混合物本身的复杂性，这些传统材料的加固机理一直未被人们充分认识。为了利用和发展传统材料的优势并为古建筑和文物保护服务，本工作选择最具中国特色的以石灰等无机材料为基料，以糯米浆和蛋清等天然生物材料为配料的古代建筑灰浆配方和三合土配方，开展了一系列加固性能研究，并且结合现代 SEM 和 XRD 分析仪器，对一些典型的样品进行了微观结构和形貌分析。结果发现这些古代配方具有现代复合材料的某些特点，即通过无机/有机相互协同的效应，达到了较好的加固效果；重要的是发现糯米浆具有一定的生物矿化的模板作用，即糯米浆的生物大分子对碳酸钙的结晶和生长起到了调控作用，使方解石结晶体的大小和形貌具有一定程度的有序性。本研究为传统材料进一步科学地应用于古建筑和石质文物的修复加固提供了新的思路。

关键词：传统材料　灰浆　加固　糯米浆　石灰　科学性　生物矿化

0　引　言

目前，现代建筑加固材料主要有两大类，一类是水泥等无机材料，另一类是现代高分子有机聚合物[1-3]。但是在古建筑和石质文物的维修加固过程中，这两类材料的缺陷不断地暴露出来[4-7]。另一方面，人们已经发现一些古建筑所使用的传统材料，特别是以石灰等无机材料为基料，以糯米浆和蛋清等天然生物材料为配料的建筑灰浆和三合土具有较好的加固作用，其耐久性、强度、与建筑本体的和谐性等方面都具有突出的优点。其中比较著名的例子有：钱塘江明清鱼鳞大石塘；松花江堤防；南京、西安、荆州等地的古城墙等，虽经百千年的风雨冲刷，仍然非常坚硬完整[8-11]。这些凝聚了先人智慧并经过时间考验的传统加固配方，所用材料价格低廉，与环境友好，可逆性强。用现代科技手段对这些配方进行解剖，并进一步科学化地应用到实际文物保护工作中去，应该会取得良好的效果。

传统材料在加固过程中的作用机理是一个重要的研究课题。配方中的一些天然生物材料，例如糯米浆等，具有较好的初始粘接力，但是很难解释经过上千年以后，很容易腐烂的天然生物大分子仍然是靠有机质的粘力保持强度。一个可能的解释是：传统材料中的生物大分子起着生物矿化过程中的有机模板的作用，即在模板的控制下，石灰等无机物的固化过程和形成的微观结构有利于强度的提高。现代科学研究表明自然界天然形成的最常见的生物矿化物，例如贝壳（主要成分是碳酸钙）、骨（主要成分是磷酸钙）和结石（主要成分是草酸钙）等，其生长过程中控制无机物有序结晶和形成特定微观结构的有机模板主要是一些生物大分子，如胶原蛋白或生物性粘多糖等[12-14]。而糯米汁的主要成分是淀粉，即多糖；蛋清的主要成分就是蛋白；动物胶的主要成分是胶原白质、磷脂或软骨素等。这种类似性使我们觉得很有必要探讨传统粘接材料中天然生物材料在无机物结晶过程中所起的作用。作为初步探索，本工作选择碳酸钙和氢氧化钙等无机材料，糯米浆和蛋清等天然生物材料，参照中国古代建筑灰浆配方和三合土配方，开展了加固性能研究，并且借助 SEM 和 XRD 分析仪器，对一些典型的样品进行了微观结构和形貌分析，旨在探讨加固机理，观察是否存在生物矿化现象，并希望能够从中获得一些比较科学的配方，为石质和土质文物的加固提供安全稳妥的方法。

1　材料与方法

1.1　材料与试剂

粉末：重质碳酸钙石粉，含水率 < 0.08%，1000 目过筛；颗粒：碳酸钙岩石颗粒，含水率 < 0.01%，10 目过筛；大理石块：大理岩，5cm×5cm×2cm；鸭蛋，商场自购；糯米和糯米粉，商场自购；氢氧化钠 NaOH，分析纯，上海化学试剂厂；氢氧化钙 Ca (OH)$_2$，粉末，分析纯，浙江建德莲花化工有限公司；无水氯化钙 CaCl$_2$，分析纯，杭州高晶精细化工有限公司。

1.2　仪器

粉末衍射 XRD：AXS D8 ADVANCE（德国）；扫描电镜 SEM：SIRION - 100，FEI（美国）；拉压力试验仪，YC - 125B，银驰仪器股份有限公司；硬度计，LX - A 和 LX - D 型，无锡市前洲测量仪器厂。

1.3　实验步骤

1.3.1　糯米浆，支链淀粉，蛋清以及桐油溶液配制

（1）糯米浆：称取所需质量的糯米或糯米粉，放入 250mL 烧杯中，加入 100mL 的水，加热煮沸 6 小时，过滤除去不溶物，加水定量至 100mL。

（2）支链淀粉溶液：称取 10g 糯米粉加水调匀，加入 2mL 氢氧化钠，加热，至糯米粉分散均匀，主要成分为水解的支链淀粉。

（3）蛋清溶液：称取所需质量的鸭蛋清，放入 250mL 烧杯中，加水定量至 100mL，搅拌分散均匀。

（4）桐油溶液：称取适量桐油，慢慢倒入快速搅拌的水中，均匀的混合液在配之后及时使用。

1.3.2　碳酸钙与氢氧化钙过饱和溶液配制

（1）碳酸钙过饱和溶液：准确称取定量 $CaCl_2$，溶于相应量的去离子水中，配成 0.01mol/L 溶液；再准确称取定量 Na_2CO_3，溶于相应量的去离子水中，配成 0.01mol/L 溶液；各取上述溶液 10ml，缓缓滴加于 500ml 去离子水中，不断轻轻搅拌，配成碳酸钙过饱和溶液。

（2）氢氧化钙过饱和溶液：准确称取定量 $CaCl_2$，溶于相应量的去离子水中，配成 0.01mol/L 溶液；再准确称取定量 NaOH，溶于相应量的去离子水中，配成 0.01mol/L 溶液；各取上述溶液 10ml，缓缓滴加于 500ml 去离子水中，不断轻轻搅拌，配成氢氧化钙过饱和溶液。

1.3.3　样品制备与加固方法

（1）疏松岩石空白样品　参照《中华人民共和国土工试验方法国家标准》，准确称取 75g 颗粒状碳酸钙和 75g 粉末状碳酸钙，混合均匀后，加入 15mL 水，继续充分混合。移入 $\varnothing$39.8mm×80mm 不锈钢击实模具中，用 566g 击实锤击实 50 次，击实高度 277mm，脱模后自然干燥 7 天，得到成形的疏松岩石空白仿制样品。

（2）混合加固样品　与（1）制作空白样品的方法相同，只是将 15mL 水改为天然生物材料溶液与过饱和无机物溶液的混合液。

（3）渗透加固样品　将 15mL 天然生物材料溶液和过饱和无机物溶液的混合液滴加到空白样品的端面，待溶液完全渗入，自然干燥 7 天。

（4）粘接加固样品　将颗粒状碳酸钙和粉末状碳酸钙等量混合，加入天然生物材料溶液，调成膏状粘接剂，将两块大理石（5cm×5cm×2cm）的侧面粘接起来，自然干燥 7 天。

（5）表面涂覆样品：在大理岩或沙岩表面分别涂覆天然生物材料溶液和过饱和无机物溶液，或者它们的混合液，自然干燥 2 天备用。

空白样品、混合加固样品和渗透加固样品用于测量抗压强度、表面硬度、耐水浸泡性、耐老化性，粘接加固样品用于测量抗折强度，表面涂覆样品用于 SEM 与 XRD 检测。

1.4 性能表征

1.4.1 抗压强度

样品的抗压强度由 YC – 125B 拉压力试验仪测得。因样品在同一模具中制备，大小和截面积一致，故抗压强度的测量结果直接以仪器的示值表示，平行 2 次取平均值，单位为牛顿（N）。

1.4.2 表面硬度

表面硬度由 LX – A 型硬度计测得。测量时，压针距离试样边缘至少 12mm，压针压足，且和试样完全接触 1s 内读数，测点间距不小于 6mm，至少测量 5 次取平均值，单位为 HA。

1.4.3 抗折强度

样品的抗折强度由 YC – 125B 拉压力试验仪测得。将侧面粘接的大理石平放在相距 8cm 的两个支点上，正中向下施加压力，测量两块大理石粘接部位断裂时的压力。由于大理石侧面积一致，故抗折强度的测量结果直接以仪器的示值表示，平行 2 次取平均值，单位为 N。

1.4.4 耐水浸泡性

将样品完全浸没在水中，直至其坍塌，以样品保持成型、不坍塌的时间长短来表示样品的耐浸泡性。

1.4.5 耐光老化性

将样品置于 500W 紫外线高压汞灯老化箱内，距紫外线灯管 20cm，温度 60℃，每天喷去离子水 2 次，观察样品的颜色变化与损坏情况。

2 结果与讨论

2.1 不同浓度的天然生物材料与无机矿化物混合法加固的效果

图 1 给出了不同浓度糯米浆、支链淀粉与鸭蛋清三种天然生物材料与碳酸钙和氢氧化钙两种过饱和无机物溶液配合，用混合法加固碳酸钙颗粒和粉末制成的疏松岩石样品的抗压强度。在实验中，空白样品只能经受 40N 的压力就破碎。如果样品只加入过饱和无机溶液而不加天然生物材料（即图 1 中浓度 0% 位置），抗压强度几乎不提高。加入天然生物材料后，加糯米浆或支链淀粉样品的抗压强度就有较大提高，其中 3% 糯

米浆与 0.01mol/L 氢氧化钙过饱和溶液的配方的抗压强度达到 1194N，是空白样品的 30 倍左右；相对而言，用鸭蛋清与桐油替代对糯米浆的抗压强度就只比空白样品提高了 2 倍左右。从图 1（a1）和（a2）中还可以发现，在加入的两种无机溶液中，氢氧化钙溶液的加固效果要比用碳酸钙溶液的好。另外，从图 1 可以看出，除蛋清之外，天然生物材料的浓度并不是越高对加固强度越有利，糯米浆与支链淀粉大概在 3% 左右达到最大值。

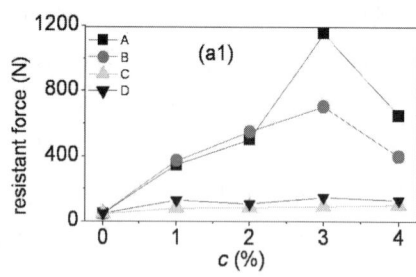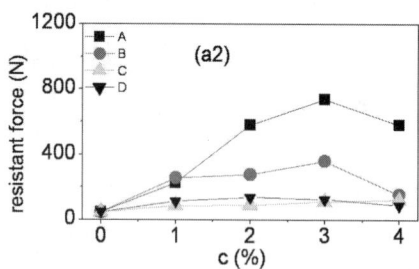

图 1　不同浓度天然生物材料混合法加固（a1）Ca（OH）$_2$ 与（a2）CaCO$_3$ 的抗压强度
A．糯米浆，B. 支链淀粉，C. 鸭蛋清，D. 桐油

　　图 2 与图 1 的配方和条件相同，只是表面硬度的测试结果不同。空白样品的表面硬度约为 80HA；只加入过饱和无机溶液时为 86.5HA；加入糯米浆后，样品的表面硬度提高到 200HA 左右，是空白样品的 2.5 倍，说明天然生物材料对表面硬度的提高也有较好的效果。在抗压强度中表现良好的支链淀粉配方对表面硬度的提高作用不是很大，而在抗压强度方面表现不是很好的蛋清配方对表面硬度提高的作用明显，最高值为 135HA。桐油对表面硬度的提高几乎没有效果。

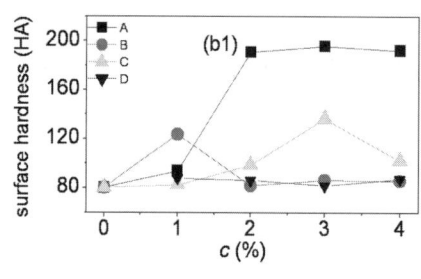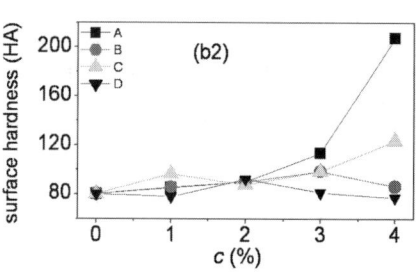

图 2　不同浓度天然生物材料混合法加固（a1）Ca（OH）$_2$ 与（a2）CaCO$_3$ 的表面硬度
A．糯米浆，B. 支链淀粉，C. 鸭蛋清，D. 桐油

　　从上面各种配方的抗压强度与表面硬度的结果可以看出，天然生物材料选择 3% 糯米浆溶液，无机物选择氢氧化钙过饱和溶液，由此组成的配方可使加固效果接近最佳状态。如果有生物矿化作用发生，应该在最佳状态附近表现出来，因此以下将以该配方为主进一步考察有关性能。

2.2 渗透法加固效果

考虑到"不改变原状"的文物加固原则,本工作也考察了基于传统配方的渗透加固情况。表1为糯米浆、支链淀粉与鸭蛋清三种天然生物材料与碳酸钙和氢氧化钙两种过饱和无机溶液配合,用渗透法加固碳酸钙颗粒和粉末制成的疏松岩石样品的抗压强度和表面硬度。从表1中可以发现:①只用无机物过饱和溶液渗透加固,可以使抗压强度提高,而对表面硬度几乎无影响。②只使用天然生物材料溶液渗透加固,可以使抗压强度和表面硬度都得到提高。其中,表面硬度提高比混合法的幅度大,原因是天然生物材料分子量比较大,渗透能力有限,由此使表面层的浓度较大。其中支链淀粉由于经过水解处理,分子量相对较小,因此渗透加固的效果要优于糯米浆和蛋清。③将天然生物材料溶液与过饱和无机溶液复合,用渗透法加固后,样品的抗压强度得到提高,但不及只用天然生物材料溶液的情况,而复合渗透加固使样品的表面硬度达到最大,效果也是支链淀粉最好,糯米次之;此外,在所有复合渗透加固中,使用过饱和氢氧化钙溶液的都比过饱和碳酸钙溶液的好,该结果与混合法一致。

表1 天然生物材料与无机矿化物复合渗透加固样品的抗压强度与表面硬度

试样编号	天然生物材料	无机矿化溶液 (0.01mol/L)	抗压强度(N)	表面硬度(HA)
空白	0	0	47.9	80.3
比较-1	0	$CaCO_3$	101.1	82.5
比较-2	0	$Ca(OH)_2$	111.4	88.2
疏松石-10	3%糯米	0	189.6	174.5
疏松石-11	3%糯米	$CaCO_3$	114.3	290.6
疏松石-12	3%糯米	$Ca(OH)_2$	164.7	319.1
疏松石-20	3%支链淀粉	0	726.5	184.5
疏松石-21	3%支链淀粉	$CaCO_3$	435.5	273.9
疏松石-22	3%支链淀粉	$Ca(OH)_2$	662.5	419.6
疏松石-30	10%蛋清	0	102.1	120.4
疏松石-31	10%蛋清	$CaCO_3$	92.3	105.6
疏松石-32	10%蛋清	$Ca(OH)_2$	83.8	135.6

注:疏松石试样中 $CaCO_3$ 颗粒与 $CaCO_3$ 粉末比为1:1;

3.3 粘接强度

传统建筑灰浆的最重要的功能之一是连接基本建筑模块,如砖块和石块等。为了了解天然生物材料对砖石粘接强度的影响,我们参考传统配方配制成灰浆,将两块大理石的侧面粘接起来，干燥后测得的抗折强度结果见表2。从表2中可以发现：①糯米浆的加入对提高粘接强度有明显作用；②无机矿化溶液中氢氧化钙溶液远好于碳酸钙溶液；③三合土的粘接强度要比由碳酸钙颗粒和粉末作填料的效果好，值得注意的是三合土中直接加入了氢氧化钙粉末，再加上氢氧化钙无机矿化溶液，使得粘接强度比普通灰泥更好。由此可见传统建筑灰浆中生石灰和糯米浆对粘接强度的提高起到了关键作用。因此，如果有生物矿化作用，最简单的是糯米浆对氢氧化钙形成碳酸钙结晶的过程有调控作用。

表2　天然生物材料与不同无机物复合粘接大理石样品的抗折强度

试样编号	天然生物材料	无机物矿化溶液	填料		折断强度（N）
			颗粒	粉末	
灰浆－空白	0	0	$CaCO_3$	$CaCO_3$	0
灰浆—1	3%糯米	$CaCO_3$	$CaCO_3$	$CaCO_3$	2.95
灰浆—2	3%糯米	$Ca(OH)_2$	$CaCO_3$	$CaCO_3$	16.5
灰浆—3	3%糯米+10%蛋清	$CaCO_3$	$CaCO_3$	$CaCO_3$	4.20
灰浆—4	3%糯米+10%蛋清	$Ca(OH)_2$	$CaCO_3$	$CaCO_3$	15.6
三合土－1	0	$CaCO_3$	黄沙	$Ca(OH)_2$＋红土	4.97
三合土－2	0	$Ca(OH)_2$	黄沙	$Ca(OH)_2$＋红土	5.21
三合土－3	3%糯米	$CaCO_3$	黄沙	$Ca(OH)_2$＋红土	4.97
三合土－4	3%糯米	$Ca(OH)_2$	黄沙	$Ca(OH)_2$＋红土	18.6
三合土－5	3%糯米+10%蛋清	$CaCO_3$	黄沙	$Ca(OH)_2$＋红土	8.65
三合土－6	3%糯米+10%蛋清	$Ca(OH)_2$	黄沙	$Ca(OH)_2$＋红土	12.4

注：①疏松石试样中 $CaCO_3$ 颗粒与 $CaCO_3$ 粉末比为1:1
　　②三合土试样中黄沙颗粒、红土粉与 $Ca(OH)_2$ 粉末的比例为1.5:1.5:1

2.4　耐水浸泡性

相对于现代粘接材料，传统粘接材料的最大弱点可能是耐水浸泡性不佳，为了考察加固样品的耐水浸泡能力，我们有选择性地对灰浆配方，包括三合土和改变填料的替换样品进行了耐水浸泡性测定，结果见表3。由表3可以看到：①糯米浆可以使三合土的耐水浸泡性提高，配方中加入蛋清以后，耐水浸泡性更好；②将三合土配方中的黄沙和粘土改为碳酸钙颗粒和粉末，氢氧化钙的量不变，所得替换样品的抗压强度、表面硬度和耐水浸泡性都明显提高，这也从另一个侧面说明，粘接加固的关键成分是氢氧化钙和糯米浆，蛋清有辅助增强作用。

表3　三合土及改变填料的替换样品的抗压强度、表面硬度和耐水浸泡性

试样编号	天然生物材料	填料		抗压强度（N）	表面硬度（HA）	耐水浸泡性（d）
		颗粒	粉末			
三合土–1	0	黄沙	Ca（OH）$_2$ + 红土	376.8	321.6	19
三合土–2	3%糯米	黄沙	Ca（OH）$_2$ + 红土	427.1	356.8	24
三合土–3	3%糯米+3%蛋清	黄沙	Ca（OH）$_2$ + 红土	392.6	368.6	32
替换样–0	0	CaCO$_3$	CaCO$_3$	47.9	80.3	0
替换样–1	0	CaCO$_3$	Ca（OH）$_2$ + CaCO$_3$	536.9	321.6	52
替换样–2	3%糯米	CaCO$_3$	Ca（OH）$_2$ + CaCO$_3$	653.2	432.9.8	>68
替换样–3	3%糯米+3%蛋清	CaCO$_3$	Ca（OH）$_2$ + CaCO$_3$	678.2	468.6	>68

注：①三合土试样中黄沙颗粒、红土粉与 Ca（OH）$_2$ 粉末的比例为 1.5：1.5：1

②替换试样中 CaCO$_3$ 颗粒、CaCO$_3$ 粉末与 Ca（OH）$_2$ 粉末比为 1.5：1.5：1

2.5　耐老化性

耐老化性如何是建筑粘接材料最重要的参数之一。为了了解糯米浆作为加固成分的耐老化性，我们将上述配方加固的样品进行了光老化实验。图3 给出了样品测试前后的外观变化。样品编号，碳酸钙类：K：碳酸钙空白；N：3%糯米浆 + 氢氧化钙；D：3%蛋清 + 氢氧化钙；N+D：3%糯米浆 +3%蛋清 + 氢氧化钙；T：100%桐油 + 氢氧化钙；B：4%丙烯酸树脂 + 氢氧化钙。三合土类：S：三合土空白；SN：三合土 +3%糯米浆；SND：三合土 +3%糯米浆 +3%蛋清。可以看到，经过 42 天的老化测试，表面颜色变化，加桐油的变色，加蛋清的稍有变色，加糯米浆的不变色。另外从疏松程度看，空白样品已经十分疏松，稍微触碰就塌了，而用糯米浆加固过的样品还十分坚硬，手拿搬动等都维持原状。为什么糯米浆在光老化过程中不会变黄，其原因还有待进一步探讨。

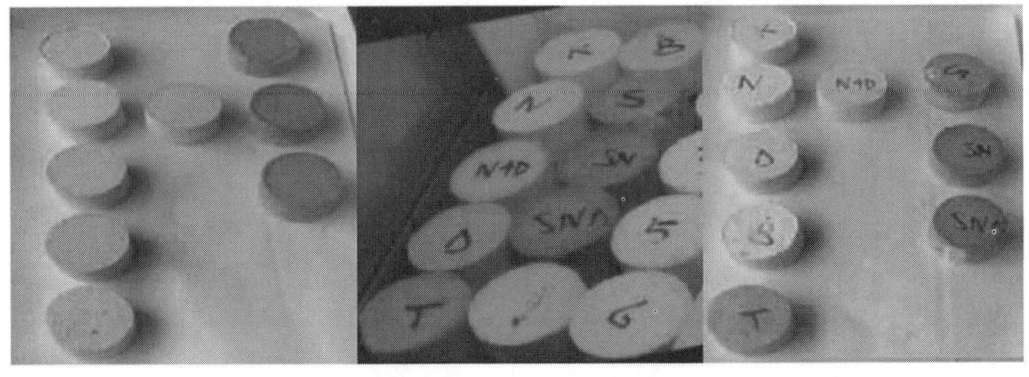

图3　抗老化实验的实验前（左），后（右）以及实验中（中）对比照片

2.6　加固机理探讨

使用天然生物材料与无机材料的混合物作为建筑粘接加固材料在中国已经有数千年的历史，其中许多配方是从大量建筑实践中总结出来的蕴涵丰富智慧的成果，但是至今还很少有人探讨这些配方的作用机理。

无疑，在传统建筑粘接加固材料的成分中，无机填料（包括颗粒和粉末）的种类、比例、粒径分布对粘接加固效果有着的重要影响，也值得深入研究。但是，最关键的成分应该是胶结物质。从前面的实验结果和讨论中也可看到，氢氧化钙和糯米浆是决定加固效果的关键物质。其中，氢氧化钙是典型的无机胶结物质，糯米浆是最具中国特色的生物胶结物质。为了探讨它们在复合使用条件下的作用机理，本工作采用扫描电镜、晶体粉末衍射方法对氢氧化钙和糯米浆，在单独和复合情况下的加固样品进行了考察，结果见图4 –6。

图4abcd 全部为放大5 千倍的扫描电镜照片。其中，a 为空白大理石表面，上面有一些几微米宽的浅沟壑，看不到明显的方解石晶体形貌；b 为0. 01mol/L 氢氧化钙溶液加载到大理石表面干燥后的表面形貌，很明显表面已经被大小不一的块状固体物质覆盖；c 为3% 糯米浆加载到大理石表面干燥后的形貌，表面非常光滑，应是糯米浆溶液自然流平覆盖的结果；d 为3% 糯米浆与0. 01mol/L 氢氧化钙按照体积比为1∶4 混合后，一起加载到大理石表面干燥后的照片。在糯米浆与氢氧化钙复合配方的表面，粗看似乎既有图4b 的块状固体，也有图4c 的光滑的表面。但是，仔细观察可以发现，图

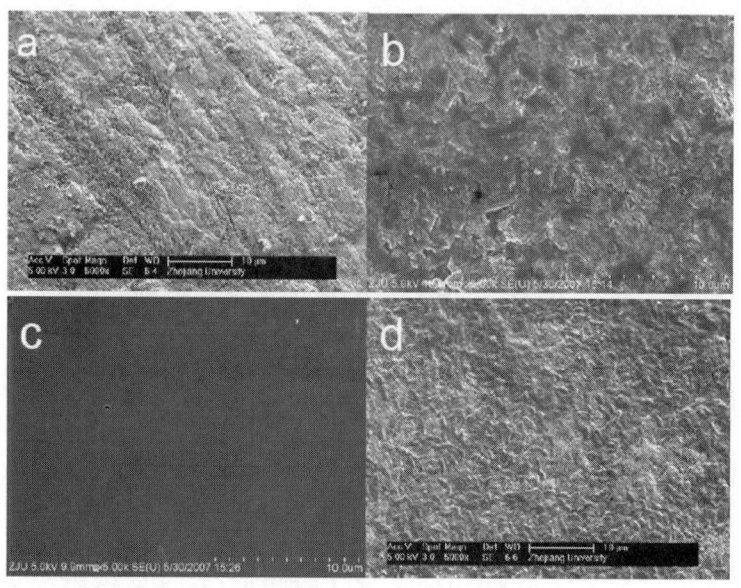

图4　放大5 千倍的扫描电镜照片
a 大理石基底；b 只加载氢氧化钙；c 只加载糯米浆；d 加载混合的氢氧化钙和糯米浆

4d 中固体颗粒的形貌比较一致，多为 $2\mu m \times 0.7\mu m$ 大小的瓜子状的颗粒；图 4d 中的平整部分也不同于图 4c 的表面，上面均匀地分布着大量直径为 20nm 左右的固体颗粒。其微观形貌可从图 5，即图 4d 局部放大至 10 万倍的 SEM 照片上观察到。

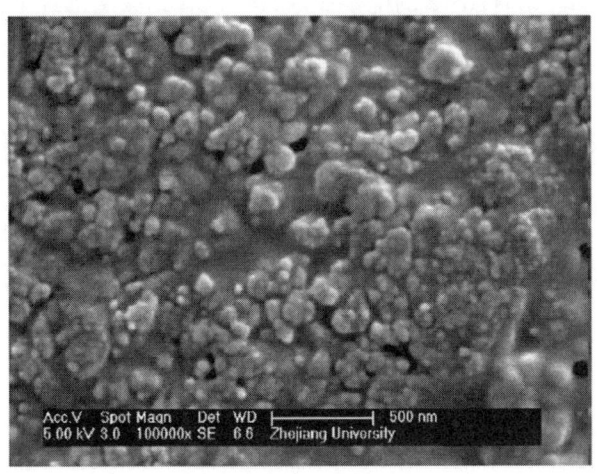

图5　加载氢氧化钙和糯米浆的扫描电镜照片（10 万倍）

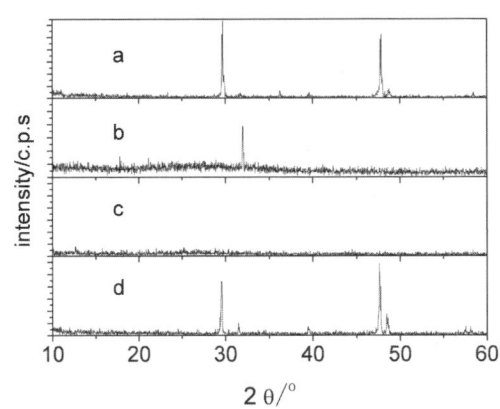

图6　X 射线粉末衍射 XRD 图谱

a 大理石基底；b 只加载氢氧化钙；c 只加载糯米浆；d 加载混合的氢氧化钙和糯米浆

图 6 与图 4 是对应的，是四个样品的 XRD 分析结果。其中 a 为基底大理石的 XRD 图，2theta 角在接近 30°的主峰是方解石晶体的特征峰，在 48°附近是大理石基底另一个特征峰；b 为只涂覆氢氧化钙的 XRD 图，主要特征峰在 2θ 位于 32°与 18°的位置；c 为只涂覆糯米浆的样品，由于没有晶体析出因此看不到任何衍射峰；d 为糯米浆与氢氧化钙复合配方的 XRD 图，上面可以明显观察到峰的位置与大理石基底相同，但是 2θ 角为 32°位置的特征峰仍然可以观测到。主要原因可能是：①氢氧化钙已经大部分与二氧化碳作用生成了碳酸钙，但是仍存在少量氢氧化钙，这也解释了石灰/糯米浆体系放

置时间越久强度越好的原因；②新生成的碳酸钙晶体几乎全部是方解石，峰的位置与基底大理石相同，若新生成矿物的晶型与基底不同，则应有其他衍射峰出现；③涂层比较薄，XRD 射线透过了涂层，基底峰表现依然很强，造成表面新生成的方解石峰与基底大理石峰的叠加。结合图 4d 的电镜照片，可以看到涂层已经全部覆盖住基底大理石，新生成的矿物（方解石）以一定的大小、一致的结构、比较有序地分布和显露在表面。

从粉末衍射和扫描电镜的结果可以看出：糯米浆对氢氧化钙形成碳酸钙（方解石）的结晶过程、晶体的大小和表面形貌有一定的控制作用。这种作用与生物体内生物大分子控制无机物结晶生长的生物矿化过程有某种类似性，从基本原理讲也属于生物矿化的范畴。退一步讲，无机结晶体（方解石）与生物大分子（糯米浆中的支链淀粉）按照一定的结构均匀地混合和相互协调，本身就能对粘接加固起到非常好的协同效果，这也正是今天复合材料科学中无机/有机复合理念的一个特例。

3　结　论

（1）以石灰等无机材料为基料，以糯米浆等天然生物材料为配料的中国古代建筑灰浆和三合土具有一定的粘接加固强度和表面硬度，也有较好的耐水浸泡性和优良的耐老化性，其加固过程可逆性强，与建筑本体和环境和谐。

（2）在基础配方中，作为惰性填料的固体颗粒和粉末的种类、粒径和比例都有重要影响，但是最关键的成分是作为无机胶结物质的石灰（氢氧化钙）和作为有机胶结物质的糯米浆（支链淀粉）。

（3）仪器分析表明，石灰与糯米浆混合组成的复合配方在粘接加固过程中起到了无机/有机相互配合和相互协同的作用，达到了较好的加固效果；同时还观察到，糯米浆对氢氧化钙形成碳酸钙（方解石）的结晶过程有一定的调控作用，使形成的方解石的结晶体的大小和形貌得到控制，使晶体的分布呈现一定的有序性，起到了生物矿化过程中生物模板的作用。

结构合理，排列有序，相互协同是石灰/糯米浆体系性能较好的内在原因。尽管这一发现还很肤浅，还有许多细节有待深入，但是该发现对于我们理解、研究和发展中国传统配方，以及进一步科学地应用于古建筑和石质文物的维修加固提供了新的思路。

参考文献

［1］ Clifford Price. Stone Conservation：An Overview of Current Research. USA：The Getty Conservation Institute，1996：16 - 24.

［2］ Striegel M F，Guin E B，Hallett K，et al. Air pollution，coatings，and cultural resources. Prog. Organic

Coat. , 2003, 48: 281 – 288.

［3］黄克忠. 石质文物的化学保护方法. 文物科技研究, 2004, 1: 16 – 23.

［4］Melo M J, Bracci S, Camaiti M, et al. Photodegradation of Acrylic Resins Used in the Conservation of Stone. Polymer Degradation and Stability, 1999, 66 (1): 23 – 30.

［5］Tabasso M L. 杨军昌, 黄继忠, 译. 石质品的保护处理. 文物保护与考古科学, 1996, 8 (1): 54 – 63.

［6］张秉坚, 尹海燕, 铁景沪. 石质文物表面防护中的问题和新材料. 文物保护与考古科学, 2000, 12 (2): 1 – 4.

［7］刘强, 张秉坚, 龙梅. 石质文物表面憎水性化学保护的副作用研究. 文物保护与考古科学, 2006, 18 (2): 1 – 7.

［8］黄克忠. 文物建筑材质的研究与保存. 东南文化, 2003, 9: 93 – 96.

［9］余焕阳, 陈单. 钱塘江明清古海塘旅游资源的保护与开发. 浙江水利科技, 2004, 4: 9 – 10.

［10］季山. 民国以前嫩江、松花江的水患与堤防工程. 黑龙江水专学报, 1999, 2: 1 – 4.

［11］王新生. 古城墙修缮技术及运用初探. 古建园林技术, 2004, 1: 20 – 22.

［12］Arias J L, Fernández M S. Biomimetic Processes Through the Study of Mineralized Shells. Mater. Charact. 2003, 50 (2 – 3): 189 – 195.

［13］Rodríguez – Lorenzo L M, Vallet – Regí M. Controlled Crystallization of Calcium Phosphate Apatites. Chem. Mater. , 2000, 12 (8): 2460 – 2465.

［14］Jung T, Kim W S, Choi C K. Biomineralization of Calcium Oxalate for Controlling Crystal Structure and Morphology. Mater. Sci. & Eng. C, 2004, 24 (1 – 2): 31 – 33.

A study on Characteristics and Consolidating Mechanism of Chinese Traditional Mortars Used on Historical Architecture

Zeng Yuyao, Zhang Bingjian, Liang Xiaolin

(Department of Chemistry, Zhejiang University, Hangzhou 310027)

Abstract: It is found that some traditional materials used on ancient architectures not only have good consolidation abilities, but also have other advantages such as durability, suitable strength, compatibility with the architectures and environment – friendly. Unfortunately, consolidation mechanism of these materials is unknown for complexity of their components and limitation of science level in the ancient time. In order to understand these mechanism better and use the traditional materials more reasonably for consolidating ancient architectures, some Chinese classical mortar formulas, whose inorganic component are mainly composed of lime and organic components are composed of sticky rice slurry, were applied on mimic sample, and their surface hardness and strength were tested in our lab; then morphography and crystallography of the samples were observed by SEM and XRD, respectively. The results indicate that the Chinese traditional mortars, which were prepared with calcium carbonate, calcium hydroxide, clay and various natural materials, can effectively protect the modeling loose specimens. The consolidated specimens not only presented better abilities in water - resistance, strength and surface hardness improvement, but also did not change appearance of the specimens after ultraviolet aging test. The results also suggest that various components in the formulas will affect characteristics of mortars, but the calcium hydroxide and sticky rice are the most important components for qualities of mortars. In addition, the results show that the characteristics of these materials are similar to those of modern composite materials, where inorganic components cooperate with organic components and present a better consolidation effect than each of them. It is also suggested that the sticky rice slurry in the formula control growth of calcium carbonate crystal, which presents a characteristic of biomineralization where calcium carbonate functions a mineral and sticky rice slurry functions a template. These works will be helpful to provide a new philosophy thinking different from those of traditional methods.

Keywords: traditional materials, mortar, consolidation, sticky rice slurry, mechanism, biomineralization

（原载于《文物保护与考古科学》，2008 年，第 20 卷第 2 期）

敦煌寿昌城表面风化特征研究

孙满利[1]，王 菲[1]，王旭东[2]，李最雄[2]，郭青林[2]

（1. 西北大学文博学院，西安，710069；2. 敦煌研究院，敦煌，736200）

内容摘要：通过对敦煌寿昌城遗址表面风化特征的现场调查研究，从保护加固施工的角度出发，按照风化层厚度，表面风化层密度、表面风化层整体均匀性以及风化层的结构等四个方面将表面风化层分为三个类型七种形式，并针对每一种形式，提出 PS 表面防风化加固的施工方法。这种分类研究有助于土遗址表面防风化加固的科学化和推广应用。

关键词：土遗址　表面风化　分类

0　引　言

　　敦煌寿昌城位于甘肃省敦煌市西南 70km 处的南湖乡四清村，西距古阳关遗迹约 3km，南距汉渥洼池 5km，是甘肃省重点文物保护单位。

　　寿昌城汉代为龙勒县治，是敦煌郡所辖六县之一，北魏改立为寿昌郡，北周并入敦煌县，隋设龙勒府，唐武德年间又置寿昌县，属沙州郡，其间名称多经变更废复。该城盛唐时最为繁荣，延至北宋（1036）曹氏归义军政权崩溃为止，后逐渐衰微。

　　古城遗址平面呈矩尺形，东、西、北三面存断续残垣，南面仅留墙基，东墙似有瓮城残迹，城内流沙堆积。北墙长 318m，东墙长 294m，南墙长 318m，西墙长 294m，城堡面积 8.35 万 m^2，由于部分墙体被风积沙掩埋，现地表可见城墙总长度 291m，其中：北墙长 123m，东墙长 103m，西墙长 65m，城墙残高最大 4.2m，上宽 2m，下宽 7m。城墙采用夯土版筑，经历两次大的修筑历史，后期墙体为褐红色粉质粘土夯筑而成，粉质粘土中包含大量的粘土团块，粘土块形状不规则，直径大多在 3－5cm 左右，粉质粘土分选较差，含较多杂质如碎石等，夯层密实度较差，夯层厚度为 13cm 左右；早期墙体由浅黄色粉质粘土或暗灰色粉土夯筑而成，夯层较密实，含杂质较少，夯层厚度 5－10cm。

　　敦煌位于蒙古高原和青藏高原之间，形成了四周以高山、沙漠、戈壁围绕的小盆地，它远离海洋，是典型的极干旱大陆性气候，气候干燥，降雨量少，蒸发量大，昼夜温差大，多风多沙尘暴。年平均降水量 39.9mm，且主要分布在夏季（6－8 月），夏季降雨占 63.9%，冬季只有 7.5%，蒸发量 2486mm，干燥度大于 16，年平均相对湿度为 32%。年平均气温为 9.4℃，7 月平均气温 24.7℃，1 月平均气温 －9.3℃，气温年较差达 34℃。敦煌常年多为东风和西北风，年平均风速达到每秒 3.5m/s，起沙起土风速为 4.5m/s，大于 5m/s 的风每年达 35d－148d，沙尘蔽日日数每年有 20d－35d，年八级以上的大风日数高达 19d，2002 年 5 月 5 日最大风速达 25m/s。

　　土遗址的表面风化是最主要的一种病害，防止土遗址的表面风化是土遗址保护加固的重要内容之一，对土遗址表面防风化加固材料的研究更是近年来的热点[1-14]，但大多没有经过工程实际检验，只有 PS 材料在西北干旱区土遗址得到了较大的应用[15-19]，土遗址表面防风化施工的关键是如何保证加固材料的渗透性，而施工的工艺与表面风化层的特征关系密切，根据不同的表面风化特征选用不同的施工工艺是保证加固效果的关键，目前的研究工作对表面风化的特征研究不够，还不能科学的指导施工，因此，深入的研究土遗址表面风化的特征对于科学的加固具有重要的意义。

1　病害现状及分析

　　寿昌城的病害类型有片状剥蚀，淘蚀，裂隙缝及生物破坏。其主要病害为雨蚀剥离、风蚀剥离和卸荷裂隙。

　　（1）片状剥蚀

　　寿昌城的片状剥蚀有两种形式：雨蚀剥离（图 1）和风蚀剥离（图 2）。

　　（2）淘蚀

　　寿昌城的淘蚀有两种形式：风力淘蚀（图 3）和坍塌淘蚀（图 4）。

　　（3）裂隙缝

　　寿昌城的裂隙缝有两种形式：卸荷裂隙（图 5）和建造工艺裂隙（图 6）。

　　　　　　　　　　　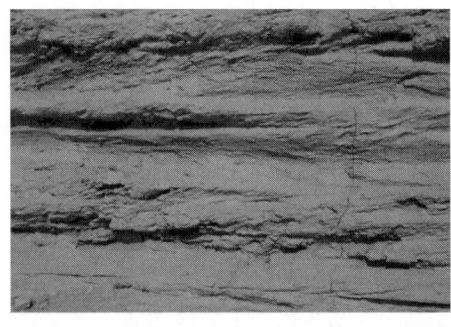

图 1　雨蚀剥离（北墙）　　　　　　　　图 2　风蚀剥离（东墙）

图 3　风力淘蚀（东墙）

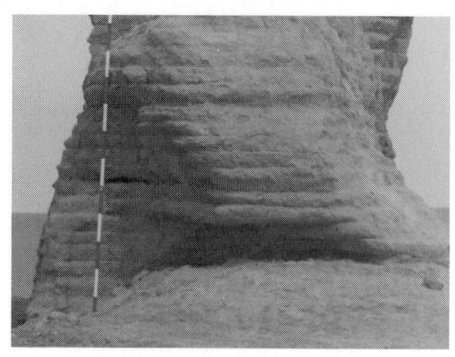

图 4　坍塌淘蚀（东墙）

图 5　卸荷裂隙（西墙）

图 6　建造工艺裂隙（东墙）

（4）生物破坏

寿昌城的生物破坏主要为动物破坏（图 7），动物破坏主要是蜂巢，蜂巢较致密，坚硬。

2　表面风化特征及加固技术

表面风化层的特征不同，PS 表面渗透

图 7　动物破坏（东墙）

的工艺有很大差别，考虑到不同施工工艺对表面风化加固适用性的不同，按照风化层厚度、表面风化层密度、表面风化层整体均匀性以及风化层的结构等四个方面对风化层的特征进行分类研究。

PS 表面防风化加固主要有表面喷洒渗透和滴渗两种工艺，这两种工艺的选用主要与风化层厚度有关，因此，根据风化层厚度将表面风化层分为三种类型：风化层厚度小于1cm，风化层厚度在 1 - 2cm，风化层厚度大于 2cm。

2.1　风化层厚度小于1cm

在敦煌寿昌城，遗址表面风化层厚度小于1cm的墙体主要有两种情况：遗址墙体坍塌新鲜面，风蚀剥离面等。

（1）坍塌新鲜面：由于遗址的坍塌经常发生，在一些墙体坍塌的新鲜面，表面风化层厚度较薄（图8），土性为浅黄色粉土，含沙量较大，颗粒间胶结程度差，夯筑较密实，夯层明显，表面整体性好，均匀性好，在图8的左半部分，由于坍塌时间为1年左右，表面基本无风化，在图8的右半部，坍塌时间稍长，表面略有风化，风化层厚度小于3mm。对于这种病害，采用PS表面喷洒渗透1－2遍即可完全达到加固要求。

图8　东墙一段北立面

（2）风蚀剥离面：风化层厚度小于1cm的情况由于土的性质的不同主要有三种类型。

①土性为浅黄色粉质粘土，夯筑密实，表面较致密，整体性好，风化疏松层已经被风吹蚀脱落，基本无残留，表面平整，均匀性好（图9），该类病害可采用PS喷洒一遍即可达到加固要求。

②土性为褐红色粉质粘土，夯筑较密实，由于夹大量粘土块，因此均匀性较差，表面较致密，风化疏松层已经被风吹蚀脱落，基本无残留，表面整体性较差，比较破碎，粘土块突出墙面，墙面凹凸不平（图10），该类病害可采用PS喷洒二到三遍方可达到加固要求，同时应注意对突出粘土块的加固，防止土块整体掉落。

图9　东墙4段西立面

图10　东墙3段西立面

③土性为浅灰色粉土，含沙量较大，夹少量砾石，夯筑较密实，颗粒间粘结力较

弱，易风蚀，风化疏松层已经被风吹蚀脱落，仅少量残留（图11），该类病害可采用 PS 喷洒二到三遍方可达到加固要求。

图11 北墙1段南立面

2.2 风化层厚度在 1 – 2cm

（1）土性为浅灰色粉土，比较致密，夹有大量小砾石，砾石颗粒小的 1 – 2mm，大的 5mm，表面呈小片状剥离脱落，薄片厚约 1 – 2cm，表面疏松破碎，土颗粒胶结性差，层薄，分层剥落，剥落特征明显（图12）。该类病害加固保护难度较大，由于剥离小片和母体之间往往有裂隙存在，而且裂隙间常充填有粉细沙，致使加固时上层薄片很难和母体很好连接，可采用 PS 多遍喷洒渗透，并用小竹木锚钉固定。

（2）土性为褐红色粉质粘土，夯筑不密实，表面破碎疏松，有许多粘土块的突出体，颗粒间胶结程度差，整体性差，均匀性差，主要出现在褐红色粉质粘土夯筑而成的墙体上（图13）。此类病害可采用 PS 表面喷洒渗透和滴渗综合处理，并采用小竹木锚钉将突出小块体进行固定。

图12 北墙1段东立面

图13 东墙3段马面南立面

2.3 风化层厚度大于 2cm

（1）土性为褐红色粉质粘土，杂质较多，夹有大量粘土块和碎石，夯筑不密实，夯层明显，颗粒间胶结程度差，风化层疏松，表面破碎粗糙，表面整体性差，均匀性差（图14、图15）。此类病害由于表面破碎，滴渗成孔困难，加之粘土块的作用，渗透性较差，因此，必须采用先喷洒渗透固定表面，然后采用滴渗加固，最后还应采用喷洒渗透处理，以便增加渗透均匀性。

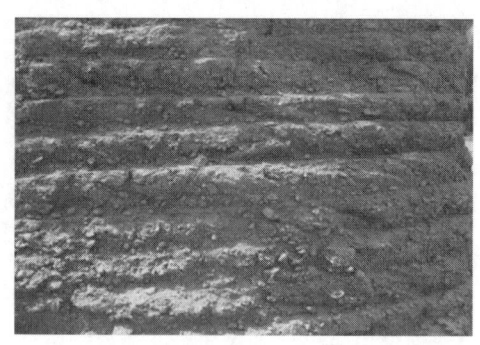　　　　　　

　　　　图 14　北墙 7 段西头北立面　　　　　　　图 15　东墙 4 段南头北立面

　　（2）土性为浅黄色粉沙土，含沙量较大，夯筑不密实，表面疏松，不均匀，破碎严重，颗粒间胶结性差，有些遗址表面疏松层可达 5 – 10cm（图 16），一些遗址表面原有一层薄壳，但是薄壳大部已经脱落（图 17），其下疏松层为粉沙土，厚度可达 10cm。此类病害可采用喷洒渗透和滴渗综合加固，先对表面喷洒渗透 1 – 2 遍，然后钻孔滴渗。

　　　　图 16　东墙 1 段西面顶部　　　　　　　　图 17　东墙 2 段南立面局部

　　（3）遗址表面形成一硬壳，硬壳密度、厚度不一，主要有四种形式。

　　①遗址表面形成一硬壳，硬壳表面致密坚硬，厚度在 1 – 2mm，为一整体且整体性好，均匀性好，土性为暗灰色粉土，夯筑密实，其硬壳下部疏松（图 18）。可采用钻孔滴渗加固。

　　②遗址表面形成一硬壳，硬壳厚度在 1 – 2mm，较致密，风化层呈块体开裂，其风化层

图 18　西墙 4 段东立面局部

厚度约 5 – 10cm，部分脱落（图 19），有的与墙体脱离，无充填物（图 20）。此类病害可采用钻孔滴渗和小竹木锚钉锚固相结合的方法进行加固，同时对裂隙进行灌浆处理。

图 19　西墙 5 段局部

图 20　西墙 5 段局部

③土性为褐红色粉质粘土，表面有一层硬壳，较致密，硬壳厚度 1 - 2mm，风化层厚度在 2 - 5cm，部分开裂脱落，整体性差，其内部疏松破碎，表面粗糙，均匀性差（图 21）。此类病害可采用钻孔滴渗和锚钉结合加固。

④遗址表面有蜂巢，蜂巢密集，其风化层较厚，表面粗糙且坚硬，整体性好，均匀性较好，蜂巢的存在可保护遗址内部不被风化，然而由于表面坚硬，一旦脱落就呈大块体脱落（图 22）。此类病害可对蜂巢下部适当滴渗加固，主要应采用锚钉技术防止硬壳大块掉落。

图 21　东墙 3 段北立面

图 22　东墙 4 段北头马面西面

3　结　论

（1）寿昌城的病害类型有片状剥蚀，淘蚀，裂隙缝及生物破坏。其主要病害为雨蚀剥离、风蚀剥离和卸荷裂隙。

（2）从保护加固的角度出发，按照风化层厚度，表面风化层密度、表面风化层整体均匀性以及风化层的结构等四个方面可将表面风化层分为三个类型七种形式。

（3）针对每一种表面风化的形式，分别可以采取不同的加固工艺，主要的技术手段有喷洒渗透、滴渗、小竹木锚钉锚固等。

（4）土遗址表面风化层特征的研究才刚刚起步，许多问题研究还不够系统，分类还不够科学，随着研究的深入，在积累大量调查数据的基础上可以建立表面风化层不同类别与加固工艺的对应关系，有助于土遗址保护加固的科学化。

参考文献

[1] 李最雄，王旭东．古代土建筑遗址保护加固研究的新进展．敦煌研究，1997（4）：167－172.

[2] 李最雄，张虎元，王旭东．古代土建筑遗址的加固研究．敦煌研究，1995（3）：1－17.

[3] 李最雄，王旭东，张志军等．秦俑坑土遗址的加固试验．敦煌研究，1998（4）：151－158.

[4] 李最雄，王旭东，田琳．交河故城土建筑遗址的加固试验．敦煌研究，1997（3）：171－188.

[5] 李最雄，王旭东，郝利民．室内土建筑遗址的加固试验——半坡土建筑遗址的加固试验．敦煌研究，1998（4）：144－149.

[6] 王旭东，张鲁，李最雄等．银川西夏3号陵的现状及保护加固研究．敦煌研究，2002（4）：64－72.

[7] 和玲，梁国正．偏氟聚物加固保护土质文物的研究．敦煌研究，2002（6）：92－108.

[8] 周双林，原思训，杨宪伟等．丙烯酸非水分散体等几种土遗址防风化加固剂的效果比较．文物保护与考古科学，2003，15（2）：40－48.

[9] 周双林，王雪莹，胡原，等．辽宁牛河梁红山文化遗址土体加固保护材料的筛选．岩土工程学报，2005，27（5）：567－570.

[10] 周双林．文物保护用有机高分子材料及要求．四川文物，2003（3）：94－96.

[11] 周双林，原思训．有机硅改性丙烯酸树脂非水分散体的制备及在土遗址保护中的试用．文物保护与考古科学，2004，16（4）：50－52.

[12] 周双林．土遗址防风化加固保护材料研制及在秦俑土遗址的试用．北京：北京大学，2000.

[13] 李最雄．丝绸之路古遗址保护．北京：科学出版社，2003.

[14] 内蒙古博物馆．大窑遗址四道沟地层剖面“PS”材料保护加固实验报告．内蒙古文物考古，2002（1）：135－139.

[15] 王旭东．中国西北干旱环境下石窟和土遗址保护加固研究．兰州：兰州大学，2003.

[16] 赵海英．甘肃境内战国秦长城和汉长城保护研究．兰州：兰州大学，2005.

[17] 孙满利，王旭东，李最雄，等．交河故城瞭望台保护加固技术．岩土力学，2007，28（1）：163－168.

[18] 孙满利．吐鲁番交河故城保护加固研究．兰州：兰州大学，2006.

[19] 郭青林，王旭东，李最雄，等．敦煌阳关烽燧现状调查与保护研究．敦煌研究，2007（5）：63－67.

Study about the Characteristics of Surface Weathering of Shouchang City in Dunhuang

Sun Manli, Wang Fei, Wang Xudong, Li Zuixiong, Guo Qinglin

(1. School of Culture and Museology, Northwest University, Xi'an 710069;
Dunhuang Academy China, Dunhuang, Gansu 736200)

Abstract: The surface regolith is divided, from the view of reinforcement construction, into three types and seven forms from four aspects—the thickness of regolith, the density of regoilth, the whole uniformity of regolith and the structure of regolith, according to the field investigation and research of Shouchang City ruins in Dunhuang. And the method, uses PS to reinforce the surface weathering, is proposed in allusion to each form. This kind of classified research conducts to the extensive application and scientization for the reinforcement of earthen sites' surface wethering.

Key Words: Earthen sites, surface weathering, classification

（原载《敦煌研究》2009 年，第 6 期）

环境因素对 PS 加固土遗址效果的影响

邵明申[1]，李 黎[2]，裴强强[3]，王思敬[2]，李最雄[3]

（1. 兰州大学土木工程与力学学院 兰州，730000；2. 中国科学院地球与地质物理研究所，
北京，100029；3. 敦煌研究院，敦煌，736200）

内容摘要： 通过 PS 加固的高昌故城遗址土样崩解试验，耐风蚀的风洞模拟试验，冻融破坏，温差破坏、干湿破坏对力学强度影响等试验，模拟古丝绸之路特殊的自然环境对土遗址的影响，研究 PS 保护加固土遗址的效果。结果表明，经 PS 加固以后，样品的初始崩解时间延长，崩解速度大幅降低，抗风蚀能力提高 10 倍，抗冻融能力也有所增强，在高温养护下力学强度得到提高，干湿循环降低了样品的强度，但表现出良好的加固效果。试验证明 PS 可以有效的降低环境因素对干旱区土遗址的破坏，起到明显的加固保护效果。

0 引 言

土遗址的加固保护效果与采用的加固材料性能及加固的工艺方法密切相关，但加固之后，影响土遗址保护效果的关键因素是环境。近几年，PS 已经大规模的应用于我国西北干旱半干旱地区古代土建筑遗址的保护，并取得明显的加固效果[1-5]。但是，这一地区特殊的环境因素，如强劲的风蚀，剧烈的温度、湿度变化，冻融以及集中式的强降雨等因素是如何影响 PS 对土遗址的加固效果的，一直不甚清楚。本文主要通过崩解试验、风洞试验、冻融试验及温差循环破坏等相关试验，对比了 PS 加固前后试样的力学强度和弹性波速的变化，以此来检测经 PS 加固后的土遗址抗环境因素破坏的能力，为评价 PS 加固土遗址的效果提供理论依据。

吐鲁番交河故城和高昌故城是古丝绸之路上著名土建筑遗址，是第一批国家级的文物保护单位，又是十一五期间国家重点加固保护的遗址，因此试验选在交河故城和高昌故城进行，既有代表性，对丝绸之路土遗址保护也有重要意义。另外，根据建造的工艺方法和破坏程度的不同，可以将土遗址的土体分为高（1.7g/cm³）、中（1.5g/cm³）、低（1.45g/cm³）三种密度，但土遗址风化层土体一般为中低密度，也是需要保护加固的土体。实际上，土建筑遗址大多为夯土，也有少量的土坯和垛（又称版筑

泥），因此，选高昌故城城墙夯土制作试样进行试验具有很强的代表性。

根据土遗址现场具体情况，样品也分为高、中、低三种密度，设计为 5cm×5cm×5cm 的方体。其中，高密度样为原状夯土切割而成，中低密度样为重塑样，制样含水率 17%；待试样完全自然干燥后，用模数为 3.85、浓度为 5% 的 PS 溶液以喷洒和滴渗相结合的方法进行加固。将试样分为两组，即 PS 加固样和未加固样，每组中都含有高（原状夯土样）、中、低三种密度的试样，以进行对比试验。

1　环境因素对 PS 加固效果影响试验

1.1　加固前后崩解对比试验

PS 加固前后的崩解特性呈现出很大的差异性，见图 1。首先，初始崩解时间明显延迟。未加固样入水 1min 内即开始崩解，低密度样入水即崩解，中密度样次之，高密度样最慢；经 PS 加固后，试样 10min 以后才出现明显的崩解现象，高密度样全部延迟到 25min 以后，低密度样抗崩解性最为显著，1# 在 5h 后表面开始出现两条细小裂隙，20h 后，3# 出现细小裂隙，8d 后 2# 仍然完好，没有任何崩解迹象。其次，崩解速度大幅降低。高密度样和中密度试样加固后的崩解速度分别由原来的 17.88g/s 和 55.36g/s，降低到 4.72g/s 和 15.04g/s，仅为原来的 1/4，低密度重塑样加固前，平均速度高达 57.04g/min，加固后 5h 内没有崩解反应。此外，崩解形式各异，产物也不一样。未加固样从表面纷纷扬扬散落，崩解产物为均匀的散粒状或泥状，见图 2 上方；经 PS 加固后，水从 PS 加固层或小裂隙中浸入，内部干土饱和膨胀最终导致试样开裂，崩解产物呈块状或板状，见图 2 下方，而且有一定的厚度和硬度，具有很好的抗水崩解性。试验表明 PS 加固后的试样具有很好的抗水崩解性，同时又具有很好的透水性[6]。低密度加固样的抗崩解性能最为突出，高密度样次之，中密度样最差。这是因为，在制样过程中中密度样出现开裂，虽经修补，并没有充分粘合，导致样品沿着裂隙方向崩裂。

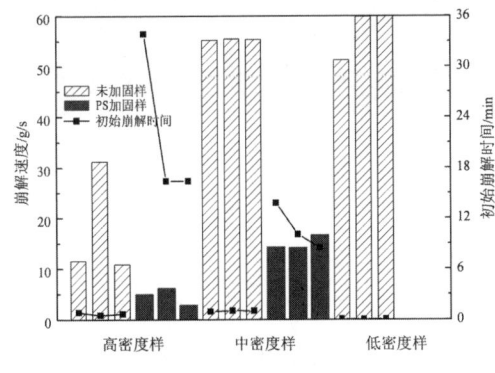

图 1　崩解速度对比图

图 2　高密度样的崩解产物

1.2　风洞模拟试验

采用兰州大学直流下吹式风洞设备模拟现场的风蚀破坏。根据现场的风沙状况，室内试验采用 10m/s 净风、10m/s、15m/s、20m/s 和 30m/s 的挟沙风对试样进行吹蚀，时间为 15min – 30min，紊流强度在 0.4% 以下。大量研究表明[7-10]，风是引起土壤风蚀的最直接动力，风速越大风蚀能力越强，在一定风速条件下，风沙流以其磨蚀和撞击作用，极大地削弱土壤的抗风蚀性，使土壤变得更易风蚀。试验结果显示，净风吹蚀对样品的风蚀破坏十分有限，10m/s 净风持续 30min，只能吹走试样表面附着的散粒或者胶结不好的小颗粒，对样品基本没有破化能力，加固样几乎没有任何变化，未加固样破坏甚微，强度最弱的低密度样的风蚀模数也只有 0.12kg/m² · h。风蚀破坏主要发生在挟沙风条件下，当风速达到起沙风速以上，开始出现明显的风蚀，且随气流的挟沙能力的增大风蚀量迅速增加。未加固土样的风蚀态势增大最为突出，呈现出明显的指数增长的趋势：

$$y = 0.081e^{\frac{x}{6.438}} - 0.065, \quad R^2 = 0.999$$

而加固土样的在 15m/s 时出现风蚀，风蚀量且随风速增大缓慢增加，即使挟沙风速达到 30m/s 时，试样的最大风蚀模数也只有 0.94kg/m² · h，而同等条件下未加固样的风蚀模数分别为 8.52kg/m² · h 、5.46kg/m² · h 、14.4kg/m² · h，抗风蚀强度提高 10 倍以上，可见 PS 加固样表现出更好的耐风蚀性，见图 3 – 5。

图 3　30m/s 挟沙风吹蚀 10min 后（FD – 3）　　　图 4　30m/s 挟沙风吹蚀 10min 后（FDS – 3）

1.3　冻融循环对加固强度的影响

根据土遗址加固保护的特殊要求和气候特点及遗址现场的客观环境，制定规范：在 16 – 20℃ 条件下，在 – 30℃ 时冷冻 12h，再于 RH16% 保湿器中融化 12h，如此为一周期，共循环 20 次。

试验结果表明，初始含水率为20%的试样仅经历5次冻融循环即出现微裂隙，7个循环完全开裂，而初始含水率为12%的试样经历8次冻融循环才出现微裂隙，含水率为4%的试样经历10次循环基本完好，20个循环后才有较大程度的破坏，出现数条小裂隙，其力学强度呈现很大程度的下降。PS 加固样表现出了很好的抗冻融能力，高、中密度加固样的无侧限抗压强度分别降低了35.7%、26.3%，而未加固样分别降低了47.3%、38.4%。

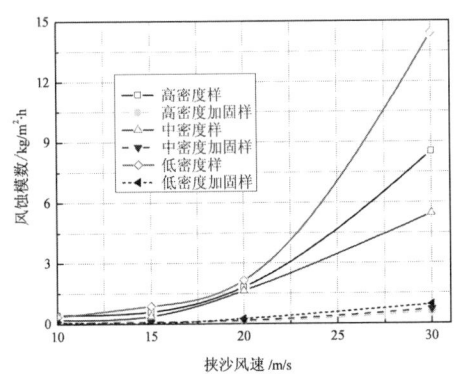

图5 挟沙风风速与风蚀模数的关系　　　　图6 波速降幅对比图

土样经历反复冻结和融化作用后逐渐产生破坏，破坏程度取决于冻融次数和初始含水率。冻融次数相同时，试样被破坏的程度随初始含水率增大而增加。产生这种情况的原因主要有两个[7]：一是由于温度的循环变化，土颗粒不断地经受热胀冷缩作用；二是当土温低于土体中水的冻结温度时土中部分水冻结会产生冻胀，增大土中的孔隙体积，随初始含水率增大，冻胀加剧且被增大的孔隙体积在土体融化后不能完全复原，PS 加固以后，土体结构的变化增强了抵抗冻胀的能力。初始含水率相同时，试样被破坏的程度随冻融次数增加而加剧，试样的弹性波波速也随之降低，不同试样的降幅相差较大（见图6）。对土遗址而言，分布较为脆弱的是中密度部分，但其经 PS 加固以后，降低幅度减小，抗冻融的能力明显提高。

1.4 温差破坏对力学强度影响

试验是在新疆吐鲁番交河故城现场进行，根据当地气候特点设置温差破坏对力学强度影响试验规范，见表1。

表1 养护条件

养护条件	养护周期							
	8:00 -9:00	9:00 -10:00	10:00 -12:00	12:00 -16:00	16:00 -18:00	18:00 -19:00	19:00 -20:00	20:00 -8:00
烘箱养护	28℃	40℃	60℃	80℃	60℃	40℃	28℃	自然养护

试样经过 150d 的养护试验后，无侧限抗压强度出现了较大的变化，见图 7。无论高密度样还是中密度样经过温差循环以后抗压强度明显提高，其加固样也有同样的规律，高密度样表现的更为明显一些。其中，高密度样提高了 69.05%，其加固样提高了 29.05%，中密度样提高 31.82%，其加固样相应提高了 8.97%。这说明较高温度的烘箱养护在很大程度上提高了试样的力学强度，PS 加固样也有很好的同步性，且具有较好的抗自然高温的能力。

试样风干条件对试样的抗压强度也有较大的影响（图 8）。烘箱中干燥的试样，无论是高密度样还是重塑样，都比自然干燥试样的抗压强度要高，高密度样较重塑样更明显，平均增加 0.9Mpa，远远大于重塑样的 0.14Mpa。

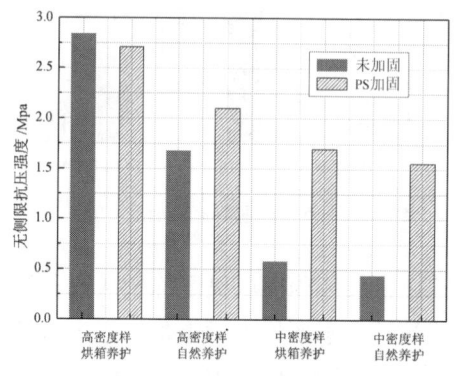

图 7　试样抗压强度柱状图

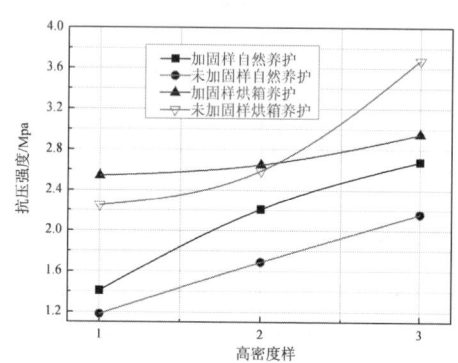

图 8　高密度样在不同保养条件下的抗压强度

1.5　干湿破坏对力学强度影响

根据土遗址加固保护的特殊要求和气候特点及遗址现场的客观环境，温湿度变化设置为：温度恒定为 20℃，湿度设置为 25% – 85%，72 小时循环一次，共循环 50 次。

由图 9 可以看出，干湿循环对试样具有较大的破坏作用，高密度样和中密度样的无侧限抗压强度分别降低了 12.59% 和 6.15%，其加固样分别降低了 14.81% 和 15.79%，加固样降低幅度稍大，但循环破坏后其抗压强度仍比未加固样大，这说明干湿循环对试样具有较大的破坏作用，破坏以后 PS 加固样仍然具有更好的力学强度。

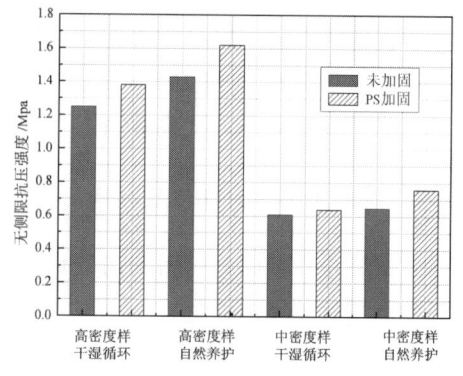

图 9　试样抗压强度柱状图

2　结　论

（1）土遗址所处地区的复杂的环境因素是导致病害发展的外部原因，因此，减弱环境因素的负面影响是土遗址保护工作的有效途径。水稳定变化、风洞、冻融、温差及干湿破坏等试验表明，经 PS 加固以后试样抗环境影响的能力数倍甚至十几倍的提高，也说明 PS 加固西北干旱半干旱地区的土遗址是切实可行的，可以有效的抵御环境因素的不利影响，起到抢险加固的效果。

（2）相对而言，PS 对中低密度样品的加固效果更为明显，高密度样（原状夯土）效果相对较差，而中低密度土正是土遗址薄弱的部分，也是风化问题最严重的地方，亟需加固，PS 恰好可以充分发挥加固作用。

参考文献

[1] 李最雄. 丝绸之路古遗址保护. 北京：科学出版社，2003，132 – 186

[2] 李最雄. 交河故城保护加固技术研究. 北京：科学出版社，2008：164 – 256

[3] Li Huoming, Zhang Bingjian, Liu Qiang. A Potential Protectma – Terial in Stone Conservation：Biomimetic Inorganic Material. Sciences of Conservation and Archaeology, 2005, 17（1）：59 – 64

[4] 李最雄，王旭东. 古代土建筑遗址保护加固研究的新进展. 敦煌研究，1997，（4）：167 – 172.

[5] 赵海英，王旭东，李最雄，等. PS 材料模数、浓度对干旱区土建筑遗址加固效果的影响. 岩石力学与工程学报. 2006, 25（3）：557 – 562.

[6] 李黎，陈锐，邵明申，等. 经 PS 加固土遗址水饱和强度及加固效果的环境影响研究. 岩石力学与工程学报. 2009, 28（5）：1074 – 1080.

[7] 屈建军，王家澄，程国栋，等. 西北地区古代生土建筑物冻融风蚀机理的试验研究. 冰川冻土. 2002, 24（1）：51 – 56.

[8] 刘小平，董治宝. 湿沙的风蚀起动风速试验研究. 水土保持通报. 2002. 22（2）：1 – 4.

[9] 张春来，董光荣，董治宝，等. 用风洞试验方法计算土壤风蚀量的时距问题. 中国沙漠. 1996, 16（2）：200 – 204.

[10] 董治宝. 建立小流域风蚀量统计模型初探. 水土保持通报. 1998, 18（5）：55 – 62.

Impact of Environment Factors on Consolidating Earthen Architecture Sites with PS

Shao Mingshen[1], Li li[2], Pei Qiangqiang[3], Wang Sijing[2], Li Zuixiong[3]

（1. College of Civil Engineering and Mechanics, Lanzhou University, Lanzhou, Gansu, 730000, China；

2. Institute of Geology and Geophysics, Chinese Academy of Sciences, Beijing, 100029, China；

3. Conservation Institute of Dunhuang Academy, Dunhuang, Gansu, 736200, China）

Abstract：Soil specimens were moulded according to different dry densities and then reinforced by 5% PS solutions. These specimens reinforced by PS or not were subjected to disintegration test in water, to wind erosion test in wind tunnel, to temperature fluctuation test, to humidity variation test and to freeze – thaw test; so that the influence of serious environment of the ancient Silk Road on the reinforcement effect is studied. Specimens reinforced by 5% PS show better resistance to environment weathering respectively, for example, longer initial disintegration time, slower disintegration speed, higher ability of anti – wind erosion and freeze – thaw, as compared with unreinforced specimens. These results show that PS reinforcement is still effective and PS is suitable for conservation of the earthen ruins in arid area of the Silk Road.

Key Words：PS, Environment factor, disintegration, Wind tunnel, Freeze – thaw, strength

（原载于《工程地质学报》，2010 年，第 3 期）

降雨入渗条件下交河故城土质崖体渗流场计算及稳定性分析

王建新，王恩志，王思敬

（清华大学水沙科学与水利水电工程国家重点实验室，北京，100084）

内容摘要： 交河故城土遗址是国家重点文物保护单位。其周边直立土质崖体的安全稳定性对整个土遗址的保护有着重要的意义。崖体的安全隐患主要在于其顶部存在众多的宽深裂缝，局部崖体顶部甚至出现了较大的临空块体。根据降雨非饱和入渗理论，建立饱和－非饱和降雨入渗模型，并发展了相应的数值模拟技术，详细分析了在一个较为完整降雨入渗过程中土质崖体内部渗流场的分布特征。在此基础上，根据非饱和土强度理论，考虑了降雨过程中土质崖体非饱和区的强度变化及饱和区渗透体积力的影响，选取了一典型剖面，应用强度折减法计算了崖体支护前后的稳定性，并对现有的加固支护措施作了评价。结果表明：所建立的饱和－非饱和降雨入渗模型较好地描述了降雨过程中崖体内部的渗流场分布；降雨过程中崖体的安全系数逐渐减小；在现有加固支护条件下，崖体的整体稳定性较好，但安全裕度略低，建议对崖体局部临空块体采取进一步的加固措施。

关键词： 交河故城　土质崖体　降雨入渗　强度折减法　稳定性分析

交河故城土遗址是公元前 2 世纪至 5 世纪由车师人开创和建造的，是目前世界上保护得最好的土建筑城市之一。交河城址位于吐鲁番市以西约 10km 的牙尔乃孜沟，两条河交汇处 30m 高的黄土台上，长约 1650m。经过长期的河水冲刷，交河故城呈现两端窄，中间宽柳叶形半岛，最宽处约 300m[1-3]。同时，在半岛周围形成了直立高度在 30－50m 崖体；由于长期的表面风化，土质崖体裂缝密布，在局部区域还存在较大的临空块体，这些因素严重威胁着周边土质崖体的安全稳定性。长期以来，相关单位对崖体的支护加固已经做了很多工作，取得了一些满意的效果和经验。但是，两侧河流以及地区突发性降雨雨水的作用一直是影响遗址土质崖体安全的重要因素，也为进一步的支护工作提出了新的挑战。

结合科技部支撑计划项目大遗址保护关键技术研究与开发，作者对交河故城土遗址典型崖体进行了现场地质条件及变形情况的详细考察，同时还进行了土体现场及室内相关参数的试验研究。并选取了遗址 41 区 5 号剖面作为研究对象，应用饱和－非饱和降雨入渗模型，对其进行了一个较为完整的降雨入渗过程模拟，分析了崖体内渗流场的分布。在此基础上研究了崖体内非饱和区土体强度变化和饱和区渗透力的影响[4]，计算了崖体剖面支护前后，以及降雨过程中的安全稳定性，评价了崖体的工程加固效果，为类似条件下土体保护加固措施的设计提供了参考。

1　降雨入渗条件下崖体稳定性分析理论

1.1　饱和－非饱和降雨入渗计算数学模型

模拟饱和－非饱和降雨入渗问题的计算模型[5-7]如下：

$$\sum_{i=1}^{3} \sum_{j=1}^{3} \frac{\partial}{\partial x_i} \left[k_r(h) \, k_{ij} \frac{\partial}{\partial x_i}(h+x_3) \right] - \left[C(h) + \beta S_s \right] \frac{\partial h}{\partial t} - S = 0 \quad (1)$$

式中：k_r——相对渗透系数（假设多孔介质等效非饱和渗透张量的每一分量与等效饱和渗透张量的同一分量间均服从同一关系，则等效相对渗透系数为一标量）；

k_{ij}——等效饱和渗透张量；

h——压力水头；

x_i——坐标轴，其中 x_3 为正向向上的铅直轴；

C——等效比容水度；

β——在非饱和区 $\beta = 0$，在饱和区 $\beta = 1$；

S_s——等效单位贮存量；

t——时间；

S——源（汇）项。

式（1）即为多孔介质非稳定、饱和非饱和渗流的基本微分方程。多孔介质的各向异性通过等效饱和渗透张量 k_{ij} 来反映。

为了得到基本微分方程的定解，还必须确定一些必要的初始条件和边界条件。初始条件用于描述渗流过程的初始状态，对非稳定流问题不可缺少，而边界条件则是对渗流场的约束，二者合称为定解条件。

水头边界条件：

$$h(x_i, t) = h_c(x_i, t) \quad i = 1, 2, 3 \quad (2)$$

式中：h_c——x_i 和 t 的给定函数。

流量边界条件：

$$k_r(h) \sum_{i=1}^{3} \left[\sum_{j=1}^{3} k_{ij} \frac{\partial h}{\partial x_j} + k_{j3} \right] n_i = -q(x_i, t) \quad (3)$$

式中：n_i———边界面法向矢量的第 i 个分量；

q———x_i 和 t 的给定函数。

1.2　降雨入渗边界条件及其处理方法

由于事先难以精确确定地表入渗边界条件，故计算过程中根据式（4）是否满足来确定地表入渗边界是作为已知水头边界还是作为已知流量边界。

$$| k_r(h) \sum_{i=1}^{3} [\sum_{j=1}^{3} k_{ij} \frac{\partial h}{\partial x_j} + k_{i3}] n_i | \leq | E_s | \tag{4}$$

式中：E_s———给定的势表面通量（入渗时取降雨强度值）；

其他符号意义同前。

式（4）中的左端表示最大入渗能力。当最大入渗能力小于等于给定的势表面通量时，实际的入渗流量受给定的势表面通量控制；反之，受最大入渗能力控制。由于在求得压力水头分布之前，无法确定最大入渗能力，故当入渗边界作为已知流量边界时，其入渗流量值先根据给定势表面通量假定，在随后的迭代计算中再逐步调整。

根据上述饱和－非饱和降雨入渗的模型理论及边界条件的处理技术，编制了 Unsat－2D 非饱和降雨入渗计算程序，对遗址土质崖体在降雨及地下水影响条件下的渗流场分布进行了计算模拟。

1.3　降雨入渗在稳定性分析中的考虑

应用饱和非饱和渗流有限元方法[8-9]模拟崖体在各个降雨时刻渗流场的分布规律后，采用强度折减法对其进行降雨条件下的应力场稳定性计算。

计算过程中，在崖体饱和区域可按式（5）将渗流产生的体积力转化为单元结点的外载荷来进行计算。

$$\{ F_s \} = \int_{\Omega} [N]^T \begin{Bmatrix} f_x \\ f_y \\ f_z \end{Bmatrix} dxdydz \tag{5}$$

式中：F_s———又渗透体积力引起的等效节点荷载；

N———形函数；

f_x、f_y、f_z———渗透体积力在 x、y、z 方向的分量。

在崖体内非饱和区，考虑土体强度参数随着饱和度（压力水头）的变化按式（6）[8-9]进行修正。

$$\tau_f = c' - u_w \tan \varphi^b + \sigma_n \tan \varphi' \tag{6}$$

式中：τ_f———剪应力；

c'———有效粘聚力；

σ_n ———法向总应力；

u_w ———孔隙水压力；

φ' ———有效内摩擦角；

φ^b ———随基质力变化的内摩擦角。

本次研究采用商业软件 FLAC 的强度折减法计算岩土体的稳定系数。强度折减法[10-14]是目前分析岩土体稳定性较成熟和通用的方法，FLAC 可以考虑 Mohr – Coulomb 类本构岩土材料的粘聚力、内摩擦角、抗拉强度和界面单元的粘聚力、内摩擦角的强度折减。

2　交河故城 41 区 5#位置崖体概况

遗址 41 区全长约 120m，分 5 个亚区，区内崖体平均高约 30m。崖体顶部发育一条较大的平行崖边的深裂隙，最深处约 3m，距崖边 3 – 5m，贯穿整个区域顶部，是影响本区崖体稳定性的主要因素（图 1）。

本文计算选取具有代表性的 5#剖面，位于 41 区中段，高约 28m，直立土质崖体，顶部贯穿一条裂缝，深度达 12m。崖体顶部形成了一个较大的临空面，严重破坏了崖体的整体稳定性。而且崖体中部呈轻度的"凹"状，使顶部临空块体随时都有倾倒垮塌的危险。

如图 2 所示，崖体的主要地质土层有：强度较大的褐黄色粉质粘土、青灰色粉质粘土、淡黄色粉质粘土，以及底部为少量的软弱砂夹层和卵砾石，基本成水平层状分布，崖体底部靠河床部位为坡积物。崖体的主要支护加固措施如下：裂缝进行回填，以及自崖体顶部依次设 3 根 15m、2 根 5m 直径为 18mm 的锚杆加固，其间距为 3m，倾角 15°。

图 1　遗址 41 区顶部发育裂隙简图

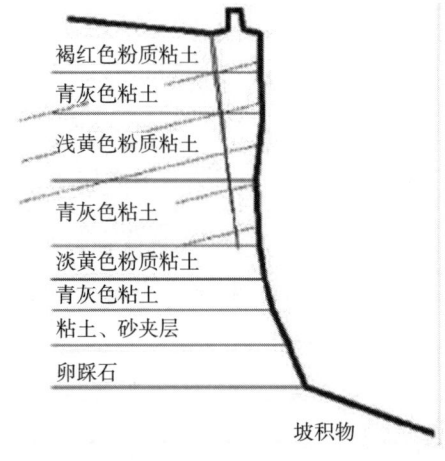

褐红色粉质粘土
青灰色粘土
浅黄色粉质粘土

青灰色粘土

淡黄色粉质粘土
青灰色粘土
粘土、砂夹层
卵踩石

坡积物

图 2　所选剖面位置地质条件加固措施简图

3 数值计算

3.1 模型建立

计算中选取的典型剖面主要地层为上部水平分布的各类粘土，以及底部砂砾层和坡积物。按照加固前和加固后分别做两个二维模型，首先进行二维降雨非饱和入渗计算分析。建立坐标系统，设沿水平方向为 x 轴方向，沿垂直方向为 y 轴方向。加固前将模型共划分 2776 个单元和 2283 个节点（图 3）。

崖面采用注浆锚杆加固，锚杆布置见图 2。对加固后的剖面进行网格的重新划分，共划分网格 2923 个单元以及 2610 个节点。加固结构均通过 FLAC3D 的注浆锚杆结构单元来模拟（图 4）。

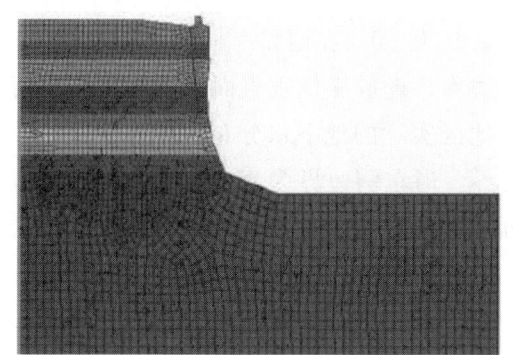 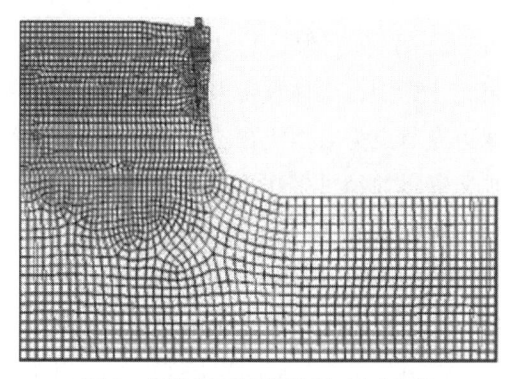

图 3　崖体剖面计算模型（天然崖体）　　　图 4　崖体剖面计算模型（加固后）

3.2 计算参数

计算过程中均采用摩尔 – 库仑塑性本构关系（Mohr – coulomb plasticity model）[16]，根据部分土层试样室内试验、崖体工程地质勘察报告并综合现场调查，

各土层的计算参数如表 1 所示。

表 1　各土层基本力学参数

地层名称	重度（kN·m^{-3}）	弹性模量（CPa）	粘聚力（MPa）	内摩擦角（°）	渗透系数（m·d^{-1}）
黄色粉质粘土	17.5	0.50	0.05	28.5	3.0
青色粉质粘土	17.3	0.40	0.04	27.0	2.6
粘土夹砂层	17.9	0.40	0.02	25.0	3.5
砂砾层	20.0	0.35	0.03	21.5	5.0
坡积物	18.0	1.60	0.06	30.0	4.5

崖体土层非饱和水力学参数在参考相关研究及类比确定，计算中采用如图 5 所示的毛管压力 – 饱和度 – 相对渗透系数关系曲线。

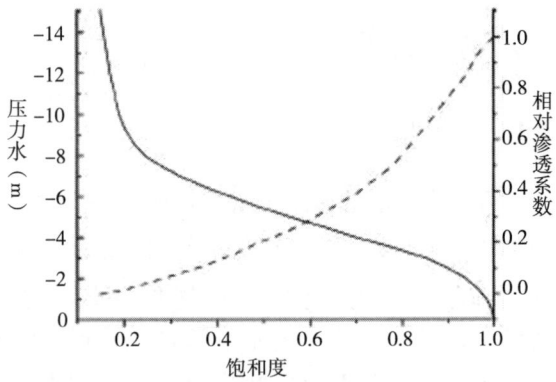

图 5　土体毛管压力 – 饱和度 – 相对渗透系数关系曲线

3.3　计算边界条件及工况

为了能更好地检验崖体加固措施的效果，假定了大于本地区实际年降雨量的一个较强降雨过程。设计强降雨过程为 3d，开始连续降雨 2d，然后降雨停止后 1d，共分为 8 个时间段。降雨时刻分别为 $T_0 = 0$、$T_1 = 0.3d$、$T_2 = 0.6d$、$T_3 = 1d$、$T_4 = 1.3d$、$T_5 = 1.5d$、$T_6 = 2d$、$T_7 = 2.5d$、$T_8 = 3d$。各时刻对应的降雨量（mm／d）分别为：0、10、10、15、20、10、0、0、0。在饱和 – 非饱和降雨入渗有限元计算中，崖体顶部及河床表面均为降雨边界，选取崖体垂直面以及底部靠近河床边界节点为自由溢出点。为了更好地模拟地区实际的地下水分布情况，结合相关水文资料并经过多次反复试验，来确定其边界。当左侧边界为流入梯度边界，取值为 0.06，右侧为 – 0.05 流出梯度边界时，能较好地适合描述无降雨崖体内渗流场的分布特征。

崖体稳定性计算模型底部为固定约束，左右两侧为水平约束。首先计算了不考虑雨水作用，崖体在加固支护前后的稳定性，分析对比了加固前后的变形特征。在此基础上进行非饱和降雨入渗模拟计算，分析各降雨时刻崖体内渗流场的变化特征。其次，对土遗址剖面进行了未支护、支护及不同降雨时刻或不同水位等工况条件下变形及稳定性计算。分析了支护、降雨因素对遗址崖体稳定性的影响，评价目前实施的支护加固措施对控制遗址崖体变形及提高其稳定性的效果，并提出有关进一步加固建议。具体工况见表 2。

表 2　计算工况

工况	支护情况	降雨入渗	备注
1	无支护	未考虑	
2	支护	未考虑	
3		降雨入渗（$T_0 - T_8$）	渗流场计算
4	支护	$T_0 - T_8$ 时刻	考虑降雨入渗

4　计算结果分析

4.1　崖体降雨入渗分析

计算得到部分降雨时刻崖体内饱和度的分布如图 6–9。

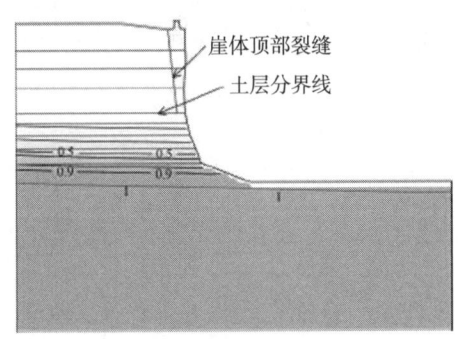

图6　崖体内初始时刻饱和度分布（T0 = 0）

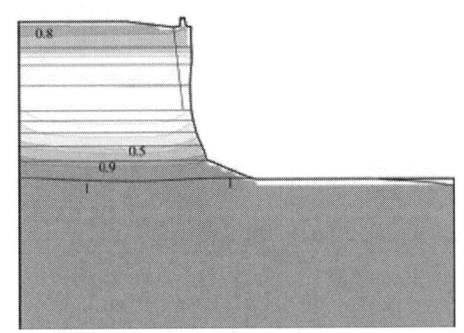

图7　T3 = 1d 崖体内饱和度分布

结果显示，由于遗址崖体底部即为河床，具有较高的初始地下水位（饱和度为1）。随着降雨的进行，崖体内含水率明显增大（对应压力水头增大），特别在崖体顶部降及靠近河床的降雨边界上，河床部位由于有较高的地下水位，所以在 $T_3 = 1d$，即降雨一天以后崖体底部靠近河床位置最先达到了饱和，地表开始积水。此时，崖体顶部含水率明显增大，但是还没有暂态饱和区的形成，雨水全部渗入崖体内部，同时崖体内部地下水位也小幅抬高。在 T_6 时刻，即连续降雨 2d 后，降雨量达到最大值。此时，崖体顶部局部出现了暂态饱和区，并在裂缝处的饱和度明显增大，对边坡稳定非常不利。雨水渗入使崖体内部含水率逐渐增大，由于土层的渗透性差异使崖体内渗流场呈非均匀分布，雨水通过渗透性较大的坡积层，使崖体底部比坡面的含水率高。上层雨水的入渗，以及河床部位的补给，使崖体地下水位有较明显的升高（图8）。停止降雨1d 以后，T_8 时刻如图9所示，崖体内雨水逐渐回落，但裂缝及底部水量回落较慢。同时，地下水位也有适当的升高。但是随着时间的增加，崖体内地下水位必定回落至初始稳定状态。

4.2　各工况稳定性计算分析

上述饱和–非饱和降雨入渗计算，较好地描述了降雨过程中崖体内部渗流场的分布特征。在此基础上，根据第 2 节介绍的方法对边坡进行降雨时刻的稳定和变形分析，并在考虑降雨条件下分析崖体加固支护措施的作用效果。

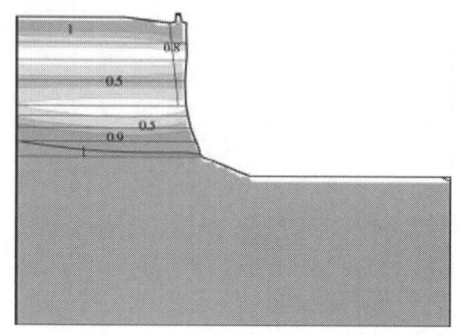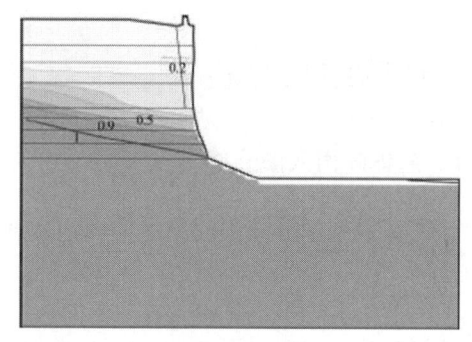

图 8　T6 = 2d 崖体内饱和度分布　　　　图 9　崖体内初始时刻饱和度分布（T8 = 3d）

4.2.1　天然状态下崖体稳定性分析（未考虑地下水）

该工况为崖体在无任何加固支护措施下的稳定性，为后续计算提供了必要的对比。计算中只考虑自重作用，不考虑地下水的影响。计算结果显示，无支护条件下，极限状态下崖体的最大位移和最大塑性应变（图 10）均发生在临空块体底部，最大变形量为 85mm。由于裂缝的存在，使临空块体底部在自重作用下发生了较大变形，为破坏的潜在部位。强度折减法计算的安全系数仅为 0.32，崖体极不稳定。

4.2.2　加固支护后崖体稳定性分析（未考虑地下水）

如图 11 所示，加固支护条件下，裂缝的灌浆回填及注浆锚杆的作用使崖体顶部的完整性得到了加强。最大变形及最大塑性剪切应变发生的最大位置发生了转移，均出现在顶部边缘。崖体最大变形量为 41mm，较未支护有明显的提高。计算所得安全系数为 1.09，整体安全度有较大的提高，崖体块体的稳定性得到了加强，但是安全裕度稍微偏低。

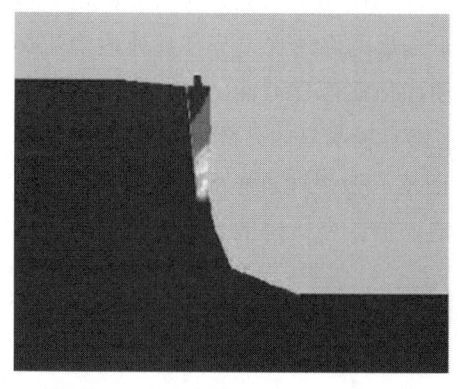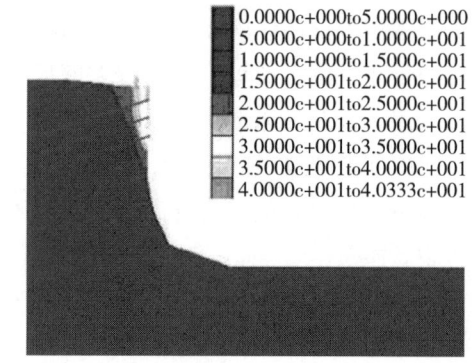

图 10　天然状态下崖体塑性应变云图　　　图 11　支护条件下崖体水平位移图（单位：mm）

4.2.3　降雨入渗条件下崖体稳定性（$T_0 - T_8$）

考虑降雨入渗过程中雨水入渗对崖体稳定性的影响，计算结果见表 3。

表3　各降雨时刻边坡的安全系数及最大水平位移

时刻	安全系数	位移（mm）	时刻	安全系数	位移（mm）
T_1	1.08	41	T_5	0.90	59
T_2	1.03	43	T_6	0.88	67
T_3	0.96	47	T_7	0.93	60
T_4	0.95	51	T_8	0.97	54

可以看出：崖体的整体稳定性随着降雨的进行逐渐降低。在 T_6 时刻，即降雨2d后，崖体内部汇集了较多的雨水，底部坡积物以及顶部裂缝处含水率达到最大值。此时安全系数最低仅为0.88。降雨停止后，雨水在崖体内处于疏干和调整状态，上层土层含水率逐渐回落。此时崖体的变形量逐渐减小。极限状态下崖体的塑性屈服范围也在减小，安全系数恢复到0.97。

降雨过程中，由于雨水对土体的弱化作用，特别在崖体顶部裂缝位置，崖体的变形总体表现临空块体的水平位移不断增大，垂直位移变化较小，最大变形均发生在崖体顶部靠崖面一侧。崖体底部水位的上升，该部位的变形有逐渐变大的趋向，使这两个部位的变形较大。由于雨水在裂缝处的汇集，临空块体的底部变形较大，塑性区范围也有所扩大（图12）。

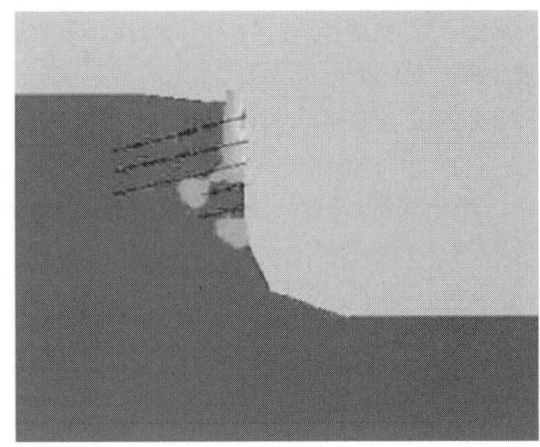

图12　T6时刻崖体塑性应变云图

计算结果表明，考虑降雨入渗条件下，雨水作用使崖体的安全系数明显降低。在地下水位比较高的崖体底部，以及裂缝形成的块体底部部位应进行适当的再加固。

5　结　论

（1）建立的饱和－非饱和降雨入渗模型及计算程序，能很好地描述土质崖体在降雨非饱和入渗过程中各个时刻的渗流场分布特征。

（2）在模拟降雨入渗过程中各个时刻崖体渗流场分步的基础上，考虑了土质崖体非饱和区强度的变化和饱和区渗透力的影响。计算结果显示，降雨入渗时崖体的稳定性明显降低，降雨停止后崖体安全性有所恢复提高。

（3）在降雨条件下，雨水的入渗将显著改变土质崖体内的渗流场分布，使崖体顶部出现了局部的暂态饱和区；底部也出现了较为明显的含水率增大，对崖体的稳定性非常不利。遗址土质崖体采用裂缝回填及注浆锚杆的加固措施，使其稳定性得到了提高。但该剖面位置崖体仍然处于较低的安全裕度状态。考虑降雨入渗的影响，安全系数明显降低，在崖体临空块体薄弱的底部，及崖体靠近河床部位需要进一步支护加固。

参考文献

［1］ 孙满利，王旭东，李最雄，等．交河故城瞭望台保护加固技术．岩土力学，2007，28（1）：163 -168.

［2］ 解耀华．交河故城的历史与保护修缮工程．解耀华．交河故城保护与研究．乌鲁木齐：新疆人民出版社，1999：4.

［3］ 田琳．交河故城生土建筑遗存保护加固实验．解耀华．交河故城保护与研究．乌鲁木齐：新疆人民出版社，1999：166.

［4］ 荣冠，王思敬，王恩志，等．强降雨下元磨典型边坡工程稳定性分析．岩土力学，2008，27（4）：704 -711.

［5］ 孙冬梅，朱岳明，张明进．非饱和带水 - 气二相流数值模拟研究．岩土工程学报，2007，29（4）：560 -565.

［6］ 荣冠，张伟，周创兵．降雨入渗条件下边坡岩体饱和非饱和渗流计算．岩土力学，2005，26（10）：1545 -1550.

［7］ 朱伟，程南军，陈学东，等．浅谈非饱和渗流的几个基本问题．岩土工程学报，2006，28（2）：235 -240.

［8］ Fredlund D G, Rahardio H. 非饱和土土力学．陈仲颐，译．北京：中国建筑工业出版社，1997.

［9］ Fredlund D G, Morgenstern N R, Widger RA. Shear Strength of Unsaturated Soils. Canadian Geotechnical Journal, 1978, 15 (3): 313 -321.

［10］ 郑颖人，赵尚毅．有限元强度折减法在土坡与岩坡的应用．岩石力学与工程学报，2004，23（19）：42. 王建新，等：降雨入渗条件下交河故城土质崖体渗流场计算及稳定性分析 2010：3381 -3388.

［11］ 连镇营，韩国城，孔宪京．强度折减有限元法研究开挖边坡的稳定性．岩土工程学报，2001，23（4）：406 -411.

［12］ 郑宏，李春光，李焯芬，等．求解安全系数的有限元法．岩土工程学报，2002，24（5）：626 -628.

［13］ 邓建辉，张嘉翔，闵弘，等．基于强度折减概念的滑坡稳定性三维分析方法（Ⅱ）：加固安全系数计算．岩土力学，2004，25（6）：871 -875.

［14］ 栾茂田，武亚军，年廷凯．强度折减有限元法中边坡失稳的塑性区判据及其应用．防灾减灾工程学报，2003，23（3）：1 -8.

［15］ 赵尚毅，郑颖人，时卫民，等．用有限元强度折减法求边坡稳定安全系数．岩土工程学报，2002，24（3）：333 -336.

[16] Itasca Consulting Group Inc.. FLAC3D User's Guide (version 3. 0). Minneapolis, Minnesota, USA: Itasca Consulting Group Inc., 2005.

Seepage Calculation and Stability Analysis of the Soil Cliff under Rainfall Infiltration in Ruins of Jiaohe

Wang Jianxin, Wang Enzhi, Wang Sijing

(State Key of Laboratory of Hydroscience and Engineering, Tsinghua University, Beijing 100084)

Abstract: Ruins of Jiaohe is a national preservation unit of culture relic. The stability of soil cliff around Ruins of Jiaohe is very significant to preservation of the relic. The primary damage is the existence of many wide & deep crannies and some free face blocks on the top, which destroyed the integrality of soil cliff. Based on the saturated – unsaturated rainfall infiltration theory, the finite element method of rainfall infiltration is presented in this paper, as well as, we develop some new numerical technologies. It is applied to calculation of a full rainfall infiltration process, and the results well describe the distribution of seepage field in the soil cliff. Then, we apply the strength reduction method, considering the influence of soil strength variation in unsaturated zone and seepage load in the saturated zone, to the stability and reinforcement analysis of soil cliff around the relic during the rainfall process. It shows that the safety factor of soil cliff decreased due to rainfall infiltration; the reinforcement system has played a relatively satisfied function on the soil cliff, and the further reinforcement on free face blocks on the top of soil cliff is proposed.

Key Words: Ruins of Jiaohe, soil cliff, rainfall infiltration, strength reduction method, stability analysis

(原载于《水文地质工程地质》, 2010 年, 第 37 卷第 3 期)

交河故城 PS－C 灌浆加固材料
可灌性的实验室研究

杨　璐[1]，孙满利[1]，黄建华[2]，曾　涛[1]，高　燕[1]

（1. 西北大学文博学院，西安，710069；
2. 秦始皇兵马俑博物馆陶质彩绘文物保护重点科研基地，西安，710600）

内容摘要： 为了研究交河故城保护灌浆加固材料，在不同水灰比 PS－C 浆液实际灌浆过程中，对不同裂隙的渗透能力及灌注效果做了初步探讨。在实验室模拟灌浆墙体的基础上，依据实际施工条件分别配置了不同水灰比的 PS－C 浆液，并对其灌浆过程中的灌浆压力及灌注效果进行检测，通过对检测数据的比较分析，得出了现场施工中不同裂隙宽度对浆液水灰比的选择依据。对大于 1cm 宽度的裂隙应使用 0.6 水灰比的浆液；对介于 0.75－1.0cm 的裂隙应使用 0.65 水灰比的浆液；当裂隙宽度在 0.5－0.75cm 时应使用 0.7 水灰比的浆液，而当裂隙小于 0.5cm 时应使用 0.75 水灰比的浆液。

关键词： PS－C　交河故城　可灌性　文物保护

0　引　言

交河故城位于吐鲁番市西郊 10km 牙尔乃孜沟两河交汇处 30m 高的黄土台上，是公元前 2 世纪至 5 世纪由车师人开创和建造的，在唐代达到鼎盛，至元末察合台时期终被废弃。交河故城是现今世界上最大最古老、保存最完整的生土建筑城市，1961 年被列为国家重点文物保护单位。但近年来由于保存环境、旅游开发及自身质地等因素的综合作用，城内遗迹多遭受到不同程度的侵蚀，有些已大面积坍塌，濒临毁灭，急需保护[1-3]。

国内的土遗址保护研究始于上世纪 60 年代，至今已取得许多显著成果。尤其是针对北方干旱地区土遗址（交河故城、高昌古城等）的加固保护方面，已研制出适于该类环境土遗址加固保护的无机材料 PS 以及针对不同病害的施工工艺。为该类遗址的加固提供了可靠的保护材料及操作方法[4-6]。但土遗址灌浆加固是一个复杂的系统工程[7]，它的渗流过程和灌浆效果是土体、浆液和灌浆工艺三方面共同作用的结果。本课题选取交河故城灌浆加固使用的 PS－C 材料作为浆液，模拟现场施工的环境条件，构造不同宽度的裂隙模型，研究不同水灰比浆液的灌浆压力及可灌性，为交河故城土遗址裂隙灌浆的现场施工提供理论指导。

1　实验部分

1.1　实验材料

实验用 PS 是一种高模数的硅酸钾，由敦煌研究院提供，原液浓度为 23.52%，模数为 3.8。C 为黏土，采自交河故城建筑倒塌后的原土，经机械粉碎后过筛用于浆液配置。

1.2　实验设备

灌浆压力的测试采用宝大公司生产的电脑伺服式万能材料试验机，传感器为 5kgf 及 500kgf，位移速率为 100mm/min，选用压力试验模式。

浆液搅拌采用常州国华电器有限公司生产的电动搅拌器，转速为 650r/min。

浆液温度控制采用北京科伟永兴仪器有限公司出产的电热恒温玻璃水浴锅。

1.3　实验环境条件

灌浆实验进行过程中的环境温度为 30℃ ±2℃；环境湿度为 50% ±5%。

1.4　模拟灌浆墙体的营造

将粉土和水制成的浆液倾倒于 40mm × 40mm × 160mm 的试模中制成土块。将土块以 2 块并排，3 块叠压，逐渐后延的方式分别砌成两面墙体，并在两面墙体间留出 0.25，0.50，0.75，1.00，1.25，1.50cm 的间隙。而后使用泥浆将土墙两侧面抹平，并用有机玻璃平板将其两侧夹紧。在有机玻璃板土墙间隙处从底部每隔 10cm 开一个孔洞用以放置灌浆管，进行浆液灌输（见图 1）。

1.5　PS－C 浆液的配置

用 200 目筛子筛选分离出粒度小于 0.075mm 的交河

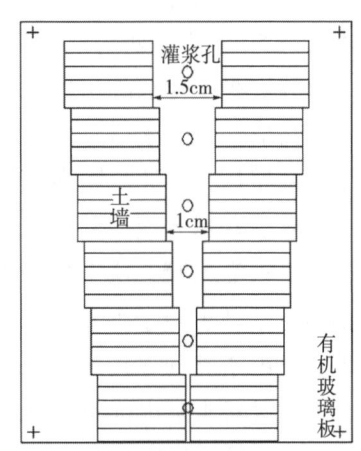

图 1　模拟灌浆墙体

粉土，烘干备用。将 PS 原液以水为溶剂配置成浓度为 12% 的 PS 水溶液，并于恒温玻璃水浴锅中恒温至 35℃。后向其中加入适量的过筛后交河粉土（分别按照 0.55，0.6，0.65，0.7，0.75 五种水灰比配置），于 35℃ 恒温下机械搅拌 10min，使浆液均匀后立即进行模拟灌浆实验。

1.6　模拟灌浆

将搅拌均匀的浆液吸入注射器（容积 100mL，直径 4cm）后放在自制的固定架上。注射器的头部连接灌浆管（外径 0.8cm，内径 0.5cm，管长 70cm）一头，灌浆管另一头插入模拟灌浆墙体侧壁的有机玻璃板表面最底层的小孔中。开启材料实验机，传感器匀速推压注射器尾部，将注射器中浆液挤出，同时传感器记录灌浆压力。随着模拟裂隙中浆液液面的升高，逐步提高灌浆管插入有机玻璃板表面孔洞的孔位，并观察灌入状态。

2　结果与讨论

2.1　不同水灰比的灌浆压力

对 0.55，0.6，0.65，0.7，0.75 五种水灰比浆液模拟灌浆过程中灌浆压力的监测结果见图 2。从图中可以看出：

（1）各种水灰比浆液灌浆压力随灌浆位移的增加而变化的趋势均基本一致，但曲线并不平滑。这是由于 PS－C 浆液属非牛顿液体，液体自身并不均匀，灌浆过程中灌浆压力也自然不可能以某种函数方式变化，只能在一定范围内出现无规则的波动，这是非牛顿液体自身特性所决定的。

（2）各种水灰比的灌浆压力－位移图，在大约 5mm 位移处均出现一个明显的尖峰，且该峰值在各种水灰比的压力－位移图中均为最高值，因此该峰对应的灌浆压力称之为最大灌浆压力。该峰是在灌浆开始后，浆液从注射器被压入灌浆管的瞬间产生的。随着浆液注入灌浆管，这个尖峰立即消失，尔后曲线便呈现出趋于平直的状态。这个尖峰是两方面因素共同作用的结果。其一是吸取浆液的注射器头是内部空间浆液与外界大气环境直接接触的部位，再加上该区域空间狭小，

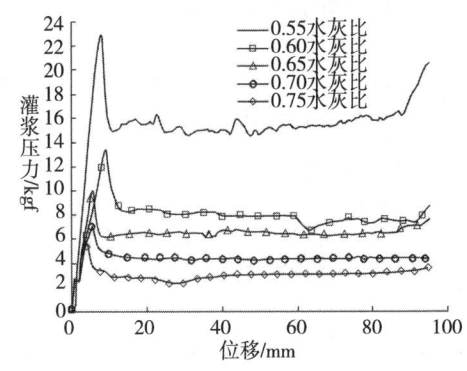

图 2　5 种水灰比 PS－C 浆液的灌浆
压力－位移曲线图

所能容纳的浆液十分少，因此该部位浆液极易受外界环境因素的影响（主要是温度及湿度的影响）而首先产生趋于凝结的现象，因此浆液从注射器头部流出的瞬间需要克服更大的阻力；其二是浆液与灌浆管及注射器之间的摩阻力由静态阻力到动态阻力变化所需要的外力。该峰出现在 5mm 位移处，而不是从位移原点一开始就出现，是由于夹具及注射器结合间的孔隙而造成的。由于最大灌浆压力为每种水灰比浆液灌注过程中的最大值，它直接决定了该浆液是否可以进行人工灌输。因此，在研究可灌性问题时，浆液的最大灌浆压力为主要研究参数之一。五种水灰比浆液的最大灌浆压力（浆液温度为 35℃）见表 1。

表 1　5 种水灰比 PS－C 浆液的最大灌浆压力

水灰比	0.55	0.6	0.65	0.7	0.75
最大灌浆压力/kgf	22.95	13.50	10.05	7.05	5.70

在最大灌浆压力出现之后，灌浆压力随位移的变化基本呈现出较为稳定平直的趋势。这个较为稳定平直的区间称之为稳定灌浆区间，该区间对应的灌浆压力的均值称之为稳定灌浆压力。稳定灌浆压力由于受其他外部因素的影响少，数值波动较小，在整个灌浆过程中的大部分时间较为稳定，因此，对不同水灰比 PS－C 浆液的灌浆压力的研究，稳定灌浆压力可以验证最大灌浆压力得出的部分结论。五种水灰比的稳定灌浆压力（位移区间为 20－80mm，浆液温度为 35℃）见表 2。

表 2　5 种水灰比 PS－C 浆液的稳定灌浆压力

水灰比	0.55	0.6	0.65	0.7	0.75
稳定灌浆压力/kgf	15.29	7.81	6.46	4.37	2.93

由表 2 可以看出，五种水灰比浆液随水灰比的增加，其稳定灌浆压力逐渐减小。这是因为随着水灰比的增加，浆液中水的含量逐渐增多，在同等温度水平下，浆液更加稀释，流动性更强，对应所需的灌浆压力自然也就会降低。这一点从不同水灰比浆液的最大灌浆压力中也可以得到印证。

（3）所有水灰比浆液的位移－灌浆压力曲线的尾端都基本出现上扬的趋势，这主要是由于灌浆过程中当注射器将大部分浆液灌完，只剩少量浆液残存其中时，由于浆液的体量变小，外界环境温度对浆液性能的影响增大，浆液温度的散失直接导致浆液内部摩阻力的增加，从而产生曲线尾部上扬的现象。

2.2　不同水灰比浆液对不同裂隙的灌浆效果

表 3 为 5 种水灰比浆液对人工模拟的 0.25cm 至 1.50cm 逐渐递增的 6 种宽度裂隙的灌注效果。从表中可以看出 0.55 水灰比浆液由于其含水率最低，浆液黏度较高，流

动性较差，因此它对宽度为 0.25cm 的裂隙完全无法灌入；对宽度为 0.50cm 的裂隙可部分灌入（能灌入裂隙总高度的 44%）；而对于 0.75cm 宽度的裂隙则基本可灌入（可灌入裂隙总高度的 86%）；对大于 1cm 宽度的裂隙可完全灌入。

水灰比为 0.6 的浆液由于有更多水分的加入，因此其流动性优于 0.55 水灰比浆液，但该浆液依然无法灌入 0.25cm 宽度的裂隙；对 0.5cm 的裂隙可灌入总高度的 51%，略优于 0.55 水灰比浆液；对 0.75cm 宽度裂隙的灌注能力也略优于 0.55 水灰比浆液，灌注高度为总高度的 91%；同样，对于宽度大于 1cm 的裂隙，该水灰比浆液亦可完全灌入。

0.65 水灰比浆液的流动性能更加优良，它对 0.75cm 以上宽度的裂隙均可完全灌入；但由于水分含量依然不够充足，其流动能力仍没达到最好，因此它对 0.25cm 宽度的裂隙仍然无法灌入；对于 0.50cm 宽度的裂隙，该浆液可灌入 66%。

随着水分含量的进一步增加，浆液水灰比达到 0.7。该浆液的流动性已经很好，因此能完全灌入宽度大于 0.50cm 的所有裂隙；对于最细小的 0.25cm 宽度的裂隙，也已经从之前水灰比浆液的完全无法灌入发展到可以灌入裂隙总高度的 39%。

0.75 水灰比的浆液是实际灌浆施工中最稀的浆液，由于水分含量最高，其流动性极佳，因此对于宽度大于 0.50cm 的裂隙均完全可以灌入；对于 0.25cm 的裂隙，其灌注能力也已经达到了 72%。

由以上实验可以看出，浆液中水分的含量直接决定了其对裂隙的灌入能力。水灰比越高的浆液由于其流动性越好，对裂隙的灌入能力也就越强。但在现场施工中决不是用最稀的浆液就可以解决问题的。由于土质浆液在干燥过程中存在较大的收缩，其收缩率与其含水率成正比。因此较稀的浆液将会面临在灌浆结束后，随着浆液的干燥，灌浆部分再次和文物墙体间产生裂隙的问题[8]。故而，在现场施工中，应根据裂隙的实际宽度来确定适宜的灌浆浆液水灰比。

2.3　不同水灰比浆液的灌浆可操作性

在土遗址裂隙灌浆的现场施工中多是采用人工手推注射器法对裂隙进行灌浆加固的[9]，交河故城的现场施工也是如此。因此仅仅只了解某种浆液灌浆压力的数值对浆液灌输的可操作性无法起到指导作用。要了解浆液的可操作性就必须了解人能够达到的手推注射器的压力，以此为基础，判断浆液灌输的可操作性。为了测定人能达到的手推注射器的大致压力，我们使用压力传导装置连接测力传感器，利用手推气压传导的方式测定了一个 20 岁青年男性的平均手推灌浆压力大约为 22kgf。

结合不同水灰比浆液的最大灌浆压力可以看出，水灰比为 0.55 的浆液（浆液温度 35℃）的最大灌浆压力大于该值，因此从实际施工的角度而言，该水灰比浆液的可操作性不强。而其他水灰比浆液的最大灌浆压力均小于 22kgf，因此另外 4 组水灰比浆液在施工现场均易于使用。

表3　5种水灰比浆液灌入不同宽度裂隙的浆液高度占裂隙总高度的百分比

水灰比	裂隙宽度/cm					
	0.25	0.50	0.75	1.00	1.25	1.50
0.55	0%	44%	86%	100%	100%	100%
0.60	0%	51%	91%	100%	100%	100%
0.65	0%	66%	100%	100%	100%	100%
0.70	39%	100%	100%	100%	100%	100%
0.75	72%	100%	100%	100%	100%	100%

3　结　论

通过对五种不同水灰比浆液的最大灌浆压力、稳定灌浆压力、不同裂隙的灌入能力及现场可操作性的分析测试，可以得出如下结论：

（1）浆液的最大灌浆压力（从22.95kgf到5.70kgf）及稳定灌浆压力（从15.29kgf到2.93kgf）随水灰比的增加而降低。

（2）浆液对不同宽度裂隙的灌入能力与浆液的水灰比成正比，但必须同时考虑浆液干燥过程中的收缩率。

（3）从手推注射器压力的实测数据可以看出：0.6，0.65，0.7，0.75 四种水灰比浆液（浆液温度为35℃）的灌浆具有现场的可操作性。

（4）综合考虑灌浆压力、裂隙可灌性及可操作性三方面因素，可得出在交河故城保护加固灌浆的现场施工中，当裂隙宽度大于1cm时应使用水灰比为0.6的浆液；当裂隙介于0.75 - 1.0cm时应使用0.65水灰比的浆液；当裂隙宽度在0.5 - 0.75cm时应使用水灰比为0.7的浆液，而当裂隙小于0.5cm时应使用0.75水灰比的浆液。

参考文献

[1] 李最雄. 丝绸之路古遗址保护. 北京：科学出版社，2003.

[2] 王旭东. 中国西北干旱环境下石窟与土建筑遗址保护加固研究. 兰州：兰州大学，2002.

[3] 赵海英. 甘肃境内战国秦长城和汉长城保护研究. 兰州：兰州大学，2005.

[4] 孙满利，王旭东，李最雄，等. 交河故城瞭望台保护加固技术. 岩土力学，2007，28（1）：163 -168.

[5] 孙满利，王旭东，李最雄，等. 交河故城的裂隙特征研究. 岩土工程学报，2007，29（4）：612 -617.

［6］苏伯民，李最雄，胡之德. PS 与土遗址作用机理的初步探讨. 敦煌研究，2000（1）：30 – 35.

［7］李最雄，王旭东. 古代土建筑遗址加固保护研究的新进展. 敦煌研究，1997（4）：167 – 172.

［8］孙满利，王旭东，李最雄，等. 木质锚杆加固生土遗址研究. 岩土工程学报，2006，28（12）：2156 – 2159.

［9］王旭东，张鲁，李最雄，等. 银川西夏 3 号陵的现状及保护加固研究. 敦煌研究，2002（4）：64 – 72.

Groutability of PS – C Grout for Jiaohe Ruins

Yang Lu[1], Sun Manli[1], Huang Jianhua[2], Zeng Tao[1], Gao Yan[1]

(1. College of Culture Heritage and History, Northwest University, Xi'an 710069, China;

2. Key Scientific Research Base of Ancient Polychrome Pottery Conservation, The Museum of the Terracotta and Horese of Qing Shihuang, Xi' an 710600, China)

Abstract：In order to study the influence of PS – C grout with different C/W ratios on its groutability to different fractures of Jiaohe ruins, the grouting pressure and effects are discussed. Based on the data of experiments, a conclusion is drawn that when the fracture width is larger than 1cm, the grout with 0.6C/W ratio should be used. When it is 0.75cm to – 1cm, the grout with 0.65C/W ratio should be used. The grout with C/W ratio of 0.7 should be used when the fracture width is between 0.5cm and 0.75cm. When it is smaller than 0.5cm, the grout with C/W ratio of 0.75 should be used.

Key Words：PS – C grout, Jiaohe ruins, groutability, protection of cultural relics

（原载于《岩土工程学报》2010 年，第 32 卷第 3 期）

交河故城土遗址边坡降雨非饱和入渗分析

王建新，王恩志，王思敬

（清华大学水沙科学与水利水电工程国家重点实验室，北京，100084）

内容摘要： 降雨非饱和入渗是诱发边坡失稳滑动的主要原因之一。本文基于饱和－非饱和降雨入渗理论，建立饱和－非饱和降雨入渗模型，并进一步建立了其数值计算模型，发展了相应的数值模拟技术。在前人工作的基础上，编制完善了饱和－非饱和降雨入渗有限元计算程序。选取新疆交河故城土遗址一典型边坡，详细分析了一个较为完整降雨入渗过程中边坡内部渗流场的分布特征；结果表明：所建立的饱和－非饱和降雨入渗模型较好的描述了降雨过程中边坡内部的渗流场分布，为进一步分析边坡在降雨非饱和入渗条件下的稳定性提供了支持。

关键词： 降雨入渗　非饱和渗流　有限元计算　工程应用

0　引　言

我国幅员辽阔，地质地形条件复杂，各种地质灾害频繁发生，其中，滑坡、泥石流等岩土地质灾害尤为严重，每年都会造成巨大的生命财产损失。而这些地质灾害绝大多数都发生在多雨季节，降雨是诱发滑坡、泥石流等地质灾害发生的最主要原因之一。大量统计资料表明，绝大多数的滑坡是发生在降雨期间或降雨之后，一个地区的滑坡发育程度有随雨量而增强的规律[1]。如湖北西部地区，大致以长江为界，其北部多年降雨量一般为 800－1000mm，局部为 1200mm；南部多年平均降雨量 1100－1400mm，部分地区达 1600－1800mm。经调查建卡的滑坡资料统计结果，北部的平均滑坡密度为 0.01 个/km^2，南部为 0.02 个/km^2；滑坡总体积，北部为 14400m^3/km^2，南部为 53400m^3/km^2。《中国典型滑坡》一书中实录了 90 多例滑坡，绝大部分滑坡发生在雨季[1]。降雨是诱发边坡滑动的主要因素之一，雨水在边坡内的非饱和入渗机理研究一直是学术界研究的重点问题之一。问题的核心是如何更好的描述降雨非饱和入渗的物理过程，并客观的反应降雨入渗对边坡稳定性的影响。在这方面国内外学者已取得了许多成果[2-4]。

本文选取了新疆交河故城土遗址一典型边坡作为研究对象，应用饱和－非饱和降雨入渗模型，对其进行了一个较为完整的降雨入渗过程模拟，分析了边坡内渗流场的分布。充分验证了饱和－非饱和降雨入渗模型的合理性，以及编制的降雨非饱和入渗有限元程序的有效性。

1　饱和－非饱和降雨入渗理论

1.1　饱和－非饱和降雨入渗模型

模拟饱和－非饱和降雨入渗问题的计算模型[2-4]如下：

$$\sum_{i=1}^{3}\sum_{j=1}^{3}\frac{\partial}{\partial x_i}\left[k_r(h)\,k_{ij}\frac{\partial}{\partial x_i}(h+x_3)\right]-\left[C(h)+\beta S_s\right]\frac{\partial h}{\partial t}-S=0 \quad (1)$$

式中：k_r 为相对渗透系数（假设多孔介质等效非饱和渗透张量的每一分量与等效饱和渗透张量的同一分量间均服从同一关系，则等效相对渗透系数为一标量）；k_{ij} 为等效饱和渗透张量；h 为压力水头；x_i 为坐标轴，其中 x_3 为正向向上的铅直轴；C 为等效比容水度；在非饱和区 $\beta=0$，在饱和区 $\beta=1$；S_s 为等效单位贮存量；t 为时间；S 为源（汇）项。式（1）即为多孔介质非稳定、饱和非饱和渗流的基本微分方程。多孔介质的各向异性通过等效饱和渗透张量 k_{ij} 来反映。

为了得到基本微分方程的定解，还必须确定一些必要的初始条件和边界条件。初始条件用于描述渗流过程的初始状态，对非稳定流问题不可缺少，而边界条件则是对渗流场的约束，二者合称为定解条件。

水头边界条件：

$$h(x_i,t)=h_c(x_i,t)\quad i=1,2,3 \quad (2)$$

式中：h_c 是 x_i 和 t 的给定函数。

流量边界条件：

$$k_r(h)\sum_{i=1}^{3}\left[\sum_{j=1}^{3}k_{ij}\frac{\partial h}{\partial x_j}+k_{j3}\right]n_i=-q(x_i,t) \quad (3)$$

式中：n_i 为边界面法向矢量的第 i 个分量；q 为 xi 和 t 的给定函数。

1.2　降雨入渗边界条件及其处理方法

由于事先难以精确确定地表入渗边界条件，故计算过程中根据式（4）是否满足来确定地表入渗边界是作为已知水头边界还是作为已知流量边界。

$$\left|k_r(h)\sum_{i=1}^{3}\left[\sum_{j=1}^{3}k_{ij}\frac{\partial h}{\partial x_j}+k_{i3}\right]n_i\right|\le|E_s| \quad (4)$$

式中：Es 为给定的势表面通量（入渗时取降雨强度值）；k_r，k_{ij} 和 h 的意义同式（1）；n_i 的意义同式（3）。式（4）中的左端表示最大入渗能力。当最大入渗能力小于等于给定的势表面通量时，实际的入渗流量受给定的势表面通量控制；反之，受最大入渗能力控制。由于在求得压力水头分布之前，无法确定最大入渗能力，故当入渗边界作为已知流量边界时，其入渗流量值先根据给定势表面通量假定，在随后的迭代计算中再逐步调整。

根据上述饱和－非饱和降雨入渗的模型理论及边界条件的处理技术，编制了 Unsat－2D 非饱和降雨入渗计算程序，对土遗址土质边坡在降雨及地下水影响条件下的渗流场分布进行了计算模拟。

2 降雨入渗非饱和渗流计算

2.1 模型概况

本文计算选取新疆交河故城土遗址一具有代表性的 4# 土质边坡剖面，此边坡剖面顶部较为破碎，存在三条较深的裂缝，严重破坏了崖体边坡的完整性，是计算分析的重点。裂缝深约 1－3m，宽 30cm，破坏了顶部土体完整性，使顶端孤立块体更加不稳定。崖体土层分布见图 1。

如图 1 所示，边坡的主要地质土层有：强度较大的褐黄色粉质粘土、青灰色粉质粘土、淡黄色粉质粘土，以及底部为少量的软弱砂夹层和卵砾石，基本成水平层状分布；边坡底部靠河床部位为坡积物。边坡的主要支护加固措施是对裂缝进行回填。有限元计算剖分见图 2。对加固后的剖面进行网格的重新划分，共划分网格 2221 个单元以及 2362 个节点。计算只考虑自重应力，模型底部为全约束，左右、前后侧为法向约束。

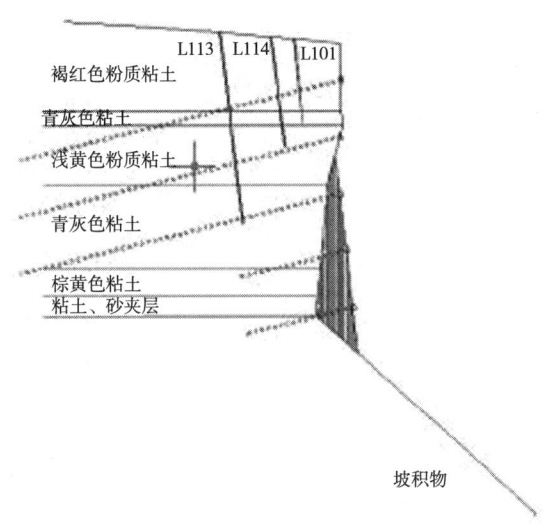

图 1 所选剖面位置地质条件

崖体土层非饱和水力学参数在参考相关研究及类比确定，计算中采用如图 3 所示的毛管压力－饱和度－相对渗透系数关系曲线[5,6]。

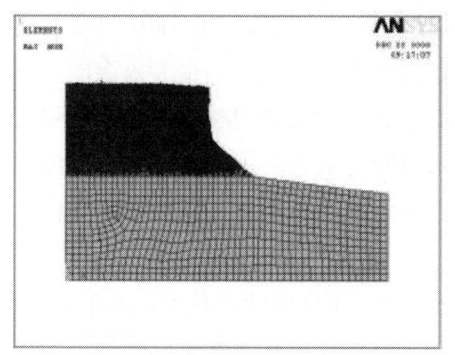

图 2　崖体边坡剖面计算剖分

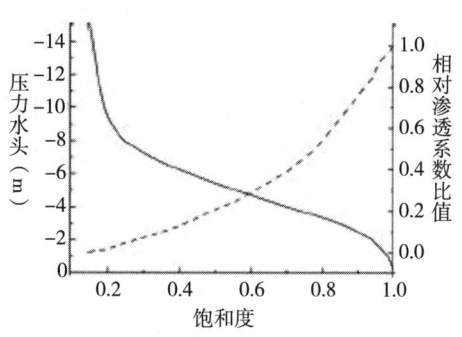

图 3　土体毛管压力 - 饱和度 - 相对渗透系数关系曲线

2.2　计算边界条件及工况

本研究假定了大于本地区实际年降雨量的一个较强降雨过程。设计强降雨过程为 3d，开始连续降雨 2d，然后降雨停止后 1d，共分为 8 个时间段。降雨时刻分别为 $T_0 = 0d$、$T_1 = 0.3d$、$T_2 = 0.6d$、$T_3 = 1d$、$T_4 = 1.3d$、$T_5 = 1.5d$、$T_6 = 2d$、$T_7 = 2.5d$、$T_8 = 3d$。各时刻对应的降雨量（mm / d）分别为：0、10、10、15、20、10、0、0、0。在饱和 - 非饱和降雨入渗有限元计算中，边坡顶部及河床表面均为降雨边界；选取边坡垂直面以及底部靠近河床边界节点为自由溢出点。为了更好的模拟地区实际的地下水分布情况，结合相关水文资料并经过多次反复试验，来确定其边界：当左侧边界为流入梯度边界，取值为 0.06，右侧为 - 0.05 流出梯度边界时，能较好的适合描述无降雨边坡内渗流场的分布特征。

3　计算结果分析

3.1　边坡降雨入渗分析

计算得到部分降雨时刻边坡内饱和度的分布如图 4 - 图 7。结果显示，由于遗址边坡底部即为河床，具有较高的初始地下水位（饱和度为 1）。随着降雨的进行，边坡内含水率明显增大（对应压力水头增大），特别在边坡顶部及靠近河床的降雨边界上；河床部位由于有较高的地下水位，所以在 T3 = 1d，即降雨一天以后边坡底部靠近河床位置最先达到了饱和，地表开始积水；此时边坡顶部含水率明显增大，但是还没有暂态饱和区的形成，雨水全部渗入边坡内部，同时边坡内部地下水位也小幅的抬高。在 T_6 时刻，即连续降雨 2d 后，降雨量达到最大值。此时，边坡顶部局部出现了暂态饱和区，并在裂缝处的饱和度明显增大，对边坡稳定非常不利。雨水渗入使边坡内部含水率逐渐增大，由于土层的渗透性差异使边坡内渗流场呈非均匀分布；雨水通过渗透性较大的坡积层，使边坡底部比坡面的含水率高；上层雨水的入渗，以及河床部位的补给，使边坡地下水位有较明显的升高，见图6。停止降雨一天以后，T_8 时刻如图7所示，边坡内雨水逐渐回落，但裂缝及底部水量回落较慢；同时，地下水位有也有适当的升高。但是随着时间的增加，边坡内地下水位必定回落至初始稳定状态。

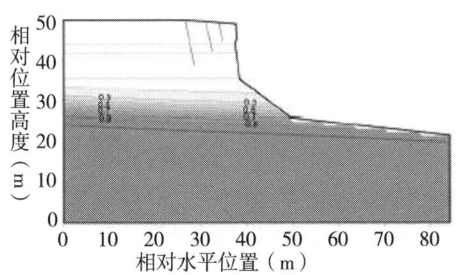

图4 边坡内初始时刻饱和度分布（T0 = 0d）

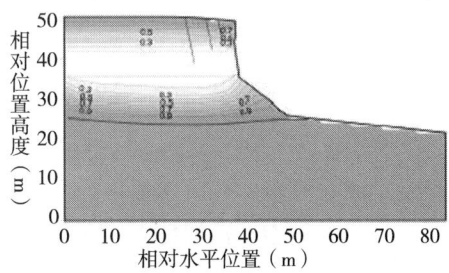

图5 T3 = 1d 边坡内饱和度分布

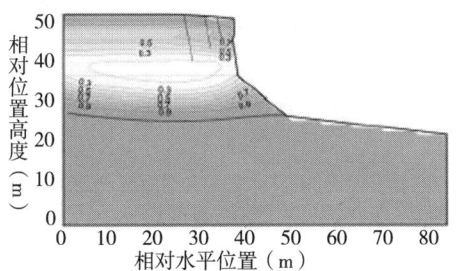

图6 T6 = 2d 边坡内饱和度分布

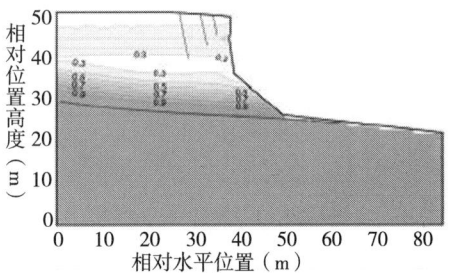

图7 边坡内初始时刻饱和度分布（T8 = 3d）

4 结 论

基于饱和 – 非饱和降雨入渗理论，研究了降雨入渗模拟方法及关键技术。通过对交河故城土质边坡在不同降雨条件下的渗流场计算分析，得出如下结论：

（1）建立的饱和 – 非饱和降雨入渗模型及计算程序，能很好的描述土质边坡在降雨非饱和入渗过程中各个时刻的渗流场分布特征。

（2）在降雨条件下，雨水的入渗将显著改变土质边坡内的渗流场分布，使边坡顶部出现了局部的暂态饱和区；底部也出现了较为明显的含水率增大，对边坡的稳定性非常不利。

参考文献

[1] 钟立勋. 中国重大地质灾害事例分析. 中国地质灾害与防治学报，1999.9.

[2] 荣冠，王思敬，王恩志等. 强降雨下元磨典型边坡工程稳定性分析. 岩土力学，2008，27（4）：

704 – 711.

［3］孙冬梅，朱岳明，张明进. 非饱和带水 – 气二相流数值模拟研究. 岩土工程学报，2007，29
　　（4）：560 – 565.

［4］朱伟，程南军，陈学东等. 浅谈非饱和渗流的几个基本问题. 岩土工程学报，2006，28（2）：
　　235 – 240.

［5］Fredlund G，Rahardio H. 非饱和土土力学. 陈仲颐译. 北京：中国建筑工业出版社，1997..

［6］Fredlund D G，Morgenstern R，Widger R. A Shear Strength of Unsaturated Soils. Canadian Geotechnical
　　Journal，1978，15（3）：313 – 321.

The Analysis of Rainfall Unsaturated
Seepage in A Slope

Wang Jianxin，Wang Enzhi，Wang Sijing

(State Key of Laboratory of Hydroscience and Engineering, Tsinghua University, Beijing 100084)

Abstract：Rainfall unsaturated seepage is a main factor to lead the slope disaster. Bsed on the saturated – unsaturated rainfall infiltration theory, the finite element method of rainfall infiltration is presented in this paper, as well as, some new numerical technologies are developed. It is applied to the calculation of a full rinfall infiltration process, and the results well describe the distribution of seepage field in a Jiaohe slope. The results show that the rainfall saturated – unsaturated seepage model can finely describe the distribution of seepage in the slope, which provides the important basis for the further analysis.

Key Words：rainfall infiltration, unsaturated seepage, finite element method, engineering application

（原载于《工程勘察》，2009 年，第 5 期）

楠竹加筋复合锚杆成孔工艺研究

任非凡[1,2]，谌文武[1,2]*，张景科[1,2]，和法国[1,2]，崔　凯[1,2]

（1. 西部灾害与环境力学教育部重点实验室，兰州，730000；

2 兰州大学土木工程与力学学院，兰州，730000）

内容摘要： 锚杆成孔工艺直接影响锚孔的成孔质量及锚固质量，很大程度上决定了锚固工程的加固效果。本文首先介绍了研究试验区工程地质环境，然后结合交河故城崖体锚固加固工程进行现有成孔工艺的总结、统计、优化，包括开孔、钻进、出渣以及成孔时间、速度等研究，提出了施工过程中的所遇问题的相应处理措施。研究表明锚固对象的地层岩性、裂隙发育特征、含水量、土体破碎及危险程度等因子直接影响成孔工艺，其中，成孔速度与土体含水率、土的类型及土体危险程度有很大联系，成孔时应对风压、冲击器进行适当调整以满足安全需要。最后简要说明了成孔后安设锚杆、封孔作旧等后续工作，研究成果为优化成孔工艺提供依据。

关键词： 交河故城　成孔工艺　成孔速度　地层岩性　危险程度

0　引　言

岩土体锚固可挖掘岩土潜能、提高岩土工程稳定性，是岩土加固工程中的一个重要工程措施。对岩土体进行锚固，能够较充分地调动和提高岩土体自身的强度及其自稳能力，大大减小了结构物体积和减轻结构物自重，很大程度上节约了工程材料，有利于施工的安全进行。它已成为提高岩土体稳定性和解决复杂岩土工程问题最经济、有效的方法之一，在我国高边坡加固、滑坡治理、基坑、矿井、隧洞、坝体、地基基础结构等工程建设中获得广泛应用[1-3]。

目前，虽然国家加大了文物保护力度，保存在我国西北丝绸之路上的土遗址，由于遭受严重的风蚀和雨水冲刷、构造和地震的破坏，大批的土遗址濒临毁灭。针对具有特殊性的文物土体，如何经济、安全的抢险加固为数不多的土建筑遗址，特别是由于构造裂隙、卸荷裂隙的相互组合造成大量的文物本（载）体不断的倾倒、崩塌、滑塌而使土遗址受到严重破坏，规模范围大幅度向内收缩，已经成为广大专家学者最为关注的问题之一。锚固因其可提高土体的强度及其自稳能力，易于施工，正被古遗址保护加固工程中广泛采用。

在土遗址加固时，传统锚杆所使用的钢材显现出一系列的缺陷性，如材料的耐久性较差，材料和土体强度差异太大等。鉴于此，以敦煌研究院李最雄研究员为首的科研队伍研发了楠竹加筋复合锚杆。此锚杆内部为Φ15.2钢绞线，向外依次为复合材料（环氧树脂、粉煤灰、石棉等调制的胶泥）、楠竹、玻璃丝布（图1），满足了文物加固的要求。复合锚杆加固技术尚属首创，特别在陡立崖体土层中，锚固成孔工艺是整个工程的技术关键，成孔质量的好坏不仅影响着施工进度和工程造价，而且还直接影响着锚固工程的质量。对上述问题进行较系统科学的研究，探索比较完善的施工技术体系，直接服务于工程建设，确保工程顺利实施[4-7]。同时，为干旱半干旱地区土遗址高陡边坡复合锚杆成孔技术的推广应用提供科学依据。

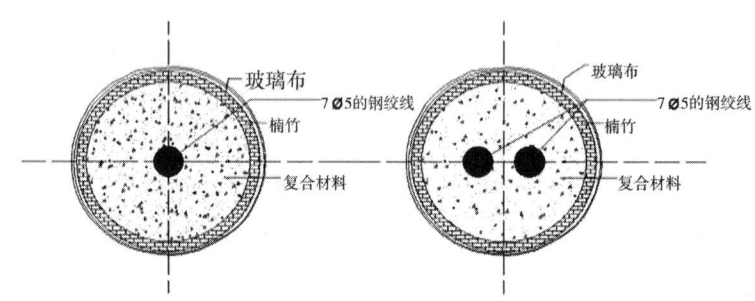

图1　楠竹加筋复合锚杆横截面构造示意图（左：5m，右：10m、15m）

1　试验区工程地质条件及设计概况

1.1　工程地质条件

交河故城位于吐鲁番盆地西部，整体坐落于两河之间的柳叶形台地上，台地高约30m，呈北西－南东向展布，两条河流分别绕城在城南交汇，具有干热、少雨、多大风的气候特征，新构造运动强烈，地层平缓，为湖状沉积。本次研究主要以41-5亚区为例，出露地层岩性自上而下主要分布有：粉质粘土、砂层、含粉土细砂、粉质粘土、含砂粉土、粘土、粉土、粉质粘土（图2）。正是由于交河故城所处的地质环境，在河流冲刷、风蚀、地震以及人为破坏等多种因素的作用下，造成了故城崖体周围的土体不断的崩塌、滑塌、倾倒，从而故城的面积不断的减小。

1.2　设计概况

结合41-5亚区的工程地质条件以及破坏情况，该边坡近直立，为土质边坡，采用锚杆进行支护，坡底、坡顶作截排水措施，因该边坡土层含有砂层等软弱层，若采用水循环回转成孔，极易造成孔壁坍塌，设计要求采用干钻成孔法，自上而下、从两边向中间顺序进行开孔。采用近景摄影图件进行数字化定位。考虑到锚杆的特性、防止群锚效应以达到最佳的锚固效果，需进行梅花桩式布孔[8-10]。

设计参数：锚孔深5、10、15m，孔径Φ150mm，倾角15°，锚孔横向间距2m，竖向间距2.5m，本区共布设复合锚杆57根，临时支护钢筋锚杆11根。自上而下分5排布设，上三排全部为15m复合锚杆，第四排后5根与第五排为5m复合锚杆（如图2、图3）。

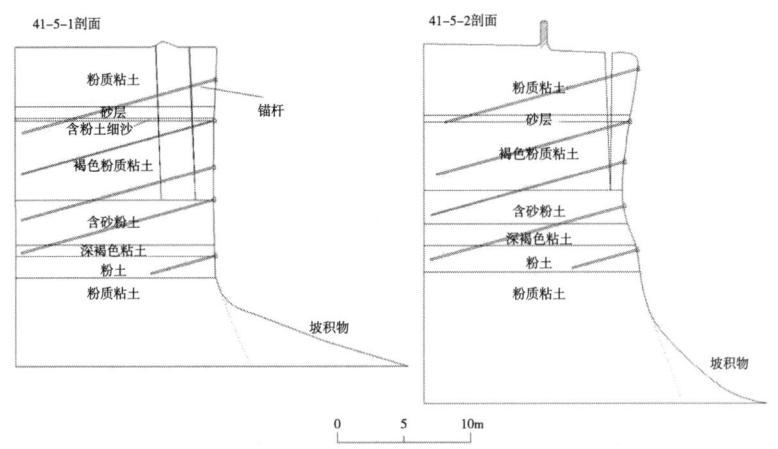

图2 41-5区地层剖面及其工程措施图

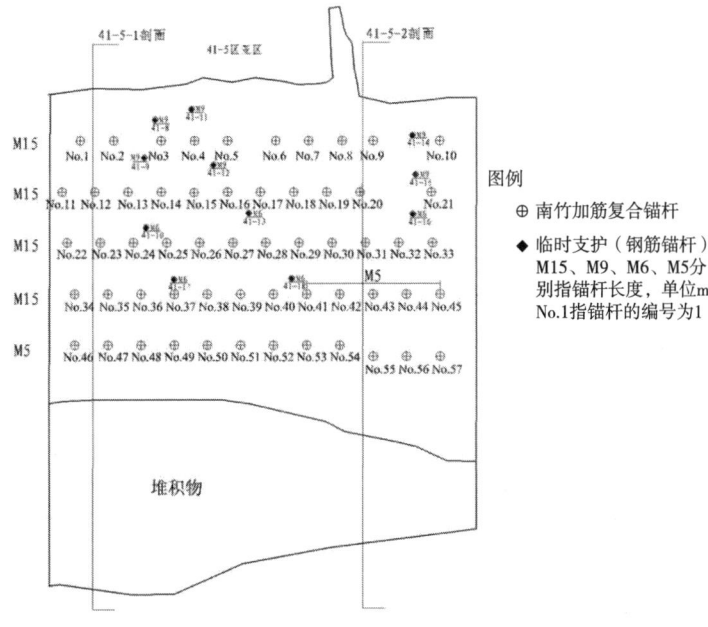

图3 41-5亚区锚杆布设立面图

2　成孔工艺研究

结合崖体的地形地貌与孔位的地层岩性，本次钻进工程采用自重轻、体积小，便于高空作业的 HQD110 型电动潜孔钻机成孔，并结合 Ingersoll – Rand750 型空压机边成孔边出渣。钻头直径 68 – 130mm，经加工改造可达到 180mm，单次推进长度 1000mm，成孔时孔深应比锚杆设计长度大 500mm。

2.1　开孔、钻进

施工前首先搭设一个具有一定稳固性并符合安全要求的操作平台作为运输通道及升降设备，作业平台宽度 3 – 4m。钻进前将钻机移置孔位前方后，将钻架底座固定在脚手架上，并调整钻架角度略小于设计角度 15°。开孔应采用重压慢转，待钻具稳定后再正常钻进。对于崖面不平整的部位，为了开孔方便，开钻前须将崖面找平。针对不同危险程度的土体，其施工工艺有所不同。

（1）对于宽大裂隙危险土体的锚固工程，为了施工安全，一般采用干磨方式钻进，直到跨过裂隙进入稳定土体后可以酌情进行冲击。交河故城危险区由于裂隙宽大，很多土体处于极限平衡状态，在崖体成孔时，一般上部土体（第一排、第二排）采用纯干磨钻进，下部土体酌情进行冲击成孔。

（2）对于微小裂隙，在监测危险土体稳定的情况下，可采取冲击的方式进行钻进以增快施工进度。

（3）钻进速度的大小与给风量的大小有关，风量越大，压力越大，进尺越快，反之进尺缓慢。对于在砂层上成孔时，由于砂土较松散，粘结性差，为了防止塌孔、孔径过大，应少用冲击钻进，多用干磨的方式成孔，且给风量要适当减少。

2.2　出渣

钻孔孔壁的沉渣，一般使用高压空气（风压 0.2 – 0.4MPa）将孔内岩土粉末吹净，以免降低水泥砂浆与孔壁岩土体的粘结强度。但是，由于随着钻进长度的增加，土体含水量增大，钻孔深部土渣很难被吹出，为了保证后续钻进工作正常进行，除了来回推、提钻杆出渣外，可用自制取土器进行掏渣（图4），如取土器长度不够时，可用注浆管进行出渣，将注浆管的一端连接到钻机风口，另一端塞入堵塞位置，将土渣吹出（图5）。如遇堵塞严重时，特别是跨裂隙处钻进时，经常发生塌孔现象，注浆管出渣由于强度不够已不能满足需要，这时可从连接几根钻杆至钻机风口，进行强风压出渣（图6）。

图4 取土器掏渣

图5 注浆管出渣

图6 钻杆强风压出渣

2.3 钻进速度随钻孔位置及钻进深度的变化规律性

2.3.1 钻进速度随锚孔位置高低的变化规律性

通过对41－5亚区中的20个锚孔的钻进数据进行统计，正常情况下，15米的钻孔成孔需用时2个小时左右，10m钻孔需用时1个小时左右，5m需用时30分钟左右。接一根钻杆需用时30秒左右，卸一根钻杆需用时1分钟左右。当然随着被锚固土体危险程度、孔位所处地层岩性以及钻工技术熟练程度等不同，成孔效率会有所差别。另外，通过对各个锚孔的钻进速度进行分析统计，我们发现锚孔的钻进速度随着锚孔高度的降低有逐渐上升的趋势。最上面的一排锚孔，即距离崖顶2.5m的锚孔，其钻进速度仅为0.195m/s，随着锚孔位置的降低，钻进速度成线性增长（图7），最高可达0.729m/s。究其原因，一方面是由于随着锚孔高度的降低，土体含水量逐渐升高，对钻进越来越有利；另一方面由于随着锚孔高度的降低，地层岩性从粉质粘土向中砂、含砂粉土转变，土体强度不断减小。

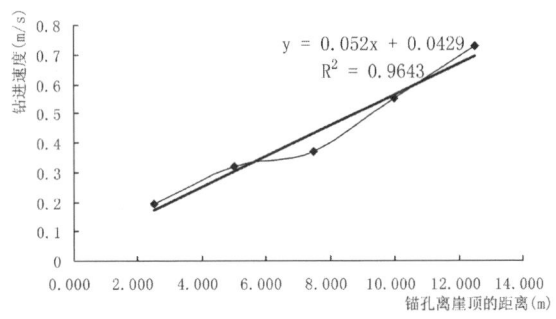

图7 钻进速度与锚孔所处位置的关系曲线

2.3.2 钻进速度随锚孔钻进深度的变化规律性

通过对20组钻进数据进行统计分析，我们发现随着钻机钻进深度的不同，其钻进速度也具有一定的规律性。以No.14孔为例，随着钻进深度的增加，钻进速度不断增大，直到趋于一稳定值，其原因在于随着钻进深度的增加，土体含水量不断增加，并在一定深度范围内含水量趋于稳定（图8），从而造成钻进速度随钻进深度先增加后趋于稳定这一现象。并且我们发现在3m处钻进速度较2m、4m处大，这是由于3m处恰有一宽20cm裂隙通过，无疑减少了钻进的工作量，因此其钻进速度有所增大。

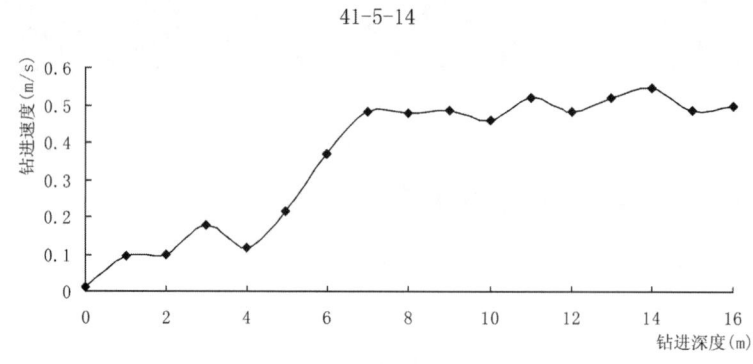

41-5-14

图8　钻进速度与锚孔钻进深度的关系曲线

　　钻孔结束后，需遵循"一孔一锚"原则，立即对锚孔进行安设锚杆、锚孔注浆、安设锚具、锚孔封堵，最后进行表面作旧以达到"修旧如旧，不改变原貌"的原则。

3　结　论

　　通过对交河故城崖体41-5亚区的锚固工程进行统计分析，对楠竹加筋复合锚杆的成孔工艺以及钻进速度的规律性进行了深入研究。研究表明：

　　（1）开孔时应遵循重压慢转的方式进行钻进。对于具有宽大裂隙的危险土体，特别是上层锚孔，应尽量减少对土体的扰动，采取干磨的方式进行钻进；对具有小裂隙或者无裂隙的土体，可根据具体情况，在监测危险土体稳定的情况下，酌情进行冲击钻孔。对于在砂土层成孔，由于其粘结性差，需减小风量以免造成塌孔或者孔径过大。

　　（2）采用取土器掏渣、注浆管出渣、钻杆强风压出渣三种出渣工艺，以满足不同的出渣需要。

　　（3）钻进速度随着锚孔位置的降低呈线性增长，随着钻进深度的增大，钻进速度不断增大并趋于一稳定值。

　　研究结果对于楠竹加筋复合锚杆这一新型锚杆的成孔工艺优化具有指导意义，并对其应用于其他文物土体的锚固工程具有一定的借鉴意义。

致谢

　　本次研究工作得到敦煌研究院李最雄研究员、王旭东研究员等人的鼎力支持与帮助，在此对他们表示由衷的感谢。

参考文献

[1] 程良奎. 岩土锚固的现状与发展. 土木工程学报，2001，34（3）：7 – 12.

[2] 张乐文，李术才. 岩土锚固的现状与发展. 岩土工程与力学学报，2003，22（增 1）：2214 – 2221.

[3] 汉纳，T H（英）. 锚固技术在岩土工程中的应用. 胡定译. 北京：中国建筑工业出版社，1986.

[4] 李最雄. 丝绸之路古遗址保护. 科学出版社，2003.

[5] 孙满利，王旭东，李最雄，梁收运，张鲁. 交河故城瞭望台保护加固技术. 岩土力学，2007，28（7）：163 – 168.

[6] 孙满利，王旭东，李最雄，谌文武，张鲁. 木质锚杆加固生土遗址研究. 岩土工程学报，2006，28（12）：2156 – 2159.

[7] 李最雄，王旭东. 古代土建筑遗址保护加固研究的新进展. 敦煌研究，1997，4：167 – 172.

[8] 中国工程建设标准化协会. CECS22：90 土层锚杆设计与施工规范，1991.

[9] 姜勇，孙富通等. 土层锚杆技术在特殊工作环境下的施工工艺研究与探讨. 水利水电工程设计，2006，25（3）：26 – 28.

[10] 中国工程建设标准化协会. CECS 22 岩土锚杆（索）技术规程，2005.

Study on Drilling Technics in the Anchoring Engineering of Bamboo – steel Composite Rock – bolt

Ren Feifan[1,2], Chen Wenwu[1,2], Zhang Jingke[1,2], He Faguo[1,2], Cui Kai[1,2]

（1. Key Laboratory of Mechanics on Disaster and Environment in Western China, Lanzhou, 730000;

2 College of Civil Engineering and Mechanics, Lanzhou University, Lanzhou, 730000）

Abstract：Drilling technics of anchor have a direct influence on the quality of the pore and anchoring engineering, which fixes the effect of the anchoring engineering in the very great degree. First, the paper introduced engineering geology environment of the research area, then combining the reinforce engineering of Jiaohe ancient, we summarized the present technics and made a detail statistic on it in order to optimize drilling technics, including: opening bore, drilling, residue, time of the drilling and its speed etc, put forward the corresponding measurements of the problems in the process of the construction, The result of this research indicated that stratum and lithology of the anchor object, cranny growth characteristic, liquid water content, degree of crushing and risk etc. influenced the drilling technics directly, among them, speed of the drilling have a great relation with liquid water content, type of soil and dangerous degree of the soil body, in order to achieve safety needs, we should adjust wind pressure and impinger. Finally, the paper introduced some problems we came across in the process of installing anchors, sealing bores and making old, the research result provided basis for optimizing drilling technics.

Key word：Jiaohe ancient, drilling technics, speed of drilling, stratum and lithology, dangerous degree

（原载于《 敦煌研究 》，2009 年，第 6 期）

温度在夯土建筑遗址风化中的作用

孙　博，周仲华，张虎元，郑　龙

（兰州大学西部灾害与环境力学教育部重点实验室，兰州，730000）

内容摘要： 为了进一步研究土遗址风化机理，为土遗址保护提供理论依据，对交河故城人工模拟墙进行表面温度和内部温度的监测，于2007年8月份连续监测两天，11月份连续监测三天。数据表明：墙体温度变化幅度远远大于当地气温变化（极端情况下，墙体表面温度高于气温22℃以上）；墙体表面温度和内部温度变化幅度差异很大（极端情况下15℃以上），由此在墙体表层形成温度梯度，而且这种梯度存在逆转（白天表面温度高于内部，夜间内部高于表面），逆转每天都在发生。这种温度差异在墙体表层风化壳、裂隙的形成、发育，直至剥落的过程中起着重要的作用。

关键词： 土遗址　温度　风化　红外热像仪

0　引　言

我国古丝绸之路上存在大量的土遗址。现已公布的被列为国家级重点文物保护单位的土遗址新疆境内22处、甘肃境内11处、宁夏境内5处、青海境内5处[1]。这些土遗址长期暴露在西北显著的大陆性气候下，风沙大，温差变化大。近年来，已经有学者对土遗址的风蚀机理进行研究[2-4]，但对于温度对土遗址的作用研究却很少，只有少数学者提出强烈的温差变化是引起生土建筑破坏的原因之一[5-6]；温度的改变引起相对湿度的改变，从而对文物产生间接破坏[7]。

以交河故城为例，该地区的年温度变化在 −30℃ −70℃左右。剧烈的温差引起组成生土建筑的各种矿物差异膨胀，使土体结构不断疏松。温差变化间接引起墙体湿度的变化，而湿度的变化又影响墙体水分的运移，进而影响到盐分的运移。由此可见，温度是影响土遗址风化的重要因素之一。

很多学者考虑过土遗址所处的气温，但没有对土遗址本身温度进行关注，只是通过气温的变化来说明土遗址的温度变化，而对土遗址本身的温度关注很少。

本文通过对交河故城墙体表面温度和内部温度的监测，得到第一手土遗址温度变化数据，同时通过对当地气温的监测，研究得出了一些土遗址热响应规律，并通过对土遗址文物本体温度的研究来探讨温度在土遗址风化中的作用。

1　研究地点和使用仪器

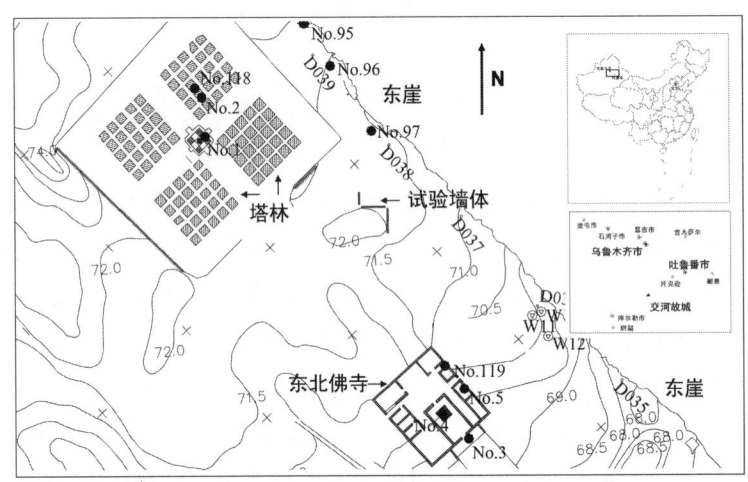

图1　交河故城位置示意图

1.1　研究地点

本次监测地点是交河故城遗址。交河故城遗址位于新疆维吾尔自治区吐鲁番市西10km的雅尔乃孜沟村，是国务院1961年公布的第一批全国重点文物保护单位，是世界上保存最完好的土遗址，对研究东西方文化交流，丝绸之路历史，中亚文明史，中国古代城市建筑、宗教、艺术等具有重大科学价值。

本次研究需要对土遗址内部温度和表面温度进行监测，但是交河故城土遗址是国家重点文物保护对象，不可能在文物本体内植入感温探头进行内部温度的测量，所以在交河故城塔林东部用当地的土按照土遗址的施工工艺、密度、含水量等建造了人工模拟墙，通过对人工模拟墙的温度监测（内部和外部）来反映土遗址的热响应状况。

人工模拟墙共有10段墙体，每段墙体长240cm，上顶面宽39cm，下底面宽59cm，高180cm，横截面呈等腰梯形。其中，ABCDEF-

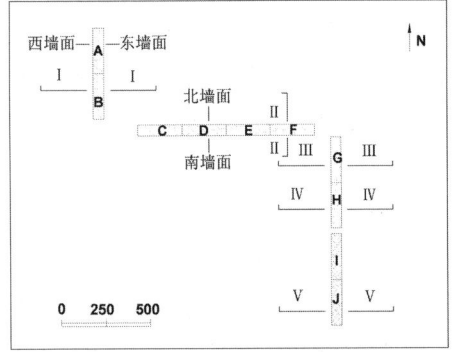

图2　人工墙位置示意图

GH是夯筑工艺，IJ是版筑泥工艺。本次监测点是 I 号和 II 号测线。测量墙体内部温度的感温探头放置在距地面1m高处，埋置深度5cm，西墙面和东墙面各一个。墙体表面温度测量位置在以内部温度测点为中心的 $50 \times 50 cm^2$ 的正方形区域内。

1.2　使用仪器

本文采用红外热像仪法对墙体表面温度进行测量。仪器采用武汉高德公司生产的IR928＋型非制冷焦平面红外热像仪，测温范围为 $-20℃ - 500℃$。在 $-20℃ - 125℃$ 温度范围内，测量精度 $\pm 1℃ \pm 1\%$。发射率取0.93。

墙体内部温度测量采用硅半导体温度测量方式，仪器为郑州德奈普精密仪器有限公司的DNP－A1数字温度计。硅半导体测温方式的测温范围在 $-50℃ - 150℃$，精度为0.1℃。

2　监测结果

图3是2007年8月13日8：50－15日8：00人工墙东（E）、南（S）、西（W）、北（N）墙面表面温度及气温（T）的变化曲线图，图4是2007年11月16日20：00－19日20：00的曲线图。由两图可以看出明显的24小时周期变化，并且，白天墙体表面温度与气温差异很大，反映出太阳直接辐射对墙体表面温度影响很大。

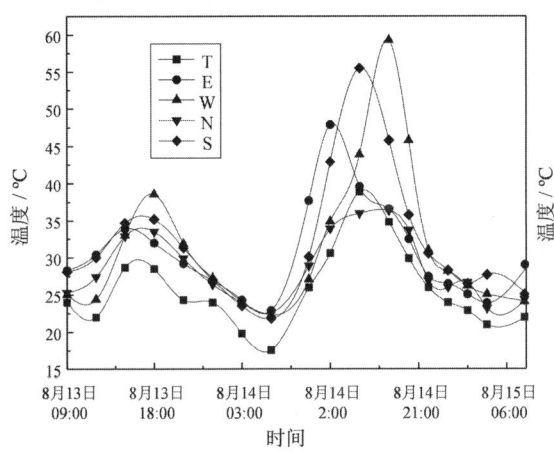

图3　8月人工墙表面温度及气温变化曲线图

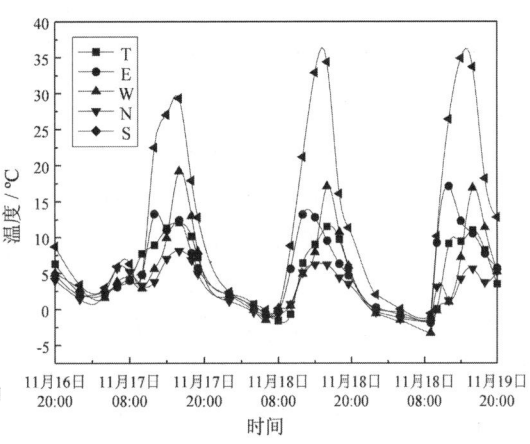

图4　11月人工墙表面温度及气温变化曲线图

8月份的平均温度、极端温度和标准偏差在表1中给出。在记录期间，8月气温和墙体表面温度的平均差异是5℃（东墙面）、6℃（西墙面）、6.4℃（南墙面）、3℃（北墙面）。

表1　8月平均温度、极端温度及标准偏差　　　　　　（℃）

	平均温度	最大值	最小值	标准偏差
气温	25.8	34.8	17.6	5.3
东墙面	30.8	47.9	22.9	6.5
西墙面	31.8	59.3	22.3	9.7
南墙面	32.2	55.5	21.8	8.5
北墙面	28.8	36.4	22.6	4.5

　　11月份的平均温度、极端温度和标准偏差在表2中给出。在记录期间，11月气温和墙体表面的平均温度差异是0.9℃（东墙面）、0.1℃（西墙面）、8.4℃（南墙面）、-2℃（北墙面）。

表2　11月平均温度、极端温度及标准偏差　　　　　　（℃）

	平均温度	最大值	最小值	标准偏差
气温	5.2	12.1	-1.6	4.5
东墙面	6.1	17.1	-1	5.1
西墙面	5.3	19.2	-1.5	5.9
南墙面	13.6	34.9	-0.6	11.9
北墙面	3.2	8.1	-0.1	2.8

　　通过8月份和11月份的数据对比可以看出，8月份东、西、北墙面的温度变化幅度明显大于11月份，南墙面则正好相反。

　　图5是8月14日6：00至8月15日8：00墙面温度变化曲线图，这是一个完整的表面温度变化周期。日出（6：18）以后，墙体表面温度开始上升，10：00以前，东墙面升温速率最快，12：00之前东墙面表面温度最高，在11：30达到最高值47.5℃；10：00-13：00，南墙面温度迅速升高，12：00-16：00之间南墙面表面温度最高，15：00左右达到最高值56℃；15：00-18：00之间，西墙面温度迅速升高，并在18：00达到最高值58℃；北墙面温度变化相对平缓，基本与气温变化一致。各个墙面温度在达到最高值后都急剧下降，其中西墙面下降速率最大。

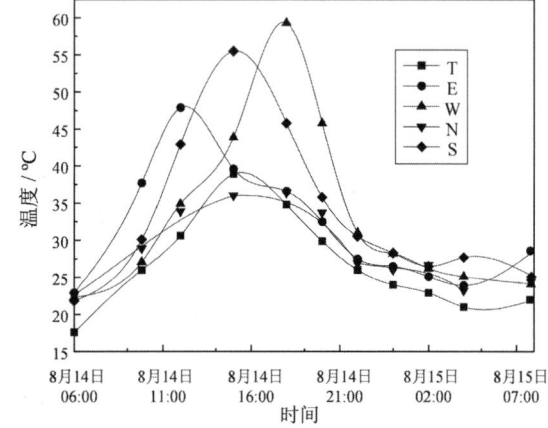

图5　8月14日6：00至8月15日8：00墙面温度变化曲线图

在一天之间，墙体表面温度呈现波浪式的变化，其中西墙变化幅度最大，南墙次之，东墙最小，换一句话说，在 8 月份，西墙受温度影响最剧烈。

数据表明，墙体表面温度与气温的差值可达 22℃。许多资料以气温变化来估计土遗址所受温度影响是不确切的。墙体表面温度的变化更为剧烈，速率更大。

图 6 是人工墙西墙面表面温度和 5cm 深处温度对比图（A 为表面温度，B 为 5cm 深处温度）。可以看出，两者的变化趋势大致相同，只是表面温度的变化速率更大一些，变化幅度也较大。9：00 - 21：00 之间，墙体表面温度高于 5cm 深处，其他时间则相反。6：00 - 9：00，表面温度和 5cm 处温度升高速率很慢，9：00 以后，两者都迅速上升，且表面温度升高速率明显高于 5cm 深度处，从而产生了温度梯度（外部高于内部），这种温度梯度随着墙体温度的升高而增大，直至 18：00 左右达到最大。随后墙体温度急剧下降，在 21：00 左右这种温度梯度变成负的（墙体内部温度高于外部），墙体表面温度下降速率大于内部，直至次日 6：00 左右。

图 7 是人工墙东墙面表面温度和 5cm 深处温度对比图（A 为表面温度，B 为 5cm 深处温度）。由图可知其变化趋势与西墙相同，只是由于墙的朝向不同，升温和降温的时间提前了。可见，温度梯度普遍存在。

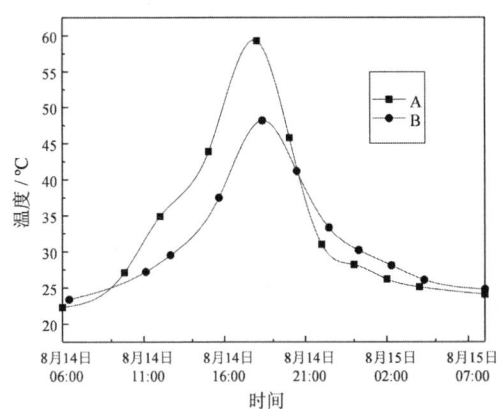

图 6　人工墙西墙面表面、5cm 深处温度对比图　　图 7　人工墙东墙面表面、5cm 深处温度对比图

3　讨　论

根据 Stefan - Bolztmann 定律，辐射传递给空气的能量是一个温度、材料发射率的函数。由于本次监测对象的物质组成和建筑工艺是相同的，所以近似认为它们的反射率是一样的。下面的讨论不考虑墙体自身反射率的影响。

白天墙体表面温度和气温相差很大（极端情况下 22℃ 以上），夜间相差很小（5℃ 以内）。并且由图 3 可以看出，当某墙面受太阳直接辐射，这个墙面的温度立即与其他朝向墙面不同，升温速率也远远大于其他墙面，说明太阳直接辐射对墙体表面温度影响很大。

根据监测数据可知，墙体表面温度 8 月份为 17℃ – 58℃，11 月份为 – 2℃ – 37℃，这不是在吐鲁番的极端气温下监测的，可以推测，墙体表面温度最高可达 70℃ 以上，最低可在 – 10℃ 以下。交河故城遗址的主要矿物成分是石英和方解石。石英在 – 10℃ – 70℃ 下膨胀量很小，但是方解石的线性膨胀量相对很大且存在各向异性，如图 8 所示[8]。它的这种膨胀变化与其他矿物的膨胀变化不协调，经过长期反复的热胀冷缩变化，会导致墙体结构疏松。

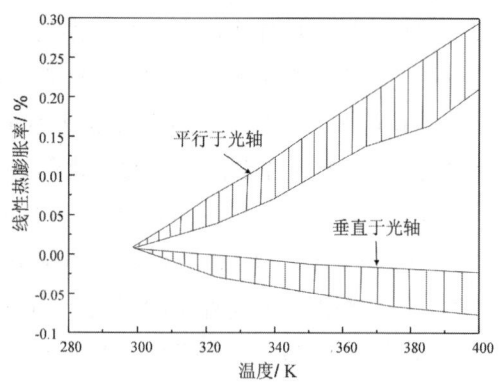

图 8　方解石的线性膨胀性

墙体表面温度一天之内的变化幅度可达 38℃（8 月 14 日南墙面），由于监测时间不是在吐鲁番最炎热的时间，这种幅度有可能更大，并且这种高幅度的温度变化（平均 30℃ 左右）几乎每天都在发生，且降温和升温速率比较快。此外，墙体表面和墙体内部也存在温度梯度，而且梯度方向不断变化：9：00 – 21：00 之间墙体表面温度高于内部温度，其他时间则内部温度高于表面温度。监测期间，墙体表面与内部温差最高达到 14℃。研究表明热梯度不仅仅在深度方向上发生，在侧向上也同样存在[9]。这种温度梯度的存在以及其逆转，会引起温差应力。在温度变化比较强烈、频繁的地方会出现温差应变，长期的应变会导致应变体出现热应力疲劳。在温度下降较大的地方尤其如此，因为降温引起的应力比升温过程中的更大[10-11]。随着时间和数量的积累，在风、雨等的作用下，热应力疲劳最终会导致墙体的破坏。

交河故城所处的特殊地理环境致使温差成为影响土遗址风化的重要因素。强烈的温差产生的矿物热胀冷缩、热应力等反复作用于土体，致使土体疏松，加剧了风蚀、雨蚀等对土遗址的破坏。

参考文献

［1］李最雄. 丝绸之路古遗址保护. 北京：科学出版社，2003.

［2］屈建军，王家澄，程国栋等. 西北地区古代生土建筑物冻融风蚀机理的实验研究. 冰川冻土，2002，24（1）：51 – 56.

［3］屈建军，张伟民，王远萍等. 敦煌莫高窟古代生土建筑物风蚀机理与防护对策的研究. 地理研究，1994，13（4）：98 – 104.

［4］严耿升，张虎元，王旭东等. 古代生土建筑风蚀的主要影响因素分析. 敦煌研究，2007，5：78

－82.

[5] 周双林. 土遗址防风化保护概况. 中原文物, 2003, 6: 78 – 83.

[6] 孙满利, 李最雄, 王旭东等. 环境对交河故城破坏机理研究. 敦煌研究, 2007, 5: 68 – 73.

[7] 郭宏. 文物保存环境概论. 北京: 科学出版社, 2001.

[8] 托鲁基安 Y S, 贾德 W R, 罗伊 R F, 等. 岩石与矿物的物理性质. 单家增译. 北京: 石油工业出版社, 1990.

[9] Stéphane Hoerlé. Rock. Temperatures as an Indicator of Weathering Processes Affecting Rock Art. Earth Surface Processes and Landforms, 2006, 31: 383 – 389.

[10] Marovelli, R. L. , Chen, T. S. , Veith, R. F. Thermal fragmentation of rock. American Institute of Mining. Metallurgical and Petroleum Engineers, 1966, 235: 1 – 15.

[11] Kevin Hall, Ian Meiklejohn, Joselito Arocena. The Thermal Responses of Rock Art Pigments: Implications for Rock Art Weathering in SouthernAfrica. Geomorphology, 2007, 91: 132 – 145.

The Role of Temperature in Earthen Sites Weathering

Sun Bo, Zhou Zhonghua, Zhang Huyuan, Zheng Long

(Key Laboratory of Mechanics on Western Disaster and Environment,
Ministry of Education of P. R. China, Lanzhou 730000, *China*)

Abstract: The surface temperature and internal temperature of the artificial wall at the ancient Ruins of Jiaohe is monitored, to further study the earthen site weathering mechanism and provide a theoretical basis for site protection. The monitor continues two days in August, 2007 and three days in November. The date showed that, the wall temperature range is far greater than the local environment temperature (in extreme circumstances, the wall surface temperature is higher than the temperature above 22℃); the rate of surface temperature and internal temperature change is very different (extreme circumstances 15℃ above), which formed a temperature gradient on the surface, and this gradient exists reversal (higher than the internal surface temperature during the day, higher than the internal surface at night), and this reversed in the event of every day. The difference in temperature plays an important role in the process of weathering.

Key Words: earthen sites, temperature, weathering, infrared thermal imager

(原载于《敦煌研究》, 2009 年, 第 6 期)

莫高窟崖顶强风化层 PS 花管注浆加固试验研究

张虎元[1]，刘　平[1]，王旭东[2]，王晓东[1]，郭青林[1,2]，张永霞[1]

(1. 兰州大学西部灾害与环境力学教育部重点实验室，兰州，730000；

2. 敦煌研究院，敦煌，736200)

内容摘要： 敦煌莫高窟崖体顶部及陡坎地带表层松散的风化堆积物，在大风条件下极易发生滚石和流砂，对游人和洞窟安全造成威胁。针对以往的加固保护措施，本研究提出了 PS 花管注浆加固新工艺，即利用打入风化堆积层的花管将 PS 浆液引入一定深度固化，形成固化柱，然后再对表面喷洒 PS，使注浆形成的固化柱与表面加固层连成一体。现场试验表明，除花管管径外，PS 溶液浓度、堆积物组分以及含水量均对 PS 固化半径产生重要影响。固化半径随着 PS 溶液浓度增大而减小，但是在较低含水量情况下固化半径却随着堆积物中细颗粒含量的增大而显著增大。声波测试结果表明，经过 PS 固化后地层波速增大 20 - 70%，形成的固化体强度明显增大。试验证明，PS 花管注浆形成的固化柱能将表面防风化加固层连成一体，提高莫高窟强风化地层加固效果。

关键词： 莫高窟　加固　PS 花管注浆

0　引　言

　　敦煌莫高窟位于中国西北地区河西走廊西端，甘肃省敦煌市东南 25km，坐落在鸣沙山东麓、大泉河西岸。敦煌莫高窟始建于公元 336 年，开凿于大泉河出山口西岸砾岩崖体上，现保存有十六国后期到元代等各个朝代大小洞窟 750 多个，保存壁画 45000 多 m²，彩塑 2000 余身，是迄今世界上保存最完整、历史延续最悠久的佛教艺术宝库，于 1988 年被联合国教科文组织列为世界文化遗产保护单位。莫高窟历经千年，期间遭受各种人为破坏和自然病害的影响。从 20 世纪 60 年代开始，对莫高窟进行了三次大规模的保护加固工程[1-3]，缓解了岩体大面积坍塌的险情，消除了地面洪水冲刷造成的威胁，但岩体风化问题仍未得到有效控制，尤其是洞窟上方裸露岩面及崖顶斜坡、陡坎等部位，经受长期的风蚀和雨蚀，发生严重的风化破坏。目前，常常有砂石落下，对窟区游人安全威胁很大，需要采取科学有效的保护对策[4-7]。针对崖顶缓坡以及陡坎地带不断发生的流砂和滚石，本文提出了 PS 花管注浆加固方案，并进行了现场试验论证，以期为即将展开的敦煌莫高窟南区崖体的 PS 加固工程提供必要的科学依据。

莫高窟崖体走向近南北向，高度 10 – 45m，崖体按垂向坡度变化可分为下、中、上三部分（如图 1）[8]。下部崖体基本直立，坡度 80 – 90°，高 18 – 23m；中部崖体因抗风化能力较差而后退 2 – 3m，但崖面仍保持近直，高度 10m 左右；崖体上部即为缓坡，坡度 30 – 34°。中部崖体分布厚为 2m 的水平薄层状含砾石英砂岩地层，该地层由于抗风化能力差不断后退，在下部和中部崖体衔接部位形成一个缓坡台坎地带，上覆一定厚度的风化堆积层，质地较为疏松且其中含有大块碎石，在自然以及人为条件扰动下，极易发生滚石以及流砂，对洞窟及游人安全构成很大威胁。早期针对该风化堆积层的主要措施是采用人工清理，该方法费时费力，并在一定程度上改变了洞窟原有外貌，而且效

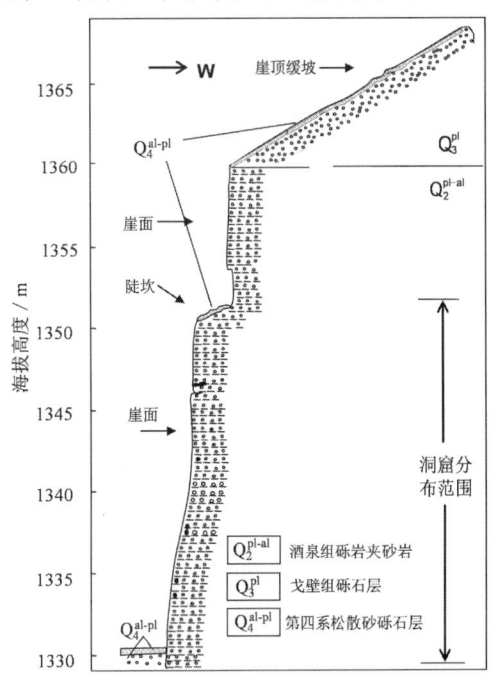

图 1　莫高窟实测地层剖面[8]

果并不理想；随后 80 年代，莫高窟保护人员选定在 201 – 202 窟之间的崖顶缓坡区段覆盖层进行了试验性砂浆抹面加固处理，但在随后的 2 – 3 年内砂浆抹面大面积开裂、剥落，加固效果随之失效。80 年代以后，直接利用水泥进行加固的措施在文物保护领域得到明文禁止，因为水泥在其固化过程中会大量析盐，析出的盐分随水分迁移并重新结晶，会对文物造成酥碱等病害，不利于文物的保护[2]。

90 年代以来，新型加固材料 PS 被广泛应用于西北干旱半干旱地区的文物保护加固工程，其适用性和加固效果已经逐渐得到相关专家和科研人员的认可。该材料不仅具有较强的抗风化耐久性，而且加固后的材料其强度和耐水性均显著增强，而且在其胶结过程中不会析盐，并保持了较好的透气性和透水性[9,10]。PS 加固干燥环境中的风化砂砾岩石窟技术已经通过国家文物局组织的专家鉴定，同时也获得文化部的文物保护科技成果奖，该项技术已经在甘肃和新疆等地的石窟加固工程中大量推广应用。

本研究首次提出利用 PS 花管注浆的方式，对崖体台坎地带第四系松散堆积层进行加固，利用花管将 PS 浆液导流至堆积层一定深度，形成固化柱，然后在风化堆积层表面喷洒 PS 进行表面加固。固化柱与周围岩土体材质相同，可以避免金属锚杆导热引起的锚杆松弛，而且固化浆柱与表面加固层连成一体，极大地提高了加固的总体强度。本研究的目的是通过现场试验，确定花管的尺寸、浆液浓度、注浆量以及风化堆积物

颗粒组成对 PS 扩散深度和有效扩散半径的影响关系，筛选适合现场施工的花管制作工艺以及 PS 浆液灌注方式，最终确定 PS 花管管径、布设方式、浆液浓度、注浆量等参数，为随即进行的加固工程现场施工设计提供科学依据。

1　试验场地及材料

1.1　试验场地

试验场地选在莫高窟北区最北端外侧（见图2），远离洞窟。试验区位于中更新统酒泉砾岩组（Q_2）之上的上更新统戈壁组（Q_3），岩性为灰白色砂砾层夹砂层和粉土层透镜体，层理比较发育，结构松散，砾石分选性较差，磨圆度为棱角状或次棱角状。表部为全新统鸣山组，岩性为松散砂砾石层、亚砂土、亚粘土和风成沙以及近代坡积物，厚度 1 - 2m。

图 2　现场试验位置图

1.2　试验材料

试验中花管注浆材料选用 PS 浆液，模数为 3.8，浓度分 8%、10% 和 13% 三个系列。注浆管采用 $\varphi40$mm 和 $\varphi32$mm 两种钢制花管，长度 40 -

图 3　注浆花管实际图

100cm。截取 40cm、60cm 和 80cm 长度的 $\varphi40$mm 钢管 12 根（每种长度各 4 根）；同样，截取 60cm、80cm 和 100cm 长度的 $\varphi32$mm 钢管 12 根（每种长度各 4 根）。考虑到施工简易原则，设计制作花管工艺为：将截好的钢管一端压平、削尖、焊接、打磨后，利用 $\varphi5.5$mm 钻头在管体上以垂直管轴线方向按照十字交叉布局进行钻孔，孔间距保持 5cm，在钢管另一端预留 2 倍直径长度为非钻孔区（如图3所示）。

2　试验方法

2.1　花管注浆点编号及布置

注浆点编号形式为 X_{a-b}，其中 X 分 A、B 两种，分别代表 $\varphi40$mm 和 $\varphi32$mm 两种

口径的花管，a 分为 0、1、2、3 四种，代表不同长度，b 则表示序号。如 B_{2-3} 表示 $\varphi 32mm$、长度 100cm 的花管。具体编号见表 1。

表 1　砂岩试样渗透特性参数

花管长度 /cm	40	60	80	60	80	100
注浆点编号	A_{1-1}	A_{2-1}	A_{3-1}	B_{0-1}	B_{1-1}	B_{2-1}
	A_{1-2}	A_{2-2}	A_{3-2}	B_{0-2}	B_{1-2}	B_{2-2}
	A_{1-3}	A_{2-3}	A_{3-3}	B_{0-3}	B_{1-3}	B_{2-3}
	A_{1-4}	A_{2-4}	A_{3-4}	B_{0-4}	B_{1-4}	B_{2-4}
花管直径 /mm	40	40	40	32	32	32

花管注浆点布置如图 4 所示：行内注浆点间距为 2m，行间相邻两注浆点间距也保持 2m，试验采用平行四边形排列布置注浆孔，沟两侧各布设 12 个注浆点，共布孔 24 个（如图 4）。

图 4　花管注浆现场局部布置图

2.2　成孔

注浆孔采用花管击入法成孔，孔深以事先钎探深度为准，并保证花管击入地表以下 5cm，用以注浆加固完毕后掩埋使其恢复原貌（现场试验中存在个别花管外露现象）。为防止花管击入过程中粒径较小的砂砾沿管壁钻孔进入花管从而造成塞管或堵孔，在击入前将花管中充填棉麻等织物，待注浆前再将充填物慢慢取出。

2.3　浆液配制

现场试验采用的 PS 原浆模数为 3.8、浓度为 24%。取一定量的 PS 原浆，按照浓度 7%，8%，10%，13% 要求，加入适量的水，充分搅拌均匀。其中 8%、10%、13% 三种浓度的 PS 溶液用于花管注浆，7% 浓度 PS 溶液用于表面 PS 喷洒固化。需要说明的是，该试验浆液浓度是在参考榆林窟和莫高窟北区等已经竣工并通过验收的加固工程的基础上，并结合本次试验需要而选取的。

2.4　PS 花管注浆方式的选取

试验设计方案中注浆方式有两种，即泵入式和自然渗入式。为了对比两种注浆方式的优劣，现场分别进行了两种注浆方式试验。试验发现，由于坡面风化堆积层厚度一般在 30 - 70cm，花管击入深度受到很大限制，采用注浆泵以一定压力进行注浆，容易造成浆液沿花管外壁返流，注浆压力及体积难以控制。更为重要的是，卸荷裂隙、构造裂隙在洞窟区崖体中较为发育，如果花管击入点位于裂隙附近，泵入式注浆有可能使浆液窜入洞窟，给窟内文物造成极大的破坏。因此，采用自然渗入式注浆方式，不仅使施工成本大为降低，而且还可以根据渗入量和入渗时间，随时对遇到的突发情况进行及时有效的判断并采取相应的措施。通过对比，本次现场试验 PS 花管注浆方式，选用自然渗入式。

　　注浆试验中控制和进行对比的参数是 PS 溶液浓度，单位长度花管注浆量，花管管径以及长度等，各具体参数见表 2。表中注浆量控制标准为：注浆量 = 单位长度花管注浆量×击入深度；单位长度花管注浆量按照 13L/m，10L/m 和 7L/m 三个标准来控制。

表 2　花管注浆点深度及注浆量一览表

PS 浆液浓度 /%	8	8	8	10	10	10	13	13	13	13	13	13
注浆点编号	B_{0-1}	B_{1-3}	B_{2-1}	B_{0-2}	B_{1-2}	B_{2-2}	B_{0-3}	B_{1-1}	B_{2-3}	A_{3-4}	A_{1-4}	A_{2-4}
花管击入深度 /cm	55	40	57	53	52	71	57	57	67	47	33	38
注浆量 /L	7.15	4.00	3.99	10.6	5.2	4.97	7.41	5.7	4.69	6.11	3.3	2.66
历时 /min	40	40	55	5	50	30	9	45	25	19	18	22
注浆点编号	A_{1-1}	A_{2-1}	A_{3-1}	A_{1-2}	A_{2-2}	A_{3-2}	A_{1-3}	A_{2-3}	A_{3-3}	B_{1-4}	B_{2-4}	B_{0-4}
花管击入深度 /cm	34	47	41	28	44	38	31	60	30	77	51	28
注浆量 /L	4.42	4.7	2.87	3.64	4.4	2.66	4.03	6.0	2.1	10.01	5.1	1.96
历时 /min	86	65	32	5	20	16	3	0.5	13	10	27	26

图 5　花管周围表面 PS 喷洒图

图 6　花管加固区开挖后剖面图

2.5　PS 表面喷洒

　　待所有注浆孔都已完全凝固后一定时间（2-3 天），开始在注浆区域喷洒 PS 溶液。PS 溶液喷洒区是以花管为圆心，半径为 0.53m 的圆型区域（如图 5），喷洒点为 B_{1-3}、B_{1-2}、B_{1-1}、B_{0-2}、A_{1-1}、A_{1-2}、A_{1-3}。PS 水溶液喷洒按低浓度多渗透的原则分三次进行，溶液浓度均为 7%，第一次喷洒 PS 用量控制在 3L，第二次为 2L，第三次为 1L。每次喷洒间隔时间为 1 – 2 天，使 PS 充分渗透。

2.6　开挖检测

PS 表面喷洒完毕一个月后，对注浆区域进行开挖（如图 6），开挖后对固化柱高度和直径进行测量，同时利用 RSM – SY5（N）声波检测仪对固化柱进行声波检测。

3　试验结果及讨论

3.1　PS 渗透固化半径与花管管径的关系

PS 花管注浆渗透半径受诸多因素的影响，如场地地形、堆积物成分以及地层含水量差异等，即使在 PS 浓度和灌浆量相同的情况下，试验结果也会出现一定的离散现象（如表 3）。采用 SPSS 统计分析软件，对现场注浆的 24 个点位数据进行分析，判断花管直径与 PS 渗透半径的关系（表 4）。

统计分析之前，首先验证统计样本数（试验花管数量）是否符合岩土工程试验精度的一般要求。因为如果样本数过少，会极大影响试验结果精度。在岩土工程实际中，当试验数据数目 $n < 30$ 时，一般采用 t 分布的概率值来代替正态分布的概率值，这样与实际较为相符[11,12]。已知自由度 υ（$\upsilon = n - 1$）与某一置信水平 $F_{\mathrm{T}}(t)$（根据实验要求精度确定），通过 t 分布函数表，查得对应的 t 值，由此可以确定离开平均值的范围，如果不在要求范围内，则需要增加样本数量。以样本数 $n = 12$ 为例（管径 $\varphi 32\mathrm{mm}$ 一组），要求的试验精度为固化半径以 85% 的概率落在试验结果平均值 15% 范围内。因 $n < 30$，用 t 分布计算，自由度 $\upsilon = 11$，查表得相应于 $F(t) = 0.85$ 时的 $t = 1.09$；固化半径平均值 $r_{\mathrm{m}} = 15.13\mathrm{cm}$，标准差 $\sigma = 4.77$，求得离开平均值范围 $D = 9.9\% < 15\%$，因此在要求精度范围内，样本数是符合试验要求的。

试验结果表明（见表 4），管径 $\varphi 40\mathrm{mm}$ 花管其 PS 渗透固化半径变化范围较大，极差为 16.50，但渗透固化半径值的分布密度相对于该管径下的渗透固化平均半径较为对称；而管径 $\varphi 32\mathrm{mm}$ 花管其渗透固化半径数值极差则相对较小，为 13.50，并且渗透固化半径值分布密度具有较高的正偏离趋势。通过统计分析，两种管径条件下，PS 渗透固化半径平均值分别为 15.13cm 和 15.25cm，标准偏差分别为 4.77 和 5.64。因此可以认为，花管直径对于 PS 渗透固化半径的影响在实际条件下是可以忽略的。考虑到粗管径花管在击入风化堆积层时具有较大阻力，而且在施工过程中引起较大的振动，因此建议采用细孔径花管对风化堆积层进行 PS 注浆加固。

表 3　PS 渗透固化半径统计表

X_{a-b}	A_{1-1}	A_{2-1}	A_{3-1}	A_{1-2}	A_{2-2}	A_{3-2}	A_{1-3}	A_{2-3}	A_{3-3}	A_{1-4}	A_{2-4}	A_{3-4}
R/cm	10	13.5	9.5	22.5	12	12.5	23.5	12	17	11.5	26	13
X_{a-b}	B_{0-1}	B_{1-1}	B_{2-1}	B_{0-2}	B_{1-2}	B_{2-2}	B_{0-3}	B_{1-3}	B_{2-3}	B_{0-4}	B_{1-4}	B_{2-4}
R/cm	19.5	12	19.5	16	12	22.5	12.5	10.5	22.5	14.5	—	11

表 4　不同内径花管的 PS 注浆固化柱半径统计表

花　管			PS 注浆固化柱										
类型 /mm	数量 /根	极差	最值 /cm		平均半径 /cm		标准差	方差	偏　度		峰　度	
			Min	Max	数值	标准误差			数值	标准误差	数值	标准误差
$\varphi32$	12	13.50	9.00	22.50	15.13	1.38	4.77	22.78	0.49	0.64	-1.29	1.23
$\varphi40$	12	16.50	9.5	26.00	15.25	1.63	5.64	31.89	1.03	0.64	-0.45	1.23

3.2　PS 浓度对渗透固化半径的影响

相关研究以及加固工程经验均表明，PS 浓度过高时，不但影响渗透深度，也影响加固层与未加固层间的结合程度[9]。表 5 是 PS 浓度与固化半径的统计分析结果。从表中数据分析得出，随着 PS 浓度从 8% 增加到 10%，其入渗加固半径呈现同步增长趋势，但当浓度增大到 13% 时，其渗透固化半径又有略微降低。产生这一现象的主要原因是现场加固层的物质组成与室内试验研究的加固材料（一般是均质岩土类材料）和早期加固工程中的加固对象（一般是风化岩体表部）存在很大的差异。PS 加固砂砾岩石窟的作用机理主要是对存在于砂砾岩中岩石碎屑物间的泥质胶结成分发生化学反应，改变胶结物的结构状态和性能，从而提高砂砾岩的整体强度。浅表部松散风化堆积层主要由砂卵砾石以及风积沙等成分组成，粘粉粒物质含量较少，而其中粒径大于 2mm 的砂砾石质量占到总颗粒组成的 25% 以上。虽然大颗粒间孔隙被粒径较小颗粒所充填，但仍保持了较大的孔隙率，颗粒间的连接程度较低，加之粘粒和粉粒含量较少，这势必降低 PS 溶液固化加固的效果。当 PS 溶液浓度较低时，这种影响更为明显，即使溶液渗透半径较大，但其加固效果却大为降低，随着离花管距离的增大，加固程度明显减弱，表现形式即为开挖时固化柱外围胶结不明显，极易塌落，从而造成固化柱半径的减小。

3.3　PS 渗透固化深度

PS 溶液对所加固岩土体的含水量具有很高的敏感性。西北地区沿丝绸之路分布的大量砂砾石窟以及土建筑遗址，受干旱半干旱地区气候的影响，其本身的岩土体具有极低的含水量，这对 PS 材料应用于干旱区文物保护加固工程提供了有利条件。但是，潮湿环境对 PS 固化是不利的[9]。随埋深的增大，地层含水量增高，PS 渗透固化深度可能会小于 PS 浆液渗透深度。

图 8 是对花管注浆区进行的含水量测定剖面。图中箭头所标示部位为固化柱底部边界。该区地层表部含水量很小，一般不超过 0.5%，但随着深度的增加，含水量缓慢增大，通常在离地表 30–40cm 深度处，含水量会达到一个相对峰值，随后随着深度的增大，含水量先减小，随后又继续增大。通过对花管注浆固化柱高度的测定，结果显示，固化柱高度一般均小于第一个含水量峰值所对应的深度，而且远远小于花管击入地层的深度，并且固化柱下端周围地层所对应的含水量最大不超过 1.8%（图 8 中箭头标识处为固化柱底端深度）。由于其中细粒含量少，风化堆积物含水量大于 1.8% 时，已经表现得很"潮湿了"，现场可以明显观察到堆积层表部与该含水量深度处地层颜色的明显变化。PS 实际固化深度存在一定的下限，这可能是因为下部含水量偏大，也可能是深部地层温度偏低引起的。从实用的角度出发，可以将含水量 $w \leqslant 1.8\%$ 及深度 $H \approx 20–30cm$ 作为固化深度的判断依据。

表 5　固化柱半径与 PS 注浆浓度统计分析表

PS 浓度	统计点个数	渗透固化半径 / cm							
		平均值	中位数	众数	最小值	最大值	百分位数/%		
							25	50	75
8%	6	13.75	12.00	19.50	9.50	19.50	9.88	12.00	19.50
10%	6	12.00	14.25	12.00ᵃ	12.00	22.50	12.00	14.25	22.50
13%	11	19.50	13.00	12.00	11.00	26.00	12.00	13.00	22.50

注：a. 表示众数不止一个，仅表示最小值

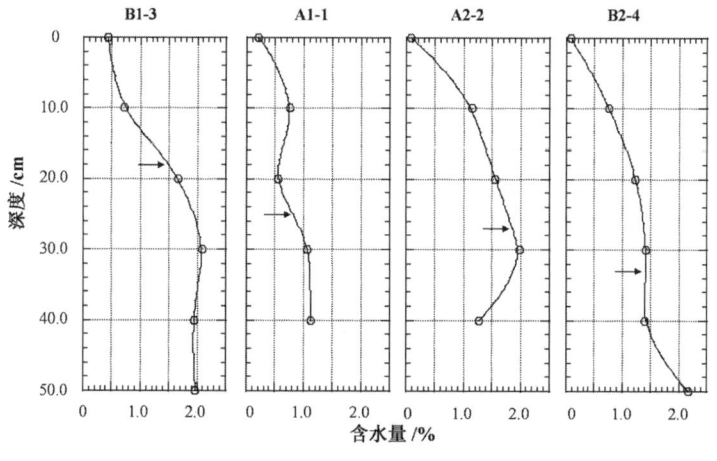

图 8　地层含水量剖面图

3.4 风化堆积层组分对 PS 渗透固化半径的影响

在开挖测量固化柱半径和高度的同时，对固化柱周围未加固的堆积物进行取样，按照《土工试验方法标准》（GB/T50123 - 1999）对试样进行了颗分试验[13]（如图 9 和表 6、7 所示）。

试验结果表明，虽然 B_{1-1} 和 B_{1-2} 注浆率大于 B_{2-2} 和 A_{2-4}，但其渗透固化半径却远小于后者。这表明注浆率对 PS 溶液入渗加固半径的影响作用并不明显。从颗分累积曲线和各粒径区间颗粒质量百分比数据分析可知，B_{1-1} 和 B_{1-2} 细粒含量较少，小于 0.5mm 粒径颗粒分别为 14.03% 和 19.87%，而 B_{2-2} 和 A_{2-4} 所对应的数值则分别达到了 47.61% 和 29.50%，尤其是粒径在 0.25

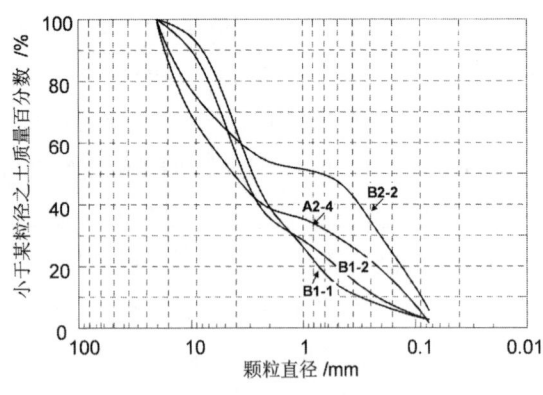

图 9　各试样颗分曲线

-0.075mm 范围内的颗粒质量百分比，B_{2-2} 和 A_{2-4} 分别达到了 29.05% 和 20.96%，而 B_{1-1} 和 B_{1-2} 在此粒径范围内颗粒百分含量只有 5.90% 和 8.70%。因此可以认为敦煌莫高窟砂砾岩风化堆积层的粒度对 PS 渗透固化半径的影响主要由细颗粒含量所决定。细颗粒含量的增加可以有效降低孔隙率，一方面防止 PS 溶液沿大孔隙向下部快速入渗从而保证有效的侧向入渗，另一方面则有利于 PS 溶液加固效果的提高，使固化柱强度得以显著提高。

表 6　试样各粒径区间质量百分比

粒径 /mm	质量百分比 /%			
	B_{1-1}	B_{1-2}	B_{2-2}	A_{2-4}
> 10.0	5.57	9.90	22.57	31.68
10 - 5.0	19.68	23.39	12.54	16.25
5.0 - 2.0	37.57	30.93	11.02	15.18
2.0 - 1.0	10.84	7.26	2.39	3.59
1.0 - 0.5	12.15	8.49	3.75	5.97
0.5 - 0.25	5.53	8.63	12.98	7.95
0.25 - 0.075	5.90	8.70	29.05	20.96
<0.075	2.59	2.49	5.47	1.50

表7 试验点位诸参数表

类 型	点 号			
	B_{1-1}	B_{1-2}	B_{2-2}	A_{2-4}
PS 注浆浓度 /%	13	10	10	13
注浆率 /L·m^{-1}	10	10	7	7
入渗半径 /cm	24	24	45	52

3.5 PS 注浆固化效果检测

敦煌莫高窟风化堆积物地层由砂卵砾石以及风积沙组成，而且粒径大于 1cm 颗粒质量百分比通常大于 10%，取原状样进行强度力学测试有很大困难。研究表明，岩土体强度与波速参数之间具有直接的相关性[9,14,15]。相关研究表明，材料强度越高，完整性越好，声波波速越高；反之，材料的强度越低，完整性越差（如材料中存在架空或不密实体等），声波波速越低。通过测试材料的波速值，可以达到间接评价材料质量的目的[16,17]。因此，现场试验利用 RSM – SY5（N）便携式声波检测仪对 PS 固化体进行声波对穿直透法检测，通过对比加固前后堆积层纵波波速（V_p）来评价 PS 花管注浆的加固效果。

表8 是 PS 浓度不同时，同一深度（20cm）的加固效果。试验结果表明，当 PS 浓度为 10% 时，波速提高的百分比最大，加固效果最好。

表8 20cm 深度处不同 PS 浓度加固后波速

点位	固化柱高度 /cm	PS 浓度 /%	V_p增长百分比 /%
A_{1-1}	25	8	20.8
A_{2-1}	32	8	41.2
A_{1-2}	23	10	72.1
A_{2-2}	27	10	62.3
A_{2-3}	58	13	34.2

表9 花管注浆区加固与未加固地层纵波波速对比表

点位	未加固		PS 加固		V_p增长
	深度/m	V_p/（m/s）	深度/m	V_p/（m/s）	百分比/%
A_{1-1}	0.20	1262	0.20	1525	20.8
A_{1-2}	0.20	448	0.20	771	72.1
A_{1-3}	0.20	500	0.17	816	63.2
A_{1-4}	0.05	833	0.00	926	11.2
A_{2-1}	0.20	1105	0.20	1560	41.2

点位	未加固		PS 加固		V_P增长
	深度/m	V_P/（m/s）	深度/m	V_P/（m/s）	百分比/%
A_{2-2}	0.20	1027	0.20	1667	62.3
A_{2-3}	0.25	1154	0.20	1549	34.2
A_{3-1}	0.10	1216	0.10	1546	27.1
B_{0-2}	0.25	826	0.25	913	10.5
B_{0-3}	0.20	618	0.20	1196	93.5
B_{0-4}	0.10	1212	0.10	1731	42.8
B_{1-4}	0.20	905	0.15	1071	18.3

表 9 是花管注浆区加固与未加固地层纵波波速对比表。从表中数据可以看出，经过 PS 注浆固化后，地层纵波波速增大，加固后波速提高 20 – 70%，一般大于 900m/s，个别固化柱纵波波速达到 1731m/s。PS 加固表层固化壳波速测试与上述结果具有相似性。这表明固化柱及表层固化壳与周围地层相比强度有了一定程度的提高。以往的加固工程实践表明，文物加固一般应当适度，最佳的强度是加固后文物的强度接近或者略高于原文物的强度[18]。因此，经 PS 表面喷洒形成的表部固化壳和 PS 花管注浆形成的固化柱一方面其强度提高，达到工程加固目的；另一方面与周围地层可以保持良好的接触关系，不至于在外部温湿度变化条件下与未加固地层间产生剥离而影响加固效果。

4　结　论

（1）花管 PS 无压渗透注浆形成固化柱，可以将 PS 加固层、强风化层锚固到下部稳定地层上，提高莫高窟崖顶强风化层保护加固效果。

（2）花管管径对 PS 溶液渗透固化半径的影响很小，可以忽略。考虑花管击入地层时的阻力，为节省材料，便于施工，建议选用细口径花管进行 PS 注浆固化。

（3）风化堆积物中细颗粒含量较高情况下，PS 渗透固化半径增大，综合各粒径加固效果，10% 和 13% PS 溶液比 8% PS 溶液渗透固化半径大。考虑到加固效果与施工成本，建议 PS 溶液浓度采用 10%。

（4）通过声波检测，PS 加固后的风化堆积物其纵波波速提高 20 – 70%，固化体整体性明显高于未加固地层。该工程措施满足"适度加固，不改变外貌"的文物保护原则。

致谢

兰州大学土木工程与力学学院杨善龙、龙玉凤、卢一亭、郑龙、张明、赵楠等同学参加了现场试验，在此向他们表示诚挚的感谢！

参考文献

[1] 樊锦诗. 为了敦煌的久远长存——敦煌石窟保护的探索历程. 敦煌研究，2004，（3）：5 - 9.

[2] 孙儒涧. 莫高窟石窟加固工程的回顾. 敦煌研究，1994，（02）：14 - 29.

[3] 李最雄. 敦煌石窟保护工作六十年. 敦煌研究，2004，（3）：10 - 26.

[4] 王旭东，张虎元，郭青林等. 敦煌莫高窟崖体风化特征及保护对策. 岩石力学与工程学报，2009，28（5）.

[5] LI Z. X. Weathering and consolidation of grottoes along the silk roda of China. Neville Agnew. Preservation of Natural Stone and Rock Weathering （P Sola, J. Estaire and C. Olalla, Ed）, Tayor & Francis, 2007. pp43 - 48.

[6] 李文军，王逢睿. 中国石窟岩体病害治理技术. 兰州：兰州大学出版社，2006.

[7] Wang Xudong, Zhang Huyuan, Zhang Mingquan. Stabilization and Consolidation of Mogao Grottoes in China. Preservation of Natural Stone and Rock Weathering （P Sola, J. Estaire and C. Olalla, Ed）, Tayor & Francis, 2007. pp211 - 216.

[8] 张虎元，曾正中，张明泉等. 敦煌莫高窟围岩稳定性及环境保护. 中国地质灾害与防治学报，1996，（2）：73 - 80.

[9] 李最雄. 丝绸之路古遗址保护. 北京：科学出版社，2008.

[10] 李最雄，王旭东，孙满利. 交河故城保护加固技术研究. 北京：科学出版社，2008.

[11] 潘承毅，何迎晖. 数理统计的原理与方法. 上海：同济大学出版社，1993.

[12] 苏巧荣. 土工实验数据分析方法探讨. 河南大学学报（自然科学版），2006，36（1）：114 - 118.

[13] GB/T50123 - 1999，土工试验方法标准. 1999.（GB/T50123 - 1999 Standard for soil test method. 1999.

[14] 李最雄，王旭东. 榆林窟东崖的岩体裂隙灌浆及其效果的人工地震检测. 敦煌研究，1994，2：156 - 172.

[15] 王旭东，张明泉，张虎元等. 敦煌莫高窟洞窟围岩的工程特性. 岩石力学与工程学报，2000，19（6）：756 - 761.

[16] 肖国强，吴盖化，周火明等. 三峡工程混凝土质量声波波速标准研究. 长江科学院院报，2005，（22）3：35 - 37.

[17] 丁梧秀，姚增，蒋振. 岩体工程特性研究中弹性波速参数取值方法探讨. 岩土力学，2004，（25）9：1353 - 1356.

[18] 李最雄. PS 加固土质石质文物的稳定性和强度问题. 敦煌研究，1996，3：96 - 111.

PS – Consolidation of Weathered Rock at Mogao Cliff by Perforated Pipe Grouting Technique

Zhang Huyuan[1], Liu Ping[2], Wang Xudong[3]

Wang Xiaodong[1], Guo Qinglin[1,2], Zhang Yongxia[1]

（1. Key Laboratory of Mechanics on Disaster and Environment in Western China,
Ministry of Education, 730000; 2. Dunhuang Academy, Dunhuang, 736200）

Abstract: Long – term weathering of Mogao cliff rock results in loose sediments at slope, which occasionally fall down and threat the safety of caves and visitors. To consolidate the strongly weathered sediments, perforated pipe grouting of PS solution was suggested and verified by in – situ test in this study. It was found that the PS solidified strata in addition with the grouting pipe play as a column, stabilizing the PS – consolidated crust on slope surface to the dense strata at depth by open cut after 1 month of grouting. This paper report the results and analyze the consolidation quality affected by pipe diameter, PS concentration, grain size composition and water content of the sediment. Perforated pipe grouting of PS solution is suggested for the stabilization of strongly weathered rock at Mogao Grottoes at slope area in.

Key Words: Mogao Grottoes, consolidation, PS pipe grouting

（原载于《敦煌研究》，2009 年，第 6 期）

交河故城濒危崖体 36 区天然条件下
水平位移变化特征

张景科[1,2,3]，谌文武[2,3]，和法国[2,3]

崔　凯[2,3]，任非凡[2,3]，唐　军[4]

（1. 古代壁画保护国家文物局重点科研基地，敦煌研究院，敦煌，736200；

2. 西部灾害与环境力学教育部重点实验室，兰州大学，兰州，730000；

3. 土木工程与力学学院，兰州大学，兰州，730000；

4. 上海智平基础工程有限公司，上海，200060）

内容摘要： 交河故城四周发育有大量濒危的崖体，掌握崖体的动态定量信息对于了解崖体的状态具有重要的意义，进而为崖体科学合理的加固设计提供基础信息。本文通过对崖体 36 区在天然条件下水平位移的和上部土体温度的监测，分析了该区内不同破坏类型、规模和机制的濒危崖体的水平位移变化特征。结果表明濒临崖体的差异性决定了水平位移变化的差异性，但是所有的水平位移变化与自然条件下土体温度的变化具有极强的相关性。研究结论对于交河故城崖体后续的加固工程提供了重要信息。

关键词： 崖体 36 区　工程地质条件　水平位移变化特征　土体温度

0　前　言

土质边坡稳定性评价的研究方法大多基于定性与定量评价之上，尤其定量的评价成为研究的热点。但是边坡的稳定性最客观的评价均基于实际的工程地质条件和现场监测的边坡的应力、变形、温度、地下水等定量信息。因此边坡现场监测信息的分析对于土质边坡的稳定性及动态具有重要的意义[1]-[4]。作为遗址载体的土质边坡兼有地质工程与文物遗址两种属性，文物遗址加固的科学性表现为前期的综合监测信息分析之上，如莫高窟、云冈石窟、龙门石窟、墓穴等重点文物的保护。但鉴于目前我国的实际情况，大部分遗址均没有开展大规模的信息监测[5]-[6]。

交河故城总面积 35 万余 m²，建筑面积 22 万 m²，现今保存在地面的建筑遗迹大多是公元 3 - 6 世纪所建，是世界上目前遗存规模最大的土遗址之一。交河故城整体位于两河之间的柳叶形台地上，台地高约 30m，台地呈北西 - 南东向展布，大致走向 320°，西北高，东南低。南北最长 1787m，东西最宽处约 310m。台地周边为陡崖，崖体陡直，坡度近 90°。四周陡立的边坡均发生过不同程度的破坏，导致交河故城遗址不断的消减[7]。

依托交河故城一期抢险加固工程，通过监测天然条件下边坡水平位移和上部土体的温度，本文对崖体 36 区的监测信息进行了分析，研究了其变化特征。

1　崖体 36 区主要工程地质条件

1.1　地形地貌

崖体 36 区位于交河故城东门的南侧，上部有文物体遗存（见图 1），靠近东门处有三口古井。该处地势低下，地下水位较高，崖体表面异常破碎，崖体下部为坍塌堆积物，外侧为农田（见图 2）。

36 区崖体范围为 D021 + 12.8 - D022，整个分区跨度为 39.0m，崖体平均高度为 21.88m。崖体顶部最高高程为 58.18m，崖脚最低高程为 34.39m。

　　　图 1　崖体 36 区平面　　　　　　　　　　　图 2　崖体 36 区立面

由于战乱和后期的破坏，无完整古建筑物遗存。崖顶面起伏大，裂隙发育，张开度大，风化严重。崖面倾角几乎接近 90°，坡底为坡积物堆积，堆积规模大，崖体整体稳定性差。

1.2　地层岩性

区内崖体地层为湖相沉积地层，崖体出露地层均成近水平展布，地层连续性较好，岩层由上而下颗粒由细变粗。根据直立崖体的立面以及前期工程的钻孔资料，查明该区出露地层由上至下依次为（见图3）：

（1）褐黄色粉质粘土，该区平均厚度约为3.4m，团块结构，垂直节理明显，表面风化比较严重，出现很多微裂隙。地层中含有少量铁锈斑和钙质结核，成分主要以石英－长石质为主，粒度均匀，水平状构造，轻微胶结，稍密，干燥。

（2）棕黄色粉土，出露厚度为2.0m，偶见砾石，含少量粘土，斑状结构，垂直节理，表面风化比较严重，部分掏蚀成小洞，微裂隙发育。成分主要以石英－长石质为主，粒度均匀，水平状构造，轻微胶结，中密，干燥。

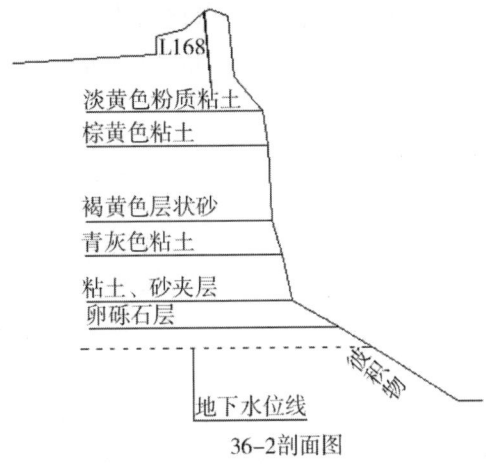

图3　崖体36区地质剖面示意图

（3）褐黄色砂层，厚1.5m，主要以细砂为主，层状构造，与上下土层分层明显，风化严重，该层已经掏蚀进去，分选好，粘土含量高，粒度均匀，轻微胶结，干燥。

（4）青灰色粘土，厚3.4m，颗粒均匀，垂直节理明显，风化轻微，微裂隙发育。成分主要以石英－长石质为主，地层成水平状展布，轻微胶结，稍密，干燥。

（5）粘土、砂夹层，厚1.9m，该层颜色比上层明显发黄，团块结构，垂直节理明显，表面风化比较严重，微裂隙发育。地层中含有少量铁锈斑和钙质结核，成分主要以石英－长石质为主，粒度均匀，水平状构造，轻微胶结，稍密，干燥。

（6）卵砾石层，出露厚度1.5m，本区夹层中砂层较厚，层中粘土大部分已经风化剥蚀掉，剩下砂层胶结较好，成层状分布，粘土层已成空洞，分选性好，层理明显，主要矿物成分以长石－石英质为主，中度胶结，干燥。

1.3　地质构造

（1）结构面的分布、种类及组合关系

区段内结构面主要以裂隙切割面为主，区内崖体裂隙包括构造裂隙－节理与次生卸荷裂隙两种类型。构造裂隙－节理走向垂直于崖体的走向，次生卸荷裂隙平行于崖体的走向，两者相互切割，造成崖体不断地发生坍塌。现存的结构面破坏了崖体的完整性，使得崖体外倾，且分割为不同的濒危块体。

（2）结构面特征

本区裂隙尤其水平裂隙下切深，最大下切深度达到15.22m，张开度大，并且填充松散土，成为崩塌体的控制裂隙。加之本区崩塌体处于迎风面，因此本区崩塌体的破坏还有一主要方式是以大块剥落为主。迎风面的另一特点是风化层深，尤其底部粘土、砂夹层在此环境中已经风化剥蚀凹进崖面，使上部崖体悬空，在长期地质力和重力作用下，最终发生崩塌，因此该崩塌体的破坏方式以拉裂倾倒为主。各结构面的主要特征见表1和图8。

表1　36区主要裂隙现状统计

裂隙编号	长度/m	最大张开度/cm	产状	充填物状况	地质现象具体描述
L164	14.5	20	60°∠83°	无	卸荷裂隙，张开度不大，延伸长，平面呈弧状，切割台地成为岛状
L165	2	15	98°∠82°	无	节理，与L165连通切割台地成为岛状
L166	1.3	2	132°∠84°	松散土	节理
L167	1.5	2	143°∠83°	松散土	节理，与L164连通切割台地成为岛状
L168	4	5	55°∠85°	松散土	节理，与L169连通切割台地成为岛状
L169	2	2	153°∠83°	松散土	节理，与L168连通切割台地成为长轴为4m，短轴为1m的类椭圆状
L170	0.5	2	130°∠83°	松散土	节理，张开度不大
L171	6	20	35°∠85°	松散土	卸荷裂隙，张开度大，延伸长，平面呈弧状，
L172	1	1	98°∠82°	松散土	节理，与L164连通切割台地成为岛状
L173	2.5	3	140°∠81°	松散土	节理，张开度不大
L174	3	2	132°∠82°	松散土	节理，张开度不大
L175	1.5	2	18°∠84°	松散土	节理，与L174连通切割台地成为岛状

1.4　水文地质条件

交河故城地下水的类型为潜水，其中下部的卵砾石层为含水层，地下水的径流主要是沿着卵砾石层的倾向，此外，还向两侧的河谷进行排泄。崖体36区处于交河故城的地势最低处，该处地下水位较高（见图3）。在坡积物的下部有地下水向外侧的农田河谷渗流现象。

1.5　亚区划分

为科学的研究崖体36区在天然条件下的水平位移变化特征，根据地形地貌、结构面的组合与发育特点以及文物体的分布状况，本区共划分为三个亚区（见图4）。

（1）36-1亚区

该亚区被次生卸荷裂隙L164与构造裂隙-节理L165、L172、L167、ZL022组合所切割。崖顶分布有古建筑物遗迹，地形变化大，裂隙密布，错综复杂，裂隙切割成的

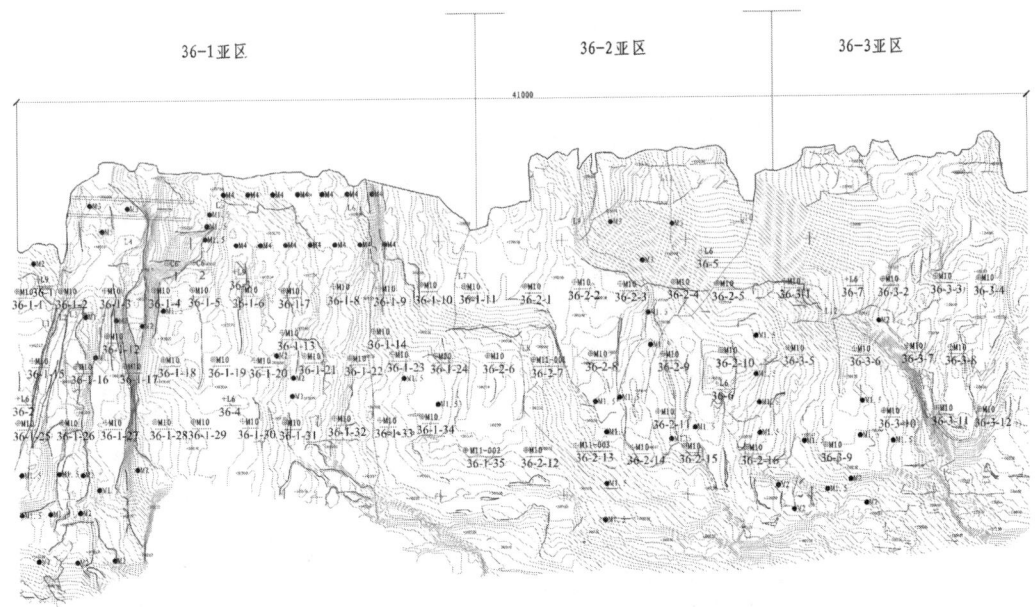

图4　崖体36区近景摄影立面分区图

崩塌体规模小,主要沿崖边成长条状,但该亚区立面的中上部有严重的坍塌凹进(见图5)。

(2)36-2亚区

该亚区有两个独立的块体,一是由裂隙L168、L169切割而成,一是由裂隙L174与L175切割而成。块体成条状,均发生明显的外倾,周围地形变化幅度大,出现很多陡坎。崖体立面上风化裂隙发育,多依附于崖面之上(见图6)。

(3)36-3亚区

该亚区被裂隙L171、L173、L170所切割,切割的外倾块体规模远大于其他两个亚区。切割后的濒危崖体发生明显的外倾,该区附近即为交河故城的东门,该处地势较低,附近有三口古井,古井内常年有水。崖体的表面土体较为破碎,发育密集的风化裂隙(见图7)。

2　监测方案

基于亚区的划分和濒危崖体的破坏模式,每个亚区布置一个监测断面,监测天然条件下的水平位移变化,监测方案见图8,所采用的设备为南京南瑞集团公司大坝工程监测分公司的全自动变形监测仪器,该仪器包括电位器式位移计、DAMS-Ⅳ型数据采集系统及相关数据采集软件,量程10cm,精度0.01mm。此外,在崖体上部的土体内埋设了美国研发的HOBO温度湿度监测仪。依托于交河故城抢险加固工程施工,监测

图 5　崖体 36-1 亚区立面中上部的坍塌凹进

图 6　崖体 36-2 亚区立面

图 7　崖体 36-3 亚区立面

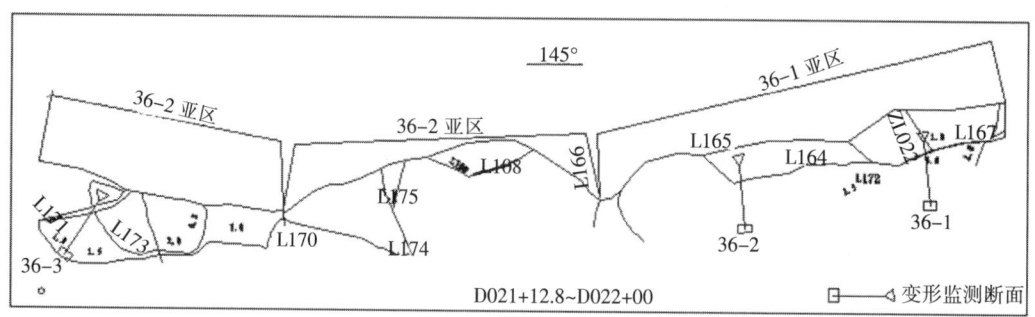

图 8　崖体 36 区监测方案

日期为2007年8月17日-2007年8月27日。

3　监测数据分析及讨论

（1）从图9可以看出，三个监测断面的位移变化趋势不同，其中36-3监测曲线表现出较强的周期性，36-2监测曲线表现为一定的衰减趋势，36-1监测曲线表现为较多的突变特点。但36-3监测的位移变化量最大，36-1监测的位移变化量次之，36-2监测的位移变化量最小。与36区的工程地质条件和各亚区的形态对应起来，可以推断出如下结论：1）对于底部发生凹进且发生外倾濒危块体（36-1监测的濒危

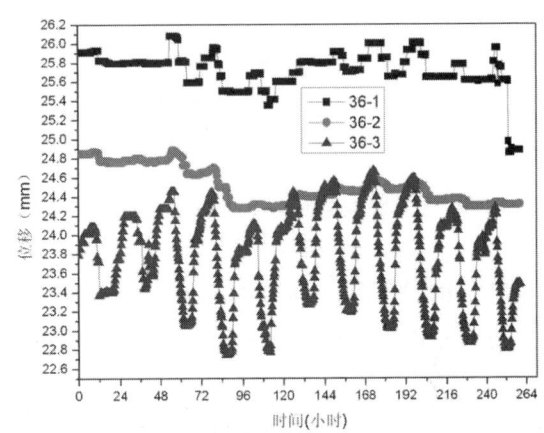

图9　三个断面连续11天的变形监测曲线

块体），天然条件下水平位移的变化具有突变性特点，反之说明崖体处于极不稳定状态，当环境因素发生突变时，可能发生坍塌。2）对于产状和崖体近乎一致，仅发生开裂外倾的规模小的块体（36-2监测的濒危块体），其水平位移的变化幅度小，且整体呈现衰减的趋势，但是在一个天气循环内，仍出现一定的波动。3）对于产状和崖体近乎一致，仅发生开裂外倾的规模比较大的块体（36-3监测的濒危崖体），位移的变化具有明显的周期性，即每天的位移变化规律具有一致性；但是濒危崖体的日绝对位移变化量具有一定的差异。

（2）从图10可以看出，监测崖体的日位移变化曲线更能说明图9所反映的规律。一天之内，36-1监测断面发生了三次位移的突变，发生的时间处于6点-17点之间，36-2监测断面位移变化连续，且变化量小，整体上位移发生了减小，36-3监测断面位移变化连续，幅度较大，发生大幅度变化的时间集中于8点-21点。图11反映的是三个监测断面8月20日内位移变形量变化曲线，可以看出，一天之内36-2监测断面没有发生幅度较大的变形突变，说明变形非常连续，且变化绝对值较小；36-1监测断面有一处较大的变形变化的突变，其余均稳定；36-3发生了多处变形变化的突变现象，且幅度较大。

（3）因在吐鲁番地区，自然条件各因素中，变化最大的是温度，因此研究温度变化与位移变化具有重要的指导意义。从图12、图13和图14中，可以发现温度变化与位移变化极强的相关性：即温度发生降低时，监测断面的位移增大；温度发生增加时，监测断面的位移减小。尽管三个监测断面位移的变化趋势不同，但是与温度变化的关

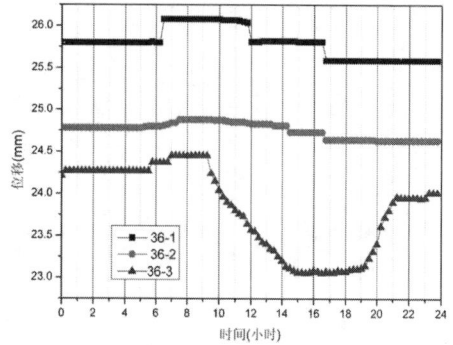

图 10　三个监测断面 8 月 20 日的变形曲线

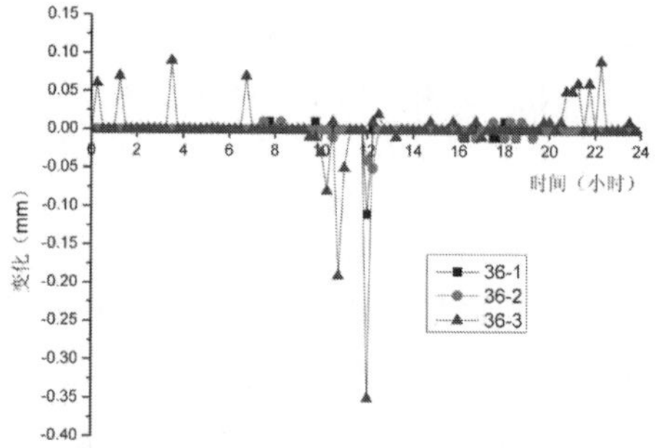

图 11　三个监测断面 8 月 20 日变形变化曲线

系具有相同的相关性。由此可以说明，在天然条件下，温度的变化制约着濒危崖体水平位移的变化。

由交河故城崖体 36 区的工程地质条件可知，外倾的濒危崖体与内侧稳定崖体发生脱离的地层为上部的粉质粘土、粘土层，下部的地层仍内外连续。由于崖体的开裂，造成内外崖体的土体的结构发生一定的差异，外部濒危崖体受到的风化作用最强，日积月累的差异

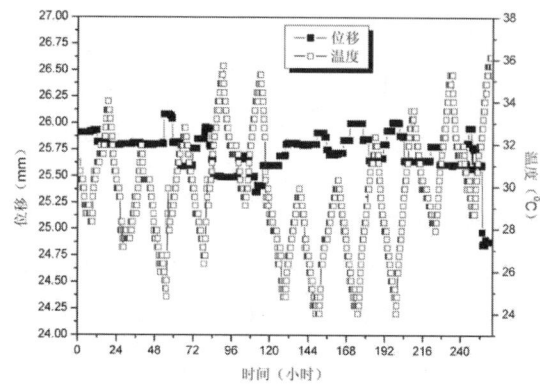

图 12　36－1 位移与温度相关图

造成崖体内外土体的性质发生极大的差异，尤其是热膨胀冷收缩发生极大的差异，造成天然条件下，水平位移发生有规律的变化。此外，外侧濒危崖体处于极限平衡状态，下部的砂层性质较大，对于抵抗外界的变形能力也较弱，加剧了水平位移的增长；外侧濒危崖体的几何形态不同，其力学机制也有极大的差异，在同样的边界条件下，其

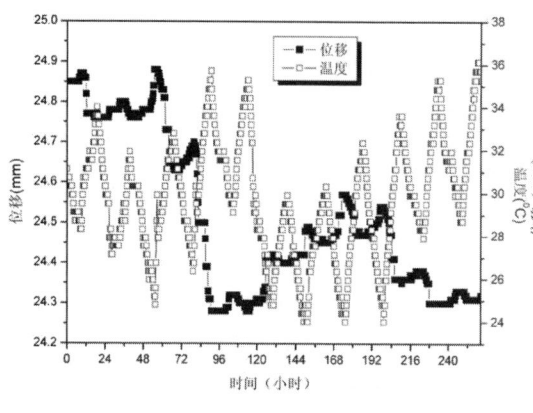

图 13　36－2 位移与温度相关图

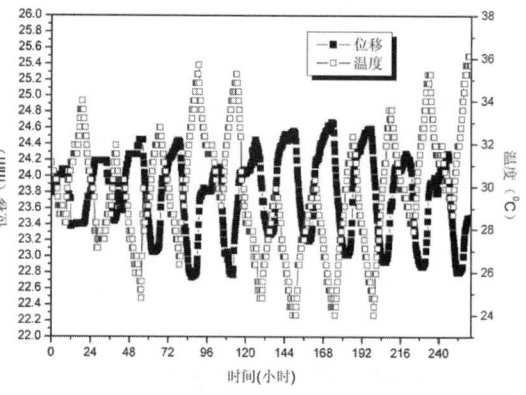

图 14　36－3 位移与温度相关图

变形具有一定的差异性。几何尺寸小，且形状复杂的，变形多发生较大的突变，如 36 -1 亚区；几何尺寸小，但是形状规则的，变形小且稳定，如 36 - 2 亚区；几何尺寸大，形状较不规则，且三面临空的，能抵抗较大的变形，且变形具有较强的规律性，如 36 - 3 亚区。

4　结　论

（1）交河故城崖体 36 区各亚区的形态、破坏机制的差异性决定了其水平位移变化特征的多样性。

（2）对于遗址体而言，连续动态的观测对于评价遗址体的保存状态具有重要的意义。

（3）交河故城崖体 36 区濒危崖体水平位移的变化与土体的温度具有极强的相关性：即温度的增长与位移的增长成反比。

（4）三个监测断面的有限监测数据可以说明：现有的崖体破坏状态下，同样的环境条件变化时，规模小，且几何形状不规则的濒危崖体最容易发生坍塌破坏。该结论为交河故城崖体的主导破坏机制（小规模坍塌和中部砂层掏蚀－后缘拉裂－外侧开裂崖体逐步开裂坍塌－外侧崖体最终坍塌－内侧崖体卸荷开裂）提供了证据。

（5）加强崖体各区的变形信息监测对于掌握崖体的动态具有重要的意义，从而为科学保护加固提供有力的基础资料。

致谢

感谢敦煌研究院张鲁高级工程师、刘典国助理工程师在现场监测过程中悉心的指导和帮助。

参考文献

[1] 赵志星，严明，王宝国. 土质边坡稳定性极限分析. 水土保持研究，2005，12（3）：187－189.

[2] 房营光. 土质边坡失稳的突变性分析. 力学与实践，2004，26（4）：24－27.

[3] 赵洪波. 边坡变形预测的群体智能模型. 岩石力学与工程学报，2006，25（8）：1664－1669.

[4] 郑东健，顾冲时，吴中如. 边坡变形的多因素时变预测模型. 岩石力学与工程学报，2005，24（17）：3180－3184.

[5] 黄克忠. 岩土文物建筑的保护. 北京：中国建筑工业出版社，1998.

[6] 李最雄. 丝绸之路古遗址保护. 北京：科学出版社，2003.

[7] 孙满利. 吐鲁番交河故城保护加固研究［博士学位论文］. 兰州：兰州大学，2006.

Characteristics of Horizontal Displacement Variation under Natural Condition of 36 – District Dangerous Cliff in Jiaohe Ruins

Zhang Jingke[1,2,3], Chen Wenwu[2,3], He Faguo[2,3,]
Cui Kai[2,3], Ren Feifan[2,3], Tang Jun[4]

（1. Key Scientific Research Base of Conservation for Ancient Mural, Dunhuang Academy,
State Administration for Cultural Heritage, Dunhuang, 736200; 2. Key laboratory of mechanics
on western disaster and environment, lanzhou 730000; 3. Civil engineering and mechanics
school of Lanzhou university, lanzhou 730000; 4. Shanghai Zhiping foundation
engineering company, Shanghai 200060）

Abstract：There are plenty of dangerous cliffs around Jiaohe ruins. To master the dynamic quantitative information on cliffs makes senses to acquire the actual conditions of cliffs, and provide basic information for scientific reinforcement design as well. By means of survey on horizontal displacement under natural condition and upper soilmass temperature, the paper analyzes the characteristic of horizontal displacement variant of dangerous cliff with different destroy types, scale and principle. The result indicates the difference of dangerous cliffs determines the difference of horizontal displacement variant, and there is a strong relevance between horizontal displacement variant and temperature change of soilmass under natural condition. The conclusion does provide the important information for future cliff reinforcement engineering of Jiaohe ruins.

Key Words：36 – district cliff, geological condition, characteristic of horizontal displacement variation, soilmass temperature

（原载于《敦煌研究》，2009 年，第 3 期）